Martin Luther

Das Neue Testament unsers Herrn und Heilandes Jesu Christi

Nach der deutschen Übersetzung Martin Luthers

Martin Luther

Das Neue Testament unsers Herrn und Heilandes Jesu Christi
Nach der deutschen Übersetzung Martin Luthers

ISBN/EAN: 9783742808493

Hergestellt in Europa, USA, Kanada, Australien, Japan

Cover: Foto ©Andreas Hilbeck / pixelio.de

Manufactured and distributed by brebook publishing software (www.brebook.com)

Martin Luther

Das Neue Testament unsers Herrn und Heilandes Jesu Christi

Verzeichniß der Bücher
des
Neuen Testaments.

		Ben Capitel	Steyt an Seite
1.	Evangelium Matthäi	29.	3.
2.	Evangelium Marci	16.	41.
3.	Evangelium Lucä	24.	66.
4.	Evangelium Johannis	21.	108.
5.	Der Apostel Geschichte, geschrieben von Lucas	28.	140.
6.	Die Epistel Pauli an die Römer	16.	180.
7.	Die 1. Epistel Pauli an die Corinther	16.	197.
8.	Die 2. Epistel Pauli an die Corinther	13.	214.
9.	Die Epistel Pauli an die Galater	6.	224.
10.	Die Epistel Pauli an die Ephefer	6.	230.
11.	Die Epistel Pauli an die Philipper	4.	236.
12.	Die Epistel Pauli an die Colosser	4.	240.
13.	Die 1. Epistel Pauli an die Thessalonicher	5.	243.
14.	Die 2. Epistel Pauli an die Thessalonicher	3.	247.
15.	Die 1. Epistel Pauli an Timotheum	6.	249.
16.	Die 2. Epistel Pauli an Timotheum	4.	253.
17.	Die Epistel Pauli an Titum	3.	257.
18.	Die Epistel Pauli an Philemon	1.	259.
19.	Die 1. Epistel Petri	5.	260.
20.	Die 2. Epistel Petri	3.	264.
21.	Die 1. Epistel Johannis	5.	267.
22.	Die 2. Epistel Johannis	1.	271.
23.	Die 3. Epistel Johannis	1.	272.
24.	Die Epistel Pauli an die Ebräer	13.	273.
25.	Die Epistel Jacobi	5.	285.
26.	Die Epistel Judä	1.	289.
27.	Die Offenbarung Johannis	22.	290.

Evangelium Matthäi.

Das 1. Capitel.
Christi Geschlechtsregister, Empfängniß, Name und Geburt.

(Evangelium am Tage Mariä Geburt.)

1. Dies ist das Buch * von der Geburt JEsu Christi, der da ist ein Sohn Davids, des Sohnes Abrahams. *Luc. 3, 23.

2. Abraham * zeugete Isaak. Isaak ** zeugete Jakob. Jakob † zeugete Juda und seine Brüder. *1 Mos. 21, 2. 3.
** 1 Mos. 25, 26. † 1 Mos. 29, 35.

3. Juda * zeugete Pharez und Saram, von der Thamar. Pharez ** zeugete Hezron. Hezron zeugete † Ram.
*1 Mos. 38, 29. 30. **1 Chron. 2. 5. 9. †Ruth 4, 19.

4. Ram zeugete * Aminadab. Aminadab zeugete Nahasson. Nahasson zeugete Salma. *1 Chron. 2, 10.

5. Salma zeugete Boas, * von der Rahab. Boas zeugete ** Obed, von der Ruth. Obed zeugete † Jesse. *Jos. 2, 1.
**Ruth 4, 21. †Ruth 4, 17. 1.

6. Jesse * zeugete den König David. Der König David ** zeugete Salomo, von dem Weibe des Uria. *1 Chron. 2, 15.
**2 Sam. 12, 24.

7. Salomo * zeugete Roboam. Roboam ** zeugete Abia. Abia zeugete Assa.
*1 Kön. 11, 43. **1 Chron. 3, 10.

8. Assa zeugete * Josaphat. Josaphat zeugete ** Joram. Joram zeugete † Osia.
*1 Kön. 15, 24. **1 Kön. 22, 51. †1 Chron. 3, 11. 12.

9. Osia zeugete * Jotham. Jotham zeugete ** Achas. Achas zeugete † Ezechia.
*2 Kön. 15, 7. **2 Kön. 15, 1. †2 Kön. 16, 20.

10. Ezechia zeugete * Manasse. Manasse zeugete ** Amon. Amon zeugete † Josia. *2 Kön. 20, 21. **2 Kön. 21, 18. †2 Kön. 21, 24.

11. Josia * zeugete Jechonia und seine Brüder, um die Zeit der Babylonischen Gefangenschaft. *1 Chron. 3, 15.

12. Nach der Babylonischen Gefangenschaft zeugete Jechonia Sealthiel. Sealthiel zeugete Zorobabel.

13. Zorobabel zeugete Abiud. Abiud zeugete Eliachim. Eliachim zeugete Asor.

14. Asor zeugete Zadok. Zadok zeugete Achin. Achin zeugete Eliud.

15. Eliud zeugete Eleasar. Eleasar zeugete Matthan. Matthan zeugete Jakob.

16. Jakob zeugete Joseph, den Mann Mariä, von welcher ist geboren JEsus, der da heißet * Christus. *c. 27, 17, 22.

17. Alle Glieder von Abraham bis auf David sind vierzehn Glieder. Von David bis auf die Babylonische Gefangenschaft sind vierzehn Glieder. Von der Babylonischen Gefangenschaft bis auf Christum sind vierzehn Glieder.

18. Die Geburt Christi war aber also gethan. Als * Maria, seine Mutter, dem Joseph vertrauet war, ehe er sie heimholete, erfand sich's, daß sie schwanger war von dem heiligen Geist.
*Luc. 1, 27. 34. c. 2, 5.

19. Joseph aber, ihr Mann, war fromm und wollte sie nicht * rügen; gedachte aber, sie heimlich zu verlassen.
*4 Mos. 5, 13. 5 Mos. 24, 1.

20. Indem er aber also gedachte, siehe, da erschien ihm ein Engel des HErrn im Traum, und sprach: Joseph, du Sohn Davids, fürchte dich nicht, Mariam, dein Gemahl, zu dir zu nehmen; denn * das in ihr geboren ist, das ist von dem heiligen Geist. *Luc. 1, 35.

21. Und sie wird einen Sohn gebären, deß * Namen sollst du JEsus heißen; denn ER ** wird sein Volk selig machen von ihren Sünden. *Luc. 2, 21.
**Apost. 4, 12. c. 5, 31.

22. Das ist aber Alles geschehen, auf daß erfüllet würde, das der HErr durch den Propheten gesagt hat, der da spricht:

23. * Siehe, eine Jungfrau wird schwanger seyn und einen Sohn gebären, und sie werden seinen Namen Emanuel heißen, das ist verdolmetschet: GOtt mit uns. *Jes. 7, 14. Luc. 1, 31.

24. Da nun Joseph vom Schlaf erwach-

te, that er, wie ihm des HErrn Engel befohlen hatte, und nahm sein Gemahl zu sich;
25. Und erkannte sie nicht, bis sie ihren *ersten Sohn gebar; und hieß seinen Namen JESUS.
 * Luc. 2, 7.

Das 2. Capitel.
Weise aus dem Morgenlande. Flucht Christi nach Egypten.
(Evangelium am Fest Epiphanias.)

1. Da *JEsus geboren war zu **Bethlehem im Jüdischen Lande, zur Zeit des Königs Herodis, siehe, da kamen die Weisen vom Morgenlande gen Jerusalem, und sprachen:
 * Luc. 2, 6. 7. ** 1 Mos. 35, 19.
2. Wo ist der neugeborne König der Juden? Wir haben seinen *Stern gesehen im Morgenlande, und sind gekommen, ihn anzubeten.
 * 4 Mos. 24, 17.
3. Da das der König Herodes hörete, erschrak er, und mit ihm das ganze Jerusalem;
4. Und ließ versammeln alle Hohepriester und Schriftgelehrten unter dem Volk, und erforschete von ihnen, wo Christus sollte geboren werden.
5. Und sie sagten ihm: Zu Bethlehem im Jüdischen Lande. Denn also stehet geschrieben *durch den Propheten:
 * Micha. 5, 1. Joh. 7, 42.
6. Und du, Bethlehem im Jüdischen Lande, bist mit nichten die kleinste unter den Fürsten Juda's; denn aus dir soll mir kommen der Herzog, der über mein Volk Israel ein Herr sey.
7. Da berief Herodes die Weisen heimlich, und erlernete mit Fleiß von ihnen, wann der Stern erschienen wäre.
8. Und wies sie gen Bethlehem, und sprach: Ziehet hin, und forschet fleißig nach dem Kindlein; und wenn ihr es findet, so saget mir's wieder, daß ich auch komme und es anbete.
9. Als sie nun den König gehöret hatten, zogen sie hin. Und siehe, der Stern, den sie im Morgenlande gesehen hatten, ging vor ihnen hin, bis daß er kam und stand oben über, da das Kindlein war.
10. Da sie den Stern sahen, wurden sie hoch erfreuet.
11. Und gingen in das Haus, und *fanden das Kindlein mit Maria, seiner Mutter, und fielen nieder, und beteten es an, und thaten ihre Schätze auf und schenkten ihm **Gold, Weihrauch und Myrrhen.
 * Luc. 2, 16. ** Ps. 72, 10. 15. Jes. 60, 6.
12. Und GOtt befahl ihnen im Traum, daß sie sich nicht wieder sollten zu Herodes lenken. Und zogen durch einen andern Weg wieder in ihr Land.]
(Ev. am Sonntage nach dem neuen Jahr.)
13. Da sie aber hinweg gezogen waren, siehe, da erschien der Engel des HErrn dem Joseph im Traum, und sprach: Siehe auf, und nimm das Kindlein und seine Mutter zu dir, und fliehe in Egyptenland, und bleibe allda, bis ich dir sage; denn es ist vorhanden, daß Herodes das Kindlein suche, dasselbe umzubringen.
14. Und er stand auf, und nahm das Kindlein und seine Mutter zu sich, bei der Nacht, und entwich in Egyptenland.
15. Und blieb allda bis nach dem Tode Herodis, auf daß erfüllet würde, das der HErr durch den *Propheten gesagt hat, der da spricht: Aus Egypten habe ich meinen Sohn gerufen.
 * Os. 11, 1.
16. Da Herodes nun sahe, daß er von den Weisen betrogen war, ward er sehr zornig, und schickte aus, und ließ alle Kinder zu Bethlehem tödten und an ihren ganzen Grenzen, die da zweijährig und drunter waren, nach der Zeit, die er mit Fleiß von den Weisen erlernet hatte.
17. Da ist erfüllet, das gesagt ist von dem *Propheten Jeremia, der da spricht:
 * Jer. 31, 15.
18. Auf dem Gebirge hat man ein Geschrei gehöret, viel Klagens, Weinens und Heulens; *Rahel beweinete ihre Kinder, und wollte sich nicht trösten lassen, denn es war aus mit ihnen.
 * 1 Mos. 35, 19.
19. Da aber Herodes gestorben war, siehe, da erschien der Engel des HErrn dem Joseph im Traum in Egyptenland,
20. Und sprach: Stehe auf, und nimm das Kindlein und seine Mutter zu dir, und ziehe hin in das Land Israel; sie sind gestorben, die dem Kinde nach dem Leben standen.
21. Und er stand auf, und nahm das Kindlein und seine Mutter zu sich, und kam in das Land Israel.
22. Da er aber hörete, daß Archelaus im Jüdischen Lande König war, anstatt seines Vaters Herodis, fürchtete er sich dahin zu kommen. Und im Traum empfing

er Befehl von GOtt, und zog in die Oerter des Galiläischen Landes;

23. Und kam, und wohnete in der Stadt, die da heißet Nazareth; auf daß erfüllet würde, das da *gesagt ist durch die Propheten: Er soll Nazarenus heißen.]
*1 Mos. 35, 10. Jes. 11, 1.

Das 3. Capitel.
Christus von Johannes getauft.

1. Zu der Zeit *kam Johannes der Täufer, und predigte in der Wüste des Jüdischen Landes, *Marc. 1, 4. Luc. 3, 2.

2. Und sprach: *Thut Buße; das Himmelreich ist nahe herbei gekommen. *c. 4, 17.

3. Und Er ist der, von dem der Prophet Jesaias *gesagt hat, und gesprochen: Es ist eine Stimme eines Predigers in der Wüste; bereitet dem HErrn den Weg, und machet richtig seine Steige. *Jes. 40, 3.

4. Er aber, Johannes, hatte ein *Kleid von Kameelshaaren, und einen ledernen Gürtel um seine Lenden; seine Speise aber war Heuschrecken und wilder Honig.
*2 Kön. 1, 8. Marc. 1, 6.

5. Da ging zu ihm hinaus die Stadt Jerusalem und das ganze Jüdische Land, und alle Länder am Jordan;

6. Und ließen sich taufen von ihm im Jordan, und bekannten ihre Sünden.

7. Als er nun viele Pharisäer und Sadducäer sahe zu seiner Taufe kommen, sprach er zu ihnen: Ihr Otterngezüchte, wer hat denn euch gewiesen, daß ihr dem zukünftigen Zorn entrinnen werdet? *Cap. 5, 7.

8. Sehet zu, *thut rechtschaffene Früchte der Buße. *Gal. 4, 8.

9. Denket nur nicht, daß ihr *bei euch wollt sagen: Wir haben Abraham zum Vater. Ich sage euch: GOtt vermag dem Abraham aus diesen Steinen Kinder zu erwecken. *Joh. 8, 8.

10. Es ist schon die Art den Bäumen an die Wurzel gelegt. Darum, welcher *Baum nicht gute Früchte bringet, wird abgehauen und in's Feuer geworfen.
*c. 7, 19. Joh. 3, 8. Joh. 15, 2, 6.

11. Ich *taufe euch mit Wasser zur Buße; der aber nach mir kommt, ist stärker, denn ich, dem ich auch nicht genugsam bin, seine Schuhe zu tragen; der wird euch mit dem heiligen Geist und mit Feuer taufen. *Marc. 1, 8. Joh. 1, 26. Apost. 1, 5.

12. Und Er hat seine Wortschaufel in seiner Hand; er wird seine Tenne fegen, und den Weitzen in seine Scheune sammeln; aber die Spreu wird er verbrennen mit ewigem Feuer.

(Evangelium am Fest der Taufe Christi.)

13. Zu der Zeit kam JEsus aus Galiläa an den Jordan zu Johannes, daß er sich von ihm taufen ließe.

14. Aber Johannes wehrete ihm, und sprach: Ich bedarf wohl, daß ich von dir getaufet werde; und Du kommst zu mir?

15. JEsus aber antwortete und sprach zu ihm: Laß jetzt also seyn; also gebühret es uns, alle Gerechtigkeit zu erfüllen. Da ließ er es ihm zu.

16. Und da JEsus getaufet war, stieg er bald herauf aus dem Wasser; und siehe, da that sich der Himmel auf über ihm. Und Johannes sahe den Geist GOttes, gleich als eine Taube, herab fahren und über ihn kommen.

17. Und siehe, eine *Stimme vom Himmel herab sprach: Dies ist mein lieber Sohn, an welchem Ich Wohlgefallen habe.
*c. 17, 5. Marc. 1, 11. c. 9, 7.

Das 4. Capitel.
Christus tritt sein Lehramt an.
(Evangelium am Sonnt. Invocavit.)

1. Da *ward JEsus vom Geist in die Wüste geführet, auf daß er von dem Teufel versucht würde. *Marc. 1, 12. Luc. 4, 1. f.

2. Und da er *vierzig Tage und vierzig Nächte gefastet hatte, hungerte ihn.
*2 Mos. 34, 28.

3. Und *der Versucher trat zu ihm, und sprach: Bist du **GOttes Sohn, so sprich, daß diese Steine Brot werden.
*1 Thess. 3, 5. **Matth. 3, 17.

4. Und er antwortete und sprach: Es stehet *geschrieben: Der Mensch lebet nicht vom Brot allein, sondern von einem jeglichen Wort, das durch den Mund GOttes gehet. *5 Mos. 8, 3. f.

5. Da führete ihn der Teufel mit sich in die heilige Stadt, und stellete ihn auf die Zinne des Tempels,

6. Und sprach zu ihm: Bist du GOttes Sohn, so laß dich hinab; denn es stehet *geschrieben: Er wird seinen Engeln über dir Befehl thun und sie werden dich auf den Händen tragen, auf daß du deinen Fuß nicht an einen Stein stoßest. *Ps. 91, 11. f.

7. Da sprach JEsus zu ihm: Wiederum stehet auch geschrieben: Du sollst GOtt, deinen HErrn, nicht versuchen.
*5 Mos. 6, 16. Luc. 4, 12.

8. Wie-

8. Wiederum führete ihn der Teufel mit sich auf einen sehr hohen Berg, und zeigete ihm alle Reiche der Welt und ihre Herrlichkeit,

9. Und sprach zu ihm: Dieß *Alles will ich dir geben, so du niederfällest und mich anbetest. *Jos. 4, 6, 7.

10. Da sprach JEsus zu ihm: Hebe dich weg von mir, Satan; denn es stehet geschrieben: *Du sollst anbeten GOtt, deinen HErrn, und ihm allein dienen. *5 Mos. 6, 13. Jos. 4, 8.

11. Da verließ ihn der Teufel; und siehe, da traten die Engel zu ihm, und *dieneten ihm.] *Ebr. 1, 14.

12. Da nun JEsus hörete, daß Johannes überantwortet war, *zog er in das Galiläische Land; *Joh. 4, 14.

13. Und verließ die Stadt Nazareth, *kam und wohnete zu Capernaum, die da liegt am Meer, an den Grenzen Zabulons und Nephthalims; *Marc. 1, 21. Jos. 4, 31.

14. Auf daß erfüllet würde, das da gesagt ist durch den Propheten *Jesaias, der da spricht: *Jes. 9, 1. f.

15. Das Land Zabulon, und das Land Nephthalim, am Wege des Meeres, jenseit des Jordans, und die heidnische Galiläa,

16. Das Volk, das im *Finsterniß saß, hat ein großes Licht gesehen; und die da saßen am Ort und Schatten des Todes, denen ist ein Licht aufgegangen. *Jes. 1, 79.

17. Von der Zeit an fing JEsus an zu predigen und zu sagen: *Thut Buße! das Himmelreich ist nahe herbei gekommen. *Marc. 1, 14. 15. Luc. 4, 17.

(Evangelium am Tage Andreä.)

18. Als nun JEsus an dem Galiläischen Meer ging, sahe er *zween Brüder, Simon, der da heißt Petrus, und Andreas, seinen Bruder; die warfen ihre Netze in das Meer; denn sie waren Fischer. *Marc. 1, 16. 18. Luc. 5, 2. f.

19. Und er sprach zu ihnen: Folget mir nach; ich *will euch zu Menschenfischern machen. *Jer. 6, 17.

20. Bald *verließen sie ihre Netze, und folgten ihm nach. *c. 19, 27.

21. Und da er von dannen fürbaß ging, sahe er zween andere Brüder, Jacobum, den Sohn Zebedäi, und Johannem, seinen Bruder, im Schiff, mit ihrem Vater Zebedäo, daß sie ihre Netze flickten; und er rief sie.

22. Bald verließen sie das Schiff und ihren Vater, und folgten ihm nach.]

23. Und *JEsus ging umher im ganzen Galiläischen Lande, lehrete in ihren Schulen, und predigte das Evangelium von dem Reich, und heilete allerlei Seuche und Krankheit im Volk. *Luc. 4, 15. 44.

24. Und sein Gerücht erscholl in das ganze Syrienland. Und *sie brachten zu ihm allerlei Kranke, mit mancherlei Seuchen und Qual behaftet, die Besessenen, die Mondsüchtigen und die Gichtbrüchigen; und er machte sie Alle gesund. *Marc. 6, 55.

25. Und es folgte ihm nach *viel Volks aus Galiläa, aus den zehn Städten, von Jerusalem, aus dem Jüdischen Lande, und von jenseit des Jordans. *Marc. 6, 55.

Das 5. Capitel.

Christi Bergpredigt von der Christen Seligkeit, und Bestand des Gesetzes.

(Evangelium am Tage aller Heiligen.)

1. Da er aber das Volk sahe, ging er auf einen Berg, und setzte sich, und seine Jünger traten zu ihm.

2. Und er that seinen Mund auf, lehrete sie, und sprach:

3. Selig sind, *die da geistlich arm sind; denn das Himmelreich ist ihr. *Jes. 57, 15.

4. Selig sind, *die da Leid tragen; denn sie sollen getröstet werden. *Ps. 126, 5. Jes. 61, 2. Luc. 6, 21.

5. Selig sind die Sanftmüthigen; denn sie werden *das Erdreich besitzen. *Ps. 25, 13. Ps. 37, 11. Jes. 60, 21.

6. Selig sind, die da hungert und dürstet nach der Gerechtigkeit; denn sie sollen satt werden. *Jes. 9, 21.

7. Selig sind die *Barmherzigen; denn sie werden Barmherzigkeit erlangen. *Sir. 21, 21. Jac. 2, 13.

8. Selig sind, *die reines Herzens sind; denn sie werden GOtt schauen. *Ps. 51, 12. 1 Joh. 3, 2. f.

9. Selig sind die *Friedfertigen; denn sie werden GOttes Kinder heißen. *Ebr. 12, 14. Jac. 3, 17.

10. Selig sind, die um *Gerechtigkeit willen verfolgt werden; denn das Himmelreich ist ihr. *1 Petr. 3, 14.

11. Selig seyd ihr, *wenn euch die Menschen um meinetwillen schmähen und verfolgen, und reden allerlei Uebels wider euch, so sie daran lügen. *Jes. 8, 12. 1 Petr. 4, 14.

12. Seyd fröhlich und getrost; es wird euch im Himmel wohl belohnet werden. Denn

Denn *also haben sie verfolget die Propheten, die vor euch gewesen sind.] *Jac. 5, 10.

13. Ihr seyd das Salz der Erde. Wo nun das Salz dumm wird, womit soll man salzen? Es ist zu nichts hinfort nütze, denn daß man es hinaus schütte, und lasse es die Leute zertreten. *Marc. 9, 50. Luc. 14, 34.

14. Ihr seyd das Licht der Welt. Es mag die Stadt, die auf einem Berge liegt, nicht verborgen seyn.

15. Man *zündet auch nicht ein Licht an, und setzt es unter einen Scheffel, sondern auf einen Leuchter, so leuchtet es denen Allen, die im Hause sind. *Marc. 4, 21, f.

16. Also *lasset euer Licht leuchten vor den Leuten, daß sie eure guten Werke sehen, und euren Vater im Himmel preisen.
*1 Petr. 2, 12.

17. Ihr sollt nicht wähnen, daß ich gekommen bin, das Gesetz oder die Propheten aufzulösen. *Ich bin nicht gekommen, aufzulösen, sondern zu erfüllen.
*v. 19. Röm. 3, 31.

18. Denn ich sage euch wahrlich: Bis *daß Himmel und Erde zergehe, wird nicht zergehen der kleinste Buchstabe, noch Ein Tüttel vom Gesetz, bis daß es Alles geschehe. *Luc. 16, 17. c. 21, 33.

19. Wer nun *Eins von diesen kleinsten Geboten auflöset, und lehret die Leute also, der wird der Kleinste heißen im Himmelreich; wer es aber thut und lehret, der wird groß heißen im Himmelreich. *Jac. 2, 10.

(Evangelium am 6. Sonnt. nach Trinit.)

20. Denn ich sage euch: Es sey denn eure Gerechtigkeit besser, denn der Schriftgelehrten und Pharisäer, so werdet ihr nicht in das Himmelreich kommen.

21. Ihr habt gehöret, daß zu den Alten gesagt ist: *Du sollt nicht tödten; wer aber tödtet, der soll des Gerichts schuldig seyn. *2 Mos. 20, 13. 5 Mos. 16, 17.

22. Ich aber sage euch: Wer mit seinem Bruder *zürnet, der ist des Gerichts schuldig; wer aber zu seinem Bruder sagt: Racha, der ist des †Maths schuldig; wer aber sagt: Du Narr, der ist des höllischen Feuers schuldig. *1 Joh. 3, 15. †Mos. 49, 3.

23. Darum *wenn du deine Gabe auf dem Altar opferst, und wirst allda eindenken, daß dein Bruder etwas wider dich habe; *Marc. 11, 25.

24. So laß allda vor dem Altar deine Gabe, und gehe zuvor hin, und versöhne dich mit deinem Bruder; und alsdann komm und opfere deine Gabe.

25. Sey willfertig *deinem Widersacher bald, dieweil du noch bei ihm auf dem Wege bist, auf daß dich der Widersacher nicht dermaleinst überantworte dem Richter, und der Richter überantworte dich dem Diener, und werdest in den Kerker geworfen. *v. 9, 14. v. 18, 35. Prov. 23, 30.

26. Ich *sage dir: Wahrlich, du wirst nicht von dannen heraus kommen, bis du auch den letzten Heller bezahlet.] *c. 16, 24.

27. Ihr habt gehöret, daß zu den Alten *gesagt ist: Du sollt nicht ehebrechen. *2 Mos. 20, 14. 5 Mos. 20, 12, f.

28. Ich aber sage euch: Wer *ein Weib ansiehet, ihrer zu begehren, der hat schon mit ihr die Ehe gebrochen in seinem Herzen. *Hiob 31, 1.

29. Aergert *dich aber dein rechtes Auge, so reiß es aus, und wirf es von dir. Es ist dir besser, daß eins deiner Glieder verderbe, und nicht der ganze Leib in die Hölle geworfen werde.
*c. 18, 9. Marc. 9, 47.

30. Aergert dich deine rechte Hand, so haue sie ab, und wirf sie von dir. Es ist dir besser, daß eines deiner Glieder verderbe, und nicht der ganze Leib in die Hölle geworfen werde.

31. Es ist auch *gesagt: Wer sich von seinem Weibe scheidet, der soll ihr geben einen Scheidebrief.
*c. 19, 7. 5 Mos. 24, 1.
Marc. 10, 4. Luc. 16, 18. 1 Cor. 7, 10.

32. Ich aber sage euch: Wer sich von seinem Weibe scheidet (es sey denn um Ehebruch), der macht, daß sie die Ehe bricht; und wer eine Abgeschiedene freiet, der bricht die Ehe.

33. Ihr habt weiter gehöret, daß zu den *Alten gesagt ist: Du sollt keinen falschen Eid thun, und sollst GOtt deinen Eid halten. *3 Mos. 19, 7. f.

34. Ich aber sage euch, daß ihr allerdings nicht schwören sollt, weder bei dem Himmel: *denn er ist GOttes Stuhl;
*c. 23, 22. Jac. 5, 12. Jesaj. 7, 49. c. 17, 24.

35. Noch bei der Erde, denn sie ist seiner Füße Schemel; noch bei Jerusalem, denn sie ist einer großen Königs Stadt.

36. Auch sollst du nicht bei deinem Haupt schwören, denn du vermagst nicht ein einiges Haar weiß oder schwarz zu machen.

37. *Eure

37. *Eure Rede aber sey: Ja, ja, nein, nein; was drüber ist, das ist vom Uebel.
  *2 Cor. 1. 17. Jac. 5. 12.
38. Ihr habt gehöret, daß da *gesagt ist: Auge um Auge, Zahn um Zahn.
  *2 Mos. 21, 23. 3c. 3 Mos. 24, 19, 20.
39. Ich aber sage euch, daß ihr nicht widerstreben sollt dem Uebel; sondern so dir Jemand einen Streich giebt auf deinen rechten Backen, dem biete den andern auch dar.
40. Und so *Jemand mit dir rechten will, und deinen Rock nehmen, dem laß auch den Mantel. *Luc. 6. 29. 1 Cor. 6, 7.
41. Und so dich Jemand nöthiget Eine Meile, so gehe mit ihm zwo.
42. Gieb *dem, der dich bittet; und wende dich nicht von dem, der dir abborgen will. *Luc. 6, 30. 34. f.
43. Ihr habt gehöret, daß gesagt ist: Du sollst *deinen Nächsten lieben, und deinen Feind hassen. *3 Mos. 19, 18.
44. Ich aber sage euch: Liebet eure Feinde, segnet, die euch fluchen, thut wohl denen, *die euch hassen, bittet für die, so euch beleidigen und verfolgen;
  *Luc. 23, 34. Röm. 7. 58. 60.
45. Auf daß ihr Kinder seyd eures Vaters im Himmel. Denn er läßt seine Sonne aufgehen über die Bösen und über die Guten, und läßt regnen über Gerechte und Ungerechte.
46. Denn so *ihr liebet, die euch lieben, was werdet ihr für Lohn haben? Thun nicht dasselbe auch die Zöllner? *Luc. 6, 32.
47. Und so ihr euch nur zu euren Brüdern freundlich thut, was thut ihr Sonderliches? Thun nicht die Zöllner auch also?
48. Darum sollt *Ihr vollkommen seyn, gleichwie euer Vater im Himmel vollkommen ist. *3 Mos. 11, 44. v. 19. 2. Luc. 6, 36.

Das 6. Capitel.

Vom rechten Ursprung der Gottseligkeit.

1. Habt Acht auf eure Almosen, daß ihr die nicht gebet vor den Leuten, daß ihr von ihnen gesehen werdet; ihr habt anders keinen Lohn bei eurem Vater im Himmel.
2. Wenn *du nun Almosen giebst, sollst du nicht lassen vor dir posaunen, wie die Heuchler thun in den Schulen und auf den Gassen, auf daß sie von den Leuten gepriesen werden. Wahrlich, ich sage euch: Sie haben ihren Lohn dahin. *Röm. 12, 8.

3. Wenn Du aber Almosen giebst, so laß deine linke Hand nicht wissen, was die rechte thut,
4. Auf daß dein Almosen verborgen sey; und dein Vater, der in das Verborgene siehet, wird dir's *vergelten öffentlich. *Luc. 14, 14.
5. Und wenn du betest, sollst du nicht seyn wie die Heuchler, die da gerne stehen und beten in den Schulen, und an den Ecken auf den Gassen, auf daß sie von den Leuten gesehen werden. Wahrlich, ich sage euch: Sie haben ihren Lohn dahin.
6. Wenn aber Du betest, so gehe in dein Kämmerlein, und schließe *die Thür zu, und bete zu deinem Vater im Verborgenen; und dein Vater, der in das Verborgene siehet, wird dir's vergelten öffentlich. *2 Kön. 4, 33.
7. Und wenn ihr betet, sollt ihr *nicht viel plappern, wie die Heiden; denn sie meinen, sie werden erhöret, wenn sie viele Worte machen. *Jes. 1, 15. Sir. 7, 15.
8. Darum sollt ihr euch ihnen nicht gleichen. Euer *Vater weiß, was ihr bedürfet, ehe denn ihr ihn bittet. *v. 32.
9. Darum sollt Ihr also beten: *Unser Vater in dem Himmel. Dein † Name werde geheiliget. *Luc. 11, 2. †1 Mos. 17, 7.
10. Dein Reich komme. *Dein Wille geschehe auf Erden, wie im Himmel. *Luc. 22, 42.
11. Unser täglich Brot gieb uns heute.
12. Und *vergieb uns unsere Schulden, wie wir unsern Schuldigern vergeben.
  *Eph. 4, 32.
13. Und *führe uns nicht in Versuchung, sondern erlöse uns von dem Uebel. Denn dein ist das Reich, und die Kraft, und die Herrlichkeit in Ewigkeit. Amen.
  *1. 28, 41.
14. Denn so ihr den Menschen ihre Fehler vergebet, so wird euch euer himmlischer Vater auch vergeben.
15. Wo *ihr aber den Menschen ihre Fehler nicht vergebet, so wird euch euer Vater eure Fehler auch nicht vergeben.
  *c. 18, 35.
16. Wenn ihr *fastet, sollt ihr nicht sauer sehen, wie die Heuchler; denn sie verstellen ihre Angesichter, auf daß sie vor den Leuten scheinen mit ihrem Fasten. Wahrlich, ich sage euch: Sie haben ihren Lohn dahin. *Jes. 58, 5. f.
17. Wenn Du aber fastest, so salbe dein Haupt, und wasche dein Angesicht;
18. Au-

18. Auf daß du nicht scheinest vor den Leuten mit deinem Fasten, sondern vor deinem Vater, welcher verborgen ist; und dein Vater, der in das Verborgene siehet, wird dir's vergelten öffentlich.

19. Ihr sollt euch nicht Schätze sammeln auf Erden, da sie die Motten und der Rost fressen, und da die Diebe nach graben und stehlen.

20. Sammelt euch aber *Schätze im Himmel, da sie weder Motten noch Rost fressen, und da die Diebe nicht nach graben, noch stehlen. *Luc. 12, 33.

21. Denn *wo euer Schatz ist, da ist auch euer Herz. *Luc. 12, 34.

22. Das Auge ist des Leibes Licht. Wenn dein Auge einfältig ist, so wird dein ganzer Leib licht seyn.

23. Wenn aber dein Auge ein Schalk ist, so wird dein ganzer Leib finster seyn. Wenn aber das Licht, das in dir ist, Finsterniß ist: wie groß wird dann die Finsterniß selber seyn!

(Evangelium am 15. Sonnt. nach Trinit.)

24. Niemand *kann zween Herren dienen. Entweder er wird einen hassen, und den andern lieben; oder wird einem anhangen, und den andern verachten. Ihr könnet nicht GOtt dienen, und dem Mammon. *Luc. 16, 13. Rom. 10, 12.
2 Cor. 6, 16.

25. Darum sage ich euch: *Sorget nicht für euer Leben, was ihr essen und trinken werdet; auch nicht für euren Leib, was ihr anziehen werdet. Ist nicht das Leben mehr, denn die Speise? und der Leib mehr, denn die Kleidung? *Pf. 37, 5. Spr. 10, 3.
Luc. 12, 22. Phil. 4, 6. 1 Tim. 6, 8. 1 Petr. 5, 7. Ebr. 13, 5.

26. Sehet die *Vögel unter dem Himmel an: sie säen nicht, sie ernten nicht, sie sammeln nicht in die Scheunen; und euer himmlischer Vater nähret sie doch. Seyd ihr denn nicht viel mehr, denn sie? *Job. 12, 7.

27. Wer ist unter euch, der seiner Länge Eine Elle zusetzen möge, ob er gleich darum sorget?

28. Und warum sorget ihr für die Kleidung? Schauet die Lilien auf dem Felde, wie sie wachsen: sie arbeiten nicht, auch spinnen sie nicht.

29. Ich sage euch, daß auch *Salomo in aller seiner Herrlichkeit nicht bekleidet gewesen ist, als derselben Eins.
*1 Kön. 4, Bl. f.

30. So denn GOtt das Gras auf dem Felde also kleidet, das doch heute stehet, und morgen in den Ofen geworfen wird: sollte er das nicht viel mehr euch thun? *O, ihr Kleingläubigen! *c. 8, 26. c. 16, 8.

31. Darum sollt ihr nicht sorgen und sagen: Was werden wir essen? was werden wir trinken? womit werden wir uns kleiden?

32. Nach *solchem allen trachten die Heiden. Denn euer himmlischer Vater weiß, daß ihr deß alles bedürfet. *Luc. 12, 30.

33. Trachtet *am ersten nach dem Reich GOttes, und nach seiner Gerechtigkeit; so wird euch solches alles zufallen.
*1 Kön. 3, 13. Pf. 37, 4.

34. Darum *sorget nicht für den andern Morgen; denn der morgende Tag wird für das Seine sorgen. Es ist genug, daß ein jeglicher Tag seine eigene Plage habe.]
*2 Mos. 16, 19.

Das 7. Capitel.

Von etlichen Stücken aus der Bergpredigt.

1. Richtet nicht, *auf daß ihr nicht gerichtet werdet. *Luc. 6, 37. Röm. 2, 1.
*Jac. 4, 2.

2. Denn mit welcherlei Gericht ihr richtet, werdet ihr gerichtet werden; und mit welcherlei Maß ihr messet, wird euch gemessen werden.

3. Was siehest du aber den Splitter in deines Bruders Auge, und wirst nicht gewahr des Balkens in deinem Auge?

4. Oder wie darfst du sagen zu deinem Bruder: Halt! ich will dir den Splitter aus deinem Auge ziehen. Und siehe, ein Balke ist in deinem Auge.

5. Du Heuchler, ziehe *am ersten den Balken aus deinem Auge; darnach besiehe, wie du den Splitter aus deines Bruders Auge ziehest. *Sir. 18, 21. Luc. 6, 42.

6. Ihr sollt das *Heiligthum nicht den Hunden geben, und eure Perlen sollt ihr nicht vor die Säue werfen, auf daß sie dieselben nicht zertreten mit ihren Füßen, und sich wenden und euch zerreißen.
*c. 10, 11.

7. Bittet, *so wird euch gegeben; suchet, so werdet ihr finden; klopfet an, so wird euch aufgethan. *Marc. 11, 24 f.

8. Denn wer da bittet, der empfänget; und wer da *suchet, der findet; und wer da anklopfet, dem wird aufgethan. *Spr. 8, 17.

9. Welcher ist unter euch Menschen,

so ihm sein Sohn bittet um Brot, der ihm einen Stein biete?

10. Oder, so er ihn bittet um einen Fisch, der ihm eine Schlange biete?

11. So denn ihr, die ihr doch arg seyd, könnet dennoch euren Kindern gute Gaben geben; wie viel mehr wird euer Vater im Himmel °Gutes geben denen, die ihn bitten! °Jac. 1, 17. Jac. 1, 17.

12. Alles nun, °was ihr wollet, daß euch die Leute thun sollen, das thut Ihr ihnen: das ist °das Gesetz und die Propheten. °Luc. 6, 31. °°Matth. 22, 40. Röm. 13, 8. 10.

13. Gehet ein durch die enge °Pforte. Denn die Pforte ist weit, und der Weg ist breit, der zur Verdammniß abführet; und ihrer sind viele, die darauf wandeln. °Luc. 13, 24.

14. Und die Pforte ist °enge, und der Weg ist schmal, der zum Leben führet; und wenige sind ihrer, die ihn finden. °Apost. 14, 22.

(Evangelium am 8. Sonnt. nach Trinit.)

15. Sehet euch vor vor °den falschen Propheten, die in Schafskleidern zu euch kommen; †inwendig aber sind sie reißende Wölfe. °Jer. 14, 14. †Apost. 20, 29.

16. An °ihren Früchten sollt ihr sie erkennen. Kann man auch Trauben lesen von den Dornen, oder Feigen von den Disteln? °Luc. 6, 44. Jac. 3, 12. †1 Tim. 6, 20. 21.

17. Also ein jeglicher guter Baum bringet gute Früchte; aber ein fauler Baum bringet arge Früchte.

18. Ein guter °Baum kann nicht arge Früchte bringen, und ein fauler Baum kann nicht gute Früchte bringen. °c. 12, 33.

19. Ein °jeglicher Baum, der nicht gute Frucht bringet, wird abgehauen und in's Feuer geworfen. °c. 3, 10. Joh. 15, 2. 6.

20. Darum an ihren Früchten sollt ihr sie erkennen.

21. Es werden °nicht Alle, die zu mir sagen: HErr, HErr! in das Himmelreich kommen; sondern die den Willen thun meines Vaters im Himmel. °Röm. 2, 13. Jac. 1, 22. 23.

22. Es werden Viele °zu mir sagen an jenem Tage: HErr, HErr! haben wir nicht in deinem Namen geweissaget? Haben °°wir nicht in deinem Namen Teufel ausgetrieben? Haben wir nicht in deinem Namen viele Thaten gethan? °Jer. 6, 46. °°Luc. 13, 26. 27.

23. Dann werde ich ihnen bekennen: Ich habe euch noch nie erkannt; °weichet Alle von mir, ihr Uebelthäter! °c. 25, 41. Ps. 6, 9.

24. Darum, °wer diese meine Rede höret, und thut sie, den vergleiche ich einem klugen Manne, der sein Haus auf einen Felsen bauete. °Jac. 1, 25.

25. Da nun ein Platzregen fiel, und ein Gewässer kam, und wehten die Winde, und stießen an das Haus; fiel es doch nicht; denn es war auf einem Felsen gegründet. °c. 18, 19.

26. Und wer diese meine Rede höret, und thut sie nicht, der ist einem thörichten Manne gleich, der sein Haus auf den Sand bauete.

27. Da nun ein Platzregen °fiel, und kam ein Gewässer, und weheten die Winde, und stießen an das Haus; da fiel es, und that einen großen Fall. °Hesek. 13, 11.

28. Und es begab sich, da JEsus diese Rede vollendet hatte, °entsetzte sich das Volk über seine Lehre. °Marc. 1, 22. Luc. 4, 32.

29. Denn er predigte gewaltig, und nicht wie die Schriftgelehrten.

Das 8. Capitel.

Christi Wunderwerke diesseit und jenseit des Meers.

(Evangelium am 3. Sonnt. nach Epiph.)

1. Da er aber vom Berge herab ging, folgte ihm viel Volks nach. °c. 5, 1.

2. Und siehe, ein °Aussätziger kam und betete ihn an, und sprach: HErr, so du willst, kannst du mich wohl reinigen. °Marc. 1, 40. Luc. 5, 12.

3. Und JEsus streckte seine Hand aus, rührete ihn an, und sprach: Ich will es thun; sey gereiniget! Und alsobald ward er von seinem Aussatz rein.

4. Und JEsus sprach zu ihm: Siehe zu, sage es Niemand; sondern °gehe hin, und zeige dich dem Priester, und opfere die Gabe, die †Moses befohlen hat, zu einem Zeugniß über sie. °Marc. 1, 44. †3 Mos. 14, 2.

5. Da aber °JEsus einging zu Capernaum, trat ein Hauptmann zu ihm, der bat ihn. °Luc. 7, 2 f.

6. Und sprach: HErr, mein Knecht liegt zu Hause, und ist gichtbrüchig, und hat große Qual.

7. JEsus sprach zu ihm: Ich will kommen und ihn gesund machen.

8. Der Hauptmann antwortete und sprach: HErr, ich bin nicht werth, daß du unter mein Dach gehest; sondern sprich

sprich nur ein Wort, so wird mein Knecht gesund.

9. Denn ich bin ein Mensch, dazu der Obrigkeit unterthan, und habe unter mir Kriegsknechte; noch, wenn ich sage zu einem: Gehe hin! so gehet er; und zum andern: Komm her! so kommt er; und zu meinem Knechte: Thue das! so thut er's.

10. Da das JEsus hörete, verwunderte er sich, und sprach zu denen, die ihm nachfolgten: Wahrlich, ich sage euch, solchen Glauben habe ich in Israel nicht gefunden.

11. Aber ich sage euch: Viele werden kommen *vom Morgen und vom Abend, und mit **Abraham und Isaak und Jakob im Himmelreich sitzen. *Jes. 49, 12.
**Jer. 23, m. ??.

12. Aber die Kinder des Reichs werden ausgestoßen in die äußerste *Finsterniß hinaus, da wird seyn Heulen und Zähnklappen. *c. 22, 13. c. 25, 30.

13. Und JEsus sprach zu dem Hauptmann: *Gehe hin; dir geschehe, wie du geglaubet hast! Und sein Knecht ward gesund zu derselbigen Stunde.] *c. 9, 29.
c. 15, 28.

14. Und *JEsus kam in Petri Haus, und sahe, daß seine Schwieger lag, und hatte das Fieber. *Marc. 1, 29. f. Luc. 4, 38.

15. Da *griff er ihre Hand an, und das Fieber verließ sie. Und sie stand auf, und dienete ihnen. *c. 2, 20.

16. *Am Abend aber *brachten sie viele Besessene zu ihm; und er trieb die Geister aus mit Worten, und machte allerlei Kranke gesund. *Marc. 1, 32. Luc. 4, 40.

17. Auf daß erfüllet würde, das gesagt ist durch den Propheten Jesaias, der *da spricht: Er hat unsere Schwachheit auf sich genommen, und unsere Seuche hat er getragen. *Jes. 53, 4. 6. 1 Petr. 2, 24.

18. Und da JEsus viel Volks um sich sahe, hieß er hinüber jenseit des Meers fahren.

19. Und *es trat zu ihm ein Schriftgelehrter, der sprach zu ihm: Meister, ich will dir folgen, wo du hingehest. *Luc. 9, 57.

20. JEsus sagte zu ihm: Die Füchse haben Gruben, und die Vögel unter dem Himmel haben Nester; aber des Menschen Sohn *hat nicht, da er sein Haupt hinlege. *1 Cor. 4, 11.

21. Und ein anderer unter seinen Jüngern sprach zu ihm: HErr, erlaube mir, daß ich hingehe, und zuvor meinen Vater begrabe.

22. Aber JEsus sprach zu ihm: Folge du mir, und laß die *Todten ihre Todten begraben. *1 Tim. 5, 6.

(Evangelium am 4 Sonnt. nach Epiph.)

23. *Und *er trat in das Schiff, und seine Jünger folgten ihm. *Marc. 4, 36. f.
Luc. 8, 22.

24. Und siehe, da erhob sich ein groß Ungestüm im Meer, also, daß auch das Schifflein mit Wellen bedeckt ward; und *Er schlief. *Jes. 1, 4. 6.

25. Und die Jünger traten zu ihm, und weckten ihn auf, und sprachen: HErr, hilf uns; wir verderben!

26. Da sagte er zu ihnen: *Ihr Kleingläubigen! warum seyd ihr so furchtsam? Und stand auf, und bedrohete den Wind und das Meer: da ward es ganz stille. *c. 6, 30.

27. Die Menschen aber verwunderten sich, und sprachen: *Was ist das für ein Mann, daß ihm Wind und Meer gehorsam ist!) *Ser. 30, 4.

28. Und er kam jenseit des Meers, *in die Gegend der Gergesener. Da liefen ihm entgegen zween Besessene, die kamen aus den Todtengräbern, und waren sehr grimmig, also, daß Niemand dieselbe Straße wandeln konnte. *Marc. 5, 1. Luc. 8, 26.

29. Und siehe, sie schrieen und sprachen: Ach JEsu, du *Sohn GOttes, was haben wir mit dir zu thun! Bist du hergekommen, uns zu quälen, ehe denn es Zeit ist? *Luc. 4, 41.

30. Es war aber ferne von ihnen eine große Heerde Säue an der Weide.

31. Da baten ihn die Teufel, und sprachen: Mußt du uns austreiben, so erlaube uns, in die Heerde Säue zu fahren.

32. Und er sprach: *Fahret hin! Da fuhren sie aus, und fuhren in die Heerde Säue. Und siehe, die ganze Heerde Säue stürzte sich mit einem Sturm in's Meer, und ersoffen im Wasser. *Luc. 8, 32. 33.

33. Und die Hirten flohen und gingen hin in die Stadt, und sagten das Alles, und wie es mit den Besessenen ergangen war.

34. Und siehe, da ging die ganze Stadt heraus, JEsu entgegen. Und da sie ihn sahen, *baten sie ihn, daß er von ihrer Grenze weichen wollte. *Marc. 5, 17. Luc. 8, 37.

Das 9. Capitel

Wunderwerke Christi nach seiner Heimfahrt.
(Evangelium am 19. Sonnt. nach Trinit.)

1. Da trat er in das Schiff, und fuhr wieder herüber, und kam in seine Stadt.
2. Und siehe, da *brachten sie zu ihm einen Gichtbrüchigen, der lag auf einem Bette. Da nun JEsus ihren Glauben sahe, sprach er zu dem Gichtbrüchigen: Sey getrost, mein Sohn; deine Sünden sind dir vergeben. *Marc. 2, 1. f. Luc. 5, 18.
3. Und siehe, Etliche unter den Schriftgelehrten sprachen bei sich selbst: Dieser lästert GOtt.
4. Da aber JEsus ihre Gedanken sahe, sprach er: Warum denket ihr so Arges in euren Herzen?
5. Welches ist leichter, zu sagen: Dir sind deine Sünden vergeben; oder zu sagen: Stehe auf und wandle?
6. Auf daß ihr aber wisset, daß des Menschen Sohn Macht habe, auf Erden die Sünden zu vergeben; sprach er zu dem Gichtbrüchigen: Stehe auf, hebe dein Bette auf, und gehe heim.
7. Und er stand auf, und ging heim.
8. Da das Volk das sahe, verwunderte es sich, und pries GOtt, der solche Macht den Menschen gegeben hat.

(Evangelium am Matthäi-Tage.)

9. Und da JEsus von dannen ging, sahe er einen Menschen am Zoll sitzen, der hieß Matthäus, und sprach zu ihm: Folge mir. Und er stand auf, und folgte ihm.
10. Und es begab sich, da er zu Tische saß im Hause; siehe, da kamen viele Zöllner und Sünder, und saßen zu Tische mit JEsu und seinen Jüngern.
11. Da das die Pharisäer sahen, sprachen sie zu seinen Jüngern: Warum isset euer Meister mit den Zöllnern und Sündern?
12. Da das JEsus hörete, sprach er zu ihnen: Die Starken *bedürfen des Arztes nicht, sondern die Kranken. *Luc. 5, 31.
13. Gehet aber hin, und lernet, was das sey: Ich *habe Wohlgefallen an Barmherzigkeit, und nicht am Opfer. Ich bin gekommen, die Sünder zur Buße zu rufen, und nicht die Frommen.] *1 Sam. 15, 22.
14. Indeß *kamen die Jünger Johannis zu ihm, und sprachen: Warum fasten wir und die Pharisäer so viel, und deine Jünger fasten nicht? *Marc. 2, 18. Luc. 5, 33.
15. JEsus sprach zu ihnen: Wie können die Hochzeitleute Leide tragen, so lange der Bräutigam bei ihnen ist? Es wird aber die Zeit kommen, daß der *Bräutigam von ihnen genommen wird; alsdann werden sie fasten. *Joh. 3, 29.
16. Niemand flicket ein altes Kleid mit einem Lappen von neuem Tuch; denn der Lappe reißt doch wieder vom Kleide, und der Riß wird ärger.
17. Man fasset auch nicht Most in alte Schläuche; anders die Schläuche zerreißen, und der Most wird verschüttet, und die Schläuche kommen um. Sondern man fasset Most in neue Schläuche, so werden sie beide mit einander behalten.

(Evangelium am 24. Sonnt. nach Trinit.)

18. Da er solches mit ihnen redete, siehe, da kam der *Obersten einer, und fiel vor ihm nieder, und sprach: HErr, meine Tochter ist jetzt gestorben; aber komm, und lege deine Hand auf sie, so wird sie lebendig. *Marc. 5, 22. f. Luc. 8, 41.
19. Und JEsus stand auf, und folgte ihm nach, und seine Jünger.
20. Und siehe, *ein Weib, das zwölf Jahre den Blutgang gehabt, trat von hinten zu ihm, und rührete seines Kleides Saum an. *Marc. 5, 25. f.
21. Denn sie sprach bei sich selbst: Möchte ich nur *sein Kleid anrühren, so würde ich gesund. *c. 14, 36.
22. Da wandte sich JEsus um, und sahe sie, und sprach: Sey getrost, meine Tochter; dein Glaube hat dir geholfen. Und das Weib ward gesund zu derselbigen Stunde.
23. Und als er in des Obersten Haus kam, und sahe die Pfeifer und das Getümmel des Volks,
24. Sprach er zu ihnen: Weichet! denn das Mägdlein ist nicht todt, sondern es schläft. Und sie verlachten ihn.
25. Als aber das Volk ausgetrieben war, ging er hinein, und ergriff sie bei der Hand; da stand das Mägdlein auf.
26. Und dies *Gerücht erscholl in dasselbige ganze Land.] *Luc. 7, 17.
27. Und da JEsus von dannen fürbaß ging, folgten ihm zween Blinde nach, die schrieen und sprachen: *Ach, du Sohn Davids, erbarme dich unser! *c. 15, 22. c. 20, 30.
28. Und da er heim kam, traten die Blinden

den zu ihm. Und JEsus sprach zu ihnen: Glaubet ihr, daß ich euch solches thun kann? Da sprachen sie zu ihm: HErr, ja.

29. Da rührete er ihre Augen an, und sprach: Euch geschehe * nach eurem Glauben. *c. 8, 13.

30. Und ihre Augen wurden geöffnet. Und JEsus * bedrohete sie, und sprach: Sehet zu, daß es Niemand erfahre. *Marc. 1, 43. c. 7, 30.

31. Aber sie gingen aus, und machten ihn ruchtbar in demselbigen ganzen Lande.

32. Da nun diese waren hinausgekommen, siehe, da * brachten sie zu ihm einen Menschen, der war stumm und besessen. *c. 12, 22. Luc. 11, 14.

33. Und da der Teufel war ausgetrieben, redete der Stumme. Und das Volk verwunderte sich und sprach: Solches ist noch nie in Israel ersehen worden.

34. Aber die Pharisäer sprachen: *Er treibet die Teufel aus durch der Teufel Obersten. *c. 12, 24. Luc. 11, 15.

35. Und JEsus ging * umher in alle Städte und Märkte, lehrete in ihren Schulen, und predigte das Evangelium von dem Reich, und heilete allerlei Seuche und allerlei Krankheit im Volk. *Marc. 6, 6.

36. Und da * er das Volk sahe, jammerte ihn desselbigen; denn sie waren verschmachtet und zerstreuet, wie die Schafe, die keinen Hirten haben. *Marc. 6, 34.

37. Da * sprach er zu seinen Jüngern: Die Ernte ist groß; aber wenig sind der Arbeiter. *Luc. 10, 2.

38. Darum bittet den HErrn der Ernte, daß * er Arbeiter in seine Ernte sende. *Mica 3, 13. 16.

Das 10. Capitel.
Bet. von zwölf Jüngern Christi.

1. Und * er rief seine zwölf Jünger zu sich, und gab ihnen Macht über die unsaubern Geister, daß sie dieselben austrieben, und heileten allerlei Seuche und allerlei Krankheit. *Marc. 3, 7. Luc. 9, 1.

2. Die Namen aber der zwölf Apostel sind diese: Der erste * Simon, genannt Petrus; und Andreas, sein Bruder; Jacobus, Zebedäi Sohn; und Johannes, sein Bruder; *Marc. 3, 16. 1. Luc. 6, 1. 13.

3. Philippus, und Bartholomäus; Thomas; und Matthäus, der Zöllner; Jacobus, Alphäi Sohn; Lebbäus, mit dem Zunamen Thaddäus;

4. Simon von Cana; und Judas Ischarioth, welcher ihn verrieth.

5. Diese Zwölf sandte JEsus, gebot ihnen, und sprach: Gehet nicht auf der Heiden Straße, und ziehet nicht in der Samariter Städte;

6. Sondern gehet hin zu den verlornen Schafen * aus dem Hause Israels. *c. 15, 24. Apost. 13, 46.

7. Gehet aber und prediget, und sprechet: *Das Himmelreich ist nahe herbei gekommen. *c. 3, 2. c. 4, 17. Luc. 10, 6.

8. Machet die Kranken gesund, reiniget die Aussätzigen, wecket die Todten auf, treibet die Teufel aus. Umsonst habt ihr es empfangen, umsonst gebet es auch.

9. Ihr * sollt nicht Gold, noch Silber, noch Erz in euren Gürteln haben; *Marc. 6, 8. Luc. 9, 3.

10. Auch keine Taschen zur Wegfahrt, auch nicht zween Röcke, keine Schuhe, auch keinen Stecken. Denn ein Arbeiter ist seiner Speise werth.

11. Wo * ihr aber in eine Stadt oder Markt gehet, da erkundiget euch, ob Jemand darinnen sey, der es werth ist; und bei demselben bleibet, bis ihr von dannen ziehet. *Marc. 6, 10. Luc. 10, 8. 10.

12. Wo * ihr aber in ein Haus gehet, so grüßet dasselbige. *Luc. 10, 3. 5.

13. Und so es dasselbige Haus werth ist, wird euer Friede auf sie kommen. Ist es aber nicht werth, so wird sich euer Friede wieder zu euch wenden.

14. Und * wo euch Jemand nicht annehmen wird, noch eure Rede hören; so gehet heraus von demselbigen Hause oder Stadt, und schüttelt ** den Staub von euren Füßen. *Marc. 6, 11. Apost. 8, 6. **Apost. 13, 51. c. 18, 6.

15. Wahrlich, ich sage euch: Dem Lande der Sodomer und Gomorrer wird es erträglicher ergehen am jüngsten Gericht, denn solcher Stadt.

16. Siehe, * Ich sende euch wie Schafe mitten unter die Wölfe: darum †seyd klug, wie die Schlangen, und ohne Falsch, wie die Tauben. *Luc. 10, 3. †Röm. 16, 19.

17. Hütet euch aber vor den Menschen; denn *sie werden euch überantworten vor ihre Rathhäuser, und werden euch geißeln in ihren Schulen. *c. 24, 9. Luc. 21, 12.

18. Und * man wird euch vor Fürsten und Könige führen um meinetwillen,

len, zum Zeugniß über sie und über die Heiden. *Marc. 13, 9.

19. Wenn sie *euch nun überantworten werden, so sorget nicht, wie oder was ihr reden sollt; denn es soll euch zu der Stunde gegeben werden, was ihr reden sollt. *Marc. 14, 11. Luc. 12, 11. c. 21, 14. 15.

20. Denn ihr seyd es nicht, die da reden; sondern eures Vaters Geist ist es, der durch euch redet.

21. Es wird aber ein Bruder den andern zum Tode überantworten, und der Vater den Sohn; und die Kinder werden sich empören wider ihre Eltern, und ihnen zum Tode helfen.

22. Und müsset gehasset *werden von Jedermann, um meines Namens willen. Wer aber bis an das Ende beharret, der wird selig. *Cap. 24, 13.

23. Wenn sie euch aber in einer Stadt verfolgen, so fliehet in eine andere. Wahrlich, ich sage euch: Ihr werdet die Städte Israels nicht ausrichten, bis des Menschen Sohn kommt.

24. Der *Jünger ist nicht über seinen Meister, noch der Knecht über den Herrn. *Joh. 13, 16. c. 15, 20.

25. Es ist dem Jünger genug, daß er sey, wie sein Meister, und der Knecht, wie sein Herr. *Haben sie den Hausvater Beelzebub geheißen, wie viel mehr werden sie seine Hausgenossen also heißen? *c. 12, 24.

26. Darum fürchtet euch nicht vor ihnen. *Es ist nichts verborgen, das nicht offenbar werde, und ist nichts heimlich, das man nicht wissen werde. *Marc. 4, 22. Luc. 8, 17.

27. Was *ich euch sage im Finsterniß, das redet im Licht: und was ihr höret in das Ohr, das prediget auf den Dächern. *Luc. 12, 2. f.

28. Und fürchtet euch nicht vor denen, die den Leib tödten, und die Seele nicht mögen tödten. Fürchtet euch aber vielmehr vor dem, der Leib und Seele verderben mag in die Hölle.

29. Kanst man nicht zween Sperlinge um Einen Pfennig? Noch fällt derselben keiner auf die Erde, ohne euren Vater.

30. Nun aber sind auch eure Haare auf dem Haupte alle gezählet.

31. Darum fürchtet euch nicht; ihr seyd besser, denn viele Sperlinge.

32. Darum, wer mich bekennet vor den Menschen, den will Ich bekennen vor meinem himmlischen Vater.

33. Wer *mich aber verleugnet vor den Menschen, den will Ich auch verleugnen vor meinem himmlischen Vater. *2 Tim. 2, 12. f.

34. Ihr sollt nicht wähnen, daß Ich gekommen sey, Frieden zu senden auf Erden. Ich bin nicht gekommen, Frieden zu senden, sondern das Schwert.

35. Denn *ich bin gekommen, den Menschen zu erregen wider seinen Vater, und die Tochter wider ihre Mutter, und die Schnur wider ihre Schwieger.
*Mich. 7, 6. Luc. 12, 53.

36. Und des Menschen Feinde werden seine eigenen Hausgenossen seyn.

37. Wer *Vater oder Mutter mehr liebt, denn mich, der ist meiner nicht werth. Und wer Sohn oder Tochter mehr liebt, denn mich, der ist meiner nicht werth.
*5 Mos. 13, 6. Luc. 14, 26.

38. Und wer *nicht sein Kreuz auf sich nimmt, und folget mir nach, der ist meiner nicht werth. *c. 16, 24. f.

39. Wer *sein Leben findet, der wird es verlieren; und wer sein Leben verlieret um meinetwillen, der wird es finden. *Luc. 17, 33.

40. Wer *euch aufnimmt, der nimmt mich auf; und wer mich aufnimmt, der nimmt den auf, der mich gesandt hat.
*c. 18, 5. Luc. 12, 16. Joh. 13, 20.

41. *Wer einen Propheten aufnimmt in eines Propheten Namen, der wird eines Propheten Lohn empfangen. Wer einen Gerechten aufnimmt in eines Gerechten Namen, der wird eines Gerechten Lohn empfangen. *1 Kön. 17, 10. c. 18, 4.

42. Und *wer dieser Geringsten einen nur mit einem Becher kalten Wassers tränket, in eines Jüngers Namen; wahrlich, ich sage euch, es wird ihm nicht unbelohnt bleiben. *c. 25, 40. Marc. 9, 41.

Das 11. Capitel.

Johannes Botschaft. Christi große Drohung und freundliche Einladung.

1. Und es begab sich, da Jesus solch Gebot zu seinen zwölf Jüngern vollendet hatte, ging er von dannen fürbaß, zu lehren und zu predigen in ihren Städten.
(Evangelium am 3. Sonnt. des Advents.)

2. Da aber *Johannes im Gefängniß die Werke Christi hörete, sandte er seiner Jünger zween, *Luc. 7, 18. 19.

3. Und ließ ihm sagen: Bist *Du der

da kommen soll, oder sollen wir eines Andern warten? *2 Mos. 14, 19.

4. JEsus antwortete, und sprach zu ihnen: Gehet hin, und saget Johanni wieder, was ihr sehet und höret.

5. Die *Blinden sehen, und die Lahmen gehen, die Aussätzigen werden rein, und die Tauben hören, die Todten stehen auf, und ** den Armen wird das Evangelium geprediget. *v. 12, 20. Joh. 9, 6. Luc. 7, 21. **Jes. 61, 1.]

6. Und selig ist, der sich nicht *an mir ärgert. *c. 13, 57.

7. Da die *hingingen, fing JEsus an zu reden zu dem Volk von Johannes: Was seyd ihr hinaus gegangen in die Wüste, zu sehen? Wolltet ihr ein Rohr sehen, das der Wind hin und her wehet? *Mal. 3, 1.

8. Oder was seyd ihr hinaus gegangen zu sehen? Wolltet ihr einen Menschen in weichen Kleidern sehen? Siehe, die da weiche Kleider tragen, sind in der Könige Häusern.

9. Oder was seyd ihr hinaus gegangen zu sehen? Wolltet ihr einen *Propheten sehen? Ja, ich sage euch, der auch mehr ist, denn ein Prophet. *Luc. 1, 76. c. 7, 26.

10. Denn dieser ist's von dem *geschrieben stehet: Siehe, Ich sende meinen Engel vor dir her, der deinen Weg vor dir bereiten soll.] *Mal. 3, 1. Marc. 1, 2.

11. Wahrlich, ich sage euch: *Unter Allen, die von Weibern geboren sind, ist nicht aufgekommen, der größer sey, denn Johannes, der Täufer; der aber der Kleinste ist im Himmelreich, ist größer, denn er. *Luc. 7, 28.

12. Aber *von den Tagen Johannis, des Täufers, bis hieher, leidet das Himmelreich Gewalt; und die Gewalt thun, die reißen es zu sich. *Luc. 16, 16.

13. Denn alle Propheten und das Gesetz haben geweissaget bis auf Johannes.

14. Und (so ihr es wollt annehmen) *Er ist Elias, der da soll zukünftig seyn. *Mal. 4, 5. Matth. 17, 12.

15. *Wer Ohren hat zu hören, der höre! *Marc. 7, 16.

16. Wem soll ich aber dies Geschlecht vergleichen! *Es ist den Kindlein gleich, die an dem Markt sitzen, und rufen gegen ihre Gesellen, *Luc. 7, 31, f.

17. Und sprechen: Wir haben euch gepfiffen, und ihr wolltet nicht tanzen;

wir haben euch geklaget, und ihr wolltet nicht weinen.

18. Johannes ist gekommen,* aß nicht und trank nicht; so sagen sie: Er hat den Teufel. *c. 3, 4. Luc. 7, 33.

19. Des Menschen Sohn ist gekommen, *isset und trinket; so sagen sie: Siehe, wie ist der Mensch ein Fresser und ein Weinsäufer, der Zöllner und der Sünder Geselle! Und die Weisheit muß sich rechtfertigen lassen von ihren Kindern. *v. 2, 10, f.

20. Da fing er an die Städte zu schelten, in welchen am meisten seiner Thaten geschehen waren, und hatten sich doch nicht gebessert;

21. Wehe *dir, Chorazin! wehe dir, Bethsaida! Wären solche Thaten zu Tyro und Sidon geschehen, als bei euch geschehen sind; sie hätten vor Zeiten im Sack und in der Asche Buße gethan. *Jes. 19, 12.

22. Doch ich sage euch: Es wird Tyro und Sidon erträglicher ergehen am jüngsten Gericht, denn euch.

23. Und du Capernaum, die du *bist erhoben bis an den Himmel, du wirst bis in die Hölle hinunter gestoßen werden. Denn so zu Sodom die Thaten geschehen wären, die bei dir geschehen sind; sie stünde noch heutiges Tages. *Jes. 14, 13.

24. Doch ich sage euch: Es wird der Sodomer Lande erträglicher ergehen am jüngsten Gericht, denn dir.

(Evangelium am Matthias-Tage.)

25. Zu derselbigen Zeit antwortete JEsus, und sprach: *Ich preise dich, Vater und HErr Himmels und der Erde, daß du solches den Weisen** und Klugen verborgen hast, und hast es den Unmündigen geoffenbaret. *Luc. 10, 21. **1 Cor. 1, 27.

26. Ja, Vater; denn es ist also wohlgefällig gewesen vor dir.

27. Alle Dinge *sind mir übergeben von meinem Vater. Und Niemand kennet den Sohn, denn nur der Vater; und Niemand kennet den Vater, denn nur der Sohn, und wem es der Sohn will offenbaren.
*c. 28, 18. Ps. 8, 7. Joh. 3, 35. c. 17, 2. 1 Cor. 15, 27. Eph. 1, 21. Phil. 2, 9. Ebr. 2, 8.

28. Kommt *her zu mir Alle, die ihr mühselig und beladen seyd; Ich will euch erquicken. *Jes. 55, 1, f. Jer. 31, 25.

29. Nehmet auf euch mein Joch, und lernet von mir; denn ich bin sanft-

sanftmüthig und von Herzen demü-
thig: So werdet ihr Ruhe *finden
für eure Seelen.   *Jer. 6, 16.
30. Denn mein Joch ist sanft, und
*meine Last ist leicht.]   *1 Joh. 5, 3.

Das 12. Capitel.
Christi Rede mit den Pharisäern.

1. Zu der Zeit *ging JEsus durch die Saat am Sabbath; und seine Jünger waren hungrig, fingen an Aehren auszuraufen, und aßen.   *Marc. 2, 23. Luc. 6, 1.

2. Da das die Pharisäer sahen, sprachen sie zu ihm: Siehe, deine Jünger thun, das sich nicht ziemet am *Sabbath zu thun.
*2 Mos. 20, 10.

3. Er aber sprach zu ihnen: Habt ihr nicht gelesen, *was David that, da ihn, und die mit ihm waren, hungerte?
*1 Sam. 21, 3. 2 c. 6, 3

4. Wie er in das Gotteshaus ging, und aß die Schaubrote, die ihm doch nicht ziemeten zu essen, noch denen, die mit ihm waren, sondern *allein den Priestern?
*2 Mos. 29, 33. Marc. 2, 26.

5. Oder habt ihr nicht gelesen im Gesetz, wie die Priester am Sabbath im Tempel den Sabbath brechen, und sind doch ohne Schuld?

6. Ich sage aber euch, daß hier der ist, der auch größer ist, denn der Tempel.

7. Wenn ihr aber wüßtet, was das sey: *Ich habe Wohlgefallen an der Barmherzigkeit, und nicht an Opfer; hättet ihr die Unschuldigen nicht verdammet.
*Kap. 9, 13. 1 Sam. 15, 22.

8. Des Menschen Sohn ist ein Herr, auch über den Sabbath.

9. Und er ging von dannen fürbaß, und kam in ihre Schule.

10. Und siehe, da war ein Mensch, der hatte eine verdorrete Hand. Und sie fragten ihn, und sprachen: Ist es auch recht am Sabbath heilen? Auf daß sie eine Sache zu ihm hätten.

11. Aber er sprach zu ihnen: Welcher ist unter euch, so er Ein Schaf hat, das ihm am Sabbath in die Grube fällt, der es nicht ergreife und aufhebe?

12. Wie viel besser ist nun ein Mensch, denn ein Schaf! Darum mag man wohl am Sabbath Gutes thun.

13. Da sprach er zu dem Menschen: Strecke deine Hand aus. Und er streckte sie aus; und sie ward ihm wieder gesund, gleich wie die andere.

14. Da *gingen die Pharisäer hinaus, und hielten einen Rath über ihn, wie sie ihn umbrächten.   *Ps. 2, 2. Marc. 3, 6. Luc. 6, 11.

15. Aber da JEsus das erfuhr, wich er von dannen. Und ihm folgte viel Volks nach, und er heilete sie Alle,

16. Und *bedrohete sie, daß sie ihn nicht meldeten.   *c. 9, 30.

17. Auf daß erfüllet würde, das gesagt ist durch den *Propheten Jesaias, da spricht: *Jes. 42, 1, 2.

18. Siehe, das ist mein Knecht, den ich erwählet habe, und mein Liebster, *an dem meine Seele Wohlgefallen hat. **Ich will meinen Geist auf ihn legen, und er soll den Heiden das Gericht verkündigen.
*c. 3, 17. **Jes. 11, 2.

19. Er wird nicht zanken, noch schreien, und man wird sein Geschrei nicht hören auf den Gassen;

20. Das zerstoßene Rohr wird er nicht zerbrechen, und das *glimmende Tocht wird er nicht auslöschen, bis daß er ausführe das Gericht zum Siege;
*Jes. 41, 1. Hesek. 34, 16.

21. Und die Heiden werden auf seinen Namen hoffen.

22. Da ward ein *Besessener zu ihm gebracht, der war blind und stumm; und er heilete ihn also, daß der Blinde und Stumme beides redete und sahe.   *c. 9, 32.

23. Und *alles Volk entsetzte sich, und sprach: Ist dieser nicht Davids Sohn?
*c. 9, 33.

24. Aber die Pharisäer, da sie es höreten, sprachen sie: *Er treibt die Teufel nicht anders aus, denn durch Beelzebub, der Teufel Obersten.   *v. 6, 34. Marc. 3, 22. Luc. 11, 15.

25. JEsus vernahm aber ihre Gedanken, und sprach zu ihnen: Ein jegliches Reich, so es mit ihm selbst uneins wird, das wird wüste; und eine jegliche Stadt oder Haus, so es mit ihm selbst uneins wird, mag nicht bestehen.   *Luc. 11, 17.

26. So denn nun Satan den andern austreibet, so muß er mit ihm selbst uneins seyn; wie mag denn sein Reich bestehen?

27. So Ich aber die Teufel durch Beelzebub austreibe, durch wen treiben sie eure Kinder aus? Darum werden sie eure Richter seyn.

28. So Ich aber *die Teufel durch den Geist GOttes austreibe, so ist je das Reich GOttes zu euch gekommen.   *1 Joh. 3, 8.

29. Oder

29. Oder wie kann Jemand in eines Starken Haus gehen, und ihm seinen Hausrath *rauben? es sey denn, daß er zuvor den Starken binde, und alsdann ihm sein Haus beraube. * Jef. 49, 24.

30. Wer *nicht mit mir ist, der ist wider mich; und wer nicht mit mir sammelt, der zerstreuet. * Cap. 11, 23.

31. Darum sage ich euch: *Alle Sünde und Lästerung wird den Menschen vergeben; aber die Lästerung wider den Geist wird den Menschen †nicht vergeben. * Marc. 3, 28. † 1 Sam. 12, 10. Ebr. 10, 29.

32. Und wer etwas redet †wider des Menschen Sohn, dem wird es vergeben; aber wer etwas redet wider den heiligen Geist, dem wird es nicht vergeben, weder in dieser, noch in jener Welt.

33. Setzet *entweder einen guten Baum, so wird die Frucht gut; oder setzet einen faulen Baum, so wird die Frucht faul. †Denn an der Frucht erkennet man den Baum. * c. 7, 16. Sam. 6, 44.

34. Ihr Otterngezüchte, wie könnet ihr Gutes reden, dieweil ihr böse seyd! Weß das Herz *voll ist, deß gehet der Mund über. * Sam. 6, 45.

35. Ein guter Mensch bringet Gutes hervor aus seinem guten Schatz des Herzens; und ein böser Mensch bringet Böses hervor aus seinem bösen Schatz.

36. Ich sage euch aber, daß die Menschen müssen Rechenschaft geben am jüngsten Gericht von einem jeglichen *unnützen Wort, das sie geredet haben. * Erd. 4, 24.

37. Aus deinen Worten wirst du gerechtfertigt werden, und *aus deinen Worten wirst du verdammt werden. * Sam. 19, 20.

38. Da antworteten Etliche unter den Schriftgelehrten und Pharisäern, und sprachen: Meister, *wir wollten gern ein Zeichen von dir sehen. * c. 16, 1.

39. Und er antwortete, und sprach zu ihnen: *Die böse und ehebrecherische Art sucht ein Zeichen; und es wird ihr kein Zeichen gegeben werden, denn das Zeichen des Propheten Jonas. * c. 16, 4.

40. Denn gleichwie *Jonas war drei Tage und drei Nächte in des Wallfisches Bauch; also wird des Menschen Sohn drei Tage und drei Nächte mitten in der Erde seyn. * Jon. 2, 1.

41. Die Leute von Ninive werden auftreten am jüngsten Gericht mit diesem Geschlecht, und werden es verdammen; denn *sie thaten Buße nach der Predigt Jonas. Und siehe, hier ist mehr, denn Jonas. * Jon. 3, 5.

42. Die Königin von Mittag wird auftreten am jüngsten Gericht mit diesem Geschlecht, und wird es verdammen; denn *sie kam vom Ende der Erde, Salomo's Weisheit zu hören. Und siehe, hier ist mehr, denn Salomo. * 1 Kön. 10, 1.

43. Wenn *der unsaubere Geist von dem Menschen ausgefahren ist, so durchwandelt er dürre Stätte, suchet Ruhe, und findet sie nicht. * Luc. 11, 24.

44. Da spricht er denn: Ich will wieder umkehren in mein Haus, daraus ich gegangen bin; und wenn er kommt, so findet er es müßig, gekehret und geschmücket.

45. So gehet er hin, und nimmt zu sich sieben andere Geister, die ärger sind, denn er selbst; und wenn sie hinein kommen, wohnen sie allda; *und wird mit demselben Menschen hernach ärger, denn es vorhin war. Also wird es auch diesem argen Geschlecht gehen. * 2 Petr. 2, 20.

46. Da er noch also zu dem Volk redete; siehe, *da standen seine Mutter und seine Brüder draußen, die wollten mit ihm reden. * Marc. 3, 31.

47. Da sprach Einer zu ihm: Siehe, deine Mutter und deine Brüder stehen draußen, und wollen mit dir reden.

48. Er antwortete aber, und sprach zu dem, der es ihm ansagte: Wer ist meine Mutter? und wer sind meine Brüder?

49. Und reckte die Hand aus über seine Jünger, und sprach: Siehe da, das ist meine Mutter und meine Brüder.

50. Denn *wer den Willen thut meines Vaters im Himmel, †derselbige ist mein Bruder, Schwester und Mutter. * Joh. 6, 40. † Joh. 6, 21.

Das 13. Capitel.

Gleichnisse von dem Reiche Christi, und Kraft seines Worts.

1. An demselbigen *Tage ging JEsus aus dem Hause, und setzte sich an das Meer. * Marc. 4, 1.

2. Und es versammelte sich viel Volks zu ihm, also, daß er in das Schiff trat, und saß, und alles Volk stand am Ufer.

3. Und er *redete zu ihnen mancherlei durch

durch Gleichnisse, und sprach: Siehe, es ging ein Sämann aus, zu säen. *Marc. 4, 3.

4. Und indem er säete, fiel etliches an den Weg; da kamen die Vögel, und fraßen es auf.

5. Etliches fiel in das Steinigte, da es nicht viel Erde hatte; und ging bald auf, darum, daß es nicht tiefe Erde hatte.

6. Als aber die Sonne aufging, verwelkte es, und dieweil es nicht Wurzel hatte, ward es dürre.

7. Etliches fiel unter die Dornen; und die Dornen wuchsen auf, und erstickten es.

8. Etliches fiel auf ein gut Land, und trug Frucht, etliches hundertfältig, etliches sechzigfältig, etliches dreißigfältig.

9. Wer Ohren hat zu hören, der höre!

10. Und die Jünger traten zu ihm, und sprachen: Warum redest du zu ihnen durch Gleichnisse? *Marc. 4, 10. Luc. 8, 9.

11. Er antwortete und sprach: Euch ist gegeben, daß ihr das Geheimniß des Himmelreichs vernehmet; diesen aber ist es nicht gegeben. *c. 11, 25. Marc. 4, 11.

12. Denn *wer da hat, dem wird gegeben, daß er die Fülle habe; wer aber nicht hat, von dem wird auch genommen, das er hat. *c. 25, 29.

13. Darum rede ich zu ihnen durch Gleichnisse. Denn mit sehenden Augen sehen sie nicht, und mit hörenden Ohren hören sie nicht; denn sie verstehen es nicht.

14. Und über ihnen wird die Weissagung Jesaiä erfüllet, die *da sagt: Mit den Ohren werdet ihr hören, und werdet es nicht verstehen; und mit sehenden Augen werdet ihr sehen, und werdet es nicht vernehmen. *Jes. 6, 9. v. 10. Marc. 4, 12.

15. Denn dieses Volks Herz ist verstockt, und ihre Ohren hören übel, und ihre Augen schlummern, auf daß sie nicht dermaleinst mit den Augen sehen, und mit den Ohren hören, und mit dem Herzen verstehen, und sich bekehren, daß ich ihnen hülfe.

16. Aber *selig sind eure Augen, daß sie sehen, und eure Ohren, daß sie hören. *Luc. 10, 23.

17. Wahrlich, ich sage euch: *Viele Propheten und Gerechte haben begehret zu sehen, das ihr sehet, und haben es nicht gesehen; und zu hören, das ihr höret, und haben es nicht gehöret. *Luc. 10, 24.

18. So *höret nun ihr dieses Gleichniß von dem Sämanne. *Marc. 4, 14.

19. Wenn Jemand das Wort von dem Reich höret, und nicht verstehet; so kommt der Arge, und reißt es hin, was da gesäet ist in sein Herz; und der ist es, der an dem Wege gesäet ist.

20. Der aber auf das Steinigte gesäet ist, der ist es, wenn Jemand das Wort höret, und *dasselbige bald aufnimmt mit Freuden. *Jes. 8, 14.

21. Aber er hat nicht Wurzel in ihm, sondern er ist wetterwendisch; wenn sich Trübsal und Verfolgung erhebet um des Worts willen, so ärgert er sich bald.

22. Der aber unter die Dornen gesäet ist, der ist es, wenn Jemand das Wort höret, und die *Sorge dieser Welt und Betrug des Reichthums erstickt das Wort, und bringet nicht Frucht. *Jer. 10, 22. 1 Tim. 6, 9.

23. Der aber in das gute Land gesäet ist, der ist es, wenn Jemand das Wort höret, und verstehet es, und dann auch Frucht bringet; und etlicher trägt hundertfältig, etlicher aber sechzigfältig, etlicher dreißigfältig.

(Evangelium am 5. Sonnt. nach Epiph.)

24. Er legte ihnen ein ander Gleichniß vor, und sprach: Das Himmelreich ist gleich einem Menschen, der guten Samen auf seinen Acker säete.

25. Da aber die Leute schliefen, kam sein Feind, und säete Unkraut zwischen den Weizen, und ging davon.

26. Da nun das Kraut wuchs und Frucht brachte, da fand sich auch das Unkraut.

27. Da traten die Knechte zu dem Hausvater, und sprachen: Herr, hast du nicht guten Samen auf deinen Acker gesäet? Woher hat er denn das Unkraut?

28. Er sprach zu ihnen: Das hat der Feind gethan. Da sprachen die Knechte: Willt du denn, daß wir hingehen, und es ausgäten?

29. Er sprach: Nein! auf daß ihr nicht zugleich den Weizen mit ausraufet, so ihr das Unkraut ausgätet.

30. Lasset beides mit einander wachsen, bis zu der Ernte; und um der Ernte Zeit will ich zu den Schnittern sagen: Sammelt zuvor das Unkraut, und bindet es in Bündlein, daß man es verbrenne; aber den Weizen sammelt mir in meine Scheuren.]

31. Ein ander Gleichniß legte er ihnen vor,

bet, und sprach: *Das Himmelreich ist gleich einem Senfkorn, das ein Mensch nahm, und säete es auf seinen Acker. *Marc. 4, 31.

32. Welches das kleinste ist unter allen Samen; wenn es aber erwächst, so ist es das größeste unter dem Kohl, und wird ein Baum, daß die Vögel unter dem Himmel kommen, und wohnen unter seinen Zweigen.

33. Ein ander Gleichniß redete er zu ihnen: Das Himmelreich *ist einem Sauerteige gleich, den ein Weib nahm, und vermengte ihn unter drei Scheffel Mehls, bis daß es gar durchsäuert ward. *Luc. 13, 21.

34. Solches *alles redete JEsus durch Gleichnisse zu dem Volk, und ohne Gleichnisse redete er nicht zu ihnen. *Marc. 4, 33.

35. Auf daß erfüllet würde, das gesagt ist durch den Propheten, *der da spricht: Ich will meinen Mund aufthun in Gleichnissen, und will aussprechen die Heimlichkeiten von Anfang der Welt. *Ps. 78, 2.

36. Da ließ JEsus das Volk von sich, und kam heim. Und seine Jünger traten zu ihm, und sprachen: Deute uns dieses Gleichniß vom Unkraut auf dem Acker.

37. Er antwortete und sprach zu ihnen: Des Menschen Sohn ist es, der da guten Samen säet.

38. Der Acker ist die Welt. Der *gute Same sind die Kinder des Reichs. Das Unkraut sind die Kinder der Bosheit. *1 Mos. 3, 3.

39. Der Feind, der sie säet, ist der Teufel. Die Ernte ist das Ende der Welt. Die Schnitter sind die *Engel. *Offenb. 14, 15.

40. Gleichwie man nun das Unkraut ausgätet und mit Feuer verbrennet: so wird es auch am Ende dieser Welt gehen.

41. Des Menschen Sohn *wird seine Engel senden, und †sie werden sammeln aus seinem Reich alle Aergernisse, und die da Unrecht thun. *c. 24, 31. †v. 49.

42. Und werden sie in den Feuerofen werfen: da wird seyn Heulen und Zähnklappen. *c. 8, 12. c. 25, 30.

43. Dann *werden die Gerechten leuchten, wie die Sonne, in ihres Vaters Reich. Wer Ohren hat zu hören, der höre! *Dan. 12, 3.

44. Abermal ist gleich das Himmelreich einem verborgenen Schatz im Acker, welchen ein Mensch fand, und verbarg ihn, und ging hin vor Freuden über denselbigen, und *verkaufte Alles, was er hatte, und kaufte den Acker. *c. 19, 21.

45. Abermal ist gleich das Himmelreich einem Kaufmann, der gute Perlen suchte.

46. Und da er Eine köstliche *Perle fand, ging er hin, und verkaufte Alles, was er hatte, und kaufte dieselbige. *Spr. 2, 10. 11.

47. Abermal ist gleich das Himmelreich einem Netze, das in's Meer geworfen ist, damit man allerlei Gattung fänget.

48. Wenn es aber voll ist, so ziehen sie es heraus an das Ufer, sitzen und lesen die Guten in ein Gefäß zusammen; aber die Faulen werfen sie weg.

49. Also wird es auch am Ende der Welt gehen. Die Engel werden ausgehen, und die *Bösen von den Gerechten scheiden. *v. 39. 40. Matth. 25, 32.

50. Und werden sie in den Feuerofen werfen: da wird Heulen und Zähnklappen seyn.

51. Und JEsus sprach zu ihnen: Habt ihr das Alles verstanden? Sie sprachen: Ja, HErr.

52. Da sprach er: Darum ein jeglicher Schriftgelehrter, zum Himmelreich gelehrt, ist gleich einem Hausvater, der aus seinem Schatz Neues und Altes hervor trägt.

53. Und es begab sich, *da JEsus diese Gleichnisse vollendet hatte, ging er von dannen. *c. 19, 1. c. 7, 28.

54. Und kam in sein Vaterland, und lehrete sie in ihren Schulen, also auch, daß sie sich entsetzten, und sprachen: Woher kommt diesem solche Weisheit und Thaten!

55. Ist *er nicht eines Zimmermanns Sohn? Heißt nicht seine Mutter Maria? und seine Brüder Jakob, und Joses, und Simon, und Judas? *Marc. 6, 3. Joh. 6, 42.

56. Und seine Schwestern, sind sie nicht Alle bei uns? Woher kommt ihm denn das Alles?

57. Und ärgerten sich an ihm. JEsus aber sprach zu ihnen: *Ein Prophet gilt nirgend weniger, denn in seinem Vaterlande und in seinem Hause. *Marc. 6, 4. Joh. 4, 44.

58. Und er that daselbst nicht viele Zeichen, um ihres Unglaubens willen.

Das

Das 14. Capitel.

Johannis, des Täufers, Enthauptung. Christi Speisung des Volks, Gang auf dem Meer.

1. Zu der Zeit kam das Gerücht von JEsu vor den Vierfürsten Herodes.
2. Und er sprach zu seinen Knechten: Dieser ist Johannes der Täufer; er ist von den Todten auferstanden, darum thut er solche Thaten.
3. Denn Herodes hatte Johannem gegriffen, gebunden und in das Gefängniß gelegt, von wegen der Herodias, seines Bruders Philippi Weib.
4. Denn Johannes hatte zu ihm gesagt: Es ist nicht recht, daß du sie habest.
5. Und er hätte ihn gern getödtet, fürchtete sich aber vor dem Volk; denn sie hielten ihn für einen Propheten.
6. Da aber Herodes seinen Jahrestag beging, da tanzte die Tochter der Herodias vor ihnen. Das gefiel Herodi wohl.
7. Darum verhieß er ihr mit einem Eide, er wollte ihr geben, was sie fordern würde.
8. Und als sie zuvor von ihrer Mutter zugerichtet war, sprach sie: Gieb mir her auf einer Schüssel das Haupt Johannis, des Täufers.
9. Und der König ward traurig; doch um des Eides willen, und derer, die mit ihm zu Tische saßen, befahl er, es ihr zu geben.
10. Und schickte hin, und enthauptete Johannem im Gefängniß.
11. Und sein Haupt ward hergetragen in einer Schüssel, und dem Mägdlein gegeben; und sie brachte es ihrer Mutter.
12. Da kamen seine Jünger, und nahmen seinen Leib, und begruben ihn, und kamen und verkündigten das JEsu.
13. Da das JEsus hörete, wich er von dannen auf einem Schiff, in eine Wüste allein. Und da das Volk das hörete, folgte es ihm nach zu Fuß aus den Städten.
14. Und JEsus ging hervor, und sahe das große Volk; und es jammerte ihn derselbigen, und heilete ihre Kranken.
15. Am Abend aber traten seine Jünger zu ihm, und sprachen: Dieß ist eine Wüste, und die Nacht fällt daher; laß das Volk von dir, daß sie hin in die Märkte gehen und ihnen Speise kaufen.
16. Aber JEsus sprach zu ihnen: Es ist nicht Noth, daß sie hingehen; gebt ihr ihnen zu essen.
17. Sie sprachen: Wir haben hier nichts, denn fünf Brote und zween Fische.
18. Und er sprach: Bringet mir sie her.
19. Und er hieß das Volk sich lagern auf das Gras, und nahm die fünf Brote und die zween Fische, sahe auf gen Himmel, und dankte, und brach es, und gab die Brote den Jüngern; und die Jünger gaben sie dem Volk.
20. Und sie aßen Alle, und wurden satt, und hoben auf, was übrig blieb von Brocken, zwölf Körbe voll.
21. Die aber gegessen hatten, deren waren bei fünf tausend Mann, ohne Weiber und Kinder.
22. Und alsbald trieb JEsus seine Jünger, daß sie in das Schiff traten und vor ihm herüber fuhren, bis daß er das Volk von sich ließe.
23. Und da er das Volk von sich gelassen hatte, stieg er auf einen Berg allein, daß er betete. Und am Abend war er allein daselbst.
24. Und das Schiff war schon mitten auf dem Meer, und litte Noth von den Wellen; denn der Wind war ihnen zuwider.
25. Aber in der vierten Nachtwache kam JEsus zu ihnen, und ging auf dem Meer.
26. Und da ihn die Jünger sahen auf dem Meer gehen, erschraken sie, und sprachen: Es ist ein Gespenst; und schrieen vor Furcht.
27. Aber alsobald redete JEsus mit ihnen, und sprach: Seyd getrost, Ich bin es; fürchtet euch nicht.
28. Petrus aber antwortete ihm, und sprach: HErr, bist Du es, so heiß mich zu dir kommen auf dem Wasser.
29. Und er sprach: Komm her. Und Petrus trat aus dem Schiff, und ging auf dem Wasser, daß er zu JEsu käme.
30. Er sahe aber einen starken Wind. Da erschrak er, und hob an zu sinken, schrie und sprach: HErr, hilf mir!
31. JEsus aber reckte bald die Hand aus, und ergriff ihn, und sprach zu ihm: O, du Kleingläubiger, warum zweifeltest du!
32. Und sie traten in das Schiff, und der Wind legte sich.

33. Die

33. Die aber im Schiff waren, kamen und fielen vor ihm nieder, und sprachen: Du bist wahrlich GOttes Sohn. *c. 16, 16.

34. Und sie schifften hinüber, und kamen in das Land Genezareth. *Marc. 6, 53.

35. Und da die Leute an demselbigen Ort seiner gewahr wurden, schickten sie aus in das ganze Land umher, und brachten allerlei Ungesunde zu ihm;

36. Und baten ihn, daß sie nur *seines Kleides Saum anrühreten. Und Alle, die da anrühreten, wurden gesund. *Ap. 9, 14.

Das 15. Capitel
Von Menschensatzungen, dem Cananäischen Weibe, und andern Wunderwerken Christi.

1. Da *kamen zu ihm die Schriftgelehrten und Pharisäer von Jerusalem, und sprachen: *Marc. 7, 1. f.

2. Warum übertreten deine Jünger der Aeltesten Aufsätze? Sie waschen ihre Hände nicht, wenn sie Brot essen.

3. Er antwortete und sprach zu ihnen: Warum übertretet denn ihr GOttes Gebot, um eurer Aufsätze willen?

4. GOtt *hat geboten: Du sollst Vater und Mutter ehren; wer †aber Vater und Mutter flucht, der soll des Todes sterben. *c. 19, 19. Marc. 7, 10. †2 Mos. 21, 17.

5. Aber ihr lehret: Wer zum Vater oder zur Mutter spricht: Wenn ich's opfere, so ist dir's viel nützer; der thut wohl.

6. Damit geschiehet es, daß Niemand hinfort seinen Vater oder seine Mutter ehret; und habt also GOttes Gebot aufgehoben, um eurer Aufsätze willen.

7. Ihr Heuchler, es hat wohl *Jesaias von euch geweissaget und gesprochen: *Jes. 29, 13. Marc. 7, 6.

8. Dies Volk nahet sich zu mir mit seinem Munde, und ehret mich mit seinen Lippen; aber ihr Herz ist ferne von mir;

9. Aber *vergeblich dienen sie mir, dieweil sie lehren solche Lehren, die nichts denn Menschengebote sind. *2 Mos. 4, 9.

10. Und *er rief das Volk zu sich, und sprach zu ihnen: Höret zu und vernehmet es! *Marc. 7, 14.

11. Was zum Munde eingehet, das verunreiniget den Menschen nicht; sondern was zum Munde ausgehet, das verunreiniget den Menschen.

12. Da traten seine Jünger zu ihm, und sprachen: Weißt du auch, daß sich die Pharisäer ärgerten, da sie das Wort höreten?

13. Aber er antwortete und sprach: Alle Pflanzen, die mein himmlischer Vater nicht gepflanzet, die werden ausgereutet.

14. Lasset sie fahren! sie sind *blinde Blinden-Leiter; wenn aber ein Blinder den andern leitet, so fallen sie Beide in die Grube. *Röm. 2, 19. Luc. 6, 39.

15. Da antwortete Petrus, und sprach zu ihm: Deute uns dieses Gleichniß!

16. Und JEsus sprach zu ihnen: Seyd ihr denn auch noch unverständig?

17. Merket ihr noch nicht, daß Alles, was zum Munde eingehet, das gehet in den Bauch, und wird durch den natürlichen Gang ausgeworfen?

18. Was aber *zum Munde heraus gehet, das kommt aus dem Herzen, und das verunreiniget den Menschen. *Jac. 3, 6. 10.

19. Denn *aus dem Herzen kommen arge Gedanken, Mord, Ehebruch, Hurerei, Diebstahl, falsche Zeugnisse, Lästerung. *1. B. 6, 5. 1 Mos. 8, 21.

20. Das sind die Stücke, die den Menschen verunreinigen. Aber mit ungewaschenen Händen essen, verunreiniget den Menschen nicht.

(Evangelium am Sonntage Reminiscere.)

21. Und JEsus ging aus *von dannen, und entwich in die Gegend Tyri und Sidons. *Marc. 7, 24.

22. Und siehe, ein Cananäisch Weib ging aus derselbigen Grenze, und schrie ihm nach, und sprach: Ach, HErr, du Sohn Davids, *erbarme dich meiner! Meine Tochter wird vom Teufel übel geplagt. *c. 17, 20.

23. Und er antwortete ihr kein Wort. Da traten zu ihm seine Jünger, baten ihn, und sprachen: *Laß sie doch von dir, denn sie schreiet uns nach. *Pf. 14, 6.

24. Er antwortete aber, und sprach: Ich bin nicht gesandt, denn nur zu *den verlornen Schafen von dem Hause Israel. *Weish. 2, 20.

25. Sie kam aber, und fiel vor ihm nieder, und sprach: HErr, hilf mir!

26. Aber er antwortete, und sprach: Es ist *nicht fein, daß man den Kindern ihr Brot nehme, und werfe es vor die Hunde. *Marc. 7, 22.

27. Sie sprach: Ja, HErr; aber doch essen

essen die Hündlein von den Brosamlein, die von ihrer Herren Tische fallen.

28. Da antwortete JEsus, und sprach zu ihr: O Weib, *dein Glaube ist groß! dir geschehe, wie du willst. Und ihre Tochter ward gesund zu derselbigen Stunde.]
* v. 8, 13.

29. Und JEsus *ging von dannen fürbaß, und kam an das Galiläische Meer, und ging auf einen Berg, und setzte sich allda. * Marc. 7, 31.

30. Und es kam zu ihm viel Volks, die hatten mit sich *Lahme, Blinde, Stumme, Krüppel, und viele Andere, und warfen sie JEsu vor die Füße, und er heilete sie.
* v. 3, 14. Luc. 7, 22.

31. Daß sich das Volk verwunderte, da sie sahen, daß die Stummen redeten, die Krüppel gesund waren, die Lahmen gingen, die Blinden sahen; und priesen den GOtt Israels.

32. Und JEsus *rief seine Jünger zu sich, und sprach: †Es jammert mich des Volks, denn sie nun wohl drei Tage bei mir beharren, und haben nichts zu essen; und ich will sie nicht ungegessen von mir lassen, auf daß sie nicht verschmachten auf dem Wege. * Marc. 8, 1. † Matth. 20, 34.

33. Da sprachen zu ihm seine Jünger: Woher mögen wir so viel Brots nehmen in der Wüste, daß wir so viel Volks sättigen?

34. Und JEsus sprach zu ihnen: Wie viel Brote habt ihr? Sie sprachen: Sieben, und ein wenig Fischlein.

35. Und er hieß das Volk sich lagern auf die Erde.

36. Und nahm die sieben Brote und die Fische, dankte, brach sie, und gab sie seinen Jüngern; und die Jünger gaben sie dem Volk.

37. Und sie *aßen Alle, und wurden satt, und hoben auf, was überblieb von Brocken, sieben Körbe voll. * Marc. 8, 6.

38. Und die da gegessen hatten, waren vier tausend Mann, ausgenommen Weiber und Kinder.

39. Und da das Volk hatte von sich gelassen, trat er in ein Schiff, und kam in die Grenze Magdala.

Das 16. Capitel.
Die Pharisäer fordern Zeichen. Petri Bekenntniß. JEsu Leiden und seine Nachfolge.

1. Da *traten die Pharisäer und Sadducäer zu ihm; die versuchten ihn, und forderten, daß er sie ein Zeichen vom Himmel sehen ließe. * Marc. 8, 11.

2. Aber er antwortete und sprach: *Des Abends sprechet ihr: Es wird ein schöner Tag werden; denn der Himmel ist roth. * Luc. 12, 54.

3. Und des Morgens sprechet ihr: Es wird heute Ungewitter seyn; denn der Himmel ist roth und trübe. Ihr Heuchler, des Himmels Gestalt könnet ihr beurtheilen; könnet ihr denn nicht auch die *Zeichen dieser Zeit beurtheilen? * c. 11, 4.

4. Diese böse *und ehebrecherische Art suchet ein Zeichen; und soll ihr kein Zeichen gegeben werden, denn das Zeichen des Propheten Jonas. Und er ließ sie, und ging davon. * c. 12, 39. Luc. 11, 29. 30.

5. Und da *seine Jünger waren hinüber gefahren, hatten sie vergessen Brot mit sich zu nehmen. * Marc. 8, 14.

6. JEsus aber sprach zu ihnen: *Sehet zu, und hütet euch vor dem †Sauerteige der Pharisäer und Sadducäer.
* Marc. 8, 15. † Luc. 12, 1.

7. Da dachten sie bei sich selbst, und sprachen: Das wird es seyn, daß wir nicht haben Brot mit uns genommen.

8. Da das JEsus vernahm, sprach er zu ihnen: Ihr Kleingläubigen, was bekümmert ihr euch doch, daß ihr nicht habt Brot mit euch genommen!

9. Vernehmet ihr noch nichts? Gedenket ihr nicht an die *fünf Brote, unter die fünf tausend, und wie viel Körbe ihr da aufhobet? * c. 15, 17. Joh. 6, 9. f.

10. Auch nicht an die *sieben Brote, unter die vier tausend, und wie viel Körbe ihr da aufhobet? * Marc. 8, 20.

11. Wie verstehet ihr denn nicht, daß ich euch nicht sage vom Brot, wenn ich sage: Hütet euch vor dem Sauerteige der Pharisäer und Sadducäer!

12. Da verstunden sie, daß er nicht gesagt hatte, daß sie sich hüten sollten vor dem Sauerteige des Brots, sondern *vor der Lehre der Pharisäer und Sadducäer.
† 1 Cor. 5, 6.

(Evangelium am Tage Petri und Pauli.)

13. Da *kam JEsus in die Gegend der Stadt Cäsarea Philippi, und fragte seine Jünger, und sprach: Wer sagen die Leute, daß des Menschen Sohn sey? * Marc. 8, 27.

14. Sie sprachen: Etliche sagen, du seyst

seyst Johannes der Täufer; die Andern, du seyst Elias; Etliche, du seyst Jeremias, oder der Propheten einer.

15. Er sprach zu ihnen: Wer saget denn ihr, daß ich sey?

16. Da antwortete Simon Petrus, und sprach: *Du bist Christus, des lebendigen GOttes Sohn. *Joh. 6, 69.

17. Und JEsus antwortete, und sprach zu ihm: Selig bist du, Simon, Jonas Sohn; denn Fleisch und Blut hat dir das nicht geoffenbaret, sondern mein Vater im Himmel.

18. Und Ich sage dir auch: Du bist Petrus, und auf diesen Felsen will ich bauen meine Gemeine, und die Pforten der Hölle sollen sie nicht überwältigen. *Joh. 1, 2.

19. Und will dir des *Himmelreichs Schlüssel geben. Alles, was du auf Erden binden wirst, soll auch im Himmel gebunden seyn; und Alles, was du auf Erden lösen wirst, soll auch im Himmel los seyn. *c. 18, 18.

20. Da *verbot er seinen Jüngern, daß sie Niemand sagen sollten, daß Er JEsus der Christ wäre.] *c. 17, 9.

21. Von *der Zeit an fing JEsus an, und zeigte seinen Jüngern, wie er müßte hingen Jerusalem gehen, und viel leiden von den Aeltesten und Hohenpriestern und Schriftgelehrten, und getödtet werden, und am dritten Tage auferstehen. *c. 17, 22.

22. Und Petrus nahm ihn zu sich, fuhr ihn an, und sprach: HErr, schone deiner selbst; das widerfahre dir nur nicht!

23. Aber er wandte sich um, und sprach zu Petro: Hebe dich, *Satan, von mir! Du bist mir ärgerlich; denn du meinest nicht, was göttlich, sondern was menschlich ist. *2 Sam. 19, 22. Marc. 8, 33.

24. Da sprach JEsus zu seinen Jüngern: *Will mir Jemand nachfolgen, der † verleugne sich selbst, und nehme sein Kreuz auf sich, und folge mir.
*Marc. 8, 34. † Matth. 10, 38.

25. Denn wer *sein Leben erhalten will, der wird es verlieren; wer aber sein Leben verlieret um meinetwillen, der wird es finden. *Luc. 17, 33.

26. Was *hülfe es dem Menschen, so er die ganze Welt gewönne, und nähme doch Schaden an seiner Seele? Oder was kann der Mensch geben, damit er seine Seele wieder löse? *Marc. 8, 36. 37.

27. Denn es wird je geschehen, daß des Menschen Sohn komme in der Herrlichkeit seines Vaters, mit seinen Engeln; und alsdann wird er *einem Jeglichen vergelten nach seinen Werken. *c. 25, 31. 32.

28. Wahrlich, ich sage euch: *Es stehen Etliche hier, die nicht schmecken werden den Tod, bis daß sie des Menschen Sohn kommen sehen in seinem Reich. *Marc. 9, 1. Luc. 9, 27.

Das 17. Capitel.

Christus wird verkläret, der Mondsüchtige geheilet, der Zinsgroschen entrichtet.

(Evangelium am 6. Sonnt. nach Epiph.)

1. Und nach *sechs Tagen nahm JEsus zu sich Petrum, und Jacobum, und Johannem, seinen Bruder; und führete sie beiseits auf einen hohen Berg. *Marc. 9, 2.

2. Und ward *verkläret vor ihnen, und sein Angesicht leuchtete wie die Sonne, und seine Kleider wurden weiß, als ein Licht. *Joh. 1, 14. 2 Petr. 1, 16. 17.

3. Und siehe, da erschienen ihnen Moses und Elias, die redeten mit ihm.

4. Petrus aber antwortete, und sprach zu JEsu: HErr, hier ist gut seyn; willst du, so wollen wir hier drei Hütten machen, dir eine, Mosi eine, und Elias eine.

5. Da er noch also redete, siehe, da überschattete sie eine lichte Wolke. Und siehe, eine Stimme aus der Wolke sprach: *Dies ist mein lieber Sohn, an welchem ich Wohlgefallen habe, den sollt ihr hören. *Marc. 1, 11.

6. Da das die Jünger höreten, fielen sie auf ihr Angesicht, und erschraken sehr.

7. JEsus aber trat zu ihnen, *rührete sie an, und sprach: Stehet auf, und fürchtet euch nicht. *Dan. 8, 18. c. 10, 10.

8. Da sie aber ihre Augen aufhoben, sahen sie Niemand, denn JEsum alleine.

9. Und da sie vom Berge herab gingen, *gebot ihnen JEsus, und sprach: Ihr sollt dies Gesicht Niemand sagen, bis des Menschen Sohn von den Todten auferstanden ist.] *c. 16, 20.

10. Und seine Jünger fragten ihn, und sprachen: Was sagen denn die Schriftgelehrten? *Elias müsse zuvor kommen? *c. 11, 14. Mal. 4, 5.

11. JEsus antwortete, und sprach zu ihnen: *Elias soll ja zuvor kommen und Alles zurecht bringen. *Marc. 9, 12.

12. Doch ich sage euch: Es ist Elias schon

schon gekommen; und sie haben ihn nicht gekannt, sondern *haben an ihm gethan, was sie wollten. Also wird auch des Menschen Sohn leiden müssen von ihnen.
* c. 11, 14. L. 14, 8. f.

13. Da verstanden die Jünger, daß er von Johannes, dem Täufer, zu ihnen geredet hatte.

14. Und da sie zu dem Volk kamen, trat *zu ihm ein Mensch, und fiel ihm zu Füßen,
* Marc. 9, 17.

15. Und sprach: HErr, erbarme dich über meinen Sohn; denn er ist mondsüchtig, und hat ein schweres Leiden; er fällt oft in's Feuer, und oft in's Wasser;

16. Und ich habe ihn zu deinen Jüngern gebracht, und sie konnten ihm nicht helfen.

17. JEsus aber antwortete, und sprach: *O, du ungläubige und verkehrte Art, wie lange soll ich bei euch seyn? Wie lange soll ich euch dulden? Bringet mir ihn hieher.
* Luc. 9, 41. c. 11, 20.

18. Und JEsus bedrohete ihn; und der Teufel fuhr aus von ihm, und der Knabe ward gesund zu derselbigen Stunde.

19. Da traten zu ihm seine Jünger besonders, und sprachen: Warum konnten wir denn ihn nicht austreiben?

20. JEsus aber antwortete, und sprach zu ihnen: Um eures Unglaubens willen. Denn ich sage euch: Wahrlich, so ihr *Glauben habt als ein Senfkorn, so möget ihr sagen zu diesem Berge: Hebe dich von dinnen dorthin; so wird er sich heben, und euch wird nichts unmöglich seyn.
* c. 11, 21. Luc. 17, 6.

21. Aber diese Art fähret nicht aus, denn durch Beten und Fasten.

22. Da sie aber ihr Wesen hatten in Galiläa, sprach JEsus zu ihnen: *Es ist zukünftig, daß des Menschen Sohn überantwortet werde in der Menschen Hände.
* c. 20, 17. 18.

23. Und sie werden ihn tödten, und *am dritten Tage wird er auferstehen. Und sie wurden sehr betrübt.
* c. 20, 6.

24. Da sie nun gen Capernaum kamen, gingen zu Petro, die den Zinsgroschen einnahmen, und sprachen: Pflegt euer Meister nicht den *Zinsgroschen zu geben?
* 2 Mos. 30, 13. 2 Chron. 24, 6.

25. Er sprach: Ja. Und als er heim kam, kam ihm JEsus zuvor, und sprach: Was dünkt dich, Simon? Von wem nehmen die Könige auf Erden den Zoll oder Zinse? Von ihren Kindern, oder von Fremden?

26. Da sprach zu ihm Petrus: Von den Fremden. JEsus sprach zu ihm: So sind die Kinder frei.

27. Auf daß *aber wir sie nicht ärgern, so gehe hin an das Meer, und wirf den Angel; und den ersten Fisch, der herauffähret, den nimm. Und wenn du seinen Mund aufthust, wirst du einen Stater finden; denselben nimm, und gieb ihn für mich und dich.
* Röm. 13, 8.

Das 18. Capitel.

Lehre über Aergerniß und Unversöhnlichkeit.
(Evangelium am S. Michaelis-Tage.)

1. Zu derselbigen Stunde traten die Jünger zu JEsu, und sprachen: *Wer ist doch der Größeste im Himmelreich?
* Marc. 9, 34. f.

2. JEsus *rief ein Kind zu sich, und stellete es mitten unter sie,
* c. 19, 67.

3. Und sprach: Wahrlich, ich sage euch, es sey denn, daß ihr euch umkehret, und *werdet wie die Kinder, so werdet ihr nicht in das Himmelreich kommen.
* c. 19, 14.

4. Wer sich nun selbst erniedriget, wie dies *Kind, der ist der Größeste im Himmelreich.
* 1 Petr. 5, 6.

5. Und *wer Ein solches Kind aufnimmt in meinem Namen, der nimmt mich auf.
* c. 10, 40.

6. Wer aber *ärgert dieser geringsten Einen, die an mich glauben, dem wäre besser, daß ein Mühlstein an seinen Hals gehänget würde, und er ersäufet würde im Meer, da es am tiefsten ist.
* Marc. 3, 42.

7. Wehe der Welt der Aergerniß halber! *Es muß ja Aergerniß kommen; doch wehe dem Menschen, durch welchen Aergerniß kommt!
* Luc. 17, 1. f.

8. So aber deine Hand oder dein Fuß dich ärgert, so haue ihn ab, und wirf ihn von dir. Es ist dir besser, daß du zum Leben lahm, oder ein Krüppel, eingehest, denn daß du zwo Hände oder zween Füße habest, und werdest in das ewige Feuer geworfen.
* Marc. 9, 43. ff.

9. Und so dich dein Auge ärgert, reiß es aus, und wirf es von dir. Es ist dir besser, daß du einäugig zum Leben eingehest, denn daß du zwei Augen habest, und werdest in das höllische Feuer geworfen.

10. Sehet zu, daß ihr nicht jemand von diesen

diesen Kleinen verachtet! Denn ich sage euch: Ihre Engel im Himmel sehen allezeit das Angesicht meines Vaters im Himmel.

11. Denn *des Menschen Sohn ist gekommen, selig zu machen, das verloren ist.]
　　* Marc. 8, 17. Luc. 19, 10.

12. Was dünket euch? Wenn *irgend ein Mensch hundert Schafe hätte, und Eins unter denselbigen sich †verirrete: läßt er nicht die neun und neunzig auf den Bergen, gehet hin, und suchet das verirrte?
　　* Luc. 15, 4. † Jer. 50, 6.

13. Und so sich's begiebt, daß er es findet; wahrlich, ich sage euch, er freuet sich darüber mehr, denn über die neun und neunzig, die nicht verirret sind.

14. Also auch *ist es vor eurem Vater im Himmel nicht der Wille, daß Jemand von diesen Kleinen verloren werde.
　　* 2 Petr. 3, 9.

15. Sündiget aber dein Bruder an dir, so gehe hin, und *strafe ihn zwischen dir und ihm allein. Höret er dich, so hast du deinen Bruder gewonnen.
　　* 3 Mos. 19, 17.

16. Höret er dich nicht, so nimm noch Einen oder Zween zu dir, auf daß alle Sache bestehe auf zweier oder dreier Zeugen Munde.

17. Höret er die nicht, so sage es der Gemeine. Höret er die Gemeine nicht, so halte ihn für einen Heiden und Zöllner.

18. *Wahrlich, ich sage euch: Was ihr auf Erden binden werdet, soll auch im Himmel gebunden seyn; und was ihr auf Erden lösen werdet, soll auch im Himmel los seyn.
　　* Joh. 20, 23.

19. Weiter sage ich euch: Wo Zween unter euch eins werden auf Erden, *warum es ist, daß sie bitten wollen, das soll ihnen widerfahren von meinem Vater im Himmel.
　　* Marc. 11, 24.

20. Denn wo Zween oder Drei versammelt sind in meinem Namen, da bin ich mitten unter ihnen.

21. Da trat Petrus zu ihm, und sprach: HErr, wie oft muß ich denn meinem Bruder, der an mir sündiget, vergeben? Ist es genug *sieben Mal?
　　* Luc. 17, 4.

22. JEsus sprach zu ihm: Ich sage dir, nicht sieben Mal, sondern siebenzig Mal sieben Mal.

(Evang. am 22. Sonnt. nach Trinit.)
23. Darum ist das Himmelreich gleich einem Könige, der mit seinen Knechten rechnen wollte.

24. Und als er anfing zu rechnen, kam ihm Einer vor, der war ihm zehn tausend Pfund schuldig.

25. Da er es nun nicht hatte zu bezahlen, hieß der Herr verkaufen ihn und sein Weib und seine Kinder, und Alles, was er hatte, und bezahlen.

26. Da fiel der Knecht nieder, und betete ihn an, und sprach: Herr, habe Geduld mit mir, ich will dir Alles bezahlen.

27. Da jammerte den Herrn desselbigen Knechts, und ließ ihn los, und die Schuld erließ er ihm auch.

28. Da ging derselbige Knecht hinaus, und fand einen seiner Mitknechte, der war ihm hundert Groschen schuldig; und er griff ihn an, und würgete ihn, und sprach: Bezahle mir, was du mir schuldig bist.

29. Da fiel sein Mitknecht nieder, und bat ihn, und sprach: Habe Geduld mit mir; ich will dir Alles bezahlen.

30. Er wollte aber nicht, sondern ging hin, und warf ihn in's Gefängniß, bis daß er bezahlete, was er schuldig war.

31. Da aber seine Mitknechte solches sahen, wurden sie sehr betrübt, und kamen, und brachten vor ihren Herrn Alles, was sich begeben hatte.

32. Da forderte ihn sein Herr vor sich, und sprach zu ihm: Du Schalksknecht, alle diese Schuld habe ich dir erlassen, dieweil du mich batest;

33. Solltest *du denn dich nicht auch erbarmen über deinen Mitknecht, wie Ich mich über dich erbarmet habe?
　　* c. 6, V. 14. Jac. 2, 13.

34. Und sein Herr ward zornig, und überantwortete ihn den Peinigern, bis daß er bezahlete Alles, was er ihm schuldig war.
　　* c. 5, 26.

35. Also *wird euch mein himmlischer Vater auch thun, so ihr nicht vergebet von euren Herzen, ein Jeglicher seinem Bruder seine Fehler.]
　　* Marc. 11, 25. 26.

Das 19. Capitel.
Ehescheidung. Kinder gesegnet. Gefährliche Reichthümer.

1. Und es begab sich, da JEsus diese Rede vollendet hatte, erhob er sich aus Galiläa, und kam in die Grenzen des Jüdischen Landes, jenseit des Jordans.
　　* Marc. 10, 1.

2. Und es folgte ihm viel Volks nach, und er heilete sie daselbst.

3. Da-

3. Da traten zu ihm die Pharisäer, versuchten ihn, und sprachen zu ihm: Ist es auch recht, daß sich ein Mann scheide von seinem Weibe, um irgend einer Ursach?
4. Er antwortete aber, und sprach zu ihnen: Habt ihr nicht *gelesen, daß, der im Anfang den Menschen gemacht hat, der machte, daß ein Mann und Weib seyn sollte; *1 Mos. 1, 27.
5. Und sprach: *Darum wird ein Mensch Vater und Mutter verlassen und an seinem Weibe hangen, und werden die zwei Ein Fleisch seyn. *Matt. 19, 7, 8.
6. So sind sie nun nicht zwei, sondern Ein Fleisch. Was nun GOtt zusammen gefüget hat, das soll der Mensch nicht scheiden. *1 Cor. 7, 10.
7. Da sprachen sie: Warum hat denn Moses *geboten, einen Scheidebrief zu geben, und sich von ihr zu scheiden? *5 b. M. 24, 1.
8. Er sprach zu ihnen: Moses hat euch erlaubet zu scheiden von euren Weibern, von eures Herzens Härtigkeit wegen; von Anbeginn aber ist es nicht also gewesen.
9. Ich aber sage euch: Wer *sich von seinem Weibe scheidet (es sey denn um der Hurerei willen), und freiet eine Andere, der bricht die Ehe. Und wer die Abgeschiedene freiet, der bricht auch die Ehe. *Matt. 5, 32.
10. Da sprachen die Jünger zu ihm: Stehet die Sache eines Mannes mit seinem Weibe also, so ist es nicht gut ehelich werden.
11. Er sprach aber zu ihnen: Das Wort fasset nicht Jedermann, sondern denen es *gegeben ist. *1 Cor. 7, 7.
12. Denn es sind Etliche verschnitten, die sind aus Mutterleibe also geboren; und sind Etliche verschnitten, die von Menschen verschnitten sind; und sind Etliche verschnitten, die sich selbst verschnitten haben, um des Himmelreichs willen. Wer es fassen mag, der fasse es!
13. Da *wurden Kindlein zu ihm gebracht, daß er die Hände auf sie legte und betete; die Jünger aber fuhren sie an. *Marc. 10, 13.
14. Aber *JEsus sprach: Lasset die Kindlein, und wehret ihnen nicht, zu mir zu kommen; denn solcher ist das Himmelreich. *Luc. 10, 13.
15. Und *legte die Hände auf sie, und zog von dannen. *Marc. 10, 16.

16. Und siehe, Einer trat zu ihm, und sprach: Guter Meister, was soll ich Gutes thun, daß ich das ewige Leben möge haben?
17. Er aber sprach zu ihm: Was heißest du mich gut? Niemand ist gut, denn der einige GOtt. *Willst du aber zum Leben eingehen, so halte die Gebote. *Luc. 10, 28.
18. Da sprach er zu ihm: Welche? JEsus aber sprach: *Du sollst nicht tödten. Du sollst nicht ehebrechen. Du sollst nicht stehlen. Du sollst nicht falsch Zeugniß geben. *2 Mos. 20, 13. f.
19. Ehre Vater und Mutter. Und du sollst deinen Nächsten lieben als dich selbst.
20. Da sprach der Jüngling zu ihm: Das habe ich Alles gehalten von meiner Jugend auf; was fehlet mir noch?
21. JEsus sprach zu ihm: Willst du vollkommen seyn, so gehe hin, *verkaufe, was du hast, und gieb es den Armen, so wirst du einen Schatz im Himmel haben; und komm, und folge mir nach. *Luc. 16, 9. c. 12, 33.
22. Da der Jüngling das Wort hörete, ging er *betrübt von ihm; denn er hatte viele Güter. *Ps. 62, 11. 1 Tim. 6, 17. c. 12.
23. JEsus aber sprach zu seinen Jüngern: Wahrlich, *ich sage euch, ein Reicher wird schwerlich in's Himmelreich kommen. *Matt. 5, 16. 19. c. 23, 13.
24. Und weiter sage ich euch: Es *ist leichter, daß ein Kameel durch ein Nadelöhr gehe, denn daß ein Reicher in's Reich GOttes komme. *Luc. 18, 25.
25. Da das seine Jünger höreten, entsetzten sie sich sehr, und sprachen: Je! wer kann denn selig werden?
26. JEsus aber sahe sie an, und sprach zu ihnen: Bei den Menschen ist es unmöglich, aber bei GOtt sind alle Dinge möglich.

(Evangelium am Tage Pauli Bekehrung.)
27. Da antwortete Petrus, und sprach zu ihm: *Siehe, wir haben Alles verlassen, und sind dir nachgefolget; was wird uns dafür? *Matt. 19, 29. Luc. 18, 28.
28. JEsus aber sprach zu ihnen: Wahrlich, ich sage euch, daß ihr, die ihr mir seyd nachgefolget, in der Wiedergeburt, da des Menschen Sohn wird sitzen auf dem Stuhl seiner Herrlichkeit, werdet ihr auch *sitzen auf zwölf Stühlen, und richten die zwölf Geschlechter Israels. *Luc. 22, 30.
29. Und wer verläßet Häuser, oder Brüder, oder Schwestern, oder Vater, oder

oder Mutter, oder Weib, oder Kinder, oder Aecker, um meines Namens willen; der wird es hundertfältig nehmen, und das ewige Leben ererben.

30. Aber Viele, *die da sind die Ersten, werden die Letzten, und die Letzten werden die Ersten seyn.]   *c. 19, 30.

Das 10. Capitel.
Vom Arbeitern im Weinberge. Christi Leiden. Der Zebedäi Ehrgeiz. Zweier Blinden Heilung.
(Evangelium am Sonnt. Septuagesimä.)

1. Das Himmelreich ist gleich einem Hausvater, der am Morgen ausging, Arbeiter zu miethen in seinen Weinberg.

2. Und da er mit den Arbeitern eins ward um einen Groschen zum Tagelohn, sandte er sie in seinen Weinberg.

3. Und ging aus um die dritte Stunde, und sahe Andere an dem Markt müßig stehen,

4. Und sprach zu ihnen: Gehet ihr auch hin in den Weinberg; ich will euch geben, was recht ist.

5. Und sie gingen hin. Abermal ging er aus um die sechste und neunte Stunde, und that gleich also.

6. Um die eilfte Stunde aber ging er aus, und fand Andere müßig stehen, und sprach zu ihnen: Was stehet ihr hier den ganzen Tag müßig?

7. Sie sprachen zu ihm: Es hat uns Niemand gedinget. Er sprach zu ihnen: Gehet ihr auch hin in den Weinberg; und, was recht seyn wird, soll euch werden.

8. Da nun Abend ward, sprach der Herr des Weinbergs zu seinem Schaffner: Rufe die Arbeiter, und gieb ihnen den Lohn; und hebe an von den Letzten, bis zu den Ersten.

9. Da kamen, die um die eilfte Stunde gedinget waren, und empfing ein Jeglicher seinen Groschen.

10. Da aber die Ersten kamen, meineten sie, sie würden mehr empfangen; und sie empfingen auch ein Jeglicher seinen Groschen.

11. Und da sie den empfingen, murreten sie wider den Hausvater,

12. Und sprachen: Diese Letzten haben nur Eine Stunde gearbeitet, und du hast sie uns gleich gemacht, die wir des Tages Last und Hitze getragen haben.

13. Er antwortete aber, und sagte zu Einem unter ihnen: Mein Freund, ich thue dir nicht Unrecht. Bist du nicht mit mir eins geworden um einen Groschen?

14. Nimm, was dein ist, und gehe hin. Ich will aber diesem Letzten geben, gleich wie dir.

15. Oder habe ich nicht Macht zu thun, was ich will, mit dem Meinen? *Siehest du darum so scheel, daß Ich so gütig bin?   *Röm. 9, 21.

16. Also werden die Letzten die Ersten, und die Ersten die Letzten seyn. *Denn Viele sind berufen, aber Wenige sind auserwählet.]   *c. 22, 14.

17. Und *er zog hinauf gen Jerusalem, und nahm zu sich die zwölf Jünger besonders auf dem Wege, und sprach zu ihnen: *Marc. 9, 31.

18. Siehe, wir ziehen hinauf gen Jerusalem, und des Menschen Sohn wird den Hohenpriestern und Schriftgelehrten überantwortet werden, und sie werden ihn *verdammen zum Tode.   *c. 27, 1. 2.

19. Und *werden ihn überantworten den Heiden, zu verspotten, und zu geißeln, und zu kreuzigen; und am dritten Tage wird er wieder auferstehen.   *Luc. 18, 32.

(Evangelium am Jacobs-Tage.)

20. Da *trat zu ihm die Mutter der Kinder Zebedäi mit ihren Söhnen, und fiel vor ihm nieder, und bat etwas von ihm.   *Marc. 10, 35.

21. Und er sprach zu ihr: Was willst du? Sie sprach zu ihm: Laß diese meine zween Söhne sitzen in deinem Reich, Einen zu deiner Rechten, und den Andern zu deiner Linken.

22. Aber JEsus antwortete, und sprach: Ihr wisset nicht, was ihr bittet. Könnet ihr den Kelch trinken, den Ich trinken werde, und euch taufen lassen mit der Taufe, da Ich mit getauft werde? Sie sprachen zu ihm: Ja wohl.   *Marc. 10, 38.

23. Und er sprach zu ihnen: Meinen Kelch sollt ihr zwar trinken, und mit der Taufe, da ich mit getauft werde, sollt ihr getauft werden; aber das Sitzen zu meiner Rechten und Linken zu geben, stehet mir nicht zu, sondern denen es bereitet ist von meinem Vater.

24. Da das die Zehn höreten, wurden sie unwillig über die zween Brüder.

25. Aber JEsus rief sie zu sich, und sprach: Ihr wisset, daß die *weltlichen Fürsten herrschen, und die Oberherren haben Gewalt.   *Marc. 10, 42.

26. *So soll es nicht seyn unter euch; son-

sondern, so Jemand will unter euch gewaltig seyn, der sey euer Diener. *Marc. 9, 35.
27. Und *wer da will der Vornehmste seyn, der sey euer Knecht, *c. 23, 11.
28. Gleichwie des Menschen Sohn ist nicht gekommen, daß er ihm dienen lasse, sondern daß er *diene, und gebe sein Leben zu einer Erlösung für Viele. *Marc. 10, 45.
29. Und da sie von Jericho auszogen, folgte ihm viel Volks nach.
30. Und siehe, *zween Blinde saßen am Wege; und da sie höreten, daß JEsus vorüber ging, schrieen sie, und sprachen: Ach HErr, du Sohn Davids, erbarme dich unser! *Marc. 10, 46. ff.
31. Aber das Volk bedrohete sie, daß sie schweigen sollten. Aber sie schrieen viel mehr, und sprachen: Ach HErr, du Sohn Davids, erbarme dich unser!
32. JEsus aber stand stille, und rief ihnen, und sprach: Was wollt ihr, daß ich euch thun soll?
33. Sie sprachen zu ihm: HErr, daß unsere Augen aufgethan werden.
34. Und *es jammerte JEsum, und rührete ihre Augen an; und alsobald wurden ihre Augen wieder sehend, und sie folgeten ihm nach. *L. 18, 16. Marc. 8, 24.

Das 21. Capitel.

Christi Einzug in Jerusalem, Reinigung des Tempels, Verfluchung des Feigenbaums, und Tauferpredigt.

(Evangelium am 1. Sonntage des Advents, wie auch am Palmsonntage.)

1. Da *sie nun nahe bei Jerusalem kamen gen Bethphage an den Oelberg, sandte JEsus seiner Jünger zween, *Marc. 11, 1.

2. Und sprach zu ihnen: Gehet hin in den Flecken, der vor euch liegt, und bald werdet ihr eine Eselin finden angebunden, und ein Füllen bei ihr; löset sie auf, und führet sie zu mir.

3. Und so euch Jemand etwas wird sagen, so sprechet: Der HErr bedarf ihrer; sobald wird er sie euch lassen.

4. Das geschah aber Alles, aufdaß erfüllet würde, das gesagt ist durch den *Propheten, der da spricht: *Sachar. 9, 9.

5. Saget *der Tochter Zion: Siehe, dein König kommt zu dir sanftmüthig, und reitet auf einem Esel, und auf einem Füllen der lastbaren Eselin. *Joh. 12, 15.

6. Die Jünger gingen hin, und thaten, wie ihnen JEsus befohlen hatte;

7. Und brachten die Eselin, und das Füllen, und legten ihre *Kleider darauf, und setzten ihn darauf. *Marc. 11, 7. 8.

8. Aber viel Volks breitete die Kleider auf den Weg; die Andern hieben Zweige von den Bäumen, und streueten sie auf den Weg.

9. Das Volk aber, das vorging und nachfolgte, schrie *und sprach: Hosianna dem Sohne Davids; gelobet sey, der da kommt in dem Namen des HErrn! Hosianna in der Höhe! *Joh. 12, 13.

10. Und als er zu Jerusalem einzog, erregte sich die ganze Stadt, und sprach: Wer ist der?

11. Das Volk aber sprach: Das ist der JEsus, *der Prophet von Nazareth aus Galiläa. *Cap. V, 16. v. 24. 16.

12. Und *JEsus ging zum Tempel Gottes hinein, und trieb heraus alle Verkäufer und Käufer im Tempel, und stieß um der Wechsler Tische und die Stühle der Taubenkrämer. *Marc. 11, 15.

13. Und sprach zu ihnen: Es stehet *geschrieben: Mein Haus soll ein Bethaus heißen; ihr aber habt eine Mördergrube daraus gemacht. *Esa. 11, 17.

14. Und es gingen zu ihm Blinde und Lahme in den Tempel, und er heilete sie.

15. Da aber die Hohenpriester und Schriftgelehrten sahen die Wunder, die er that, und die Kinder im Tempel schreien und sagen: Hosianna, dem Sohne Davids; wurden sie entrüstet,

16. Und sprachen zu ihm: Hörst du auch, was diese sagen? JEsus sprach zu ihnen: Ja. Habt ihr nie gelesen: *Aus dem Munde der Unmündigen und Säuglinge hast du Lob zugerichtet? *Ps. 8, 3.

17. Und er ließ sie da, und ging zur Stadt hinaus gen Bethanien, und blieb daselbst.

18. Als er *aber des Morgens wieder in die Stadt ging, hungerte ihn; *Marc. 11, 12.

19. Und er sahe Einen Feigenbaum an dem Wege, und ging hinzu, und *fand nichts daran, denn allein Blätter, und sprach zu ihm: Nun wachse auf dir hinfort nimmermehr keine Frucht. Und der Feigenbaum verdorrete alsobald. *Sir. 11, 6. 7.

20. Und da das die Jünger sahen, verwunderten sie sich, und sprachen: Wie ist der Feigenbaum so bald verdorret?

21. JEsus aber antwortete, und sprach

zu ihnen: Wahrlich, ich sage euch, *so ihr Glauben habt, und nicht zweifelt, so werdet ihr nicht allein solches mit dem Feigenbaum thun; sondern so ihr werdet sagen zu diesem Berge: Hebe dich auf, und wirf dich in's Meer; so wird es geschehen. *Matt. 17, 20.

22. Und *Alles, was ihr bittet im Gebet, so ihr glaubet, so werdet ihr es empfangen. *c. 18, 19.

23. Und als *er in den Tempel kam, traten zu ihm, als er lehrete, die Hohenpriester und die Aeltesten im Volk, und sprachen: Aus was für Macht thust du das? Und wer hat dir die Macht gegeben? *Marc. 11, 27. 28.

24. JEsus aber antwortete, und sprach zu ihnen: Ich will euch auch ein Wort fragen; so ihr mir das saget, will ich euch auch sagen, aus was für Macht ich das thue.

25. Woher war die Taufe Johannis? war sie vom Himmel, oder von den Menschen? Da gedachten sie bei sich selbst, und sprachen: Sagen wir, sie sey vom Himmel gewesen; so wird er zu uns sagen: Warum glaubtet ihr ihm denn nicht?

26. Sagen wir aber, sie sey von Menschen gewesen, so müssen wir uns vor dem Volk fürchten; denn sie *hielten alle Johannem für einen Propheten. *c. 14, 5.

27. Und sie antworteten JEsu, und sprachen: Wir wissen es nicht. Da sprach er zu ihnen: So sage Ich euch auch nicht, aus was für Macht Ich das thue.

28. Was dünket euch aber? Es hatte ein Mann zween Söhne, und ging zu dem ersten, und sprach: Mein Sohn, gehe hin und arbeite heute in meinem Weinberge.

29. Er antwortete aber, und sprach: Ich will es nicht thun. Darnach reuete es ihn, und ging hin.

30. Und er ging zum andern, und sprach gleich also. Er antwortete aber, und sprach: Herr, ja; und ging nicht hin.

31. Welcher unter den Zween hat des Vaters Willen gethan? Sie sprachen zu ihm: Der erste. JEsus sprach zu ihnen: Wahrlich, ich sage euch: *Die Zöllner und Huren mögen wohl eher in's Himmelreich kommen, denn ihr. *Luc. 8, 12. 13.

32. Johannes kam zu euch, und lehrete euch den rechten Weg, und ihr glaubtet ihm nicht; aber die Zöllner und Huren glaubten ihm. Und ob ihr es wohl sahet, thatet ihr dennoch nicht Buße, daß ihr ihm darnach auch geglaubet hättet.

33. Höret ein ander Gleichniß: *Es war ein Hausvater, der pflanzte einen Weinberg, und führete einen Zaun darum, und grub eine Kelter darinnen, und bauete einen Thurm, und that ihn den Weingärtnern aus, und zog über Land. *Marc. 12, 1.

34. Da nun herbei kam die Zeit der Früchte, sandte er seine Knechte zu den Weingärtnern, daß sie seine Früchte empfingen.

35. Da nahmen die Weingärtner seine Knechte; einen stäupten sie, den andern tödteten sie, den dritten steinigten sie.

36. Abermal sandte er andere Knechte, mehr denn der ersten waren; und sie thaten ihnen gleich also.

37. Darnach sandte er seinen Sohn zu ihnen, und sprach: Sie werden sich vor meinem Sohne scheuen.

38. Da aber die Weingärtner den Sohn sahen, sprachen sie unter einander: Das ist der Erbe; kommt, laßt uns ihn tödten, und sein Erbgut an uns bringen. *Matt. 11, 7. 1.

39. Und sie nahmen ihn, und stießen ihn zum Weinberge hinaus, und tödteten ihn.

40. Wenn nun der Herr des Weinbergs kommen wird, was wird er diesen Weingärtnern thun?

41. Sie sprachen zu ihm: Er wird die Bösewichter übel umbringen, und seinen Weinberg andern Weingärtnern austhun, die ihm die Früchte zu rechter Zeit geben.

42. JEsus sprach zu ihnen: Habt ihr nie gelesen *in der Schrift: Der Stein, den die Bauleute verworfen haben, der ist zum Eckstein geworden? Von dem HErrn ist das geschehen, und es ist wunderbarlich vor unsern Augen. *Ps. 118, 22.

43. Darum sage ich euch: Das Reich GOttes wird von euch genommen und den Heiden gegeben werden, die seine Früchte bringen.

44. Und wer auf *diesen Stein fällt, der wird zerschellen; auf welchen er aber fällt, den wird er zermalmen. *Jes. 8, 14.

45. Und da die Hohenpriester und Pharisäer seine Gleichnisse höreten, vernahmen sie, daß er von ihnen redete.

46. Und sie trachteten darnach, wie sie ihn

ihn griffen; aber sie fürchteten sich *vor dem Volk, denn es hielt ihn für einen Propheten.
*Luc. 7, 16. c. 13, 40.

Das 22. Capitel.
Vom königlichen Hochzeit, Zinsgroschen, Auferstehung, vornehmsten Gebot, und der Person Christi.

(Evangelium am 20. Sonnt. nach Trinit.)

1. Und JEsus antwortete, und redete abermal durch Gleichnisse zu ihnen, und sprach:

2. Das Himmelreich ist gleich einem Könige, der seinem Sohne Hochzeit machte;

3. Und sandte seine Knechte aus, daß sie die Gäste zur Hochzeit riefen; und sie wollten nicht kommen.

4. Abermal *sandte er andere Knechte aus, und sprach: Saget den Gästen: Siehe, meine Mahlzeit habe ich bereitet, meine Ochsen und mein Mastvieh ist geschlachtet, und Alles bereit; kommt zur Hochzeit. *c. 21, 36.

5. Aber sie verachteten das, und gingen hin, Einer auf seinen Acker, der Andere zu seiner Handthierung.

6. Etliche aber *griffen seine Knechte, höhneten und tödteten sie. *c. 5, 12.

7. Da das der König hörete, ward er zornig, und schickte seine Heere aus, brachte diese Mörder um, und zündete ihre Stadt an.

8. Da sprach er zu seinen Knechten: Die Hochzeit ist zwar bereitet, aber die Gäste waren es nicht werth.

9. Darum gehet hin auf die Straßen, und ladet zur Hochzeit, *wen ihr findet. *c. 13, 47. c. 21, 43.

10. Und die Knechte gingen aus auf die Straßen, und brachten zusammen, wen sie fanden, Böse und Gute. Und die Tische wurden all voll.

11. Da ging der König hinein, die Gäste zu besehen, und sahe allda einen Menschen, der hatte kein hochzeitlich Kleid an,

12. Und sprach zu ihm: Freund, wie bist du herein gekommen, und hast doch kein hochzeitlich Kleid an? Er aber verstummete.

13. Da sprach der König zu seinen Dienern: Bindet ihm Hände und Füße, und werfet ihn in die äußerste Finsterniß hinaus, *da wird seyn Heulen und Zähnklappen. *c. 8, 12.

14. Denn *Viele sind berufen, aber Wenige sind auserwählet.] *Rom. 10, 21.

(Evangelium am 23. Sonnt. nach Trinit.)

15. Da *gingen die Pharisäer hin, und hielten einen Rath, wie sie ihn fingen in seiner Rede. *Marc. 12, 13.

16. Und sandten zu ihm ihre Jünger, sammt Herodis Dienern, und sprachen: Meister, wir wissen, daß du wahrhaftig bist, und lehrest den Weg GOttes recht, und du fragest nach Niemand; denn du achtest nicht das Ansehen der Menschen.

17. Darum sage uns, was dünket dich? Ist es recht, daß man dem Kaiser Zins gebe, oder nicht?

18. Da nun JEsus merkte ihre *Schalkheit, sprach er: Ihr Heuchler, was versucht ihr mich! *Marc. 12, 15. c. 11, 7.

19. Weiset mir die Zinsmünze. Und sie reichten ihm einen Groschen dar.

20. Und er sprach zu ihnen: Weß ist das Bild und die Ueberschrift?

21. Sie sprachen zu ihm: Des Kaisers. Da sprach er zu ihnen: *So gebet dem Kaiser, was des Kaisers ist, und GOtte was GOttes ist. *Rom. 13, 7.

22. Da sie das höreten, verwunderten sie sich, und ließen ihn, und gingen davon.]

23. An demselbigen Tage traten zu ihm die Sadducäer, *die da halten, es sey keine Auferstehung; und fragten ihn, *Marc. 12, 18. Apost. 23, 8.

24. Und sprachen: Meister, *Moses hat gesagt: So Einer stirbt, und nicht Kinder, so soll sein Bruder sein Weib freien, und seinem Bruder Samen erwecken. *5 Mos. 25, 19.

25. Nun sind bei uns gewesen sieben Brüder. Der erste freiete, und starb; und dieweil er nicht Samen hatte, ließ er sein Weib seinem Bruder.

26. Desselbigen gleichen der andere, und der dritte, bis an den siebenten.

27. Zuletzt nach Allen starb auch das Weib.

28. Nun in der Auferstehung, wessen Weib wird sie seyn unter den sieben? Sie haben sie ja Alle gehabt.

29. JEsus aber antwortete und sprach zu ihnen: Ihr irret, und *wisset die Schrift nicht, noch die Kraft GOttes. *Joh. 20, 9.

30. In der Auferstehung werden sie weder freien, noch sich freien lassen; sondern sie sind gleich, *wie die Engel GOttes im Himmel. *Marc. 12, 25.

31. Habt

31. Habt ihr aber nicht gelesen von der Todten Auferstehung, das euch gesagt ist von GOtt, der da spricht:

32. *Ich bin der GOtt Abrahams, und der GOtt Isaacs, und der GOtt Jakobs? GOtt aber ist nicht ein GOtt der Todten, sondern der Lebendigen. * Marc. 12. 26.

33. Und da solches das Volk hörete, *entsetzten sie sich über seiner Lehre. * c. 7. 28.

(Evangelium am 18. Sonnt. nach Trinit.)

34. Da aber die Pharisäer höreten, daß er den Sadducäern *das Maul gestopfet hatte, versammelten sie sich. * Marc. 12. 28.

35. Und *Einer unter ihnen, ein Schriftgelehrter, versuchte ihn, und sprach: * Luc. 10. 25.

36. Meister, welches ist das vornehmste Gebot im Gesetz?

37. JEsus aber sprach zu ihm: *Du sollst lieben GOtt, deinen HErrn, von ganzem Herzen, von ganzer Seele und von ganzem Gemüthe. * Marc. 12. 30.

38. Dies ist das vornehmste und größeste Gebot.

39. Das andere aber ist dem gleich: *Du sollst deinen Nächsten lieben als dich selbst. * Marc. 12. 31.

40. In diesen zweien Geboten hanget das ganze Gesetz und die Propheten.

41. Da nun die Pharisäer bei einander waren, fragte sie JEsus,

42. Und sprach: Wie dünket euch um Christo? Wes Sohn ist er? Sie sprachen: Davids.

43. Er sprach zu ihnen: Wie nennet ihn denn David im Geist einen HErrn, da er sagt:

44. *Der HErr hat gesagt zu meinem HErrn: Setze dich zu meiner Rechten, bis daß ich lege deine Feinde zum Schemel deiner Füße. * Marc. 19. 44. Ps. 110. 1.

45. So nun David ihn einen HErrn nennet, wie ist er denn sein Sohn?

46. Und *Niemand konnte ihm ein Wort antworten, und durfte auch Niemand von dem Tage an hinfort ihn fragen.] * Luc. 14. 6.

Das 23. Capitel.
Warnung vor den Schriftgelehrten und Pharisäern.

1. Da redete JEsus zu dem Volk, und zu seinen Jüngern,

2. Und sprach: Auf Mosis Stuhl sitzen die Schriftgelehrten und Pharisäer.

3. *Alles nun, was sie euch sagen, daß ihr halten sollet, das haltet und thut es; aber nach ihren Werken sollt ihr nicht thun. Sie sagen es wohl, und thun es nicht. * Mal. 2. 7.

4. Sie *binden aber schwere und unerträgliche Bürden, und legen sie den Menschen auf den Hals; aber sie wollen dieselbigen nicht mit einem Finger regen. * Luc. 11. 46.

5. Alle ihre Werke aber thun sie, *daß sie von den Leuten gesehen werden. Sie machen ihre †Denkzettel breit, und die Säume an ihren Kleidern groß. * c. 6. 1. † 4 Mos. 15. 38.

6. *Sie sitzen gern oben an über Tische und in den Schulen. * Marc. 12. 39.

7. Und haben es gern, daß sie gegrüßet werden auf dem Markt, und von den Menschen Rabbi genannt werden.

8. Aber ihr sollt euch nicht Rabbi nennen lassen; denn Einer ist euer Meister, Christus; ihr aber seyd alle Brüder.

9. Und sollt Niemand Vater heißen auf Erden: denn *Einer ist euer Vater, der im Himmel ist. * Mal. 1. 6. Eph. 4. 13.

10. Und ihr sollt euch nicht lassen Meister nennen; denn *Einer ist euer Meister, Christus. * Jab. 13. 13.

11. Der *Größeste unter euch soll euer Diener seyn. * c. 20. 26. 27.

12. Denn *wer sich selbst erhöhet, der wird erniedriget; und wer sich selbst erniedriget, der wird erhöhet. * Luc. 14. 11.

13. Wehe euch, Schriftgelehrten und Pharisäern, ihr Heuchler, die ihr das Himmelreich zuschließet vor den Menschen! Ihr kommt nicht hinein; und die *hinein wollen, laßt ihr nicht hineingehen. * Luc. 11. 52.

14. Wehe euch, Schriftgelehrten und Pharisäern, ihr Heuchler, die ihr der Wittwen Häuser fresset, und wendet lange Gebete vor! Darum werdet ihr desto mehr Verdammniß empfangen. * Marc. 12. 40. Luc. 20. 47.

15. Wehe euch, Schriftgelehrten und Pharisäern, ihr Heuchler, die ihr Land und Wasser umziehet, daß ihr Einen Judengenossen macht! und wenn er es geworden ist, macht ihr aus ihm ein Kind der Hölle, zwiefältig mehr, denn ihr seyd.

16. Wehe

16. Wehe euch, verblendete Leiter, die ihr saget: Wer da schwöret bei dem Tempel, das ist nichts; wer aber schwöret bei dem Golde am Tempel, der ist schuldig.
17. Ihr Narren und Blinde! was ist größer? das Gold, oder der Tempel, der das Gold heiliget?
18. Wer da schwöret bei dem Altar, das ist nichts; wer aber schwöret bei dem Opfer, das droben ist, der ist schuldig.
19. Ihr Narren und *Blinde! was ist größer? das Opfer, oder der Altar, der das Opfer heiliget? *2 Mos. 1, 9.
20. Darum, wer da schwöret bei dem Altar, der schwöret bei demselbigen, und bei Allem, das droben ist.
21. Und wer da schwöret bei dem Tempel, der schwöret bei demselbigen, und bei dem, *der darinnen wohnet. *1 Kön. 8. 13.
22. Und wer da schwöret bei dem *Himmel, der schwöret bei dem Stuhl GOttes, und bei dem, der darauf sitzet. *c. 5. 34.
23. Wehe euch, Schriftgelehrten und Pharisäern, ihr Heuchler, die ihr *verzehntet die Minze, Till und Kümmel; und laßt dahinten das Schwerste im Gesetz, nämlich das Gericht, die Barmherzigkeit und den Glauben! Dies sollte man thun, und jenes nicht lassen. *3 Mos. 14, 42.
24. Ihr verblendete Leiter, die ihr Mücken seiget, und Kameele verschlucket!
25. Wehe euch, Schriftgelehrten und Pharisäern, ihr Heuchler, die ihr die *Becher und Schüsseln auswendig reinlich haltet, inwendig ist es aber voll Raubes und Fraßes! *Luc. 11, 39.
26. Du blinder Pharisäer, reinige zum ersten das Inwendige am Becher und Schüssel, auf daß auch das Auswendige rein werde.
27. Wehe euch, Schriftgelehrten und Pharisäern, ihr Heuchler, die ihr gleich seyd wie die übertünchten Gräber, welche auswendig hübsch scheinen, aber inwendig sind sie voller Todtenbeine, und alles Unflaths.
28. Also auch ihr; von außen scheinet ihr vor den Menschen fromm; aber inwendig seyd ihr voller Heuchelei und Untugend.
29. Wehe *euch, Schriftgelehrten und Pharisäern, ihr Heuchler, die ihr der Propheten Gräber bauet, und schmücket der Gerechten Gräber, *Luc. 11. 47.

30. Und sprechet: Wären wir zu unserer Väter Zeiten gewesen, so wollten wir nicht theilhaftig seyn mit ihnen an der Propheten Blut.
31. So gebet ihr zwar über euch selbst Zeugniß, daß ihr Kinder seyd derer, *die die Propheten getödtet haben. *Ap.G. 7. 52.
32. Wohlan, erfüllet auch ihr das Maß eurer Väter.
33. Ihr *Schlangen, ihr Otterngezüchte, wie wollt ihr der höllischen Verdammniß entrinnen! *c. 3. 7.

(Evangelium am Stephanus-Tage.)

34. Darum siehe, Ich *sende zu euch Propheten, und Weise, und Schriftgelehrte, und derselbigen werdet ihr Etliche tödten und kreuzigen, und Etliche werdet †ihr geißeln in euren Schulen, und werdet sie verfolgen von einer Stadt zu der andern; *Luc. 11. 49. †Ap. G. 5. 40
35. Auf daß *über euch komme alles das gerechte Blut, das vergossen ist auf Erden, von dem Blut an des gerechten **Abels, bis aufs Blut †Zacharias, Barachiä Sohn, welchen ihr getödtet habt zwischen dem Tempel und Altar. *L. 11, 51. **1 Mos. 4. 8. †2 Chr. 24, 21.
36. Wahrlich, ich sage euch, daß solches Alles wird über dies Geschlecht kommen.
37. *Jerusalem, Jerusalem, die du tödtest die Propheten, und steinigest, die zu dir gesandt sind! wie oft habe ich deine Kinder versammeln wollen, wie eine Henne versammelt ihre Küchlein unter ihre Flügel; und ihr habt nicht gewollt! *Luc. 13. 34
38. *Siehe, euer Haus soll euch wüste gelassen werden. *Ps. 18. 25
39. Denn ich sage euch: Ihr werdet mich von jetzt an nicht sehen, bis ihr sprechet: *Gelobet sey, der da kommt im Namen des HErrn.] *Ps. 118, 26

Das 24. Capitel.
Von Zerstörung der Stadt Jerusalem, und dem Ende der Welt.

1. Und JEsus ging hinweg von dem Tempel, und seine Jünger traten zu ihm, *daß sie ihm zeigten des Tempels Gebäude. *Marc. 13, 1.
2. JEsus aber sprach zu ihnen: Sehet ihr nicht das Alles? Wahrlich, ich sage euch: *Es wird hier nicht ein Stein auf dem andern bleiben, der nicht zerbrochen werde. *Luc. 19.
3. Und als er auf dem Oelberge saß, traten zu ihm seine Jünger besonders, und spra-

sprachen: Sage uns, wann wird das geschehen? Und welches wird das Zeichen seyn deiner Zukunft und der Welt Ende? 4. JEsus aber antwortete, und sprach zu ihnen: *Sehet zu, daß euch nicht Jemand verführe. *Eph. 5, 6.

5. Denn es werden *Viele kommen unter meinem Namen, und sagen: Ich bin Christus; und werden Viele †verführen. *c. 7, 22. †Joh. 5, 43.

6. Ihr werdet hören Kriege und Geschrei von Kriegen; sehet zu, und erschrecket nicht. Das muß zum ersten Alles geschehen; aber es ist noch nicht das Ende da.

7. Denn es wird sich empören ein Volk über das andere, und ein Monarch über das andere, und werden seyn Pestilenz und theure Zeit, und Erdbeben hin und wieder.

8. Da wird sich allererst die Noth anheben.

9. Alsdann *werden sie euch überantworten in Trübsal, und werden euch tödten. Und ihr müsset gehasset werden, um meines Namens willen, von allen Völkern. *Matth. 10, 17. †c. 10, 22. Joh. 16, 2, 2.

10. Dann werden sich Viele *ärgern, und werden sich unter einander verrathen, und werden sich unter einander hassen. *c. 11, 6.

11. Und es werden sich viele *falsche Propheten erheben, und werden Viele verführen. *c. 7, 15.

12. Und *dieweil die Ungerechtigkeit wird überhand nehmen, wird die Liebe in Vielen erkalten. *2 Tim. 3, 1.

13. Wer *aber beharret bis an das Ende, der wird selig. *c. 10, 22.

14. Und es wird geprediget werden das Evangelium vom Reich *in der ganzen Welt, zu einem Zeugniß über alle Völker; und dann wird das Ende kommen. *Röm. 10, 18.

(Evangelium am 25. Sonnt. nach Trinit.)

15. Wenn *ihr nun sehen werdet den Gräuel der Verwüstung, davon gesagt ist †durch den Propheten Daniel, daß er stehe an der heiligen Stätte (wer das lieset, der merke darauf):
*Marc. 13, 14. Luc. 21, 20. †Dan. 9, 26. 27.

16. Alsdann fliehe auf die Berge, wer im Jüdischen Lande ist.

17. Und *wer auf dem Dache ist, der steige nicht hernieder, etwas aus seinem Hause zu holen. *Marc. 13, 15. 16.

18. Und wer auf dem Felde ist, der kehre nicht um, seine Kleider zu holen.

19. Wehe aber den Schwangern und Säugern zu der Zeit!

20. Bittet aber, daß eure Flucht nicht geschehe im Winter, oder am *Sabbath. *2 Mos. 16, 29.

21. Denn *es wird alsdann eine große Trübsal seyn, als nicht gewesen ist, von Anfang der Welt bis her, und als auch nicht werden wird. *Marc. 13, 19.

22. Und wo diese Tage nicht würden verkürzet, so würde kein Mensch selig; aber um der Auserwählten willen werden die Tage verkürzet.

23. So alsdann *Jemand zu euch wird sagen: Siehe, hier ist Christus, oder da; so sollt ihr es nicht glauben. *Marc. 13, 21. Luc. 17, 23. c. 21, 8.

24. Denn *es werden falsche Christi und falsche Propheten aufstehen, und große Zeichen und Wunder thun, daß verführet werden in den Irrthum (wo es möglich wäre) auch die Auserwählten. *Marc. 13, 22.

25. Siehe, ich habe es euch zuvor gesagt.

26. Darum, wenn sie zu euch sagen werden: „Siehe, er ist in der Wüste", so gehet nicht hinaus; „Siehe, er ist in der Kammer", *so glaubet es nicht. *2 Mos. 33, 1. f.

27. Denn gleichwie der Blitz ausgehet vom Anfang, und scheinet bis zum Niedergang: also wird auch seyn die Zukunft des Menschen Sohnes.

28. *Wo aber ein Aas ist, da sammeln sich die Adler. *Hiob 39, 30. Luc. 17, 37.

29. Bald aber nach der Trübsal derselbigen Zeit *werden Sonne und Mond den Schein verlieren, und die Sterne werden vom Himmel fallen, und die Kräfte der Himmel werden sich bewegen. *Jes. 13, 10. f.

30. Und alsdann wird erscheinen das Zeichen des Menschen Sohnes im Himmel. Und alsdann werden heulen alle Geschlechter auf Erden, und werden sehen kommen des Menschen Sohn in den Wolken des Himmels mit großer Kraft und Herrlichkeit.

31. Und er wird senden seine Engel mit hellen *Posaunen; und sie werden sammeln seine Auserwählten von den vier Winden, von einem Ende des Himmels zu dem andern. *1 Cor. 15, 52. 1 Thess. 4, 16.

32. An dem Feigenbaum lernet ein Gleichniß. Wenn sein Zweig jetzt saftig wird und Blätter gewinnet, so wisset ihr, daß der Sommer nahe ist. *Marc. 13, 28. Luc. 21, 29.

33. Also

33. Also auch, wenn ihr dies Alles sehet, so wisset, daß es nahe vor der Thür ist. *Jac. 5, 9.
34. Wahrlich, ich sage euch: Dies Geschlecht wird nicht vergehen, *bis daß dieses Alles geschehe. *Cap. 23, 36.
35. *Himmel und Erde werden vergehen; aber meine Worte werden nicht vergehen. *Marc. 13, 31. Jes. 51, 6.
36. Von dem Tage aber, und von der Stunde weiß Niemand, auch die Engel nicht im Himmel, sondern allein mein Vater. *Marc. 13, 32.
37. Gleich aber *wie es zu der Zeit Noahs war, also wird auch seyn die Zukunft des Menschen Sohnes. *1 Mos. 7, 7. 1 Pet. 3, 20.
38. Denn gleichwie sie waren in den Tagen vor der Sündfluth: sie aßen, sie tranken, sie freieten und ließen sich freien, bis an den Tag, da Noah zu der Arche einging;
39. Und sie achteten es nicht, bis die Sündfluth kam, und nahm sie Alle dahin: also wird auch seyn die Zukunft des Menschen Sohnes.
40. Dann werden Zween auf dem Felde seyn; Einer wird angenommen, und der Andere wird verlassen werden. *Luc. 17, 34. 36.
41. Zwo werden mahlen auf der Mühle; Eine wird angenommen, und die Andere wird verlassen werden.
42. Darum wachet; denn *ihr wisset nicht, welche Stunde euer HErr kommen wird. *Marc. 13, 33. 35.
43. Das sollt ihr aber wissen: *Wenn ein Hausvater wüßte, welche Stunde der Dieb kommen wollte; so würde er ja wachen, und nicht in sein Haus brechen lassen. *1 Thess. 5, 2.
44. Darum seyd ihr auch bereit; denn des Menschen Sohn wird kommen zu einer Stunde, da ihr es nicht meinet.
45. Welcher ist aber nun ein *treuer und kluger Knecht, den sein Herr gesetzt hat über sein Gesinde, daß er ihnen zu rechter Zeit Speise gebe? *c. 25, 21. Luc. 12, 42. 1 Cor. 4, 2.
46. Selig ist der Knecht, wenn sein Herr kommt, und findet ihn also thun.
47. Wahrlich, ich sage euch: *Er wird ihn über alle seine Güter setzen. *c. 25, 21. 23.
48. So aber jener, der böse Knecht, wird in seinem Herzen sagen: Mein Herr kommt noch lange nicht;
49. Und fängt an zu schlagen seine Mitknechte, isset und trinket mit den Trunkenen:

50. So wird der Herr desselbigen Knechts kommen an dem Tage, deß er sich nicht versiehet, und zu der Stunde, die er nicht meinet.
51. Und wird ihn zerscheitern, und wird ihm seinen Lohn geben mit den Heuchlern. *Da wird seyn Heulen und Zähnklappen. *c. 13. c. 15, 42.

Das 25. Capitel.

Von zehn Jungfrauen, verliehenen Centnern, und jüngsten Gericht.

(Evangelium am 27. Sonnt. nach Trinit.)

1. Dann wird das Himmelreich gleich seyn zehn Jungfrauen, die ihre Lampen nahmen, und gingen aus, dem Bräutigam entgegen.
2. Aber fünf unter ihnen waren thöricht, und fünf waren klug.
3. Die thörichten nahmen ihre Lampen, aber sie nahmen nicht Oel mit sich.
4. Die klugen aber nahmen Oel in ihren Gefäßen, sammt ihren Lampen.
5. Da nun der Bräutigam verzog, wurden sie *Alle schläfrig, und entschliefen. *Jes. 5, 2.
6. Zu Mitternacht aber ward ein Geschrei: Siehe, der Bräutigam kommt; gehet aus, ihm entgegen!
7. Da *standen diese Jungfrauen alle auf, und schmückten ihre Lampen. *Luc. 12, 85.
8. Die thörichten aber sprachen zu den klugen: Gebt uns von eurem Oel; denn unsere Lampen verlöschen.
9. Da antworteten die klugen, und sprachen: Nicht also; auf daß nicht uns und euch gebreche. Gehet aber hin zu den Krämern, und kaufet für euch selbst.
10. Und da sie hingingen zu kaufen, kam der Bräutigam; und welche bereit waren, *gingen mit ihm hinein zur Hochzeit; und die Thür ward verschlossen. *Cant. 12, 7.
11. Zuletzt kamen auch die andern Jungfrauen, und *sprachen: Herr, Herr, thue uns auf! *Luc. 13, 25. f.
12. Er antwortete aber, und sprach: Wahrlich, ich sage euch, *Ich kenne euer nicht. *c. 7, 23. Ps. 1, 6.
13. Darum *wachet; denn ihr wisset weder Tag noch Stunde, in welcher des Menschen Sohn kommen wird. *c. 24, 42. Marc. 13, 33. 1 Thess. 5, 6.
14. Gleichwie *ein Mensch, der über Land zog, rief seine Knechte, und that ihnen seine Güter ein; *Luc. 19, 12 f.
15. Und einem gab er fünf Centner, dem andern zween, dem dritten einen, einem

jedem nach seinem Vermögen; und zog bald hinweg.

16. Da ging der hin, der fünf Centner empfangen hatte, und handelte mit denselbigen, und gewann andere fünf Centner.

17. Deßgleichen auch, der zween Centner empfangen hatte, gewann auch zween andere.

18. Der aber einen empfangen hatte, ging hin, und machte eine Grube in die Erde, und verbarg seines Herrn Geld.

19. Ueber eine lange Zeit kam der Herr dieser Knechte, und hielt Rechenschaft mit ihnen.

20. Da trat herzu, der fünf Centner empfangen hatte, und legte andere fünf Centner dar, und sprach: Herr, du hast mir fünf Centner gethan; siehe da, ich habe damit andere fünf Centner gewonnen.

21. Da sprach sein Herr zu ihm: Ei, du frommer und getreuer Knecht, du bist über Wenigem getreu gewesen; ich will dich über Viel setzen: gehe ein zu deines Herrn Freude!

22. Da trat auch herzu, der zween Centner empfangen hatte, und sprach: Herr, du hast mir zween Centner gethan; siehe da, ich habe mit denselben zween andere gewonnen.

23. Sein Herr sprach zu ihm: *Ei, du frommer und getreuer Knecht, du bist über Wenigem getreu gewesen; ich will dich über Viel setzen: gehe ein zu deines Herrn Freude! *v. 21.

24. Da trat auch herzu, der einen Centner empfangen hatte, und sprach: Herr, ich wußte, daß du ein harter Mann bist: du schneidest, wo du nicht gesäet hast, und sammelst, da du nicht gestreuet hast.

25. Und fürchtete mich, ging hin, und verbarg deinen Centner in die Erde. Siehe, da hast du das Deine.

26. Sein Herr aber antwortete, und sprach zu ihm: Du *Schalk und fauler Knecht! wußtest du, daß ich schneide, da ich nicht gesäet habe, und sammle, da ich nicht gestreuet habe; *c. 18. 32.

27. So solltest du mein Geld zu den Wechslern gethan haben, und wenn Ich gekommen wäre, hätte ich das Meine zu mir genommen mit Wucher.

28. Darum nehmet von ihm den Centner, und gebet es dem, der zehn Centner hat.

29. Denn *wer da hat, dem wird gegeben werden, und wird die Fülle haben; wer aber nicht hat, dem wird auch, das er hat, genommen werden. *c. 13, 12. Marc. 4, 25. Luc. 8, 18.

30. Und den unnützen Knecht *werfet in die äußerste Finsterniß hinaus: da wird seyn Heulen und Zähnklappen. *c. 8, 12. 1. 24, 51. u. f.

(Evangelium am 26. Sonnt. nach Trinit.)

31. Wenn aber *des Menschen Sohn kommen wird in seiner Herrlichkeit, und alle heilige Engel mit ihm, dann wird er sitzen auf dem Stuhl seiner Herrlichkeit; *c. 16, 27. 1 Thess. 4, 16.

32. Und *werden vor ihm alle Völker versammelt werden. Und er wird sie von einander scheiden, gleich als ein Hirte die Schafe von den Böcken scheidet. *Röm. 14, 10.

33. Und wird die *Schafe zu seiner Rechten stellen, und die Böcke zur Linken. *Ezech. 34, 17.

34. Da wird dann der König sagen zu denen zu seiner Rechten: Kommt her, ihr Gesegneten meines Vaters, ererbet das Reich, das euch bereitet ist von Anbeginn der Welt!

35. *Denn ich bin hungrig gewesen, und ihr habt mich gespeiset. Ich bin durstig gewesen, und ihr habt mich getränket. Ich bin ein Gast gewesen, und ihr habt mich beherberget. *Jes. 58, 7. Ezech. 18, 7. Röm. 4, 17.

36. Ich bin nackend gewesen, und ihr habt mich bekleidet. Ich bin krank gewesen, und ihr habt mich besuchet. Ich bin gefangen gewesen, und ihr seyd zu mir gekommen.

37. Dann werden ihm die Gerechten antworten, und sagen: HErr, wann haben wir dich hungrig gesehen, und haben dich gespeiset? oder durstig, und haben dich getränket?

38. Wann haben wir dich einen Gast gesehen, und beherberget? oder nackend, und haben dich bekleidet?

39. Wann haben wir dich krank oder gefangen gesehen, und sind zu dir gekommen?

40. Und der König wird antworten und sagen zu ihnen: Wahrlich, ich sage euch: *Was ihr gethan habt Einem unter diesen meinen geringsten Brüdern, das habt ihr mir gethan. *c. 10, 42. Sprüchw. 19, 17.

41. Dann wird er auch sagen zu denen zur Linken: *Gehet hin von mir, ihr Verfluchten.

fluchten, in das ewige Feuer, das bereitet ist dem Teufel und seinen Engeln!

42. Ich bin hungrig gewesen, und ihr habt mich nicht gespeiset. Ich bin durstig gewesen, und ihr habt mich nicht getränket.

43. Ich bin ein Gast gewesen, und ihr habt mich nicht beherberget. Ich bin nackend gewesen, und ihr habt mich nicht bekleidet. Ich bin krank und gefangen gewesen, und ihr habt mich nicht besuchet.

44. Da werden sie ihm auch antworten und sagen: HErr, wann haben wir dich gesehen hungrig, oder durstig, oder einen Gast, oder nackend, oder krank, oder gefangen, und haben dir nicht gedienet?

45. Dann wird er ihnen antworten und sagen: Wahrlich, ich sage euch: Was ihr nicht gethan habt Einem unter diesen Geringsten, das habt ihr mir auch nicht gethan.

46. Und *sie werden in die ewige Pein gehen; aber die Gerechten in das ewige Leben.]

Das 16. Capitel.

1. Und es begab sich, da JEsus alle diese Rede vollendet hatte, sprach er zu seinen Jüngern:

2. Ihr wisset, daß nach zweyen Tagen Ostern wird; und des Menschen Sohn wird überantwortet werden, daß er gekreuziget werde.

3. Da versammelten *sich die Hohenpriester und Schriftgelehrten, und die Aeltesten im Volk, in dem Pallast des Hohenpriesters, der da hieß Caiphas;

4. Und hielten Rath, wie sie JEsum mit List griffen und tödteten.

5. Sie sprachen aber: *Ja nicht auf das Fest, auf daß nicht ein Aufruhr werde im Volk!

6. Da nun JEsus war zu *Bethanien im Hause Simonis, des Aussätzigen;

7. Trat *zu ihm ein Weib, das hatte ein Glas mit köstlichem Wasser, und goß es auf sein Haupt, da er zu Tische saß.

8. Da das seine Jünger sahen, wurden sie unwillig, und sprachen: Wozu dienet dieser Unrath?

9. Dieses Wasser hätte mögen theuer verkauft, und den Armen gegeben werden.

10. Da das JEsus merkte, sprach er zu ihnen: Was bekümmert ihr das Weib? Sie hat ein gut Werk an mir gethan.

11. Ihr *habt allezeit Arme bei euch; mich aber habt ihr nicht allezeit.

12. Daß sie dies Wasser hat auf meinen Leib gegossen, hat sie gethan, daß man mich begraben wird.

13. Wahrlich, ich sage euch: Wo dies Evangelium geprediget wird in der ganzen Welt, da wird man auch sagen zu ihrem Gedächtniß, was sie gethan hat.

14. Da ging hin *der Zwölfen einer, mit Namen Judas Ischarioth, zu den Hohenpriestern,

15. Und sprach: Was wollt ihr mir geben? Ich will ihn euch verrathen. Und sie boten ihm *dreißig Silberlinge.

16. Und von dem an suchte er Gelegenheit, daß er ihn verriethe.

17. Aber am ersten Tage der süßen Brote *traten die Jünger zu JEsu, und sprachen zu ihm: Wo willst du, daß wir dir bereiten, das Osterlamm zu essen?

18. Er sprach: Gehet hin in die Stadt zu Einem, und sprechet zu ihm: Der Meister läßt dir sagen: Meine Zeit ist hier; ich will bei dir Ostern halten mit meinen Jüngern.

19. Und die Jünger thaten, wie ihnen JEsus befohlen hatte, und bereiteten das Osterlamm.

20. Und am *Abend setzte er sich zu Tische mit den Zwölfen.

21. Und da sie aßen, sprach er: *Wahrlich, ich sage euch: Einer unter euch wird mich verrathen.

22. Und sie wurden sehr betrübt, und hoben an, ein Jeglicher unter ihnen, und sagten zu ihm: HErr, bin ich's?

23. Er antwortete, und sprach: Der *mit der Hand mit mir in die Schüssel tauchet, der wird mich verrathen.

24. Des Menschen Sohn gehet zwar dahin, wie von ihm geschrieben stehet; doch wehe dem Menschen, durch welchen des Menschen Sohn verrathen wird! Es wäre ihm besser, daß derselbige Mensch noch nie geboren wäre.

25. Da

H. Abendmahl eingesetzt. Ev. Matthäi 26. Christus betet am Oelberge.

25. Da antwortete Judas, der ihn verrieth, und sprach: Bin ich's, Rabbi? Er sprach zu ihm: Du sagst es.
26. Da sie aber aßen, nahm *Jesus das Brot, dankte, und brach es, und gab es den Jüngern, und sprach: Nehmet, esset; das ist mein Leib. *Marc. 14, 22. 1 Cor. 11, 23.
27. Und er nahm den Kelch, und dankte, gab ihnen den, und sprach: Trinket Alle daraus;
28. Das ist mein Blut des neuen Testaments, welches vergossen wird für Viele, zur Vergebung der Sünden.
29. Ich sage euch: *Ich werde von nun an nicht mehr von diesem Gewächs des Weinstocks trinken, bis an den Tag, da ich es neu trinken werde mit euch in meines Vaters Reich. *Marc. 14, 25.
30. Und *da sie den Lobgesang gesprochen hatten, gingen sie hinaus an den Oelberg. *Marc. 14, 26. f.
31. Da sprach Jesus zu ihnen: In dieser Nacht *werdet ihr euch Alle ärgern an mir. Denn es stehet geschrieben: †Ich werde den Hirten schlagen, und die Schafe der Heerde werden sich zerstreuen. *Marc. 14, 27. f. † Sachar. 13, 7.
32. Wenn ich aber auferstehe, will ich vor euch hingehen in Galiläa.
33. Petrus aber antwortete, und sprach zu ihm: Wenn sie auch Alle sich an dir ärgerten, so will ich mich doch nimmermehr ärgern.
34. Jesus sprach zu ihm: Wahrlich, ich sage dir: *In dieser Nacht, ehe der Hahn krähet, wirst du mich drei Mal verleugnen. *Marc. 14, 30. Luc. 22, 34. Joh. 13, 38.
35. Petrus sprach zu ihm: Und wenn ich mit dir sterben müßte, so will ich dich nicht verleugnen. Desgleichen sagten auch alle Jünger.
36. Da kam Jesus mit ihnen *zu einem Hof, der hieß Gethsemane, und sprach zu seinen Jüngern: †Setzet euch hier, bis daß ich dorthin gehe und bete. *Marc. 14, 32. Marc. 11, 39. Joh. 18, 1.
† 1 Mos. 22, 5.
37. Und nahm zu sich Petrum und die zween Söhne Zebedäi, und fing an zu trauern und zu zagen.
38. Da sprach Jesus zu ihnen: *Meine Seele ist betrübt bis an den Tod; bleibet hier, und wachet mit mir. *Marc. 14, 34.

39. Und ging *hin ein wenig, fiel nieder auf sein Angesicht, und betete, und sprach: Mein Vater, ist es möglich, so gehe dieser Kelch von mir; doch nicht wie Ich will, sondern wie Du willst. *Marc. 14, 35.
40. Und er kam zu seinen Jüngern, und fand sie schlafend, und sprach zu Petro: Könnet ihr denn nicht Eine Stunde mit mir wachen?
41. Wachet *und betet, daß ihr nicht in Anfechtung fallet. Der Geist ist willig, aber das Fleisch ist schwach. *Marc. 14, 38.
42. Zum andern Mal ging er aber hin, betete, und sprach: Mein Vater, ist es nicht möglich, daß dieser Kelch von mir gehe, ich trinke ihn denn; so geschehe dein Wille.
43. Und er kam, und fand sie abermal schlafend, und ihre Augen waren voll Schlafs.
44. Und er ließ sie, und ging abermal hin, und betete zum dritten Mal, und redete dieselbigen Worte.
45. Da kam er zu seinen Jüngern, und sprach zu ihnen: Ach, wollt ihr nun schlafen und ruhen? Siehe, die Stunde ist hier, daß des Menschen Sohn in der Sünder Hände überantwortet wird. *Marc. 14, 41.
46. Stehet auf, lasset uns gehen; siehe, er ist da, der mich verräth.
47. Und als er noch redete, siehe, *da kam Judas, der Zwölfen einer, und mit ihm eine große Schaar, mit Schwertern und mit Stangen, von den Hohenpriestern und Aeltesten des Volks. *Marc. 14, 43. Luc. 22, 47.
48. Und der Verräther hatte ihnen ein Zeichen gegeben, und gesagt: Welchen ich küssen werde, der ist's; den greifet.
49. Und alsobald trat er zu Jesu, und sprach: Gegrüßet seyst du, Rabbi! und *küssete ihn. *1 Sam. 20, 9.
50. Jesus aber sprach zu ihm: Mein Freund, warum bist du gekommen? Da traten sie hinzu, und legten die Hände an Jesum, und griffen ihn.
51. Und siehe, Einer aus denen, die mit Jesu waren, reckte die Hand aus, und *zog sein Schwert aus, und schlug des Hohenpriesters Knecht, und hieb ihm ein Ohr ab.
*Marc. 14, 47. Luc. 22, 50. Joh. 18, 10.
52. Da sprach Jesus zu ihm: Stecke dein Schwert an seinen Ort; denn wer das Schwert nimmt, der soll durch's Schwert umkommen.
53. Oder meinest du, daß ich nicht könnte

könnte meinen Vater bitten, daß er mir zuschickte *mehr denn zwölf Legionen Engel? *Dan.7,10.
54. Wie würde aber *die Schrift erfüllet! Es muß also gehen. *Vr.33,v.
55. Zu der Stunde sprach JEsus zu den Schaaren: Ihr seyd ausgegangen, als zu einem Mörder, mit Schwertern und mit Stangen, mich zu fangen. Bin ich doch täglich gesessen bei euch, und habe gelehret im Tempel, und ihr habt mich nicht gegriffen.
56. Aber das ist Alles geschehen, daß erfüllet würden die Schriften der Propheten. *Da verließen ihn alle Jünger, und flohen. *v.31.
57. Die aber JEsum gegriffen hatten, *führeten ihn zu dem Hohenpriester Caiphas, dahin die Schriftgelehrten und Aeltesten sich versammelt hatten. *Joh.18,13.f.
58. Petrus aber folgte ihm nach von ferne, bis in den Pallast des Hohenpriesters; und ging hinein, und setzte sich bei die Knechte, auf daß er sähe, wo es hinaus wollte.
59. Die Hohenpriester aber und Aeltesten und der ganze Rath, suchten falsch Zeugniß wider JEsum, auf daß sie ihn tödteten;
60. Und fanden keins. Und wiewohl viele falsche Zeugen herzu traten, sunden sie doch keins. Zuletzt traten herzu zween falsche Zeugen.
61. Und sprachen: Er hat gesagt: *Ich kann den Tempel GOttes abbrechen, und in dreien Tagen denselben bauen. *Joh.2,19.21.f.
62. Und der Hohepriester stand auf, und sprach zu ihm: Antwortest du nichts zu dem, das diese wider dich zeugen?
63. Aber JEsus schwieg stille. Und der Hohepriester antwortete, und sprach zu ihm: Ich *beschwöre dich bei dem lebendigen GOtt, daß du uns sagest, ob Du seyst Christus, der Sohn GOttes. *3Mo.5,1.
64. JEsus sprach zu ihm: Du sagest es. Doch sage ich euch: Von nun an wird es geschehen, daß ihr sehen werdet des Menschen Sohn *sitzen zur Rechten der Kraft, und kommen in den Wolken des Himmels.
65. Da zerriß der Hohepriester seine Kleider, und sprach: Er hat GOtt gelästert; was bedürfen wir weiter Zeugniß? Siehe, jetzt habt ihr seine Gotteslästerung gehöret.

66. Was dünket euch? Sie antworteten, und sprachen: *Er ist des Todes schuldig.
67. Da *speieten sie aus in sein Angesicht, und schlugen ihn mit Fäusten. Etliche aber schlugen ihn in's Angesicht,
68. Und sprachen: Weissage uns, Christe, wer ist es, der dich schlug?
69. Petrus aber *saß draußen im Pallast. Und es trat zu ihm eine Magd, und sprach: Und du warest auch mit dem JEsu aus Galiläa.
70. Er leugnete aber vor ihnen Allen, und sprach: Ich weiß nicht, was du sagst.
71. Als er aber zur Thür hinaus ging, sahe ihn eine andere, und sprach zu denen, die da waren: Dieser war auch mit dem JEsu von Nazareth.
72. Und er leugnete abermal und schwur dazu: Ich kenne den Menschen nicht.
73. Und über eine kleine Weile traten hinzu, die da standen, und sprachen zu Petro: Wahrlich, du bist auch Einer von denen; denn deine Sprache verräth dich.
74. Da *hob er an sich zu verfluchen und zu schwören: Ich kenne den Menschen nicht; und alsobald krähete der Hahn.
75. Da dachte Petrus an die Worte JEsu, da er zu ihm sagte: *Ehe der Hahn krähen wird, wirst du mich drei Mal verleugnen. Und ging hinaus, und weinete bitterlich.

Das 27. Capitel.

Christi Leiden vor dem weltlichen Gerichte. Verzagtseyn, mit Wundern beleuchtetes Tod- und Begräbniß.

1. Des Morgens aber hielten alle Hohepriester und die Aeltesten des Volks einen Rath über JEsum, daß sie ihn tödteten;
2. Und banden ihn, führeten ihn hin, und überantworteten ihn dem Landpfleger Pontio Pilato.
3. Da das sahe Judas, der ihn verrathen hatte, daß er verdammet war zum Tode; gereuete es ihn, und brachte wieder die dreißig Silberlinge den Hohenpriestern und den Aeltesten,
4. Und sprach: Ich habe übel gethan, daß ich unschuldig Blut verrathen habe.
5. Sie sprachen: Was gehet uns das an! Da siehe du zu. *Und er warf die Silberlinge in den Tempel, hob sich

ich davon, ging hin, und erhenkte sich selbst.

6. Aber die Hohenpriester nahmen die Silberlinge, und sprachen: Es taugt nicht, daß wir sie in den Gotteskasten legen; denn es ist Blutgeld.

7. Sie hielten aber einen Rath, und kauften einen Töpfers-Acker darum, zum Begräbniß der Pilger.

8. Daher ist derselbige Acker genannt der Blutacker, bis auf den heutigen Tag.

9. Da ist erfüllet, das gesagt ist durch den Propheten Jeremias, da er spricht: Sie haben genommen dreißig Silberlinge, damit bezahlet ward der Verkaufte, welchen sie kauften von den Kindern Israel;

10. Und haben sie gegeben um einen Töpfers-Acker, als mir der HErr befohlen hat.

11. JEsus aber stand vor dem Landpfleger; und der Landpfleger fragte ihn, und sprach: Bist Du der Juden König? JEsus aber sprach zu ihm: Du sagest es.

12. Und da er verklaget ward von den Hohenpriestern und Aeltesten, antwortete er nichts.

13. Da sprach Pilatus zu ihm: Hörest du nicht, wie hart sie dich verklagen?

14. Und er antwortete ihm nicht auf Ein Wort, also, daß sich auch der Landpfleger sehr verwunderte.

15. Auf das Fest aber hatte der Landpfleger die Gewohnheit, dem Volk einen Gefangenen los zu geben, welchen sie wollten.

16. Er hatte aber zu der Zeit einen Gefangenen, einen sonderlichen vor andern, der hieß Barabbas.

17. Und da sie versammelt waren, sprach Pilatus zu ihnen: Welchen wollt ihr, daß ich euch los gebe? Barabbam oder JEsum, von dem gesagt wird, er sey Christus?

18. Denn er wußte wohl, daß sie ihn aus Neid überantwortet hatten.

19. Und da er auf dem Richtstuhl saß, schickte sein Weib zu ihm, und ließ ihm sagen: Habe du nichts zu schaffen mit diesem Gerechten; ich habe heute viel erlitten im Traum von seinetwegen.

20. Aber die Hohenpriester und die Aeltesten überredeten das Volk, daß sie um Barabbas bitten sollten, und JEsum umbrächten.

21. Da antwortete nun der Landpfleger und sprach zu ihnen: Welchen wollt ihr unter diesen Zween, den ich euch soll los geben? Sie sprachen: Barabbam.

22. Pilatus sprach zu ihnen Was soll ich denn machen mit JEsu, von dem gesagt wird, er sey Christus? Sie sprachen Alle: Laß ihn kreuzigen!

23. Der Landpfleger sagte: Was hat er denn Uebels gethan? Sie schrieen aber noch mehr, und sprachen: Laß ihn kreuzigen!

24. Da aber Pilatus sahe, daß er nichts schaffte, sondern daß viel ein größer Getümmel ward, nahm er Wasser, und wusch die Hände vor dem Volk, und sprach: Ich bin unschuldig an dem Blut dieses Gerechten; sehet ihr zu!

25. Da antwortete das ganze Volk, und sprach: Sein Blut komme über uns und über unsere Kinder!

26. Da gab er ihnen Barabbam los; aber JEsum ließ er geißeln, und überantwortete ihn, daß er gekreuziget würde.

27. Da nahmen die Kriegsknechte des Landpflegers JEsum zu sich in das Richthaus, und sammelten über ihn die ganze Schaar;

28. Und zogen ihn aus, und legten ihm einen Purpurmantel an;

29. Und flochten eine dornene Krone, und setzten sie auf sein Haupt, und ein Rohr in seine rechte Hand, und beugten die Kniee vor ihm, und spotteten ihn, und sprachen: Gegrüßet seyst du, der Juden König!

30. Und speieten ihn an, und nahmen das Rohr, und schlugen damit sein Haupt.

31. Und da sie ihn verspottet hatten, zogen sie ihm den Mantel aus, und zogen ihm seine Kleider an, und führeten ihn hin, daß sie ihn kreuzigten.

32. Und indem sie hinaus gingen, fanden sie einen Menschen von Kyrene, mit Namen Simon; den zwangen sie, daß er ihm sein Kreuz trug.

33. Und da sie an die Stätte kamen, mit Namen Golgatha, das ist verdeutschet: Schädelstätte.

34. Gaben sie ihm Essig zu trinken mit Gallen vermischt; und da er es schmeckte, wollte er nicht trinken.

35. Da

35. Da sie ihn aber gekreuziget hatten, theilten sie seine Kleider, und warfen das Loos darum; auf daß erfüllet würde, das gesagt ist durch den Propheten: *Sie haben meine Kleider unter sich getheilet, und über mein Gewand haben sie das Loos geworfen. *Ps. 22, 19. s.
36. Und sie saßen allda, und hüteten sein.
37. Und oben zu seinem Haupte hefteten sie die Ursach seines Todes beschrieben: nämlich: Dies ist JESus, der Juden König.
38. Und da wurden *zween Mörder mit ihm gekreuziget, Einer zur Rechten, und Einer zur Linken. *Es. 53, 12.
39. Die aber vorüber gingen, *lästerten ihn, und †schüttelten ihre Köpfe.
 *Marc. 15, 29. †Ps. 22, 8.
40. Und sprachen: Der *du den Tempel GOttes zerbrichst, und bauest ihn in dreien Tagen, hilf dir selber! Bist du GOttes Sohn, so steig herab vom Kreuz! *Joh. 2, 19. f.
41. Deßgleichen auch die Hohenpriester spotteten seiner, sammt den Schriftgelehrten und Aeltesten, und sprachen:
42. Andern hat er geholfen, und kann ihm selber nicht helfen. Ist er der König Israels, so steige er nun vom Kreuz, so wollen wir ihm glauben!
43. Er hat *GOtt vertrauet, der erlöse ihn nun, lüstet es ihn! Denn er hat gesagt: Ich bin GOttes Sohn. *Ps. 22, 9.
44. Deßgleichen *schmäheten ihn auch die Mörder, die mit ihm gekreuziget waren. *Ps. 22, 19.
45. Und von der sechsten Stunde an ward eine Finsterniß über das ganze Land, bis zu der neunten Stunde.
46. Und um die neunte Stunde schrie JEsus laut, und sprach: *Eli, Eli, lama asabthani! das ist: *Mein GOtt, mein GOtt, warum hast du mich verlassen! *Ps. 22, 1.
47. Etliche aber, die da standen, da sie das höreten, sprachen sie: Der ruft den Elias.
48. Und bald lief Einer unter ihnen, nahm einen Schwamm, und füllete ihn mit Essig, und steckte ihn auf ein Rohr, und tränkte ihn.
49. Die Andern aber sprachen: Halt, laß sehen, ob Elias komme und ihm helfe!
50. Aber JEsus *schrie abermal laut, und verschied. *Marc. 15, 37.

51. Und siehe da, der *Vorhang im Tempel zerriß in zwei Stücke, von oben an bis unten aus. *2 Mos. 26, 31.
52. Und die Erde erbebte, und die Felsen zerrissen, und die Gräber thaten sich auf, und standen auf viele Leiber der Heiligen, die da schliefen;
53. Und gingen aus den Gräbern nach seiner Auferstehung, und kamen in die heilige Stadt, und erschienen Vielen.
54. Aber der *Hauptmann und die bei ihm waren, und bewahrten JEsum, da sie sahen das Erdbeben, und was da geschahe, erschraken sie sehr, und sprachen: Wahrlich, dieser ist GOttes Sohn gewesen! *Marc. 15, 39.
55. Und es waren viele Weiber da, die von ferne zusahen, die da JEsu waren nachgefolget aus Galiläa, und hatten ihm gedienet.
56. Unter welchen war Maria Magdalena, und Maria, die Mutter Jacobi, und Joses, und die Mutter der Kinder Zebedäi.
57. Am *Abend aber kam ein reicher Mann von Arimathia, der hieß Joseph, welcher auch ein Jünger JEsu war. *Marc. 15, 42.
58. Der ging zu Pilato, und bat ihn um den Leib JEsu. Da befahl Pilatus, man sollte ihm ihn geben.
59. Und Joseph nahm den Leib, und wickelte ihn in ein rein Leinwand;
60. Und *legte ihn in sein eigen neu Grab, welches er hatte lassen in einen Fels hauen; und wälzte einen großen Stein vor die Thür des Grabes, und ging davon. *Joh. 19, 2.
61. Es war aber allda Maria Magdalena und die andere Maria, die saßen sich gegen das Grab.
62. Des andern Tages, der da folgt nach dem Rüsttage, kamen die Hohenpriester und Pharisäer sämmtlich zu Pilato,
63. Und sprachen: Herr, wir haben gedacht, daß dieser Verführer sprach, da er noch lebte: Ich will nach dreien Tagen auferstehen.
64. Darum befiehl, daß man das Grab verwahre bis an den dritten Tag, auf daß nicht seine Jünger kommen, und stehlen ihn, und sagen zum Volk: Er ist auferstanden von den Todten; und werde der letzte Betrug ärger, denn der erste.
65. Pilatus sprach zu ihnen: Da habt ihr

ihr die Hüter; gehet hin, und verwahret es, wie ihr wisset.
66. Sie gingen hin, und verwahreten das Grab mit Hütern, *und versiegelten den Stein. *Dan. 6, 17.

Das 28. Capitel.
Christi Auferstehung und Befehl an seine Jünger.

1. Am Abend aber des Sabbaths, welcher anbricht am Morgen des ersten Feiertages der Sabbathen, *kam Maria Magdalena und die andere Maria, das Grab zu besehen. *Marc. 16, 1. Luc. 24, 1. Joh. 20, 1.
2. Und siehe, es geschah ein groß Erdbeben. Denn der Engel des HErrn kam vom Himmel herab, trat hinzu, und wälzte den Stein von der Thür, und setzte sich darauf.
3. Und *seine Gestalt war wie der Blitz, und sein Kleid weiß als der Schnee. *Marc. 16, 5.
4. Die Hüter aber erschraken vor Furcht, und wurden, als wären sie todt.
5. Aber der Engel antwortete, und sprach zu den Weibern: Fürchtet euch nicht; ich weiß, daß ihr JEsum den Gekreuzigten suchet. *Marc. 16, 6. Luc. 24, 5.
6. Er ist nicht hier; er ist auferstanden, *wie er gesagt hat. Kommt her, und sehet die Stätte, da der HErr gelegen hat. *c. 12, 40.
7. Und gehet eilend hin, und saget es seinen Jüngern, daß er auferstanden sey von den Todten. Und siehe, er wird vor euch hingehen in *Galiläa, da werdet ihr ihn sehen. Siehe, ich habe es euch gesagt. *c. 26, 32.
8. Und sie *gingen eilend zum Grabe hinaus, mit Furcht und großer Freude; und liefen, daß sie es seinen Jüngern verkündigten. Und da sie gingen, seinen Jüngern zu verkündigen; *Marc. 16, 8.
9. Siehe! *da begegnete ihnen JEsus, und sprach: Seyd gegrüßet! Und sie traten zu ihm, und griffen an seine Füße, und fielen vor ihm nieder. *Marc. 16, 9.
10. Da sprach JEsus zu ihnen: Fürchtet euch nicht; *gehet hin, und verkündiget es meinen Brüdern, daß sie gehen in Galiläa; daselbst werden sie mich sehen. *Joh. 20, 17.
11. Da sie aber hingingen, siehe da kamen etliche von den Hütern in die Stadt, und verkündigten den Hohenpriestern Alles, was geschehen war.
12. Und sie kamen zusammen mit den Aeltesten, und hielten einen Rath, und gaben den Kriegsknechten Geld genug,
13. Und sprachen: saget, seine Jünger kamen des Nachts, und stahlen ihn, dieweil wir schliefen;
14. Und wo es würde auskommen bei dem Landpfleger, wollen wir ihn stillen, und schaffen, daß ihr sicher seyd.
15. Da nahmen sie das Geld, und thaten, wie sie gelehret waren. Solches ist eine gemeine Rede geworden bei den Juden, bis auf den heutigen Tag.
16. Aber *die elf Jünger gingen in Galiläa auf einen Berg, dahin JEsus sie beschieden hatte. *c. 26, 32.
17. Und da sie ihn sahen, fielen sie *vor ihm nieder; Etliche aber zweifelten. *Luc. 24, 52.
18. Und JEsus trat zu ihnen, redete mit ihnen, und sprach: *Mir ist gegeben alle Gewalt im Himmel und auf Erden. *c. 11, 27. f.
19. Darum *gehet hin, und lehret alle Völker, und taufet sie im Namen des Vaters, und des Sohnes, und des heiligen Geistes. *Marc. 16, 15.
20. Und lehret sie halten Alles, was ich euch befohlen habe. Und siehe, *Ich bin bei euch alle Tage, bis an der Welt Ende. *c. 18, 20.

Evangelium Marci.

Das 1. Capitel.
Christus von Johanne getauft, wird versucht, prediget, beruft Jünger, und heilt die Kranken.

1. Dies ist der Anfang des Evangelii von JEsu Christo, dem Sohne GOttes.
2. Als geschrieben stehet in den Propheten: *Siehe, Ich sende meinen Engel vor dir her, der da bereite deinen Weg vor dir. *Mal. 3, 1. f.
3. *Es ist eine Stimme eines Predigers in der Wüste: Bereitet den Weg des HErrn, machet seine Steige richtig. *Jes. 40, 3. Matth. 3, 3. Luc. 3, 4. Joh. 1, 23.
4. Johannes, der war in der Wüste, taufte, und predigte von der Taufe der Buße, zur Vergebung der Sünden. *Matth. 3, 1. f.

5. Und

5. Und es ging zu ihm hinaus das ganze Jüdische Land, und die von Jerusalem, und ließen sich Alle von ihm taufen im Jordan, und bekannten ihre Sünden.

6. Johannes *aber war bekleidet mit Kameels-Haaren, und mit einem ledernen Gürtel um seine Lenden, und aß †Heuschrecken und wilden Honig.
   *Matth. 3, 4. †3 Mos. 11, 22.

7. Und predigte und sprach: *Es kommt Einer nach mir, der ist stärker denn ich, dem ich nicht genugsam bin, daß ich mich vor ihm bücke, und die Riemen seiner Schuhe auflöse. *Matth. 3, 11. Joh. 1, 27.

8. Ich *taufe euch mit Wasser; aber Er wird euch mit dem heiligen Geist taufen. *Matth. 3, 11. f.

9. Und es begab sich zu derselbigen Zeit, daß JEsus aus Galiläa von Nazareth kam, und *ließ sich taufen von Johanne im Jordan. *Matth. 3, 13. Luc. 3, 21. Joh. 1, 32.

10. Und alsobald stieg er aus dem Wasser, und sahe, daß sich der Himmel aufthat, und den Geist, gleich wie eine Taube, herab kommen auf ihn.

11. Und da geschahe eine Stimme vom Himmel: *Du bist mein lieber Sohn, an dem ich Wohlgefallen habe.
    *Matth. 3, 17. Luc. 3, 22. 2 Petr. 1, 17.

12. Und bald trieb ihn der Geist in die *Wüste. *Matth. 4, 1. Luc. 4, 1.

13. Und war allda in der Wüste vierzig Tage, und ward versucht von dem Satan, und war bei den Thieren, und die Engel dieneten ihm.

14. Nachdem aber Johannes überantwortet war, kam JEsus in Galiläa, und *predigte das Evangelium vom Reich GOttes. *Matth. 4, 17. Luc. 4, 14.

15. Und sprach: Die Zeit ist erfüllet, und das Reich GOttes ist herbei gekommen. Thut Buße, und glaubet an das Evangelium! *Gal. 4, 4.

16. Da er aber an dem Galiläischen Meer ging, sahe *er Simon und Andream, seinen Bruder, daß sie ihre Netze in's Meer warfen; denn sie waren Fischer. *Matth. 4, 18. f. Luc. 5, 2.

17. Und JEsus sprach zu ihnen: Folget mir nach; *ich will euch zu Menschenfischern machen. *Luc. 5, 10.

18. Alsobald verließen sie ihre Netze, und folgten ihm nach.

19. Und da *er von dannen ein wenig fürbaß ging, sahe er Jacobum, den Sohn Zebedäi, und Johannem, seinen Bruder, daß sie die Netze im Schiff flickten; und bald rief er sie. *Matth. 4, 21.

20. Und sie ließen ihren Vater Zebedäum im Schiff mit den Tagelöhnern, und folgten ihm nach.

21. Und sie gingen gen Capernaum; und bald an den Sabbathen ging er in die Schule, und lehrete.

22. Und *sie entsetzten sich über seine Lehre; denn er lehrete gewaltiglich, und nicht wie die Schriftgelehrten.
    *Matth. 7, 28. Luc. 4, 32.

23. Und es war in ihrer *Schule ein Mensch, besessen mit einem unsaubern Geiste, der schrie, *Luc. 4, 33.

24. Und sprach: Halt! was haben wir mit dir zu schaffen, JEsu von Nazareth! Du bist gekommen, uns zu verderben. Ich weiß, wer du bist: der Heilige GOttes. *c. 5, 7.

25. Und JEsus bedrohete ihn, und sprach: *Verstumme, und fahre aus von ihm! *c. 9, 25.

26. Und der unsaubere Geist riß ihn, und schrie laut, und fuhr aus von ihm.

27. Und sie entsetzten sich Alle, also, daß sie unter einander sich befragten, und sprachen: Was ist das? Was ist das für eine neue Lehre? Er gebietet mit Gewalt den unsaubern Geistern, und sie gehorchen ihm.

28. Und sein Gerücht erscholl bald umher in die Grenze Galiläa's.

29. Und sie gingen bald aus der Schule, und *kamen in das Haus Simonis und Andreas, mit Jacobo und Johanne.
    *Matth. 8, 14.

30. Und die Schwieger Simonis lag, und hatte das Fieber; und alsobald sagten sie ihm von ihr.

31. Und er trat zu ihr, und richtete sie auf, und hielt sie bei der Hand; und das Fieber verließ sie bald, und sie dienete ihnen.

32. Am Abend aber, da die Sonne untergegangen war, brachten sie zu ihm *allerlei Kranke und Besessene. *Matth. 8, 16. Luc. 4, 40.

33. Und die ganze Stadt versammelte sich vor der Thür.

34. Und er half vielen Kranken, die mit mancherlei Seuchen beladen waren, und trieb viele Teufel aus, und *ließ die Teufel nicht reden, denn sie kannten ihn. *Luc. 4, 15. 17. 18.

35. Und

35. Und des Morgens vor Tage stand er auf, und ging hinaus. Und JEsus ging in eine wüste Stätte, und betete daselbst. *Luc. 4, 42.
36. Und Petrus, mit denen, die bei ihm waren, eileten ihm nach.
37. Und da sie ihn fanden, sprachen sie zu ihm: Jedermann suchet dich.
38. Und er sprach zu ihnen: *Lasset uns in die nächsten Städte gehen, daß ich daselbst auch predige; denn dazu bin ich gekommen. *Luc. 4, 43.
39. Und er predigte in ihren Schulen in ganz Galiläa, und trieb die Teufel aus.
40. Und *es kam zu ihm ein Aussätziger, der bat ihn, kniete vor ihm, und sprach zu ihm: Willt du, so kannst du mich wohl reinigen. *Matth. 8, 2.
41. Und es jammerte JEsum, und reckte die Hand aus, rührete ihn an, und sprach: Ich will es thun; sey gereiniget!
42. Und als er so sprach, ging der Aussatz alsobald von ihm, und er ward rein.
43. Und JEsus bedrohete ihn, *und trieb ihn alsobald von sich. *c. 3, 12.
44. Und sprach zu ihm: Siehe zu, daß du Niemand nichts sagest! sondern gehe hin, und zeige dich dem Priester, und *opfere für deine Reinigung, was Moses geboten hat, zum Zeugniß über sie. *3 Mos. 14, 2. c.
45. Er aber, da er *hinaus kam, hob er an, und sagte viel davon, und machte die Geschichte ruchtbar, also, daß er hinfort nicht mehr konnte öffentlich in die Stadt gehen; sondern er war draußen in den wüsten Oertern, und sie kamen zu ihm von allen Enden. *Luc. 5, 15.

Das 2. Capitel.

Vom Gichtbrüchigen; Matthä Beruf; und Christi Verantwortung wider die Pharisäer.

1. Und über etliche Tage *ging er wiederum gen Capernaum; und es ward ruchtbar, daß er im Hause war. *Matth. 9, 1.
2. Und alsobald versammelten sich Viele, also, daß sie nicht Raum hatten auch draußen vor der Thür; und er sagte ihnen das Wort.
3. Und es kamen Etliche zu ihm, *die brachten einen Gichtbrüchigen, von Vieren getragen. *Matth. 9, 2.
4. Und da sie nicht konnten bei ihm kommen vor dem Volk, deckten sie das Dach auf, da er war, und gruben es auf, und ließen das Bette hernieder, da der Gichtbrüchige innen lag.
5. Da aber JEsus ihren Glauben sahe, sprach er zu dem Gichtbrüchigen: Mein Sohn, deine Sünden sind dir vergeben.
6. Es waren aber etliche Schriftgelehrte, die saßen allda, und gedachten in ihrem Herzen:
7. Wie redet *dieser solche Gotteslästerung! Wer kann Sünde vergeben, denn allein GOtt! *Matth. 9, 3.
8. Und JEsus *erkannte bald in seinem Geist, daß sie also gedachten bei sich selbst; und sprach zu ihnen: Was gedenket ihr solches in euren Herzen? *Joh. 2, 44.
9. Welches ist leichter, zu dem Gichtbrüchigen zu sagen: Dir sind deine Sünden vergeben; oder: Stehe auf, nimm dein Bette, und wandele?
10. Auf daß ihr aber wisset, daß des Menschen Sohn Macht habe, zu vergeben die Sünden auf Erden, (sprach er zu dem Gichtbrüchigen):
11. Ich sage dir, stehe auf, nimm dein Bette, und gehe heim!
12. Und alsobald stand er auf, nahm sein Bette, und ging hinaus vor Allen, also, daß sie sich Alle entsetzten, und priesen GOtt, und sprachen: Wir haben solches noch nie gesehen.
13. Und er ging wiederum hinaus an das Meer; und alles Volk kam zu ihm, und er lehrete sie.
14. *Und da JEsus vorüber ging, sahe er Levi, den Sohn Alphäi, am Zoll sitzen, und sprach zu ihm: Folge mir nach. Und er stand auf, und folgte ihm nach. *Matth. 9, 9.
15. Und es begab sich, da er zu Tische saß in seinem Hause, setzten sich viele Zöllner und Sünder zu Tische mit JEsu und seinen Jüngern. Denn ihrer waren Viele, die ihm nachfolgten.
16. Und die Schriftgelehrten und Pharisäer, da sie sahen, daß er mit den Zöllnern und Sündern aß, sprachen sie zu seinen Jüngern: Warum isset und trinket er mit den Zöllnern und Sündern?
17. Da das JEsus hörete, sprach er zu ihnen: Die Starken bedürfen keines Arztes, sondern die Kranken. *Ich bin gekommen, zu rufen die Sünder zur Buße, und nicht die Gerechten. *Matth. 9, 13. c.
18. Und die Jünger Johannis und der Pha-

Pharisäer fasteten viel; und es kamen Etliche, die *sprachen zu ihm: Warum fasten die Jünger Johannis und der Pharisäer, und deine Jünger fasten nicht? *Matth. 9, 14.

19. Und JEsus sprach zu ihnen: Wie können die Hochzeitleute fasten, dieweil der Bräutigam bei ihnen ist! Alsolang der Bräutigam bei ihnen ist, können sie nicht fasten.

20. Es wird aber die Zeit kommen, daß der Bräutigam von ihnen genommen wird; dann werden sie fasten.

21. Niemand *flickt einen Lappen von neuem Tuch an ein alt Kleid; denn der neue Lappe reißt doch vom alten, und der Riß wird ärger. *Matth. 9, 16. Luc. 5, 36.

22. Und Niemand fasset Most in alte Schläuche; anders zerreißt der Most die Schläuche, und der Wein wird verschüttet, und die Schläuche kommen um. Sondern man soll Most in neue Schläuche fassen.

23. Und *es begab sich, da er wandelte am Sabbath durch die Saat, und seine Jünger fingen an, indem sie gingen, †Aehren auszuraufen. *5 Mos. 23, 25. †Matth. 12, 1. Luc. 6, 1.

24. Und die Pharisäer sprachen zu ihm: Siehe zu, was thun deine Jünger am Sabbath, das nicht recht ist?

25. Und Er sprach zu ihnen: Habt ihr nie gelesen, was David *that, da es ihm noth war, und ihn hungerte, sammt denen, die bei ihm waren?

26. *Wie er ging in das Haus GOttes, zur Zeit Abjathars, des Hohenpriesters, und aß die Schaubrote, die Niemand †durfte essen, denn die Priester; und er gab sie auch denen, die bei ihm waren. *1 Sam. 21, 6. 1 *2 Mos. 29, 32. 33. †3 Mos. 24, 9.

27. Und er sprach zu ihnen: *Der Sabbath ist um des Menschen willen gemacht, und nicht der Mensch um des Sabbaths willen. *5 Mos. 5, 14.

28. So ist *des Menschen Sohn ein Herr auch des Sabbaths. *Luc. 6, 5.

Das 3. Capitel.

Von der verdorreten Hand. Christi Wandel. Wahl der Zwölf. Die Schriftgelehrten Lästerung. Christi Freunde.

1. Und er ging abermal in die Schule. Und es war *da ein Mensch, der hatte eine verdorrete Hand. *Matth. 12, 9. 10. Luc. 6, 6.

2. Und sie hielten auf ihn, ob er auch am Sabbath ihn heilen würde, auf daß sie eine Sache zu ihm hätten.

3. Und er sprach zu dem Menschen mit der verdorreten Hand: Tritt hervor!

4. Und er sprach zu ihnen: Soll man am Sabbath Gutes thun, oder Böses thun? das Leben erhalten, oder tödten? Sie aber schwiegen stille.

5. Und er sahe sie umher an mit Zorn, und war betrübt über ihrem verstockten Herzen, und sprach zu dem Menschen: Strecke deine Hand aus! Und er streckte sie aus; und *die Hand ward ihm gesund, wie die andere. *1 Kön. 13, 6.

6. Und die *Pharisäer gingen hinaus, und hielten alsobald einen Rath mit Herodis Dienern über ihn, wie sie ihn umbrächten. *Matth. 12, 14.

7. Aber *JEsus entwich mit seinen Jüngern an das Meer; und viel Volks folgete ihm nach aus Galiläa und aus Judäa, *Joh. 6, 1.

8. Und von Jerusalem, und aus Idumäa, und von jenseit des Jordans, und die um Tyrus und Sidon wohnen, eine große Menge, die seine Thaten höreten, und kamen zu ihm.

9. Und er sprach zu seinen Jüngern, daß sie ihm ein Schifflein hielten um des Volks willen, daß sie ihn nicht drängeten.

10. Denn er heilete ihrer Viele, also, daß ihn überfielen Alle, die geplagt waren, auf daß sie ihn anrühreten;

11. Und wenn ihn die unsaubern Geister sahen, fielen sie vor ihm nieder, schrieen und sprachen: *Du bist GOttes Sohn. *Matth. 4, 41.

12. Und er bedrohete sie hart, daß sie ihn nicht offenbar machten.

13. Und er ging auf einen Berg, und rief zu sich, welche Er wollte; und die gingen hin zu ihm.

14. Und *er ordnete die Zwölfe, daß sie bei ihm seyn sollten, und daß er sie aussendete, zu predigen. *Matth. 10, 1. Luc. 6, 13.

15. Und daß sie Macht hätten, die Seuchen zu heilen und die Teufel auszutreiben.

16. Und gab *Simon den Namen Petrus; *Matth. 10, 2. f.

17. Und Jacobum, den Sohn Zebedäi, und Johannem, den Bruder Jacobi, und gab ihnen den Namen Boanerges, das ist gesagt: *Donnerskinder; *Jes. 8, 6. Offenb. 10, 11.

18. Und Andream, und Philippum, und Bartholomäum, und Matthäum, und Tho-

Thomam und Jacobum, Alphäi Sohn, und Thaddäum, und Simon von Cana; 19. Und Judas Ischarioth, der ihn verrieth.

20. Und sie kamen zu Hause; und da kam abermal das Volk zusammen, also, *daß sie nicht Raum hatten zu essen. * c. 6. 31.

21. Und da es höreten, die um ihn waren, gingen sie hinaus, und wollten ihn halten; denn sie sprachen: Er wird von Sinnen kommen.

22. Die Schriftgelehrten aber, die von Jerusalem herab gekommen waren, sprachen: *Er hat den Beelzebub, und durch den Obersten der Teufel treibet er die Teufel aus. *c. ... 11, 15 .... 9. 34 .. 10. 25.

23. Und er rief sie zusammen, und sprach zu ihnen in Gleichnissen: Wie kann ein Satan den andern austreiben?

24. Wenn *ein Reich mit ihm selbst unter einander uneins wird, mag es nicht bestehen. *Matt. 12. 25.

25. Und wenn ein Haus mit ihm selbst unter einander uneins wird, mag es nicht bestehen.

26. Setzet sich nun der Satan wider sich selbst, und ist mit ihm selbst uneins; so kann er nicht bestehen, sondern es ist aus mit ihm.

27. Es kann Niemand einem Starken in sein Haus fallen, und seinen Hausrath rauben; es sey denn, daß er zuvor den Starken binde, und alsdann sein Haus beraube.

28. Wahrlich, ich sage euch: Alle Sünden werden vergeben den Menschenkindern, auch die Gotteslästerung, damit sie GOtt lästern.

29. Wer aber den heiligen Geist lästert, der hat keine Vergebung ewiglich, sondern ist schuldig des ewigen Gerichts.

30. Denn sie sagten: *Er hat einen unsaubern Geist. *v. 22.

31. Und es kam seine Mutter und seine Brüder, und stunden draußen, schickten zu ihm, und ließen ihn rufen.

32. *(Und das Volk saß um ihn.) Und sie sprachen zu ihm: *Siehe, deine Mutter und deine Brüder draußen fragen nach dir. *Matt. 12. 46. Luc. 8. 19.

33. Und er antwortete ihnen, und sprach: Wer ist meine Mutter und meine Brüder?

34. Und er sahe rings um sich auf die Jünger, die um ihn im Kreise saßen, und sprach: Siehe, das ist meine Mutter und meine Brüder.

35. Denn wer GOttes Willen thut, der ist mein Bruder, und meine Schwester, und meine Mutter.

Das 4. Capitel

Mancherlei Gleichnisse. Erklärung des angeführten Gleichn.

1. Und er fing abermal an *zu lehren am Meer; und es versammelte sich viel Volks zu ihm, also, daß er mußte in ein Schiff treten und auf dem Wasser sitzen; und alles Volk stand auf dem Lande am Meer. *Matth. 13, 1. Luc. 6, 1.

2. Und er predigte ihnen lange durch Gleichnisse. Und in seiner Predigt sprach er zu ihnen:

3. Höret zu! Siehe, es ging ein Sämann aus zu säen.

4. Und es begab sich, indem er säete, fiel etliches an den Weg; da kamen die Vögel unter dem Himmel, und fraßen es auf.

5. Etliches fiel in das Steinigte, da es nicht viel Erde hatte, und ging bald auf, darum, daß es nicht tiefe Erde hatte.

6. Da nun die Sonne aufging, verwelkte es; und dieweil es nicht Wurzel hatte, verdorrete es.

7. Und etliches fiel unter die Dornen, und die Dornen wuchsen empor, und erstickten es, und es brachte keine Frucht.

8. Und etliches fiel auf ein gut Land, und brachte Frucht, die da zunahm und wuchs; und etliches trug dreißigfältig, und etliches sechzigfältig, und etliches hundertfältig.

9. Und er sprach zu ihnen: Wer Ohren hat zu hören, der höre!

10. Und da er alleine war, fragten ihn um dieses Gleichniß, die um ihn waren, sammt den Zwölfen.

11. Und er sprach zu ihnen: *Euch ist es gegeben, das Geheimniß des Reichs GOttes zu wissen; denen aber draußen widerfahret es Alles durch Gleichnisse. *Matth. 11, 25.

12. Auf daß sie es mit sehenden Augen sehen, und doch nicht erkennen, und mit hörenden Ohren hören, und doch nicht verstehen; auf daß sie sich nicht dermal eins bekehren, und ihre Sünden ihnen vergeben werden.

13. Und er sprach zu ihnen: Verstehet ihr dieses Gleichniß nicht, wie wollt ihr denn die andern alle verstehen!

14. Der

14. Der Sämann säet das Wort.
15. Diese sind es aber, die an dem Wege sind, wo das Wort gesäet wird, und sie es gehöret haben; so kommt alsobald der Satan, und nimmt weg das Wort, das in ihr Herz gesäet war.
16. Also auch die sind es, die auf's Steinigte gesäet sind; wenn sie das Wort gehöret haben, nehmen sie es bald mit Freuden auf;
17. Und haben keine Wurzel in ihnen, sondern sind wetterwendisch; wenn sich Trübsal oder Verfolgung um des Worts willen erhebt, so ärgern sie sich alsobald.
18. Und diese sind es, die unter die *Dornen gesäet sind, die das Wort hören;
  *c. 10, 23. f.
19. Und die Sorge dieser Welt, und der betrügliche Reichthum, und viele andere Lüste gehen hinein, und ersticken das Wort, und bleibt ohne Frucht.
20. Und diese sind es, die auf ein gut Land gesäet sind, die das Wort hören, und nehmen es an, und bringen Frucht; Etliche dreißigfältig, und Etliche sechzigfältig, und Etliche hundertfältig.
21. Und er sprach zu ihnen: Zündet man auch ein Licht an, daß man es unter einen Scheffel oder unter einen Tisch setze? Mit nichten, sondern daß man es auf einen Leuchter setze;
22. Denn es *ist nichts verborgen, das nicht offenbar werde, und ist nichts Heimliches, das nicht hervor komme. *Matth. 10, 26.
23. Wer *Ohren hat zu hören, der höre.
  *Matth. 11, 15. Offenb. 2, 7.
24. Und sprach zu ihnen: Sehet zu, was ihr höret! *Mit welcherlei Maß ihr messet, wird man euch wieder messen; und man wird noch zugeben euch, die ihr dies höret. *Matth. 7, 2. Luc. 6, 38.
25. Denn wer da hat, dem wird gegeben; und wer nicht hat, von dem wird man nehmen, auch das er hat.
26. Und er sprach: Das Reich GOttes hat sich also, als wenn ein Mensch Samen auf's Land wirft,
27. Und schläft, und stehet auf Nacht und Tag, und der Same gehet auf, und wächset, daß er es nicht weiß;
28. Denn die Erde bringet von ihr selbst zum ersten das Gras, darnach die Aehren, darnach den vollen Weizen in den Aehren.
29. Wenn sie aber die Frucht gebracht hat, so schickt er bald die Sichel hin; denn die Ernte ist da.

30. Und er sprach: Wem wollen wir das Reich GOttes vergleichen? Und durch welch Gleichniß wollen wir es vorbilden?
31. *Gleichwie ein Senfkorn, wenn das gesäet wird auf's Land, so ist es das kleinste unter allen Samen auf Erden.
  *Matth. 13, 31. Luc. 13, 19.
32. Und wenn es gesäet ist, so nimmt es zu, und wird größer, denn alle Kohlkräuter, und gewinnet große Zweige, also, daß die Vögel unter dem Himmel unter seinem Schatten wohnen können.
33. Und durch viele solche Gleichnisse sagte er ihnen das Wort, nachdem sie es hören konnten.
34. Und ohne Gleichniß redete er nichts zu ihnen; aber insonderheit legte er es seinen Jüngern Alles aus.
35. Und an demselbigen Tage des Abends sprach er zu ihnen: Laßt uns hinüber fahren.
36. Und sie ließen das Volk gehen, *und nahmen ihn, wie er im Schiff war; und es waren mehr Schiffe bei ihm. *Matth. 8, 23. f.
37. Und *es erhob sich ein großer Windwirbel, und warf die Wellen in das Schiff, also, daß das Schiff voll ward. *Jon. 1, 4. 5.
38. Und Er war hinten auf dem Schiff, und schlief auf einem Kissen. Und sie weckten ihn auf, und sprachen zu ihm: Meister, fragst du nichts darnach, daß wir verderben?
39. Und *er stand auf, und bedrohete den Wind, und sprach zu dem Meer: Schweig und verstumme! Und der Wind legte sich, und ward eine große Stille. *Marc. 6, 51.
40. Und er sprach zu ihnen: Wie seyd ihr so furchtsam? Wie, daß ihr keinen Glauben habt! *Jac. 24, 38.
41. Und sie fürchteten sich sehr, und sprachen unter einander: Wer ist der! Denn *Wind und Meer sind ihm gehorsam. *Ps. 107, 25.

Das 5. Capitel.
Vom Reichthum, dem Weib's Fluß am Weibe, und Jairi Töchterlein.

1. Und *sie kamen jenseit des Meers, in die Gegend der Gadarener.
  *Matth. 8, 28. Luc. 8, 26.
2. Und als er aus dem Schiff trat, lief ihm alsobald entgegen aus den Gräbern ein besessener Mensch mit einem unsaubern Geist,
3. Der seine Wohnung in den Gräbern hatte. Und Niemand konnte ihn binden, auch nicht mit Ketten.

4. Denn

4. Denn er war oft mit Fesseln und Ketten gebunden gewesen, und hatte die Ketten abgerissen, und die Fesseln zerrieben, und Niemand konnte ihn zähmen.
5. Und er war allezeit, beydes Tag und Nacht, auf den Bergen und in den Gräbern, schrie, und schlug sich mit Steinen.
6. Da er aber JEsum sahe von ferne, lief er zu, und fiel vor ihm nieder, schrie laut, und sprach:
7. Was habe ich mit dir zu thun, o JEsu, du Sohn GOttes, des Allerhöchsten? Ich beschwere dich bei GOtt, daß du mich nicht quälest.
8. Er aber sprach zu ihm: Fahre aus, du unsaubrer Geist, von dem Menschen!
9. Und er fragte ihn: Wie heißest du? Und er antwortete und sprach: Legion heiße ich; denn unserer ist viel.
10. Und er bat ihn sehr, daß er sie nicht aus derselben Gegend triebe.
11. Und es war daselbst an den Bergen eine große Heerde Säue an der Weide.
12. Und die Teufel baten ihn Alle, und sprachen: Laß uns in die Säue fahren.
13. Und alsobald erlaubte es ihnen JEsus. Da fuhren die unsaubern Geister aus, und fuhren in die Säue; und die Heerde stürzte sich mit einem Sturm in's Meer (ihrer waren aber bei zwei tausend), und ersoffen im Meer.
14. Und die Sauhirten flohen, und verkündigten das in der Stadt und auf dem Lande. Und sie gingen hinaus, zu sehen, was da geschehen war.
15. Und kamen zu JEsu, und sahen den, so von den Teufeln besessen war, daß er saß, und war bekleidet und vernünftig; und fürchteten sich.
16. Und die es gesehen hatten, sagten ihnen, was dem Besessenen widerfahren war, und von den Säuen.
17. Und sie fingen an und baten ihn, daß er aus ihrer Gegend zöge.
18. Und da er in das Schiff trat, bat ihn der Besessene, daß er möchte bei ihm seyn.
19. Aber JEsus ließ es ihm nicht zu, sondern sprach zu ihm: Gehe hin in dein Haus und zu den Deinen, und verkündige ihnen, wie große Wohlthat dir der HErr gethan und sich deiner erbarmet hat.
20. Und er ging hin, und fing an auszurufen in den zehn Städten, wie große Wohlthat ihm JEsus gethan hatte. Und Jedermann verwunderte sich.
21. Und da JEsus wieder herüber fuhr im Schiff, versammelte sich viel Volks zu ihm, und war an dem Meer.
22. Und siehe, da kam *der Obersten Einer von der Schule, mit Namen Jairus. Und da er ihn sahe, fiel er ihm zu Füßen; *Matth. 9, 18.
23. Und bat ihn sehr, und sprach: Meine Tochter ist in den letzten Zügen; du wollest kommen und deine Hand auf sie legen, daß sie gesund werde und lebe.
24. Und er ging hin mit ihm; und es folgte ihm viel Volks nach, und sie drängeten ihn.
25. Und da war *ein Weib, das hatte den Blutgang zwölf Jahre gehabt,
*3 Mos. 15, 25. Matth. 9, 20. Luc. 8, 43.
26. Und viel erlitten von vielen Aerzten, und hatte alle ihr Gut darob verzehret, und half ihr nichts, sondern vielmehr ward es ärger mit ihr.
27. Da die von JEsu hörete, kam sie im Volk von hinten zu, und *rührete sein Kleid an. *Cap. 6, 56. u. 8, 44.
28. Denn sie sprach: Wenn ich nur sein Kleid möchte anrühren, so würde ich gesund!
29. Und alsobald vertrocknete der Brunnen ihres Bluts; und sie fühlte es am Leibe, daß sie von ihrer Plage war gesund geworden.
30. Und JEsus fühlte alsobald an ihm selbst die *Kraft, die von ihm ausgegangen war, und wandte sich zum Volk, und sprach: Wer hat meine Kleider angerühret? *Luc. 6, 19.
31. Und die Jünger sprachen zu ihm: Du siehest, daß dich das Volk dränget, und sprichst: Wer hat mich angerühret!
32. Und er sahe sich um nach der, die das gethan hatte.
33. Das Weib aber fürchtete sich, und zitterte (denn sie wußte, was an ihr geschehen war), kam, und fiel vor ihm nieder, und sagte ihm die ganze Wahrheit.
34. Er sprach aber zu ihr: Meine Tochter, dein Glaube hat dich gesund gemacht. Gehe hin mit Frieden, und sey gesund von deiner Plage.
35. Da er noch also redete, kamen Etliche vom Gesinde des Obersten der Schule, und

und sprachen: Deine Tochter ist gestorben; was bemühest du weiter den Meister!

36. JEsus aber hörete bald die Rede, die da gesagt ward, und sprach zu dem Obersten der Schule: *Fürchte dich nicht; glaube nur. *Joh. 5, 36.

37. Und ließ Niemand ihm nachfolgen, denn Petrum und Jacobum und Johannem, den Bruder Jacobi.

38. Und er kam in das Haus des Obersten der Schule, und sahe das Getümmel, und die da sehr weineten und *heuleten.
*1 Thess. 20, 10.

39. Und er ging hinein, und sprach zu ihnen: Was tummelt und weinet ihr? Das Kind *ist nicht gestorben, sondern es schläft. Und sie verlachten ihn. *Joh. 11, 11.

40. Und er trieb sie Alle aus, und nahm mit sich den Vater des Kindes, und die Mutter, und die bei ihm waren; und ging hinein, da das Kind lag.

41. Und ergriff das Kind bei der Hand, und sprach zu ihr: Talitha kumi; das ist verdolmetschet: Mägdlein, *ich sage dir, stehe auf! *Luc. 7, 14.

42. Und alsobald stand das Mägdlein auf, und wandelte; es war aber zwölf Jahre alt. Und sie entsetzten sich über die Maße.

43. Und er verbot ihnen hart, daß es Niemand wissen sollte; und sagte, sie sollten ihr zu essen geben.

Das 6. Capitel.

Christi Verwerfung. Aussendung der Apostel. Enthauptung Johannis. Wunderbare Speisung und Hülfe.

1. Und er ging aus von dannen, und kam in sein Vaterland; und seine Jünger folgten ihm nach.

2. Und da der Sabbath kam, hob er an zu lehren in ihrer Schule. Und Viele, die es höreten, verwunderten sich seiner Lehre, und sprachen: Woher kommt dem solches! Und was Weisheit ist es, die ihm gegeben ist, und solche Thaten, die durch seine Hände geschehen!

3. Ist er *nicht der Zimmermann, Mariä Sohn, und der Bruder Jacobi, und Joses, und Judä, und Simonis? Sind nicht auch seine Schwestern allhier bei uns? Und sie ärgerten sich an ihm.
*Joh. 6, 42.

4. JEsus aber sprach zu ihnen: *Ein Prophet gilt nirgend weniger, denn im Vaterlande und daheim bei den Seinen.
*Joh. 4, 44.

5. Und er konnte allda nicht eine einzige That thun; ohne, wenigen Siechen legte er die Hände auf, und heilete sie.

6. Und er verwunderte sich ihres Unglaubens. Und er ging umher in die Flecken im Kreis, und lehrete.

7. Und *er berief die Zwölfe, und hob an und sandte sie; je zween und zween, und gab ihnen Macht über die unsaubern Geister. *Matth. 10, 1. Joh. 9, 1.

8. Und gebot ihnen, daß sie nichts bei sich trügen auf dem Wege, denn allein einen Stab; keine Tasche, kein Brot, kein Geld im Gürtel.

9. Sondern wären geschuhet, und daß sie nicht zween Röcke anzögen.

10. Und sprach zu ihnen: Wo ihr in ein Haus gehen werdet, da bleibet innen, bis ihr von dannen ziehet.

11. Und *welche euch nicht aufnehmen, noch hören; da gehet von dannen heraus, und †schüttelt den Staub ab von euren Füßen, zu einem Zeugniß über sie. Ich sage euch: Wahrlich, es wird Sodom und Gomorra am jüngsten Gericht erträglicher ergehen, denn solcher Stadt.
*Matth. 10, 14. Joh. 8, 8. †Apost. 13, 51.

12. Und sie gingen aus, und predigten, man sollte Buße thun.

13. Und trieben viele Teufel aus, und *salbeten viele Siechen mit Oel, und machten sie gesund. *Joh. 5, 14.

14. Und es kam vor den König Herodes (denn sein Name war nun bekannt) und er sprach: Johannes der Täufer ist von den Todten auferstanden; darum thut er solche Thaten.

15. Etliche aber sprachen: Er ist Elias; Etliche aber: Er ist ein Prophet, oder einer von den Propheten.

16. Da es aber Herodes hörete, sprach er: Es ist Johannes, den ich enthauptet habe; der ist von den Todten auferstanden.

17. Er aber, *Herodes, hatte ausgesandt, und Johannem gegriffen, und in's Gefängniß gelegt, um Herodias willen, seines Bruders Philippi Weib; denn er hatte sie gefreiet. *Matth. 14, 3. Luc. 3, 19, 20.

18. Johannes aber sprach zu Herode: Es ist nicht recht, daß du deines *Bruders Weib habest. *3 Mos. 18, 16.

19. Herodias aber stellete ihm nach, und wollte ihn tödten, und konnte nicht.

20. Herodes aber fürchtete Johannem; denn er wußte, daß er ein frommer und hei-

heiliger Mann war; und verwahrete ihn, und gehorchte ihm in vielen Sachen, und hörete ihn gerne.

21. Und es kam ein gelegener Tag, *daß Herodes auf seinen Jahrstag ein Abendmahl gab den Obersten und Hauptleuten und Vornehmsten in Galiläa. *Matth. 14, 6.

22. Da trat hinein die Tochter der Herodias, und tanzte, und gefiel wohl dem Herodes, und denen, die am Tische saßen. Da sprach der König zum Mägdlein: Bitte von mir, was du willst; ich will dir's geben.

23. Und schwur ihr einen Eid: Was du wirst von mir bitten, will ich dir geben, bis an die Hälfte meines Königreichs.

24. Sie ging hinaus, und sprach zu ihrer Mutter: Was soll ich bitten? Die sprach: Das Haupt Johannis, des Täufers.

25. Und sie ging bald hinein mit Eile zum Könige, bat und sprach: Ich will, daß du mir gebest jetzt so bald auf einer Schüssel das Haupt Johannis, des Täufers.

26. Der König ward betrübt; doch um des Eides willen, und derer, die am Tische saßen, wollte er sie nicht lassen eine Fehlbitte thun.

27. Und bald schickte hin der König den Henker, und hieß sein Haupt herbringen. Der ging hin, und enthauptete ihn im Gefängniß.

28. Und trug her sein Haupt auf einer Schüssel, und gab es dem Mägdlein, und das Mägdlein gab es ihrer Mutter.

29. Und da das seine Jünger höreten, kamen sie, und nahmen seinen Leib, und legten ihn in ein Grab.

30. Und die Apostel kamen zu JEsu zusammen, und verkündigten ihm das Alles, und was sie gethan und gelehret hatten.

31. Und er sprach zu ihnen: Lasset uns besonders in eine Wüste gehen, und ruhet ein wenig. Denn ihrer waren Viele, die ab- und zugingen, und hatten nicht Zeit genug zu essen.

32. Und er fuhr da in einem Schiff zu einer Wüste besonders.

33. Und das Volk sahe sie wegfahren, und Viele kannten ihn, und liefen daselbst hin mit einander zu Fuß aus allen Städten, und kamen ihnen zuvor, und kamen zu ihm.

34. Und JEsus ging heraus, und sahe das große Volk; und es jammerte ihn derselben, denn sie waren wie die Schafe, die keinen Hirten haben. Und fing an eine lange Predigt.

35. Da nun der *Tag fast dahin war, traten seine Jünger zu ihm, und sprachen: Es ist wüste hier, und der Tag ist nun dahin. *Matth. 14, 15.

36. Laß sie von dir, daß sie hingehen umher in die Dörfer und Märkte, und kaufen sich Brot; denn sie haben nichts zu essen.

37. JEsus aber antwortete, und sprach zu ihnen: Gebet ihr ihnen zu essen. Und sie sprachen zu ihm: Sollen wir denn hingehen, und zwei hundert Pfennig werth Brot kaufen, und ihnen zu essen geben?

38. Er aber sprach zu ihnen: Wie viel Brote habt ihr? Gehet hin und sehet. Und da sie es erkundet hatten, sprachen sie: Fünf, und zween Fische.

39. Und er gebot ihnen, daß sie sich Alle lagerten, bei Tischen voll, auf das grüne Gras.

40. Und sie setzten sich nach Schichten, je hundert und hundert, funfzig und funfzig.

41. Und er nahm die fünf Brote und zween Fische, und sahe auf gen Himmel, und dankte, und brach die Brote, und gab sie den Jüngern, daß sie ihnen vorlegten, und die zween Fische theilte er unter sie Alle.

42. Und sie aßen Alle, und wurden satt.

43. Und sie hoben auf die Brocken, zwölf Körbe voll, und von den Fischen.

44. Und die da gegessen hatten, deren waren fünf tausend Mann.

45. Und alsobald trieb er seine Jünger, *daß sie in das Schiff träten, und vor ihm hinüber führen gen Bethsaida, bis daß Er das Volk von sich ließe. *Matth. 14, 22. Joh. 6, 17.

46. Und da er sie von sich geschaffet hatte, ging er hin auf einen Berg, zu beten.

47. Und *am Abend war das Schiff mitten auf dem Meer, und Er auf dem Lande alleine. *Matth. 14, 23. 24.

48. Und er sahe, daß sie Noth litten im Rudern; denn der Wind war ihnen entgegen. Und um die vierte Wache der Nacht kam er zu ihnen, und wandelte auf dem Meer.

49. Und er wollte vor ihnen übergehen. Und da sie ihn sahen auf dem Meer wandeln, meineten sie, es wäre ein Gespenst, und schrieen.

50. Denn sie sahen ihn Alle, und erschraken.

schraken. Aber alsobald redete er mit ihnen, und sprach zu ihnen: Seyd getrost, Ich bin es; fürchtet euch nicht!
51. Und trat zu ihnen in das Schiff, und der *Wind legte sich. Und sie entsetzten und verwunderten sich über die Maße.   *c. 4, 39.
52. Denn sie waren nichts verständiger geworden über den Broten, und ihr Herz war verstarret.
53. Und da sie hinüber gefahren waren, kamen sie in das Land Genezareth, und fuhren an.
54. Und da sie aus dem Schiff traten, alsobald kannten sie ihn;
55. Und liefen alle in die umliegenden Länder, und hoben an, die Kranken umher zu führen auf Betten, wo sie höreten, daß er war.
56. Und wo er in die Märkte oder Städte oder Dörfer einging, da legten sie die Kranken auf den Markt, und baten ihn, daß sie nur den Saum seines Kleides *anrühren möchten. Und Alle, die ihn anrühreten, wurden gesund. *c. 3, m. 56.
Matth. 9, 21.

Das 7. Capitel.
Von der Pharisäer Heuchelei, des leidischen Weibes Töchterlein, einem Tauben und Stummen.

1. Und *es kamen zu ihm die Pharisäer, und etliche von den Schriftgelehrten, die von Jerusalem gekommen waren.   *Matth. 15.

2. Und da sie sahen etliche seiner Jünger *mit gemeinen, das ist, mit ungewaschenen Händen das Brot essen, versprachen sie es.   *Luc. 11, 38.

3. (Denn die Pharisäer und alle Juden essen nicht, sie waschen denn die Hände manchmal; halten also die Aufsätze der Aeltesten.

4. Und wenn sie vom Markt kommen, essen sie nicht, sie waschen sich denn. Und des Dings ist viel, das sie zu halten haben angenommen, von Trinkgefäßen und Krügen, und ehernen Gefäßen, und Tischen zu waschen.)

5. Da fragten ihn nun die Pharisäer und Schriftgelehrten: Warum wandeln deine Jünger nicht nach den Aufsätzen der Aeltesten, sondern essen das Brot mit ungewaschenen Händen?

6. Er aber antwortete und sprach zu ihnen: Wohl fein hat von euch Heuchlern *Jesaias geweissaget, wie geschrieben stehet: Dies Volk ehret mich mit den Lippen; aber ihr Herz ist ferne von mir.   *Jes. 29, 13. Matth. 15, 7.

7. Vergeblich aber ist es, daß sie mir dienen, dieweil sie lehren solche Lehre, die nichts ist, denn Menschen-Gebot.

8. Ihr verlasset GOttes Gebot, und haltet der Menschen Aufsätze von Krügen und Trinkgefäßen zu waschen; und desgleichen thut ihr viel.

9. Und er sprach zu ihnen: Wohl fein habt ihr GOttes Gebot aufgehoben, auf daß ihr eure Aufsätze haltet;

10. Denn Moses hat gesagt: *Du sollt deinen Vater und deine Mutter ehren; und wer Vater oder Mutter fluchet, der soll des Todes sterben.   *2 Mos. 20, 12.

11. Ihr aber lehret: Wenn Einer spricht zum Vater oder Mutter: „Corban, das ist: wenn ich's opfere, so ist dir's viel nützer;" der thut wohl.   *Matth. 15, 5. 2c.

12. Und so lasset ihr hinfort ihn nichts thun seinem Vater oder seiner Mutter;

13. Und hebet auf GOttes Wort durch eure Aufsätze, die ihr aufgesetzt habt; und desgleichen thut ihr viel.   *Matth. 15, 6.

14. Und *er rief zu sich das ganze Volk, und sprach zu ihnen: Höret mir Alle zu, und vernehmet es.   *Matth. 15, 10.

15. Es ist nichts außer dem Menschen, das ihn könnte gemein machen, so es in ihn gehet; sondern das von ihm ausgehet, das ist es, das den Menschen gemein macht.

16. Hat *Jemand Ohren zu hören, der höre!   *Matth. 11, 15. c. 4, 9.

17. Und da er von dem Volk in's Haus kam, fragten ihn seine Jünger um dieses *Gleichniß.   *Matth. 15, 15.

18. Und er sprach zu ihnen: Seyd ihr denn auch so unverständig? Vernehmet ihr noch nicht, daß Alles, was außen ist und in den Menschen gehet, das kann ihn nicht gemein machen?

19. Denn es gehet nicht in sein Herz, sondern in den Bauch, und gehet aus durch den natürlichen Gang, der alle Speise ausfeget.

20. Und er sprach: Was aus dem Menschen gehet, das macht den Menschen gemein;

21. Denn von innen, aus dem Herzen der Menschen, gehen heraus böse Gedanken, Ehebruch, Hurerei, Mord,

22. Die-

22. Dieberei, Geiz, Schalkheit, List, Unzucht, Schalksauge, Gotteslästerung, Hoffart, Unvernunft.

23. Alle diese bösen Stücke gehen von innen heraus, und machen den Menschen gemein.

24. Und er stand auf, und *ging von dannen in die Grenze Tyri und Sidonis, und ging in ein Haus, und wollte es Niemand wissen lassen, und konnte doch nicht verborgen seyn.   *Matth. 14, 21.

25. Denn ein Weib hatte von ihm gehöret, welches Töchterlein einen unsaubern Geist hatte; und sie kam, und fiel nieder zu seinen Füßen;

26. (Und es war ein griechisch Weib aus Syrophönice), und sie bat ihn, daß er den Teufel von ihrer Tochter austriebe.

27. JEsus aber sprach zu ihr: Laß zuvor die Kinder satt werden; *es ist nicht fein, daß man der Kinder Brot nehme, und werfe es vor die Hunde.   *Matth. 15, 26.

28. Sie antwortete aber, und sprach zu ihm: Ja, HErr; aber doch essen die Hündlein unter dem Tisch von den Brosamen der Kinder.

29. Und er sprach zu ihr: Um des Worts willen, so gehe hin; der Teufel ist von deiner Tochter ausgefahren.

30. Und sie ging hin in ihr Haus, und fand, daß der Teufel war ausgefahren, und die Tochter auf dem Bette liegend.

(Evangelium am 12. Sonnt. nach Trinit.)

31. Und da er wieder ausging von den Grenzen Tyri und Sidonis, kam er an das *Galiläische Meer, mitten unter die Grenze der zehn Städte.   *Matth. 15, 29. f.

32. Und *sie brachten zu ihm einen Tauben, der stumm war, und sie baten ihn, daß er die Hand auf ihn legte.   *Matth. 9, 32. Luc. 11, 14.

33. Und er nahm ihn von dem Volk besonders, und legte ihm die Finger in die Ohren, und *spützte, und rührete seine Zunge.   *c. 8, 23.

34. Und *sahe auf gen Himmel, seufzete, und sprach zu ihm: Hephata! das ist: thur dich auf!   *Joh. 11, 41.

35. Und alsobald thaten sich seine Ohren auf, und das Band seiner Zunge ward los, und redete recht.

36. Und er verbot ihnen, sie sollten es Niemand sagen. Je mehr Er aber verbot, je mehr sie es ausbreiteten.

37. Und verwunderten sich über die Maße, und sprachen: *Er hat Alles wohl gemacht; die Tauben macht er hörend, und die Sprachlosen redend.]   *1 Mos. 1, 31.

Das 8. Capitel.

Von sieben Broten, Zeichen und Sauerteig der Pharisäer, Blinden, Bekenntniß von Christo und seinem Leiden.

(Evangelium am 7. Sonnt. nach Trinit.)

1. Zu *der Zeit, da viel Volks da war, und hatten nichts zu essen, rief JEsus seine Jünger zu sich, und sprach zu ihnen: *Matth. 15, 32.

2. Mich jammert des Volks, denn sie haben nun drei Tage bei mir verharret, und haben nichts zu essen;

3. Und wenn ich sie ungegessen von mir heim ließe gehen, würden sie auf dem Wege verschmachten. Denn Etliche waren von ferne gekommen.

4. Seine Jünger antworteten ihm: Woher nehmen wir Brot hier in der Wüste, daß wir sie sättigen?

5. Und er fragte sie: Wie viel habt ihr Brote? Sie sprachen: Sieben.

6. Und er gebot dem Volk, daß sie sich auf die Erde lagerten. Und er nahm die sieben Brote, und dankte, und brach sie, und gab sie seinen Jüngern, daß sie dieselbigen vorlegten; und sie legten dem Volk vor.

7. Und hatten ein wenig Fischlein; und er dankte, und hieß dieselbigen auch vortragen.

8. Sie *aßen aber und wurden satt; und hoben die übrigen Brocken auf, sieben Körbe.   *2 Kön. 4, 44. f.

9. Und ihrer waren bei vier tausend, die da gegessen hatten; und er ließ sie von sich.]

10. Und alsobald trat er in ein Schiff mit seinen Jüngern, und kam in die Gegend Dalmanutha.

11. Und die *Pharisäer gingen heraus, und fingen an sich mit ihm zu befragen, versuchten ihn, und begehrten von ihm ein Zeichen vom Himmel.   *Matth. 12, 38. c. 16, 1.

12. Und er seufzete in seinem Geist, und sprach: Was sucht doch dieß Geschlecht Zeichen? Wahrlich, ich sage euch: Es wird diesem Geschlecht kein Zeichen gegeben.

13. Und er ließ sie, und trat wiederum in das Schiff, und fuhr herüber.

14. Und sie haben vergessen Brot mit sich zu nehmen, und hatten nicht mehr mit sich im Schiff, denn Ein Brot.

15. Und er gebot ihnen, und sprach: Schauet zu, und sehet euch vor vor dem Sauerteige der Pharisäer, und vor dem Sauerteige Herodis!

16. Und sie gedachten hin und wieder, und sprachen unter einander: Das ist es, daß wir nicht Brot haben.

17. Und JEsus vernahm das, und sprach zu ihnen: Was bekümmert ihr euch doch, daß ihr nicht Brot habt! Vernehmet ihr noch nichts, und seyd noch nicht verständig? Habt ihr noch ein verstarret Herz in euch?

18. Habt Augen, und sehet nicht, und habt Ohren, und höret nicht? Und denket nicht daran?

19. Da ich fünf Brote brach unter fünf tausend; wie viel Körbe voll Brocken hobet ihr da auf? Sie sprachen: Zwölfe.

20. Da ich aber die sieben brach unter die vier tausend; wie viel Körbe voll Brocken hobet ihr da auf? Sie sprachen: Sieben.

21. Und er sprach zu ihnen: Wie vernehmet ihr denn nichts!

22. Und er kam gen Bethsaida. Und sie brachten zu ihm einen Blinden, und baten ihn, daß er ihn anrührete.

23. Und er nahm den Blinden bei der Hand, und führete ihn hinaus vor den Flecken, und spützete in seine Augen, und legte seine Hände auf ihn, und fragte ihn, ob er etwas sähe.

24. Und er sahe auf, und sprach: Ich sehe Menschen gehen, als sähe ich Bäume.

25. Darnach legte er abermal die Hände auf seine Augen, und hieß ihn abermal sehen; und er ward wieder zurechte gebracht, daß er Alles scharf sehen konnte.

26. Und er schickte ihn heim, und sprach: Gehe nicht hinein in den Flecken, und sage es auch Niemand darinnen.

27. Und JEsus ging aus, und seine Jünger, in die Märkte der Stadt Cäsarea Philippi. Und auf dem Wege fragte er seine Jünger, und sprach zu ihnen: Wer sagen die Leute, daß ich sey?

28. Sie antworteten: Sie sagen, du seyst Johannes, der Täufer; Etliche sagen, du seyst Elias; Etliche, du seyst der Propheten einer.

29. Und er sprach zu ihnen: Ihr aber, wer saget ihr, daß ich sey? Da antwortete Petrus, und sprach zu ihm: Du bist Christus.

30. Und er bedrohete sie, daß sie Niemand von ihm sagen sollten;

31. Und hob an sie zu lehren: Des Menschen Sohn muß viel leiden, und verworfen werden von den Aeltesten und Hohenpriestern und Schriftgelehrten, und getödtet werden, und über drei Tage auferstehen.

32. Und er redete das Wort frei offenbar. Und Petrus nahm ihn zu sich, fing an ihm zu wehren.

33. Er aber wandte sich um, und sahe seine Jünger an, und bedrohete Petrum, und sprach: Gehe hinter mich, du Satan; denn du meinest nicht, das göttlich, sondern das menschlich ist.

34. Und er rief zu sich das Volk, sammt seinen Jüngern, und sprach zu ihnen: Wer mir will nachfolgen, der verleugne sich selbst, und nehme sein Kreuz auf sich, und folge mir nach.

35. Denn wer sein Leben will behalten, der wird es verlieren; und wer sein Leben verlieret um meinet- und des Evangelii willen, der wird es behalten.

36. Was hülfe es dem Menschen, wenn er die ganze Welt gewönne, und nähme an seiner Seele Schaden!

37. Oder was kann der Mensch geben, damit er seine Seele löse!

38. Wer sich aber mein und meiner Worte schämet unter diesem ehebrecherischen und sündigen Geschlecht, deß wird sich auch des Menschen Sohn schämen, wenn er kommen wird in der Herrlichkeit seines Vaters, mit den heiligen Engeln.

Cap. 9. v. 1. Und er sprach zu ihnen: Wahrlich, ich sage euch, es stehen Etliche hier, die werden den Tod nicht schmecken, bis daß sie sehen das Reich GOttes mit Kraft kommen.

Das 9. Capitel.

2. Und nach sechs Tagen nahm JEsus zu sich Petrum, Jacobum und Johan-

hannem, und führete sie auf einen hohen Berg besonders alleine, und verklärte sich vor ihnen. *Luc. 9, u. f.

3. Und seine Kleider wurden hell und *sehr weiß, wie der Schnee, daß sie kein Färber auf Erden kann so weiß machen. *Matth. 28, 3.

4. Und es erschien ihnen Elias mit Mose, und hatten eine Rede mit JEsu.

5. Und Petrus antwortete, und sprach zu JEsu: Rabbi, hier ist gut seyn; lasset uns drei Hütten machen, dir eine, Mosi eine, und Elia eine.

6. Er wußte aber nicht, was er redete; denn sie waren bestürzt.

7. Und es kam eine Wolke, die überschattete sie. Und eine Stimme fiel aus der Wolke, und sprach: *Das ist mein lieber Sohn, den sollt ihr hören! *Matth. 3, 17. 5.

8. Und bald hernach sahen sie um sich, und sahen Niemand mehr, denn allein JEsum, bei ihnen.

9. Da sie aber vom Berge herab gingen, verbot ihnen JEsus, daß sie Niemand sagen sollten, was sie gesehen hatten, bis des Menschen Sohn auferstände von den Todten.

10. Und sie behielten das Wort bei sich, und befragten sich unter einander: Was ist doch das Auferstehen von den Todten!

11. Und sie fragten ihn, und sprachen: Sagen doch die Schriftgelehrten, daß Elias müsse zuvor kommen.

12. Er antwortete aber, und sprach zu ihnen: Elias soll ja zuvor kommen, und Alles wieder zu rechte bringen; dazu des Menschen Sohn soll viel leiden und verachtet werden, wie denn geschrieben stehet.

13. Aber *ich sage euch: Elias ist gekommen, und sie haben an ihm gethan, was sie wollten, nachdem von ihm geschrieben stehet. *Matth. 11, 14.

14. Und er kam zu seinen Jüngern, und sahe viel Volks um sie, und Schriftgelehrte, die sich mit ihnen befragten.

15. Und alsobald, da alles Volk ihn sahe, entsetzten sie sich, liefen zu, und grüßten ihn.

16. Und er fragte die Schriftgelehrten: Was befraget ihr euch mit ihnen?

17. Einer aber aus dem Volk antwortete, und *sprach: Meister, ich habe meinen Sohn hergebracht zu dir, der hat einen sprachlosen Geist; *Matth. 17, 14. Luc. 9, 38.

18. Und wo er ihn erwischet, so reißt er ihn, und schäumet, und knirschet mit den Zähnen, und verdorret. Ich habe mit deinen Jüngern geredet, daß sie ihn austrieben, und sie können es nicht.

19. Er antwortete ihm aber, und sprach: O, du ungläubiges Geschlecht, wie lange soll ich bei euch seyn! Wie lange soll ich mich mit euch leiden! Bringet ihn her zu mir!

20. Und sie brachten ihn her zu ihm. Und alsobald, da ihn der Geist sahe, riß er ihn, und fiel auf die Erde, und wälzte sich und schäumete.

21. Und Er fragte seinen Vater: Wie lange ist es, daß ihm dieses widerfahren ist? Er sprach: Von Kind auf;

22. Und oft hat er ihn in's Feuer und Wasser geworfen, daß er ihn umbrächte. Kannst du aber was, so erbarme dich unser, und hilf uns!

23. JEsus aber sprach zu ihm: Wenn du könntest glauben. *Alle Dinge sind möglich dem, der da glaubet. *Luc. 17, 6.

24. Und alsobald schrie des Kindes Vater mit Thränen, und sprach: Ich glaube, lieber HErr; *hilf meinem Unglauben! *Luc. 17, 5.

25. Da nun JEsus sahe, daß das Volk zulief, bedrohete er den unsaubern Geist, und sprach zu ihm: Du sprachloser und tauber Geist, Ich gebiete dir, daß du von ihm ausfahrest, und fahrest hinfort nicht in ihn!

26. Da schrie er, und riß ihn sehr, und fuhr aus. Und er ward, als wäre er todt, daß auch Viele sagten: Er ist todt.

27. JEsus aber ergriff ihn bei der Hand, und richtete ihn auf, und er stand auf.

28. Und da er heim kam, *fragten ihn seine Jünger besonders: Warum konnten wir ihn nicht austreiben? *Matth. 17, 19.

29. Und er sprach: Diese Art kann mit nichten ausfahren, denn durch Beten und Fasten.

30. Und sie gingen von dannen hinweg, und wandelten durch Galiläa; und er wollte nicht, daß es Jemand wissen sollte.

31. Er lehrte aber seine Jünger, und sprach zu ihnen: *Des Menschen Sohn wird überantwortet werden in der Menschen Hände, und sie werden ihn tödten; und wenn

wenn er getödtet ist, so wird er am dritten Tage auferstehen. *Matth. 17, 22. f.

32. Sie aber vernahmen das Wort nicht, und fürchteten sich, ihn zu fragen.

33. Und er kam gen Capernaum. Und da er daheim war, fragte er sie: Was handeltet ihr mit einander auf dem Wege?

34. Sie aber schwiegen; denn sie hatten mit einander auf dem Wege gehandelt, *welcher der Größeste wäre.
*Matth. 18, 1. Luc. 9, 46.

35. Und er setzte sich, und rief die Zwölfe, und sprach zu ihnen: So Jemand will der Erste seyn, der soll der Letzte seyn vor Allen, und Aller Knecht.

36. Und er nahm ein Kindlein, und stellete es mitten unter sie, und herzte dasselbige, und sprach zu ihnen:

37. Wer Ein solches Kindlein in meinem Namen aufnimmt, der nimmt mich auf; und wer mich aufnimmt, der nimmt nicht mich auf, sondern den, der mich gesandt hat.

38. Johannes aber antwortete ihm, und sprach: Meister, wir sahen Einen, der trieb Teufel in deinem Namen aus, welcher uns nicht nachfolgte; und wir verboten es ihm, darum, daß er uns nicht nachfolgte. *Luc. 9, 49. 4 Mos. 11, 27. 28.

39. JEsus aber sprach: Ihr sollt es ihm nicht verbieten; denn es ist Niemand, der eine That thue in meinem Namen, und möge bald übel von mir reden. *1 Cor. 12, 3.

40. Wer *nicht wider uns ist, der ist für uns. *Matth. 12, 30.

41. *Wer aber euch tränket mit einem Becher Wassers in meinem Namen, darum, daß ihr Christo angehöret; wahrlich, ich sage euch, es wird ihm nicht unvergolten bleiben. *Matth. 10, 42.

42. Und *wer der Kleinen Einen ärgert, die an mich glauben, dem wäre es besser, daß ihm ein Mühlstein an seinen Hals gehänget würde, und in das Meer geworfen würde. *Matth. 18, 6.

43. So *dich aber deine Hand ärgert, so haue sie ab. Es ist dir besser, daß du ein Krüppel zum Leben eingehest, denn daß du zwo Hände habest, und fahrest in die Hölle, in das ewige Feuer;
*Matth. 5, 30. 5 Mos. 8.

44. *Da ihr Wurm nicht stirbt, und ihr Feuer nicht verlöschet. *Jes. 66, 24.

45. Aergert *dich dein Fuß, so haue ihn ab. Es ist dir besser, daß du lahm zum Leben eingehest, denn daß du zween Füße habest, und werdest in die Hölle geworfen, in das ewige Feuer;
*Matth. 18, 8.

46. Da ihr Wurm nicht stirbt, und ihr Feuer nicht verlöschet.

47. Aergert *dich dein Auge, so wirf es von dir. Es ist dir besser, daß du einäugig in das Reich GOttes gehest, denn daß du zwei Augen habest, und werdest in das höllische Feuer geworfen; *Matth. 5, 29.

48. Da ihr Wurm nicht stirbt, und ihr Feuer nicht verlöschet.

49. Es muß Alles mit Feuer gesalzen werden, und *alles Opfer wird mit Salz gesalzen. *3 Mos. 2, 13.

50. Das *Salz ist gut; so aber das Salz dumm wird, womit wird man würzen? Habt Salz bei euch, und habt Frieden unter einander. *Matth. 5, 13. Luc. 14, 34.

Das 10. Capitel.
Von der Ehescheidung, kleinen Kindern, Reichen der Welt, Christi Leiden, Blinden, der Blinden, und dem blinden Bartimäus.

1. Und er machte sich auf, und kam *von dannen in die Oerter des Jüdischen Landes, jenseit des Jordans. Und das Volk ging abermal mit Haufen zu ihm, und, wie seine Gewohnheit war, lehrte er sie abermal. *Matth. 19, 1.

2. Und die Pharisäer traten zu ihm, und fragten ihn, ob ein Mann sich scheiden möge von seinem Weibe; und versuchten ihn damit.

3. Er antwortete aber, und sprach: Was hat euch Moses geboten?

4. Sie sprachen: *Moses hat zugelassen einen Scheidebrief zu schreiben, und sich zu scheiden. *5 Mos. 24, 1. Matth. 5, 31. f.

5. JEsus antwortete, und sprach zu ihnen: Um eures Herzens Hartigkeit willen hat er euch solch Gebot geschrieben;

6. Aber von Anfang der Kreatur *hat sie GOtt geschaffen ein Männlein und Fräulein. *1 Mos. 1, 27. f.

7. Darum *wird der Mensch seinen Vater und Mutter lassen, und wird seinem Weibe anhangen. *1 Mos. 19, 5.

8. Und werden seyn die Zwei *Ein Fleisch. So sind sie nun nicht Zwei, sondern Ein Fleisch. *1 Cor. 6, 16.

9. Was *denn GOtt zusammen gefüget hat, soll der Mensch nicht scheiden. *Matth. 19, 6.

10. Und daheim fragten ihn abermal seine Jünger um dasselbige.

11. Und er sprach zu ihnen: *Wer sich scheidet von seinem Weibe, und freiet eine andere, der bricht die Ehe an ihr. *Matth. 5, 32.

12. Und so sich ein Weib scheidet von ihrem Manne, und freiet einen andern, die bricht ihre Ehe.

13. Und *sie brachten Kindlein zu ihm, daß er sie anrührte. Die Jünger aber fuhren sie an, die sie trugen.
*Matth. 19, 13. 14. Luc. 18, 15.

14. Da es aber JEsus sahe, ward er unwillig, und sprach zu ihnen: Lasset die Kindlein zu mir kommen, und wehret ihnen nicht; denn solcher ist das Reich GOttes.

15. Wahrlich, ich sage euch: *Wer das Reich GOttes nicht empfänget als ein Kindlein, der wird nicht hinein kommen.
*Matth. 18, 3. f.

16. Und er *herzte sie, und †legte die Hände auf sie, und segnete sie. *c. 9, 36. †Matth. 19, 15.

17. Und da er hinaus gegangen war auf den Weg, *lief Einer vorne her, kniete vor ihn, und fragte ihn: Guter Meister, was soll ich thun, daß ich das ewige Leben erbe? *Matth. 19, 16. Luc. 18, 18.

18. Aber JEsus sprach zu ihm: Was heißest du mich gut? Niemand ist gut, denn der einige GOtt.

19. Du weißt ja die Gebote wohl: *Du sollst nicht ehebrechen. Du sollst nicht tödten. Du sollst nicht stehlen. Du sollst nicht falsch Zeugniß reden. Du sollst Niemand täuschen. Ehre deinen Vater und Mutter.
*2. Mos. 20, 12. 2. Mos. 5, 16. f.

20. Er antwortete aber, und sprach zu ihm: Meister, das habe ich Alles gehalten von meiner Jugend auf.

21. Und JEsus sahe ihn an, und liebete ihn, und sprach zu ihm: Eins fehlt dir. Gehe hin, verkaufe Alles, was du hast, und gieb es den Armen, so *wirst du einen Schatz im Himmel haben; und komm, folge mir nach, und nimm das Kreuz auf dich. *Matth. 6, 19. f. Luc. 12, 33.

22. Er aber ward Unmuths über der Rede, und ging traurig davon; denn er hatte viele Güter.

23. Und JEsus sahe um sich, *und sprach zu seinen Jüngern: Wie schwerlich werden die Reichen in das Reich GOttes kommen!
*Matth. 19, 23. Marc. 4, 18. 19. Luc. 18, 24.

24. Die Jünger aber entsetzten sich über seine Rede. Aber JEsus antwortete wiederum, und sprach zu ihnen: Lieben Kinder, wie schwerlich ist es, daß die, *so ihr Vertrauen auf Reichthum setzen, in's Reich GOttes kommen! *Ps. 62, 11. 1. Tim. 6, 17.

25. Es ist leichter, daß ein Kameel durch ein Nadelöhr gehe, denn daß ein Reicher in's Reich GOttes komme.

26. Sie entsetzten sich aber noch viel mehr, und sprachen unter einander: Wer kann denn selig werden?

27. JEsus aber sahe sie an, und sprach: Bei den Menschen ist es unmöglich, aber nicht bei GOtt; denn *alle Dinge sind möglich bei GOtt. *Jer. 1, 37. f.

28. Da sagte Petrus zu ihm: Siehe, *wir haben Alles verlassen, und sind dir nachgefolget. *Matth. 19, 27. Luc. 5, 11. c. 18, 28.

29. JEsus antwortete und sprach: Wahrlich, ich sage euch, es ist Niemand, so er verläßet Haus, oder Brüder, oder Schwestern, oder Vater, oder Mutter, oder Weib, oder Kinder, oder Aecker, um meinetwillen, und um des Evangelii willen;

30. Der nicht hundertfältig empfange, jetzt in dieser Zeit, Häuser, und Brüder, und Schwestern, und Mütter, und Kinder, und Aecker mit Verfolgungen, und in der zukünftigen Welt das ewige Leben.

31. Viele *aber werden die Letzten seyn, die die Ersten sind; und die Ersten seyn, die die Letzten sind. *Matth. 19, 30. c. 20, 16. Luc. 13, 30.

32. Sie waren aber auf dem Wege, und gingen hinauf gen Jerusalem; und JEsus ging vor ihnen, und sie entsetzten sich, folgten ihm nach, und fürchteten sich. Und JEsus nahm abermal zu sich die Zwölfe, und sagte ihnen, *was ihm widerfahren würde. *Matth. 17, 22. f.

33. Siehe, *wir gehen hinauf gen Jerusalem, und des Menschen Sohn wird überantwortet werden den Hohenpriestern und Schriftgelehrten; und sie werden ihn verdammen zum Tode, und überantworten den Heiden. *Matth. 16, 21.

34. Die werden ihn verspotten und geißeln, und verspeien, und tödten; und am dritten Tage wird er auferstehen.

35. Da *gingen zu ihm Jacobus und Johannes, die Söhne Zebedäi, und sprachen

chen: Meister, wir wollen, daß du uns thust, was wir dich bitten werden.

36. Er sprach zu ihnen: Was wollt ihr, daß ich euch thue?

37. Sie sprachen zu ihm: Gieb uns, daß wir sitzen, einer zu deiner Rechten, und einer zu deiner Linken, in deiner Herrlichkeit.

38. JEsus aber sprach zu ihnen: Ihr wisset nicht, was ihr bittet. Könnet ihr den Kelch trinken, den Ich trinke, und euch taufen lassen mit der Taufe, da Ich mit getauft werde?

39. Sie sprachen zu ihm: Ja, wir können es wohl. JEsus aber sprach zu ihnen: Zwar ihr werdet den Kelch trinken, den Ich trinke, und getauft werden mit der Taufe, da Ich mit getauft werde;

40. Zu sitzen aber zu meiner Rechten und zu meiner Linken, stehet mir nicht zu, euch zu geben, sondern welchen es bereitet ist.

41. Und da das die Zehn höreten, wurden sie unwillig über Jacobum und Johannem.

42. Aber JEsus rief sie, und sprach zu ihnen: Ihr wisset, daß die weltlichen Fürsten herrschen, und die Mächtigen unter ihnen haben Gewalt.

43. Aber also soll es unter euch nicht seyn; sondern, welcher will groß werden unter euch, der soll euer Diener seyn,

44. Und welcher unter euch will der Vornehmste werden, der soll Aller Knecht seyn.

45. Denn auch des Menschen Sohn ist nicht gekommen, daß er ihm dienen lasse, sondern daß er diene, und gebe sein Leben zur Bezahlung für Viele.

46. Und sie kamen gen Jericho. Und da er aus Jericho ging, er und seine Jünger, und ein groß Volk; da saß ein Blinder, Bartimäus, Timäi Sohn, am Wege, und bettelte.

47. Und da er hörete, daß es JEsus von Nazareth war, fing er an zu schreien und zu sagen: JEsu, du Sohn Davids, erbarme dich meiner!

48. Und Viele bedroheten ihn, er sollte still schweigen. Er aber schrie viel mehr: Du Sohn Davids, erbarme dich meiner!

49. Und JEsus stand stille, und ließ ihn rufen. Und sie riefen den Blinden, und sprachen zu ihm: Sey getrost, stehe auf; er ruft dich.

50. Und er warf sein Kleid von sich, stand auf, und kam zu JEsu.

51. Und JEsus antwortete, und sprach zu ihm: Was willst du, daß Ich dir thun soll? Der Blinde sprach zu ihm: Rabbuni, daß ich sehend werde.

52. JEsus aber sprach zu ihm: Gehe hin; dein Glaube hat dir geholfen. Und alsobald ward er sehend, und folgte ihm nach auf dem Wege.

Das 11. Capitel.

1. Und da sie nabe zu Jerusalem kamen, gen Bethphage und Bethanien, an den Oelberg, sandte er seiner Jünger zween.

2. Und sprach zu ihnen: Gehet hin in den Flecken, der vor euch liegt, und alsobald, wenn ihr hinein kommt, werdet ihr finden ein Füllen angebunden, auf welchem nie kein Mensch gesessen ist. Löset es ab, und führet es her;

3. Und so Jemand zu euch sagen wird: Warum thut ihr das? So sprechet: Der HErr bedarf seiner. So wird er es bald übersenden.

4. Sie gingen hin, und fanden das Füllen gebunden an der Thür, draußen auf dem Wegscheid, und löseten es ab.

5. Und Etliche, die da standen, sprachen zu ihnen: Was macht ihr, daß ihr das Füllen ablöset?

6. Sie sagten aber zu ihnen, wie ihnen JEsus geboten hatte; und die ließen's zu.

7. Und sie führeten das Füllen zu JEsu, und legten ihre Kleider darauf, und er setzte sich darauf.

8. Viele aber breiteten ihre Kleider auf den Weg. Etliche hieben Maien von den Bäumen, und streueten sie auf den Weg.

9. Und die vorne vorgingen, und die hernach folgten, schrieen und sprachen: Hosianna, gelobet sey, der da kommt in dem Namen des HErrn!

10. Gelobet sey das Reich unsers Vaters David, das da kommt in dem Namen des HErrn! Hosianna in der Höhe!

11. Und der HErr ging ein zu Jerusalem,

lem, und in den Tempel; und er besahe Alles, und am Abend ging er hinaus gen Bethanien mit den Zwölfen.

12. Und des andern Tages, da sie von Bethanien gingen, hungerte ihn.

13. Und sahe einen Feigenbaum von ferne, der Blätter hatte; da trat er hinzu, ob er etwas darauf fände. Und da er hinzu kam, fand er nichts, denn nur Blätter; denn es war noch nicht Zeit, daß Feigen seyn sollten.

14. Und JEsus antwortete, und sprach zu ihm: Nun esse von dir Niemand keine Frucht ewiglich! Und seine Jünger höreten das.

15. Und sie kamen gen Jerusalem. Und JEsus *ging in den Tempel, fing an, und trieb aus die Verkäufer und Käufer in dem Tempel; und die Tische der Wechsler und die Stühle der Tauben-Krämer stieß er um; * Matth. 21, 12. Luc. 19, 45.

16. Und ließ nicht zu, daß Jemand etwas durch den Tempel trüge.

17. Und er lehrete, und sprach zu ihnen: Stehet nicht geschrieben: *Mein Haus soll heißen ein Bethaus allen Völkern? Ihr aber †habt eine Mördergrube daraus gemacht. * Jes. 56, 7. †. 1 Jer. 7, 11. f.

18. Und es kam vor *die Schriftgelehrten und Hohenpriester; und sie trachteten, wie sie ihn umbrächten. Sie fürchteten sich aber vor ihm; denn alles Volk verwunderte sich seiner Lehre. * Luc. 19, 47. 48.

19. Und des Abends ging er hinaus vor die Stadt.

20. Und am Morgen gingen sie vorüber, und sahen den Feigenbaum, daß er verdorret war bis auf die Wurzel. * Matth. 21, 20.

21. Und Petrus gedachte daran, und sprach zu ihm: Rabbi, siehe, der Feigenbaum, den du *verfluchet hast, ist verdorret. * Cap. 6, 6.

22. JEsus antwortete, und sprach zu ihm: Habt Glauben an GOtt.

23. Wahrlich, ich sage euch, wer *zu diesem Berge spräche: "Hebe dich, und wirf dich in's Meer", und zweifelte nicht in seinem Herzen, sondern glaubte, daß es geschehen würde, was er sagt; so wird es ihm geschehen, was er sagt. * Matth. 17, 20.

24. Darum sage ich euch: *Alles, was ihr bittet in eurem Gebet, glaubet nur, daß ihr es empfangen werdet; so wird es euch werden. * Matth. 7, 7. 1. 21, 22. Luc. 11, 9.

25. Und wenn ihr stehet und betet, so vergebet, wo ihr etwas wider Jemand habt, auf daß auch euer Vater im Himmel euch vergebe eure Fehler.

26. Wenn *ihr aber nicht vergeben werdet, so wird euch euer Vater, der im Himmel ist, eure Fehler nicht vergeben. * Matth. 6, 15.

27. Und sie kamen abermal gen Jerusalem. Und da er in den Tempel ging, *kamen zu ihm die Hohenpriester und Schriftgelehrten und die Aeltesten. * Matth. 21, 23. Luc. 20, 1.

28. Und sprachen zu ihm: *Aus was für Macht thust du das? und wer hat dir die Macht gegeben, daß du solches thust? * 2 Mos. 2, 14.

29. JEsus aber antwortete, und sprach zu ihnen: Ich will euch auch Ein Wort fragen, antwortet mir, so will ich euch sagen, aus was für Macht ich das thue.

30. Die Taufe Johannis, war sie vom Himmel, oder von Menschen? Antwortet mir!

31. Und sie gedachten bei sich selbst, und sprachen: Sagen wir, sie war vom Himmel; so wird er sagen: Warum *habt ihr denn ihm nicht geglaubet? * Matth. 7, 10.

32. Sagen wir aber, sie war von Menschen; so fürchten wir uns vor dem Volk. Denn sie hielten Alle, daß Johannes ein rechter Prophet wäre.

33. Und sie antworteten und sprachen zu JEsu: Wir wissen es nicht. Und JEsus antwortete, und sprach zu ihnen: So sage ich euch auch nicht, aus was für Macht ich solches thue.

Das 12. Capitel.

Vom Weinberge, Zinsgroschen, Auferstehung, vornehmsten Gebot, dem Messias, den Schriftgelehrten und der armen Wittwe.

1. Und er fing an zu ihnen durch Gleichnisse zu reden: *Ein Mensch pflanzte einen Weinberg, und führete einen Zaun darum, und grub eine Kelter, und bauete einen Thurm, und that ihn aus den Weingärtnern, und zog über Land. * Ps. 80, 9. Jes. 5, 1. Matth. 21, 33.

2. Und sandte einen Knecht, da die Zeit kam, zu den Weingärtnern, daß er von den Weingärtnern nähme von der Frucht des Weinberges.

3. Sie nahmen ihn aber, und stäupten ihn, und ließen ihn leer von sich.

4. Aber-

4. Abermal sandte er zu ihnen einen andern Knecht; demselben zerwarfen sie den Kopf mit Steinen, und ließen ihn geschmähet von sich.
5. Abermal sandte er einen andern; denselben tödteten sie; und viele andere; etliche stäupten sie, etliche tödteten sie.
6. Da hatte er noch einen einigen Sohn, der war ihm lieb; den sandte er zum letzten auch zu ihnen, und sprach: Sie werden sich vor meinem Sohne scheuen.
7. Aber dieselbigen Weingärtner sprachen unter einander: Dies *ist der Erbe; kommt, laßt uns ihn tödten, so wird das Erbe unser seyn. *Pf.2,1.2. Matth.10,8.
8. Und sie nahmen ihn, und tödteten ihn, und warfen *ihn heraus vor den Weinberg. *Ebr.13,12.
9. Was wird nun der Herr des Weinberges thun? Er wird kommen, und die Weingärtner umbringen, und den Weinberg andern geben.
10. Habt ihr auch nicht gelesen diese Schrift: *„Der Stein, den die Bauleute verworfen haben, der ist zum Eckstein geworden; *Matth.21,42.f.
11. Von dem HErrn ist das geschehen, und es ist wunderbarlich vor unsern Augen!"
12. Und sie trachteten darnach, wie sie ihn griffen, (und *fürchteten sich doch vor dem Volk;) denn sie vernahmen, daß er auf sie dieses Gleichniß geredet hatte; und sie ließen ihn, und giengen davon. *Matth.14,5.
13. Und *sie sandten zu ihm etliche von den Pharisäern und Herodis Dienern, daß sie ihn fingen in Worten. *Matth.22,15. Luc.20,20.
14. Und sie kamen, und sprachen zu ihm: Meister, wir wissen, daß du wahrhaftig bist, und fragest nach Niemand; denn du achtest nicht das Ansehen der Menschen, sondern du lehrest den Weg GOttes recht. Ist es recht, daß man dem Kaiser Zins gebe, oder nicht? Sollen wir ihn geben, oder nicht geben?
15. Er aber merkte ihre Heuchelei, und sprach zu ihnen: Was versuchet ihr mich! Bringet mir einen Groschen, daß ich ihn sehe.
16. Und sie brachten ihm. Da sprach er: Weß ist das Bild und die Ueberschrift? Sie sprachen zu ihm: Des Kaisers.

17. Da antwortete JEsus, und sprach zu ihnen: So gebet *dem Kaiser, was des Kaisers ist, und GOtte, was GOttes ist. Und sie verwunderten sich seiner. *Röm.13,7.
18. Da traten die Sadducäer zu ihm, *die da halten, es sey keine Auferstehung; die fragten ihn, und sprachen: *Matth.22,23. Act.23,8.
19. Meister, Moses hat uns *geschrieben: Wenn Jemands Bruder stirbt, und läßt ein Weib, und läßt keine Kinder, so soll sein Bruder desselbigen Weib nehmen, und seinem Bruder Samen erwecken. *5Mos.25,5. Matth.22,24. Luc.20,28.
20. Nun sind sieben Brüder gewesen. Der erste nahm ein Weib; der starb und ließ keinen Samen.
21. Und der andere nahm sie, und starb, und ließ auch nicht Samen. Der dritte desselbigen gleichen.
22. Und nahmen sie alle sieben, und ließen nicht Samen. Zuletzt nach Allen starb das Weib auch.
23. Nun in der Auferstehung, wenn sie auferstehen, wessen Weib wird sie seyn unter ihnen? Denn sieben haben sie zum Weibe gehabt.
24. Da antwortete JEsus, und sprach zu ihnen: Ist es nicht also? Ihr irret, darum, daß ihr nichts wisset von der Schrift, noch von der Kraft GOttes.
25. Wenn *sie von den Todten auferstehen werden, so werden sie nicht freien, noch sich freien lassen, sondern sie sind wie die Engel im Himmel. *Matth.22,30.
26. Aber von den Todten, daß sie auferstehen werden, habt ihr nicht gelesen im Buch Mosis, bei dem Busch, wie GOtt zu ihm sagte, *und sprach: Ich bin der GOtt Abrahams, und der GOtt Isaaks, und der GOtt Jakobs? *2Mos.3,6.
27. GOtt aber ist nicht der Todten, sondern der Lebendigen GOtt. Darum irret ihr sehr.
28. Und es *trat zu ihm der Schriftgelehrten einer, der ihnen zugehöret hatte, wie sie sich mit einander befragten; und sahe, daß er ihnen fein geantwortet hatte, und fragte ihn: Welches ist das vornehmste Gebot vor allen? *Matth.22,35. Luc.10,25.
29. JEsus aber antwortete ihm: Das vornehmste Gebot vor allen Geboten ist das:

das: *Höre, Israel, der HErr, unser GOtt, ist ein einiger GOtt. *5 Mos. 6, 4. 5.

30. Und *du sollst GOtt, deinem HErrn, lieben von ganzem Herzen, von ganzer Seele, von ganzem Gemüthe, und von allen deinen Kräften. Das ist das vornehmste Gebot. * Matth. 22, 37. Luc. 10, 27.

31. Und das andere ist ihm gleich: *Du sollst deinen Nächsten lieben als dich selbst. Es ist kein ander größer Gebot, denn dies.
*3 Mos. 19, 18. Matth. 22, 39. Joh. 13, 34. c. 15, 12. 17. Röm. 13, 9. Gal. 5, 14. Eph. 5, 2. Jac. 2, 8. 1 Thess. 4, 9. 1 Petr. 1, 22.

32. Und der Schriftgelehrte sprach zu ihm: Meister, du hast wahrlich recht geredet; denn es ist *Ein GOtt, und ist kein anderer außer ihm. *5 Mos. 4, 35.
b Mos. 4, 6. Jes. 45, 6.

33. Und denselbigen lieben von ganzem Herzen, von ganzem Gemüthe, von ganzer Seele und von allen Kräften, und lieben seinen Nächsten als sich selbst: das ist mehr, denn Brandopfer und alle Opfer.

34. Da JEsus aber sah, daß er vernünftig antwortete, sprach er zu ihm: Du bist nicht ferne von dem Reich GOttes. Und es durfte ihn Niemand weiter fragen.

35. Und JEsus antwortete und sprach, da er lehrete im Tempel: *Wie sagen die Schriftgelehrten, Christus sey Davids Sohn? * Matth. 22, 41. Luc. 20, 41.

36. Er aber, David, spricht durch den heiligen Geist: *Der HErr hat gesagt zu meinem HErrn: Setze dich zu meiner Rechten, bis daß ich lege deine Feinde zum Schemel deiner Füße.

* Ps. 110, 1. Matth. 22, 43. f.

37. Da heißt ihn ja David seinen Herrn, woher ist er denn sein Sohn? Und viel Volks hörete ihn gerne.

38. Und er lehrete sie, und sprach zu ihnen: *Sehet euch vor vor den Schriftgelehrten, die in langen Kleidern gehen, und lassen sich gerne auf dem Markt grüßen. * Matth. 23, 5. f. Luc. 11, 43. c. 20, 46.

39. Und sitzen gerne oben an in den Schulen, und über Tische im Abendmahl;

40. *Sie fressen der Wittwen Häuser, und wenden langes Gebet vor. Dieselben werden desto mehr Verdammniß empfangen. * Matth. 23, 14.

41. Und JEsus setzte sich gegen den Gotteskasten, und schauete, wie das Volk Geld einlegte in den Gotteskasten. Und viele Reiche legten viel ein. *2 Kön. 12, 9. Luc. 21, 1.

42. Und es kam Eine arme Wittwe, und legte zwei Scherflein ein; die machen einen Heller.

43. Und er rief seine Jünger zu sich, und sprach zu ihnen: Wahrlich, ich sage euch: Diese arme Wittwe hat mehr in den Gotteskasten gelegt, denn Alle, die eingelegt haben.

44. Denn sie haben Alle von ihrem Uebrigen eingelegt; diese aber hat von ihrer Armuth, Alles, was sie hat, ihre ganze Nahrung eingelegt.

Das 13. Capitel.

Von Zerstörung der Stadt Jerusalem, und Ende der Welt.

1. Und da er aus dem Tempel ging, sprach zu ihm seiner Jünger einer: Meister, siehe, welche Steine und welch ein Bau ist das!

2. Und JEsus antwortete, und sprach zu ihm: Siehest du wohl allen diesen großen Bau? *Nicht ein Stein wird auf dem andern bleiben, der nicht zerbrochen werde. * Luc. 19, 44. f.

3. Und *da er auf dem Oelberge saß, gegen dem Tempel, fragten ihn besonders Petrus, und Jacobus, und Johannes, und Andreas: * Matth. 24, 3.

4. Sage uns, wann wird das Alles geschehen? Und was wird das Zeichen seyn, wann das Alles soll vollendet werden?

5. JEsus antwortete ihnen, und fing an zu sagen: Sehet zu, daß euch nicht Jemand verführe!

6. Denn es werden Viele kommen unter meinem Namen, und sagen: Ich bin Christus; und *werden Viele verführen.
* Jer. 14, 14.

7. Wenn ihr aber hören werdet von Kriegen und Kriegsgeschrei, so fürchtet euch nicht; denn es muß also geschehen. Aber das Ende ist noch nicht da.

8. Es wird sich *ein Volk über das andere empören, und ein Königreich über das andere. Und werden geschehen Erdbeben hin und wieder, und wird seyn theure Zeit und Schrecken. Das ist der Noth Anfang. * Matth. 24, 7.

9. Ihr aber sehet euch vor. Denn *sie werden euch überantworten vor die Rathhäuser und Schulen; und ihr müsset gestäupet werden, und vor Fürsten und Könige müsset ihr geführet werden, um meinetwillen, zu einem Zeugniß über sie.
* Matth. 10, 17. Luc. 21, 12. Joh. 16, 2.

10. Und

10. Und das Evangelium muß zuvor geprediget werden unter allen Völkern.
11. *Wenn sie euch nun führen und überantworten werden, so sorget nicht, was ihr reden sollet, und bedenket euch nicht zuvor, sondern was euch zu derselbigen Stunde gegeben wird, das redet. Denn ihr seyd es nicht, die da reden, sondern der heilige Geist. *Matth. 10, 19. Luc. 12, 11.
12. Es wird aber überantworten ein Bruder den andern zum Tode, und der Vater den Sohn, und die Kinder werden sich empören wider die Eltern, und werden sie helfen tödten.
13. Und werdet gehasset seyn von Jedermann, um meines Namens willen. *Wer aber beharret bis an's Ende, der wird selig. *Matth. 24, 13.
14. Wenn ihr aber *sehen werdet den Gräuel der Verwüstung, von dem der Prophet Daniel gesagt hat, daß er stehet, da er nicht soll: (wer es lieset, der vernehme es!) alsdann wer in Judäa ist, der fliehe auf die Berge. *Matth. 24, 15. f.
15. Und *wer auf dem Dache ist, der steige nicht hernieder in das Haus, und komme nicht darein, etwas zu holen aus seinem Hause. *Luc. 17, 31.
16. Und wer auf dem Felde ist, der wende sich nicht um, seine Kleider zu holen.
17. Wehe aber den Schwangern und Säugern zu der Zeit!
18. Bittet aber, daß eure Flucht nicht geschehe im Winter.
19. Denn in diesen Tagen werden *solche Trübsale seyn, als sie nie gewesen sind bisher, vom Anfang der Kreaturen, die GOtt geschaffen hat, und als auch nicht werden wird. *Dan. 12, 1. Joel 2, 2.
20. Und so der HErr diese Tage nicht verkürzt hätte, würde kein Mensch selig; aber um der Auserwählten willen, die er auserwählt hat, hat er diese Tage verkürzt.
21. Wenn nun *Jemand zu der Zeit wird zu euch sagen: Siehe, hier ist Christus, siehe, da ist er; so glaubet nicht. *Matth. 24, 23. f. Luc. 17, 23.
22. Denn *es werden sich erheben falsche Christi und falsche Propheten, die Zeichen und Wunder thun, daß sie auch die Auserwählten verführen, so es möglich wäre. *5 Mos. 13, 1. 2 Thess. 2, 9.
23. Ihr aber sehet euch vor. Siehe, ich habe es euch Alles zuvor gesagt.

24. Aber zu der Zeit, nach dieser Trübsal, *werden Sonne und Mond ihren Schein verlieren. *Jes. 13, 10.
25. Und die Sterne werden vom Himmel fallen, und die Kräfte der Himmel werden sich bewegen.
26. Und dann werden sie *sehen des Menschen Sohn kommen in den Wolken, mit großer Kraft und Herrlichkeit. *Dan. 7, 13.
27. Und dann wird er *seine Engel senden, und wird versammeln seine Auserwählten von den vier Winden, von dem Ende der Erde bis zum Ende der Himmel.
*Matth. 13, 41.
28. An *dem Feigenbaum lernet ein Gleichniß. Wenn jetzt seine Zweige saftig werden und Blätter gewinnen, so wisset ihr, daß der Sommer nahe ist. *Matth. 24, 32.
29. Also auch, wenn ihr *sehet, daß solches geschiehet, so wisset, daß es nahe vor der Thür ist. *v. 14.
30. Wahrlich, ich sage euch: Dies Geschlecht wird nicht vergehen, bis daß dies Alles geschehe.
31. Himmel und Erde werden vergehen; meine Worte aber werden nicht vergehen. *Matth. 24, 35. f.
32. Von dem *Tage aber und der Stunde weiß Niemand, auch die Engel nicht im Himmel, auch der Sohn nicht, sondern allein der Vater. *Matth. 24, 36.
33. Sehet zu, *wachet und betet; denn ihr wisset nicht, wann es Zeit ist.
*Matth. 25, 13. f. Luc. 12, 40.
34. Gleich als *ein Mensch, der über Land zog, und ließ sein Haus, und gab seinen Knechten Macht, einem jeglichen sein Werk, und gebot dem Thürhüter, er sollte wachen. *Luc. 19, 12.
35. So wachet nun; denn ihr wisset nicht, wann der Herr des Hauses kommt, ob er kommt am Abend, oder zu Mitternacht, oder um den Hahnenschrei, oder des Morgens;
36. Auf daß er nicht schnell komme, und finde euch schlafend.
37. Was ich aber euch sage, das sage ich Allen: Wachet!

Das 14. Capitel.

Christi Salbung. Einsetzung des heiligen Abendmahls, Kampf im Garten, Gefängniß, Bekenntniß vor Caiphas; Petri Verleugnung.

1. Und *nach zween Tagen war Ostern, und die Tage der süßen Brote. Und die

Salbung Christi.   Ev. Marci 14.   Abendmahl eingesetzt.

die Hohenpriester und Schriftgelehrten suchten, wie sie ihn mit List griffen, und tödteten.

2. Sie sprachen aber: Ja nicht auf das Fest, daß nicht ein Aufruhr im Volk werde!

3. Und *da er zu Bethanien war in Simonis, des Aussätzigen, Hause, und saß zu Tische; da kam ein Weib, die hatte ein Glas mit ungefälschtem und köstlichem Nardenwasser; und sie zerbrach das Glas, und goß es auf sein Haupt.

4. Da *waren Etliche, die wurden unwillig, und sprachen: Was soll doch dieser Unrath!

5. Man könnte das Wasser mehr denn um drei hundert Groschen verkauft haben, und dasselbe den Armen geben. Und murreten über sie.

6. JEsus aber sprach: Lasset sie mit Frieden; was bekümmert ihr sie! Sie hat ein gut Werk an mir gethan.

7. *Ihr habt allezeit Arme bei euch, und wenn ihr wollt, könnet ihr ihnen Gutes thun; mich aber habt ihr nicht allezeit.

8. Sie hat gethan, was sie konnte; sie ist zuvor gekommen, meinen Leichnam zu salben zu meinem Begräbniß.

9. Wahrlich, ich sage euch: Wo dies Evangelium geprediget wird in aller Welt, da wird man auch das sagen zu ihrem Gedächtniß, das sie jetzt gethan hat.

10. Und *Judas Ischarioth, einer von den Zwölfen, ging hin zu den Hohenpriestern, daß er ihn verriethe.

11. Da sie das höreten, wurden sie froh, und verhießen ihm das Geld zu geben. Und er suchte, wie er ihn füglich verriethe.

12. Und *am ersten Tage der süßen Brote, da man das Osterlamm opferte, sprachen seine Jünger zu ihm: Wo willst du, daß wir hingehen und bereiten, daß du das Osterlamm essest?

13. Und er sandte seiner Jünger zween, *und sprach zu ihnen: Gehet hin in die Stadt, und es wird euch ein Mensch begegnen, der trägt einen Krug mit Wasser; folget ihm nach.

14. Und wo er eingehet, da sprechet zu dem Hauswirth: Der Meister läßt dir sagen: Wo ist das Gasthaus, darinnen ich das Osterlamm esse mit meinen Jüngern?

15. Und er wird euch einen großen Saal zeigen, der gepflastert und bereitet ist; daselbst richtet für uns zu.

16. Und die Jünger gingen aus, und kamen in die Stadt, und fanden es, wie er ihnen gesagt hatte, und bereiteten das Osterlamm.

17. Am Abend aber *kam er mit den Zwölfen.

18. Und als sie zu Tische saßen und aßen, sprach JEsus: *Wahrlich, ich sage euch, Einer unter euch, der mit mir isset, wird mich verrathen.

19. Und sie wurden traurig, und sagten zu ihm, Einer nach dem Andern: Bin Ich's? Und der Andere: Bin Ich's?

20. Er antwortete, und sprach zu ihnen: Einer aus den Zwölfen, der mit mir in die Schüssel tauchet.

21. Zwar des Menschen Sohn gehet hin, wie von ihm geschrieben stehet; wehe aber dem Menschen, durch welchen des Menschen Sohn verrathen wird! Es wäre demselben Menschen besser, daß er nie geboren wäre.

22. Und indem sie aßen, *nahm JEsus das Brot, dankte, und brach es und gab es ihnen, und sprach: Nehmet, esset; das ist mein Leib.

23. Und nahm den Kelch, und dankte, und gab ihnen den; und sie tranken Alle daraus.

24. Und er sprach zu ihnen: Das ist mein Blut des neuen Testaments, das für Viele vergossen wird.

25. Wahrlich, ich sage euch, daß ich hinfort nicht trinken werde vom Gewächse des Weinstocks, bis auf den Tag, da ich es neu trinke in dem Reich GOttes.

26. Und da sie den Lobgesang gesprochen hatten, *gingen sie hinaus an den Oelberg.

27. Und JEsus sprach zu ihnen: Ihr werdet euch in dieser Nacht Alle an mir ärgern. Denn es stehet geschrieben: *Ich werde den Hirten schlagen, und die Schafe werden sich zerstreuen.

28. Aber *nachdem ich auferstehe, will ich vor euch hingehen in Galiläa.

JEsus im Garten, Ev. Marci 14. wird gegriffen;

29. Petrus aber sagte zu ihm: Und wenn sie sich Alle ärgerten, so wollte doch ich mich nicht ärgern.

30. Und JEsus *sprach zu ihm: Wahrlich, ich sage dir, heute in dieser Nacht, ehe denn der Hahn zwei Mal krähet, wirst du mich drei Mal verleugnen. *Matth. 26, 34. Luc. 22, 34. Joh. 13, 38.

31. Er aber redete noch weiter: Ja, wenn ich auch mit dir sterben müßte, wollte ich dich nicht verleugnen. Desselbigen gleichen sagten sie Alle.

32. Und sie *kamen zu dem Hofe, mit Namen Gethsemane. Und er sprach zu seinen Jüngern: Setzet euch hier, bis ich hingehe und bete. *Matth. 26, 36. Luc. 22, 39. Joh. 18, 1.

33. Und nahm zu sich Petrum, und Jacobum, und Johannem, und fing an zu zittern und zu zagen.

34. Und sprach zu ihnen: *Meine Seele ist betrübt bis an den Tod; enthaltet euch hier, und wachet. *Matth. 26, 38. Joh. 12, 27.

35. Und ging ein wenig fürbaß, *fiel auf die Erde, und betete, daß, so es möglich wäre, die Stunde vorüber ginge. *Luc. 22, 41.

36. Und sprach: Abba, mein Vater, es ist *dir Alles möglich; überhebe mich dieses Kelchs. Doch †nicht was Ich will, sondern was Du willst. *Luc. 1, 37. †Joh. 6, 38.

37. Und kam, und fand sie schlafend. Und sprach zu Petro: Simon, schläfest du? Vermochtest du nicht Eine Stunde zu wachen?

38. Wachet *und betet, daß ihr nicht in Versuchung fallet. Der Geist ist willig, aber das Fleisch ist schwach. *Matth. 26, 41.

39. Und ging wieder hin, und betete, und sprach dieselbigen Worte.

40. Und kam wieder, und fand sie abermal schlafend; denn ihre Augen waren voll Schlafs, und wußten nicht, was sie ihm antworteten.

41. Und er kam zum dritten Mal, und sprach zu ihnen: *Ach, wollt ihr nun schlafen und ruhen? Es ist genug; die Stunde ist gekommen. Siehe, des Menschen Sohn wird überantwortet in der Sünder Hände; *Matth. 26, 45.

42. Stehet *auf, lasset uns gehen; siehe, der mich verräth, ist nahe. *Joh. 14, 31.

43. Und alsobald, da er noch redete, *kam herzu Judas, der Zwölfen einer, und eine große Schaar mit ihm, mit Schwertern und mit Stangen, von den Hohenpriestern und Schriftgelehrten und Aeltesten. *Matth. 26, 47. Luc. 22, 47. Joh. 18, 3.

44. Und der Verräther hatte ihnen ein Zeichen gegeben, und gesagt: Welchen ich küssen werde, der ist es; den greifet, und führet ihn gewiß.

45. Und da er kam, trat er bald zu ihm, und sprach zu ihm: Rabbi, Rabbi; *und küssete ihn. *1 Sam. 20, 9.

46. Die aber legten ihre Hände an ihn, und griffen ihn.

47. Einer aber von denen, die dabei standen, zog *sein Schwert aus, und schlug des Hohenpriesters Knecht, und hieb ihm ein Ohr ab. *Matth. 26, 51. Luc. 22, 50.

48. Und JEsus antwortete, und sprach zu ihnen: Ihr seyd ausgegangen, als zu einem Mörder, mit Schwertern und mit Stangen, mich zu fangen;

49. Ich bin täglich bei euch im Tempel gewesen, und habe gelehret, und ihr habt mich nicht gegriffen. Aber auf daß *die Schrift erfüllet werde. *Ps. 40, 10.

50. Und die Jünger verließen ihn Alle, und flohen.

51. Und es war ein Jüngling, der folgte ihm nach, der war mit Leinwand bekleidet auf der bloßen Haut; und die Jünglinge griffen ihn.

52. Er aber ließ die Leinwand fahren, und floh bloß von ihnen.

53. Und sie *führeten JEsum zu dem Hohenpriester, dahin zusammen gekommen waren alle Hohenpriester und Aeltesten und Schriftgelehrten. *Matth. 26, 57.

54. Petrus aber folgte ihm nach von ferne, bis hinein in des Hohenpriesters Pallast; und er war da, und saß bei den Knechten, und wärmete sich bei dem Licht.

55. Aber die *Hohenpriester und der ganze Rath suchten Zeugniß wider JEsum, auf daß sie ihn zum Tode brächten, und fanden nichts. *Matth. 26, 59.

56. Viele gaben falsch Zeugniß wider ihn; aber ihr Zeugniß stimmete nicht überein.

57. Und Etliche standen auf, und gaben falsch Zeugniß wider ihn, und sprachen:

58. Wir haben gehöret, daß er sagte: *Ich will den Tempel, der mit Händen gemacht

macht ist, abbrechen, und in dreien Tagen einen andern bauen, der nicht mit Händen gemacht sey. * Joh. 2, 10. f.

59. Aber ihr Zeugniß stimmete noch nicht überein.

60. Und der Hohepriester stand auf unter sie, und fragte JEsum, und sprach: Antwortest du nichts zu dem, das diese wider dich zeugen?

61. Er *aber schwieg stille, und antwortete nichts. Da fragte ihn der Hohepriester abermal, und sprach zu ihm: Bist du Christus, der Sohn des Hochgelobten? * Jes. 53, 7.

62. JEsus aber sprach: Ich bin's. Und *ihr werdet sehen des Menschen Sohn sitzen zur rechten Hand der Kraft, und †kommen mit des Himmels Wolken. * Matth. 24, 30. c. 26, 64. Dan. 7, 13. † 2 Thess. 4, 16.

63. Da *zerriß der Hohepriester seinen Rock, und sprach: Was dürfen wir weiter Zeugen? * 3 Mos. 10, 6.

64. Ihr habt gehöret die Gotteslästerung; was dünket euch? Sie aber *verdammeten ihn Alle, daß er des Todes schuldig wäre. * Joh. 19, 11.

65. Da *fingen an Etliche ihn zu verspeien, und zu verdecken sein Angesicht, und mit Fäusten zu schlagen, und zu ihm zu sagen: Weissage uns. Und die Knechte schlugen ihn in's Angesicht. * Micha. 24, 67.

66. Und Petrus war danieden im Pallast; da kam *des Hohenpriesters Mägde eine. * Matth. 26, 69. f.

67. Und da sie sahe Petrum sich wärmen, schauete sie ihn an, und sprach: Und du warest auch mit dem JEsu von Nazareth.

68. Er leugnete aber, und sprach: Ich kenne ihn nicht, weiß auch nicht, was du sagest. Und er ging hinaus in den Vorhof; und der Hahn krähete.

69. Und die *Magd sahe ihn, und hob abermal an zu sagen denen, die dabei standen: Dieser ist der Einer. * Matth. 26, 71.

70. Und er leugnete abermal. Und nach einer kleinen Weile sprachen abermal zu Petro, die dabei standen: Wahrlich, du bist der Einer; denn du bist ein Galiläer, und deine Sprache lautet gleich also.

71. Er aber fing an sich zu verfluchen und zu schwören: Ich kenne den Menschen nicht, von dem ihr saget.

72. Und der Hahn krähete zum andern Mal. Da gedachte Petrus an das Wort, *das JEsus zu ihm sagte: Ehe der Hahn zwei Mal krähet, wirst du mich drei Mal verleugnen. Und er hob an zu weinen. * Matth. 26, 34. 75. Luc. 22, 61.

Das 15. Capitel.

Christi Leiden vor Pilato, Kreuzigung, Tod und Begräbniß.

1. Und bald *am Morgen hielten die Hohenpriester einen Rath mit den Aeltesten und Schriftgelehrten, dazu der ganze Rath; und banden JEsum, und führeten ihn hin, und überantworteten ihn Pilato. * Matth. 27, 1. Luc. 22, 66. Joh. 18, 28.

2. Und Pilatus fragte ihn: *Bist du ein König der Juden? Er antwortete aber, und sprach zu ihm: Du sagest es. * Joh. 18, 33.

3. Und die Hohenpriester beschuldigten ihn hart.

4. Pilatus aber fragte ihn abermal, und sprach: *Antwortest du nichts? Siehe, wie hart sie dich verklagen! * Matth. 27, 13.

5. JEsus aber *antwortete nichts mehr, also, daß sich auch Pilatus verwunderte. * Jes. 53, 7.

6. Er *pflegte aber ihnen auf das Osterfest Einen Gefangenen los zu geben, welchen sie begehreten. * Joh. 18, 39.

7. Es war aber Einer, genannt Barabbas, gefangen mit den Aufrührischen, die im Aufruhr einen Mord begangen hatten.

8. Und das Volk ging hinauf, und bat, daß er thäte, wie er pflegte.

9. Pilatus aber antwortete ihnen: Wollt ihr, daß ich euch den König der Juden losgebe?

10. Denn er wußte, daß ihn die Hohenpriester aus Neid überantwortet hatten.

11. Aber die Hohenpriester reizten das Volk, daß er ihnen viel lieber den Barabbas losgäbe.

12. Pilatus aber *antwortete wiederum, und sprach zu ihnen: Was wollt ihr denn, daß ich thue dem, den ihr schuldiget, er sey ein König der Juden? * Joh. 19, 15.

13. Sie schrieen abermal: Kreuzige ihn!

14. Pilatus aber sprach: Was hat er Uebels gethan? Aber sie schrieen noch viel mehr: Kreuzige ihn!

15. Pilatus aber gedachte, dem Volk genug

aus zu ihm, und gab ihnen Barabbas los, und überantwortete ihnen JEsum, daß er gegeißelt und gekreuziget würde.

16. Die Kriegsknechte aber führeten ihn hinein in das Richthaus, und riefen zusammen die ganze Schaar; *Matth. 27, 27.

17. Und zogen ihm einen Purpur an, und *flochten eine dornene Krone, und setzten sie ihm auf; *Joh. 19, 2.

18. Und fingen an ihn zu grüßen: Gegrüßet seyst du, der Juden König!

19. Und *schlugen ihm das Haupt mit dem Rohr, und verspeieten ihn, und fielen auf die Kniee, und beteten ihn an. *Matth. 26, 67.

20. Und *da sie ihn verspottet hatten, zogen sie ihm den Purpur aus, und zogen ihm seine eigenen Kleider an, und führeten ihn aus, daß sie ihn kreuzigten; *Matth. 27, 31.

21. Und *zwangen Einen, der vorüber ging, mit Namen Simon von Kyrene, der vom Felde kam (der ein Vater war Alexanders und Rufi,) daß er ihm das Kreuz trüge. *Matth. 27, 32. Luc. 23, 26.

22. Und sie brachten ihn *an die Stätte Golgatha, das ist verdolmetschet: Schädelstätte. *Matth. 27, 33. f.

23. Und *sie gaben ihm Myrrhen in Wein zu trinken; und er nahm's nicht zu sich. *Ps. 69, 22.

24. Und da sie ihn gekreuziget hatten, *theilten sie seine Kleider, und warfen das Loos darum, welcher was überkäme. *Ps. 22, 19. Matth. 27, 35. Luc. 23, 34. Joh. 19, 23.

25. Und es war um die dritte Stunde, da sie ihn kreuzigten.

26. Und es *war oben über ihn geschrieben, was man ihm Schuld gab, nämlich: ein König der Juden. *Matth. 27, 37.

27. Und sie kreuzigten mit ihm zween Mörder, einen zu seiner Rechten, und einen zur Linken.

28. Da ward die Schrift erfüllet, *die da sagt: Er ist unter die Uebelthäter gerechnet. *Jes. 53, 12.

29. Und die vorüber gingen, lästerten ihn, und schüttelten ihre Häupter, und sprachen: Pfui dich, *wie fein zerbrichst du den Tempel, und bauest ihn in dreien Tagen! *Joh. 2, 19. f.

30. *Hilf dir nun selber, und steig herab vom Kreuz. *Matth. 27, 40.

31. Desselben gleichen die Hohenpriester verspotteten ihn unter einander, sammt den Schriftgelehrten, und sprachen: Er hat Andern geholfen, und kann ihm selber nicht helfen.

32. Ist er Christus, und König in Israel, so steige er nun vom Kreuz, daß wir sehen und glauben. Und die mit ihm gekreuziget waren, schmäheten ihn auch.

33. Und *auch der sechsten Stunde ward eine Finsterniß über das ganze Land, bis um die neunte Stunde. *Matth. 27, 45.

Ser. 22, 44.

34. Und um die neunte Stunde rief JEsus laut, und sprach: *Eli, Eli, lama asarthani! das ist verdolmetschet: mein GOtt, mein GOtt, warum hast du mich verlassen! *Ps. 22, 2. Matth. 27, 46.

35. Und Etliche, die dabei standen, da sie das höreten, sprachen sie: Siehe, er ruft den Elias.

36. Da lief Einer, und füllete einen Schwamm mit *Essig, und steckte ihn auf ein Rohr, und tränkte ihn, und sprach: Halt, laßt sehen, ob Elias komme und ihn herabnehme. *Ps. 69, 22.

37. Aber JEsus *schrie laut, und verschied. *Joh. 19, 30.

38. Und *der Vorhang im Tempel zerriß in zwei Stücke, von oben an bis unten aus. *Matth. 27, 51.

39. Der *Hauptmann aber, der dabei stand, gegen ihn über, und sahe, daß er mit solchem Geschrei verschied, sprach er: Wahrlich, dieser Mensch ist GOttes Sohn gewesen. *Ps. 66. 54.

40. Und es waren *auch Weiber da, die von ferne solches schaueten, unter welchen war Maria Magdalena, und Maria, des kleinen Jacobus und Joses Mutter, und Salome. *Matth. 27, 55.

41. Die *ihm auch nachgefolget, da er in Galiläa war, und gedienet hatten, und viele Andere, die mit ihm hinauf gen Jerusalem gegangen waren. *Luc. 8, 2.

42. Und am Abend, dieweil es der Rüsttag war, welcher ist der Vorsabbath,

43. Kam *Joseph von Arimathia, ein ehrbarer Rathsherr, welcher auch auf das Reich GOttes wartete; der wagte es, und ging hinein zu Pilato, und bat um den Leichnam JEsu. *Matth. 27, 57. f.

Luc. 23, 50. f. Joh. 19, 38. f.

44. Pilatus aber verwunderte sich, daß

daß er schon todt war, und rief den Hauptmann, und fragte ihn, ob er längst gestorben wäre.

45. Und als er es erkundet von dem Hauptmann, gab er Joseph den Leichnam.

46. Und er *kaufte eine Leinwand, und nahm ihn ab, und wickelte ihn in die Leinwand, und legte ihn in ein Grab, das war in einen Fels gehauen, und wälzte einen Stein vor des Grabes Thür.
* Matth. 27, an. f.

47. Aber *Maria Magdalena und Maria Joses schaueten zu, wo er hingeleget ward.
* Matth. 27, 61.

Das 16. Capitel.
Von Christi Auferstehung und Himmelfahrt.
(Evangelium am Ostertage.)

1. Und da der Sabbath vergangen war, *kauften Maria Magdalena und Maria Jacobi und Salome Specerey, auf daß sie kämen und salbeten ihn.
* Matth. 28, 1. Luc. 24, 1.

2. Und sie kamen zum Grabe an einem Sabbather sehr frühe, da die Sonne aufging.

3. Und sie sprachen unter einander: Wer wälzt uns den Stein von des Grabes Thür?

4. Und sie sahen dahin, und wurden gewahr, daß der Stein abgewälzet war; denn er war sehr groß.

5. Und sie gingen hinein in das Grab, und sahen *einen Jüngling zur rechten Hand sitzen, der hatte ein lang weiß Kleid an; und sie entsetzten sich.
* Matth. 28, 2. f. Luc. 24, 4.

6. Er aber sprach zu ihnen: Entsetzet euch nicht. *Ihr suchet JEsum von Nazareth, den Gekreuzigten; er ist auferstanden, und ist nicht hier. Siehe da, die Stätte, da sie ihn hinlegten.
* Matth. 28, 5.

7. Gehet aber hin, und saget es seinen Jüngern, und Petro, daß er vor euch hingehen wird in Galiläa: da werdet ihr ihn sehen, wie er euch gesagt hat. * Matth. 26, 32.

8. Und sie gingen schnell heraus, und flohen von dem Grabe; denn es war sie Zittern und Entsetzen angekommen; und sagten Niemand nichts, denn sie fürchteten sich.]

9. JEsus aber, da er auferstanden war frühe am ersten Tage der Sabbather, erschien er am ersten der Maria Magdalena, von welcher er sieben Teufel ausgetrieben hatte.

10. Und sie ging hin, und verkündigte es denen, die mit ihm gewesen waren, die da Leide trugen und weineten.

11. Und dieselbigen, da sie höreten, daß er lebete, und wäre ihr erschienen, glaubten sie nicht.

12. Darnach, *da Zween aus ihnen wandelten, offenbarte er sich unter einer andern Gestalt, da sie auf's Feld gingen.
* Luc. 24, 13.

13. Und dieselbigen gingen auch hin, und verkündigten das den Andern; denen glaubten sie auch nicht.

(Evangelium am Himmelfahrts-Tage.)

14. Zuletzt, da die Elf zu Tische saßen, *offenbarte er sich, und schalt ihren Unglauben und ihres Herzens Härtigkeit, daß sie nicht geglaubet hatten denen, die ihn gesehen hatten auferstanden;
* Luc. 24, 36. Joh. 20, 19. 1 Cor. 15, 5. 7.

15. Und sprach zu ihnen: Gehet hin in alle Welt, und prediget das Evangelium † aller Creatur. * Matth. 28, 19.
† Col. 1, 23.

16. *Wer da glaubet und getauft wird, der wird selig werden; † wer aber nicht glaubet, der wird verdammt werden. * Apost. 2, 38. † Joh. 3, 18. 36. c. 12, 48.

17. Die Zeichen aber, die da folgen werden denen, die da glauben, sind die: *In meinem Namen werden sie Teufel austreiben, mit † neuen Zungen reden,
* Apost. 16, 18. † Apost. 2, 4. 11. c. 10, 46.

18. *Schlangen vertreiben, und so sie etwas tödtliches trinken, wird es ihnen nicht schaden; auf die Kranken werden sie die Hände legen, so wird es besser mit ihnen werden. * Luc. 10, 19. Apost. 28, 3. 5.

19. Und der HErr, nachdem er mit ihnen geredet hatte, *ward er aufgehoben gen Himmel, und sitzt zur rechten Hand GOttes. * Luc. 24, 51. Apost. 1, 2.

20. Sie aber gingen aus, und predigten an allen Orten; und der HErr *wirkte mit ihnen, und bekräftigte das Wort durch mitfolgende Zeichen.
* Apost. 5, 12. c. 14, 3. Ebr. 2, 4.

Evangelium Lucä.

Das 1. Capitel.
Johannis Geburt und Kindheit.

1. Sintemal sich es Viele unterwunden haben, zu stellen die Rede von den Geschichten, so unter uns ergangen sind,

2. Wie uns das gegeben haben, die es vom Anfang selbst gesehen, und Diener des Worts gewesen sind:

3. Habe *ich es auch für gut angesehen, nachdem ich es Alles von Anbeginn erkundet habe, daß ich es zu dir, mein guter Theophile, mit Fleiß ordentlich schriebe,
 * Apost. 1, 1.

4. Auf daß du gewissen Grund erfahrest der Lehre, in welcher du unterrichtet bist.

5. Zu der Zeit *Herodis, des Königs Judäa's, war ein Priester von der †Ordnung Abia's, mit Namen Zacharias; und sein Weib von den Töchtern Aarons, welche hieß Elisabeth. *Matth. 2, 1. †1 Chron. 25, 10.

6. Sie waren aber alle Beide fromm *vor GOtt, und gingen in allen Geboten und Satzungen des HErrn untadelig. *Phil. 3, 6.

7. Und sie hatten kein Kind; denn Elisabeth war unfruchtbar, und waren Beide wohl betaget.

8. Und es begab sich, da er des Priesteramts pflegte vor GOtt, zur Zeit seiner Ordnung,

9. Nach Gewohnheit des Priesterthums, und an ihm war, daß *er räuchern sollte, ging er in den Tempel des HErrn,
 *2 Mos. 30, 7.

10. Und die ganze Menge des Volks war *draußen, und betete unter der Stunde des Räucherns. *3 Mos. 16, 17. 1 Chron. 7, 12.

11. Es erschien ihm aber der Engel des HErrn, und stand zur rechten Hand am *Räuchaltar. *2 Mos. 30, 1.

12. Und als Zacharias ihn sahe, *erschrak er, und es kam ihn eine Furcht an.
 *Richt. 13, 6. 20. Dan. 10, 7, 8.

13. Aber der Engel sprach zu ihm: Fürchte dich nicht, Zacharias; denn *dein Gebet ist erhöret, und dein Weib Elisabeth wird dir einen Sohn gebären, des Namen sollst du Johannes heißen. *1 Sam. 1, 13, 20.

14. Und du wirst des Freude und Wonne haben, und *werden Viele sich seiner Geburt freuen. *V. 58.

15. Denn er wird groß seyn vor dem HErrn; Wein und stark Getränke wird er nicht trinken. Und er wird noch im Mutterleibe erfüllet werden mit dem heiligen Geist.

16. Und er wird der Kinder von Israel Viele zu GOtt, ihrem HErrn, bekehren.

17. Und er wird vor ihm hergehen im Geist und Kraft Elias, zu bekehren die Herzen der Väter zu den Kindern, und die Ungläubigen zu der Klugheit der Gerechten, zuzurichten dem HErrn ein bereit Volk.

18. Und Zacharias sprach zu dem Engel: Wobei soll ich das erkennen? Denn *ich bin alt, und mein Weib ist betaget.
 *1 Mos. 17, 17.

19. Der Engel antwortete, und sprach zu ihm: Ich bin *Gabriel, der vor †GOtt stehet, und bin gesandt, mit dir zu reden, daß ich dir solches verkündige. *Dan. 8, 16.
 †. 9, 21. †1 Kön. 17, 1. Pf. 106, 30. Offenb. 7, 11.

20. Und siehe, du wirst verstummen, und nicht reden können, bis auf den Tag, da dies geschehen wird; darum, daß du meinen Worten nicht geglaubet hast, welche sollen erfüllet werden zu ihrer Zeit.

21. Und das Volk wartete auf Zacharias, und verwunderte sich, daß er so lange im Tempel verzog.

22. Und da er heraus ging, konnte er nicht mit ihnen reden; und sie merkten, daß er ein Gesicht gesehen hatte in dem Tempel. Und er winkte ihnen, und blieb stumm.

23. Und es begab sich, da die Zeit seines Amts aus war, ging er heim in sein *Haus.
 *V. 39.

24. Und nach den Tagen ward sein Weib Elisabeth schwanger, und verbarg sich fünf Monate, und sprach:

25. Also hat mir der HErr gethan in den Tagen, da er mich angesehen hat, daß er meine Schmach unter den Menschen von mir nahme.

(Evang. am Tage Mariä Verkündigung.)

26. Und im sechsten Monat ward der Engel Gabriel gesandt von GOtt in eine Stadt in Galiläa, die heißt Nazareth,

27. Zu einer Jungfrau, *die vertrauet war einem Manne, mit Namen Joseph, vom Hause Davids; und die Jungfrau hieß Maria. *v. 1, 6. Matth. 1, 18.

28. Und der Engel kam zu ihr hinein, und sprach: Gegrüßet seyst du, Holdselige!

gel Der HErr ist mit dir, du Gebenedeiete unter den Weibern.

29. Da sie aber ihn sahe, erschrak sie über seiner Rede, und gedachte: Welch ein Gruß ist das!

30. Und der Engel sprach zu ihr: Fürchte dich nicht, Maria; du hast Gnade bei GOtt gefunden.

31. Siehe, *da wirst schwanger werden im Leibe, und einen Sohn gebären, deß Namen sollst du JEsus †heißen. *Jes. 7, 14. †Matth. 1, 21.

32. Der wird groß, und ein Sohn des Höchsten genannt werden, und GOtt der *HErr wird †ihm den Stuhl seines Vaters David geben;
*Jes. 9, 6. †1 Sam. 7, 13.

33. Und er wird ein König seyn über das Haus Jakobs ewiglich, und *seines Königreichs wird kein Ende seyn. *Dan. 6, 27. c. 7, 14. Mich. 4, 7.

34. Da sprach Maria zu dem Engel: Wie soll das zugehen, sintemal ich von keinem Manne weiß!

35. Der Engel antwortete, und sprach zu ihr: *Der heilige Geist wird über dich kommen, und die Kraft des Höchsten wird dich überschatten; darum auch das †Heilige, das von dir geboren wird, wird GOttes Sohn genannt werden. *Matth. 1, 18. 20. †Dan. 9, 24.

36. Und siehe, Elisabeth, deine Gefreundte, ist auch schwanger mit einem Sohne, in ihrem Alter; und gehet jetzt im sechsten Monat, die im *Geschrei ist, daß sie unfruchtbar sey. *Jes. 54, 1.

37. Denn *bei GOtt ist kein Ding unmöglich. *1 Mos. 18, 14. Hiob 42, 2. Ps. 135, 6. Jer. 32, 17. 27. Sach. 8, 6. Luc. 18, 27. Röm. 4, 21.

38. Maria aber sprach: Siehe, ich bin des HErrn Magd; mir geschehe, wie du gesagt hast. Und der Engel schied von ihr.]

(Evang. am Tage Mariä Heimsuchung.)

39. MAria aber stand auf in den Tagen, und ging auf das *Gebirge endlich (ein eile), zu der Stadt Juda's; *Jos. 21, 11.

40. Und kam in das Haus Zacharias, und grüßte Elisabeth.

41. Und es begab sich, als Elisabeth den Gruß Mariä hörete, hüpfte das Kind *in ihrem Leibe. Und Elisabeth ward des heiligen Geistes voll. *v. 15.

42. Und rief laut, und sprach: *Gebenedeiet bist Du unter den Weibern! und gebenedeiet ist die Frucht deines Leibes! *v. 28. Richt. 5, 24.

43. Und woher kommt mir das, daß die Mutter meines HErrn zu mir kommt!

44. Siehe, da ich die Stimme deines Grußes hörete, hüpfte mit Freuden das Kind in meinem Leibe.

45. Und *o selig bist du, die du geglaubet hast! Denn es wird vollendet werden, was dir gesagt ist von dem HErrn. *c. 11, 28. Joh. 20, 29.

46. Und Maria sprach: *Meine Seele erhebet den HErrn, *1 Sam. 2, 1.

47. *Und mein Geist freuet sich GOttes, †meines Heilandes;
*1 Sam. 2, 1. †Hab. 3, 18.

48. Denn er hat die *Niedrigkeit seiner Magd angesehen. Siehe, von nun an werden *mich selig preisen alle Kindeskinder. *Ps. 113, 5. 6. †1 Mos. 30, 13.

49. Denn er hat *große Dinge an mir gethan, der da mächtig ist, und deß Name heilig ist. *Ps. 126, 2. 3.

50. Und *seine Barmherzigkeit währet immer für und für, bei denen, die ihn fürchten. *2 Mos. 20, 6. c. 34, 6. 7. Ps. 89, 8. Ps. 100, 5. Ps. 103, 17. 18.

51. Er *übet Gewalt mit seinem Arm, und zerstreuet, die †hoffärtig sind in ihres Herzens Sinn. *Jes. 51, 9. c. 52, 10.

52. *Er stößet die Gewaltigen vom Stuhl, †und erhebet die Niedrigen.
*Ps. 147, 6. †1 Sam. 2, 7. 8. 2 Sam. 6, 21. 22. Hiob 5, 11.

53. *Die Hungrigen füllet er †mit Gütern, und lässet die Reichen leer. *1 Sam. 2, 5. Ps. 107, 9. Matth. 5, 6. †Joh. 10, 12. Hiob 6, 11.

54. *Er denket der Barmherzigkeit, und hilft seinem Diener Israel auf,
*1 Mos. 17, 19. Jes. 30, 18. 19. Jer. 31, 20.

55. (Wie er geredet hat unsern Vätern.) Abraham. *und seinem Samen ewiglich. *1 Mos. 17, 7. 19. c. 22, 18.

56. Und Maria blieb bei ihr bei drei Monate; darnach kehrete sie wiederum heim.]

(Evang. am Tage Johannis des Täufers.)

57. UNd Elisabeth kam ihre Zeit, daß sie gebären sollte; und sie gebar einen Sohn.

58. Und ihre Nachbarn und Gefreundte höreten, daß der HErr große Barmherzigkeit an ihr gethan hatte, und freueten sich mit ihr.

59. Und

59. Und es begab sich am *achten Tage, kamen sie zu beschneiden das Kindlein; und hießen ihn, nach seinem Vater, Zacharias. *1 Mos. 17, 12. 3 Mos. 12, 3.
60. Aber seine Mutter antwortete und sprach: Mit nichten, sondern er soll Johannes heißen.
61. Und sie sprachen zu ihr: Ist doch Niemand in deiner Freundschaft, der also heißt.
62. Und sie winkten seinem Vater, wie er ihn wollte heißen lassen.
63. Und er forderte ein Täflein, schrieb, und sprach: Er heißt Johannes. Und sie verwunderten sich Alle.
64. *Und alsobald ward sein Mund und seine Zunge aufgethan, und redete, und lobte GOtt. *Vers. 7, 20.
65. Und es kam eine Furcht über alle Nachbarn; und diese Geschichte ward alle ruchbar auf dem ganzen Jüdischen Gebirge.
66. Und Alle, die es höreten, nahmen es zu Herzen, und sprachen: Was, meinest du, will aus dem Kindlein werden! Denn *die Hand des HErrn war mit ihm. *1 Mos. 1, 3. 4, 8, 22.
67. Und sein Vater Zacharias ward des heiligen Geistes voll, *weissagte, und sprach: *3 Mos. 1, 81.
68. Gelobet *sey der HErr, der GOtt Israels; denn er hat besucht und erlöset †sein Volk. *Ps. 41, 14. †Ps. 72, 18. 1 Macc. 4, 21.
69. Und hat uns *aufgerichtet ein Horn des Heils, in dem Hause seines Dieners David. *Ps. 182, 17.
70. Als er *vor Zeiten geredet hat durch den Mund seiner heiligen Propheten: *Jes. 40, 6. Jer. 23, 6.
71. Daß er uns *errettete von unsern Feinden, und von der Hand Aller, die uns hassen; *Ps. 108, 10.
72. Und die Barmherzigkeit erzeigte unsern Vätern, und gedächte an *seinem heiligen Bund, *1 Mos. 17, 7. 3 Mos. 26, 42.
73. Und an den *Eid, den er geschworen hat unserm Vater Abraham, uns zu geben: *1 Mos. 22, 16. Hebr. 6, 13.
74. Daß *wir, erlöset aus der Hand unserer Feinde, ihm † dieneten ohne Furcht unser Lebenlang, *Gal. 4, 6. †Röm. 6, 22, 18. † 1 Petr. 1, 18.

75. In *Heiligkeit und Gerechtigkeit, die ihm gefällig ist. *Ephes. 1, 4.
76. Und du Kindlein wirst ein Prophet des höchsten heißen; du wirst vor dem HErrn her gehen, daß du *seinen Weg bereitest. *Malach. 4, 5.
77. Und Erkenntniß des Heils gebest seinem Volk, *die da ist in Vergebung ihrer Sünden. *Jer. 31, 34.
78. Durch die herzliche Barmherzigkeit unsers GOttes, durch welche uns besuchet hat *der Aufgang aus der Höhe. *4 Mos. 24, 17. Mal. 4, 2.
79. Auf daß er erscheine denen, *die da sitzen in Finsterniß und Schatten des Todes, und richte unsere Füße auf den Weg des Friedens. *Jes. 9, 2.
80. Und das Kindlein wuchs, und ward stark im Geist, und war in der Wüste, bis daß er sollte hervor treten vor das Volk Israel.]

Das 2. Capitel.
Christi Geburt, Beschneidung, Darstellung, Unterweisung im Tempel.

(Evangelium am Christtage.)

1. Es begab sich aber zu der Zeit, daß ein Gebot vom Kaiser Augustus ausging, daß alle Welt geschätzet würde.
2. Und diese Schatzung war die allererste, und geschah zur Zeit, da Cyrenius Landpfleger in Syrien war.
3. Und Jedermann ging, daß er sich schätzen ließe, ein Jeglicher in seine Stadt.
4. Da machte sich auch auf Joseph aus Galiläa, aus der Stadt Nazareth, in das Jüdische Land, zur Stadt Davids, die da heißt *Bethlehem, darum, daß er von dem Hause und Geschlechte Davids war, *Mich. 5, 1.
5. Auf daß er sich schätzen ließe mit Maria, *seinem vertrauten Weibe, die war schwanger. *c. 1, 27.
6. Und als sie daselbst waren, kam die Zeit, daß sie gebären sollte.
7. Und sie *gebar ihren ersten Sohn, und wickelte ihn in Windeln, und legte ihn in eine Krippe; denn sie hatten sonst keinen Raum in der Herberge. *Matth. 1, 25.
8. Und es waren Hirten in derselbigen Gegend auf dem Felde bei den Hürden, die hüteten des Nachts ihrer Heerde.
9. Und siehe, des HErrn Engel trat zu ihnen, und die Klarheit des HErrn leuchtete um sie; und sie fürchteten sich sehr.

10. Und

Christi Beschneidung. Ev. Lucä 2. Darstellung im Tempel.

10. Und der Engel sprach zu ihnen: Fürchtet euch nicht; siehe, ich verkündige euch große Freude, die allem Volk widerfahren wird;

11. Denn euch ist heute der Heiland geboren, welcher ist Christus der HErr, in der Stadt Davids.

12. Und das habt zum Zeichen: Ihr werdet finden das Kind in Windeln gewickelt, und in einer Krippe liegen.

13. Und alsobald war da bei dem Engel die Menge der *himmlischen Heerscharen; die lobten GOtt, und sprachen: *Dan. 7, 10.

14. Ehre sey GOtt in der Höhe, und *Friede auf Erden, und den Menschen ein Wohlgefallen!] *Jes. 57, 19. Eph. 2, 14. 17.

(Evangelium am 2. Christtage.)

15. Und da die Engel von ihnen gen Himmel fuhren, sprachen die Hirten unter einander: Laßt *uns nun gehen gen Bethlehem, und die Geschichte sehen, die da geschehen ist, die uns der HErr kund gethan hat. *1 Mos. 2, 3.

16. Und sie kamen eilend, *und fanden Beide, Mariam und Joseph, dazu das Kind in der Krippe liegend. *Matth. 2, 11.

17. Da sie es aber gesehen hatten, breiteten sie das Wort aus, welches *zu ihnen von diesem Kinde gesagt war. *v. 10, 11.

18. Und Alle, vor die es kam, wunderten sich der Rede, die ihnen die Hirten gesagt hatten.

19. Maria aber *behielt alle diese Worte, und bewegte sie in ihrem Herzen. *v. 51.

20. Und die Hirten kehrten wieder um, priesen und lobten GOtt um Alles, das sie gehöret und gesehen hatten, wie denn zu ihnen gesagt war.]

(Evangelium am Neujahrstage.)

21. Und da *acht Tage um waren, daß das Kind beschnitten würde; da ward sein Name genannt JEsus, †welcher genannt war von dem Engel, ehe denn er im Mutterleibe empfangen ward.] *1 Mos. 17, 12. †Kap. 1, 31.

(Evang. am Tage der Reinigung Mariä.)

22. Und da die Tage ihrer Reinigung nach dem Gesetz *Mosis kamen, brachten sie ihn gen Jerusalem, auf daß sie ihn darstelleten dem HErrn; *2 Mos. 13, 2. 2.

23. (Wie denn geschrieben stehet in dem Gesetz des HErrn: *Allerlei Männlein, das zum ersten die Mutter bricht, soll dem HErrn geheiliget heißen.) *2 Mos. 13, 2.
*2 Mos. 22, 29.

24. Und daß sie gäben das Opfer, nachdem gesagt ist *im Gesetz des HErrn, ein Paar Turteltauben, oder zwo junge Tauben. *3 Mos. 12, 2.

25. Und siehe, ein Mensch war zu Jerusalem, mit Namen Simeon; und derselbe Mensch war fromm und gottesfürchtig, und wartete auf den *Trost Israels, und der heilige Geist war in ihm;
*1 Mos. 4, 25.

26. Und ihm war eine Antwort geworden von dem heiligen Geist: er solle den Tod nicht sehen, er hätte denn zuvor den Christ des HErrn gesehen.

27. Und kam aus Anregen des Geistes in den Tempel. Und da die Eltern das Kind JEsus in den Tempel brachten, daß sie für ihn thäten, wie man pflegt nach dem Gesetz;

28. Da nahm er ihn auf seine Arme, und lobte GOtt, und sprach:

29. HErr, *nun lässest du deinen Diener im Frieden fahren, wie du gesagt hast; *1 Mos. 46, 30.

30. Denn meine Augen haben *deinen Heiland gesehen, *c. 3, 6.

31. Welchen du bereitet hast vor allen *Völkern, *Jes. 11, 12. c. 49, 6.

32. Ein *Licht, zu erleuchten die Heiden, und zum Preis deines Volks Israel.] *Jes. 42, 6.

(Evangel. am Sonnt. nach dem Christtage.)

33. Und sein Vater und Mutter wunderten sich deß, das von ihm geredet ward.

34. Und Simeon segnete sie, und sprach zu Maria, seiner Mutter: Siehe, dieser wird gesetzt zu einem Fall und Auferstehen Vieler in Israel, und zu einem Zeichen, dem widersprochen wird, *Jes. 8, 14. c. 28, 16.
Matth. 21, 42. Röm. 9, 33.

35. (Und es wird ein Schwert durch deine Seele dringen) auf daß vieler Herzen Gedanken offenbar werden.

36. Und es war eine Prophetin, Hanna, eine Tochter Phanuels, vom Geschlecht Aser's, die war wohl betaget, und hatte gelebt sieben Jahre mit ihrem Manne, nach ihrer Jungfrauschaft.

37. Und war eine *Wittwe bei vier und achtzig

achtzig Jahren, die kam †nimmer vom Tempel, dienete GOtt mit Fasten und Beten Tag und Nacht. *1 Tim. 4, 5.

† 1 Cor. 7, 7.

38. Dieselbige trat auch hinzu zu derselbigen Stunde, und pries den HErrn, und redete von ihm zu Allen, die auf die Erlösung zu Jerusalem warteten.

39. Und da sie es Alles vollendet hatten nach dem Gesetz des HErrn, kehreten sie wieder in Galiläam, zu ihrer Stadt Nazareth.

40. Aber das Kind *wuchs, und ward stark im Geist, voller Weisheit; und GOttes Gnade war bei ihm.] *v. 40. c. 1. 80.

(Evang. am 1. Sonntag nach Epiphanias.)

41. Und seine Eltern gingen alle Jahre gen Jerusalem auf das *Osterfest. *2 Mos. 24, 23. 5 Mos. 16, 16.

42. Und da er zwölf Jahre alt war, gingen sie hinauf gen Jerusalem, nach Gewohnheit des Festes.

43. Und da die Tage vollendet waren, und sie wieder zu Hause gingen, blieb das Kind JEsus in Jerusalem, und seine Eltern wußten es nicht.

44. Sie meinten aber, er wäre unter den Gefährten, und kamen eine Tagereise, und suchten ihn unter den Gefreundten und Bekannten.

45. Und da sie ihn nicht fanden, gingen sie wiederum gen Jerusalem, und suchten ihn.

46. Und es begab sich nach dreien Tagen, fanden sie ihn im Tempel sitzen mitten unter den Lehrern, daß er ihnen zuhörete, und sie fragte.

47. Und *Alle, die ihm zuhöreten, verwunderten sich seines Verstandes und seiner Antwort. *Matth. 7, 28. Marc. 1, 22.

48. Und da sie ihn sahen, entsetzten sie sich. Und seine Mutter sprach zu ihm: Mein Sohn, *warum hast du uns das gethan? Siehe, dein Vater und ich haben dich mit Schmerzen gesucht. *1 Mos. 10, 18.

49. Und er sprach zu ihnen: Was ist es, daß ihr mich gesucht habt? Wisset ihr nicht, daß ich seyn muß in dem, das meines Vaters ist?

50. Und sie verstunden das Wort nicht, das er mit ihnen redete.

51. Und er ging mit ihnen hinab, und kam gen Nazareth, und war ihnen unterthan. Und seine Mutter behielt *alle diese Worte in ihrem Herzen. *v. 19.

52. Und JEsus *nahm zu an Weisheit, Alter und Gnade bei GOtt und den Menschen.] *1 Sam. 2, 26.

Das 3. Capitel.

Johannis Bußpredigt und Zeugniß von Christo. Christi Taufe und Geburtsliste.

1. In dem funfzehnten Jahr des Kaiserthums Kaisers Tiberii, da Pontius Pilatus Landpfleger in Judäa war, und Herodes ein Vierfürst in Galiläa, und sein Bruder Philippus ein Vierfürst in Ituräa und in der Gegend Trachonitis, und Lysanias ein Vierfürst in Abilene;

2. Da Hannas und Caiphas Hohepriester waren: da geschah der Befehl GOttes zu Johannes, Zacharias Sohn, in der Wüste.

3. Und er kam in alle *Gegend um den Jordan, und predigte die Taufe der Buße zur Vergebung der Sünden; *Matth. 3, 1. 5. Marc. 1, 4.

4. Wie geschrieben stehet in dem Buch der Rede *Jesaias, des Propheten, der da sagt: „Es ist eine Stimme eines Predigers in der Wüste: Bereitet den Weg des HErrn, und machet seine Steige richtig! *Jes. 40, 3.

5. Alle Thäler sollen voll werden, und alle Berge und Hügel sollen erniedriget werden, und was krumm ist, soll richtig werden, und was uneben ist, soll schlechter Weg werden;

6. Und alles Fleisch wird den *Heiland GOttes sehen." *Jes. 52, 10.

7. Da sprach er zu dem Volk, das hinaus ging, daß es sich von ihm taufen ließe: *Ihr Otterngezüchte, wer hat denn euch gewiesen, daß ihr dem zukünftigen Zorn entrinnen werdet! *Matth. 8, 7.

8. Sehet zu, thut rechtschaffene Früchte der Buße, und nehmet euch nicht vor zu sagen: Wir haben Abraham zum Vater. Denn ich sage euch: GOtt kann dem Abraham aus diesen Steinen Kinder erwecken.

9. Es *ist schon die Axt den Bäumen an die Wurzel gelegt; welcher Baum nicht gute Früchte bringet, wird abgehauen und in das Feuer geworfen. *Matth. 8, 10. f.

10. Und das Volk fragte ihn, und sprach: Was sollen wir denn thun?

11. Er antwortete, und sprach zu ihnen: Wer

Wer *zween Röcke hat, der gebe dem, der keinen hat; und wer Speise hat, thue auch also. *5 Mos. 3, 17.

12. Es kamen auch die Zöllner, daß sie sich taufen ließen, und sprachen zu ihm: Meister, was sollen denn wir thun?

13. Er sprach zu ihnen: Fordert nicht mehr, denn gesetzt ist.

14. Da fragten ihn auch die Kriegsleute, und sprachen: Was sollen denn wir thun? Und er sprach zu ihnen: Thut Niemand Gewalt, noch *Unrecht, und lasset euch begnügen an eurem Solde. *2 Mos. 19, 13.

15. Als aber das Volk im Wahn war, und dachten Alle in ihren Herzen von Johanne, ob er vielleicht Christus wäre;

16. Antwortete Johannes, und sprach zu Allen: *Ich taufe euch mit Wasser; es kommt aber ein Stärkerer nach mir, dem ich nicht genugsam bin, daß ich die Riemen seiner Schuhe auflöse. Der wird euch mit dem heiligen Geist und mit Feuer taufen. *Matth. 3, 11. f.

17. In desselbigen Hand ist die Wurfschaufel, und er wird seine Tenne fegen, und wird den Weizen in seine Scheuer sammeln, und die Spreu wird er mit ewigem Feuer verbrennen.

18. Und viel anders mehr vermahnete und verkündigte er dem Volk.

19. Herodes *aber, der Vierfürst, da er von ihm gestraft ward, um Herodias willen, seines Bruders Weib, und um alles Uebels willen, das Herodes that; *Matt. 4, 12. f.

20. Ueber das Alles legte er *Johannem gefangen. *Matth. 11, 2.

21. Und es begab sich, da sich alles Volk taufen ließ, und JEsus auch getauft war, und betete, *daß sich der Himmel aufthat; *Matth. 3, 16. Marc. 1, 10. Joh. 1, 32.

22. Und der heilige Geist fuhr hernieder in leiblicher Gestalt auf ihn, wie eine Taube; und eine Stimme kam aus dem Himmel, die sprach: *„Du bist mein lieber Sohn, an dem ich Wohlgefallen habe." *c. 9, 35.

23. Und JEsus ging in das dreißigste Jahr, und ward gehalten für einen Sohn Josephs; welcher war ein Sohn Eli's,

24. Der war ein Sohn Matthats, der war ein Sohn Levi's, der war ein Sohn Melchi's, der war ein Sohn Janna's, der war ein Sohn Josephs,

25. Der war ein Sohn Mattathias, der war ein Sohn Amos, der war ein Sohn Nahums, der war ein Sohn Esli's, der war ein Sohn Nange's,

26. Der war ein Sohn Maaths, der war ein Sohn Mattathias, der war ein Sohn Semei's, der war ein Sohn Josephs, der war ein Sohn Juda's,

27. Der war ein Sohn Johanna's, der war ein Sohn Resia's, der war ein Sohn Zorobabels, der war ein Sohn Salathiels, der war ein Sohn Neri's,

28. Der war ein Sohn Melchi's, der war ein Sohn Addi's, der war ein Sohn Kosams, der war ein Sohn Elmodams, der war ein Sohn Hers,

29. Der war ein Sohn Jose's, der war ein Sohn Eliezers, der war ein Sohn Jorems, der war ein Sohn Mattha's, der war ein Sohn Levi's,

30. Der war ein Sohn Simeons, der war ein Sohn Juda's, der war ein Sohn Josephs, der war ein Sohn Jonams, der war ein Sohn Eliakims,

31. Der war ein Sohn Melea's, der war ein Sohn Menams, der war ein Sohn Mattathans, der war ein Sohn *Nathans, der war ein Sohn Davids, *2 Sam. 5, 14.

32. Der war ein Sohn *Jesse's, der war ein Sohn Obeds, der war ein Sohn Boas, der war ein Sohn Salmons, der war ein Sohn Nahassons, *Ruth 4, 18.

33. Der war ein Sohn Aminadabs, der war ein Sohn Arams, der war ein Sohn Esroms, der war ein Sohn Phares, der war ein Sohn *Juda's, *1 Mos. 29, 35.

34. Der war ein Sohn Jakobs, der war ein Sohn Isaaks, der *war ein Sohn Abrahams, der †war ein Sohn Thara's, der war ein Sohn Nachors;

*1 Mos. 21, 2. 3. †1 Mos. 11. 26. 1 Chron. 1, 27. 29.

35. Der war ein Sohn Saruchs, der war ein Sohn Ragahu's, der war ein Sohn Phalegs, der war ein Sohn Ebers, der war ein Sohn Sala's,

36. Der war ein Sohn Kainans, der war ein Sohn Arphachsads, der *war ein Sohn Sems, der war ein Sohn Noahs, der †war ein Sohn Lamechs,

*1 Mos. 11, 10. †1 Mos. 5, 25.

37. Der war ein Sohn Mathusalahs, der war ein Sohn Enochs, der war ein Sohn Jareds, der war ein Sohn Maleleels, der war ein Sohn Kainans,

38. Der

38. Der war ein Sohn Enos, der *war ein Sohn Seths, der war ein Sohn Adams, der war GOttes. *1 Mos. 4, 26.

Das 4. Capitel.

Christus wird versucht, predigt, und thut Wunder.

1. JEsus *aber, voll heiligen Geistes, kam wieder von dem Jordan, und ward vom Geist in die Wüste geführet; *Matth. 4, 1. f.

2. Und ward *vierzig Tage lang von dem Teufel versucht. Und er aß nichts in denselbigen Tagen; und da dieselbigen ein Ende hatten, hungerte ihn darnach. *2 Mos. 34, 28.

3. Der Teufel aber sprach zu ihm: Bist du GOttes Sohn, so sprich zu dem Stein, daß er Brot werde.

4. Und JEsus antwortete, und sprach zu ihm: Es stehet *geschrieben: Der Mensch lebt nicht allein vom Brot, sondern von einem jeglichen Worte GOttes. *5 Mos. 8, 3.

5. Und der Teufel führete ihn auf einen hohen Berg, und wies ihm alle Reiche der ganzen Welt in einem Augenblick;

6. Und sprach zu ihm: Diese Macht will ich dir alle geben, und ihre Herrlichkeit; denn sie ist mir übergeben, und ich gebe sie, welchem ich will.

7. So Du nun mich willt anbeten, so soll es Alles dein seyn.

8. JEsus antwortete ihm, und sprach: Hebe dich weg von mir, Satan! Es stehet *geschrieben: Du sollst GOtt, deinen HErrn, anbeten und ihm allein dienen. *5 Mos. 6, 13. u. 10, 20.

9. Und er führete ihn gen Jerusalem, und stellete ihn auf des Tempels Zinne, und sprach zu ihm: Bist du GOttes Sohn, so laß dich von hinnen hinunter.

10. Denn es stehet geschrieben: Er wird befehlen seinen Engeln von dir, daß sie dich bewahren,

11. Und *auf den Händen tragen, auf daß du nicht etwa deinen Fuß an einen Stein stoßest. *Ps. 91, 11. f.

12. JEsus antwortete, und sprach zu ihm: Es ist gesagt: *Du sollst GOtt, deinen HErrn, nicht versuchen. *5 Mos. 6, 16. f.

13. Und da der Teufel alle Versuchung vollendet hatte, wich er von ihm eine Zeitlang.

14. Und *JEsus kam wieder in des Geistes Kraft in Galiläam, und das Gerücht erscholl von ihm durch alle umliegende Oerter. *Matth. 4, 12. 23.

15. Und Er lehrete in ihren Schulen, und ward von Jedermann gepriesen.

16. Und *er kam gen Nazareth, da er erzogen war, und ging in die Schule nach seiner Gewohnheit am Sabbathtage, und †stand auf und wollte lesen. *Matth. 13, 53. 54. Marc. 6, 1. †Ap. G. 13.

17. Da ward ihm das Buch des Propheten Jesaias gereicht. Und da er das Buch herum warf, fand er den Ort, da geschrieben stehet:

18. *Der Geist des HErrn ist bei mir, derhalben er mich gesalbet hat, und gesandt, zu verkündigen das Evangelium den Armen, zu heilen die zerstoßenen Herzen, zu predigen den Gefangenen, daß sie los seyn sollen, und den Blinden das Gesicht, und den Zerschlagenen, daß sie frei und ledig seyn sollen, *Jes. 61, 1.

19. Und zu predigen das *angenehme Jahr des HErrn. *3 Mos. 25, 10.

20. Und als er das Buch zuthat, gab er es dem Diener, und setzte sich. Und Aller Augen, die in der Schule waren, sahen auf ihn.

21. Und er fing an zu sagen zu ihnen: Heute ist diese Schrift erfüllet vor euren Ohren.

22. Und sie gaben Alle Zeugniß von ihm, und wunderten sich der holdseligen Worte, die aus seinem Munde gingen, und sprachen: *Ist das nicht Josephs Sohn? *Matth. 13, 55. Marc. 6, 3. Joh. 6, 42.

23. Und er sprach zu ihnen: Ihr werdet freilich zu mir sagen dies Sprichwort: „Arzt, hilf dir selber;" denn wie große Dinge haben wir gehöret, zu *Capernaum geschehen! Thue auch also hier in deinem Vaterlande. *Matth. 4, 13.

24. Er aber sprach: Wahrlich, ich sage euch: *Kein Prophet ist angenehm in seinem Vaterlande. *Matth. 13, 57.

Marc. 6, 4. Joh. 4, 44.

25. Aber in der Wahrheit sage ich euch: Es waren viele Wittwen in Israel zu *Elias Zeiten, da der Himmel verschlossen war drei Jahr und sechs Monate, da eine große Theurung war im ganzen Lande. *1 Kön. 17, 1. 9. u. 18, 1. f. Jac. 5, 17.

26. Und zu deren keiner ward Elias gesandt, denn allein gen Sarepta der Sidonier, zu einer Wittwe.

27. Und

27. Und viele Aussätzige waren in Israel zu des *Propheten Elisä Zeiten; und deren keiner ward gereiniget, denn allein Naeman aus Syrien.
*2 Kön. 5, 14.
28. Und sie wurden voll Zorns Alle, die in der Schule waren, da sie das höreten,
29. Und standen auf, und stießen ihn zur Stadt hinaus, und führeten ihn auf einen Hügel des Berges, darauf ihre Stadt gebauet war, daß sie ihn hinab stürzten.
30. Aber Er *ging mitten durch sie hinweg,
*Joh. 8, 59.
31. Und *kam gen Capernaum in die Stadt Galiläa's, und lehrete sie an den Sabbathen;
*Matth. 4, 13. Marc. 1, 21.
32. Und sie *verwunderten sich seiner Lehre, denn seine Rede war gewaltig.
*Matth. 7, 28. 29. c. 13, 54. 22. Marc. 1, 22. Joh. 7, 46.
33. Und es war ein Mensch in der Schule, besessen mit einem unsaubern Teufel. Und der schrie laut,
34. Und sprach: Halt, was haben wir mit dir zu schaffen, JEsu von Nazareth! Du bist gekommen, uns zu verderben. Ich weiß, wer du bist, nämlich der *Heilige GOttes.
*Marc. 1, 24. Luc. 1, 35.
35. Und JEsus bedrohete ihn, und sprach: Verstumme, und fahre aus von ihm! Und der Teufel warf ihn mitten unter sie, und fuhr von ihm aus, und that ihm keinen Schaden.
36. Und sie kam eine Furcht über sie Alle, und redeten mit einander, und sprachen: Was ist das für ein Ding! Er gebietet mit Macht und Gewalt den unsaubern Geistern, und sie fahren aus.
37. Und es erscholl sein Geschrei in alle Oerter des umliegenden Landes.
38. Und er stund auf aus der Schule, und kam *in Simonis Haus. Und Simonis Schwieger war mit einem harten Fieber behaftet, und sie baten ihn für sie.
*Matth. 8, 14. f.
39. Und er trat zu ihr, und gebot dem Fieber, und es verließ sie. Und bald stand sie auf, und dienete ihnen.
40. Und da die Sonne untergegangen war, Alle die, *so Kranke hatten mit mancherlei Seuchen, brachten sie zu ihm. Und er legte auf einen Jeglichen die Hände, und machte sie gesund.
*Matth. 8, 16. Marc. 1, 32.
41. Es fuhren auch die Teufel aus von Vielen, schrieen, und sprachen: Du bist Christus, der Sohn GOttes. Und er bedrohete sie, und ließ sie nicht reden; denn sie wußten, daß er Christus war.
42. Da es aber Tag ward, ging er hinaus an eine wüste Stätte, und das Volk suchte ihn, und kamen zu ihm, und hielten ihn auf, daß er nicht von ihnen ginge.
43. Er aber sprach zu ihnen: Ich muß auch andern Städten das Evangelium predigen vom Reich GOttes; denn dazu bin ich gesandt.
44. Und er predigte in den Schulen Galiläa's.

Das 5. Capitel.

Des Petri Fischzug, eines Aussätzigen und Gichtbrüchigen, Matthä Beruf, und die Jünger Fasten.

(Evangelium am 5. Sonnt. nach Trinit.)

ES begab sich aber, da sich das Volk zu ihm drang, zu hören das Wort GOttes; und Er stand *am See Genezareth,
*Marc. 1, 16.
2. Und sahe zwei Schiffe am See stehen; die Fischer aber waren ausgetreten, und wuschen ihre Netze;
3. Trat er in der Schiffe eines, welches Simonis war, und bat ihn, daß er es ein wenig vom Lande führete. Und er setzte sich, und lehrete das Volk aus dem Schiff.
4. Und als er hatte aufgehöret zu reden, sprach er zu Simon: Fahre auf die Höhe, und werfet eure Netze aus, daß ihr einen Zug thut.
5. Und Simon antwortete, und sprach zu ihm: Meister, wir haben die ganze Nacht gearbeitet, und nichts gefangen; aber auf dein Wort will ich das Netz auswerfen.
6. Und da sie das thaten, beschlossen sie eine große Menge Fische, und ihr Netz zerriß.
7. Und sie winkten ihren Gesellen, die im andern Schiff waren, daß sie kämen und hülfen ihnen ziehen. Und sie kamen, und fülleten beide Schiffe voll, also, daß sie sunken.
8. Da das Simon Petrus sahe, fiel er JEsu zu den Knieen, und sprach: HErr, gehe von mir hinaus, ich bin ein sündiger Mensch.
9. Denn es war ihn ein Schrecken ankommen, und Alle, die mit ihm waren, über diesen Fischzug, den sie mit einander gethan hatten;

10. Des-

10. Desselbigen gleichen auch Jacobum und Johannem, die Söhne Zebedäi, Simonis Gesellen. Und JEsus sprach zu Simon: Fürchte dich nicht; denn von nun an wirst du *Menschen fangen.
  *Marc. 1, 17.
11. Und sie führeten die Schiffe zu Lande, und *verließen Alles, und folgten ihm nach.]   *Matth. 19, 27.
12. Und es begab sich, da er in einer Stadt war, siehe, *da war ein Mann voll Aussatzes. Da er JEsum sahe, fiel er auf sein Angesicht, und bat ihn, und sprach: HErr, willst du, so kannst du mich reinigen.   *Matth. 8, 2. Marc. 1, 40.
13. Und er streckte die Hand aus, und rührete ihn an, und sprach: Ich will es thun; sey gereiniget! Und alsobald ging der Aussatz von ihm.
14. Und Er gebot ihm, daß er es Niemand sagen sollte; „sondern gehe hin, und zeige dich dem Priester, und opfere für deine Reinigung, wie Moses *geboten hat, ihnen zum Zeugniß."
  *3 Mos. 14, 2. f.
15. Es kam aber die Sage von ihm je weiter aus; und kam viel Volks zusammen, daß sie ihn höreten, und durch ihn gesund würden von ihren Krankheiten.
16. Er aber entwich in die *Wüste, und betete.   *Marc. 1, 35.
17. Und es begab sich auf einen Tag, daß er lehrete, und saßen da die Pharisäer und Schriftgelehrten, die da gekommen waren aus allen Märkten in Galiläa und Judäa, und von Jerusalem. Und die Kraft des HErrn ging von ihm, und half Jedermann.
18. Und siehe, etliche Männer brachten einen Menschen auf einem Bette, der war *gichtbrüchig: und sie suchten, wie sie ihn hinein brächten und vor ihn legten.
  *Matth. 9, 1. Marc. 2, 3. Cap. 9, 2. 13.
19. Und da sie vor dem Volk nicht fanden, an welchem Ort sie ihn hinein brächten, stiegen sie auf das Dach, und ließen ihn durch die Ziegel hernieder mit dem Bettlein, mitten unter sie, vor JEsum.
20. Und da er *ihren Glauben sahe, sprach er zu ihm: Mensch, † deine Sünden sind dir vergeben.   *Jer. 2, 2. † Ver. 7. 48.
21. Und die Schriftgelehrten und Pharisäer fingen an zu denken, und sprachen: Wer ist der, daß er Gotteslästerung redet?

Wer kann *Sünden vergeben, denn allein GOtt?   *Matth. 9, 3. Jes. 43, 25.
22. Da aber JEsus ihre Gedanken merkte, antwortete er, und sprach zu ihnen: Was denket ihr in euren Herzen?
23. Welches ist leichter zu sagen: Dir sind deine Sünden vergeben? oder zu sagen: Stehe auf und wandele?
  *Matth. 9, 5.
24. Auf daß ihr aber wisset, daß des Menschen Sohn Macht hat, auf Erden Sünden zu vergeben (sprach er zu dem Gichtbrüchigen): Ich sage dir, stehe auf, und hebe dein Bettlein auf, und gehe heim.
25. Und alsobald stand er auf vor ihren Augen, und hob das Bettlein auf, darauf er gelegen war, und ging heim, und pries GOtt.
26. Und sie entsetzten sich Alle, und priesen GOtt, und wurden voll Furcht, und sprachen: Wir haben heute seltsame Dinge gesehen.
27. Und darnach ging er aus, und *sahe einen Zöllner, mit Namen Levis, am Zoll sitzen, und sprach zu ihm: Folge mir nach.   *Matth. 9, 9. Marc. 2, 14.
28. Und er verließ Alles, stand auf, und folgte ihm nach.
29. Und der *Levis richtete ihm ein groß Mahl zu in seinem Hause, und viele Zöllner und Andere saßen mit ihm zu Tische.   *Matth. 9, 10.
30. Und die Schriftgelehrten und Pharisäer *murreten wider seine Jünger, und sprachen: Warum esset und trinket ihr mit den Zöllnern und Sündern?   *v. 30.
31. Und JEsus antwortete, und sprach zu ihnen: Die Gesunden bedürfen des Arztes nicht, sondern die Kranken.
32. Ich *bin gekommen, zu rufen die Sünder zur Buße, und nicht die Gerechten.   *Matth. 9, 13.
33. Sie aber sprachen zu ihm: *Warum fasten Johannis Jünger so oft, und beten so viel, desselbigen gleichen der Pharisäer Jünger; aber deine Jünger essen und trinken?   *Matth. 9, 14. Marc. 2, 18.
34. Er sprach aber zu ihnen: Ihr mögt die Hochzeitleute nicht zum Fasten treiben, so lange der Bräutigam bei ihnen ist;
35. Es wird aber die Zeit kommen, daß der Bräutigam von ihnen genommen wird, dann werden sie fasten.
36. Und er sagte zu ihnen ein Gleichniß: Nie-

Niemand flicket einen Lappen vom neuen Kleide auf ein alt Kleid; wo anders, so reißet das Neue, und der Lappe vom Neuen reimet sich nicht auf das Alte.

37. Und Niemand fasset Most in alte Schläuche; wo anders, so zerreißt der Most die Schläuche, und wird verschüttet, und die Schläuche kommen um.

38. Sondern den Most soll man in neue Schläuche fassen, so werden sie beide behalten.

39. Und Niemand ist, der vom alten trinkt, und wolle bald des neuen; denn er spricht: Der alte ist milder.

Das 6. Capitel.

Von ausgerissenen Aehren, verdorrter Hand, der Apostel Beruf, und Christi Seligpreisel.

1. Und es begab sich auf einen Aftersabbath, daß er durch's Getreide ging; und seine Jünger rauften Aehren aus, und aßen, und rieben sie mit den Händen.   * Matth. 12, 1. Marc. 2, 23.

2. Etliche aber der Pharisäer sprachen zu ihnen: Warum thut ihr, das sich nicht geziemet zu thun auf die Sabbather?

3. Und JEsus antwortete und sprach zu ihnen: Habt ihr nicht das gelesen, das David that, da ihn hungerte, und die mit ihm waren?

4. Wie er zum Hause GOttes einging, und nahm die *Schaubrote, und aß, und gab auch denen, die mit ihm waren; die doch †Niemand durfte essen, ohne die Priester alleine.   *1 Sam. 21, 6. f.   † 3 Mos. 24, 9.

5. Und sprach zu ihnen: Des *Menschen Sohn ist ein HErr auch des Sabbaths.   *Marc. 12, 8.

6. Es geschah aber auf einen andern Sabbath, daß er ging in die Schule, und lehrete. Und *da war ein Mensch, deß rechte Hand war verdorret.   *Marc. 3, 1. f.

7. Aber die Schriftgelehrten und Pharisäer *hielten auf ihn, ob er auch heilen würde am Sabbath, auf daß sie eine Sache zu ihm fänden.   *c. 14, 1.

8. Er aber merkte ihre Gedanken, und sprach zu dem Menschen mit der dürren Hand: Stehe auf, und tritt hervor! Und er stand auf, und trat dahin.

9. Da sprach JEsus zu ihnen: Ich frage euch, was ziemet sich zu thun auf die Sabbather, Gutes oder Böses? das Leben erhalten oder verderben?

10. Und er sahe sie Alle umher an, und sprach zu dem Menschen: Strecke aus deine Hand. Und er that es. Da ward ihm seine Hand wieder zurecht gebracht, gesund wie die andere.

11. Sie aber wurden ganz unsinnig, und beredeten sich mit einander, was sie ihm thun wollten.

12. Es begab sich aber zu der Zeit, daß er ging auf einen Berg, zu beten; und er blieb über Nacht in dem Gebet zu GOtt.

13. Und da es Tag ward, *rief er seine Jünger, und erwählete ihrer Zwölfe, welche er auch Apostel nannte: *c. 9, 1. f.

Marc. 3, 13. 14.

14. (Simon, welchen er Petrum nannte, und Andream, seinen Bruder, Jacobum und Johannem, Philippum und Bartholomäum,

15. Matthäum und Thomam, Jacobum, Alphäi Sohn, Simon, genannt Zelotes,

16. Judam, Jacobi Sohn, und Judam Ischarioth, den Verräther.)

17. Und er ging hernieder mit ihnen, und trat auf einen Platz im Felde, und der Haufe seiner Jünger, und *eine große Menge des Volks von allem Jüdischen Lande und Jerusalem, und Tyrus und Sidon, am Meer gelegen,   *Matth. 4, 25.

18. Die da gekommen waren, ihn zu hören, und daß sie geheilet würden von ihren Seuchen, und die von unsaubern Geistern umgetrieben wurden, die wurden gesund.

19. Und alles Volk begehrete ihn anzurühren; denn es ging Kraft von ihm, und heilete sie Alle.

20. Und Er hob seine Augen auf über seine Jünger, und sprach: *Selig seyd ihr Armen; denn das Reich GOttes ist euer.   *Matth. 5, 3. f.

21. Selig seyd ihr, die ihr hier hungert; denn ihr sollt satt werden. †Selig seyd ihr, die ihr hier weinet; denn ihr werdet lachen.   *Esa. 65, 7, 13.   †Ps. 126, 5. 6.   Jes. 61, 3.

22. Selig seyd ihr, so euch die Menschen hassen, und euch absondern, und schelten euch, und verwerfen euren Namen, als einen boshaftigen, um des Menschen Sohnes willen.

23. Freuet euch alsdann, und hüpfet! Denn siehe, euer Lohn ist groß im Himmel. Desgleichen thaten ihre Väter den Propheten auch.

24. Aber

24. Aber dagegen, *wehe euch Reichen; denn ihr habt euren Trost dahin.
  * Amos 6, 1. Jac. 5, 1.

25. *Wehe euch, die ihr voll seyd; denn euch wird hungern. Wehe euch, die ihr hier lachet; denn ihr werdet weinen und heulen.
  * Jes. 10, 16.

26. Wehe euch, wenn euch Jedermann wohl redet! Deßgleichen thaten ihre Väter den falschen Propheten auch.

27. Aber ich sage euch, die ihr zuhöret: Liebet eure Feinde; thut denen wohl, die euch hassen;

28. Segnet die, so euch verfluchen; bittet für die, so euch beleidigen.

29. Und wer dich schlägt auf einen Backen, dem biete den andern auch dar; und wer dir den Mantel nimmt, dem wehre nicht auch den Rock.

30. Wer *dich bittet, dem gieb; und wer dir das Deine nimmt, da fordere es nicht wieder.   * 5 Mos. 15, 7.

31. Und * wie ihr wollt, daß euch die Leute thun sollen, also thut ihnen gleich auch ihr.   * Matth. 7, 12.

32. Und *so ihr liebet, die euch lieben; was Danks habt ihr davon? Denn die Sünder lieben auch ihre Liebhaber.
  * Matth. 5, 46.

33. Und wenn ihr euren Wohlthätern wohl thut; was Danks habt ihr davon? Denn die Sünder thun dasselbige auch.

34. Und *wenn ihr leihet, von denen ihr hoffet zu nehmen; was Danks habt ihr davon? Denn die Sünder leihen den Sündern auch, auf daß sie Gleiches wieder nehmen.   * 5 Mos. 15, 8. 10. Matth. 5, 42.

35. Doch aber liebet eure Feinde; thut wohl und *leihet, daß ihr nichts dafür hoffet: so wird euer Lohn groß seyn, und werdet Kinder des Allerhöchsten seyn. Denn Er ist gütig über die Undankbaren und Boshaftigen.   * Ps. 37, 26.

(Evangelium am 4. Sonnt. nach Trinit.)

36. Darum seyd barmherzig, wie auch euer Vater * barmherzig ist.
  * 2 Mos. 34, 6. Ps. 103, 8. 13.

37. *Richtet nicht, so werdet ihr auch nicht gerichtet. Verdammet nicht, so werdet ihr auch nicht verdammet. Vergebet, so wird euch vergeben.   * Röm. 2, 1.

38. Gebet, so wird euch gegeben. Ein voll, gedrückt, gerütteltes und überflüssig Maß wird man in euren Schooß geben; denn *eben mit dem Maß, da ihr mit messet, wird man euch wieder messen.
  * Röm. 4, 24. 5.

39. Und er sagte ihnen ein Gleichniß: Mag auch ein Blinder einem Blinden den Weg weisen? Werden sie nicht alle beide in die Grube fallen?

40. Der *Jünger ist nicht über seinen Meister; wenn der Jünger ist wie sein Meister, so ist er vollkommen.
  * Joh. 13, 16. 15, 20.

41. *Was siehest du aber einen Splitter in deines Bruders Auge, und des Balkens in deinem Auge wirst du nicht gewahr!   * Matth. 7, 3.

42. Oder wie kannst du sagen zu deinem Bruder: „Halt stille, Bruder! ich will den Splitter aus deinem Auge ziehen;" und du siehest selbst nicht den Balken in deinem Auge? Du *Heuchler, ziehe zuvor den Balken aus deinem Auge, und besiehe dann, daß du den Splitter aus deines Bruders Auge ziehest.]   * Matth. 7, 5.

43. Denn es ist kein guter Baum, der faule Frucht trage; und kein fauler Baum, der gute Frucht trage.

44. Ein jeglicher Baum wird an seiner eigenen Frucht erkannt. Denn man liefet nicht Feigen von den Dornen, auch so liefet man nicht Trauben von den Hecken.

45. Ein *guter Mensch bringet Gutes hervor aus dem guten Schatz seines Herzens; und ein boshaftiger Mensch bringet Böses hervor aus dem bösen Schatz seines Herzens. Denn weß das Herz voll ist, deß gehet der Mund über.   * Matth. 12, 35.

46. Was *heißt ihr mich aber HErr HErr, und thut nicht, was ich euch sage?
  * Matth. 7, 21.

47. Wer zu mir kommt und höret meine Rede, und *thut sie, den will ich euch zeigen, wem er gleich ist.
  * Röm. 2, 13. Jac. 1, 22. 5.

48. Er ist gleich einem Menschen, der ein Haus bauete, und grub tief, und legte den Grund auf den Fels. Da aber Gewässer kam, da riß der Strom zum Hause zu, und mochte es nicht bewegen; denn es war auf den Fels gegründet.

49. Wer aber höret, und nicht thut, der ist gleich einem Menschen, der ein Haus bauete auf die Erde ohne Grund; und der Strom riß zu ihm zu, und es fiel bald, und das Haus gewann einen großen Riß.

Das

Das 7. Capitel.

(Von des Hauptmanns Knecht, vom Jüngling zu Nain, Johannis und seinen Jüngern, und der großen Sünderin.)

1. Nachdem er aber vor dem Volk ausgeredet hatte, ging er gen Capernaum.

2. Und *eines Hauptmanns Knecht lag todtkrank, den er werth hielt. *Matth. 8, 5.

3. Da er aber von JEsu hörete, sandte er die Aeltesten der Juden zu ihm, und bat ihn, daß er käme und seinen Knecht gesund machte.

4. Da sie aber zu JEsu kamen, baten sie ihn mit Fleiß, und sprachen: Er ist es werth, daß du ihm das erzeigest;

5. Denn er hat unser Volk lieb, und die Schule hat er uns erbauet.

6. JEsus aber ging mit ihnen hin. Da sie aber nun nicht ferne von dem Hause waren, sandte der Hauptmann Freunde zu ihm, und ließ ihm sagen: Ach, HErr, bemühe dich nicht; *ich bin nicht werth, daß du unter mein Dach gehest; *Matth. 8, 8.

7. Darum ich auch mich selbst nicht würdig geachtet habe, daß ich zu dir käme. Sondern sprich ein Wort, so wird mein Knabe gesund.

8. Denn auch ich bin ein Mensch, der Obrigkeit unterthan, und habe Kriegsknechte unter mir, und spreche zu einem: Gehe hin! so gehet er hin; und zum andern: Komm her! so kommt er; und zu meinem Knechte: Thue das! so thut er's.

9. Da aber JEsus das hörete, verwunderte er sich seiner, und wandte sich um, und sprach zu dem Volk, das ihm nachfolgete: Ich sage euch, solchen Glauben habe ich in Israel nicht gefunden.

10. Und da die Gesandten wiederum zu Hause kamen, fanden sie den kranken Knecht gesund.

(Evang. am 16. Sonntage nach Trinitatis.)

11. Und es begab sich darnach, daß er in eine Stadt mit Namen Nain ging; und seiner Jünger gingen viele mit ihm, und viel Volks.

12. Als er aber nahe an das Stadtthor kam, siehe, da trug man einen Todten heraus, der ein *einiger Sohn war seiner Mutter; und sie war eine Wittwe, und viel Volks aus der Stadt ging mit ihr. *1 Kön. 17, 17.

13. Und da sie der HErr sahe, *jammerte ihn derselbigen, und sprach zu ihr: †Weine nicht! *Matth. 9, 36. †1 Kön. 17, 18.

14. Und trat hinzu, und rührete den Sarg an; und die Träger stunden. Und er sprach: Jüngling, ich sage dir, stehe auf! *Marc. 5, 41.

15. Und der Todte richtete sich auf, und fing an zu reden. *Und er gab ihn seiner Mutter. *1 Kön. 4, 36.

16. Und es kam sie Alle eine Furcht an, und priesen GOtt, und sprachen: Es ist ein großer Prophet unter uns aufgestanden, und *GOtt hat sein Volk heimgesucht. *c. 1, 68.

17. Und diese Rede von ihm erscholl in das ganze Jüdische Land, und in alle umliegende Länder.]

18. Und *es verkündigten Johanni seine Jünger das Alles. Und er rief zu sich seiner Jünger zween. *Matth. 11, 2. f.

19. Und sandte sie zu JEsu, und ließ ihm sagen: Bist Du, der da kommen soll, oder sollen wir eines Andern warten?

20. Da aber die Männer zu ihm kamen, sprachen sie: Johannes, der Taufer, hat uns zu dir gesandt, und läßt dir sagen: "Bist Du, der da kommen soll, oder sollen wir eines Andern warten?"

21. Zu derselbigen Stunde aber machte er Viele gesund von Seuchen, und Plagen, und bösen Geistern, und vielen Blinden schenkte er das Gesicht.

22. Und JEsus antwortete, und sprach zu ihnen: Gehet hin, und verkündiget Johanni, was ihr gesehen und gehört habt: *Die Blinden sehen, die Lahmen gehen, die Aussätzigen werden rein, die Tauben hören, die Todten stehen auf, den Armen wird das Evangelium geprediget; *Jes. 35, 5. Matth. 11, 5.

23. Und *selig ist, der sich nicht ärgert an mir. *Matth. 11, 6.

24. Da aber *die Boten Johannis hingingen, fing JEsus an zu reden zu dem Volk von Johanne: Was seyd ihr hinaus gegangen in die Wüste, zu sehen? Wolltet ihr ein Rohr sehen, das vom Winde beweget wird? *Matth. 11, 7.

25. Oder was seyd ihr hinaus gegangen zu sehen? Wolltet ihr einen Menschen sehen in weichen Kleidern? Sehet, die in herrlichen Kleidern und Lüsten leben, die sind in den königlichen Höfen.

26. Oder was seyd ihr hinaus gegangen

gen zu sehen? Wolltet ihr einen Propheten sehen? Ja, ich sage euch, der da mehr ist, denn ein Prophet!

27. Er ist es, von dem geschrieben stehet: "Siehe, Ich sende meinen Engel vor deinem Angesicht her, der da bereiten soll deinen Weg vor dir." *Mal. 3, 1. Matth 11, 10. Marc. 1, 2

28. Denn ich sage euch, daß unter denen, die von Weibern geboren sind, ist kein *größerer Prophet, denn Johannes, der Täufer; der aber kleiner ist im Reich GOttes, der ist größer, denn er. *c. 1, 15.

29. Und alles Volk, das ihn hörete, und die Zöllner, gaben GOtt Recht, und ließen sich taufen mit der Taufe Johannis.

30. Aber die Pharisäer und Schriftgelehrten *verachteten GOttes Rath wider sich selbst, und ließen sich nicht von ihm taufen. *Apost. 13, 46.

31. Aber der HErr sprach: *Wem soll ich die Menschen dieses Geschlechts vergleichen? Und wem sind sie gleich? *Matth. 11, 16.

32. Sie sind gleich den Kindern, die auf dem Markt sitzen, und rufen gegen einander, und sprechen: Wir haben euch gepfiffen, und ihr habt nicht getanzet; wir haben euch geklaget, und ihr habt nicht geweinet.

33. Denn *Johannes, der Täufer, ist gekommen, und aß nicht Brot, und trank keinen Wein; so sagt ihr: Er hat den Teufel. *Matth. 3, 4.

34. Des Menschen Sohn ist gekommen, isset und trinket; so sagt ihr: Siehe, der Mensch ist ein Fresser und Weinsäufer, der Zöllner und Sünder Freund.

35. Und *die Weisheit muß sich rechtfertigen lassen von allen ihren Kindern. *Matth. 11, 19.

(Evang. am Tage Mariä Magdalenä.)

36. Es bat ihn aber ein Pharisäer Einer, daß er mit ihm äße. Und er ging hinein in des Pharisäers Haus, und setzte sich zu Tische.

37. Und siehe, ein Weib war in der Stadt, die war eine Sünderin. Da die vernahm, daß er zu Tische saß in des Pharisäers Hause, brachte sie ein Glas mit Salben.

38. Und trat hinten zu seinen Füßen, und weinete, und fing an seine Füße zu netzen mit Thränen, und mit den Haaren ihres Hauptes zu trocknen, und küssete seine Füße, und salbete sie mit Salben.

39. Da aber das der Pharisäer sahe, der ihn geladen hatte, sprach er bei sich selbst, und sagte: Wenn dieser ein Prophet wäre, so wüßte er, wer und welch ein Weib das ist, die ihn anrühret; denn sie ist eine Sünderin.

40. JEsus antwortete und sprach zu ihm: Simon, ich habe dir etwas zu sagen. Er aber sprach: "Meister, sage an."

41. Es hatte ein Wucherer zween Schuldener. Einer war schuldig fünf hundert Groschen, der Andere funfzig.

42. Da sie aber nicht hatten zu bezahlen, *schenkte er es Beiden. Sage an, welcher unter denen wird ihn am meisten lieben? *Col. 2, 13. 14.

43. Simon antwortete und sprach: Ich achte, dem er am meisten geschenket hat. Er aber sprach zu ihm: Du hast recht gerichtet.

44. Und er wandte sich zu dem Weibe, und sprach zu Simon: Siehest du dies Weib? Ich bin gekommen in dein Haus; du *hast mir nicht Wasser gegeben zu meinen Füßen; diese aber hat meine Füße mit Thränen genetzet und mit den Haaren ihres Haupts getrocknet. *1 Tim. 5, 10.

45. Du hast mir keinen *Kuß gegeben; diese aber, nachdem sie herein gekommen ist, hat sie nicht abgelassen meine Füße zu küssen. *Röm. 16, 16.

46. Du hast mein Haupt nicht mit Oel gesalbet; sie aber hat meine Füße mit Salben gesalbet.

47. Derhalben sage ich dir: Ihr sind viele Sünden vergeben, denn sie hat viel geliebet; welchem aber wenig vergeben wird, der liebet wenig.

48. Und er sprach zu ihr: *Dir sind deine Sünden vergeben. *Matth. 9, 2.

49. Da fingen an, die mit zu Tische saßen, und sprachen bei sich selbst: *Wer ist dieser, der auch die Sünden vergiebt! *Matth. 9, 3.

50. Er aber sprach zu dem Weibe: *Dein Glaube hat dir geholfen; gehe hin mit Frieden.] *c. 8, 48. c. 17, 19. Marc. 5, 34.

Das 8. Capitel.

Vom Samen des Worts GOttes. Dienst Simeons, Stillung des Sturms, und Jairi Töchterlein.

1. Und es begab sich darnach, daß Er reisete durch Städte und Märkte, und predigte und verkündigte das Evangelium

geitum vom Reich GOttes; und die Zwölfe mit ihm.

2. Dazu etliche Weiber, die er gesund hatte gemacht von den bösen Geistern und Krankheiten, nämlich Maria, die da Magdalena heißt, von welcher waren sieben Teufel ausgefahren, *Marc. 16, 9. c. 10, 3.

3. Und Johanna, das Weib Chusa's, des Pflegers Herodis, und Susanna, und viele andere, die ihm Handreichung thaten von ihrer Habe.

(Evangelium am Sonnt. Sexagesimä.)

4. Da nun viel Volks bei einander war, und aus den Städten zu ihm eileten, sprach er *durch ein Gleichniß:
*Matth. 13, 3. Marc. 4, 2.

5. Es ging ein Säemann aus, zu säen seinen Samen; und indem er säete, fiel etliches an den Weg, und ward vertreten, und die Vögel unter dem Himmel fraßen es auf.

6. Und etliches fiel auf den Fels; und da es aufging, verdorrete es, darum, daß es nicht Saft hatte.

7. Und etliches fiel mitten unter die Dornen; und die Dornen gingen mit auf, und erstickten es.

8. Und etliches fiel auf ein gut Land; und es ging auf, und trug *hundertfältige Frucht. Da er das sagte, rief er: Wer Ohren hat zu hören, der höre! *1 Mos. 26, 12.

9. Es fragten ihn aber seine Jünger, und sprachen, was dieses Gleichniß wäre?

10. Er aber sprach: Euch ist es gegeben, zu wissen das Geheimniß des Reichs GOttes; den Andern aber in Gleichnissen, *daß sie es nicht sehen, ob sie es schon sehen, und nicht verstehen, ob sie es schon hören.
*Jes. 6, 9. 10. Matth. 13, 14. Marc. 4, 11. Joh. 12, 40. Röm. 11, 8.

11. Das ist aber das Gleichniß: Der Same ist das Wort GOttes.

12. Die aber an dem Wege sind, das sind, die es hören; darnach kommt der Teufel, und nimmt das Wort von ihren Herzen, auf daß sie nicht glauben und selig werden.

13. Die aber auf dem Fels, sind die: wenn sie es hören, nehmen sie das Wort mit Freuden an; und die haben nicht Wurzel: eine Zeitlang glauben sie, und zu der Zeit der Anfechtung fallen sie ab.

14. Das aber unter die Dornen fiel, sind die, so es hören, und gehen hin unter den Sorgen, Reichthum und Wollust dieses Lebens, und ersticken, und bringen keine Frucht.

15. Das aber auf dem guten Lande, sind, die das Wort hören und *behalten in einem feinen guten Herzen, und bringen †Frucht in Geduld.] *Kap. 11, 28. †1 Chr. 19, 20.

16. Niemand aber *zündet ein Licht an, und bedeckt es mit einem Gefäß, oder setzt es unter eine Bank; sondern er setzt es auf einen Leuchter, auf daß, wer hinein gehet, das Licht sehe. *Matth. 5, 15.
Marc. 4, 21.

17. Denn es ist nichts *verborgen, das nicht offenbar werde, auch nichts Heimliches, das nicht kund werde und an Tag komme. *Matth. 10, 26. Marc. 4, 22.

18. So sehet nun darauf, wie ihr zuhöret! *Denn wer da hat, dem wird gegeben; wer aber nicht hat, von dem wird genommen, auch das er meinet zu haben. *Matth. 13, 12. f.

19. Es gingen aber hinzu seine *Mutter und Brüder, und konnten vor dem Volk nicht zu ihm kommen. *Matth. 12, 46.
Vers. 3, 31.

20. Und es ward ihm angesagt: *Deine Mutter und deine Brüder stehen draußen, und wollen dich sehen.

21. Er aber antwortete, und sprach zu ihnen: *Meine Mutter und meine Brüder sind diese, die GOttes Wort hören und thun. *Joh. 15, 14.

22. Und es begab sich auf der Tage einen, daß Er in *ein Schiff trat, sammt seinen Jüngern. Und er sprach zu ihnen: Laßt uns über den See fahren. Sie stießen vom Lande. *Matth. 8, 23. Marc. 4, 35. f.

23. Und da sie schifften, entschlief er. Und es kam ein Windwirbel auf den See, und die Wellen überfielen sie, und standen in großer Gefahr.

24. Da traten sie zu ihm, und weckten ihn auf, und sprachen: Meister, Meister! wir verderben! Da stand er auf, und bedrohete den Wind und die Woge des Wassers; und es ließ ab, und ward eine Stille.

25. Er sprach aber zu ihnen: *Wo ist euer Glaube? Sie fürchteten sich aber, und verwunderten sich, und sprachen unter einander: Wer ist dieser? Denn er gebietet dem Wind und dem Wasser, und sie sind ihm gehorsam. *Matth. 8, 26.

26. Und sie schifften fort *in die Gegend

hen hinauf gen Jerusalem, und es wird Alles vollendet werden, das geschrieben ist durch die Propheten von des Menschen Sohn.

32. Denn er wird *überantwortet werden den Heiden, und er wird verspottet, und geschmähet, und verspeiet werden;

*Matth. 27, 2.

33. Und sie werden ihn geißeln und tödten, und am dritten Tage wird er wieder auferstehen.

34. *Sie aber vernahmen der keines, und die Rede war ihnen verborgen, und wußten nicht, was da gesagt war. *c. 9, 45.

35. Es geschah aber, da er nahe zu Jericho kam, *daß ein Blinder am Wege, und bettelte. *Matth. 20, 29. 30. Marc. 10, 46.

36. Da er aber hörete das Volk, das durchhin ging, forschete er, was das wäre.

37. Da verkündigten sie ihm, JEsus von Nazareth ginge vorüber.

38. Und er rief und sprach: JEsu, du Sohn Davids, erbarme dich meiner!

39. Die aber vorne an gingen, bedroheten ihn, er sollte schweigen. Er aber schrie viel mehr: Du Sohn Davids, erbarme dich meiner!

40. JEsus aber stand stille, und hieß ihn zu sich führen. Da sie ihn aber nahe bei ihn brachten, fragte er ihn.

41. Und sprach: Was willst du, daß ich dir thun soll? Er sprach: HErr, daß ich sehen möge!

42. Und JEsus sprach zu ihm: Sey sehend; *dein Glaube hat dir geholfen.

*Matth. 9, 22.

43. Und alsobald *ward er sehend, und folgte ihm nach, und pries GOtt. Und alles Volk, das solches sahe, lobte GOtt.]

*Ps. 146, 8.

Das 19. Capitel.

Von Zachäo, und vierzehen Pfunden. Christi Einzug zu Jerusalem. Traurige Weißagung und traurige Reformation.

(Evangelium am Tage der Kirchweihung.)

1. Und er zog hinein, und ging durch Jericho.

2. Und siehe, da war ein Mann, genannt Zachäus, der war ein Oberster der Zöllner, und war reich;

3. Und *begehrete JEsum zu sehen, wer er wäre, und konnte nicht vor dem Volk, denn er war klein von Person. *Joh. 12, 21.

4. Und er lief vorhin, und stieg auf einen Maulbeerbaum, auf daß er ihn sähe; denn allda sollte er durchkommen.

5. Und als JEsus kam an dieselbige Stätte, sahe er auf, und ward seiner gewahr, und sprach zu ihm: Zachäe, steig eilend hernieder; denn ich muß heute zu deinem Hause einkehren.

6. Und er stieg eilend hernieder, und nahm ihn auf mit Freuden.

7. Da sie das sahen, murreten sie Alle, daß er bei einem Sünder einkehrete.

8. Zachäus aber trat dar, und sprach zu dem HErrn: Siehe, HErr, die Hälfte meiner Güter gebe ich den Armen; und so ich Jemand betrogen habe, das *gebe ich vierfältig wieder. *2 Mos. 22, 1. Jes. 58, 6.

9. JEsus aber sprach zu ihm: Heute ist diesem Hause Heil widerfahren, *sintemal er auch Abrahams Sohn ist.

*c. 13, 16.

10. Denn *des Menschen Sohn ist gekommen zu suchen und selig zu machen, das verloren ist.] *Matth. 9, 12.

*c. 10, 11. 1 Tim. 1, 15.

11. Da sie nun zuhöreten, sagte er weiter ein Gleichniß (darum, daß er nahe bei Jerusalem war, und sie meineten, das Reich GOttes sollte alsobald geoffenbaret werden.)

12. Und sprach: *Ein Edler zog fern in ein Land, daß er ein Reich einnähme, und dann wiederkäme. *Matth. 25, 14.

Marc. 13, 34.

13. Dieser forderte zehn seiner Knechte, und gab ihnen zehn Pfund, und sprach zu ihnen: Handelt, bis daß ich wiederkomme.

14. *Seine Bürger aber waren ihm feind, und schickten Botschaft nach ihm, und ließen ihm sagen: Wir wollen nicht, daß dieser über uns herrsche. *Joh. 1, 11.

15. Und es begab sich, da er wiederkam, nachdem er das Reich eingenommen hatte, hieß er dieselbigen Knechte fordern, welchen er das Geld gegeben hatte, daß er wüßte, was ein Jeglicher gehandelt hätte.

16. Da trat herzu der Erste, und sprach: HErr, dein Pfund hat zehn Pfund erworben.

17. Und er sprach zu ihm: *Ei, du frommer Knecht, dieweil du bist im Geringsten treu gewesen, sollst du Macht haben über zehn Städte. *Matth. 25, 21.

*2 Sam. 25, 10.

18. Der Andere kam auch, und sprach: HErr, dein Pfund hat fünf Pfund getragen.

19. Zu dem sprach er auch: Und du sollst seyn über fünf Städte.

20. Und der Dritte kam, und sprach: Herr, siehe da, hier ist dein Pfund, welches ich habe im Schweißtuch behalten.

21. Ich fürchtete mich vor dir; denn du bist ein harter Mann: du nimmst, das du nicht geleget hast, und erntest, das du nicht gesäet hast.

22. Er sprach zu ihm: *Aus deinem Munde richte ich dich, du Schalk. Wußtest du, daß Ich ein harter Mann bin, nehme, das ich nicht geleget habe, und erute, das ich nicht gesäet habe:

*2 Sam. 1, 16. Matth. 25, 27.

23. Warum hast du denn mein Geld nicht in die Wechselbank gegeben? Und wenn Ich gekommen wäre, hätte ich es mit Wucher erfodert.

24. Und er sprach zu denen, die dabei standen: Nehmet das Pfund von ihm, und gebet es dem, der zehn Pfund hat.

25. Und sie sprachen zu ihm: Herr, hat er doch zehn Pfund!

26. Ich sage euch aber: *Wer da hat, dem wird gegeben werden; von dem aber, der nicht hat, wird auch das genommen werden, das er hat. *c. 9, 12. Matth. 13, 12.

27. Doch jene, meine Feinde, die nicht wollten, daß ich über sie herrschen sollte, bringet her, und erwürget sie vor mir.

28. Und als er solches sagte, zog er fort, und reisete hinauf gen Jerusalem.

*Marc. 10, 32.

29. Und es begab sich, *als er nahete gen Bethphage und Bethanien, und kam an den Oelberg, sandte er seiner Jünger zween, *Matth. 21, 1. f.

30. Und sprach: Gehet hin in den Markt, der gegen euch liegt; und wenn ihr hinein kommet, werdet ihr ein Füllen angebunden finden, auf welchem noch nie kein Mensch gesessen ist. Löset es ab, und bringet es.

31. Und so euch jemand fragt, warum ihr es ablöset, so sagt also zu ihm: Der HErr bedarf sein.

32. Und die Gesandten gingen hin, und fanden, wie er ihnen gesagt hatte.

33. Da sie aber das Füllen ablöseten, sprachen seine Herren zu ihnen: Warum löset ihr das Füllen ab?

34. Sie aber sprachen: Der HErr bedarf sein.

35. Und sie brachten es zu JEsu, und warfen ihre Kleider auf das Füllen, und setzten JEsum darauf.

36. Da er nun hinzog, breiteten sie ihre Kleider auf den Weg.

37. Und da er nahe hinzu kam, und zog den Oelberg herab, fing an der ganze Haufe seiner Jünger mit Freuden GOtt zu loben mit lauter Stimme, über alle Thaten, die sie gesehen hatten,

38. Und sprachen: *Gelobet sey, der da kommt, ein König, in dem Namen des HErrn: †Friede sey im Himmel, und Ehre in der Höhe! *Psal. 118, 26. f. †cap. 2, 14.

39. Und etliche der Pharisäer im Volk sprachen zu ihm: Meister, strafe doch deine Jünger.

40. Er antwortete, und sprach zu ihnen: Ich sage euch: Wo diese werden schweigen, so *werden die Steine schreien.

*Hab. 2, 11.

(Evangelium am 10. Sonnt. nach Trinit.)

41. Und als er nahe hinzu kam, sahe er die Stadt an, und *weinete über sie.

*2 Kön. 8, 11. Joh. 11, 35.

42. Und sprach: Wenn du es *wüßtest, so würdest du auch bedenken zu dieser deiner Zeit, was zu deinem Frieden dienet. Aber nun ist es vor deinen Augen verborgen. *5 Mos. 32, 29. Hos. 14, 10.

43. Denn es wird die Zeit über dich kommen, daß deine Feinde werden um dich und deine Kinder mit dir eine Wagenburg schlagen, dich belagern und an allen Orten ängsten;

44. Und werden dich schleifen, *und keinen Stein auf dem andern lassen; darum, daß du nicht erkannt hast die Zeit, darinnen du heimgesucht bist. *1 Kön. 9, 7.

Jer. 26, 18. Micha 3, 12. Matth. 24, 2. Marc. 13, 2.

45. Und er ging in den Tempel, und *fing an auszutreiben, die darinnen verkauften und kauften. *Matth. 21, 12.

Marc. 11, 15.

46. Und sprach zu ihnen: Es *stehet geschrieben: "Mein Haus ist ein Bethaus; †ihr aber habt es gemacht zur Mördergrube." *Jes. 56, 7. f. †Jer. 7, 11. f.

47. Und er lehrete täglich im Tempel. Aber die Hohenpriester und Schriftgelehrten, und die Vornehmsten im Volke trachteten ihm nach, daß sie ihn umbrächten.

48. Und fanden nicht, wie sie ihm thun

thun sollten; denn alles Volk hing ihm an, und hörete ihn.]

Das 20. Capitel.
Christi Unterredung von seiner Person und Tod. Das Gleichniss vom Weinberge. Von dem Zinsgroschen. Von der Ehe. Von Christo Lee, und Auferstehung der Todten.

1. Und es begab sich der Tage einen, da er das Volk lehrete im Tempel, und predigte das Evangelium, da traten zu ihm die Hohenpriester und Schriftgelehrten mit den Aeltesten. *Matth. 21, 23. Marc. 11, 27.

2. Und sagten zu ihm, und sprachen: Sage uns, aus was für Macht thust du das? Oder, wer hat dir die Macht gegeben? *Apost. 4, 7.

3. Er aber antwortete, und sprach zu ihnen: Ich will euch auch Ein Wort fragen; saget es mir.

4. Die Taufe Johannis, war sie vom Himmel, oder von Menschen?

5. Sie aber gedachten bei sich selbst, und sprachen: Sagen wir: "Vom Himmel;" so wird er sagen: Warum habt ihr ihm denn nicht geglaubet?

6. Sagen wir aber: "Von Menschen;" so wird uns alles Volk steinigen; denn sie stehen darauf, daß Johannes ein Prophet sey.

7. Und sie antworteten, sie wüßten es nicht, wo sie her wäre.

8. Und JEsus sprach zu ihnen: So sage Ich euch auch nicht, aus was für Macht ich das thue.

9. Er fing aber an zu sagen dem Volk dieses Gleichniß: *Ein Mensch pflanzte einen Weinberg, und that ihn den Weingärtnern aus, und zog über Land eine gute Zeit. *Ps. 80, v. 9. Jes. 5, 1. Matth. 21, 33. Marc. 12, 1.

10. Und zu seiner Zeit sandte er einen Knecht zu den Weingärtnern, daß sie ihm gäben von der Frucht des Weinberges. Aber die Weingärtner stäupten ihn, und ließen ihn leer von sich. *2 Chron. 24, 21.

11. Und über das sandte er noch einen andern Knecht; sie aber stäupten denselbigen auch, und höhneten ihn, und ließen ihn leer von sich. *2 Aug. 21, 9.

12. Und über das sandte er den dritten; sie aber verwundeten den auch, und stießen ihn hinaus.

13. Da sprach der Herr des Weinberges: Was soll ich thun! Ich will meinen lieben Sohn senden; vielleicht, wenn sie den sehen, werden sie sich scheuen.

14. Da aber die Weingärtner den Sohn sahen, dachten sie bei sich selbst, und sprachen: *Das ist der Erbe; kommt, laßt uns ihn tödten, daß das Erbe unser sey! *Ps. 2, 8. Ebr. 1, 2.

15. Und sie stießen ihn hinaus vor den Weinberg, und tödteten ihn. Was wird nun der Herr des Weinberges denselbigen thun?

16. Er wird kommen, und diese Weingärtner umbringen, und seinen Weinberg Andern austhun. Da sie das höreten, sprachen sie: Das sey ferne!

17. Er aber sahe sie an, und sprach: Was ist denn das, das *geschrieben stehet: "Der Stein, den die Bauleute verworfen haben, ist zum Eckstein geworden?" *Matth. 21, 42.

18. Welcher auf diesen Stein fällt, der wird zerschellen; auf welchen aber er fällt, den wird er zermalmen!

19. Und die Hohenpriester und Schriftgelehrten trachteten darnach, wie sie die Hände an ihn legten zu derselbigen Stunde; und *fürchteten sich vor dem Volk: denn sie vernahmen, daß er auf sie dieses Gleichniß gesagt hatte. *v. 26, 40.

20. Und sie hielten auf ihn, und sandten Laurer aus, die sich stellen sollten, als wären sie fromm, auf daß sie ihn in der Rede fingen, damit sie ihn überantworten könnten der Obrigkeit und Gewalt des Landpflegers. *Matth. 22, 15. Marc. 12, 13.

21. Und sie fragten ihn, und sprachen: *Meister, wir wissen, daß du aufrichtig redest und lehrest, und achtest keines Menschen Ansehen, sondern du lehrest den Weg GOttes recht. *Matth. 22, 16.

22. Ist es recht, daß wir dem Kaiser den Schoß geben, oder nicht?

23. Er aber merkte ihre List, und sprach zu ihnen: Was versucht ihr mich?

24. Zeiget mir den Groschen; weß Bild und Ueberschrift hat er? Sie antworteten und sprachen: Des Kaisers.

25. Er aber sprach zu ihnen: So gebet dem Kaiser, was des Kaisers ist, und GOtte, was GOttes ist.

26. Und sie konnten sein Wort nicht tadeln vor dem Volk, und verwunderten sich seiner Antwort, und schwiegen stille.

27. Da *traten zu ihm etliche der Sad-

Sadducäer, welche da halten, es sey keine Auferstehung, und fragten ihn,

*Matth. 22, 23. f.

28. Und sprachen: Meister, *Moses hat uns geschrieben: „So Jemandes Bruder stirbt, der ein Weib hat, und stirbt erblos, so soll sein Bruder das Weib nehmen, und seinem Bruder einen Samen erwecken." *5 Mos. 25, 5.

5 Mos. 25, 5. Match. 22, 24. Marc. 12, 19.

29. Nun waren sieben Brüder. Der erste nahm ein Weib, und starb erblos.
30. Und der andere nahm das Weib, und starb auch erblos.
31. Und der dritte nahm sie. Desselbigen gleichen alle sieben, und ließen keine Kinder, und starben.
32. Zuletzt nach Allen starb auch das Weib.
33. Nun in der Auferstehung, wessen Weib wird sie seyn unter denen? Denn alle sieben haben sie zum Weibe gehabt.
34. Und JEsus antwortete, und sprach zu ihnen: Die Kinder dieser Welt freien und lassen sich freien;
35. Welche aber würdig seyn werden, jene Welt zu erlangen, und die Auferstehung von den Todten; die werden weder freien, noch sich freien lassen.
36. Denn sie können hinfort nicht sterben; denn sie *sind den Engeln gleich, und † GOttes Kinder, dieweil sie Kinder sind der Auferstehung. *Matth. 22, 30.

† 1 Joh. 3, 2.

37. Daß aber die Todten auferstehen, hat auch *Moses gedeutet, bei dem Busch, da er den HErrn heißet: GOtt Abrahams, GOtt Jsaaks, und GOtt Jakobs. *2 Mos. 3, 6.

38. GOtt aber ist nicht der Todten, sondern der Lebendigen GOtt; denn sie leben ihm Alle.
39. Da antworteten etliche der Schriftgelehrten, und sprachen: Meister, du hast recht gesagt.
40. Und sie durften ihn hinfort nichts mehr fragen.
41. Er sprach aber zu ihnen: *Wie sagen sie, Christus sey Davids Sohn?

*Matth. 22, 42. Marc. 12, 35.

42. Und er selbst, David, spricht im *Psalmbuch: „Der HErr hat gesagt zu meinem HErrn: Setze dich zu meiner Rechten, *Ps. 110, 1. Matth. 22, 44. f.

43. Bis daß ich lege deine Feinde zum Schemel deiner Füße."
44. David nennet ihn einen HErrn; wie ist er denn sein Sohn?
45. Da aber alles Volk zuhörete, sprach er zu seinen Jüngern:
46. *Hütet euch vor den Schriftgelehrten, die da wollen einher treten in langen Kleidern, und lassen sich gerne grüßen auf dem Markte, und sitzen gerne oben an in den Schulen und über Tische;

*c. 11, 43. Matth. 23, 5. f. Marc. 12, 38. f.

47. Sie fressen *der Wittwen Häuser, und wenden lange Gebete vor. Die werden desto schwerere Verdammniß empfangen.

*Matth. 23, 14.

Das 21. Capitel.
Von der Wittwe Scherflein. Zerstörung Jerusalems, und Ende der Welt.

1. Er sahe aber auf, und *schauete die Reichen, wie sie ihre Opfer einlegten in den Gotteskasten. *Marc. 12, 41.
2. Er sahe aber auch eine arme Wittwe, die legte zwei Scherflein ein.
3. Und er sprach: Wahrlich, ich sage euch: Diese arme Wittwe hat *mehr, denn sie Alle eingelegt. *2 Cor. 8, 12.
4. Denn diese Alle haben aus ihrem Ueberfluß eingelegt zu dem Opfer GOttes; sie aber hat von ihrer Armuth alle ihre Nahrung, die sie hatte, eingelegt.
5. Und da *Etliche sagten von dem Tempel, daß er geschmückt wäre von feinen Steinen und Kleinodien, sprach er:

*Matth. 24, 1. Marc. 13, 1.

6. Es wird die Zeit kommen, in welcher des Alles, das ihr sehet, nicht ein *Stein auf dem andern gelassen wird, der nicht zerbrochen werde. *c. 19, 44.

Jer. 26, 18. Mich. 3, 12.

7. Sie fragten ihn aber, und sprachen: Meister, wann soll das werden? Und welches ist das Zeichen, wann das geschehen wird?
8. Er aber sprach: Sehet zu, lasset euch nicht verführen. Denn *Viele werden kommen in meinem Namen, und sagen: Ich sey es; und: die Zeit ist herbeigekommen. Folget ihnen nicht nach.

*Marc. 13, 27. f.

9. Wenn ihr aber hören werdet von Kriegen und Empörungen, so entsetzet euch nicht; denn solches muß zuvor geschehen; aber das Ende ist noch nicht so bald da.

10. Da sprach er zu ihnen: Ein Volk wird sich erheben über das andere, und ein Reich über das andere;

11. Und werden geschehen große Erdbebungen hin und wieder, theure Zeit und Pestilenz; auch werden Schrecknisse und große Zeichen vom Himmel geschehen.

12. Aber vor diesem Allen *werden sie die Hände an euch legen, und verfolgen, und werden euch überantworten in ihre Schulen und Gefängnisse, und vor Könige und Fürsten ziehen, um meines Namens willen.   *Matth. 24, 2. Marc. 13, 2.

13. Das wird euch aber widerfahren zu einem Zeugniß.

14. So nehmet nun *zu Herzen, daß ihr nicht sorget, wie ihr euch verantworten sollt.   *Matth. 10, 19.

15. Denn Ich will euch Mund und Weisheit geben, welcher nicht sollen *widersprechen mögen, noch widerstehen alle eure Widerwärtigen.   *Apostg. 6, 10.

16. Ihr werdet aber überantwortet werden von den Eltern, *Brüdern, Gefreundten und Freunden; und sie †werden euer Etliche tödten.   *Micha 7, 6. †1 Joh. 7, 25. f.

17. Und *ihr werdet gehasset seyn von Jedermann, um meines Namens willen.
*Matth. 10, 22. Marc. 13, 13.

18. Und *ein Haar von eurem Haupt soll nicht umkommen.   *v. 19, 2. Matth. 10, 30.

19. *Fasset eure Seelen mit Geduld.
*2 Chron. 16, 7. Ebr. 10, 36.

20. Wenn *ihr aber sehen werdet Jerusalem belagert mit einem Heer, so merket, daß herbei gekommen ist ihre Verwüstung.   *Matth. 24, 15. f.

21. Alsdann, wer in Judäa ist, der fliehe auf das Gebirge; und wer mitten darinnen ist, der weiche heraus; und wer auf dem Lande ist, der komme nicht hinein!

22. Denn das sind die Tage der Rache, daß erfüllet werde Alles, was geschrieben ist.

23. Wehe aber den Schwangern und Säugern in denselbigen Tagen! Denn es wird große Noth auf Erden seyn, und ein Zorn über dies Volk.

24. Und sie werden fallen durch des Schwerts Schärfe, und gefangen geführet unter alle Völker; und Jerusalem wird zertreten werden von den Heiden, bis *daß der Heiden Zeit erfüllet wird.
*Röm. 11, 25.

(Evangelium am 2. Sonnt. des Advents.)

25. Und es werden Zeichen geschehen an *der Sonne, und Mond, und Sternen; und auf Erden wird den Leuten bange seyn, und werden zagen; † und das Meer und die Wasserwogen werden brausen.   *Jes. 13, 10. Matth. 24, 29. †Ps. 46, 4.

26. Und die Menschen werden *verschmachten vor Furcht und vor Warten der Dinge, die kommen sollen auf Erden; denn auch der Himmel Kräfte sich bewegen werden.   *Jes. 64, 7. Hesek. 34, 12.

27. Und *alsdann werden sie sehen des Menschen Sohn kommen in der Wolke, mit großer Kraft und Herrlichkeit.
*Dan. 7, 13.

28. Wenn aber dieses anfänget zu geschehen, so sehet auf, und hebet eure Häupter auf, darum, *daß sich eure Erlösung nahet.   *Röm. 8, 21. 23.

29. Und er sagte ihnen ein Gleichniß: *Sehet an den Feigenbaum und alle Bäume.   *Matth. 24, 32.

30. Wenn sie jetzt ausschlagen, so sehet ihr es an ihnen, und merket, daß jetzt der Sommer nahe ist.

31. Also auch ihr, wenn ihr dies Alles sehet angehen, so wisset, daß das Reich GOttes nahe ist.

32. Wahrlich, *ich sage euch: Dies Geschlecht wird nicht vergehen, bis daß es Alles geschehe.   *Matth. 24, 34. f.

33. *Himmel und Erde werden vergehen, aber meine Worte †vergehen nicht.
*c. 16, 17. Ps. 102, 27. Jes. 51, 6. Matth. 5, 18.
†Jes. 40, 8.

34. Aber hütet euch, daß eure Herzen nicht beschweret werden mit *Fressen und Saufen, und mit Sorgen der Nahrung, und komme dieser Tag schnell über euch!
*Röm. 13, 13. Gal. 5, 21. Eph. 5, 18.

35. Denn *wie ein Fallstrick wird er kommen über Alle, die auf Erden wohnen.   *1 Thess. 5, 3.

36. So seyd nun wacker allezeit, und betet, daß ihr würdig werden möget, zu entfliehen diesem Allen, das geschehen soll, und zu stehen vor des Menschen Sohn.

37. Und er lehrete des Tages im Tempel; des Nachts aber ging er hinaus, und blieb über Nacht *am Oelberge.
*Joh. 8, 1. 2.

38. Und alles Volk machte sich frühe auf zu ihm, im Tempel ihn zu hören.

Das

Das 22. Capitel.

Das Juden, dem Verräther, Osterlamm und Abendmahl, der Jünger Ehrgeiz. Christi Leiden im Garten und die Salbung, Petri Verleugnung.

1. Es *war aber nahe das Fest der süßen Brote, das da Ostern heißt.
   * Matth. 26, 1. Joh. 13, 1.

2. Und die Hohenpriester und Schriftgelehrten trachteten, wie sie *ihn tödteten; und fürchteten sich vor dem Volk.
   * Pf. 2, 2. Joh. 11, 47.

3. Es *war aber der Satanas gefahren in den Judas, genannt Ischarioth, der da war aus der Zahl der Zwölfen.
   * Matth. 26, 14.

4. Und er ging hin, und redete mit den Hohenpriestern und mit den Hauptleuten, wie er ihn wollte ihnen überantworten.

5. Und sie wurden froh, und gelobten ihm Geld zu geben.

6. Und er versprach sich, und suchte Gelegenheit, daß er ihn überantwortete ohne Rumor (*Auflauf*).

7. Es *kam nun der Tag der süßen Brote, auf welchen man mußte opfern das Osterlamm.
   * Matth. 26, 17. Marc. 14, 12.

8. Und er sandte Petrum und Johannem, und sprach: Gehet hin, bereitet uns das Osterlamm, auf daß wir es essen.

9. Sie aber sprachen zu ihm: Wo willst du, daß wir es bereiten?

10. Er sprach zu ihnen: Siehe, wenn ihr hinein kommt in die Stadt, wird euch ein Mensch begegnen, der trägt einen Wasserkrug; folget ihm nach in das Haus, da er hinein gehet,

11. Und saget zu dem Hausherrn: Der Meister läßt dir sagen: „Wo ist die Herberge, darinnen ich das Osterlamm essen möge mit meinen Jüngern?"

12. Und er wird euch einen großen gepflasterten Saal zeigen; daselbst bereitet es.

13. Sie gingen hin, und *fanden, wie er ihnen gesagt hatte, und bereiteten das Osterlamm.
    * v. 10, 11.

14. Und da die Stunde kam, setzte er sich nieder, und *die zwölf Apostel mit ihm.
    * Matth. 26, 20.

15. Und er sprach zu ihnen: Mich hat herzlich verlanget, dies Osterlamm mit euch zu essen, ehe denn ich leide.

16. Denn ich sage euch, daß ich hinfort nicht mehr davon essen werde, bis daß erfüllet werde im Reich GOttes.

17. Und er nahm den Kelch, dankte, und sprach: Nehmet denselbigen, und theilet ihn unter euch;

18. Denn *ich sage euch: Ich werde nicht trinken von dem Gewächse des Weinstocks, bis das Reich GOttes komme. * Matth. 26, 29.

19. Und er *nahm das Brot, dankte und brach es, und gab es ihnen, und sprach: Das ist mein Leib, der für euch gegeben wird; das thut zu meinem Gedächtniß.
    * Matth. 26, 26. 1 Cor. 11, 23. 24.

20. Desselbigen gleichen auch den Kelch, nach dem Abendmahl; und sprach: Das ist der Kelch, das neue Testament in meinem Blut, das für euch vergossen wird.

21. Doch siehe, die Hand meines Verräthers ist mit mir über Tische.

22. Und zwar des Menschen Sohn gehet hin, wie es beschlossen ist. Doch wehe demselbigen Menschen, durch welchen er verrathen wird!

23. Und sie fingen an zu fragen unter sich selbst, welcher es doch wäre unter ihnen, der das thun würde.

(Evangelium am Tage Bartholomäi.)

24. Es erhob sich auch ein Zank unter ihnen, *welcher unter ihnen sollte für den Größesten gehalten werden.
    * Matth. 18, 1. Marc. 9, 34. Sus. 9, 46.

25. Er aber sprach zu ihnen: Die *weltlichen Könige herrschen, und die Gewaltigen heißt man gnädige Herren.
    * Matth. 20, 25. Marc. 10, 42.

26. Ihr aber *nicht also; sondern der Größeste unter euch soll seyn wie der Jüngste, und der Vornehmste wie ein Diener.
    * v. 2, 6, 46. 1 Petr. 5, 3. 5. 6.

27. Denn welcher ist der Größeste? Der zu Tische sitzet, oder der da dienet? Ist es nicht also, daß der zu Tische sitzet? *Ich aber bin unter euch, wie ein Diener.
    * Matth. 20, 28. Joh. 13, 14. Phil. 2, 7.

28. Ihr *aber seyd es, die ihr beharret habt bei mir in meinen Anfechtungen. * v. 18, 28.

29. Und Ich *will euch das Reich bescheiden, wie mir's mein Vater beschieden hat.
    * v. 12, 32.

30. Daß ihr essen und trinken sollt über meinem Tisch in meinem Reich, und *sitzen auf Stühlen, und richten die zwölf Geschlechter Israels.]
    * Matth. 19, 28.

31. Der HErr aber sprach: Simon, Simon, siehe, der *Satanas hat euer be-

begehret, daß er euch möchte sichten, wie den Weizen. *2 Cor. 6, 11. 1 Petr. 5, 8.

32. Ich aber habe *für dich gebeten, daß dein Glaube nicht aufhöre. Und †wenn du dermaleinst dich bekehrest, so stärke deine Brüder. *Joh. 17, 11. 12. 20.
†Vs. 61, 22.

33. Er sprach aber zu ihm: HErr, ich bin bereit, mit dir in's Gefängniß und in den Tod zu gehen.

34. Er aber sprach: Petre, ich sage dir, *der Hahn wird heute nicht krähen, ehe denn du dreimal verleugnet hast, daß du mich kennest. *Matth. 26, 34. Marc. 14, 30. Joh. 13, 38.

35. Und er sprach zu ihnen: *So oft ich euch gesandt habe ohne Beutel, ohne Tasche und ohne Schuhe, habt ihr auch je Mangel gehabt? Sie sprachen: Nie keinen. *Vs. 9, 3. Vs. 22, 10. Vs. 14, 13.
Matth. 10, 9.

36. Da sprach er zu ihnen: Aber nun, wer einen Beutel hat, der nehme ihn, desselbigen gleichen auch die Tasche. Wer aber nicht hat, verkaufe sein Kleid, und kaufe ein Schwert.

37. Denn ich sage euch: Es muß noch das auch vollendet werden an mir, das geschrieben stehet: *„Er ist unter die Uebelthäter gerechnet." Denn was von mir geschrieben ist, das hat ein Ende. *Jes. 53, 12.

38. Sie sprachen aber: HErr, siehe, hier sind zwei Schwerter. Er aber sprach zu ihnen: Es ist genug.

39. Und *er ging hinaus nach seiner Gewohnheit an den Oelberg. Es folgten ihm aber seine Jünger nach an denselbigen Ort. *Matth. 26, 30.
Marc. 14, 26. Joh. 18, 1.

40. Und als er dahin kam, sprach er zu ihnen: *Betet, auf daß ihr nicht in Anfechtung fallet. *Matth. 6, 13.

41. Und Er riß sich von ihnen bei einem Steinwurf, und kniete nieder, betete,

42. Und sprach: Vater, willst du, so nimm diesen Kelch von mir; doch *nicht mein, sondern dein Wille geschehe. *Matth. 26, 39.

43. Es erschien ihm aber ein Engel vom Himmel, und stärkte ihn.

44. Und es kam, daß er mit dem Tode rang, und betete heftiger. Es ward aber sein Schweiß wie Blutstropfen, die fielen auf die Erde.

45. Und er stand auf von dem Gebet, und kam zu seinen Jüngern, und fand sie schlafen vor Traurigkeit.

46. Und sprach zu ihnen: Was schlafet ihr? Stehet auf und betet, auf daß ihr nicht in Anfechtung fallet!

47. Da er aber noch redete, siehe *die Schaar, und einer von den Zwölfen, genannt Judas, ging vor ihnen her, und nahete sich zu JEsu, ihn zu küssen.
*Matth. 26, 47. f.

48. JEsus aber sprach zu ihm: Juda, verräthest du des Menschen Sohn mit einem Kuß?

49. Da aber sahen, die um ihn waren, was da werden wollte, sprachen sie zu ihm: HErr, sollen wir mit dem Schwert drein schlagen?

50. Und Einer aus ihnen *schlug des Hohenpriesters Knecht, und hieb ihm sein recht Ohr ab. *Matth. 26, 51.

51. JEsus aber antwortete, und sprach: Lasset sie doch so ferne machen! Und er rührete sein Ohr an, und heilete ihn.

52. JEsus aber sprach zu den Hohenpriestern, und Hauptleuten des Tempels, und den Aeltesten, die über ihn gekommen waren: *Ihr seyd, als zu einem Mörder, mit Schwertern und mit Stangen ausgegangen. *Matth. 26, 55. Marc. 14, 48.

53. Ich bin täglich bei euch im Tempel gewesen, und ihr *habt keine Hand an mich gelegt: aber dies ist eure Stunde, und die Macht der Finsterniß. *Joh. 2, 19.
*c. 20.

54. Sie griffen ihn aber, und *führeten ihn, und brachten ihn in des Hohenpriesters Haus. Petrus aber folgte von ferne. *Matth. 26, 57. 58. Marc. 14, 53. Joh. 18, 12.

55. Da zündeten sie ein Feuer an mitten im Pallast, und setzten sich zusammen, und *Petrus setzte sich unter sie.
*Matth. 26, 69. f.

56. Da sahe ihn aber eine Magd sitzen bei dem Licht, und sahe eben auf ihn, und sprach zu ihm: Dieser war auch mit ihm.

57. Er aber verleugnete ihn, und sprach: Weib, ich kenne ihn nicht.

58. Und über eine kleine Weile sahe ihn ein Anderer, und sprach: Du bist auch derer Einer. Petrus aber sprach: Mensch, ich bin es nicht.

59. Und über eine Weile, bei Einer Stunde, bekräftigte es ein Anderer, und
sprach:

sprach: Wahrlich, dieser war auch mit ihm; denn er ist ein Galiläer.

60. Petrus aber sprach: Mensch, ich weiß nicht, was du sagest. Und alsobald, da er noch redete, *krähete der Hahn.
   * Matth. 26, 74. ⁊c.

61. Und der HErr wandte sich, und sahe Petrum an. Und Petrus gedachte an des HErrn Wort, das er zu ihm gesagt hatte: „Ehe denn der Hahn krähet, wirst du mich dreimal verleugnen."
   * Matth. 26, 34. 75.   Marc. 14, 30. 72.   Joh. 13, 38.

62. Und Petrus ging hinaus, und weinete bitterlich.

63. Die *Männer aber, die JEsum hielten, verspotteten ihn, und schlugen ihn,
   * Jes. 50, 6.

64. Verdeckten ihn, und schlugen ihn in's Angesicht, und fragten ihn, und sprachen: Weissage, wer ist es, der dich schlug?

65. Und viele andere Lästerungen sagten sie wider ihn.

66. Und *als es Tag ward, sammelten sich die Aeltesten des Volks, die Hohenpriester und Schriftgelehrten, und führeten ihn hinauf vor ihren Rath.
   * Matth 27, 1.   Marc. 15, 1.

67. Und sprachen: *Bist Du Christus? Sage es uns. Er sprach aber zu ihnen: Sage ich es euch, so glaubet ihr es nicht;
   * Matth. 26, 63.

69. Frage ich aber, so antwortet ihr nicht, und laßt mich doch nicht los.

69. Darum *von nun an wird des Menschen Sohn sitzen zur rechten Hand der Kraft GOttes.   * Matth. 26, 64. 26, 64.
   Marc. 14, 62.

70. Da sprachen sie Alle: Bist Du denn GOttes Sohn? Er sprach zu ihnen: Ihr saget es; denn Ich bin es.

71. Sie aber sprachen: Was bedürfen wir weiter Zeugniß! Wir haben es selbst gehöret aus seinem Munde.

Das 23. Capitel.

Christi Klagen vor Pilato, seine Kreuzigung, Tod und Begräbniß.

1. Und der *ganze Haufe stand auf, und führten ihn vor Pilatum;
   * Matth. 27, 2.

2. Und fingen an ihn zu verklagen, und sprachen: Diesen finden wir, daß er das Volk abwendet, und verbietet den Schoß *dem Kaiser zu geben, und spricht, Er sey Christus, ein König.   * c. 20. 22.

3. Pilatus aber fragte *ihn, und sprach: Bist Du der Juden König? Er antwortete ihm, und sprach: Du sagest es.   * Matth. 27, 11.   Marc. 15, 2.

4. Pilatus sprach zu den Hohenpriestern und zum Volk: Ich finde keine Ursach an diesem Menschen.

5. Sie aber hielten an, und sprachen: Er hat das Volk erreget, damit, daß er gelehret hat hin und her im ganzen Jüdischen Lande, und hat in Galiläa angefangen, bis hieher.

6. Da aber Pilatus „Galiläa" hörete, fragte er, ob er aus Galiläa wäre.

7. Und als er vernahm, daß er unter *Herodis Obrigkeit gehörete, übersandte er ihn zu Herodes, welcher in denselbigen Tagen auch zu Jerusalem war.   * c. 3, 1.

8. Da aber Herodes JEsum sahe, ward er sehr froh, denn er *hätte ihn längst gerne gesehen; denn er hatte viel von ihm gehöret, und hoffte, er würde ein Zeichen von ihm sehen.   * c. 9, 9.

9. Und er fragte ihn mancherlei; Er antwortete ihm aber nichts.

10. Die Hohenpriester aber und Schriftgelehrten standen und verklagten ihn hart.

11. Aber Herodes mit seinem Hofgesinde verachtete und verspottete ihn, legte ihm ein weiß Kleid an, und sandte ihn wieder zu Pilato.

12. Auf den Tag wurden Pilatus und Herodes Freunde mit einander; denn zuvor waren sie einander feind.

13. Pilatus aber rief die Hohenpriester, und die Obersten, und das Volk zusammen,

14. Und sprach zu ihnen: Ihr habt diesen Menschen zu mir gebracht, als der das Volk abwende. Und siehe, ich habe ihn vor euch verhöret, und finde an dem Menschen der Sachen keine, deren ihr ihn beschuldiget;   * Matth. 27, 23.   Joh. 18, 38.

15. Herodes auch nicht: denn ich habe euch zu ihm gesandt; und siehe, man hat nichts auf ihn gebracht, das des Todes werth sey.

16. Darum will ich ihn züchtigen und los lassen.

17. Denn er mußte ihnen Einen, *nach Gewohnheit des Festes, los geben.
   * Matth. 27, 15.

18. Da *schrie der ganze Haufe, und sprach: Hinweg mit diesem, und gieb uns Barabbam los!   * Matth. 27, 22. 23.

19. (Welcher war um eines Aufruhrs, so

in der Stadt geschah, und um eines Mords willen in's Gefängniß geworfen.)
20. Da rief Pilatus abermal zu ihnen, und wollte JEsum los lassen.
21. Sie riefen aber, und sprachen: Kreuzige, kreuzige ihn!
22. Er aber sprach zum dritten Mal zu ihnen: Was hat denn dieser Uebels gethan? Ich finde keine Ursach des Todes an ihm: darum will ich ihn züchtigen und los lassen.
23. Aber sie lagen ihm an mit großem Geschrei, und forderten, daß er gekreuziget würde. Und ihr und der Hohenpriester *Geschrei nahm überhand. *Joh. 19, 12.
24. Pilatus aber urtheilete, daß ihre Bitte geschähe;
25. Und ließ *den los, der um Aufruhrs und Mords willen war in's Gefängniß geworfen, um welchen sie baten; aber JEsum übergab er ihrem Willen.
*Matth. 27, 26.
26. Und als sie ihn hinführeten, ergriffen sie Einen, *Simon den Kyrene, der kam vom Felde; und legten das Kreuz auf ihn, daß er es JEsu nachtrüge.
*Marc. 15, 21. Matth. 10, 21. f.
27. Es folgte ihm aber nach ein großer Haufe Volks, und Weiber, die klagten und beweineten ihn.
28. JEsus aber wandte sich um zu ihnen, und sprach: Ihr Töchter von Jerusalem, weinet nicht über mich, sondern weinet über euch selbst und über eure Kinder.
29. Denn siehe, es wird die Zeit kommen, in welcher man sagen wird: *Selig sind die Unfruchtbaren, und die Leiber, die nicht geboren haben, und die Brüste, die nicht gesäuget haben! *Matth. 24, 19.
30. Dann werden sie anfangen zu sagen zu den Bergen: *Fallet über uns! und zu den Hügeln: Decket uns! *Jes. 2, 19.
*Hos. 10, 8. Offenb. 6, 16. c. 9, 6.
31. Denn so *man das thut am grünen Holz, was will am dürren werden!
*Jer. 25, 29. 1 Petr. 4, 17.
32. Es wurden aber auch hingeführt zween andere *Uebelthäter, daß sie mit ihm abgethan würden. *Jes. 53, 12. Joh. 19, 18.
33. Und als sie kamen an die Stätte, *die da heißt Schädelstätte, kreuzigten sie ihn daselbst, und die Uebelthäter mit ihm, einen zur Rechten, und einen zur Linken.
*Matth. 27, 33. Marc. 15, 22. Joh. 19, 17.

34. JEsus aber sprach: *Vater, vergieb ihnen; denn sie wissen nicht, was sie thun. Und †sie theileten seine Kleider, und warfen das Loos darum. *Matth. 5, 44.
†Ps. 22, 19. f.
35. Und das Volk stand, und sahe zu. Und *die Obersten sammt ihnen spotteten seiner, und sprachen: Er hat Andern geholfen; er helfe ihm selber, ist Er Christ, der Auserwählte GOttes! *Matth. 27, 39.
36. Es verspotteten ihn auch die Kriegsknechte, traten zu ihm, und brachten ihm Essig,
37. Und sprachen: Bist Du der Juden König, so hilf dir selber.
38. Es *war auch oben über ihm geschrieben die Ueberschrift, mit griechischen, und lateinischen, und ebräischen Buchstaben: „Dies ist der Juden König."
*Matth. 27, 37.
39. Aber der Uebelthäter einer, die da gehenkt waren, lästerte ihn, und sprach: Bist Du Christus, so hilf dir selbst und uns.
40. Da antwortete der andere, strafte ihn, und sprach: Und du fürchtest dich auch nicht vor GOtt, der du doch in gleicher Verdammniß bist?
41. Und zwar wir sind billig darinnen; denn wir empfangen, was unsere Thaten werth sind; dieser aber hat nichts Ungeschicktes gehandelt.
42. Und sprach zu JEsu: HErr, gedenke an mich, *wenn du in dein Reich kommst. *Matth. 16, 28.
43. Und JEsus sprach zu ihm: Wahrlich, ich sage dir, heute wirst du mit mir im Paradiese seyn.
44. Und es war um die sechste Stunde; und *es ward eine Finsterniß über das ganze Land, bis an die neunte Stunde.
*Matth. 27, 45.
45. Und die Sonne verlor ihren Schein, und *der Vorhang des Tempels zerriß mitten entzwei. *2 Mos. 26, 31.
46. Und JEsus *rief laut, und sprach: Vater, †ich befehle meinen Geist in deine Hände! Und als er das gesagt, verschied er.
*Matth. 27, 50. †Ps. 31, 6. Apost. 7, 59.
47. Da aber der Hauptmann sahe, was da geschahe, pries er GOtt, und sprach: Fürwahr, dieser ist ein frommer Mensch gewesen!
48. Und alles Volk, das dabei war und zusahe, da sie sahen, was da geschah,

schah, schlugen sie an ihre Brust, und wandten wieder um.

49. Es standen aber alle seine Verwandten von ferne, und die Weiber, die ihm aus Galiläa waren nachgefolget, und sahen das Alles.

50. Und siehe, *ein Mann, mit Namen Joseph, ein Rathsherr, der war ein guter, frommer Mann, *Matth. 27, 57.

Matth. 14, 43. Joh. 19, 38.

51. (Der hatte nicht gewilliget in ihren Rath und Handel), der war von Arimathia, der Stadt der Juden, der *auch auf das Reich GOttes wartete. *v. 2, u. 38.

52. Der ging zu Pilato, und bat um den Leib JEsu.

53. Und nahm ihn ab, wickelte ihn in eine Leinwand, und legte ihn in ein gehauen Grab, darinnen Niemand je gelegt war.

54. Und es *war der Rüsttag, und der Sabbath brach an. *Matth. 27, 62.

55. Es folgten aber die *Weiber nach, die mit ihm gekommen waren aus Galiläa, und beschaueten das Grab, und wie sein Leib geleget ward. *v. 8, 49.

56. Sie kehreten aber um, und bereiteten Specerei und Salben; und den Sabbath über waren sie stille *nach dem Gesetz.

*2 Mos. 20, 10.

Das 24. Capitel.

Christi Auferstehung und Himmelfahrt.

1. Aber *an der Sabbather einem sehr frühe, kamen sie zum Grabe, und trugen die Specerei, die sie bereitet hatten, und Etliche mit ihnen. *Matth. 28, 1. f.

2. Sie fanden aber den Stein abgewälzet von dem Grabe,

3. Und gingen hinein, und fanden den Leib des HErrn JEsu nicht.

4. Und da sie darum bekümmert waren, siehe, da traten bei sie zween Männer mit glänzenden Kleidern. *Joh. 20, 12. Apost. 1, 10.

5. Und sie erschraken, und schlugen ihre Angesichter nieder zu der Erde. Da sprachen sie zu ihnen: Was suchet ihr den Lebendigen bei den Todten?

6. Er ist nicht hier; er ist auferstanden. Gedenket daran, wie er euch sagte, da er noch in Galiläa war,

7. Und sprach: *Des Menschen Sohn muß überantwortet werden in die Hände der Sünder, und gekreuziget werden, und am dritten Tage auferstehen.

*Matth. 17, 22. f.

8. Und sie gedachten an seine Worte.

9. Und sie gingen wieder vom Grabe, und verkündigten das Alles den Elfen und den Andern allen.

10. Es war *aber Maria Magdalena, und Johanna, und Maria Jacobi, und Andere mit ihnen, die solches den Aposteln sagten. *v. 6, 8, 9.

11. Und es däuchten sie ihre Worte eben, als wären es Mährlein, und glaubten ihnen nicht.

12. Petrus aber stand auf, und lief zum Grabe, und bückte sich hinein, und sahe die leinenen Tücher allein liegen, und ging davon; und es nahm ihn Wunder, wie es zuginge.

(Evangelium am Ostermontage.)

13. *Und siehe, *Zween aus ihnen gingen an demselbigen Tage in einen Flecken, der war von Jerusalem sechzig Feldweges weit, des Name heißet Emmahus.

*Marc. 16, 12.

14. Und sie redeten mit einander von allen diesen Geschichten.

15. Und es *geschah, da sie so redeten und befragten sich mit einander, nahete JEsus zu ihnen, und wandelte mit ihnen. *Matth. 18, 20.

16. Aber ihre Augen wurden gehalten, daß sie ihn nicht kannten.

17. Er sprach aber zu ihnen: Was sind das für Reden, die ihr zwischen euch handelt unterweges, und seyd traurig?

18. Da antwortete Einer, mit Namen Kleopas, und sprach zu ihm: Bist Du allein unter den Fremdlingen zu Jerusalem, der nicht wisse, was in diesen Tagen darinnen geschehen ist?

19. Und er sprach zu ihnen: Welches? Sie aber sprachen zu ihm: Das von JEsu von Nazareth, welcher war *ein Prophet, mächtig von Thaten und Worten vor GOtt und allem Volk. *Matth. 21, 11.

20. Wie ihn unsere Hohenpriester und Obersten überantwortet haben zur Verdammniß des Todes, und gekreuziget.

21. Wir aber hofften, Er sollte *Israel erlösen. Und über das Alles ist heute der dritte Tag, daß solches geschehen ist.

*Apost. 1, 6.

22. Auch haben uns erschreckt etliche *Weiber der Unsern, die sind frühe bei dem Grabe gewesen, *Matth. 28, 8.

Marc. 16, 10. Joh. 20, 1. 18.

23. Haben seinen Leib nicht gefunden, kom-

kommen und sagen, sie haben ein Gesichte der Engel gesehen, welche sagen, er lebe.

24. Und Etliche unter uns gingen hin zum Grabe, und fanden es also, wie die Weiber sagten: aber ihn fanden sie nicht.

25. Und Er sprach zu ihnen: O, ihr *Thoren und trägen Herzens, zu glauben Allem dem, das die Propheten geredet haben!
* Gal. 3, 1.

26. *Mußte nicht Christus solches leiden, und zu seiner Herrlichkeit eingehen?
* Joh. 20, 9.

27. Und fing an *von Mose und allen Propheten, und legte ihnen alle Schriften aus, die von ihm gesagt waren.
* 1 Mos. 3, 15. Ps. 16, 23. Pf. 2, 6. Pf. 16, 9. 10.
Pf. 22, s. Jes. 48, 1, s. Dan. 9, 2, s.

28. Und sie kamen nahe zum Flecken, da sie hin gingen; und Er stellete sich, als wollte er weiter gehen.

29. Und sie nöthigten ihn, und sprachen: *Bleibe bei uns; denn es will Abend werden, und der Tag hat sich geneiget. Und er ging hinein, bei ihnen zu bleiben.
* 1 Mos. 19, 3.

30. Und es geschah, da er mit ihnen zu Tische saß, nahm er das Brot, dankte, brach es, und gab es ihnen.

31. Da wurden ihre Augen geöffnet, und erkannten ihn. Und Er verschwand vor ihnen.

32. Und sie sprachen unter einander: Brannte nicht unser Herz in uns, da er mit uns redete auf dem Wege, als er uns die Schrift öffnete?

33. Und sie standen auf zu derselbigen Stunde, kehrten wieder gen Jerusalem, und fanden die Elfe versammelt, und die bei ihnen waren,

34. Welche sprachen: Der *HErr ist wahrhaftig auferstanden und Simoni erschienen.
* 1 Cor. 15, 4. 5.

35. Und sie erzählten ihnen, was auf dem Wege geschehen war, und wie er von ihnen erkannt wäre an dem, da er das Brot brach.]

(Evangelium am Osterdienstage.)

36. Da sie aber davon redeten, *trat er selbst, JEsus, mitten unter sie, und sprach zu ihnen: Friede sey mit euch!
* Marc. 16, 14. f.

37. Sie erschraken aber, und fürchteten sich; meineten, sie sähen einen Geist.

38. Und er sprach zu ihnen: Was *seyd ihr so erschrocken! Und warum kommen solche Gedanken in eure Herzen!
* Marc. 6, 40.

39. Sehet *meine Hände und meine Füße. Ich bin es selber; fühlet mich, und sehet: denn ein Geist hat nicht Fleisch und Bein, wie ihr sehet, daß ich habe.
* Joh. 20, 20, 27.

40. Und da er das sagte, zeigte er ihnen Hände und Füße.

41. Da sie aber noch nicht glaubten vor Freuden, und sich verwunderten, sprach er zu ihnen: Habt ihr hier etwas zu essen?

42. Und sie legten ihm vor ein Stück von gebratenem *Fisch, und Honigseim.
* Joh. 21, 10.

43. Und er nahm es, und aß vor ihnen.

44. Er aber sprach zu ihnen: Das sind die Reden, die ich zu euch sagte, da ich noch bei euch war; denn es muß Alles erfüllet werden, was von mir geschrieben ist im Gesetz Mosis, in den Propheten, und in den Psalmen.

45. Da öffnete er ihnen das Verständniß, daß sie die Schrift verstanden;

46. Und sprach zu ihnen: Also *ist es geschrieben, und also mußte Christus leiden und auferstehen von den Todten am dritten Tage.
* v. 27. f. Pf. 22. v. 16.

47. Und predigen lassen in seinem Namen Buße und Vergebung der Sünden unter allen Völkern, und anheben zu Jerusalem.]

48. Ihr aber seyd deß Alles Zeugen.

49. Und siehe, *Ich will auf euch senden die Verheißung meines Vaters. Ihr aber sollt in der Stadt Jerusalem bleiben, bis daß ihr angethan werdet mit Kraft aus der Höhe.
* Joh. 15, 26. Apost. 1, 4.

50. Er *führete sie aber hinaus bis gen Bethanien, und hob die Hände auf, und segnete sie.
* Apost. 1, 12.

51. Und es geschah, da er sie segnete, schied er von ihnen, und *fuhr auf gen Himmel.
* Marc. 16, 19.

52. Sie aber beteten ihn an, und kehrten wieder gen Jerusalem mit großer Freude;

53. Und waren allewege im Tempel, priesen und lobten GOtt.

Evan-

Evangelium Johannis.

Das 1. Capitel.

Von Christi Person und Amt; wie auch von Nathanael, Petrus, Philippus und Taufwasser, seinen Jüngern.

(Evangelium am 1. Weihnachtstage.)

1. Im *Anfang war das †Wort, und das Wort war bei GOtt, und **GOtt war das Wort. *1 Mos. 1, 1.
† 1 Joh. 1, 1. 2. ** 1 Joh. 5, 20.

2. Dasselbige *war im Anfang bei GOtt. *Spr. 8, 22.

3. Alle *Dinge sind durch dasselbige gemacht, und ohne dasselbige ist nichts gemacht, was gemacht ist. *Ps. 33, 6.
Col. 1, 16. 17. Ebr. 1, 2.

4. In ihm *war das Leben, und das Leben war das †Licht der Menschen.
*c. 5, 26. †c. 12, 46.

5. Und das *Licht scheinet in der Finsterniß, und die Finsterniß haben es nicht begriffen. *c. 3, 19. c. 8, 5. c. 12, 46.

6. *Es ward ein Mensch von GOtt gesandt, der hieß Johannes. *Matth. 3, 1.
Marc. 1, 10. Luc. 1, 2.

7. Derselbige kam zum Zeugniß, daß er von dem Licht zeugete, auf daß sie Alle durch ihn glaubten.

8. Er war nicht das Licht, sondern daß er zeugete von dem Licht.

9. Das war das wahrhaftige *Licht, welches alle Menschen erleuchtet, die in diese Welt kommen. *c. 8, 12. c. 9, 5. c. 12, 46.

10. Es war in der Welt, und *die Welt ist durch dasselbige gemacht; und die Welt kannte es nicht. *1 Mos. 1, 1. f. Ebr. 1, 2.
c. 11, 3.

11. Er kam in sein Eigenthum, und die Seinen nahmen ihn nicht auf.

12. Wie viele ihn aber aufnahmen, denen gab er Macht, *GOttes Kinder zu werden, die an seinen Namen glauben. *Röm. 8, 15. Gal. 3, 26.

13. Welche nicht von dem Geblüt, noch von dem Willen des Fleisches, noch von dem Willen eines Mannes, sondern *von GOtt geboren sind.
*c. 3, 5. 1 Joh. 3, 9. Jac. 1, 18.

14. Und das *Wort ward Fleisch, und wohnete unter uns, (und †wir sahen seine **Herrlichkeit, eine Herrlichkeit als des eingebornen Sohnes vom Vater) voller Gnade und Wahrheit.] *Jes. 7, 14. Matth. 1, 16. Luc. 1, 31. Gal. 4, 4.
† Jes. 6, 1. Matth. 17, 2. 2 Petr. 1, 16. 17. **Joh. 40, 17.

15. Johannes zeuget von *Ihm, ruft und spricht: Dieser war es, von dem ich gesagt habe: Nach mir wird kommen, der vor mir gewesen ist; denn er war eher, denn ich. *Matth. 3, 11. Marc. 1, 7.

16. Und von seiner *Fülle haben wir Alle genommen Gnade um Gnade.
*c. 3, 34. Col. 1, 19. c. 2, 9.

17. Denn das *Gesetz ist durch Mosen gegeben; die Gnade und Wahrheit ist durch JEsum Christum geworden. *2 Mos. 20, 1. f.

18. *Niemand hat GOtt je gesehen. Der eingeborne †Sohn, der in des Vaters Schooß ist, der hat es uns verkündiget.
*2 Mos. 33, 20. 1 Joh. 4, 12. 1 Tim. 6, 16. 1 Tim. 10, 28.
†Joh. 3, 46.

(Evangelium am 4. Sonnt. des Advents.)

19. Und *dies ist das Zeugniß Johannis, da die Juden sandten von Jerusalem Priester und Leviten, daß sie ihn fragten: Wer bist du? *c. 5, 33.

20. Und er bekannte, und leugnete nicht; und er bekannte: Ich bin nicht Christus.
*c. 3, 28.

21. Und sie fragten ihn: „Was denn? Bist du Elias?" Er sprach: Ich bin es nicht. „Bist du *ein Prophet?" Und er antwortete: Nein. *5 Mos. 18, 15. Matth. 16, 14.

22. Da sprachen sie zu ihm: „Was bist du denn? Daß wir Antwort geben denen, die uns gesandt haben. Was sagst du von dir selbst?"

23. Er sprach: „Ich bin eine Stimme eines Predigers in der Wüste: Richtet den Weg des HErrn;" wie der Prophet Jesaias gesagt hat. *Jes. 40, 3. Matth. 3, 3.
Marc. 1, 3.

24. Und die gesandt waren, die waren von den Pharisäern.

25. Und fragten ihn, und sprachen zu ihm: Warum taufest du denn, so du nicht Christus bist, noch Elias, noch ein Prophet?

26. Johannes antwortete ihnen, und sprach: *Ich taufe mit Wasser; aber Er ist mitten unter euch getreten, den ihr nicht kennet. *Matth. 3, 11. v. 8.

27. Der *ist es, der nach mir kommen wird, welcher vor mir gewesen ist, deß ich nicht werth bin, daß ich seine Schuhriemen auflöse. *c. 3, 28.

28. Dies geschah zu Bethabara, jenseit

seit des *Jordans, da Johannes taufte.]

29. Des andern Tages siehet Johannes JEsum zu sich kommen, und spricht: *Siehe, das ist GOttes Lamm, welches der Welt Sünde trägt.

30. Dieser ist es, von dem ich gesagt habe: Nach mir kommt ein Mann, welcher *vor mir gewesen ist; denn er war eher, denn ich.

31. Und ich kannte ihn nicht; sondern auf daß *er offenbar würde in Israel, darum bin ich gekommen zu taufen mit Wasser.

32. Und Johannes zeugete, und sprach: Ich *sahe, daß der Geist herab fuhr, wie eine Taube, vom Himmel, und blieb auf ihm.

33. Und ich kannte ihn nicht; aber der mich sandte, zu taufen mit Wasser, derselbige sprach zu mir: „Ueber welchen du sehen wirst den Geist herab fahren, und auf ihm bleiben, derselbige ist es, der *mit dem heiligen Geist tauft."

34. Und ich sahe es, und zeugete, daß dieser ist GOttes Sohn.

35. Des andern Tages stand abermal Johannes, und zween seiner Jünger.

36. Und als er sahe JEsum wandeln, sprach er: *Siehe, das ist GOttes Lamm.

37. Und zween seiner Jünger höreten ihn reden, und folgten JEsu nach.

38. JEsus aber wandte sich um, und sahe sie nachfolgen, und sprach zu ihnen: Was suchet ihr? Sie aber sprachen zu ihm: Rabbi (das ist verdolmetschet, Meister), wo bist du zur Herberge?

39. Er sprach zu ihnen: Kommt und sehet es. Sie kamen, und sahen es, und blieben denselbigen Tag bei ihm; es war aber um die zehnte Stunde.

40. Einer aus den Zween, die von Johanne höreten, und JEsu nachfolgten, war *Andreas, der Bruder Simonis Petri.

41. Derselbige findet am ersten seinen Bruder Simon, und spricht zu ihm: Wir haben den Messiam gefunden (welches ist verdolmetschet, der Gesalbte).

42. Und führete ihn zu JEsu. Da ihn

JEsus sahe, sprach er: Du bist Simon, Jonas Sohn; Du sollst *Kephas heißen (das wird verdolmetschet, ein Fels).

43. Des andern Tages wollte JEsus wieder in Galiläam ziehen, und findet Philippum, und spricht zu ihm: Folge mir nach.

44. Philippus aber war von Bethsaida, aus der Stadt Andreas und Petrus.

45. Philippus findet Nathanael, und spricht zu ihm: Wir haben den gefunden, von welchem *Moses im Gesetz, und die Propheten geschrieben haben: JEsum, Josephs Sohn von Nazareth.

46. Und Nathanael sprach zu ihm: *Was kann von Nazareth Gutes kommen! Philippus spricht zu ihm: Komm und siehe es.

47. JEsus sahe Nathanael zu sich kommen, und spricht von ihm: Siehe, ein rechter Israelitter, *in welchem kein Falsch ist.

48. Nathanael spricht zu ihm: Woher kennest du mich? JEsus antwortete und sprach zu ihm: Ehe denn dich Philippus rief, da du unter dem Feigenbaum warest, sahe ich dich.

49. Nathanael antwortete, und spricht zu ihm: Rabbi, *Du bist GOttes Sohn; Du bist der König von Israel.

50. JEsus antwortete, und sprach zu ihm: Du glaubest, weil ich dir gesagt habe, daß ich dich gesehen habe unter dem Feigenbaum; du wirst noch Größeres, denn das, sehen.

51. Und spricht zu ihm: Wahrlich, wahrlich, ich sage euch, von nun an werdet ihr den Himmel offen sehen, und *die Engel GOttes hinauf und herab fahren auf des Menschen Sohn.

Das 2. Capitel.

Von der Hochzeit zu Kana, und Reinigung des Tempels.
(Evangelium am 2. Sonnt. nach Epiph.)

1. Und am dritten Tage ward eine Hochzeit zu Kana in Galiläa; und die Mutter JEsu war da.

2. JEsus aber und seine Jünger wurden auch auf die Hochzeit geladen.

3. Und da es an Wein gebrach, spricht die Mutter JEsu zu ihm: Sie haben nicht Wein.

4. JEsus

4. JEsus spricht zu ihr: Weib, was habe ich mit dir zu schaffen! Meine Stunde ist noch nicht gekommen.
* 2 Sam. 16, 10.

5. Seine Mutter spricht zu den Dienern: *Was er euch saget, das thut.
* 1 Mos. 41, 55.

6. Es waren aber allda sechs steinerne Wasserkrüge gesetzt, nach der Weise der *jüdischen Reinigung; und gingen je in einen zwei oder drei Maß.
* Marc. 7, 3.

7. JEsus spricht zu ihnen: Füllet die Wasserkrüge mit Wasser. Und sie fülleten sie bis oben an.

8. Und er spricht zu ihnen: Schöpfet nun, und bringet es dem Speisemeister. Und sie brachten es.

9. Als aber der Speisemeister kostete den Wein, der Wasser gewesen war, (und wußte nicht, von wannen er kam, die Diener aber wußten es, die das Wasser geschöpft hatten,) rufet der Speisemeister den Bräutigam,

10. Und spricht zu ihm: Jedermann giebt zum ersten guten Wein, und wenn sie *trunken geworden sind, alsdann den geringern; du hast den guten Wein bisher behalten. * 1 Mos. 43, 34.

vergl. Cap. 1, 6.

11. Das ist das erste Zeichen, das JEsus that, geschehen zu Kana in Galiläa, und offenbarete seine Herrlichkeit. Und seine Jünger glaubten an ihn.]

12. Darnach zog er hinab gen Capernaum, er, seine Mutter, seine Brüder und seine Jünger; und blieben nicht lange daselbst.

13. Und der Juden Ostern war nahe, und JEsus zog hinauf gen Jerusalem.

14. Und fand *im Tempel sitzen, die da Ochsen, Schafe und Tauben feil hatten, und die Wechsler. * Match. 21, 12.

Marc. 11, 15.

15. Und er machte eine Geißel aus Stricken, und trieb sie Alle zum Tempel hinaus, sammt den Schafen und Ochsen, und verschüttete den Wechslern das Geld, und stieß die Tische um;

16. Und sprach zu denen, die die Tauben feil hatten: Traget das von dannen, und machet nicht meines Vaters Haus zum Kaufhause.

17. Seine Jünger aber gedachten daran, daß geschrieben stehet: *"Der Eifer um dein Haus hat mich gefressen."
* Ps. 69, 10.

18. Da antworteten nun die Juden, und sprachen zu ihm: Was zeigest du uns für ein Zeichen, daß du solches thun mögest?

19. JEsus antwortete, und sprach zu ihnen: *Brechet diesen Tempel; und am dritten Tage will ich ihn aufrichten.
* Matth. 26, 61. c. 27, 40. Marc. 14, 58. c. 15, 29.

20. Da sprachen die Juden: Dieser Tempel ist in sechs und vierzig Jahren erbauet; und Du willst ihn in dreien Tagen aufrichten?

21. Er aber redete von dem *Tempel seines Leibes. * Col. 2, 9.

22. Da er nun auferstanden war von den Todten, *gedachten seine Jünger daran, daß er dies gesagt hatte, und glaubten †der Schrift, und der Rede, die JEsus gesagt hatte. * Luc. 24, 8. † Ps. 16, 10.

23. Als er aber zu Jerusalem war in den Ostern auf dem Fest, glaubten Viele an seinen Namen, da sie die Zeichen sahen, die er that.

24. Aber JEsus vertrauete sich ihnen nicht, denn er kannte sie Alle;

25. Und bedurfte nicht, daß Jemand Zeugniß gäbe von einem Menschen; denn *Er wußte wohl, was im Menschen war.
* Ps. 7, 10. f.

Das 3. Capitel.

Gespräch Christi mit Nikodemo vom Wege zum ewigen Leben; und Johannis mit seinen Jüngern.

(Evangelium am Sonntage Trinitatis.)

1. Es war aber ein Mensch unter den Pharisäern, mit Namen *Nikodemus, ein Oberster unter den Juden;
* c. 7, 50. c. 19, 39.

2. Der kam zu JEsu bei der Nacht, und sprach zu ihm: Meister, wir wissen, daß du bist ein Lehrer von GOtt gekommen; denn Niemand kann die Zeichen thun, die Du thust, es sey denn GOtt mit ihm.

3. JEsus antwortete, und sprach zu ihm: Wahrlich, wahrlich, Ich sage dir: Es sey denn, daß Jemand geboren werde, kann er das Reich GOttes nicht sehen.

4. Nikodemus spricht zu ihm: Wie kann ein Mensch geboren werden, wenn er alt ist! Kann er auch wiederum in seiner Mutter Leib gehen und geboren werden?

5. JEsus antwortete: Wahrlich, wahrlich, Ich sage dir: Es sey denn, daß Jemand

Jemand geboren werde aus dem *Wasser und Geist, so kann er nicht in das Reich GOttes kommen. *Gal. 5, 6. Ⅲ. 27. Eph. 4, 23.
Ebr. 10, 22.

6. Was *vom Fleisch geboren wird, das ist Fleisch; und was vom Geist geboren wird, das ist Geist. *1 Mos. 5, 3. Röm. 8, 23.

7. Laß dich's nicht wundern, daß ich dir gesagt habe: Ihr müsset von neuem geboren werden.

8. Der Wind bläset, wo er will, und du hörest sein Sausen wohl; aber du weißt nicht, von *wannen er kommt, und wohin er fähret. Also ist ein Jeglicher, der aus dem Geist geboren ist.
*Pf. 135, 7. Prob. 11, 5. f.

9. Nikodemus antwortete, und sprach zu ihm: *Wie mag solches zugehen?
*1 Cor. 2, 14.

10. JEsus antwortete, und sprach zu ihm: Bist du ein Meister in Israel, und weißt das nicht?

11. Wahrlich, wahrlich, ich sage dir: *Wir reden, das wir wissen, und zeugen, das wir gesehen haben; und ihr nehmet unser Zeugniß nicht an. *c. V, 19. 1. c. 32.

12. Glaubet ihr nicht, wenn ich euch von *irdischen Dingen sage; wie würdet ihr glauben, wenn ich euch *von himmlischen Dingen sagen würde! *Weish. 9, 16.

13. Und Niemand *fähret gen Himmel, denn der vom Himmel herniedergekommen ist, nämlich des Menschen Sohn, der im Himmel ist. *c. 6, 62. Pf. 67, 6. Ged. 4, 9.

14. Und wie *Moses in der Wüste eine Schlange erhöhet hat, also muß des Menschen Sohn erhöhet werden.
*4 Mos. 21, 8. 9.

15. Auf daß Alle, die an ihn *glauben, nicht verloren werden, sondern das ewige Leben haben.] *Marc. 16, 16. Luc. 16, 30.

(Evangelium am Pfingstmontage.)

16. *Also hat *GOtt die Welt geliebet, daß er seinen eingebornen Sohn gab, auf daß Alle, die an ihn glauben, nicht verloren werden, sondern das ewige Leben haben.
Röm. 5, 8. 1. 8, 32. 1 Joh. 4, 10. c. 4, 9.

17. Denn GOtt hat seinen Sohn *nicht gesandt in die Welt, daß er die Welt richte; sondern, daß die Welt durch ihn selig werde. *c. 5, 22.

18. Wer *an ihn glaubet, der wird nicht gerichtet; wer aber nicht glaubet,

der ist schon gerichtet: denn er glaubet nicht an den Namen des eingebornen Sohnes GOttes. *c. 5, 24. c. 6, 40. 47.

19. Das ist aber das Gericht, daß *das Licht in die Welt gekommen ist; und die Menschen liebten die Finsterniß mehr, denn das Licht. Denn ihre Werke waren böse. *c. 1, 5. 9.

20. Wer Arges thut, der hasset das Licht, und kommt nicht an das Licht, auf daß *seine Werke nicht gestraft werden. *Eph. 5, 13.

21. Wer aber die Wahrheit thut, der kommt an das Licht, daß seine *Werke offenbar werden; denn sie sind in GOtt gethan.] *Eph. 5, 8. 9.

22. Darnach kam JEsus und seine Jünger in das Jüdische Land, und hatte daselbst sein Wesen mit ihnen, und taufte. *c. 4, 1. 2.

23. Johannes aber taufte auch noch zu Enon, nahe *bei Salim; denn es war viel Wassers daselbst; und sie kamen dahin, und ließen sich taufen. *1 Sam. 9, 4.

24. Denn *Johannes war noch nicht in das Gefängniß gelegt. *Matth. 14, 6.
Luc. 3, 19. 20.

25. Da erhob sich eine Frage unter den Jüngern Johannis sammt den Juden, über der Reinigung.

26. Und kamen zu Johanne, und sprachen zu ihm: Meister, der bei dir war jenseit *des Jordans, von dem du †zeugetest, siehe, der taufet; und Jedermann kommt zu ihm. *Matth. 3, 13. †Matth. 3, 11.

27. Johannes antwortete, und sprach: *Ein Mensch kann nichts nehmen, es werde ihm denn gegeben vom Himmel. *c. 1, 18. 11. 1 Cor. 4, 1.

28. Ihr selbst seyd meine Zeugen, daß ich gesagt habe, *ich sey nicht Christus, sondern vor ihm her gesandt. *c. 1, 20. 23.

29. Wer die Braut hat, der ist der Bräutigam; der Freund aber des Bräutigams stehet, und höret ihm zu, und freuet sich hoch über des Bräutigams Stimme. Dieselbige meine Freude ist nun erfüllet. *Matth. 9, 15.

30. Er *muß wachsen, ich aber muß abnehmen. *1 Sam. 2, 1.

31. Der *von oben her kommt, ist über Alle. Wer von der Erde ist, der ist von der Erde, und redet von der Erde. Der vom Himmel kommt, der ist über Alle. *c. 6, 33.

32. Und

32. Und zeuget, *was er gesehen und gehöret hat; und sein Zeugniß nimmt Niemand an.   *1.b.19.w. c.s,24.w.
33. Wer es aber annimmt, der versiegelt es, daß GOtt wahrhaftig sey.
34. Denn welchen GOtt gesandt hat, der redet GOttes Wort; denn GOtt giebt den Geist nicht nach dem Maß.
35. Der Vater hat den Sohn lieb, und hat ihm *Alles in seine Hand gegeben.   *Weish. 15, 17. l.
36. Wer an den Sohn glaubet, der hat das ewige Leben. *Wer dem Sohne nicht glaubet, der wird das Leben nicht sehen, sondern der Zorn GOttes bleibet über ihm.   *c.3,16. Matt. 10,16. 1 Joh. 2, 18.

Das 4. Capitel.
Beschreibung der Samariter. Gesundmachung des Königlichen Sohnes.

1. Da nun der HErr inne ward, daß vor die Pharisäer gekommen war, wie JEsus mehr Jünger machte und *taufte, denn Johannes,   *c.3,77 u.
2. (Wiewohl JEsus selber nicht taufte, sondern seine Jünger,)
3. Verließ er das Land Judäa, und zog wieder in Galiläa.
4. Er mußte aber durch Samaria reisen.
5. Da kam er in eine Stadt Samariä, die heißt Sichar, nahe bei dem Dörflein, das *Jakob seinem Sohne Joseph gab.   *1 Mos. 48, 22. Jos. 24, 32.
6. Es war aber daselbst Jakobs Brunn. Da nun JEsus müde war von der Reise, setzte er sich also auf den Brunnen; und es war um die sechste Stunde.
7. Da kommt ein Weib von Samaria, Wasser zu schöpfen. JEsus spricht zu ihr: Gieb mir zu trinken.
8. (Denn seine Jünger waren in die Stadt gegangen, daß sie Speise kauften.)
9. Spricht nun das Samaritische Weib zu ihm: Wie bittest du von mir zu trinken, so du ein Jude bist, und ich ein Samaritisch Weib? (Denn die *Juden haben keine Gemeinschaft mit den Samaritern.)   *Sir. 50, 28.
10. JEsus antwortete, und sprach zu ihr: Wenn du erkennetest die Gabe GOttes, und wer der ist, der zu dir sagt: Gieb mir zu trinken; Du bätest ihn, und er gäbe dir *lebendiges Wasser.   *c.7, 38 w.
11. Spricht zu ihm das Weib: HErr, hast du doch nichts, damit du schöpfest; und der Brunn ist tief. Woher hast du denn lebendiges Wasser?
12. Bist Du mehr, denn unser Vater Jakob, der uns diesen Brunnen gegeben hat? Und er hat daraus getrunken, und seine Kinder und sein Vieh.
13. JEsus antwortete, und sprach zu ihr: Wer *dieses Wasser trinkt, den wird wieder dürsten.   *c.6,35.
14. Wer aber das Wasser trinken wird, das Ich ihm gebe, den wird ewiglich nicht dürsten; sondern das Wasser, das ich ihm *geben werde, das wird in ihm ein Brunn des Wassers werden, das in das ewige Leben quillet.   *c.6,57. l.7, 38. w.
15. Spricht das Weib zu ihm: HErr, gieb mir dasselbige Wasser, auf daß mich nicht dürste, daß ich nicht herkommen müsse, zu schöpfen.
16. JEsus spricht zu ihr: Gehe hin, rufe deinen Mann, und komm her.
17. Das Weib antwortete, und sprach zu ihm: Ich habe keinen Mann. JEsus spricht zu ihr: Du hast recht gesagt: „Ich habe keinen Mann."
18. Fünf Männer hast du gehabt; und den du nun hast, der ist nicht dein Mann. Da hast du recht gesagt.
19. Das Weib spricht zu ihm: HErr, ich sehe, daß Du *ein Prophet bist.   *c.6, 14. l.9, 17.
20. Unsere Väter haben auf diesem Berge angebetet; und Ihr sagt: Zu *Jerusalem sey die Stätte, da man anbeten solle.   *5 Mos. 12, 5. u. 11. 1 Kön. 9, 29. f. u. s.
21. JEsus spricht zu ihr: Weib, glaube mir, es kommt die Zeit, daß ihr weder auf diesem Berge, noch zu Jerusalem werdet den Vater anbeten.
22. Ihr *wisset nicht, was ihr anbetet; wir wissen aber, was wir anbeten: denn das Heil kommt †von den Juden.   *2 Kön. 17, 29. l. Jes. 2, 3. † 1 Mos. 24, 47.
23. Aber es kommt die Zeit, und ist schon jetzt, daß die wahrhaftigen Anbeter werden den Vater anbeten im Geist und in der Wahrheit; denn der Vater will auch haben, die ihn also anbeten.
24. *GOtt ist ein Geist; und die ihn anbeten, die müssen ihn im Geist und in der Wahrheit anbeten.   *2 Kor. 3, 17.

25. Spricht

25. Spricht das Weib zu ihm: Ich weiß, daß *Messias kommt (der da Christus heißt). Wenn derselbige kommen wird, so wird er es uns Alles verkündigen. *v. 1, 41.
26. JEsus spricht zu ihr: Ich bin es, *der mit dir redet. *c. 9, 37. c. 8, 24.
27. Und über dem kamen seine Jünger, und es nahm sie Wunder, daß er mit dem Weibe redete. Doch sprach Niemand: Was fragest du? oder: Was redest du mit ihr?
28. Da ließ das Weib ihren Krug stehen, und ging hin in die Stadt, und spricht zu den Leuten:
29. Kommt, sehet einen Menschen, der mir gesagt hat Alles, was ich gethan habe, ob er nicht Christus sey?
30. Da gingen sie aus der Stadt, und kamen zu ihm.
31. Indeß aber ermahneten ihn die Jünger, und sprachen: Rabbi, iß.
32. Er aber sprach zu ihnen: Ich habe eine *Speise zu essen, da wisset ihr nicht von. *v. 34. Ps. 19, 10.
33. Da sprachen die Jünger unter einander: Hat ihm Jemand zu essen gebracht?
34. JEsus spricht zu ihnen: Meine Speise ist die, daß *ich thue den Willen deß, der mich gesandt hat, und †vollende sein Werk. *c. 5, 30. Ps. 40, 9. †1 Joh. 17, 4.
35. Saget ihr nicht selber: Es sind noch vier Monate, so kommt die Ernte? Siehe, ich sage euch: Hebet eure Augen auf, und sehet in das Feld; denn es ist schon *weiß zur Ernte. *Matth. 9, 37.
36. Und wer da schneidet, der empfänget Lohn, und sammelt Frucht zum ewigen Leben, auf daß sich mit einander freuen, der da säet, und der da schneidet. Ev. 10, 9.
37. Denn hier ist der Spruch wahr: „Dieser säet; der Andere schneidet!"
38. Ich habe euch gesandt zu schneiden, das ihr nicht habt gearbeitet; Andere haben gearbeitet, und ihr seyd in ihre Arbeit gekommen.
39. Es glaubten aber an ihn viele der Samariter aus derselbigen Stadt, um des Weibes Rede willen, welches da zeugete: Er hat mir gesagt Alles, was ich gethan habe.

R. L.

40. Als nun die Samariter zu ihm kamen, baten sie ihn, daß er bei ihnen bliebe; und er blieb zween Tage da.
41. Und viel mehrere glaubten um seines Worts willen.
42. Und sprachen zum Weibe: Wir glauben nun fort nicht um deiner Rede willen; wir haben *selbst gehöret und erkannt, daß dieser ist wahrlich Christus, der Welt Heiland. *c. 17, 8.
43. Aber *nach zween Tagen zog er aus dannen, und zog in Galiläa. *Matth. 4, 13.
44. Denn er selbst, JEsus, zeugete, *daß ein Prophet daheim nichts gilt. *Matth. 13, 57. Marc. 6, 4.
45. Da er nun in Galiläa kam, nahmen ihn die Galiläer auf, die gesehen hatten Alles, was er zu Jerusalem auf dem Fest gethan hatte. Denn sie waren auch zum Fest gekommen.
46. Und JEsus kam abermal gen Kana in Galiläa, da *er das Wasser hatte zu Wein gemacht. *c. 2, 1.

(Evang. am 21. Sonnt. nach Trinit.)

47. Und es war ein Königischer, deß Sohn lag krank zu Capernaum. Dieser hörete, daß JEsus kam aus Judäa in Galiläam, und ging hin zu ihm, und bat ihn, daß er hinab käme, und hülfe seinem Sohne; denn er war todtkrank.
48. Und JEsus sprach zu ihm: *Wenn ihr nicht Zeichen und Wunder sehet, so glaubet ihr nicht. *c. 2, 18. 1 Cor. 1, 22.
49. Der Königische sprach zu ihm: HErr, komm hinab, ehe denn mein Kind stirbt.
50. JEsus spricht zu ihm: „Gehe hin; *dein Sohn lebet." Der Mensch glaubte dem Wort, das JEsus zu ihm sagte, und ging hin. *1 Kön. 17, 23.
51. Und indem er hinab ging, begegneten ihm seine Knechte, verkündigten ihm, und sprachen: Dein Kind lebet.
52. Da forschte er von ihnen die Stunde, in welcher es besser mit ihm geworden war. Und sie sprachen zu ihm: Gestern um die siebente Stunde verließ ihn das Fieber.
53. Da merkte der Vater, daß es um die Stunde wäre, in welcher JEsus zu ihm gesagt hatte: „Dein Sohn lebet." Und er glaubte mit seinem ganzen Hause.
54. Das ist nun das andere Zeichen, das

das JEsus that, da er aus Judäa in Galiläam kam.]

Das 5. Capitel.

Christi Schmerbe über sein Wunderwerk an dem acht und dreißig Jahr lang Kranken.

1. Darnach war *ein Fest der Juden, und JEsus zog hinauf gen Jerusalem.
　　　*2 Mos. 23, 1.

2. Es ist aber zu Jerusalem bei dem Schafhause ein Teich, der heißt auf Ebräisch Bethesda, und hat fünf Hallen.

3. In welchen lagen viele Kranke, Blinde, Lahme, Dürre, (die warteten, wenn sich das Wasser bewegte.

4. Denn ein Engel fuhr herab zu seiner Zeit in den Teich, und bewegte das Wasser. Welcher nun der erste, nachdem das Wasser beweget war, hinein stieg, der ward gesund, mit welcherlei Seuche er behaftet war.)

5. Es war aber ein Mensch daselbst, acht und dreißig Jahre krank gelegen.

6. Da JEsus denselbigen sahe liegen, und vernahm, daß er so lange gelegen war, spricht er zu ihm: Willst du gesund werden?

7. Der Kranke antwortete ihm: HErr, ich habe keinen Menschen, wenn das Wasser sich beweget, der mich in den Teich lasse; und wenn ich komme, so steiget ein Anderer vor mir hinein.

8. JEsus spricht zu ihm: Stehe auf, nimm dein Bette, und gehe hin.

9. Und alsobald ward der Mensch gesund, und nahm sein Bette, und ging hin. Es *war aber desselbigen Tages der Sabbath.
　　　*c. 9, 14.

10. Da sprachen die Juden zu dem, der gesund war geworden: *Es ist heute Sabbath; es ziemet dir nicht, das Bette zu tragen.
　　　*Jer. 17, 21. Luc. 6, 2.

11. Er antwortete ihnen: Der mich gesund machte, der sprach zu mir: „Nimm dein Bette, und gehe hin."

12. Da fragten sie ihn: Wer ist der Mensch, der zu dir gesagt hat: „Nimm dein Bette, und gehe hin?"

13. Der aber gesund war geworden, wußte nicht, wer er war; denn JEsus war gewichen, da so viel Volks an dem Ort war.

14. Darnach fand ihn JEsus im Tempel, und sprach zu ihm: Siehe zu, du bist gesund geworden; *sündige hinfort nicht mehr, daß dir nicht etwas Aergeres widerfahre.
　　　*c. 8, 11.

15. Der Mensch ging hin, und verkündigte es den Juden, es sey JEsus, der ihn gesund gemacht habe.

16. Darum verfolgten die Juden JEsum, und suchten ihn zu tödten, daß er solches gethan hatte auf den Sabbath.

17. JEsus aber antwortete ihnen: *Mein Vater wirket bisher, und ICH † wirke auch.
　　　*c. 14, 10. †1 B, 2, 1.

18. Darum *trachteten ihm die Juden nun viel mehr nach, daß sie ihn tödteten, daß er nicht allein den Sabbath brach, sondern sagte auch: GOtt sey sein Vater, und machte sich selbst GOtte gleich.
　　　*c. 7, 30.

19. Da antwortete JEsus, und sprach zu ihnen: Wahrlich, wahrlich, ich sage euch: Der Sohn kann nichts von ihm selber thun, denn was *er siehet den Vater thun; denn was derselbige thut, das thut gleich auch der Sohn. *c. 8, 28, 38.

20. Der Vater aber hat den Sohn lieb, und zeiget ihm Alles, *was Er thut, und wird ihm noch größere Werke zeigen, daß ihr euch verwundern werdet.
　　　*c. 1, 3.

21. Denn wie der Vater die Todten auferwecket und macht sie lebendig: also auch der Sohn macht lebendig, welche er will.

22. Denn der Vater richtet Niemand, sondern *alles Gericht hat er dem Sohne gegeben: *Ps. 72, 1. Matth. 11, 27. Apost. 17, 31.

23. Auf daß sie Alle den Sohn ehren, wie sie den Vater ehren. *Wer den Sohn nicht ehret, der ehret den Vater nicht, der ihn gesandt hat.
　　　*1 Joh. 2, 23.

24. Wahrlich, wahrlich, ich sage euch: Wer mein Wort höret, und glaubet dem, der mich gesandt hat, *der hat das ewige Leben, und kommt nicht in das Gericht, sondern er ist †vom Tode zum Leben hindurch gedrungen.
　*c. 3, 16, 36. †c. 6, 40, 47. †c. 8, 51. Röm. 8, 16. †1 Joh. 3, 14.

25. Wahrlich, wahrlich, ich sage euch: Es kommt die Stunde, und ist schon jetzt, daß die *Todten werden die Stimme des Sohnes GOttes hören; und die sie hören werden, die werden leben.
　　　*c. 11, 23, 24.

26. Denn wie der Vater das Leben hat in

in ihm selbst; also hat er dem Sohne gegeben, das Leben zu haben in ihm selbst.
27. Und hat ihm Macht gegeben, auch *das Gericht zu halten, darum, daß er des Menschen Sohn ist. *v. 22.
28. Verwundert euch deß nicht. Denn es kommt die Stunde, in welcher Alle, die in den Gräbern sind, werden seine Stimme hören;
29. Und *werden hervorgehen, die da Gutes gethan haben zur Auferstehung des Lebens, die aber Uebels gethan haben, zur Auferstehung des Gerichts. *v. 25.
Dan. 12, 2.
30. Ich *kann nichts von mir selbst thun. Wie ich höre, so richte ich, und mein Gericht ist recht; denn ich suche †nicht meinen Willen, sondern des Vaters Willen, der mich gesandt hat.
*v. 19.   †c. 6, 38.
31. So Ich von mir selbst zeuge, so ist mein Zeugniß nicht wahr.
32. Ein *Anderer ist es, der von mir zeuget; und ich weiß, daß sein Zeugniß wahr ist, das er von mir zeuget. *Matth. 3, 17.
33. Ihr *schicktet zu Johanne, und er zeugete von der Wahrheit. *c. 1, 19.
34. Ich aber nehme nicht Zeugniß von Menschen; sondern solches sage ich, auf daß ihr selig werdet.
35. Er war ein brennend und scheinend Licht; ihr aber wolltet eine kleine Weile fröhlich seyn von seinem Licht.
36. Ich aber habe ein größer Zeugniß, denn *Johannis Zeugniß; denn die Werke, die mir der Vater gegeben hat, daß ich sie vollende, † dieselbigen Werke, die Ich thue, zeugen von mir, daß mich der Vater gesandt habe. *c. 1, 34.   †c. 3, 2. c. 7, 31.
37. Und der Vater, der mich gesandt hat, *derselbige hat von mir gezeuget. Ihr habt nie weder seine Stimme gehöret, noch seine Gestalt gesehen;
*Matth. 3, 17. f.
38. Und sein Wort habt ihr nicht in euch wohnend; denn ihr glaubet dem nicht, den Er gesandt hat.
39. Suchet *in der Schrift; denn ihr meinet, ihr habt das ewige Leben darinnen; und sie ist's, die von mir zeuget:
*Jes. 34, 16. 1 Tim. 4, 13.
40. Und ihr wollt nicht zu mir kommen, *daß ihr das Leben haben möchtet.
*c. 6, 35.

41. Ich *nehme nicht Ehre von Menschen. *1 Thess. 2, 6.
42. Aber ich kenne euch, daß ihr nicht GOttes Liebe in euch habt.
43. Ich bin gekommen in meines Vaters Namen, und ihr nehmet mich nicht an. So ein Anderer wird in seinem eigenen Namen kommen, den werdet ihr annehmen.
44. Wie könnet ihr glauben, die ihr Ehre von einander nehmet? Und die *Ehre, die von GOtt allein ist, suchet ihr nicht! *Röm. 2, 10.
45. Ihr sollt nicht meinen, daß Ich euch vor dem Vater verklagen werde. Es ist Einer, der euch verklaget: der *Moses, auf welchen ihr hoffet. *5 Mos. 33, 1. f.
46. Wenn ihr Mosi glaubtet, so glaubtet ihr auch mir; denn *er hat von mir geschrieben. *1 Mos. 3, 15. 1 Mos. 49, 10.
1 Mos. 10. 5 Mos. 18, 6.
47. So ihr aber seinen Schriften nicht glaubet, wie werdet ihr meinen Worten glauben?

Das 6. Capitel.

Christi wunderbare Speisung und Gang. Predigt von der geistlichen Erquickung seines Fleisches und Bluts.

(Evang. am 4. Sonnt. in der Fasten, Lätare.)

1. Darnach fuhr JEsus weg über das Meer an der Stadt Tiberias in Galiläa.
2. Und es zog ihm viel Volks nach, darum, daß sie die Zeichen sahen, die er an den Kranken that.
3. JEsus aber ging hinauf auf einen Berg, und setzte sich daselbst mit seinen Jüngern.
4. Es war aber nahe die *Ostern, der Juden Fest. *2 Mos. 23, 6. f.
5. *Da hob JEsus seine Augen auf, und siehet, daß viel Volks zu ihm kommt, und spricht zu Philippo: Wo kaufen wir Brot, daß diese essen? *Matth. 14, 15.
Marc. 6, 34.
6. (Das sagte er aber, ihn zu versuchen; denn Er wußte wohl, was er thun wollte.)
7. Philippus antwortete ihm: Zwei hundert Pfennig werth Brots ist nicht genug unter sie, daß ein Jeglicher unter ihnen ein wenig nehme. *Marc. 6, 37.
8. Spricht zu ihm einer seiner Jünger, Andreas, der Bruder Simonis Petri,
9. Es ist ein Knabe hier, der hat fünf Gersten-

Gerstenbrote und zween Fische; aber was ist das unter so Viele!

10. JEsus aber sprach: *Schaffet, daß sich das Volk lagere. Es war aber viel Gras an dem Ort. Da lagerten sich bei fünf tausend Mann. *Matth. 14, 19.

11. JEsus aber nahm die Brote, dankte, und gab sie den Jüngern, die Jünger aber denen, die sich gelagert hatten; desselbigen gleichen *auch von den Fischen, wie viel er wollte. *c. 21, 13.

12. Da *sie aber satt waren, sprach er zu seinen Jüngern: Sammelt die übrigen Brocken, daß nichts umkomme. *Matth. 4, 9.

13. Da sammelten sie, und fülleten zwölf Körbe mit Brocken, von den fünf Gerstenbroten, die übrig blieben denen, die gespeiset worden.

14. Da nun die Menschen das Zeichen sahen, das JEsus that, sprachen sie: Das ist wahrlich *der Prophet, der in die Welt kommen soll. *c. 4, 19. c. 7, 40.

15. Da JEsus nun merkte, daß sie kommen würden und ihn haschen, daß sie ihn zum Könige machten, *entwich er abermal auf den Berg, er selbst alleine.]
*c. 19, 36.

16. Am Abend aber gingen die Jünger hinab an das Meer,

17. Und *traten in das Schiff, und kamen über Meer gen Capernaum. Und es war schon finster geworden, und JEsus war nicht zu ihnen gekommen.
*Matth. 14, 22. Marc. 6, 45.

18. Und das Meer *erhob sich von einem großen Winde. *Pr. 107, 25.

19. Da sie nun gerudert hatten bei fünf und zwanzig oder dreißig Feldweges, sahen sie *JEsum auf dem Meer daher gehen und nahe an das Schiff kommen; und sie fürchteten sich. *Matth. 14, 26.

20. Er aber sprach zu ihnen: Ich bin es; fürchtet euch nicht.

21. Da wollten sie ihn in das Schiff nehmen; und alsobald war das Schiff am Lande, da sie hinfuhren.

22. Des andern Tages sahe das Volk, das diesseit des Meers stand, daß kein ander Schiff daselbst war, denn das einige, darein seine Jünger getreten waren, und daß JEsus nicht mit seinen Jüngern in das Schiff getreten war, sondern allein seine Jünger waren weggefahren.

23. (Es kamen aber andere Schiffe von Tiberias nahe zu der Stätte, da sie das Brot gegessen hatten durch des HErrn *Danksagung.) *v. 11.

24. Da nun das Volk sahe, daß JEsus nicht da war, noch seine Jünger, traten sie auch in die Schiffe, und kamen gen Capernaum, und suchten JEsum.

25. Und da sie ihn fanden jenseit des Meers, sprachen sie zu ihm: Rabbi, wann bist du hergekommen?

26. JEsus antwortete ihnen, und sprach: Wahrlich, wahrlich, ich sage euch, ihr suchet mich nicht darum, daß ihr Zeichen gesehen habt, sondern daß ihr von dem Brot gegessen habt, und seyd satt geworden.

27. Wirket Speise, nicht, die vergänglich ist, sondern die da bleibet in das ewige Leben, *welche euch des Menschen Sohn geben wird; denn denselbigen hat GOtt der Vater versiegelt. *c. 3, 13. c. 4, 14.

28. Da sprachen sie zu ihm: Was sollen wir thun, daß wir GOttes Werke wirken?

29. JEsus antwortete, und sprach zu ihnen: *Das ist GOttes Werk, daß ihr an den glaubet, den Er gesandt hat.
*Ebr. 1, 10. Phil. 1, 6. 1 Joh. 3, 23.

30. Da sprachen sie zu ihm: Was thust du für ein Zeichen, auf daß wir sehen und glauben dir? Was wirkest du?

31. Unsere *Väter haben Manna gegessen in der Wüste, wie geschrieben stehet: "Er gab ihnen Brot vom Himmel zu essen."
*2 Mos. 16, 13. 14. Neh. 10, 16. Pf. 78, 24. Weish. 16, 20.

32. Da sprach JEsus zu ihnen: Wahrlich, wahrlich, ich sage euch: Moses hat euch nicht Brot vom Himmel gegeben, sondern mein Vater giebt euch das rechte Brot vom Himmel.

33. Denn dies ist das Brot GOttes, das vom Himmel kommt, und giebt der Welt das Leben.

34. Da sprachen sie zu ihm: HErr, gieb uns allewege solch Brot.

35. JEsus aber sprach zu ihnen: *Ich bin das Brot des Lebens. Wer zu mir kommt, den wird nicht hungern; und wer an mich glaubet, den †wird nimmermehr dürsten. *v. 48. †Joh. 10, 1.
Cap. 26. 28. Joh. 4, 14. c. 7, 37.

36. Aber ich habe es euch gesagt, daß ihr mich gesehen habt, und glaubt doch nicht.

37. Alles,

37. Alles, was mir mein Vater giebt, das kommt zu mir; und wer zu mir kommt, den werde ich nicht hinausstoßen.
* c. 17, 8. 9. 11. 12. 24.

38. Denn ich bin vom Himmel gekommen, nicht, * daß ich meinen Willen thue, sondern deß, der mich gesandt hat. * c. 4. 34.

39. Das ist aber der Wille des Vaters, der mich gesandt hat, daß ich * nichts verliere von Allem, das er mir gegeben hat, sondern daß ich es auferwecke am jüngsten Tage. * c. 10, 28. 29. c. 17, 12.

40. Das ist aber der Wille deß, der mich gesandt hat, daß, wer den Sohn siehet und glaubet an ihn, habe das ewige Leben; und Ich werde ihn * auferwecken am jüngsten Tage.
* c. 3, M. c. 11, 24. Rom. 14. 10.

41. Da murreten die Juden darüber, daß er sagte: „Ich bin das Brot, das vom Himmel gekommen ist;"

42. Und sprachen: * Ist dieser nicht Jesus, Josephs Sohn, deß Vater und Mutter wir kennen? Wie spricht er denn: Ich bin vom Himmel gekommen!
* Luc. 4. M. f.

43. Jesus antwortete, und sprach zu ihnen: Murret nicht unter einander.

44. Es kann * Niemand zu mir kommen, es sey denn, daß ihn †ziehe der Vater, der mich gesandt hat: und Ich werde ihn auferwecken am jüngsten Tage.
* v. 65. † Jer. 31, 3.

45. Es stehet geschrieben in * den Propheten: „Sie werden Alle von Gott gelehret seyn." Wer es nun höret, vom Vater, und lernet es, der kommt zu mir.
* Jes. 54. 13. Jer. 31, 33.

46. Nicht, daß Jemand den Vater habe gesehen, ohne der vom Vater ist, der hat den Vater gesehen.

47. Wahrlich, wahrlich, ich sage euch: * Wer an mich glaubet, der hat das ewige Leben.
* c. 3, 16. 18. 36.

48. Ich bin * das Brot des Lebens.
* v. 35. f.

49. Eure * Väter haben Manna gegessen in der Wüste, und †sind gestorben.
* 2 Mos. 16, 15. 4 Mos. 11, 7. Pf. 78, 24.
† 1 Cor. 10, 3.

50. Dies ist das Brot, das vom Himmel kommt, auf daß, wer davon isset, nicht sterbe.

51. Ich bin das lebendige Brot, * vom Himmel gekommen. Wer von diesem Brot essen wird, der wird leben in Ewigkeit. Und das Brot, das Ich geben werde, ist mein Fleisch, welches Ich geben werde †für das Leben der Welt.
* c. 3, 13. † Hebr. 10, 5. 10.

52. Da zankten die Juden unter einander, und sprachen: Wie kann dieser uns sein Fleisch zu essen geben?

53. Jesus sprach zu ihnen: Wahrlich, wahrlich, ich sage euch: Werdet ihr nicht essen das Fleisch des Menschen Sohnes, und trinken sein Blut, so habt ihr kein Leben in euch.

54. Wer mein Fleisch isset, und trinket mein Blut, der hat das ewige Leben, und ich werde ihn am jüngsten Tage auferwecken.

55. Denn mein Fleisch ist die rechte Speise, und mein Blut ist der rechte Trank.

56. Wer mein Fleisch isset, und trinket mein Blut, * der bleibet in mir, und Ich in ihm. * c. 15, 4. 1 Joh. 3, 24. c. 4, 13. 16.

57. Wie mich gesandt hat der lebendige Vater, und Ich lebe um des Vaters willen: also, wer mich isset, derselbige wird auch leben um meinetwillen.

58. Dies ist das Brot, das *vom Himmel gekommen ist; nicht, wie eure Väter haben Manna gegessen, und sind gestorben. Wer dies Brot isset, der wird leben in Ewigkeit. * v. 3. 13.

59. Solches sagte er in * der Schule, da er lehrete zu Capernaum.

60. Viele nun seiner Jünger, die das höreten, sprachen: Das ist eine harte Rede; wer kann sie hören?

61. Da Jesus aber bei sich selbst merkte, daß seine Jünger darüber murreten, sprach er zu ihnen: Aergert euch das?

62. Wie, wenn ihr denn sehen werdet des Menschen Sohn * auffahren dahin, da er zuvor war? * c. 3, 13.

63. Der * Geist ist es, der da lebendig macht; das Fleisch ist kein nütze. Die Worte, die Ich rede, die sind Geist, und sind Leben. * 2 Cor. 3, 6.

64. Aber es sind Etliche unter euch, die glauben nicht. (Denn * Jesus wußte von Anfang wohl, welche nicht glaubend waren, und welcher ihn verrathen würde.) * v. 2. 36.

65. Und

65. Und er sprach: Darum habe ich euch gesagt: *Niemand kann zu mir kommen, es sey ihm denn von meinem Vater gegeben. *v. 44.

66. Von dem an gingen seiner Jünger viele hinter sich, und wandelten hinfort nicht mehr mit ihm.

67. Da sprach JEsus zu den Zwölfen: Wollt ihr auch weggehen?

68. Da antwortete ihm Simon Petrus: HErr, wohin sollen wir gehen! Du hast *Worte des ewigen Lebens; *v. 63. Matth. 7, 29. Marc. 1, 10.

69. Und wir haben geglaubet, und erkannt, daß *Du bist Christus, der Sohn des lebendigen GOttes. *c. 1. 49. c. 11. 27. Matth. 16, 16. Marc. 8, 29.

70. JEsus antwortete ihm: Habe Ich nicht euch Zwölfe erwählet? und euer Einer ist *ein Teufel! *Luc. 6, 13. Ps. 41, 10.

71. Er redete aber von dem Judas Simon Ischarioth; derselbige verrieth ihn hernach, und war der Zwölfen einer.

Das 7. Capitel.
Christi Predigten im Tempel.

1. Darnach zog JEsus umher in *Galiläa; denn er wollte nicht in Judäa umher ziehen, darum, daß ihm die Juden nach dem Leben stelleten. *c. 5, 1.

2. Es war aber nahe der Juden *Fest der Laubrüst. *3 Mos. 23, 34.

3. Da sprachen seine *Brüder zu ihm: Mache dich auf von dannen, und gehe in Judäam, auf daß auch deine Jünger sehen die Werke, die du thust. *Matth. 12, 46. Marc. 3, 31. Marc. 1, 15.

4. Niemand thut etwas im Verborgenen, und will doch frei offenbar seyn. Thust du solches, so offenbare dich vor der Welt.

5. Denn *auch seine Brüder glaubten nicht an ihn. *v. 10, 3.

6. Da spricht JEsus zu ihnen: *Meine Zeit ist noch nicht hier; eure Zeit aber ist allewege. *c. 2, 4.

7. Die Welt kann euch nicht hassen; mich aber *hasset sie, denn Ich zeuge von ihr, daß ihre Werke böse sind. *c. 15, 18.

8. Gehet ihr hinauf auf dieses Fest. Ich will noch nicht hinauf gehen, auf dieses Fest; denn *meine Zeit ist noch nicht erfüllet. *c. 8, 20.

9. Da er aber das zu ihnen gesagt, blieb er in Galiläa.

10. Als aber seine Brüder waren hinauf gegangen, da ging Er auch hinauf zu dem Fest, nicht offenbarlich, sondern gleich heimlich.

11. Da suchten ihn die Juden am Fest, und sprachen: Wo ist der?

12. Und es war ein groß *Gemurmel von ihm unter dem Volk. Etliche sprachen: Er ist fromm. Die Andern aber sprachen: Nein; sondern er verführet das Volk. *c. 9, 16. v. 40, 43. Matth. 21, 46.

13. Niemand aber redete frei von ihm, um der *Furcht willen vor den Juden. *v. 1, 32. v. 19, 63. c. 12, 42.

14. Aber mitten im Fest ging JEsus hinauf in den Tempel, und lehrete.

15. Und die Juden verwunderten sich, und sprachen: *Wie kann dieser die Schrift, so er sie doch nicht gelernet hat! *Matth. 13, 54. Marc. 6, 2.

16. JEsus antwortete ihnen, und sprach: Meine Lehre ist nicht mein, sondern deß, der mich gesandt hat.

17. So *Jemand will deß Willen thun, der wird inne werden, ob diese Lehre von GOtt sey, oder ob ich von mir selbst rede. *c. 8, 31. c. 6, 11, 30, 37.

18. Wer von ihm selbst redet, der *suchet seine eigene Ehre; wer aber sucht die Ehre deß, der ihn gesandt hat, der ist wahrhaftig, und ist keine Ungerechtigkeit an ihm. *v. 5, 41.

19. Hat euch nicht Moses das *Gesetz gegeben? Und Niemand unter euch thut das Gesetz! Warum sucht ihr mich zu tödten? *2 Mos. 34, 1. 4. Marc. 7, 23.

20. Das Volk antwortete, und sprach: Du hast den Teufel; wer sucht dich zu tödten! *c. 8, 48. 52.

21. JEsus antwortete, und sprach: Ein einiges Werk habe ich gethan, und es wundert euch Alle.

22. Moses hat euch darum gegeben die Beschneidung, (nicht, daß sie von Mose kommt, sondern *von den Vätern;) noch beschneidet ihr den Menschen am Sabbath. *1 Mos. 17, 10.

23. So ein Mensch die Beschneidung annimmt am Sabbath, auf daß nicht das Gesetz Mosis gebrochen werde; zürnet ihr denn über mich, daß ich den *ganzen Menschen habe am Sabbath gesund gemacht? *c. 5, 8.

24. *Richtet nicht nach dem Ansehen, sondern richtet ein recht Gericht. *5 Mos. 1, 16. 17.

25. Da-

25. Da sprachen Etliche von Jerusalem: Ist das nicht der, den sie suchten zu tödten? *v. 10.
26. Und siehe zu, er redet frei, und sie sagen ihm nichts. Erkennen unsere Obersten nun gewiß, daß er (gewiß) Christus sey?
27. Doch wir wissen, von wannen dieser ist; wenn aber Christus kommen wird, so wird Niemand wissen, von wannen er ist.
28. Da rief JEsus im Tempel, lehrete, und sprach: Ja, ihr kennet mich, und wisset, von wannen ich bin; und von mir selbst bin ich nicht gekommen, sondern es ist ein *Wahrhaftiger, der mich gesandt hat, welchen ihr nicht kennet. *c. 8, 26. 42.
29. Ich *kenne ihn aber; denn ich bin von ihm, und Er hat mich gesandt.
*c. 8, 55. Matth. 11, 27.
30. Da suchten sie ihn zu greifen; aber Niemand legte die Hand an ihn, *denn seine Stunde war noch nicht gekommen.
*c. 8, 20. Luc. 22, 53.
31. Aber *viele vom Volk glaubten an ihn, und sprachen: Wenn Christus kommen wird, wird er auch mehr Zeichen thun, denn dieser thut? *c. 8, 30. c. 10. 42. c. 11, 45.
32. Und es kam vor die Pharisäer, daß das Volk solches von ihm murmelte. Und sandten die Pharisäer und Hohenpriester Knechte aus, daß sie ihn griffen.
33. Da sprach JEsus zu ihnen: *Ich bin noch eine kleine Zeit bei euch, und dann gehe ich hin zu dem, der mich gesandt hat. *c. 13, 33.
34. Ihr *werdet mich suchen, und nicht finden; und da Ich bin, könnt ihr nicht hinkommen. *c. 8, 21.
35. Da sprachen die Juden unter einander: Wo will dieser hingehen, daß wir ihn nicht finden sollen? Will er unter die Griechen gehen, die hin und her zerstreuet liegen, und die Griechen lehren?
36. Was ist das für eine Rede, daß er saget: „Ihr werdet mich suchen, und nicht finden; und wo Ich bin, da könnet ihr nicht hinkommen!"
37. Aber am *letzten Tage des Festes, der am herrlichsten war, trat JEsus auf, rief und sprach: Wen da dürstet, der komme zu mir, und trinke. *3 Mos. 23, 30.
38. Wer an mich glaubet, *wie die Schrift saget, von deß Leibe werden Ströme des lebendigen Wassers fließen.
*Jes. 44, 3. Joel 3, 1.

39. Das sagte er aber von dem Geist, welchen empfangen sollten, die an ihn glaubten; denn der heilige Geist war noch nicht da, denn JEsus war noch nicht verkläret.
40. Viele nun vom Volk, die diese Rede höreten, sprachen: *Dieser ist ein rechter Prophet *5 Mos. 18, 18.
41. Die Andern sprachen: Er ist Christus. Etliche aber sprachen: *Soll Christus aus Galiläa kommen? *c. 1, 46.
42. Spricht nicht die Schrift: von dem Samen Davids, und aus dem Flecken *Bethlehem, da David war, solle Christus kommen? *Ps. 132, 11. Mich. 5, 1.
Matth. 2, 5. 6. c. 22, 42.
43. Also ward eine *Zwietracht unter dem Volk über ihn. *c. 9, 16.
44. Es wollten aber Etliche ihn greifen; *aber Niemand legte die Hand an ihn.
v. 30.
45. Die Knechte kamen zu den Hohenpriestern und Pharisäern. Und sie sprachen zu ihnen: Warum habt ihr ihn nicht gebracht?
46. Die Knechte antworteten: Es hat *nie kein Mensch also geredet, wie dieser Mensch. *Matth. 7, 28. f.
47. Da antworteten ihnen die Pharisäer: Seyd ihr auch verführet?
48. Glaubt auch irgend ein Oberster oder Pharisäer an ihn?
49. Sondern das Volk, das nichts vom Gesetz weiß, ist verflucht.
50. Spricht zu ihnen Nikodemus, der bei der Nacht zu ihm kam, welcher Einer unter ihnen war:
51. Richtet *unser Gesetz auch einen Menschen, ehe man ihn verhöret, und erkennet, was er thut? *2 Mos. 23, 1.
3 Mos. 19, 15. 5 Mos. 17, 8. c. 19, 15.
52. Sie antworteten, und sprachen zu ihm: Bist du auch ein Galiläer? Forsche und siehe, aus Galiläa stehet kein Prophet auf.
53. Und ein Jeglicher ging also heim.

Das 8. Capitel.

Von einer Ehebrecherin, Christi Person und Amt, folgen Jüngers Eigenschaften.

1. JEsus aber ging an den Oelberg.
2. Und früh Morgens kam er wieder in den Tempel, und alles Volk kam zu ihm; und er setzte sich, und lehrete sie.
3. Aber die Schriftgelehrten und Pharisäer brachten ein Weib zu ihm, im Ehebruch

bruch begriffen, und stelleten sie in's Mittel dar.

4. Und sprachen zu ihm: Meister, dies Weib ist begriffen auf frischer That im Ehebruch;

5. Moses aber hat uns *im Gesetz geboten, solche zu steinigen; was sagst Du?
  *2 Mos. 20, 10. 5 Mos. 22, 22. Hesek. 16, 38. 40.

6. Das sprachen sie aber, ihn zu versuchen, auf daß sie eine Sache zu ihm hätten. Aber JEsus bückte sich nieder, und schrieb mit dem Finger auf die Erde.

7. Als sie nun anhielten ihn zu fragen, richtete er sich auf, und sprach zu ihnen: Wer *unter euch ohne Sünde ist, der werfe den ersten Stein auf sie.
  *Röm. 2, 1.

8. Und bückte sich wieder nieder, und schrieb auf die Erde.

9. Da sie aber das höreten, gingen sie hinaus (von *ihrem Gewissen überzeugt) Einer nach dem Andern, von den Aeltesten an bis zu den Geringsten. Und JEsus ward gelassen allein, und das Weib im Mittel stehend.
  *Röm. 2, 22.

10. JEsus aber richtete sich auf; und da er Niemand sahe, denn das Weib, sprach er zu ihr: Weib, wo sind sie, deine Verkläger? Hat dich Niemand verdammt?

11. Sie aber sprach: HErr, Niemand. JEsus aber sprach: So *verdamme Ich dich auch nicht; gehe hin, und †sündige hinfort nicht mehr. *Cap. 3, 17. †Cap. 5, 14.

12. Da redete JEsus abermal zu ihnen, und sprach: Ich bin das *Licht der Welt; wer mir nachfolget, der wird nicht wandeln im Finsterniß, sondern wird das Licht des Lebens haben.
  *Jes. 9, 2. c. 1, 9. c. 9, 5. c. 12, 35. 36. Joh. 1, 5. 9. 9.

13. Da sprachen die Pharisäer zu ihm: Du zeugest von dir selbst; dein Zeugniß ist nicht wahr.

14. JEsus antwortete, und sprach zu ihnen: So Ich von mir selbst zeugen würde, so ist mein Zeugniß wahr; denn ich weiß, von wannen ich gekommen bin, und wohin ich gehe. Ihr aber wisset nicht, von wannen ich komme, und wo ich hingehe.

15. Ihr richtet nach dem Fleisch; Ich richte Niemand.

16. So Ich aber richte, so ist mein Gericht recht; denn ich bin *nicht alleine, sondern Ich und der Vater, der mich gesandt hat. *v. 29. c. 16, 32.

17. Auch stehet in einem Gesetz geschrieben, daß *zweier Menschen Zeugniß wahr sey. *3 Mos. 17, 6. c. 19, 15. Matth. 18, 16. 2 Cor. 13, 1. Ebr. 10, 28.

18. Ich bin es, der ich von mir selbst zeuge; und der Vater, der mich gesandt hat, zeuget auch von mir.

19. Da sprachen sie zu ihm: Wo ist dein Vater? JEsus antwortete: Ihr *kennet weder mich, noch meinen Vater; wenn ihr mich kenntet, so kennetet ihr auch meinen Vater. *c. 16, 3.

20. Diese Worte redete JEsus an dem Gottesknasten, da er lehrete im Tempel; und *Niemand griff ihn, denn seine Stunde war noch nicht gekommen.
  *c. 7, 30. Luc. 19, 47.

21. Da sprach JEsus abermal zu ihnen: Ich gehe hinweg, und ihr werdet mich suchen, und in eurer Sünde sterben; *wo Ich hingehe, da könnt ihr nicht hinkommen. *c. 7, 34. c. 13, 33.

22. Da *sprachen die Juden: Will er sich denn selbst tödten, daß er spricht: "Wo Ich hingehe, da könnet ihr nicht hinkommen?" *c. 7, 35.

23. Und er sprach zu ihnen: Ihr seyd von unten her, Ich bin von oben herab; ihr seyd von dieser Welt, Ich bin nicht von dieser Welt.

24. So habe ich euch gesagt, daß ihr sterben werdet in euren Sünden; denn so ihr nicht *glaubet, daß Ich es sey, so werdet ihr sterben in euren Sünden.
  *Marc. 16, 16.

25. Da sprachen sie zu ihm: Wer bist Du denn? Und JEsus sprach zu ihnen: Erstlich der, der ich mit euch rede.

26. Ich habe viel von euch zu reden und zu richten; aber der mich gesandt hat, ist wahrhaftig, und was Ich von ihm gehöret habe, das rede ich vor der Welt.

27. Sie vernahmen aber nicht, daß er ihnen von dem Vater sagte.

28. Da sprach JEsus zu ihnen: Wenn *ihr des Menschen Sohn erhöhen werdet, dann werdet ihr erkennen, daß Ich es sey, und nichts von mir selbst thue; sondern, wie mich mein Vater gelehret hat, so rede ich. *c. 3, 14. c. 12, 32.

29. Und der mich gesandt hat, *ist mit mir. Der Vater läßt mich nicht allein;

allein; denn Ich thue allezeit, was ihm gefällt.
*v. 18..

30. Da er solches redete, *glaubten Viele an ihn.
*v. 7, 81.

31. Da sprach nun JEsus zu den Juden, die an ihn glaubten: *So ihr bleiben werdet an meiner Rede, so seyd ihr meine rechten Jünger;
*v. 7, 17. c. 15, 10. 14.

32. Und werdet die Wahrheit erkennen, und die Wahrheit *wird euch frei machen.
*v. 64. f.

33. Da antworteten sie ihm: Wir sind Abrahams Samen, sind nie Jemandes Knechte gewesen; wie sprichst du denn: Ihr sollt frei werden!

34. JEsus antwortete ihnen, und sprach: Wahrlich, wahrlich, ich sage euch: *Wer Sünde thut, der ist der Sünde Knecht.
*Röm. 6, 16. 20. 2 Petr. 2, 19. 1 Joh. 3, 8.

35. Der *Knecht aber bleibet nicht ewiglich im Hause; der Sohn bleibet ewiglich.
*1 Mos. 21, 10.

36. So euch nun der Sohn *frei macht, so seyd ihr recht frei.
*v. 32. Röm. 4, 16. 23. 1 Cor. 7, 22. Gal. 8, 1.

37. Ich weiß wohl, daß ihr *Abrahams Samen seyd; aber ihr sucht mich zu tödten, denn meine Rede fähet nicht unter euch.
*Matth. 3, 9.

38. Ich rede, was ich von meinem Vater *gesehen habe; so thut ihr, was ihr von eurem Vater gesehen habt.
*v. 3, 52.

39. Sie antworteten, und sprachen zu ihm: *Abraham ist unser Vater. Spricht JEsus zu ihnen: Wenn ihr Abrahams Kinder wäret, so thätet ihr die Abrahams Werke.
*Matth. 3, 9. Luc. 3, 8.

40. Nun aber sucht ihr mich zu tödten, einen solchen Menschen, der ich euch *die Wahrheit gesagt habe, die ich von GOtt gehöret habe; das hat Abraham nicht gethan.
*Ps. 119, 151. 160.

41. Ihr thut eures Vaters Werke. Da sprachen sie zu ihm: Wir sind nicht unehelich geboren; wir haben Einen Vater, GOtt.

42. JEsus sprach zu ihnen: Wäre GOtt euer Vater, so liebtet ihr mich; denn Ich bin ausgegangen, und komme von GOtt; denn ich bin nicht von mir selbst gekommen, sondern Er hat mich gesandt.

43. Warum kennet ihr denn meine Sprache nicht! Denn ihr könnet ja mein Wort nicht hören.

44. Ihr *seyd von dem Vater dem Teufel, und nach eures Vaters Lust wollt ihr thun. Derselbige ist ein †Mörder von Anfang, und ist **nicht bestanden in der Wahrheit; denn die Wahrheit ist nicht in ihm. Wenn er die Lügen redet, so redet er von seinem Eigenen; denn er ist ††ein Lügner und ein Vater derselbigen.
*1 Joh. 3, 8. †1 Mos. 3, 1. **1 Petr. 5, 7. 8. Ep. Jud. v. 6.
††1 Mos. 21, 17.

45. Ich aber, weil ich die Wahrheit sage, so glaubet ihr mir nicht.
(Evang. am 5. Sonnt. in der Fasten Judica.)

46. Welcher *unter euch kann mich einer Sünde zeihen! So ich euch aber die Wahrheit sage, warum glaubet ihr mir nicht?
*Jes. 53, 9. 2 Cor. 5, 21. 1 Petr. 2, 22.

47. Wer *von GOtt ist, der höret GOttes Wort: darum höret ihr nicht, denn ihr seyd nicht von GOtt.
*c. 18, 37. 1 Joh. 4, 6.

48. Da antworteten die Juden, und sprachen zu ihm: Sagen wir nicht recht, daß Du ein Samariter bist, und *hast den Teufel?
*c. 7, 20.

49. JEsus antwortete: Ich habe keinen Teufel, sondern ich *ehre meinen Vater, und ihr unehret mich.
*c. 7, 18.

50. Ich *suche nicht meine Ehre; es ist aber Einer, der sie suchet und richtet.
*c. 5, 30. 41.

51. Wahrlich, wahrlich, ich sage euch: *So Jemand mein Wort wird halten, der wird den Tod nicht sehen ewiglich.
*c. 6, 40. 47.

52. Da sprachen die Juden zu ihm: Nun erkennen wir, daß du den Teufel hast. Abraham ist gestorben, und *die Propheten; und Du sprichst: So Jemand mein Wort hält, der wird den Tod nicht schmecken ewiglich!
*Sach 1, 5.

53. Bist Du mehr, denn unser Vater Abraham, welcher gestorben ist? und die Propheten sind gestorben. Was machst Du aus dir selbst!

54. JEsus antwortete: So Ich mich selbst ehre, so ist meine Ehre nichts. Es ist aber mein Vater, der mich ehret, welchen Ihr sprechet, er sey euer GOtt;

55. Und *kennet ihn nicht. Ich aber kenne ihn; und so ich würde sagen: Ich kenne ihn nicht; so würde ich ein Lügner, gleich-

gleichwie ihr seyd. Aber ich kenne ihn, und halte sein Wort. *v. 19. 29.*
56. Abraham, euer Vater, ward froh, daß er meinen Tag sehen sollte; und er sahe ihn, und freuete sich.
57. Da sprachen die Juden zu ihm: Du bist noch nicht fünfzig Jahre alt, und hast Abraham gesehen?
58. JEsus sprach zu ihnen: Wahrlich, wahrlich, ich sage euch: Ehe denn Abraham ward, bin Ich.
59. Da hoben *sie Steine auf, daß sie auf ihn würfen. Aber JEsus verbarg sich, und †ging zum Tempel hinaus, mitten durch sie hinstreichend.] *c. 10, 31.
†Luc. 4, 30.

Das 9. Capitel.
Der Blindgeborne wird von Christo sehend gemacht.

1. Und JEsus ging vorüber, und sahe Einen, der blind geboren war.
2. Und seine Jünger fragten ihn, und sprachen: Meister, *wer hat gesündiget, dieser, oder seine Eltern, daß er ist blind geboren? *Exod. 20, 5.
3. JEsus antwortete: Es hat weder dieser gesündiget, noch seine Eltern; sondern, daß *die Werke GOttes offenbar würden an ihm. *c. 11, 4.
4. Ich muß wirken die Werke deß, der mich gesandt hat, so lange es Tag ist; es kommt die Nacht, da Niemand wirken kann.
5. Dieweil Ich bin in der Welt, bin *Ich das Licht der Welt. *c. 1, 9. c. 8, 12.
6. Da er solches gesagt, spützete er auf die Erde, und machte einen Koth aus dem Speichel, und schmierete den Koth auf des Blinden Augen.
7. Und sprach zu ihm: Gehe hin zu dem *Teich Siloha (das ist verdolmetschet, gesandt), und wasche dich. Da ging er hin, und wusch sich, und kam sehend. *Neh. 3, 15.
8. Die Nachbarn, und die ihn zuvor gesehen hatten, daß er ein Bettler war, sprachen: Ist dieser nicht, der *da saß und bettelte? *Apost. 3, 2. 10.
9. Etliche sprachen: Er ist es. Etliche aber: Er ist ihm ähnlich. Er selbst aber sprach: Ich bin es.
10. Da sprachen sie zu ihm: Wie sind deine Augen aufgethan?
11. Er antwortete, und sprach: Der Mensch, der JEsus heißt, machte einen Koth, und schmierete meine Augen, und sprach: „Gehe hin zu dem Teich Siloha, und wasche dich." Ich ging hin, und wusch mich, und ward sehend.
12. Da sprachen sie zu ihm: Wo ist derselbige? Er sprach: Ich weiß nicht.
13. Da führeten sie ihn zu den Pharisäern, der weiland blind war.
14. (*Es war aber Sabbath, da JEsus den Koth machte und seine Augen öffnete.) *c. 5, 9.
15. Da fragten sie ihn abermal, auch die Pharisäer, wie er wäre sehend geworden. Er aber sprach zu ihnen: Koth legte er mir auf die Augen, und ich wusch mich, und bin nun sehend.
16. Da sprachen etliche der Pharisäer: Der Mensch ist nicht von GOtt, dieweil er den Sabbath nicht hält. Die Andern aber sprachen: *Wie kann ein sündiger Mensch solche Zeichen thun? Und es ward eine Zwietracht unter ihnen. *c. 3, 2.
17. Sie sprachen wieder zu dem Blinden: Was sagst du von ihm, daß er hat deine Augen aufgethan? Er aber sprach: Er ist ein Prophet.
18. Die Juden glaubten nicht von ihm, daß er blind gewesen und sehend geworden wäre, bis daß sie riefen die Eltern deß, der sehend war geworden.
19. Fragten sie, und sprachen: Ist das euer Sohn, welchen ihr sagt, er sey blind geboren? Wie ist er denn nun sehend?
20. Seine Eltern antworteten ihnen, und sprachen: Wir wissen, daß dieser unser Sohn ist, und daß er blind geboren ist.
21. Wie er aber nun sehend ist, wissen wir nicht; oder wer ihm hat seine Augen aufgethan, wissen wir auch nicht. Er ist alt genug; fragt ihn, laßt ihn selbst für sich reden.
22. Solches sagten seine Eltern; denn sie *fürchteten sich vor den Juden. Denn die Juden hatten sich schon vereiniget, so Jemand ihn für Christum bekennete, daß derselbige †in den Bann gethan würde. *c. 7, 13. †c. 12, 42.
23. Darum sprachen seine Eltern: Er ist alt genug, fragt ihn.
24. Da riefen sie zum andern Mal den Menschen, der blind gewesen war, und spra-

GOtt höret die Sünder nicht. Ev. Johannis 9. 10. JEsus die Thür

sprachen zu ihm: Gieb *GOtt die Ehre. Wir wissen, daß dieser Mensch ein Sünder ist. *Jos. 7, 19.

25. Er antwortete, und sprach: Ist er ein Sünder, das weiß ich nicht; Eins weiß ich wohl, daß ich blind war, und bin nun sehend.

26. Da sprachen sie wieder zu ihm: Was that er dir? Wie that er deine Augen auf?

27. Er antwortete ihnen: Ich habe es euch jetzt gesagt, habt ihr es nicht gehöret? Was wollt ihr es abermal hören? Wollt ihr auch seine Jünger werden?

28. Da fluchten sie ihm, und sprachen: Du bist sein Jünger; wir aber sind Mosis Jünger.

29. Wir wissen, daß GOtt mit Mose geredet hat; dieser aber wissen wir nicht, von wannen er ist.

30. Der Mensch antwortete, und sprach zu ihnen: Das ist ein wunderlich Ding, daß ihr nicht wisset, von wannen er sey; und er hat meine Augen aufgethan.

31. Wir wissen aber, daß *GOtt die Sünder nicht höret; sondern so Jemand gottesfürchtig ist, und thut seinen Willen, den höret er. *Hiob 27, 9. c. 35, 12. Ps. 66, 18.

32. Von der Welt an ist es nicht erhöret, daß Jemand einem gebornen Blinden die Augen aufgethan habe.

33. *Wäre dieser nicht von GOtt, er könnte nichts thun. *v. 16.

34. Sie antworteten, und sprachen zu ihm: Du bist ganz in Sünden geboren, und lehrest uns? Und stießen ihn hinaus.

35. Es kam vor JEsum, daß sie ihn ausgestoßen hatten. Und da er ihn fand, sprach er zu ihm: Glaubest du an den Sohn GOttes?

36. Er antwortete, und sprach: HErr, welcher ist es? auf daß ich an ihn glaube.

37. JEsus sprach zu ihm: Du hast ihn gesehen, und der *mit dir redet, der ist es. *c. 4, 26.

38. Er aber sprach: HErr, ich glaube. Und betete ihn an.

39. Und JEsus sprach: Ich bin zum Gericht auf diese Welt gekommen, auf daß, die da nicht sehen, sehend werden, und *die da sehen, blind werden. *Matth. 13, 13.

40. Und solches höreten etliche der Pharisäer, die bei ihm waren, und sprachen zu ihm: Sind wir denn auch blind?

41. JEsus sprach zu ihnen: Wäret ihr blind, so hättet ihr keine Sünde; nun ihr aber sprechet: Wir sind sehend, bleibet eure Sünde.

Das 10. Capitel.

Vom Schäflein, dem guten Hirten, und seinen Schafen.
Christus ist in der Mitten der.

(Evangelium am Pfingstdienstage)

1. Wahrlich, wahrlich, ich sage euch: Wer nicht zur Thür hineingehet in den Schafstall, sondern steiget anderswo hinein, der ist ein Dieb und ein Mörder.

2. Der aber zur Thür hinein gehet, der ist ein Hirte der Schafe.

3. Demselbigen thut der Thürhüter auf, und die Schafe hören seine Stimme; und er ruft seine Schafe *mit Namen, und führet sie aus. *Jes. 43, 1.

4. Und wenn er seine Schafe hat ausgelassen, gehet er vor ihnen hin, und die Schafe folgen ihm nach: denn sie kennen seine Stimme.

5. Einem Fremden aber folgen sie nicht nach, sondern fliehen von ihm; denn sie kennen der Fremden Stimme nicht.

6. Diesen Spruch sagte JEsus zu ihnen; sie verstunden aber nicht, was es war, das er zu ihnen sagte.

7. Da sprach JEsus wieder zu ihnen: Wahrlich, wahrlich, ich sage euch: Ich bin die Thür zu den Schafen.

8. Alle, die vor mir gekommen sind, *die sind Diebe und Mörder gewesen; aber die Schafe haben ihnen nicht gehorchet. *Jer. 23, 1.

9. Ich bin die Thür; so Jemand durch mich eingehet, der wird selig werden, und wird ein- und ausgehen, und Weide finden.

10. Ein Dieb kommt nicht, denn daß er stehle, würge und umbringe.

11. Ich bin gekommen, daß sie das Leben und *volle Gnüge haben sollen.] *c. 1, 4. Jes. 40, 11.

(Evang. am Sonnt. Misericordias Domini.)

12. Ich bin *ein guter Hirte. Ein guter Hirte läßt sein Leben für die Schafe. Ein Miethling aber, der nicht Hirte ist, deß die Schafe nicht eigen sind, siehet den Wolf kommen, und verläßt die Schafe, und fliehet; und der Wolf erhaschet und zerstreuet die Schafe.

13. Der

13. Der Miethling aber fliehet; denn er ist ein Miethling, und achtet der Schafe nicht.
14. Ich bin ein guter Hirte, *und erkenne die Meinen, und bin bekannt den Meinen;
  * 2 Tim. 2, 19.
15. Wie mich mein Vater kennet, und Ich kenne den Vater. Und ich lasse mein Leben für die Schafe.
16. Und ich habe *noch andere Schafe, die sind nicht aus diesem Stalle. Und dieselbigen muß ich herführen, und sie werden meine Stimme hören, und wird Eine Heerde und Ein Hirte werden.]
  * Jesaj. 57, 19. Mich. 2, 12. Eph. 2, 19.
17. Darum liebet mich mein Vater, daß Ich mein Leben lasse, auf daß ich es wieder nehme.
18. Niemand nimmt es von mir, sondern Ich lasse es von mir selber. Ich habe es Macht zu lassen, und habe es Macht wieder zu nehmen. *Solches Gebot habe ich empfangen von meinem Vater.
  * c. 14, 31.
19. Da ward aber *eine Zwietracht unter den Juden über diesen Worten.
  * c. 7, 43. c. 9, 16.
20. Viele unter ihnen sprachen: Er hat den Teufel, und ist unsinnig; was höret ihr ihm zu!
21. Die Andern sprachen: Das sind nicht Worte eines Besessenen; kann der Teufel auch der Blinden Augen aufthun?
22. Es war aber Kirchweihe zu Jerusalem, und war Winter.
23. Und JEsus wandelte im Tempel, in der *Halle Salomonis.
  * Apost. 3, 11.
24. Da umringeten ihn die Juden, und sprachen zu ihm: Wie lange hältst du unsere Seelen auf! Bist Du Christus, so *sage es uns frei heraus!
  * v. 30, 33.
25. JEsus antwortete ihnen: Ich habe es euch gesagt, und ihr glaubet nicht. Die Werke, die Ich thue in meines Vaters Namen, die *zeugen von mir.
  * c. 5, 36.
26. Aber ihr *glaubet nicht; denn ihr seyd meine Schafe nicht, als ich euch gesagt habe.
  * v. 3, 43.
27. Denn *meine Schafe hören meine Stimme, und Ich kenne sie, und sie folgen mir;
  * c. 8, 47.
28. Und Ich gebe ihnen das ewige Leben; und sie werden nimmermehr umkommen, und Niemand wird sie mir aus meiner Hand reißen.
29. Der Vater, der sie mir gegeben hat, ist *größer, denn Alles; und Niemand kann sie aus meines Vaters Hand reißen.
  * c. 14, 28.
30. Ich und der Vater sind eins.
31. Da hoben die Juden abermal Steine auf, daß sie ihn steinigten.
32. JEsus antwortete ihnen: Viele gute Werke habe ich euch erzeiget von meinem Vater; um welches Werk unter denselben *steiniget ihr mich?
  * c. 8, 59.
33. Die Juden antworteten ihm, und sprachen: Um des guten Werks willen steinigen wir dich nicht; sondern um der Gotteslästerung willen, und daß du ein Mensch bist, und machst dich selbst einen GOtt.
34. JEsus antwortete ihnen: Stehet nicht geschrieben *in eurem Gesetz: "Ich habe gesagt, ihr seyd Götter?"
  * Ps. 82, 6.
35. So er die "Götter" nennet, zu welchen das Wort GOttes geschah (und die Schrift kann doch nicht gebrochen werden);
36. Sprechet ihr denn zu dem, den der Vater geheiliget und in die Welt gesandt hat: Du lästerst GOtt; darum, daß ich sage: "Ich bin GOttes Sohn?" c. 5, 17. 18.
37. Thue ich nicht die Werke meines Vaters, so glaubet mir nicht.
38. Thue Ich sie aber, *glaubet doch den Werken, wollt ihr mir nicht glauben, auf daß ihr erkennet und glaubet, daß der Vater in mir ist, und Ich in Ihm.
  * c. 14, 11.
39. Sie suchten abermal ihn zu greifen; aber *er entging ihnen aus ihren Händen.
  * v. 31. 39. Luc. 4, 30.
40. Und zog hin wieder jenseit des Jordans an den Ort, *da Johannes vorhin getaufet hatte, und blieb allda.
  * c. 1, 28.
41. Und Viele kamen zu ihm, und sprachen: Johannes that kein Zeichen; aber Alles, was Johannes von diesem gesagt hat, das ist wahr.
42. Und glaubten allda Viele an ihn.

Das 11. Capitel.
Von Erweckung des verstorbenen Lazarus.

1. Es lag aber Einer krank, mit Namen Lazarus, von Bethania, in dem Flecken *Mariä und ihrer Schwester Martha.
  * Luc. 10, 38. 39.

2. (Maria

2. (Maria aber war, *die den HErrn gesalbet hatte mit Salben, und seine Füße getrocknet mit ihrem Haar, derselbigen Bruder Lazarus lag krank.)
   * v. 12, 3. Matth. 26, 7.

3. Da sandten seine Schwestern zu ihm, und ließen ihm sagen: HErr, siehe, den du lieb hast, der liegt krank.

4. Da JEsus das hörete, sprach er: Die Krankheit ist nicht zum Tode, sondern zur Ehre *GOttes, daß der Sohn GOttes dadurch geehret werde. * v. 40. 2.

5. JEsus aber hatte Martham lieb, und ihre Schwester, und Lazarum.

6. Als er nun hörete, daß er krank war, blieb er zween Tage an dem Ort, da er war.

7. Darnach spricht er zu seinen Jüngern: Lasset uns wieder in Judäam ziehen.

8. Seine Jünger sprachen zu ihm: Meister, *jenes Mal wollten die Juden dich steinigen; und du willst wieder dahin ziehen? * v. 8. 59.

9. JEsus antwortete: Sind nicht des Tages zwölf Stunden? Wer *des Tages wandelt, der stößt sich nicht; denn er siehet das Licht dieser Welt. * v. 8. 4.
   * v. 12, 35.

10. Wer aber *des Nachts wandelt, der stößt sich; denn es ist kein Licht in ihm. * c. 12, 35.

11. Solches sagte er, und darnach spricht er zu ihnen: Lazarus, unser Freund, *schläft; aber ich gehe hin, daß ich ihn aufwecke. * Matth. 9, 24.

12. Da sprachen seine Jünger: HErr, schläft er, so wird es besser mit ihm.

13. JEsus aber sagte von seinem Tode; sie meineten aber, er redete dem leiblichen Schlaf.

14. Da sagte es ihnen JEsus frei heraus: Lazarus ist gestorben;

15. Und ich bin froh um euretwillen, daß ich nicht da gewesen bin, auf daß ihr glaubet. Aber laßt uns zu ihm ziehen.

16. Da sprach Thomas, der da genannt ist Zwilling, zu den Jüngern: Laßt uns mitziehen, daß wir mit ihm sterben.

17. Da kam JEsus, und fand ihn, daß er schon vier Tage im Grabe gelegen war.

18. (Bethania aber war nahe bei Jerusalem, bei funfzehn Feldweges.)

19. Und viele Juden waren zu Martha und Maria gekommen, sie zu trösten über ihren Bruder.

20. Als Martha nun hörete, daß JEsus kommt, gehet sie ihm entgegen; Maria aber blieb daheime sitzen.

21. Da sprach Martha zu JEsu: HErr, wärest du hier gewesen, mein Bruder wäre nicht gestorben!

22. Aber ich weiß auch noch, daß, *was du bittest von GOtt, das wird dir GOtt geben. * c. 9, 31. 32.

23. JEsus spricht zu ihr: Dein Bruder soll auferstehen.

24. Martha spricht zu ihm: Ich weiß wohl, daß er *auferstehen wird in der Auferstehung am jüngsten Tage.
   * c. 5, 29. Luc. 14, 14.

25. JEsus spricht zu ihr: Ich bin die Auferstehung und das Leben. Wer an mich glaubet, der wird leben, ob er gleich stürbe.

26. Und wer da lebet, und *glaubet an mich, der wird nimmermehr sterben. Glaubest du das?
   * c. 6, 35. 40. 50.

27. Sie spricht zu ihm: HErr, ja, *ich glaube, daß Du bist Christus, der Sohn GOttes, der in die Welt gekommen ist. * c. 6, 69.

28. Und da sie das gesagt hatte, ging sie hin, und rief ihre Schwester Maria heimlich, und sprach: Der Meister ist da, und ruft dich.

29. Dieselbige, als sie das hörete, stand sie eilend auf, und kam zu ihm.

30. (Denn JEsus war noch nicht in den Flecken gekommen, sondern war noch an dem Ort, *da ihm Martha war entgegen gekommen.) * v. 20.

31. Die Juden, die bei ihr im Hause waren, und trösteten sie, da sie sahen Maria, daß sie eilend aufstand und hinaus ging, folgten sie ihr nach, und sprachen: Sie gehet hin zum Grabe, daß sie daselbst weine.

32. Als nun Maria kam, da JEsus war, und sahe ihn, fiel sie zu seinen Füßen, und sprach zu ihm: HErr, wärest Du hier gewesen, mein Bruder wäre nicht gestorben.

33. Als JEsus sie sahe weinen, und die Juden auch weinen, die mit ihr kamen, ergrimmete er im Geist, und betrübte sich selbst.

34. Und

34. Und sprach: Wo habt ihr ihn hingelegt? Sie sprachen zu ihm: HErr, komm und siehe es.
35. Und *JEsu gingen die Augen über. *Ioc. IV, 41.
36. Da sprachen die Juden: Siehe, wie hat er ihn so lieb gehabt!
37. Etliche aber unter ihnen sprachen: Konnte, der dem Blinden die Augen aufgethan hat, nicht verschaffen, daß auch dieser nicht stürbe?
38. JEsus aber ergrimmete abermal in ihm selbst, und kam zum Grabe. Es war aber eine Kluft, und *ein Stein darauf gelegt. *Matth. 27, 60.
39. JEsus sprach: Hebt den Stein ab. Spricht zu ihm Martha, die Schwester des Verstorbenen: HErr, er stinket schon; denn er ist vier Tage gelegen.
40. JEsus spricht zu ihr: Habe ich dir nicht gesagt, so du glauben würdest, du solltest *die Herrlichkeit GOttes sehen? *Eben. 8, 4.
41. Da hoben sie den Stein ab, da der Verstorbene lag. JEsus aber *hob seine Augen empor, und sprach: Vater, ich danke dir, daß du mich erhöret hast. *Matth. X, 34.
42. Doch Ich weiß, daß du mich allezeit hörest; sondern um *des Volks willen, das umher stehet, sage ich es, daß sie glauben, Du habest mich gesandt. *c. 12, 30.
43. Da er das gesagt hatte, rief er mit lauter Stimme: Lazare, komm heraus!
44. Und der Verstorbene kam heraus, gebunden mit Grabtüchern, an Füßen und Händen, und sein Gesicht verhüllet mit einem Schweißtuch. JEsus spricht zu ihnen: Löset ihn auf, und laßt ihn gehen.
45. Viele nun der Juden, die zu Maria gekommen waren, und sahen, was JEsus that, glaubten an ihn.
46. Etliche aber von ihnen gingen hin zu den Pharisäern, und sagten ihnen, was JEsus gethan hatte.
47. Da *versammelten die Hohenpriester und die Pharisäer einen Rath, und sprachen: Was thun wir! Dieser Mensch thut viel Zeichen. *Matth. 26, 3. Luc. 22, 2
48. Lassen wir ihn also, so werden sie Alle an ihn glauben. So kommen dann die Römer, und nehmen uns Land und Leute.

49. Einer aber unter ihnen, Caiphas, der desselben Jahrs Hoherpriester war, sprach zu ihnen: Ihr wisset nichts.
50. Bedenket auch nichts; es *ist uns besser, Ein Mensch sterbe für das Volk, denn daß das ganze Volk verderbe. *c. 1, 10, 14.
51. Solches aber redete er nicht von sich selbst; sondern, dieweil er desselbigen Jahrs Hoherpriester war, weissagte er. Denn JEsus sollte sterben für das Volk;
52. Und nicht für das Volk allein; sondern daß er die Kinder GOttes, die zerstreuet waren, *zusammen brächte. *c. 10, 16. Eph. 2, 14.
53. Von dem Tage an rathschlagten sie, wie sie ihn tödteten.
54. JEsus aber wandelte nicht mehr frei unter den Juden, sondern ging von dannen in eine Gegend nahe bei der Wüste in eine Stadt, genannt Ephrem, und hatte sein Wesen daselbst mit seinen Jüngern.
55. Es war aber nahe die Ostern der Juden; und es gingen Viele hinauf gen Jerusalem, aus der Gegend, vor den Ostern, *daß sie sich reinigten. *2 Chron. 30, 17.
56. Da standen sie, und fragten nach JEsu, und redeten mit einander im Tempel: Was dünket euch, daß er nicht kommt auf das Fest?
57. Es hatten aber die Hohenpriester und Pharisäer lassen ein Gebot ausgehen, so Jemand wüßte, wo er wäre, daß er es anzeigete, daß sie ihn griffen.

Das 12. Capitel.

Christi Salbung, Einzug in Jerusalem, Gespräch von der Stimme seines Lebens, Rede vom Glauben und Unglauben.

1. Sechs Tage vor den Ostern *kam JEsus gen Bethanien, da Lazarus war, der Verstorbene, welchen JEsus auferweckt hatte von den Todten. *Matth. 26, 6. Marc. 14, 3.

2. Daselbst machten sie ihm ein Abendmahl, und Martha dienete; *Lazarus aber war deren Einer, die mit ihm zu Tische saßen. *c. 11, 14. 43.

3. Da nahm *Maria ein Pfund Salben von ungefälschter köstlicher Narde, und salbte die Füße JEsu, und trocknete mit ihrem Haar seine Füße; das Haus aber ward voll vom Geruch der Salben. *Marc. 14, 3.

4. Da

4. Da sprach *seiner Jünger einer, Judas, Simonis Sohn, Ischarioths, der ihn hernach verrieth: *Matth. 26, 8.
5. Warum ist diese Salbe nicht verkauft um drei hundert Groschen, und den Armen gegeben?
6. Das sagte er aber nicht, daß er nach den Armen fragte; sondern er war ein Dieb, und hatte den Beutel, und trug, was gegeben ward.
7. Da sprach JEsus: Laßt sie mit Frieden; solches hat sie behalten zum Tage meines Begräbnisses.
8. Denn *Arme habt ihr allezeit bei euch; mich aber habt ihr nicht allezeit.
*5 Mos. 15, 11. Matth. 26, 11.
9. Da erfuhr viel Volks der Juden, daß er daselbst war, und kamen nicht um JEsu willen allein, sondern daß sie auch Lazarum sähen, *welchen er von den Todten erwecket hatte. *c. 11, 43. 44.
10. Aber die Hohenpriester trachteten darnach, daß sie auch Lazarum tödteten.
11. Denn um seinetwillen gingen viele Juden hin, und glaubten an JEsum.
12. Des andern Tages, *viel Volks, das auf das Fest gekommen war, da es hörete, daß JEsus kommt gen Jerusalem; *Matth. 21, 8. Marc. 11, 8.
13. Nahmen sie Palmenzweige, und gingen hinaus ihm entgegen, und schrieen: Hosianna! gelobet sey, der da kommt in dem Namen des HErrn, ein König von Israel! *Ps. 118, 25. 26. Matth. 21, 9.
14. JEsus aber überkam ein *Eselein, und ritte darauf; wie denn geschrieben stehet: *Matth. 21, 7.
15. *Fürchte dich nicht, du Tochter Zion; siehe, *dein König kommt reitend auf einem Eselsfüllen. *Sach. 9, 9.
Jes. 62, 11. Matth. 21, 5.
16. Solches aber verstanden seine Jünger zuvor nicht; sondern da JEsus verkläret ward, da dachten sie daran, daß solches war von ihm geschrieben, und sie solches ihm gethan hatten.
17. Das Volk aber, das mit ihm war, da er Lazarum aus dem Grabe rief und von den Todten auferweckte, rühmete die That.
18. Darum ging ihm auch das Volk entgegen, da sie höreten, er hätte solches Zeichen gethan.

19. Die Pharisäer aber sprachen unter einander: Ihr sehet, daß ihr nichts ausrichtet; siehe, alle Welt läuft ihm nach.
20. Es waren aber etliche Griechen unter denen, die *hinauf gekommen waren, daß sie anbeteten, auf das Fest. *1 Kön. 8, 41.
21. Die traten zu Philippo, der von Bethsaida aus Galiläa war, baten ihn, und sprachen: Herr, wir wollten JEsum gerne sehen.
22. Philippus kommt, und sagt es Andreas, und Philippus und Andreas sagten es weiter JEsu.
23. JEsus aber antwortete ihnen, und sprach: Die Zeit ist gekommen, daß des Menschen Sohn verkläret werde.

(Evangelium am Tage Laurentii.)

24. Wahrlich, wahrlich, ich sage euch: Es sey denn, daß *das Weizenkorn in die Erde falle und ersterbe, so bleibet es alleine; wo es aber ersticbt, so bringet es viel Früchte. *1 Cor. 15, 36. 37.
25. *Wer sein Leben lieb hat, der wird es verlieren; und wer sein Leben auf dieser Welt hasset, der wird es erhalten zum ewigen Leben. *Matth. 10, 39. Luc. 17, 33.
26. Wer mir dienen will, der folge mir nach; und wo *Ich bin, da soll mein Diener auch seyn. Und wer mir dienen wird, den wird mein Vater †ehren. *c. 14, 3. †1 Sam. 2, 30.
27. Jetzt ist *meine Seele betrübt. Und was soll ich sagen? Vater, hilf mir aus dieser Stunde; doch darum bin ich in diese Stunde gekommen. *Matth. 26, 38.
28. Vater, verkläre deinen Namen! Da kam eine Stimme vom Himmel: „Ich habe ihn verkläret, und will ihn abermal verklären."
29. Da sprach das Volk, das dabei stand und zuhörte: Es donnerte. Die Andern sprachen: Es redete ein Engel mit ihm.
30. JEsus antwortete, und sprach: Diese Stimme ist nicht um meinetwillen geschehen, sondern um *euretwillen. *c. 11, 42.
31. Jetzt gehet *das Gericht über die Welt; nun wird der Fürst dieser Welt ausgestoßen werden. *c. 16, 11.
32. Und Ich, wenn ich *erhöhet werde von der Erde, so will ich sie Alle zu mir ziehen. *c. 3, 9, 14.
33. Das sagte er aber, zu deuten, welches Todes er sterben würde.

34. Da

34. Da antwortete ihm das Volk: Wir haben gehöret im Gesetz, daß Christus ewiglich bleibe; und wie sagst Du denn: „Des Menschen Sohn muß erhöhet werden." Wer ist dieser Menschen-Sohn?
* Ps. 110, 4.

35. Da sprach JEsus zu ihnen: Es ist *das Licht noch eine kleine Zeit bei euch. Wandelt, dieweil ihr das Licht habt, daß euch die Finsterniß nicht überfalle. †Wer im Finsterniß wandelt, der weiß nicht, wo er hin gehet. *c. 1, 9. c. 8, 12. †c. 11, 10.

36. Glaubet an das Licht, dieweil ihr es habt, auf daß ihr des *Lichtes Kinder seyd. *Eph. 5, 8.

37. Solches redete JEsus, und ging weg, und verbarg sich vor ihnen. Und ob er wohl solche Zeichen vor ihnen that, glaubten sie doch nicht an ihn;

38. Auf daß erfüllet würde der Spruch des Propheten Jesaia, den er sagt: „HErr, wer glaubet unserm Predigen! Und wem ist der Arm des HErrn geoffenbaret!" *Jes. 53, 1. Röm. 10, 16.

39. Darum konnten sie nicht glauben; denn *Jesaias sagt abermal: *Jes. 6, 9. 10.

40. „Er hat ihre Augen verblendet, und ihr Herz verstocket, daß sie mit den Augen nicht sehen, noch mit dem Herzen vernehmen, und sich bekehren, und ich ihnen hülfe."

41. Solches sagte Jesaias, *da er seine Herrlichkeit sahe, und redete von ihm.
* Jes. 6, 1.

42. Doch der Obersten glaubten viele an ihn; aber um der Pharisäer willen bekannten sie es nicht, daß sie nicht in den Bann gethan würden.

43. Denn sie *hatten lieber die Ehre bei den Menschen, denn die Ehre bei GOtt.
* c. 5, 44.

44. JEsus aber rief, und sprach: Wer an mich glaubet, der glaubet nicht an mich, sondern *an den, der mich gesandt hat. *1 Petr. 1, 21.

45. Und *wer mich siehet, der siehet den, der mich gesandt hat. *c. 14, 9.

46. *Ich bin gekommen in die Welt *ein Licht, auf daß, wer an mich glaubet, nicht im Finsterniß bleibe. *c. 8, 12. c. 9, 39.

47. Und wer meine Worte höret, und glaubet nicht, den werde Ich nicht richten; (denn ich bin nicht gekommen, daß ich die Welt richte, sondern, daß ich die Welt selig mache.)

48. Wer mich verachtet, und nimmt meine Worte nicht auf, der hat schon, der ihn richtet; das Wort, welches Ich geredet habe, das wird ihn richten am jüngsten Tage.

49. Denn Ich habe nicht von mir selber geredet; sondern *der Vater, der mich gesandt hat, der hat mir ein Gebot gegeben, was ich thun und reden soll. *c. 14, 10.

50. Und ich weiß, daß sein Gebot ist das ewige Leben. Darum, das Ich rede, das rede ich also, wie mir der Vater gesagt hat.

Das 13. Capitel.

Die Fußwaschung. Judas der Verräther. Christi Erklärung. Petri Verleugnung.
(Evangelium am grünen Donnerstage.)

1. Vor *dem Fest aber der Ostern, da JEsus erkannte, daß seine Zeit gekommen war, daß er aus dieser Welt ginge zum Vater; wie er hatte geliebet die Seinen, die in der Welt waren, so liebte er sie bis an's Ende. * Matth. 26, 2.

2. Und nach dem Abendessen (da schon der *Teufel hatte dem Judas Simonis Ischarioth in's Herz gegeben, daß er ihn verriethe); *Vers. 26. 27.

3. *Wußte JEsus, daß ihm der Vater hatte Alles in seine Hände gegeben, und daß er von GOtt gekommen war, und zu GOtt ging; *c. 16, 28.

4. Stand er vom Abendmahl auf, legte seine Kleider ab, und nahm einen Schurz, und umgürtete sich.

5. Darnach goß er Wasser in ein Becken, hob an den Jüngern die Füße zu waschen, und trocknete sie mit dem Schurz, damit er umgürtet war.

6. Da kam er zu Simon Petro; und derselbige sprach zu ihm: HErr, sollst Du mir meine Füße waschen?

7. JEsus antwortete und sprach zu ihm: Was Ich thue, das weißt du jetzt nicht; du wirst es aber hernach erfahren.

8. Da sprach Petrus zu ihm: Nimmermehr sollst du mir die Füße waschen. JEsus antwortete ihm: Werde Ich dich nicht waschen, so hast du kein Theil mit mir.

9. Spricht zu ihm Simon Petrus: HErr, nicht die Füße allein, sondern auch die Hände und das Haupt!

10. Spricht JEsus zu ihm: Wer gewaschen ist, der darf nicht, denn die Füße waschen,

waschen, sondern er ist ganz rein. Und ihr *seyd rein; aber nicht Alle. *c. 15, 3.

11. Denn er *wußte seinen Verräther wohl; darum sprach er: Ihr seyd nicht Alle rein. *v. 9, 04.

12. Da er nun ihre Füße gewaschen hatte, nahm er seine Kleider, und setzte sich wieder nieder, und sprach abermal zu ihnen: Wisset ihr, was ich euch gethan habe?

13. Ihr heißet mich *Meister und HErr, und saget recht daran; denn ich bin es auch. *Matth. 23, 6. 10.

14. So nun *Ich, euer HErr und Meister, euch die Füße gewaschen habe, so sollt ihr auch euch unter einander die Füße waschen. *Luc. 22, 27.

15. Ein *Beispiel habe ich euch gegeben, daß ihr thut, wie Ich euch gethan habe.] *1 Petr. 2, 21. 1 Joh. 2, 6.

16. Wahrlich, wahrlich, ich sage euch: *Der Knecht ist nicht größer, denn sein Herr, noch der Apostel größer, denn der ihn gesandt hat. *c. 15, 20. Matth. 10, 24.

17. So ihr solches wisset, selig seyd ihr, so ihr es thut.

18. Nicht sage ich von euch Allen. Ich weiß, welche Ich erwählet habe. Sondern daß die Schrift *erfüllet werde: „Der mein Brot isset, der tritt mich mit Füßen." *Ps. 41, 10. 1.

19. Jetzt sage ich es euch, ehe denn es geschiehet, auf daß, wenn es geschehen ist, daß ihr glaubet, daß Ich es bin.

20. Wahrlich, wahrlich, ich sage euch: *Wer aufnimmt, so ich Jemand senden werde, der nimmt mich auf; wer aber mich aufnimmt, der nimmt den auf, der mich gesandt hat. *Luc. 9, 48. c. 12, 10. Matth. 10, 40.

21. Da JEsus solches gesagt hatte, ward er betrübt im Geist, und zeugete, und sprach: *Wahrlich, wahrlich, ich sage euch: Einer unter euch wird mich verrathen. *Matth. 26, 21.

22. Da sahen sich die Jünger unter einander an, und ward ihnen bange, von welchem er redete.

23. Es war *aber Einer unter seinen Jüngern, der zu Tische saß an der Brust JEsu, welchen JEsus lieb hatte. *c. 21, 20.

24. Dem winkte Simon Petrus, daß er forschen sollte, wer es wäre, von dem er sagte.

25. Denn derselbige lag an der Brust JEsu, und sprach zu ihm: HErr, wer ist es?

26. JEsus antwortete: Der ist es, dem ich *den Bissen eintauche und gebe. Und er tauchte den Bissen ein, und gab ihn Juda Simonis Ischarioth. *Matth. 26, 23.

27. Und nach dem Bissen fuhr der Satan in ihn. Da sprach JEsus zu ihm: Was du thust, das thue bald.

28. Dasselbige aber wußte Niemand über dem Tische, wozu er es ihm sagte.

29. Etliche meineten, dieweil Judas *den Beutel hatte, JEsus spräche zu ihm: Kaufe, was uns noth ist auf das Fest; oder, daß er den Armen etwas gäbe. *c. 12, 6.

30. Da er nun den Bissen genommen hatte, ging er so bald hinaus. Und es war Nacht.

31. Da er aber hinaus gegangen war, spricht JEsus: Nun ist des Menschen Sohn verkläret, und GOtt ist verkläret in ihm.

32. Ist GOtt verkläret in ihm, *so wird ihn GOtt auch verklären in ihm selbst, und wird ihn bald verklären. *c. 12, 23. c. 17, 1.

33. Lieben Kindlein, ich bin noch eine kleine Weile bei euch. Ihr werdet mich suchen; und, wie ich *zu den Juden sagte, wo Ich hingehe, da könnet ihr nicht hinkommen. *c. 7, 34. c. 8, 21.

34. Und ich sage euch nun: Ein neu Gebot gebe ich euch, daß *ihr euch unter einander liebet, wie ich euch geliebet habe, auf daß auch ihr einander lieb habet. *1 Joh. 15, 12. f.

35. Dabei wird Jedermann erkennen, daß ihr meine Jünger seyd, so ihr Liebe unter einander habt.

36. Spricht Simon Petrus zu ihm: HErr, wo gehest du hin? JEsus antwortete ihm: Da *ich hingehe, kannst du mir dies Mal nicht folgen; aber du wirst mir hernachmals folgen. *c. 7, 34.

37. Petrus spricht zu ihm: HErr, warum kann ich dir dies Mal nicht folgen? Ich will mein Leben für dich lassen!

38. JEsus antwortet ihm: Solltest du dein Leben für mich lassen? Wahrlich, wahrlich, ich sage dir: *Der Hahn wird nicht krähen, bis du mich drei Mal habest verleugnet. *Matth. 26, 34. 75. Luc. 22, 34.

Das 14. Capitel.

Von Christi völligem Hingange. Vom Glauben und der Liebe, Gebet, dem heiligen Geist und rechten Frieden.

(Evangelium am Tage Philippi und Jacobi.)

1. Und er sprach zu seinen Jüngern: *Euer Herz erschrecke nicht. Glaubet ihr an GOtt, so glaubet ihr auch an mich. *v. 27.
2. In meines Vaters Hause sind *viele Wohnungen. Wenn es nicht so wäre, so wollte Ich zu euch sagen: Ich gehe hin, euch die Stätte zu bereiten. *2 Cor. 5, 1.
3. Und ob Ich hingienge, euch die Stätte zu bereiten, will Ich doch wiederkommen, und euch *zu mir nehmen, auf daß ihr seyd, wo Ich bin. *c. 12, 26. c. 17, 24.
4. Und wo Ich hingehe, das wisset ihr, und den Weg wisset ihr auch.
5. Spricht zu ihm Thomas: HErr, wir wissen nicht, wo du hingehest; und wie können wir den Weg wissen?
6. JEsus spricht zu ihm: *ICH bin der Weg und die Wahrheit und das Leben; Niemand kommt zum Vater, denn †durch mich. *Ebr. 9, 8. †Ebr. 2, 10. c. 9, 12. Ebr. 7, 25. c. 10, 10. 2 Cor. 5, 1. 1 Petr. 1, 21.
7. Wenn ihr mich kennetet, so kennetet ihr auch meinen Vater. Und von nun an kennet ihr ihn, und habt ihn gesehen.
8. Spricht zu ihm Philippus: HErr, zeige uns den Vater, so genüget uns.
9. JEsus spricht zu ihm: So lange bin Ich bei euch, und du kennest mich nicht? Philippe, wer mich siehet, der siehet den Vater. Wie sprichst du denn: Zeige uns den Vater!
10. Glaubest du nicht, daß Ich *im Vater, und der Vater in mir ist? Die Worte, die Ich zu euch rede, die rede Ich nicht von mir selbst. Der Vater aber, der in mir wohnet, derselbige thut die Werke. *c. 10, 38.
11. Glaubet mir, daß Ich *im Vater, und der Vater in mir ist; wo nicht, †so glaubet mir doch um der Werke willen. *v. 20. †c. 10, 25. 38.
12. Wahrlich, wahrlich, ich sage euch: Wer an mich glaubet, der wird die Werke auch thun, die Ich thue, und wird größere, denn diese, thun; denn Ich gehe zum Vater.
13. Und was ihr *bittet werdet in meinem Namen, das will ich thun, auf daß der Vater geehret werde in dem Sohne. *Matth. 21, 22.]
14. Was ihr bitten werdet in meinem Namen, das will Ich thun.]
15. Liebet *ihr mich, so haltet meine Gebote. *c. 15, 10. 1 Joh. 5, 3.
16. Und Ich will den Vater bitten, und er soll euch einen andern Tröster geben, daß er bei euch bleibe ewiglich:
17. Den Geist der Wahrheit, welchen die *Welt nicht kann empfangen; denn sie siehet ihn nicht, und kennet ihn nicht. †Ihr aber kennet ihn; denn er bleibet bei euch, und wird in euch seyn. *Micha 1, 9. 1 Joh. 7, 39.
18. Ich will euch nicht *Waisen lassen; ich komme zu euch. *Jer. 31, 9.
19. Es ist noch um ein Kleines, so wird mich die Welt nicht mehr sehen. Ihr aber sollt mich sehen; denn Ich lebe, und ihr sollt auch leben.
20. An demselbigen Tage werdet ihr erkennen, daß *Ich in meinem Vater bin, und ihr in mir, und Ich in euch. *c. 17, 21. 23.
21. Wer meine Gebote hat, und *hält sie, der ist es, der mich liebet. Wer mich aber liebet, der wird von meinem Vater geliebet werden, und Ich werde ihn lieben, und mich ihm offenbaren. *Ebr. 2, 12.
22. Spricht zu ihm Judas (nicht der Ischarioth): HErr, was ist es, daß du uns doch willst offenbaren, und nicht der Welt?

(Evangelium am Pfingsttage.)

23. JEsus antwortete, und sprach zu ihm: *Wer mich liebet, der wird mein Wort halten; und mein Vater wird ihn lieben, und wir werden zu ihm kommen, und †Wohnung bei ihm machen. *v. 21. c. 15, 10. Spr. 8, 17. †Eph. 3, 17.
24. Wer aber mich nicht liebet, der hält meine Worte nicht. Und das Wort, das ihr höret, ist nicht mein, sondern des Vaters, *der mich gesandt hat. *c. 7, 16.
25. Solches habe ich zu euch geredet, weil ich bei euch gewesen bin.
26. Aber der Tröster, der heilige Geist, welchen mein Vater *senden wird in meinem Namen, derselbige wird es euch Alles lehren, und euch erinnern Alles deß, das ich euch gesaget habe. *c. 15, 26. f.
27. Den Frieden *lasse ich euch, meinen Frieden gebe ich euch. Nicht gebe Ich euch, wie

wie die Welt giebt. Euer Herz erschrecke nicht, und fürchte sich nicht. * Phil. 4, 7.

28. Ihr habt gehöret, daß Ich euch gesagt habe: Ich gehe hin, und komme wieder zu euch. Hättet ihr mich lieb, so würdet ihr euch freuen, daß ich gesagt habe: Ich gehe zum Vater; denn *der Vater ist größer, denn ich. * c. 10, 29.

29. Und nun habe ich es euch gesagt, ehe denn es geschiehet, auf daß, wenn es nun geschehen wird, daß ihr glaubet.

30. Ich werde fort mehr nicht viel mit euch reden; denn es kommt der *Fürst dieser Welt, und hat nichts an mir. * c. 12, 31.

31. Aber auf daß die Welt erkenne, daß ich den Vater liebe, und Ich also thue, *wie mir der Vater geboten hat: stehet auf, und lasset uns von hinnen gehen.] * c. 10, 18.

Das 15. Capitel.
Ermahnung zur Beständigkeit im Glauben, bey Hass und Gefahr.

1. Ich bin ein rechter Weinstock, und mein Vater ein Weingärtner.

2. Einen jeglichen Reben an mir, der nicht Frucht bringet, wird er wegnehmen; und einen jeglichen, der da Frucht bringet, wird er reinigen, daß er mehr Frucht bringe.

3. Ihr seyd jetzt rein um des Worts willen, das ich zu euch geredet habe.

4. Bleibet in mir, und Ich in euch. Gleichwie der Rebe kann keine Frucht bringen von ihm selber, er bleibe denn am Weinstock; also auch ihr nicht, ihr bleibet denn in mir.

5. Ich bin der Weinstock, ihr seyd die Reben. Wer in mir bleibet, und Ich in ihm, der bringet viele Frucht; denn *ohne mich könnet ihr nichts thun. * 2 Cor. 3, 5.

6. Wer nicht in mir bleibet, der wird weggeworfen, wie ein Rebe, und verdorret, und man sammelt sie, und *wirft sie in's Feuer, und muß brennen. * Matth. 3, 10.

7. So ihr in mir bleibet, und meine Worte in euch bleiben, werdet ihr *bitten, was ihr wollt, und es wird euch widerfahren. * Marc. 11, 24.

8. Darinnen wird mein Vater geehret, daß ihr viele Frucht bringet, und werdet meine Jünger.

9. Gleichwie mich mein Vater liebet, also liebe Ich euch auch. Bleibet in meiner Liebe.

10. So ihr meine Gebote haltet, so bleibet ihr in meiner Liebe, gleichwie Ich meines Vaters Gebote halte, und bleibe in seiner Liebe.

11. Solches rede ich zu euch, auf daß meine Freude in euch bleibe, und eure Freude vollkommen werde.

12. Das ist mein Gebot, daß ihr *euch unter einander liebet, gleichwie ich euch liebe. * Matt. 13, 34. f.

13. Niemand hat größere *Liebe, denn die, daß er sein Leben lässet für seine Freunde. * L. 5. 10. f. c. 10, 11.

14. Ihr seyd *meine Freunde, so ihr thut, was ich euch gebiete. * c. 6. 21.

15. Ich sage hinfort nicht, daß ihr Knechte seyd; denn ein Knecht weiß nicht, was sein Herr thut. Euch aber habe ich gesagt, daß ihr Freunde seyd; denn Alles, was ich habe von meinem Vater gehöret, habe ich euch kund gethan.

16. Ihr habt mich nicht erwählet, sondern Ich habe euch erwählet, und gesetzt, daß ihr *hingehet und Frucht bringet, und eure Frucht bleibe; auf daß, so ihr den Vater bittet in meinem Namen, daß er es euch gebe. * Matth. 28, 19.

(*Evangelium am Tage Simonis und Judä.*)

17. Das gebiete ich euch, daß ihr euch unter einander liebet.

18. So euch die Welt hasset, so wisset, daß sie *mich vor euch gehasset hat. * c. 7. 7.

19. Wäret *ihr von der Welt, so hätte die Welt das Ihre lieb; †dieweil ihr aber nicht von der Welt seyd, sondern Ich habe euch von der Welt erwählet: darum hasset euch die Welt. * 1 Joh. 4, 5. † Joh. 17, 14.

20. Gedenket an mein Wort, das Ich euch gesagt habe: *Der Knecht ist nicht größer, denn sein Herr. Haben sie mich verfolget, sie werden euch auch verfolgen; haben sie mein Wort gehalten, so werden sie eures auch halten. * Matth. 10, 24.

Luc. 6, 40. Joh. 14, 16.

21. Aber das Alles werden sie euch thun um meines Namens willen; denn *sie kennen den nicht, der mich gesandt hat.] * c. 16, 3.

22. Wenn ich nicht gekommen wäre, und hätte es ihnen gesagt, *so hätten sie keine Sünde; nun aber können sie nichts vorwenden, ihre Sünde zu entschuldigen. * c. 9, 41.

23. Wer mich hasset, der hasset auch meinen Vater.

24. Hät-

24. Hätte *ich nicht die Werke gethan unter ihnen, die kein Anderer gethan hat, so hätten sie keine Sünde; nun aber haben sie es gesehen, und hassen doch Beide, mich und meinen Vater. *v. 10. 17.

25. Doch daß erfüllet werde der Spruch, in ihrem Gesetz geschrieben: „Sie hassen mich *ohne Ursach." *Ps. 35, 19. Ps. 69, 5.

(Evangelium am Sonnt. Exaudi.)

26. Wenn aber *der Tröster kommen wird, welchen Ich euch †senden werde vom Vater (der Geist der Wahrheit, der vom Vater ausgehet): der wird zeugen von mir. *c. 14, 26. †c. 14, 16. auch 1, 6.

27. Und *ihr werdet auch zeugen; denn ihr seyd von Anfang bei mir gewesen. *Apost. 1, 8. c. 4, 20.

Das 16. Capitel.

Von fernerer Verfolgung. Christi Hingang zum Vater. Des heiligen Geistes Amt. Der Centralgläubigen Lostrennung. Trübsal der Gebärerin. Der Jünger Flehen.

1. Solches habe ich zu euch geredet, daß ihr euch nicht ärgert.

2. *Sie werden euch in den Bann thun. Es kommt aber die Zeit, daß, wer euch tödtet, wird meinen, er thue GOtt einen Dienst daran. *Matth. 10, 17. c. 24, 9. Marc. 13, 9.

Cap. 21, 16.

3. Und solches werden sie euch darum thun, daß sie *weder meinen Vater, noch mich erkennen. *c. 15. 21.

4. Aber solches habe Ich zu euch geredet, auf daß, wenn die Zeit kommen wird, daß ihr daran gedenket, daß Ich es euch gesagt habe. Solches aber habe ich euch von Anfang nicht gesagt; denn Ich war bei euch.]

(Evangelium am Sonntage Cantate.)

5. Nun aber *gehe Ich hin zu dem, der mich gesandt hat; und Niemand unter euch fragt mich: Wo gehest du hin? *v. 17. 28.

6. Sondern, dieweil ich solches zu euch geredet habe, ist euer Herz voll Trauerns geworden.

7. Aber Ich *sage euch die Wahrheit: Es ist euch gut, daß Ich hingehe; denn so Ich nicht hingehe, so kommt †der Tröster nicht zu euch. So Ich aber hingehe, will ich ihn zu euch senden. *c. 6, 62. †c. 14. 16. 26.

8. Und wenn derselbige kommt, der wird die Welt strafen, um die Sünde, und um die Gerechtigkeit, und um das Gericht:

9. Um die Sünde, daß sie nicht glauben an mich;

10. Um die Gerechtigkeit aber, daß ich zum Vater gehe, und ihr mich hinfort nicht sehet;

11. Um das Gericht, daß *der Fürst dieser Welt gerichtet ist. *c. 12, 31. c. 14, 30.

12. Ich habe euch noch viel zu sagen; aber ihr *könnet es jetzt nicht tragen. *1 Cor. 3, 1.

13. Wenn aber jener, der Geist der Wahrheit, kommen wird, *der wird euch in alle Wahrheit leiten. Denn er wird nicht von ihm selber reden; sondern was er hören wird, das wird er reden, und was zukünftig ist, wird er euch verkündigen. *c. 14, 26.

14. Derselbige wird mich verklären; denn von dem Meinen wird er es nehmen, und euch verkündigen.

15. Alles, *was der Vater hat, das ist mein. Darum habe ich gesagt: Er wird es von dem Meinen nehmen, und euch verkündigen.] *c. 17, 10.

(Evangelium am Sonntage Jubilate.)

16. Ueber *ein Kleines, so werdet ihr mich nicht sehen; und aber über ein Kleines, so werdet ihr mich sehen; denn Ich gehe zum Vater. *c. 7, 33. v. 18. 22.

17. Da sprachen etliche unter seinen Jüngern unter einander: Was ist das, das er sagt zu uns: „Ueber ein Kleines, so werdet ihr mich nicht sehen, und aber über ein Kleines, so werdet ihr mich sehen, und daß ich zum Vater gehe!"

18. Da sprachen sie: Was ist das, das er sagt „über ein Kleines!" Wir wissen nicht, was er redet.

19. Da merkte JEsus, daß sie ihn fragen wollten, und sprach zu ihnen: Davon fragt ihr unter einander, daß Ich gesagt habe: Ueber ein Kleines, so werdet ihr mich nicht sehen, und aber über ein Kleines, so werdet ihr mich sehen.

20. Wahrlich, wahrlich, Ich sage euch: Ihr werdet weinen und heulen; aber die Welt wird sich freuen. Ihr aber werdet traurig seyn; *doch eure Traurigkeit soll in Freude verkehret werden. *c. 20, 19.

21. Ein *Weib, wenn sie gebieret, so hat sie Traurigkeit, denn ihre Stunde ist gekommen; wenn sie aber das Kind geboren hat, denkt sie nicht mehr an die Angst, um der Freude willen, daß der Mensch zur Welt geboren ist. *1 Mos. 3, 16. Jes. 26, 17.

22. Und

Erhörung des Gebets.   Ev. Johannis 16. 17.   Christi Gebet 133

22. Und ihr habt auch nun Traurigkeit; aber ich will euch wieder sehen, und euer Herz soll sich freuen, und °eure Freude soll Niemand von euch nehmen.   ° Jes. 66. 10.
23. Und °an demselbigen Tage werdet ihr mich nichts fragen.]   ° c. 14. 20.

(Evang. am Sonnt. Rogate oder Voc. Juc.)

Wahrlich, wahrlich, ich sage euch: So ihr den Vater etwas °bitten werdet in meinem Namen, so wird er es euch geben.   ° Matth. 21. 22. f.
24. Bisher habt ihr nichts gebeten in meinem Namen. Bittet, so werdet ihr nehmen, daß eure °Freude vollkommen sey.   ° c. 15. 11.
25. Solches habe ich zu euch durch Sprichwort geredet. Es kommt aber die Zeit, daß ich nicht mehr durch Sprichwort mit euch reden werde, sondern euch frei heraus verkündigen von meinem Vater.
26. An °demselbigen Tage werdet ihr bitten in meinem Namen. Und ich sage euch nicht, daß Ich den Vater für euch bitten will;   ° c. 14. 20.
27. Denn °er selbst, der Vater, hat euch lieb, darum daß ihr mich liebet, und †glaubet, daß Ich von GOtt ausgegangen bin.   ° c. 14. 21. † c. 3. 17. s. c. 20.
28. Ich bin vom Vater ausgegangen, und gekommen in die Welt; wiederum °verlasse ich die Welt, und gehe zum Vater.   ° c. 13. 3.
29. Sprechen zu ihm seine Jünger: Siehe, nun redest du frei heraus, und sagst kein Sprichwort.
30. Nun wissen wir, daß °du alle Dinge weißt, und bedarfst nicht, daß dich Jemand frage. Darum glauben wir, daß du von GOtt ausgegangen bist.]   ° c. 21. 17.
31. JEsus antwortete ihnen: Jetzt glaubet ihr.
32. Siehe, es kommt die Stunde, und ist schon gekommen, daß ihr °zerstreuet werdet, ein Jeglicher in das Seine, und mich alleine lasset; aber ich bin †nicht alleine, denn der Vater ist bei mir.   ° Sach. 13. 7.
Matth. 26. 31. Marc. 14. 27. † Jes. 63. 3.
33. Solches habe ich mit euch geredet, daß ihr in mir °Frieden habt. In der Welt habt ihr Angst; aber seyd getrost, Ich habe die Welt überwunden.   ° c. 14. 27.
Röm. 5. 1. Ephes. 2. 14. Col. 1. 20. † Jes. 53. 4.

Das 17. Capitel.

Christi Gebet für sich, seine Jünger, Kirche und Gemeine.

1. Solches redete JEsus, und hob seine °Augen auf gen Himmel, und sprach: Vater, die Stunde ist hier, daß du deinen Sohn verkläret, auf daß dich dein Sohn auch verkläre;   ° c. 11. 41.
2. Gleichwie °du ihm Macht hast gegeben über alles Fleisch, auf daß er das ewige Leben gebe Allen, die du ihm gegeben hast.   ° Matth. 11. 27. f.
3. Das ist aber das ewige Leben, daß sie dich, daß du allein wahrer GOtt bist, und, den du gesandt hast, JEsum Christum, erkennen.
4. Ich habe dich verkläret auf Erden, und °vollendet das Werk, das du mir gegeben hast, daß ich es thun sollte.   ° c. 4. 34.
5. Und nun verkläre mich, du Vater, bei dir selbst, mit der Klarheit, die ich °bei dir hatte, ehe die Welt war.
° c. 1. 1. c. 8. 58. c. 10. 30.
6. Ich habe deinen Namen geoffenbaret den Menschen, die du mir von der Welt gegeben hast. Sie waren dein, und du hast sie mir gegeben, und sie haben dein Wort behalten.
7. Nun wissen sie, daß Alles, was du mir gegeben hast, sey von dir.
8. Denn die Worte, die du mir gegeben hast, habe ich ihnen gegeben; und sie haben es angenommen und erkannt wahrhaftig, °daß ich von dir ausgegangen bin; und glauben, daß Du mich gesandt hast.   ° c. 16. 27. 30.
9. Ich bitte für sie, und bitte nicht für die Welt, sondern für die, die du mir gegeben hast, denn sie sind dein.   ° c. v. 27.
10. Und Alles, was mein ist, das ist dein, °und was dein ist, das ist mein; und ich bin in ihnen verkläret.   ° c. 16. 15.
11. Und ich bin nicht mehr in der Welt; sie aber sind in der Welt, und Ich komme zu dir. Heiliger Vater, erhalte sie in deinem Namen, die du mir gegeben hast, daß sie eins seyen, °gleichwie wir.   ° c. 10. 30.
12. Dieweil ich bei ihnen war in der Welt, erhielt Ich sie in deinem Namen. — Die du mir gegeben hast, habe ich bewahret, °und ist Keiner von ihnen verloren, ohne das verlorne Kind, daß die †Schrift erfüllet würde. —
° c. 6. 39. † Ps. 109. 8.

13. Nun

13. Nun aber komme Ich zu dir, und rede solches in der Welt, auf daß sie in ihnen haben *meine Freude vollkommen.   *c. 15, 11.

14. Ich habe ihnen gegeben dein Wort, und die Welt hasset sie; denn sie sind nicht von der Welt, wie denn auch Ich nicht von der Welt bin.

15. Ich bitte nicht, daß du sie von der Welt nehmest, sondern daß du sie *bewahrest vor dem Uebel.   *Matth. 6, 13.

16. Sie sind nicht von der Welt, gleichwie auch Ich nicht von der Welt bin.

17. Heilige sie in deiner Wahrheit; *dein Wort ist die Wahrheit.   *v. 8. 16.

18. Gleichwie du mich gesandt hast in die Welt, so sende Ich sie auch in die Welt.

19. Ich *heilige mich selbst für sie, auf daß auch sie geheiliget seyn in der Wahrheit.   *1 Cor. 1, 2. 30. Ebr. 2, 11.

20. Ich bitte aber nicht allein für sie, sondern auch für die, so durch ihr Wort an *mich glauben werden,   *v. 10, 31.

21. Auf daß sie Alle *eins seyn, gleichwie Du, Vater, in mir, und Ich in dir; daß auch sie in uns eins seyn, auf daß die Welt glaube, Du habest mich gesandt.   *Gal. 2, 20.

22. Und Ich habe ihnen gegeben die Herrlichkeit, die du mir gegeben hast, daß sie *eins seyn, gleichwie Wir eins sind,   *1 Ch. 4, 30.

23. (Ich *in ihnen, und Du in mir), auf daß sie vollkommen seyn in eins, und die Welt erkenne, daß Du mich gesandt hast, und liebest sie, gleichwie du mich liebest.   *1 Cor. 6, 17.

24. Vater, ich will, daß, wo *Ich bin, auch die bei mir seyn, die du mir gegeben hast, daß sie meine Herrlichkeit sehen, die du mir gegeben hast; denn du hast mich geliebet, ehe denn die Welt gegründet ward.   *c. 12, 26.

25. Gerechter Vater,* die Welt kennet dich nicht; Ich aber kenne dich, und diese erkennen, daß Du mich gesandt hast.   *v. 10, 21.

26. Und Ich habe ihnen deinen Namen kund gethan, und will ihnen kund thun, auf daß die Liebe, damit du mich liebest, *sey in ihnen, und Ich in ihnen.   *v. 14, 9.

Das 18. Capitel.

Christi Leiden vor Hannas und Pilatus.

1. Da JEsus solches geredet hatte, *ging er hinaus mit seinen Jüngern über den Bach † Kidron; da war ein Garten, darein ging JEsus und seine Jünger.   *Matth. 26, 36. Mar. 14, 32. Luc. 22, 39.

2. Judas aber, der ihn verrieth, wußte den Ort auch; denn JEsus versammelte sich oft *daselbst mit seinen Jüngern.   *Luc. 21, 37.

3. Da nun *Judas zu sich hatte genommen die Schaar und der Hohenpriester und Pharisäer Diener, kommt er dahin mit Fackeln, Lampen und mit Waffen.   *Matth. 26, 47.

4. Als nun JEsus wußte Alles, was ihm begegnen sollte, ging er hinaus, und sprach zu ihnen: Wen suchet ihr?

5. Sie antworteten ihm: JEsum von Nazareth. JEsus spricht zu ihnen: Ich bin's. (Judas aber, der ihn verrieth, stand auch bei ihnen.)

6. Als nun JEsus zu ihnen sprach: *Ich bin's; wichen sie zurück, und fielen zu Boden.   *v. 5. 44.

7. Da fragte er sie abermal: Wen suchet ihr? Sie aber sprachen: JEsum von Nazareth.

8. JEsus antwortete: Ich habe es euch gesagt, daß Ich es sey. Suchet ihr denn mich, so lasset diese gehen.

9. (Auf daß *das Wort erfüllet würde, welches er sagte: „Ich habe derer Keinen verloren, die du mir gegeben hast.")   *c. 17, 12.

10. Da hatte Simon Petrus ein Schwert, und *zog es aus, und schlug nach des Hohenpriesters Knecht, und hieb ihm sein recht Ohr ab; und der Knecht hieß Malchus.   *Matth. 26, 51. Marc. 14, 47.

11. Da sprach JEsus zu Petro: Stecke dein Schwert in die Scheide. Soll ich *den Kelch nicht trinken, den mir mein Vater gegeben hat?   *Matth. 20, 22.

12. Die *Schaar aber und der Oberhauptmann, und die Diener der Juden nahmen JEsum, und banden ihn.   *Matth. 26, 57. Marc. 14, 53.

13. Und *führeten ihn aufs erste zu Hannas; der war Caiphas Schwäher, welcher des Jahrs Hoherpriester war.   *Matth. 26, 57. Marc. 14, 53. Luc. 22, 54.

14. Es war aber Caiphas, *der den Juden rieth, es wäre gut, daß Ein Mensch würde umgebracht für das Volk.   *c. 11, 50.

15. Simon Petrus aber folgte JEsu nach, und ein anderer Jünger. Derselbige Jünger war dem Hohenpriester bekannt, und

vor Caiphas   Ev. Johannis 18.   und Pilatus.

und ging mit JEsu hinein in des Hohenpriesters Pallast.
16. *Petrus aber stand draussen vor der Thür. Da ging der andere Jünger, der beim Hohenpriester bekannt war, hinaus, und redete mit der Thürhüterin, und führete Petrum hinein. *Matth. 26, 58. s.
17. Da sprach die Magd, die Thürhüterin, zu Petro: Bist du nicht auch dieses Menschen Jünger einer? Er sprach: Ich bin es nicht.
18. Es standen aber die Knechte und Diener, und hatten ein Kohlenfeuer gemacht (denn es war kalt), und wärmeten sich. Petrus aber stand bei ihnen, und wärmete sich.
19. Aber der Hohepriester fragte JEsum um seine Jünger und um seine Lehre.
20. JEsus antwortete ihm: *Ich habe frei öffentlich geredet vor der Welt. Ich habe allezeit gelehret in der Schule und in dem Tempel, da alle Juden zusammen kommen, und habe nichts im Verborgenen geredet. *Joh. 7, 26. Cap. 6, 14. 12.
Joh. 7, 16. 26.
21. Was fragst du mich darum? Frage die darum, die gehöret haben, was ich zu ihnen geredet habe; siehe, dieselbigen wissen, was ich gesagt habe.
22. Als er aber solches redete, gab der *Diener einer, die dabei standen, JEsu einen Backenstreich, und sprach: Sollst du dem Hohenpriester also antworten? *1 Kön. 22, 24.
23. JEsus antwortete: Habe ich übel geredet, so beweise es, daß es böse sey; habe ich aber recht geredet, was schlägest du mich?
24. Und Hannas sandte ihn gebunden zu dem Hohenpriester Caiphas.
25. *Simon Petrus aber stand und wärmete sich. Da sprachen sie zu ihm: Bist du nicht seiner Jünger einer? Er verleugnete aber, und sprach: Ich bin es nicht. *Matth. 26, 69. 70. f.
26. Spricht des Hohenpriesters Knechte einer, ein Gefreundter deß, dem Petrus das Ohr abgehauen hatte: Sahe ich dich nicht im Garten bei ihm?
27. Da verleugnete Petrus abermal; und alsobald krähete der Hahn.
28. Da führeten sie JEsum von Caiphas vor das *Richthaus. Und es war frühe. Und sie gingen nicht in das Richthaus, auf daß sie nicht unrein würden, sondern Ostern essen möchten. *Matth. 27, 2.
Marc. 15, 1.
29. Da ging Pilatus zu ihnen heraus, und sprach: Was bringet ihr für Klage wider diesen Menschen?
30. Sie antworteten, und sprachen zu ihm: Wäre dieser nicht ein Uebelthäter, wir hätten dir ihn nicht überantwortet.
31. Da sprach Pilatus zu ihnen: *So nehmet ihr ihn hin, und richtet ihn nach eurem Gesetz. Da sprachen die Juden zu ihm: Wir dürfen Niemand tödten.
*v. 19. 6.
32. (Auf daß erfüllet würde das Wort JEsu, welches *er sagte, da er deutete, welches Todes er sterben würde.)
*Matth. 20, 19. Marc. 10, 38. Luc. 18, 32.
33. Da *ging Pilatus wieder hinein in das Richthaus, und rief JEsum, und sprach zu ihm: Bist Du der Juden König? *Matth. 27, 11. Luc. 23, 3.
34. JEsus antwortete: Redest du das von dir selbst? oder haben es dir Andere von mir gesagt?
35. Pilatus antwortete: Bin ich ein Jude? Dein Volk und die Hohenpriester haben dich mir überantwortet. Was hast du gethan?
36. JEsus antwortete: Mein *Reich ist nicht von dieser Welt. Wäre mein Reich von dieser Welt, meine Diener würden darob kämpfen, daß ich den Juden nicht überantwortet würde; aber nun ist mein Reich nicht von dannen.
*v. 8. 15.
37. Da sprach Pilatus zu ihm: So bist Du dennoch ein König? *JEsus antwortete: Du sagst es, ich bin ein König. Ich bin dazu geboren und in die Welt gekommen, daß ich die Wahrheit zeugen soll. Wer aus der Wahrheit ist, der höret meine Stimme. *1 Tim. 6, 13.
38. Spricht Pilatus zu ihm: Was ist Wahrheit? Und da er das gesagt, ging er wieder hinaus zu den Juden, und spricht zu ihnen: *Ich finde keine Schuld an ihm. *Matth. 27, 23. Marc. 15, 14. Luc. 23, 4.
39. Ihr *habt aber eine Gewohnheit, daß ich euch Einen auf Ostern los gebe; wollt ihr nun, daß ich euch der Juden König los gebe? *Matth. 27, 15.
40. Da schrieen sie wieder allesammt, und sprachen: Nicht diesen, *sondern Barab-

*Barabbam! (Barabbas aber war ein Mörder.) * Matth. 27, 26. Marc. 15, 11. Luc. 23, 18.

Das 19. Capitel.

Christi Geißelung, Krönung, Kreuzigung, Tod und Begräbniß.

1. Da nahm Pilatus JEsum, *und geißelte ihn. * Matth. 27, 26. ic. 27.
Matt. 10, 34. c. 11, 13.

2. Und die Kriegsknechte *flochten eine Krone von Dornen, und setzten sie auf sein Haupt, und legten ihm ein Purpurkleid an, * Matth. 27, 29.

3. Und sprachen: Sey gegrüßet, lieber Judenkönig! und *gaben ihm Backenstreiche. * Matth. 26, 67.

4. Da ging *Pilatus wieder heraus, und sprach zu ihnen: Sehet, ich führe ihn heraus zu euch, daß ihr erkennet, daß ich keine Schuld an ihm finde. * c. 18, 38.

5. (Also ging JEsus heraus, und trug eine Dornenkrone und Purpurkleid.) Und er spricht zu ihnen: Sehet, welch ein Mensch!

6. Da ihn die Hohenpriester und die Diener sahen, schrieen sie, und sprachen: Kreuzige, kreuzige! Pilatus spricht zu ihnen: Nehmet ihr ihn hin, und kreuziget ihn; denn ich finde keine Schuld an ihm.

7. Die Juden antworteten ihm: Wir *haben ein Gesetz, und nach dem Gesetz soll er sterben; denn er hat sich selbst zu GOttes Sohn gemacht. * 3 Mos. 24, 12. 16.
3 Mos. 18, 10.

8. Da Pilatus das Wort hörete, fürchtete er sich noch mehr.

9. Und ging *wieder hinein in das Richthaus, und spricht zu JEsu: Von wannen bist Du? Aber JEsus gab ihm keine Antwort. * c. 18, 33.

10. Da sprach Pilatus zu ihm: Redest du nicht mit mir? Weißt du nicht, daß ich Macht habe, dich zu kreuzigen, und Macht habe, dich *los zu geben? * c. 10, 18.

11. JEsus antwortete: Du hättest keine Macht über mich, wenn sie dir nicht wäre von oben herab gegeben; darum, der mich dir überantwortet hat, der hat es größere Sünde.

12. Von dem an trachtete Pilatus, wie er ihn los ließe. Die Juden aber schrieen, und sprachen: Lässest du diesen los, so bist du des Kaisers Freund nicht! Denn wer sich zum Könige macht, der ist wider den Kaiser.

13. Da Pilatus das Wort hörete, führete er JEsum heraus, und setzte sich auf den Richtstuhl, an der Stätte, die da heißt Hochpflaster, auf Ebräisch aber Gabbatha.

14. (Es war aber der Rüsttag in Ostern, um die sechste Stunde.) Und er spricht zu den Juden: Sehet, das ist euer König!

15. Sie schrieen aber: Weg, weg mit dem! *Kreuzige ihn! Spricht Pilatus zu ihnen: Soll ich euren König kreuzigen? Die Hohenpriester antworteten: Wir haben keinen König, denn den Kaiser. * 1. c.

16. Da überantwortete er ihn, daß er gekreuziget würde. Sie nahmen aber JEsum, und führeten ihn hin.

17. Und er trug sein Kreuz, und ging hinaus zur *Stätte, die da heißt Schädelstätte, welche heißet auf Ebräisch Golgatha. * Matth. 27, 32. c.

18. Allda kreuzigten sie ihn, und mit ihm zween Andere zu beiden Seiten, JEsum aber mitten inne.

19. Pilatus aber schrieb eine Ueberschrift, und setzte sie auf das Kreuz; und war geschrieben: „JEsus von Nazareth, der Juden König."

20. Diese Ueberschrift lasen viele Juden; denn die Stätte war nahe bei der Stadt, da JEsus gekreuziget ist. Und es war geschrieben auf ebräische, griechische und lateinische Sprache.

21. Da sprachen die Hohenpriester der Juden zu Pilato: Schreibe nicht: „Der Juden König;" sondern daß Er gesagt habe: „Ich bin der Juden König."

22. Pilatus antwortete: Was ich geschrieben habe, das habe ich geschrieben.

23. Die *Kriegsknechte aber, da sie JEsum gekreuziget hatten, nahmen sie seine Kleider (und machten vier Theile, einem jeglichen Kriegsknecht ein Theil), dazu auch den Rock. Der Rock aber war ungenähet, von oben an gewirket durch und durch. * Matth. 27, 35. Marc. 15, 24.

24. Da sprachen sie unter einander: „Laßt uns den nicht zertheilen, sondern darum loosen, weß er seyn soll;" auf daß erfüllet würde die Schrift, die da sagt: „*Sie haben meine Kleider unter sich getheilet, und haben über meinen Rock das Loos geworfen." Solches thaten die Kriegsknechte. * Ps. 22, 19

25. Es

25. Es standen aber bei dem Kreuze JEsu seine Mutter, und seiner Mutter Schwester, Maria, Kleophas Weib, und Maria Magdalena.

26. Da nun JEsus seine Mutter sahe, und den Jünger dabei stehen, den er lieb hatte, spricht er zu seiner Mutter: Weib, siehe, das ist dein Sohn!

27. Darnach spricht er zu dem Jünger: Siehe, das ist deine Mutter! Und von der Stunde an nahm sie der Jünger zu sich.

28. Darnach, als JEsus *wußte, daß schon Alles vollbracht war, daß die †Schrift erfüllet würde, spricht er: Mich dürstet. *v. 18, 2. †Ps. 69, 22.

29. Da stand ein Gefäß voll Essigs. Sie aber fülleten einen Schwamm mit *Essig, und legten ihn um einen Ysopen, und hielten es ihm dar zum Munde. *Ps. 69, 22.

30. Da nun JEsus den Essig genommen hatte, sprach er: Es ist vollbracht; und neigte das Haupt, und verschied.

31. Die Juden aber, dieweil es der Rüsttag war, daß nicht die Leichname am Kreuze blieben den Sabbath über (denn desselbigen Sabbaths Tag war groß), baten sie Pilatum, daß ihre Beine gebrochen, und sie abgenommen würden.

32. Da kamen die Kriegsknechte, und brachen dem Ersten die Beine, und dem Andern, der mit ihm gekreuziget war.

33. Als sie aber zu JEsu kamen, da sie sahen, daß er schon gestorben war, brachen sie ihm die Beine nicht;

34. Sondern der Kriegsknechte einer öffnete seine Seite mit einem Speer, und alsobald ging Blut und Wasser heraus.

35. Und der das gesehen hat, der hat es bezeuget, und sein Zeugniß ist wahr; und derselbige weiß, daß er die Wahrheit saget, auf daß auch ihr glaubet.

36. Denn solches ist geschehen, daß *die Schrift erfüllet würde: „Ihr sollt ihm kein Bein zerbrechen." *2 Mos. 12, 46.

37. Und abermal spricht eine andere *Schrift: „Sie werden sehen, in welchen sie gestochen haben." *Sach. 12, 10.

*Matth. 1, 7.

38. Darnach bat Pilatum Joseph von Arimathia, der ein Jünger JEsu war, doch heimlich, aus Furcht vor den Juden, daß er möchte abnehmen den Leichnam JEsu. Und Pilatus erlaubte es. Derowegen kam er, und nahm den Leichnam JEsu herab.

39. Es kam aber auch Nikodemus, der *vormals bei der Nacht zu JEsu gekommen war, und brachte †Myrrhen und Aloen unter einander, bei hundert Pfunden. *v. 2, 9. †1 Mos. 2, 11.

40. Da nahmen sie den Leichnam JEsu, und banden ihn in leinene Tücher mit Spezereien, wie die Juden pflegen zu begraben.

41. Es war aber an der Stätte, da er gekreuziget ward, ein Garten, und im Garten ein neu Grab, in welches Niemand je geleget war.

42. Daselbst hin legten sie JEsum, um des Rüsttags willen der Juden, dieweil das Grab nahe war.

Das 20. Capitel.

Christi Auferstehung offenbaret, und bestätiget in Judäa.

1. An *der Sabbather einem kommt Maria Magdalena früh, da es noch finster war, zum Grabe, und siehet, daß der Stein vom Grabe hinweg war.
*Matth. 28, 1. Marc. 16, 1. Luc. 24, 1.

2. Da läuft sie und kommt zu Simon Petro, und zu dem andern Jünger, welchen JEsus lieb hatte, und spricht zu ihnen: Sie haben den HErrn weggenommen aus dem Grabe, und wir wissen nicht, wo sie ihn hingeleget haben.

3. Da *ging Petrus und der andere Jünger hinaus, und kam zum Grabe.
*Luc. 24, 12.

4. Es liefen aber die Zween mit einander, und der andere Jünger lief zuvor, schneller, denn Petrus, und kam am ersten zum Grabe;

5. Kucket hinein, und siehet die Leinen geleget; er ging aber nicht hinein.

6. Da kam Simon Petrus ihm nach, und ging hinein in das Grab, und siehet die Leinen geleget,

7. Und das *Schweißtuch, das JEsu um das Haupt gebunden war, nicht bei die Leinen geleget, sondern beseits, eingewickelt, an einem sondern Ort. *c. 11, 44.

8. Da ging auch der andere Jünger hinein, der am ersten zum Grabe kam, und sahe, und glaubte es.

9. Denn sie wußten die Schrift noch nicht, daß er von den Todten auferstehen müßte.

10. Da gingen die Jünger wieder zusammen.

11. Ma-

11. Maria aber stand vor dem Grabe, und weinete draußen. Als sie nun weinete, kuckte sie in das Grab,

12. Und siehet zween *Engel in weißen Kleidern sitzen, einen zu den Häupten, und den andern zu den Füßen, da sie den Leichnam JEsu hingelegt hatten.
*Matth. 28, 2, 5. Marc. 16, 5.

13. Und dieselbigen sprachen zu ihr: Weib, was weinest du? Sie spricht zu ihnen: Sie haben meinen HErrn weggenommen, und ich weiß nicht, wo sie ihn hingelegt haben.

14. Und als sie das sagte, wandte sie sich zurück, und *siehet JEsum stehen, und weiß nicht, daß es JEsus ist.
*Matth. 28, 9. Marc. 16, 9.

15. Spricht JEsus zu ihr: Weib, was weinest du? Wen suchest du? Sie meinet, es sey der Gärtner, und spricht zu ihm: Herr, hast du ihn weggetragen, so sage mir, wo hast du ihn hingelegt? so will ich ihn holen.

16. Spricht JEsus zu ihr: Maria! Da wandte sie sich um, und spricht zu ihm: Rabbuni; das heißt: Meister.

17. Spricht JEsus zu ihr: Rühre mich nicht an; denn ich bin noch nicht aufgefahren zu meinem Vater. Gehe aber hin zu meinen Brüdern, und sage ihnen: Ich fahre auf zu meinem Vater und zu eurem Vater, zu meinem GOtt und zu eurem GOtt.
*Ps. 22, 23. Ebr. 2, 11, 12.

18. *Maria Magdalena kommt, und verkündiget den Jüngern: *Ich habe den HErrn gesehen, und solches hat er zu mir gesagt.
*Matth. 28, 10. †1 Cor. 15, 20.

(Evangelium am Sonntage nach Ostern, Quasimodogeniti.)

19. An *Abend aber desselbigen Sabbaths, da die Jünger versammelt und die Thüren verschlossen waren, aus Furcht vor den Juden, kam JEsus, und trat mitten ein, und spricht zu ihnen: Friede sey mit euch!
*Luc. 24, 36.

20. Und als er das sagte, *zeigte er ihnen die Hände und seine Seite. Da wurden die Jünger froh, daß sie den HErrn sahen.
*Joh. 1, 1.

21. Da sprach JEsus abermal zu ihnen: Friede sey mit euch! Gleichwie *mich der Vater gesandt hat, so sende Ich euch.
*Matth. 28, 1. Joh. 17, 18.

22. Und da er das sagte, blies er sie an, und spricht zu ihnen: Nehmet hin den heiligen Geist!

23. *Welchen ihr die Sünden erlasset, denen sind sie erlassen; und welchen ihr sie behaltet, denen sind sie behalten.]
*Matth. 16, 19. u. 18, 18.

(Evangelium am Thomas-Tage.)

24. Thomas aber, der Zwölfen einer, der da heißt Zwilling, war nicht bei ihnen, da JEsus kam.

25. Da sagten die andern Jünger zu ihm: Wir haben den HErrn gesehen. Er aber sprach zu ihnen: Es sey denn, daß ich in seinen Händen sehe die Nägelmahle, und lege meinen Finger in die Nägelmahle, und lege meine Hand in seine *Seite, will ich es nicht glauben.
*v. 19, 20.

26. Und über acht Tage waren abermal seine Jünger darinnen, und Thomas mit ihnen. Kommt JEsus, *da die Thüren verschlossen waren, und tritt mitten ein, und spricht: Friede sey mit euch!
*v. 19.

27. Darnach spricht er zu Thomä: Reiche deinen Finger her, und siehe meine Hände; und reiche deine Hand her, und lege sie in meine Seite; und sey nicht ungläubig, sondern gläubig.

28. Thomas antwortete, und sprach zu ihm: *Mein HErr und mein GOtt!
*1 Tim. 10, 60.

29. Spricht JEsus zu ihm: Dieweil du mich gesehen hast, Thoma, so glaubest du. Selig sind, *die nicht sehen, und doch glauben.
*1 Petr. 1, 8.

30. Auch viele andere Zeichen that JEsus vor seinen Jüngern, die nicht geschrieben sind in diesem Buch.

31. Diese aber sind geschrieben, daß ihr glaubet, JEsus sey Christ, der Sohn GOttes, und daß ihr durch den *Glauben das Leben habt in seinem Namen.]
*1 Joh. 5, 13.

Das 21. Capitel.

Christi Auferstehung, offenbaret in Galiläa.

1. Darnach offenbarete sich JEsus abermal den Jüngern an dem Meer bei Tiberias. Er offenbarete sich aber also.

2. Es waren bei einander Simon Petrus, und Thomas, der da heißt Zwilling, und Nathanael, von Cana aus Galiläa, und die Söhne Zebedäi, und andere zween seiner Jünger.

3. Spricht *Simon Petrus zu ihnen:

Ich will hin fischen gehen. Sie sprachen zu ihm: So wollen wir mit dir gehen. Sie gingen hinaus, und traten in das Schiff alsobald; und in derselbigen Nacht fingen sie nichts. *Luc. 5, 5.

4. Da es aber jetzt Morgen ward, stand JEsus am Ufer; aber die Jünger *wußten es nicht, daß es JEsus war. *c. 20, 14.
*cap. 20, 14.

5. Spricht JEsus zu ihnen: Kinder, habt ihr nichts zu essen? Sie antworteten ihm: Nein.

6. Er aber sprach zu ihnen: *Werfet das Netz zur Rechten des Schiffs, so werdet ihr finden. Da warfen sie, und konnten es nicht mehr ziehen, vor der Menge der Fische. *Luc. 5, 4. 6.

7. Da spricht der Jünger, welchen JEsus lieb hatte, zu Petro: Es ist der HErr. Da Simon Petrus hörete, daß es der HErr war, gürtete er das Hemde um sich (denn er war nackend), und warf sich in das Meer.

8. Die andern Jünger aber kamen auf dem Schiffe (denn sie waren nicht ferne vom Lande, sondern bei zwei hundert Ellen), und zogen das Netz mit den Fischen.

9. Als sie nun austraten auf das Land, sahen sie Kohlen gelegt, und Fische darauf, und Brot.

10. Spricht JEsus zu ihnen: Bringet her von den Fischen, die ihr jetzt gefangen habt.

11. Simon Petrus stieg hinein, und zog das Netz auf das Land, voll großer Fische, hundert und drei und funfzig. Und wiewohl ihrer so viele waren, zerriß doch das Netz nicht.

12. Spricht JEsus zu ihnen: Kommt und haltet das Mahl. Niemand aber unter den Jüngern durfte ihn fragen: Wer bist Du? Denn sie wußten es, daß es der HErr war.

13. Da kommt JEsus, und nimmt das Brot, und giebt es ihnen, *desselbigen gleichen auch die Fische. *c. 6, 11.

14. Das ist nun das dritte Mal, daß JEsus geoffenbaret ist seinen Jüngern, nachdem er von den Todten auferstanden ist.

15. Da sie nun das Mahl gehalten hatten, spricht JEsus zu Simon Petro: Simon Johanna, hast du mich lieber, denn mich diese haben? Er spricht zu ihm: Ja, HErr, Du weißt es, daß ich dich lieb habe. Spricht er zu ihm: Weide meine Lämmer.

16. Spricht er zum andern Mal zu ihm: Simon Johanna, hast du mich lieb? Er spricht zu ihm: Ja, HErr, Du weißt, daß ich dich lieb habe. Spricht er zu ihm: *Weide meine Schafe. *Apost. 20, 28.
*Ebr. 13, 20.

17. Spricht er zum dritten Mal zu ihm: Simon Johanna, hast du mich lieb? Petrus ward traurig, daß er zum dritten Mal zu ihm sagte: Hast du mich lieb? und sprach zu ihm: HErr, *Du weißt alle Dinge; Du weißt, daß ich dich lieb habe. Spricht JEsus zu ihm: Weide meine Schafe.
*c. 2, 25. Offb. 2, 23. Joh. 2, 25.

18. Wahrlich, wahrlich, ich sage dir: Da du jünger warest, gürtetest du dich selbst, und wandeltest, wo du hin wolltest; *wenn du aber alt wirst, wirst du deine Hände ausstrecken, und ein Anderer wird dich gürten, und führen, wo du nicht hin willst.
*2 Petr. 1, 14.

19. Das sagte er aber, zu deuten, mit welchem Tode er GOtt preisen würde. Da er aber das gesagt, spricht er zu ihm: Folge mir nach.

(Am Tage Johannis des Evangelisten.)

20. Petrus aber wandte sich um, und sahe den Jünger folgen, *welchen JEsus lieb hatte, (der auch an seiner Brust am Abendessen gelegen war, und gesagt hatte: HErr, wer ist es, der dich verräth?) *c. 13, 23, 25.

21. Da Petrus diesen sahe, spricht er zu JEsu: HErr, was soll aber dieser?

22. JEsus spricht zu ihm: So ich will, daß er bleibe, bis ich komme, was gehet es dich an? Folge du mir nach.

23. Da ging eine Rede aus unter den Brüdern: Dieser Jünger stirbt nicht. Und JEsus sprach nicht zu ihm: Er stirbt nicht; sondern, so ich will, daß er bleibe, bis ich komme, was geht es dich an?

24. Dies ist der Jünger, der von diesen Dingen *zeuget, und hat dies geschrieben. Und wir wissen, daß sein Zeugniß wahrhaftig ist.] *c. 15, 27.

25. Es sind auch viele andere Dinge, die JEsus gethan hat, welche, so sie sollten eins nach dem andern geschrieben werden, achte ich, die Welt würde die Bücher nicht begreifen, die zu beschreiben wären.

Der Apostel Geschichte Lucä.

Das 1. Capitel.

Christi Himmelfahrt. Matthiä Berufung zum Apostelamt.

(Epistel an Christi Himmelfahrts-Tage.)

1. Die erste Rede habe ich zwar gethan, lieber Theophile, von alle dem, das JEsus anfing, beides zu thun und zu lehren,
2. Bis an den Tag, da er aufgenommen ward, nachdem er den Aposteln (welche er hatte erwählet) durch den heiligen Geist Befehl gethan hatte;
3. Welchen er sich nach seinem Leiden lebendig erzeiget hatte, durch mancherlei Erweisungen, und ließ sich sehen unter ihnen vierzig Tage lang, und redete mit ihnen *vom Reich GOttes. *Ser. 17, 22. 21. Cap. 14, 17.
4. Und als er sie versammlet hatte, befahl er ihnen, daß sie nicht von Jerusalem wichen, sondern warteten auf die Verheißung des Vaters, welche ihr *habt gehöret [sprach er] von mir. *Joh. 14, 26. f.
5. Denn *Johannes hat mit Wasser getauft; ihr aber sollt mit dem heiligen Geist getauft werden, nicht lange nach diesen Tagen. *c. 11, 16. c. 19, 24. c. 19, 14. Matth. 3, 11.
6. Die aber, so zusammen gekommen waren, fragten ihn, und sprachen: HErr, wirst du auf diese Zeit wieder *aufrichten das Reich Israel? *Rom. 24. 21.
7. Er sprach aber zu ihnen: Es gebühret euch nicht, zu wissen Zeit oder Stunde, welche der Vater seiner Macht vorbehalten hat;
8. Sondern ihr werdet die Kraft des heiligen Geistes empfangen, welcher auf euch kommen wird; und werdet meine Zeugen seyn zu Jerusalem und in ganz Judäa und Samaria, und bis an das Ende der Erde.
9. Und da er solches gesagt, *ward er aufgehoben zusehends, und eine Wolke nahm ihn auf, vor ihren Augen weg. *Luc. 24, 51.
10. Und als sie ihm nachsahen gen Himmel fahrend, siehe, da standen bei ihnen *zween Männer in weißen Kleidern, *Ser. 24, 4. Joh. 20, 12.
11. Welche auch sagten: Ihr Männer von Galiläa, was stehet ihr, und sehet gen Himmel? Dieser JEsus, welcher von euch ist aufgenommen gen Himmel, *wird kommen, wie ihr ihn gesehen habt gen Himmel fahren.] *Dan. 7, 13. 27. 1 Thess. 4,16.
12. Da wandten sie um gen Jerusalem, von dem *Berge, der da heißt der Oelberg, welcher ist nahe bei Jerusalem, und liegt einen Sabbather-Weg davon. *Ser. 24, 50. 51. 52.
13. Und als sie hinein kamen, stiegen sie auf den Söller, da denn sich enthielten *Petrus und Jacobus, Johannes und Andreas, Philippus und Thomas, Bartholomäus und Matthäus, Jacobus, Alphäi Sohn, und Simon Zelotes, und Judas Jacobi. *Matth. 10, 2.
14. Diese Alle waren stets bei einander *einmüthig mit Beten und Flehen, sammt den Weibern, und Maria, der Mutter JEsu, und seinen Brüdern. *c. 2, 1. c. 4.

(Epistel am Matthias-Tage.)
15. [Und in den Tagen trat auf Petrus unter die Jünger, und sprach (es war aber die Schaar der Namen zu Hauf bei hundert und zwanzig):
16. Ihr Männer und Brüder, es mußte die *Schrift erfüllet werden, welche zuvor gesagt hat der heilige Geist durch den Mund Davids, von Juda, der ein Vorgänger war derer, die JEsum fingen. *Ps. 41, 10. f.
17. Denn er war mit uns *gezählet, und hatte dies Amt mit uns überkommen. *Luc. 6, 16.
18. Dieser hat erworben den Acker um den ungerechten Lohn, und sich *erhenket, und ist mitten entzwei geborsten, und alle seine Eingeweide ausgeschüttet. *Matth. 27, 5.
19. Und es ist kund geworden Allen, die zu Jerusalem wohnen, also, daß *derselbige Acker genannt wird auf ihre Sprache Haleldama, das ist, ein Blutacker. *Matth. 27, 7. 8. f.
20. Denn es stehet geschrieben im *Psalmbuch: „Ihre Behausung müsse wüste werden, und sey Niemand, der darinnen wohne;" und: „sein †Bisthum empfange ein Anderer." *Ps. 69, 26. †Ps. 109, 8.
21. So muß nun Einer unter diesen Männern, die bei uns gewesen sind die ganze Zeit über, welche der HErr JEsus unter uns ist aus- und eingegangen,

22. Von der Taufe Johannis an, bis auf den Tag, da er von uns genommen ist, ein Zeuge seiner Auferstehung mit uns werden.

23. Und sie stelleten zween, Joseph, genannt Barsabas, mit dem Zunamen Just, und Matthias.

24. Beteten und sprachen: HErr, aller *Herzen kündiger, zeige an, welchen du erwählet hast unter diesen zween,
* Ps. 7, 10. f.

25. Daß einer empfange diesen Dienst und Apostelamt, davon Judas abgewichen ist, daß er hinginge an seinen Ort.

26. Und *sie warfen das Loos über sie; und das Loos fiel auf Matthias, und er ward zugeordnet zu den elf Aposteln.]
* Spr. 16, 33.

Das 2. Capitel.

Ausgießung des heiligen Geistes, von Petro mit einer ausführlichen Predigt vertheidigt.
(Epistel am heiligen Pfingsttage.)

1. Und als der Tag der Pfingsten erfüllet war, waren sie Alle *einmüthig bei einander.
* c. 1, 14.

2. Und es geschah schnell ein Brausen vom Himmel, als eines gewaltigen Windes, und erfüllete das ganze Haus, da sie saßen.

3. Und man sahe an ihnen die Zungen zertheilet, als wären sie *feurig. Und er setzte sich auf einen Jeglichen unter ihnen;
* Matth. 3, 11.

4. Und *wurden Alle voll des heiligen Geistes, und fingen an zu predigen mit andern Zungen, nachdem der Geist ihnen gab auszusprechen.   * c. 1, 5. c. 10, 44.
c. 11, 15. c. 19, 6.

5. Es waren aber Juden zu Jerusalem wohnend, die waren *gottesfürchtige Männer aus allerlei Volk, das unter dem Himmel ist.
* c. 13, 26.

6. Da nun diese Stimme geschah, kam die Menge zusammen, und wurden *verstürzt; denn es hörete ein Jeglicher, daß sie mit seiner Sprache redeten. *v. 7. 12.

7. Sie *entsetzten sich aber Alle, verwunderten sich, und sprachen unter einander: Siehe, sind nicht diese Alle, die da reden, aus Galiläa?   * v. 6. 12.

8. Wie hören wir denn ein Jeglicher seine Sprache, darinnen wir geboren sind?

9. Parther, und Meder, und Elamiter, und die wir wohnen in Mesopota-

mien und in Judäa und Cappadocien, Pontus und Asien,

10. Phrygien und Pamphylien, Egypten, und an den Enden der Lybien bei Kyrene, und Ausländer von Rom,

11. Juden und Judengenossen, Kreter und Araber: wir hören sie mit unsern Zungen die großen Thaten GOttes reden.

12. Sie *entsetzten sich aber Alle, und wurden irre, und sprachen Einer zu dem Andern: Was will das werden? *v. 6. 7.

13. Die Andern aber hatten es ihren Spott, und sprachen: Sie sind voll süßen Weins.]

14. Da trat Petrus auf mit den Elfen, hob auf seine Stimme, und redete zu ihnen: Ihr Juden, lieben Männer, und Alle, die ihr zu Jerusalem wohnet, das sey euch kund gethan, und laßt meine Worte zu euren Ohren eingehen.

15. Denn diese sind nicht trunken, wie ihr wähnet; sintemal es ist die dritte Stunde am Tage.

16. Sondern das ist es, das durch den Propheten *Joel zuvor gesagt ist:
* Joel 3, 1. f.

17. „Und es soll geschehen in den letzten Tagen, spricht GOtt, ich will ausgießen von meinem Geist auf alles Fleisch; und eure Söhne und *eure Töchter sollen weissagen, und eure Jünglinge sollen Gesichte sehen, und eure Aeltesten sollen Träume haben;   * c. 21, 9.

18. Und auf meine Knechte, und auf meine Mägde will ich in denselbigen Tagen von meinem Geist ausgießen, und sie sollen weissagen;

19. Und ich will Wunder thun oben im Himmel, und Zeichen unten auf Erden, Blut, und Feuer, und Rauchdampf;

20. Die Sonne soll sich verkehren in Finsterniß, und der Mond in Blut, ehe denn der große und offenbarliche Tag des HErrn kommt;

21. Und soll geschehen, *wer den Namen des HErrn anrufen wird, soll selig werden."
* Röm. 10, 13.

22. Ihr Männer von Israel, höret diese Worte: JEsum von Nazareth, den Mann von GOtt, unter euch mit Thaten, und Wundern, und Zeichen bewiesen, (welche GOtt durch ihn that unter euch, wie denn auch ihr selbst wisset;)   * c. 10, 38.

23. Denselbigen (*nachdem er aus bedachtem

dachtem Rath und Vorsehung GOttes ergeben war) habt ihr genommen durch die Hände der Ungerechten, und ihn angeheftet und erwürget. *v. 4, 20. Joh. 19, 23.

24. Den *hat GOtt auferwecket, und aufgelöset die Schmerzen des Todes, nachdem es unmöglich war, daß er sollte von ihm gehalten werden. *c. 3, 15. f.

25. Denn *David spricht von ihm: „Ich habe den HErrn allezeit vorgesetzet vor mein Angesicht; denn er ist an meiner Rechten, auf daß ich nicht beweget werde. *Ps. 16, 8. f.

26. Darum ist mein Herz fröhlich, und meine Zunge freuet sich; denn auch mein Fleisch wird ruhen in der Hoffnung;

27. Denn du wirst meine Seele nicht in der Hölle lassen, auch nicht zugeben, daß dein Heiliger die Verwesung sehe.

28. Du hast mir kund gethan die Wege des Lebens; du wirst mich erfüllen mit Freuden vor deinem Angesichte."

29. Ihr Männer, lieben Brüder, lasset mich frei reden zu euch von dem Erzvater David. *Er ist gestorben und begraben, und sein Grab ist bei uns bis auf diesen Tag. *c. 13, 36. 1 Kön. 2, 10.

30. Als er nun ein Prophet war, und wußte, daß ihm GOtt *verheißen hatte mit einem Eide, daß die Frucht seiner Lenden sollte auf seinem Stuhl sitzen: *Ps. 89, 4. 5.

31. Hat er es zuvor gesehen, und geredet von der Auferstehung Christi, daß *seine Seele nicht in der Hölle gelassen ist, und sein Fleisch die Verwesung nicht gesehen hat. *v. 13, 35. Ps. 16, 10.

32. Diesen JEsum *hat GOtt auferwecket, deß sind wir alle Zeugen. *c. 3, 15. u. s.

33. Nun er durch die Rechte GOttes erhöhet ist, und empfangen hat die Verheißung des heiligen Geistes vom Vater; hat er ausgegossen dieß, das ihr sehet und höret.

34. Denn David ist nicht gen Himmel gefahren. *Er spricht aber: „Der HErr hat gesagt zu meinem HErrn: Setze dich zu meiner Rechten, *Matth. 22, 44. f.

35. Bis daß ich deine Feinde lege zum Schemel deiner Füße."

36. So wisse nun das ganze Haus Israel gewiß, daß GOtt diesen JEsum, den ihr gekreuziget habt, zu einem HErrn und Christ gemacht hat.

37. Da sie aber das höreten, ging es ihnen durch's Herz, und sprachen zu Petro und zu den andern Aposteln: Ihr Männer, lieben Brüder, *was sollen wir thun? *v. 4, 6. c. 16, 30.

38. Petrus sprach zu ihnen: *Thut Buße, und lasse sich ein Jeglicher taufen auf den Namen JEsu Christ, zur Vergebung der Sünde, so werdet ihr empfangen die † Gabe des heiligen Geistes. *Matth. 3, 2. † 1 Kor. 12, 6.

39. Denn euer und eurer Kinder ist diese Verheißung, und Aller, die ferne sind, *welche GOtt, unser HErr, herzu rufen wird. *Joel 2, 3.

40. Auch mit vielen andern Worten bezeugte er, und ermahnete, und sprach: Lasset euch heißen von diesen unartigen Leuten.

41. Die nun sein Wort gerne annahmen, ließen sich taufen; und wurden hinzu gethan an dem Tage bei drei tausend Seelen.

42. Sie blieben aber beständig in der Apostel Lehre, und in der Gemeinschaft, und im Brodbrechen, und *im Gebet. *c. 1, 14. c. 3, 1.

43. Es kam auch alle Seelen Furcht an; und geschahen viele Wunder und Zeichen durch die Apostel.

44. Alle aber, die gläubig waren geworden, waren bei einander, und *hielten alle Dinge gemein. *c. 4, 32.

45. Ihre Güter und Habe verkauften sie, und theileten sie aus unter Alle, nachdem Jedermann noth war.

46. Und sie waren täglich und stets bei einander einmüthig im Tempel, und *brachen das Brot hin und her in Häusern, *c. 20, 7.

47. Nahmen die Speise, und lobten GOtt mit Freuden und einfältigem Herzen, und hatten Gnade bei dem ganzen Volk. Der HErr aber that hinzu *täglich, die da selig wurden, zu der Gemeine. *c. 5, 14. c. 11, 24. c. 13, 48. Röm. 16, 5.

Das 3. Capitel.

Eines Lahmgebornen zu Jerusalem verrichtet, und Predigt von Christo zum Volk.

1. Petrus aber und Johannes gingen mit einander hinauf in den Tempel, um die neunte Stunde, da man pflegte zu beten.

2. Und es war ein Mann, *lahm von Mutterleibe, der ließ sich tragen; und sie setzten

sehten ihn täglich vor des Tempels Thür, die da heißt „die schöne", daß er bettelte das Almosen von denen, die in den Tempel gingen.

3. Da er nun sahe Petrum, und Johannem, daß sie wollten zum Tempel hinein gehen, bat er um ein Almosen.

4. Petrus aber sahe ihn an mit Johanne, und sprach: Siehe uns an!

5. Und er sahe sie an, wartete, daß er etwas von ihnen empfinge.

6. Petrus aber sprach: Silber und Gold habe ich nicht; was ich aber habe, das gebe ich dir: Im Namen JEsu Christi von Nazareth, stehe auf und wandele!

7. Und griff ihn bei der rechten Hand, und richtete ihn auf. Alsobald standen seine Schenkel und Knöchel feste;

8. Sprang auf, konnte gehen und stehen, und ging mit ihnen in den Tempel, wandelte und sprang, und lobte GOtt.

9. Und es sahe ihn alles Volk wandeln und GOtt loben.

10. Sie kannten ihn auch, daß er es war, der um das Almosen gesessen hatte vor der schönen Thür des Tempels; und sie wurden voll Wunderns und Entsetzens über dem, das ihm widerfahren war.

11. Als aber dieser Lahme, der nun gesund war, sich zu Petro und Johanne hielt, lief alles Volk zu ihnen in die Halle, die da heißt Salomonis, und wunderten sich.

12. Als Petrus das sahe, antwortete er dem Volk: Ihr Männer von Israel, was wundert ihr euch darüber? Oder was sehet ihr auf uns, als hätten wir diesen wandeln gemacht, durch unsere eigene Kraft oder Verdienst!

13. Der GOtt Abrahams und Isaaks und Jakobs, der GOtt unserer Väter, hat sein Kind JEsum verkläret, welchen ihr überantwortet und verleugnet habt vor Pilato, da derselbige urtheilte, ihn los zu lassen.

14. Ihr aber verleugnetet den Heiligen und Gerechten, und batet, daß man euch den Mörder schenkte:

15. Aber den Fürsten des Lebens habt ihr getödtet. Den hat GOtt auf-erwecket von den Todten, deß sind wir Zeugen.

16. Und durch den Glauben an seinen Namen, hat er an diesem, den ihr sehet und kennet, bestätiget seinen Namen; und der Glaube durch ihn hat diesem gegeben diese Gesundheit vor euren Augen.

17. Nun, lieben Brüder, ich weiß, daß ihr es durch Unwissenheit gethan habt, wie auch eure Obersten.

18. GOtt aber, was er durch den Mund aller seiner Propheten zuvor verkündiget hat, wie Christus leiden sollte, hat es also erfüllet.

19. So thut nun Buße, und bekehret euch, daß eure Sünden vertilget werden.

20. Auf daß da komme die Zeit der Erquickung von dem Angesicht des HErrn, wenn er senden wird den, der euch jetzt zuvor geprediget wird, JEsum Christ,

21. Welcher muß den Himmel einnehmen, bis auf die Zeit, da herwiedergebracht werde Alles, was GOtt geredet hat durch den Mund aller seiner heiligen Propheten, von der Welt an.

22. Denn Moses hat gesagt zu den Vätern: „Einen Propheten wird euch der HErr, euer GOtt, erwecken aus euren Brüdern, gleichwie mich; den sollt ihr hören in Allem, das er zu euch sagen wird.

23. Und es wird geschehen, welche Seele denselbigen Propheten nicht hören wird, die soll vertilget werden aus dem Volk."

24. Und alle Propheten von Samuel an, und hernach, wie viele ihrer geredet haben, die haben von diesen Tagen verkündiget.

25. Ihr seyd der Propheten und des Bundes Kinder, welchen GOtt gemacht hat mit euren Vätern, da er sprach zu Abraham: „Durch deinen Samen sollen gesegnet werden alle Völker auf Erden."

26. Euch zuvörderst hat GOtt auferwecket sein Kind JEsum, und hat ihn zu euch gesandt, euch zu segnen, daß ein Jeglicher sich bekehre von seiner Bosheit.

Das 4. Capitel.

1. Als sie aber zum Volk redeten, traten zu ihnen der Priester und der Haupt-

*Hauptmann des Tempels, und die Sadducäer, *Ap. c. 5, 6. 17.

2. (Die verdroß, daß sie das Volk lehreten, und verkündigten an JEsu die Auferstehung von den Todten;)

3. Und legten die Hände an sie, und setzten sie ein, bis auf den Morgen; denn es war jetzt Abend.

4. Aber Viele unter denen, die dem Wort zuhöreten, *wurden gläubig; und ward die Zahl der Männer bei fünf tausend. *c. 2. v. 1.

5. Als es nun kam auf den Morgen, versammelten sich ihre Obersten, und Aeltesten, und Schriftgelehrten gen Jerusalem,

6. *Hannas, der Hohepriester, und Caiphas, und Johannes, und Alexander, und wie viele ihrer waren vom Hohenpriestergeschlechte; *c. 2. 17. Luc. 3. 2.

7. Und stelleten sie vor sich, und fragten sie: *Aus welcher Gewalt, oder in welchem Namen habt ihr das gethan? *Matth. 21. 23.

8. Petrus, voll des heiligen Geistes, sprach zu ihnen: Ihr *Obersten des Volks, und ihr Aeltesten von Israel! *Ebr. 12. 11.

9. So *wir heute werden gerichtet über dieser Wohlthat an dem kranken Menschen, durch welche er ist gesund geworden; *Joh. 10. 32.

10. So sey euch und allem Volk von Israel kund gethan, daß in dem Namen JEsu Christi von Nazareth, welchen ihr gekreuziget habt, *den GOtt von den Todten auferwecket hat, stehet dieser allhier vor euch gesund. *c. 3. 15. 6.

11. Das *ist der Stein, von euch Bauleuten verworfen, der zum Eckstein geworden ist. *Matth. 21. 42. f.

12. Und ist in keinem andern Heil, ist auch kein anderer Name den Menschen gegeben, darinnen *wir sollen selig werden. *Matth. 1. 21.

13. Sie sahen aber an die Freudigkeit Petri und Johannis, und verwunderten sich; denn sie waren gewiß, daß es ungelehrte Leute und Laien waren, und kannten sie auch wohl, daß sie mit JEsu gewesen waren.

14. Sie sahen aber den Menschen, *der gesund war geworden, bei ihnen stehen, und hatten nichts dawider zu reden. *c. 3. v. 7.

15. Da hießen sie sie hinaus gehen aus dem Rath, und handelten mit einander, und sprachen:

16. Was wollen wir diesem Menschen thun? Denn das Zeichen, durch sie geschehen, ist kund und offenbar Allen, die zu Jerusalem wohnen, und wir können es nicht leugnen.

17. Aber damit es nicht weiter einreiße, unter das Volk, *laßt uns ernstlich sie bedrohen, daß sie hinfort keinem Menschen von diesem Namen sagen. *c. 5. 20.

18. Und riefen sie, und geboten ihnen, daß sie sich allerdinge nicht hören ließen, noch lehreten in dem Namen JEsu.

19. Petrus aber und Johannes antworteten und sprachen zu ihnen: Richtet ihr selbst, ob es vor GOtt recht sey, daß *wir euch mehr gehorchen, denn GOtt. *c. 5. 29.

20. Wir können es ja nicht lassen, daß wir nicht reden sollten, was wir gesehen und gehöret haben.

21. Aber sie drohten ihnen, und ließen sie gehen, und fanden nicht, wie sie sie peinigten, um des Volks willen; denn sie lobten Alle GOtt über dem, das geschehen war.

22. Denn der Mensch war über vierzig Jahre alt, an welchem dies Zeichen der Gesundheit geschehen war.

23. Und als man sie hatte lassen gehen, kamen sie zu den *Ihrigen, und verkündigten ihnen, was die Hohenpriester und Aeltesten zu ihnen gesagt hatten. *c. 1. 14.

24. Da sie das höreten, hoben sie ihre Stimme auf *einmüthiglich zu GOtt, und sprachen: HErr, der Du bist der GOtt, †der Himmel und Erde, und das Meer, und Alles, was darinnen ist, gemacht hat! *Ebr. 12. 5. † 1 Mos. 1. 1. 2 c. 37. 16.

25. Der du durch den Mund Davids, deines Knechts, *gesagt hast: „Warum empören sich die Heiden, und die Völker nehmen vor, das umsonst ist! *Ps. 2. 1.

26. Die Könige der Erde treten zusammen, und die Fürsten versammeln sich zu Haufe wider den HErrn und wider seinen Christ."

27. Wahrlich ja, sie haben sich versam-

sammelt über dein heiliges Kind JEsum, welchen du gesalbet hast, Herodes und Pontius Pilatus, mit den Heiden und dem Volk Israel;

28. Zu thun, was deine Hand und dein Rath *zuvor bedacht hat, das geschehen sollte.   *c. 2. 23.

29. Und nun, HErr, siehe an ihr Drohen, und gieb deinen Knechten, mit aller *Freudigkeit zu reden dein Wort,
*c. 13. 14. c. 14. 1.

30. Und strecke deine Hand aus, daß Gesundheit und Zeichen und Wunder geschehen, durch den Namen deines heiligen Kindes JEsu.

31. Und da sie gebetet hatten, *bewegte sich die Stätte, da sie versammelt waren; und wurden Alle des heiligen Geistes voll, und redeten das Wort GOttes mit Freudigkeit.   *c. 2. 2. c. 16. 26.

32. Die Menge aber der Gläubigen *war Ein Herz und Eine Seele; auch Keiner sagte von seinen Gütern, daß sie sein wären, sondern es war ihnen Alles gemein.   *c. 1. 14.

33. Und mit großer Kraft gaben die Apostel *Zeugniß von der Auferstehung des HErrn JEsu, und war große Gnade bei ihnen Allen.   *c. 1. 22. c. 2. 32.

34. Es war auch Keiner unter ihnen, der Mangel hatte; denn wie Viele ihrer waren, die da Aecker oder Häuser hatten, *verkauften sie dieselben, und brachten das Geld des verkauften Guts,   *c. 2. 45.

35. Und legten es zu der Apostel Füßen; und man *gab einem Jeglichen, was ihm noth war.   *2 Mos. 16. 18. Joh. 30. 7.

36. Joses aber, mit dem Zunamen von den Aposteln genannt Barnabas (das heißt ein Sohn des Trostes), vom Geschlecht ein Levit aus Cypern,

37. Der hatte einen Acker, und verkaufte ihn, und brachte das Geld, und legte es zu der Apostel Füßen.

Das 5. Capitel.

Ananias und Sapphira schwerer Tod. Der Apostel Heiligung und Verfolgung.

1. Ein Mann aber, mit Namens Ananias, sammt seinem Weibe Sapphira, verkaufte seine Güter;

2. Und entwandte etwas vom Gelde, mit Wissen seines Weibes, und brachte einen Theil, und *legte es zu der Apostel Füßen.   *c. 4. 37.

3. Petrus aber sprach: Anania, warum hat *der Satan dein Herz erfüllet, daß du dem heiligen Geist lögest, und entwendetest etwas vom Gelde des Ackers?
*Joh. 13. 2.

4. Hättest du ihn doch wohl mögen behalten, da du ihn hattest; und da er verkauft war, war es auch in deiner Gewalt. Warum hast du denn solches in deinem Herzen vorgenommen? Du hast nicht Menschen, sondern GOtt gelogen.

5. Da aber Ananias diese Worte hörete, fiel er nieder, und gab den Geist auf. Und es kam eine große Furcht über Alle, die dies höreten.

6. Es standen aber die Jünglinge auf, und thaten ihn beiseits, und *trugen ihn hinaus, und begruben ihn.   *3 Mos. 10. 4. 5.

7. Und es begab sich über eine Weile, bei dreien Stunden, kam sein Weib hinein, und wußte nicht, was geschehen war.

8. Aber Petrus antwortete ihr: Sage mir, habt ihr den Acker so theuer verkauft? Sie sprach: Ja, so theuer.

9. Petrus aber sprach zu ihr: Warum seyd ihr denn eins geworden, zu versuchen den Geist des HErrn? Siehe, die Füße derer, die deinen Mann begraben haben, sind vor der Thür, und werden dich hinaus tragen.

10. Und alsobald fiel sie zu seinen Füßen, und gab den Geist auf. Da kamen die Jünglinge, und fanden sie todt, trugen sie hinaus, und begruben sie bei ihrem Manne.

11. Und es *kam eine große Furcht über die ganze Gemeine, und über Alle, die solches höreten.   *Ver. 7. 12.

12. Es geschahen aber viele Zeichen und Wunder im Volk durch der Apostel Hände; und waren Alle in der Halle Salomonis einmüthiglich.

13. Der Andern aber durfte sich Keiner zu ihnen thun, sondern das Volk hielt groß von ihnen.

14. Es wurden aber je mehr zugethan, *die da glaubten an den HErrn, eine Menge der Männer und der Weiber.
*c. 2. a. f.

15. Also, *daß sie die Kranken auf die Gassen heraus trugen, und legten sie auf Betten und Bahren, auf daß, wenn Petrus käme, sein Schatten ihrer Etliche überschattete.   *c. 19. 11. 12.

16. Es kamen auch herzu Viele von den umliegenden Städten gen Jerusalem, und brachten die Kranken, und die von unsaubern Geistern gepeiniget waren; und wurden Alle gesund.

17. Es stand aber auf der Hohepriester, und Alle, die mit ihm waren, welches ist die Secte der *Sadducäer, und wurden voll Eifers, *c. 4, 1.

18. Und legten die Hände an die Apostel, und warfen sie in das gemeine Gefängniß.

19. Aber *der Engel des HErrn that in der Nacht die Thür des Gefängnisses auf, und führete sie heraus, und sprach: *c. 12, 7.

20. Gehet hin und tretet auf, und redet im Tempel zum Volk alle Worte *dieses Lebens. *Joh. 17, 20.

21. Da sie das gehöret hatten, gingen sie früh in den Tempel, und lehreten. Der *Hohepriester aber kam, und die mit ihm waren, und riefen zusammen den Rath und alle Aeltesten der Kinder von Israel; und sandten hin zum Gefängniß, sie zu holen. *c. 4, 5.

22. Die Diener aber kamen dar, und fanden sie nicht im Gefängniß; kamen wieder und verkündigten,

23. Und sprachen: Das Gefängniß fanden wir verschlossen mit allem Fleiß, und die Hüter draußen stehen vor den Thüren; aber da wir aufthaten, fanden wir Niemand darinnen.

24. Da diese Rede höreten der Hohepriester und der Hauptmann des Tempels, und andere Hohepriester, wurden sie über ihnen betreten, was doch das werden wollte.

25. Da kam Einer dar, der verkündigte ihnen: Sehet, die Männer, die ihr in das Gefängniß geworfen habt, sind im Tempel, stehen, und lehren das Volk.

26. Da ging hin der Hauptmann mit den Dienern, und holeten sie, nicht mit Gewalt; denn sie fürchteten sich vor dem Volk, daß sie nicht gesteiniget würden.

27. Und als sie sie brachten, stelleten sie sie vor den Rath. Und der Hohepriester fragte sie,

28. Und sprach: Haben *wir euch nicht mit Ernst geboten, daß ihr nicht solltet lehren in diesem Namen? Und sehet, ihr habt Jerusalem erfüllet mit eurer Lehre, und wollt †dieses Menschen Blut über uns führen. *c. 4, 18. †c. 2, 29.

29. Petrus aber antwortete, und die Apostel, und sprachen: *Man muß GOtt mehr gehorchen, denn den Menschen. *c. 4, 19. Dan. 6, 16.

30. Der *GOtt unserer Väter hat JEsum auferwecket, welchen ihr erwürget habt und an das Holz gehänget. *c. 3, 13, 15. 1.

31. Den hat GOtt durch seine rechte Hand *erhöhet zu einem Fürsten und Heiland, zu geben Israel Buße und Vergebung der Sünden. *c. 2, 33.

32. Und wir *sind seine Zeugen über diese Worte, und der heilige Geist, welchen GOtt gegeben hat denen, die ihm gehorchen. *Joh. 15, 26. Joh. 15, 17, 19.

33. Da sie das höreten, ging's ihnen durch's Herz, und dachten sie zu tödten.

34. Da stund aber auf im Rath ein Pharisäer, mit Namen *Gamaliel, ein Schriftgelehrter, wohl gehalten vor allem Volk, und hieß die Apostel ein wenig hinaus thun. *c. 22, 3.

35. Und sprach zu ihnen: Ihr Männer von Israel, nehmet eurer selbst wahr an diesen Menschen, was ihr thun sollt.

36. Vor diesen Tagen stund auf Theudas, und gab vor, er wäre etwas, und hingen an ihm eine Zahl Männer, bei vier hundert; der ist erschlagen, und Alle, die ihm zufielen, sind zerstreuet und zunichte geworden.

37. Darnach stund auf Judas aus Galiläa, in den Tagen der Schatzung, und machte viel Volks abfällig ihm nach; und er ist auch umgekommen, und Alle, die ihm zufielen, sind zerstreuet.

38. Und nun sage ich euch: Lasset ab von diesen Menschen, und lasset sie fahren. *Ist der Rath oder das Werk aus den Menschen, so wird es untergehen. *Matth. 15, 13.

39. Ist es aber aus GOtt, so könnet ihr es nicht dämpfen, auf daß ihr nicht erfunden werdet, als die *wider GOtt streiten wollen. *c. 9, 5.

40. Da fielen sie ihm zu, und riefen die Apostel, *stäupten sie, und geboten ihnen, sie sollten nicht reden in dem Namen JEsu, und ließen sie gehen. *c. 22, 19.

41. Sie

41. Sie gingen aber *fröhlich von des Raths Angesicht, daß sie würdig gewesen waren, um seines Namens willen Schmach zu leiden; *Matth. 5, 10. f. 1 Petr. 4, 13.
42. Und höreten nicht auf, alle Tage im Tempel, und hin und her in Häusern, zu lehren und zu predigen das Evangelium von JEsu Christo.

Das 6. Capitel
Ordnung der Almosenpfleger. Anklage Stephani.

1. In den Tagen aber, da der Jünger viele wurden, erhob sich ein Murmeln unter den Griechen, wider die Ebräer; darum, daß ihre Wittwen übersehen wurden in der täglichen Handreichung.
2. Da riefen die Zwölfe die Menge der Jünger zusammen, und sprachen: Es taugt nicht, daß wir das Wort GOttes unterlassen, und zu Tische dienen.
3. Darum, ihr lieben Brüder, *sehet unter euch nach sieben Männern, die ein gut Gerücht haben, und voll heiligen Geistes und Weisheit sind, welche wir bestellen mögen zu dieser Nothdurft. *2 Mos. 3, 7. 8.
4. Wir aber wollen anhalten am Gebet und am Amt des Worts.
5. Und die Rede gefiel der ganzen Menge wohl; und erwählten Stephanum, einen Mann voll Glaubens und heiligen Geistes, und *Philippum, und Prochorum, und Nikanor, und Timon, und Parmenam, und Nikolaum, den Judengenossen von Antiochia. *c. 8. 5.
6. Diese stelleten sie vor die Apostel, und *beteten, und legten die Hände auf sie. *c. 1, 24.
7. Und *das Wort GOttes wuchs zu, und die Zahl der Jünger ward sehr groß zu Jerusalem. Es wurden auch viele Priester dem Glauben gehorsam. *c. 19, 20.

(Epistel am Stephani-Tage.)

8. Stephanus aber, voll Glaubens und Kräfte, that Wunder und große Zeichen unter dem Volk.
9. Da standen Etliche auf von der Schule, die da heißt der Libertiner, und der Kyrener, und der Alexandriner, und derer, die aus Cilicien und Asien waren, und befragten sich mit Stephano.
10. Und sie vermochten nicht zu widerstehen der Weisheit und dem Geist, aus welchem er redete.
11. Da richteten sie zu etliche Männer, die sprachen: Wir haben ihn gehöret Lästerworte reden wider Mosen und wider GOtt.
12. Und bewegten das Volk und die Aeltesten, und die Schriftgelehrten; und traten herzu, und rissen ihn hin, und führeten ihn vor den Rath;
13. Und stelleten *falsche Zeugen dar, die sprachen: Dieser Mensch höret nicht auf zu reden Lästerworte wider diese heilige Stätte und das Gesetz. *1 Kön. 21, 13.
14. Denn wir haben ihn hören sagen: JEsus von Nazareth wird diese Stätte zerstören, und ändern die Sitten, die uns Moses gegeben hat.
15. Und sie sahen auf ihn Alle, die im Rath saßen, und sahen sein Angesicht, wie eines Engels Angesicht.

Das 7. Capitel
Stephani Predigt, Tod und Tod.

1. Da sprach der Hohepriester: Ist dem also?
2. Er aber sprach: Lieben Brüder und Väter, höret zu. GOtt der Herrlichkeit erschien unserm Vater Abraham, da er noch in Mesopotamien war, ehe er wohnete in Haran;
3. Und sprach zu ihm: *Gehe aus deinem Lande und von deiner Freundschaft, und ziehe in ein Land, das ich dir zeigen will. *1 Mos. 12, 1. f.
4. Da ging er aus der Chaldäer Lande, und wohnete in Haran. Und von *dannen, da sein Vater gestorben war, brachte er ihn herüber in dies Land, da ihr nun innen wohnet. *1 Mos. 11, 31. - 12, 5.
5. Und gab ihm kein Erbtheil darinnen, auch nicht eines Fußes breit; und verhieß ihm, er *wollte es ihm geben zu besitzen, und seinem Samen nach ihm, da er noch kein Kind hatte. *1 Mos. 12, 7.
c. 13, 15. c. 15, 18.
6. Aber GOtt sprach also: *Dein Same wird ein Fremdling seyn in einem fremden Lande, und sie werden ihn dienstbar machen, und übel handeln vier hundert Jahre; *1 Mos. 15, 13. 1 Mos. 15, 13.
7. Und das Volk, dem sie dienen werden, will Ich richten, sprach GOtt; und darnach werden sie ausziehen und mir dienen an dieser Stätte.
8. Und gab ihm den Bund *der Beschneidung. Und er **zeugete Isaak, und beschnitte

beschnitte ihn am achten Tage; und †Isaak den Jakob, und ††Jakob die zwölf Erzväter. *1 Mos. 17, 10. **1 Mos. 21, 2. †1 Mos. 25. ††1 Mos. 29, 31. f.

9. Und die Erzväter neideten Joseph, und *verkauften ihn in Egypten; aber GOtt war mit ihm. *1 Mos. 37, 28. 39, 1.

10. Und errettete ihn aus aller seiner Trübsal, und gab ihm Gnade und Weisheit vor dem Könige Pharao in Egypten, der *setzte ihn zum Fürsten über Egypten und über sein ganzes Haus.
*1 Mos. 41, 40. f.

11. Es kam aber eine theure Zeit über das ganze Land Egypten und Kanaan, und eine große Trübsal, und unsere Väter fanden nicht Fütterung.

12. *Jakob aber hörete, daß in Egypten Getreide wäre, und sandte unsre Väter aus aufs erste Mal. *1 Mos. 42, 1.

13. Und zum andern Mal ward *Joseph erkannt von seinen Brüdern, und ward Pharao Josephs Geschlecht offenbar. *1 Mos. 45, 1.

14. Joseph aber sandte aus, und ließ holen seinen *Vater Jakob, und seine ganze Freundschaft, fünf und siebenzig Seelen. *1 Mos. 45. 9. 10.

15. Und *Jakob zog hinab in Egypten, und †starb, er und unsere Väter.
*1 Mos. 46, 1. f. †1 Mos. 49, 33.

16. Und sind herüber gebracht in Sichem, und gelegt in das Grab, *das Abraham gekauft hatte um's Geld von den Kindern Hemors zu Sichem.
*1 Mos. 23, 16. 17. Jos. 24, 32.

17. Da nun sich die Zeit der Verheißung nahete, die GOtt Abraham geschworen hatte, wuchs das Volk, und mehrete sich in Egypten.

18. Bis daß ein anderer König aufkam, der nichts wußte von Joseph.

19. Dieser trieb Hinterlist mit unserm Geschlecht, und handelte unsere Väter übel, und schaffte, daß man die jungen Kindlein hinwerfen mußte, daß sie nicht lebendig blieben.

20. Zu der Zeit *ward Moses geboren, und war ein †fein Kind vor GOtt, und ward drei Monate ernähret in seines Vaters Hause.
*2 Mos. 2, 2. Ebr. 11, 23. †1 Sam. 16, 12.

21. Als er aber hingeworfen war, *nahm ihn die Tochter Pharaos auf, und zog ihn auf zu einem Sohne. *2 Mos. 2, 10.

22. Und Moses ward gelehret in aller Weisheit der Egypter, und war mächtig in Werken und Worten.

23. Da er aber vierzig Jahre alt ward, *gedachte er zu besehen seine Brüder, die Kinder von Israel. *2 Mos. 2, 11.

24. Und sahe Einen Unrecht leiden; da überhalf er, und rächete den, dem Leid geschah, und erschlug den Egypter.

25. Er meinete aber, seine Brüder sollten es vernehmen, daß GOtt durch seine Hand ihnen Heil gäbe; aber sie vernahmen es nicht.

26. Und am *andern Tage kam er zu ihnen, da sie sich mit einander haderten, und handelte mit ihnen, daß sie Frieden hätten, und sprach: „Lieben Männer, ihr seyd Brüder; warum thut Einer dem Andern Unrecht!" *2 Mos. 2, 13.

27. Der aber seinem Nächsten Unrecht that, stieß ihn von sich, und sprach: „Wer hat dich über uns gesetzt zum Obersten und Richter!

28. Willt du mich auch tödten, wie du gestern den Egypter tödtetest?"

29. Moses aber *floh über dieser Rede, und ward ein Fremdling im Lande Madian: daselbst zeugete er zween Söhne.
*2 Mos. 2, 18.

30. Und über vierzig Jahre *erschien ihm in der Wüste auf dem Berge Sinai der Engel des HErrn, in einer Feuerflamme im Busch. *2 Mos. 3, 2. 4 Mos. 13, 10.

31. Da es aber Moses sahe, wunderte er sich des Gesichts. Als er aber hinzuging, zu schauen, geschah die Stimme des HErrn zu ihm:

32. *„Ich bin der GOtt deiner Väter, der GOtt Abrahams, und der GOtt Isaaks, und der GOtt Jakobs." Moses aber ward zitternd, und durfte nicht anschauen. *2 Mos. 3, 6. 15. 16. Matth. 22, 32.

33. Aber der HErr sprach zu ihm: *„Ziehe die Schuhe aus von deinen Füßen; denn die Stätte, da du stehest, ist heilig Land. *2 Mos. 3, 5.

34. Ich habe wohl gesehen das Leiden meines Volks, das in Egypten ist, und habe ihr Seufzen gehöret, und bin herab gekommen, sie zu erretten. Und nun komm her; ich *will dich in Egypten senden." *2 Mos. 3, 10.

35. Diesen Moses, welchen sie verleugneten,

leugneten, und sprachen: "„Wer hat dich zum Obersten oder Richter gesetzt?" den sandte GOtt zu einem Obersten und Erlöser, durch die Hand des Engels, der ihm erschien im Busch. *2 Mos. 2, 14.

36. Dieser führete sie aus, und *that Wunder und Zeichen in Egypten, im rothen Meer, und in der Wüste, vierzig Jahre. *2 Mos. 7, 10. f. † Mos. 14, 21.

37. Dies ist Moses, der zu den Kindern von Israel *gesagt hat: „Einen Propheten wird euch der HErr, euer GOtt, erwecken aus euren Brüdern, gleichwie mich; den sollt ihr hören." *5 Mos. 18, 15. f.

38. Dieser ist es, der in der Gemeine in der Wüste mit dem Engel war, der mit *ihm redete auf dem Berge Sinai, und mit unsern Vätern; dieser empfing das lebendige Wort uns zu geben. *2 Mos. 19, 3.

39. Welchem nicht wollten gehorsam werden eure Väter, sondern stießen ihn von sich, und wandten sich um mit ihren Herzen gen Egypten,

40. Und sprachen zu Aaron: *„Mache uns Götter, die vor uns hingehen; denn wir wissen nicht, was diesem Mose, der uns aus dem Lande Egypten geführet hat, widerfahren ist." *2 Mos. 32, 1.

41. Und machten ein Kalb zu der Zeit, und opferten dem Götzen Opfer, und freueten sich der Werke ihrer Hände.

42. Aber GOtt wandte sich, und gab sie dahin, daß sie dieneten *des Himmels Heer; wie denn geschrieben stehet in dem Buch der Propheten: „Habt ihr vom Hause Israel die vierzig Jahre in der Wüste mir auch je Opfer und Vieh geopfert? *Jer. 19, 13. † Amos 5, 25.

43. Und ihr nahmet die Hütte Molochs an, und das Gestirn eures Gottes Remphan, die Bilder, die ihr gemacht hattet, sie anzubeten, und ich will euch wegwerfen jenseit Babylonien."

44. Es hatten unsere Väter die Hütte des Zeugnisses in der Wüste, wie er ihnen das verordnet hatte, da er zu Mose redete, daß er sie machen sollte *nach dem Vorbilde, das er gesehen hatte; *2 Mos. 25, 40. u. 26, 30.

45. Welche unsere Väter auch annahmen, und *brachten sie mit Josua in das Land, das die Heiden inne hatten, welche GOtt ausstieß vor dem Angesicht unserer Väter, bis zur Zeit Davids. *Jos. 3, 14.

46. Der fand Gnade bei GOtt, und bat, daß er eine *Hütte finden möchte dem GOtt Jakobs. *2 Sam. 7, 2. Ps. 132, 5.

47. Salomo aber *bauete ihm ein Haus. *1 Kön. 6, 1.

48. Aber der Allerhöchste wohnet nicht in Tempeln, die mit Händen gemacht sind; wie der Prophet spricht:

49. *„Der Himmel ist mein Stuhl, und die Erde meiner Füße Schemel; was wollt ihr mir denn für ein Haus bauen, spricht der HErr; oder welches ist die Stätte meiner Ruhe? *Ps. 11, 4. Jes. 66, 1. f.

50. Hat nicht meine Hand das Alles gemacht?"

51. Ihr *Halsstarrigen und Unbeschnittenen an Herzen und Ohren, ihr widerstrebet allezeit dem heiligen Geist, wie eure Väter, also auch ihr. *2 Mos. 32, 9.

52. Welche *Propheten haben eure Väter nicht verfolget, und sie getödtet, die da zuvor verkündigten die Zukunft dieses Gerechten, welches ihr nun Verräther und Mörder geworden seyd! *2 Chron. 36, 16. Matth. 23, 31. 34.

53. Ihr habt das *Gesetz empfangen durch der Engel Geschäfte, und habt es nicht gehalten. *2 Mos. 20, 1. f.

54. Da sie *solches höreten, ging es ihnen durch's Herz, und bissen die Zähne zusammen über ihn. *c. 5, 33.

55. Als er aber voll heiligen Geistes war, sahe er auf gen Himmel, und sahe die Herrlichkeit GOttes, und JEsum stehen zur Rechten GOttes, und sprach: Siehe, ich sehe den Himmel offen, und des Menschen Sohn zur Rechten GOttes stehen.

56. Sie schrieen aber laut, und hielten ihre Ohren zu, und stürmeten einmüthiglich zu ihm ein, stießen ihn zur Stadt hinaus, und steinigten ihn.

57. Und *die Zeugen legten ab ihre Kleider zu den Füßen eines Jünglings, der hieß Saulus. *c. 22, 20.

58. Und *steinigten Stephanum, der anrief und sprach: †HErr JEsu, nimm meinen Geist auf! *1 Kön. 21, 13. †Ebr. 11, 37. † Ps. 31, 6.

59. Er knieete aber nieder, und schrie laut: HErr, behalte ihnen diese Sünde

Sünde nicht! Und als er das gesagt, entschlief er.]

Das 8. Capitel.

Sauli Verfolgung, Bekehrung der Samariter. Simon, der Zauberer, Tode. Bekehrung des Kämmerers aus Mohrenland.

1. Saulus *aber hatte Wohlgefallen an seinem Tode. Es erhob sich aber zu der Zeit eine große Verfolgung über die Gemeine zu Jerusalem; und sie zerstreueten sich Alle in die Länder Judäa und Samaria, ohne die Apostel. *c. 7, 57.

2. Es beschickten aber Stephanum gottesfürchtige Männer, und hielten eine große Klage über ihn.

3. Saulus aber *zerstörete die Gemeine, ging hin und her in die Häuser, und zog hervor Männer und Weiber, und überantwortete sie in das Gefängniß.
*c. 7, 57. c. 9, 1. 13. 21. c. 22, 4.

4. Die *nun zerstreuet waren, gingen um, und predigten das Wort. *v. 11, 19.

5. *Philippus aber kam hinab in eine Stadt in Samaria, und predigte ihnen von Christo. *v. 1, 5.

6. Das Volk aber hörete einmüthiglich und fleißig zu, was Philippus sagte, und sahen die Zeichen, die er that.

7. *Denn die unsaubern Geister fuhren aus vielen Besessenen mit großem Geschrei: auch viele Gichtbrüchige und Lahme wurden gesund gemacht. *Marc. 16, 17.

8. Und *ward eine große Freude in derselbigen Stadt. *Joh. 4, 40. f.

9. Es war aber ein Mann, mit Namen Simon, in derselbigen Stadt, der zuvor Zauberei trieb, und bezauberte das Samaritische Volk, und gab vor, er wäre etwas Großes.

10. Und sie sahen Alle auf ihn, Beide, Klein und Groß, und sprachen: Der ist die Kraft GOttes, die da groß ist.

11. Sie sahen aber darum auf ihn, daß er zu lange Zeit mit seiner Zauberei bezaubert hatte.

12. Da sie aber Philippi Predigten glaubten von dem Reich GOttes und von dem Namen JEsu Christi, ließen sich *taufen, Beide, Männer und Weiber.
*Matth. 28, 19.

13. Da ward auch der Simon gläubig, und ließ sich taufen, und hielt sich zu Philippo. Und als er sahe die Zeichen und Thaten, die da geschahen, verwunderte er sich.

(Epistel am Pfingstdienstage.)

14. Da aber die Apostel höreten zu Jerusalem, daß Samaria das Wort GOttes angenommen hatte, sandten sie zu ihnen Petrum und Johannem.

15. Welche, da sie hinabkamen, beteten sie über sie, daß sie den heiligen Geist empfingen.

16. (Denn er war noch auf Keinen gefallen, sondern waren allein getauft in dem Namen Christi JEsu.)

17. Da *legten sie die Hände auf sie, und sie empfingen den heiligen Geist.] *c. 2, 4.

18. Da aber Simon sahe, daß der heilige Geist gegeben ward, wenn die Apostel die Hände auflegten; bot er ihnen Geld an,

19. Und sprach: Gebet mir auch die Macht, daß, so ich Jemand die Hände auflege, derselbige den heiligen Geist empfange.

20. Petrus aber sprach zu ihm: Daß du verdammet werdest mit deinem Gelde, *daß du meinest, (GOttes Gabe werde durch Geld erlanget! *Matth. 10, 8.

21. Du wirst weder Theil noch Anfall haben an diesem Wort; denn dein Herz ist nicht rechtschaffen vor GOtt.

22. Darum thue Buße für diese deine Bosheit, und bitte GOtt, ob dir vergeben werden möchte der Tück deines Herzens.

23. Denn ich sehe, daß du bist *voll bitterer Galle, und verknüpft mit Ungerechtigkeit. *5 Mos. 29, 18.

24. Da antwortete Simon, und sprach: Bittet ihr den HErrn für mich, daß der Keines über mich komme, davon ihr gesagt habt.

25. Sie aber, da sie bezeuget und geredet hatten das Wort des HErrn, wandten sie wieder um gen Jerusalem, und predigten das Evangelium vielen Samaritischen Flecken.

26. Aber der Engel des HErrn redete zu Philippo, und sprach: Stehe auf, und gehe gegen Mittag auf die Straße, die von Jerusalem gehet hinab gen Gaza, die da wüste ist.

27. Und er stand auf, und ging hin. Und siehe, ein Mann aus *Mohrenland, ein Kämmerer und Gewaltiger der Königin Kandace in Mohrenland, welcher war über alle ihre Schatzkammern, der war gekommen gen Jerusalem, anzubeten. *Zeph. 3, 10.

28. Und

28. Und zog wieder heim, und saß auf seinem Wagen, und las den Propheten Jesaias.

29. Der Geist aber sprach zu Philippo: Gehe hinzu, und mache dich bei diesen Wagen.

30. Da lief Philippus hinzu, und hörete, daß er den Propheten Jesaias las, und sprach: Verstehest du auch, was du liesest?

31. Er aber sprach: Wie kann ich, so mich nicht Jemand anleitet? Und ermahnete Philippum, daß er aufträte und setzte sich bei ihn.

32. Der Inhalt aber der Schrift, die er las, war dieser: "Er ist wie ein Schaf zur Schlachtung geführet, und stille wie ein Lamm vor seinem Scherer, also hat er nicht aufgethan seinen Mund; *Jes. 53, 7.

33. In seiner Niedrigkeit ist sein Gericht erhaben; wer wird aber seines Lebens Länge ausreden? Denn sein Leben ist von der Erde weggenommen."

34. Da antwortete der Kämmerer Philippo, und sprach: Ich bitte dich, von wem redet der Prophet solches? von ihm selbst, oder von Jemand anders?

35. Philippus aber that seinen Mund auf, fing von dieser Schrift an, und predigte ihm das Evangelium von JEsu.

36. Und als sie zogen der Straße nach, kamen sie an ein Wasser; und der Kämmerer sprach: Siehe, da ist *Wasser; was hindert es, daß ich mich taufen lasse? *c. 10, 47.

37. Philippus aber sprach: Glaubest du von ganzem Herzen, so mag es wohl seyn. Er antwortete, und sprach: Ich glaube, daß *JEsus Christus GOttes Sohn ist. *Matth. 16, 16.

38. Und er hieß den Wagen halten, und stiegen hinab in das Wasser, beide, Philippus und der Kämmerer; und er taufte ihn.

39. Da sie aber herauf stiegen aus dem Wasser, rückte *der Geist des HErrn Philippum hinweg, und der Kämmerer sahe ihn nicht mehr; er zog aber seine Straße fröhlich. *1 Kön. 18, 12.

40. Philippus aber ward gefunden zu Asdod, und wandelte umher, und predigte allen Städten das Evangelium, bis daß er kam gen *Cäsarien. *c. 21, 8.

Das 9. Capitel.
Pauli Bekehrung. Seine Wunderwerk zu Kreuz und der Tobia verklärt.
(Epistel am Tage Pauli Bekehrung.)

1. Saulus aber schnaubte noch mit Drohen und Morden wider die Jünger des HErrn, und ging zum Hohenpriester, *c. 22, 6, 1.

2. Und bat ihn *um Briefe gen Damaskus an die Schulen, auf daß, so er Etliche †dieses Weges fände, Männer und Weiber, er sie gebunden führete gen Jerusalem. *c. 22, 5. †c. 19, 9, 23.

3. Und da er auf dem Wege war, und nahe bei Damaskus kam, *umleuchtete ihn plötzlich ein Licht vom Himmel. *c. 22, 6. 1 Cor. 15, 8.

4. Und er fiel auf die Erde, und hörete eine Stimme, die sprach zu ihm: Saul, Saul, was verfolgest du mich?

5. Er aber sprach: HErr, wer bist du? Der HErr sprach: Ich bin JEsus, den du verfolgest. *Es wird dir schwer werden, wider den Stachel löcken (zu widerstreben). *c. 5, 39.

6. Und er sprach mit Zittern und Zagen: HErr, was willst du, daß ich thun soll? Der HErr sprach zu ihm: Stehe auf, und gehe in die Stadt, da wird man dir sagen, was du thun sollst. *c. 16, 6.

7. Die Männer aber, die seine Gefährten waren, standen und waren erstarret; denn sie höreten eine Stimme, und sahen Niemand.

8. Saulus aber richtete sich auf von der Erde, und als er seine Augen aufthat, sahe er Niemand. Sie nahmen ihn aber bei der Hand, und führeten ihn gen Damaskus.

9. Und war drei Tage nicht sehend, und aß nicht, und trank nicht.

10. Es war aber ein Jünger zu Damaskus, mit Namen Ananias; zu dem sprach der HErr im Gesichte: Anania! Und er sprach: Hier bin ich, HErr.

11. Der HErr sprach zu ihm: Stehe auf, und gehe hin in die Gasse, die da heißt die richtige, und frage in dem Hause Juda's nach Saul, mit Namen von Tarsen; denn siehe, er betet,

12. Und hat gesehen im Gesichte einen Mann, mit Namen Ananias, zu ihm hinein kommen und die Hand auf ihn legen, daß er wieder sehend werde.

13. Ananias aber antwortete: HErr, ich

ich habe von Vielen gehöret von diesem Manne, wie viel Uebels er deinen Heiligen gethan hat zu Jerusalem;

14. Und er hat alhier Macht von den Hohenpriestern, zu binden Alle, die deinen Namen anrufen.

15. Der HErr sprach zu ihm: Gehe hin; denn *dieser ist mir ein auserwähltes Rüstzeug, daß er meinen Namen trage vor den Heiden, und vor den Königen, und vor den Kindern von Israel. *c. 22, 21.

16. *Ich will ihm zeigen, wie viel er leiden muß um meines Namens willen.
*2 Cor. 11, 23. f.

17. Und Ananias ging hin, und kam in das Haus, und legte die Hände auf ihn, und sprach: Lieber Bruder Saul, der HErr hat mich gesandt (der dir erschienen ist auf dem Wege, da du herkamest), daß du wieder sehend und mit dem heiligen Geist erfüllet werdest.

18. Und alsobald fiel es von seinen Augen, wie Schuppen, und er ward wieder sehend;

19. Und stand auf, ließ sich taufen, und nahm Speise zu sich, und stärkte sich. Saulus aber war etliche Tage bei den Jüngern zu Damaskus.

20. Und alsobald predigte er Christum in den Schulen, daß derselbige GOttes Sohn sey.

21. Sie entsetzten sich aber Alle, die es höreten, und sprachen: Ist das nicht, *der zu Jerusalem verstörte Alle, die diesen Namen anrufen? und darum hergekommen, daß er sie gebunden führe zu den Hohenpriestern? *v. 1. 14. c. 8, 1. c. 22, 19.

22. Saulus aber ward je mehr kräftiger, und trieb die Juden ein, die zu Damaskus wohneten, und bewährete es, daß dieser ist der Christ.]

23. Und nach vielen Tagen *hielten die Juden einen Rath zusammen, daß sie ihn tödteten. *2 Cor. 11, 26.

24. Aber es ward Saulo kund gethan, daß sie ihm nachstelleten. Sie hüteten aber Tag und Nacht an den Thoren, daß sie ihn tödteten.

25. Da nahmen ihn die Jünger bei der Nacht, und thaten ihn durch die Mauer, und ließen ihn in einem Korbe hinab.

26. Da aber Saulus gen Jerusalem kam, versuchte er, sich bei die Jünger zu machen; und sie fürchteten sich Alle vor ihm, und glaubten nicht, daß er ein Jünger wäre.

27. Barnabas aber nahm ihn zu sich, und führete ihn zu den Aposteln, und erzählte ihnen, wie er auf der Straße den HErrn gesehen, und er mit ihm geredet, und wie er zu Damaskus den *Namen JEsu frei geprediget hätte. *c. 22, 17, 18.

28. Und er war bei ihnen, und ging aus und ein zu Jerusalem, und predigte den Namen des HErrn JEsu frei.

29. Er redete auch, und befragte sich mit den Griechen; aber sie stelleten ihm nach, daß sie ihn tödteten.

30. Da das die Brüder erfuhren, geleiteten sie ihn gen Cäsarien, und schickten ihn gen Tarsen. *c. 11, 25.

31. So hatte nun die Gemeine Frieden durch ganz Judäa, und Galiläa, und Samarien, und bauete sich, und wandelte in der Furcht des HErrn, und ward erfüllet mit Trost des heiligen Geistes.

32. Es geschah aber, da Petrus durchzog allenthalben, daß er auch zu den Heiligen kam, die zu Lydda wohneten.

33. Daselbst fand er einen Mann, mit Namen Aeneas, acht Jahre lang auf dem Bette gelegen, der war gichtbrüchig.

34. Und Petrus sprach zu ihm: Aeneas, JEsus Christus macht dich gesund; stehe auf, und bette dir selber. Und alsobald stand er auf.

35. Und es sahen ihn Alle, die zu Lydda und Sarona wohneten; die bekehrten sich zu dem HErrn.

36. Zu Joppe aber war eine Jüngerin, mit Namen Tabea (welches verdolmetschet heißt ein Rehe), die war voll guter Werke und *Almosen, die sie that.
*V. 31, 3.

37. Es begab sich aber zu derselbigen Zeit, daß sie krank ward und starb. Da wuschen sie dieselbige, und legten sie auf den Söller.

38. Nun aber Lydda nahe bei Joppe ist, da die Jünger höreten, daß Petrus daselbst war, sandten sie zween Männer zu ihm, und ermahneten ihn, daß er sich's nicht ließe verdrießen, zu ihnen zu kommen.

39. Petrus aber stand auf, und kam mit ihnen. Und als er dargekommen war, führeten sie ihn hinauf auf den Söller, und

und traten um ihn alle Wittwen, weineten, und zeigten ihm die Röcke und Kleider, welche die Rebe machte, weil sie bei ihnen war.

40. Und da Petrus sie Alle hinaus getrieben hatte, kniete er nieder, betete, und wandte sich zu dem Leichnam, und sprach: Tabea, *siehe auf! Und sie that ihre Augen auf; und da sie Petrum sahe, setzte sie sich wieder. *Marc. 5, 41. Luc. 7, 14.

41. Er aber gab ihr die Hand, und richtete sie auf, und rief die Heiligen und die Wittwen, und stellete sie lebendig dar.

42. Und es ward kund durch ganz Joppe, und *Viele wurden gläubig an den HErrn. *Joh. 4, 90. c. 10, 42.

43. Und es geschah, daß er lange Zeit zu Joppe blieb bei einem *Simon, der ein Gerber war. *v. 30, 6.

Das 10. Capitel.
Bekehrung des Hauptmanns Cornelius, durch Petri Predigt.

1. Es war aber ein Mann zu Cäsarien, mit Namen Cornelius, *ein Hauptmann von der Schaar, die da heißt die Welsche, *Matth. 8, 5.

2. Gottselig und gottesfürchtig, sammt seinem ganzen Hause, und *gab dem Volk viele Almosen, und betete immer zu GOtt. *Dan. 4, 24.

3. Der sahe in einem Gesichte offenbarlich, um die neunte Stunde am Tage, einen Engel GOttes zu ihm eingehen; der sprach zu ihm: Cornell!

4. Er aber sahe ihn an, erschrak, und sprach: HErr, was ist es? Er aber sprach zu ihm: Dein Gebet und deine Almosen sind hinauf gekommen in das Gedächtniß vor GOtt.

5. Und nun sende Männer gen Joppe, und laß fordern Simon, mit dem Zunamen Petrus.

6. Welcher ist zur Herberge bei *einem Gerber, Simon, des Haus am Meer liegt; der wird dir sagen, †was du thun sollst. *c. 9, 43. †c. 9, 6. c. 11, 14.

7. Und da der Engel, der mit Cornelio redete, hinweg gegangen war, rief er zween seiner Hausknechte, und einen gottesfürchtigen Kriegsknecht, von denen, die auf ihn warteten;

8. Und erzählte es ihnen Alles, und sandte sie gen Joppe.

9. Des andern Tages, da diese auf dem Wege waren und nahe zur Stadt kamen, stieg Petrus hinauf auf den Söller, zu beten, um die sechste Stunde.

10. Und als er hungrig ward, wollte er anbeißen. Da sie ihm aber zubereiteten, ward er entzückt,

11. Und sahe den Himmel aufgethan, und hernieder fahren zu ihm ein Gefäß, wie ein groß leinen Tuch an *vier Zipfeln gebunden, und ward niedergelassen auf die Erde; *Luc. 17, 29. Matth. 14, 5.

12. Darinnen waren allerlei vierfüßige Thiere der Erde, und wilde Thiere, und Gewürme, und Vögel des Himmels.

13. Und geschah eine Stimme zu ihm: Stehe auf, Petre, schlachte und iß!

14. Petrus aber sprach: O nein, HErr! denn *ich habe noch nie etwas Gemeines oder Unreines gegessen. *Hesek. 4, 14. 3 Mos. 11, 7, 13, 29.

15. Und die Stimme sprach zum andern Mal zu ihm: *Was GOtt gereiniget hat, das mache du nicht gemein! *Matth. 10, 11.

16. Und das geschah zu drei Malen; und das Gefäß ward wieder aufgenommen gen Himmel.

17. Als aber Petrus sich in ihm selbst bekümmerte, was das Gesicht wäre, das er gesehen hatte, siehe, da fragten die Männer, von Cornelio gesandt, nach dem Hause Simonis, und stunden an der Thür.

18. Riefen, und forscheten, ob Simon, mit dem Zunamen Petrus, allda zur Herberge wäre.

19. Indem aber Petrus sich besinnet über dem Gesichte, sprach der Geist zu ihm: Siehe, drei Männer suchen dich.

20. Aber stehe auf, steige hinab, und ziehe mit ihnen, und zweifele nichts; denn Ich habe sie gesandt.

21. Da stieg Petrus hinab zu den Männern, die von Cornelio zu ihm gesandt waren, und sprach: Siehe, Ich bin es, den ihr suchet; was ist die Sache, darum ihr hier seyd?

22. Sie aber sprachen: Cornelius, der Hauptmann, ein frommer und gottesfürchtiger Mann, und guten Gerüchts bei dem ganzen Volk der Juden, hat einen Befehl empfangen vom heiligen Engel, daß er dich sollte fordern lassen in sein Haus, und Worte von dir hören.

23. Da

23. Da rief er sie hinein, und beherbergte sie. Des andern Tages zog Petrus aus mit ihnen; und etliche Brüder von *Joppe gingen mit ihm. *c. 9, 38. v. 41, 48.

24. Und des andern Tages kamen sie ein gen Cäsarien. Cornelius aber wartete auf sie, und rief zusammen seine Verwandten und Freunde.

25. Und als Petrus hinein kam, ging ihm Cornelius entgegen, und fiel zu seinen Füßen, und betete ihn an.

26. Petrus aber richtete ihn auf, und sprach: *Siehe auf, ich bin auch ein Mensch. *Offenb. 19, 10.

27. Und als er sich mit ihm besprochen hatte, ging er hinein, und fand ihrer Viele, die zusammen gekommen waren.

28. Und er sprach zu ihnen: *Ihr wisset, wie es ein ungewohnt Ding ist einem Jüdischen Manne, sich zu thun oder zu kommen zu einem Fremdlinge; aber GOtt hat mir gezeiget, keinen Menschen gemein oder unrein zu heißen. *Joh. 4, 9.

29. Darum habe ich mich nicht geweigert zu kommen, als ich bin hergefordert. So frage ich euch nun, warum ihr mich habt lassen fordern?

30. Cornelius sprach: Ich habe vier Tage gefastet bis auf diese Stunde, und um die neunte Stunde betete ich in meinem Hause. Und siehe, da trat ein Mann vor mich in einem hellen Kleide,

31. Und sprach: Corneli, dein Gebet ist erhöret, und deiner Almosen ist gedacht worden vor GOtt.

32. So sende nun gen Joppe, und laß her rufen Einen, Simon, mit dem Zunamen Petrus, welcher ist zur Herberge in dem Hause des Gerbers Simon, an dem Meer: der wird dir, wenn er kommt, sagen.

33. Da sandte ich von Stund' an zu dir. Und du hast wohl gethan, daß du gekommen bist. Nun sind wir Alle hier gegenwärtig vor GOtt, zu hören Alles, was dir von GOtt befohlen ist.

(Epistel am Oster-Montage.)

34. Petrus aber that seinen Mund auf, und sprach: Nun erfahre ich mit der Wahrheit, daß *GOtt die Person nicht ansiehet. *5 Mos. 10, 17. 2 Sam. 14, 7. 2 Chron. 19, 7. Hiob 34, 19. Matth. 22, 16. Gal. 2, 6.
Röm. 2, 11. Gal. 3, 6. Gal. 6, 8. 1 Petr. 1, 17.

35 Sondern *in allerlei Volk, wer ihn fürchtet und recht thut, der ist ihm angenehm. *Jes. 56, 6.

36. Ihr wisset wohl von der Predigt, die GOtt zu den Kindern Israel gesandt hat, und verkündigen lassen den Frieden durch JEsum Christum (*welcher ist ein HErr über Alles). *Matth. 28, 18. Eph. 1, 10. 22.

37. Die durch das ganze Jüdische Land geschehen ist, und angegangen in *Galiläa, nach der Taufe, die Johannes predigte. *Matth. 4, 12 f.

38. Wie GOtt denselbigen JEsum von Nazareth *gesalbet hat mit dem heiligen Geist und Kraft, der umher gezogen ist, und hat wohl gethan, und gesund gemacht Alle, die vom Teufel überwältiget waren; denn GOtt war mit ihm. *Ps. 45, 8.
Jes. 61, 1.

39. Und wir *sind Zeugen Alles deß, das er gethan hat im Jüdischen Lande und zu Jerusalem. Den haben sie getödtet, und an ein Holz gehänget. *c. 2, 1. 8. 22. v. 5. 31. 32.

40. Denselbigen *hat GOtt auferwecket am dritten Tage, und ihn lassen offenbar werden. *v. 3, 15. 30.

41. (Nicht allem Volk, sondern *uns, den vorerwählten Zeugen von GOtt, die wir mit ihm gegessen und getrunken haben, nachdem er auferstanden ist von den Todten).] *Joh. 14, 17. c. 10, 19. 16.

(Epistel am Pfingst-Montage.)

42. Und er hat uns geboten zu predigen dem Volk, und zu zeugen, daß Er ist verordnet von GOtt *ein Richter der Lebendigen und der Todten. *2 Tim. 4, 1. 1.

43. Von diesem zeugen *alle Propheten, daß durch seinen Namen Alle, die an ihn glauben, Vergebung der Sünden empfangen sollen. *Jes. 53, 5. 6. Jer. 31, 34. Dan. 9, 24.
Luc. 2, 24. Joh. 1, 7. c. 13, 14. Mich. 7, 18.

44. Da Petrus noch diese Worte redete, fiel der *heilige Geist auf Alle, die dem Wort zuhöreten. *c. 4, 31. c. 8, 17.

45. Und die Gläubigen aus der Beschneidung, die mit Petro gekommen waren, *entsetzten sich, daß auch auf die Heiden die Gabe des heiligen Geistes ausgegossen ward. *Jes. 66, 5.

46. Denn sie höreten, daß sie mit Zungen redeten und GOtt hoch priesen. Da antwortete Petrus: *c. 2, 4. Marc. 16, 17.

47. *Mag auch Jemand das Wasser wehren, daß diese nicht getauft werden, die

die den heiligen Geist empfangen haben, gleichwie auch wir?
48. Und befahl, sie zu taufen in dem Namen des HErrn.] Da baten sie ihn, daß er etliche Tage da bliebe.

Das 11. Capitel.

Petri Schutzrede, und Bekehrung der Heiden. Ofnung der Kirche zu Antiochien.

1. Es kam aber vor die Apostel und Brüder, die in dem Jüdischen Lande waren, daß auch *die Heiden hätten GOttes Wort angenommen.

2. Und da Petrus hinauf kam gen Jerusalem, zanketen mit ihm, die aus der Beschneidung waren,

3. Und sprachen: Du bist eingegangen zu den Männern, die Vorhaut haben, und hast mit ihnen gegessen.

4. Petrus aber hob an, und erzählete es ihnen nach einander her, und sprach:

5. Ich war in der Stadt Joppe im Gebet, und *ward entzückt, und sahe ein Gesicht, nämlich ein Gefäß hernieder fahren, wie ein groß leinen Tuch, mit vier Zipfeln, und niedergelassen vom Himmel, und kam bis zu mir.

6. Darein sahe ich, und ward gewahr, und sahe vierfüßige Thiere der Erde, und wilde Thiere, und Gewürm, und Vögel des Himmels.

7. Ich hörete aber eine Stimme, die sprach zu mir: "Stehe auf, Petre, schlachte und iß!"

8. Ich aber sprach: O nein, HErr; denn es ist *nie ein Gemeines noch Unreines in meinen Mund gegangen.

9. Aber die Stimme antwortete mir zum andern Mal vom Himmel: "Was GOtt gereiniget hat, das mache du nicht gemein."

10. Das geschah aber drei Mal: und ward Alles wieder hinauf gen Himmel gezogen.

11. Und siehe, von *Stund an standen drei Männer vor dem Hause, darinnen ich war, gesandt von Cäsarien zu mir.

12. Der Geist aber sprach zu mir, ich sollte mit ihnen gehen und nicht zweifeln. Es kamen aber mit mir diese sechs Brüder, und wir gingen in des Mannes Haus.

13. Und er verkündigte uns, wie er gesehen hätte einen Engel in seinem Hause

stehen, der zu ihm gesprochen hätte: "Sende Männer gen Joppe, und laß fordern den Simon, mit dem Zunamen Petrus.

14. Der *wird dir Worte sagen, dadurch du selig werdest, und dein ganzes Haus."

15. Indem aber ich anfing zu reden, *fiel der heilige Geist auf sie, gleichwie auf uns am ersten Anfang.

16. Da gedachte ich an das Wort des HErrn, als er *sagte: "Johannes hat mit Wasser getauft; ihr aber sollt mit dem heiligen Geist getauft werden."

17. So nun GOtt ihnen gleiche Gaben gegeben hat, wie auch uns, die da glauben an den HErrn JEsum Christ: wer war ich, daß ich konnte GOtt wehren?

18. Da sie das höreten, schwiegen sie stille, und lobten GOtt, und sprachen: So hat GOtt auch den Heiden Buße gegeben zum Leben!

19. Die aber zerstreuet waren in der Trübsal, so *sich über Stephano erhob, gingen umher bis gen Phönicien, und Cypern, und Antiochien, und redeten das Wort zu Niemand, denn allein zu den Juden.

20. Es waren aber Etliche unter ihnen, Männer von Cypern und Kyrene, die kamen gen Antiochien, und redeten auch zu den Griechen, und predigten das Evangelium vom HErrn JEsu.

21. Und die Hand des HErrn war mit ihnen, und *eine große Zahl ward gläubig, und bekehrte sich zu dem HErrn.

22. Es kam aber diese Rede von ihnen vor die Ohren der Gemeine zu Jerusalem; und sie sandten Barnabam, daß er hinginge, bis gen Antiochien.

23. Welcher, da er hingekommen war, und sahe die Gnade GOttes, ward er froh, und ermahnete sie Alle, *daß sie mit festem Herzen an dem HErrn bleiben wollten.

24. Denn er war ein frommer Mann, *voll heiligen Geistes und Glaubens. Und †es ward ein groß Volk dem HErrn zugethan.

25. Barnabas aber zog aus gen Tarsen, Saulum wieder zu suchen.

26. Und da er ihn fand, führete er ihn *gen Antiochien. Und sie blieben bei der Gemeine ein ganzes Jahr, und lehreten viel Volks; daher die Jünger am ersten zu Antiochien Christen genannt wurden.
* Gal. 2, 11.

27. In denselbigen Tagen kamen *Propheten von Jerusalem gen Antiochien.
* c. 13, 1. c. 15, 32.

28. Und Einer unter ihnen, mit Namen *Agabus, stand auf, und deutete durch den Geist eine große Theurung, die da kommen sollte über den ganzen Kreis der Erde; welche geschah unter dem Kaiser Claudius.
* c. 21, 10.

29. Aber unter den Jüngern *beschloß ein Jeglicher, nachdem er vermochte, zu senden eine Handreichung den Brüdern, die in Judäa wohneten.
* Röm. 15, 26.

30. Wie sie denn auch thaten, und schickten es zu den Aeltesten, *durch die Hand Barnabas und Sauls.
* c. 20, 4.

Das 12. Capitel.

Jacobi Tod. Petri Befreiung. Herodis Untergang.
(Epistel am Tage Petri und Pauli.)

1. Um dieselbige Zeit *legte der König Herodes die Hände an Etliche von der Gemeine, zu peinigen.
* c. 4, 3.

2. Er tödtete aber Jacobum, Johannis Bruder, mit dem Schwert.

3. Und da er sahe, daß es den Juden gefiel, fuhr er fort, und fing Petrum auch. Es waren aber eben die Tage der süßen Brote.

4. Da er ihn nun griff, *legte er ihn in's Gefängniß, und überantwortete ihn vier Viertheilen Kriegsknechten, ihn zu bewahren, und gedachte ihn nach den Ostern dem Volk vorzustellen.
* c. 16, 24.

5. Und Petrus ward zwar im Gefängniß gehalten; aber die Gemeine betete ohne Aufhören für ihn zu GOtt.

6. Und da ihn Herodes wollte vorstellen, in derselbigen Nacht schlief Petrus zwischen zween Kriegsknechten, gebunden mit zwo Ketten, und die Hüter vor der Thür hüteten des Gefängnisses.

7. Und siehe, der Engel des HErrn kam daher, und ein Licht schien in dem Gemach; und schlug Petrum an die Seite, und weckte ihn auf, und sprach: Stehe behende auf! Und die Ketten fielen ihm von seinen Händen.

8. Und der Engel sprach zu ihm: Gürte dich, und thue deine Schuhe an. Und er that also. Und er sprach zu ihm: Wirf deinen Mantel um dich, und folge mir nach.

9. Und er ging hinaus, und folgte ihm und wußte nicht, daß ihm wahrhaftig solches geschähe durch den Engel; sondern es däuchte ihn, er sähe ein Gesicht.

10. Sie gingen aber durch die erste und andere Hut, und kamen zu der eisernen Thür, welche zur Stadt führet; *die that sich ihnen von ihr selbst auf; und traten hinaus, und gingen hin Eine Gasse lang; und alsobald schied der Engel von ihm.
* c. 16, 26.

11. Und da Petrus zu sich selber kam, sprach er: Nun weiß ich wahrhaftig, daß der *HErr seinen Engel gesandt hat, und mich errettet aus der Hand Herodis, und von allem Warten des Jüdischen Volks.]
* c. 5, 13. 1 Maf. 16, 13. 10. Pf. 31, 16.

12. Und als er sich besann, kam er vor das Haus Mariä, der Mutter *Johannis, der mit dem Zunamen Marcus hieß, da Viele bei einander waren und beteten.
* c. 13, 37.

13. Als aber Petrus an die Thür des Thores klopfte, trat hervor eine Magd zu horchen, mit Namen Rhode.

14. Und als sie Petri Stimme erkannte, that sie das Thor nicht auf vor Freude, lief aber hinein, und verkündigte es ihnen, Petrus stünde vor dem Thor.

15. Sie aber sprachen zu ihr: Du bist unsinnig. Sie aber bestand darauf, es wäre also. Sie sprachen: Es *ist sein Engel.
* 1 Mos. 24, 47.

16. Petrus aber klopfte weiter an. Da sie aber aufthaten, sahen sie ihn, und entsetzten sich.

17. Er aber winkte ihnen mit der Hand, zu schweigen, und erzählte ihnen, wie ihn der HErr hätte aus dem Gefängniß geführet, und sprach: Verkündigt dies Jacobo und den Brüdern. Und ging hinaus, und zog an einen andern Ort.

18. Da *es aber Tag ward, ward nicht eine kleine Bekümmerniß unter den Kriegsknechten, wie es doch mit Petro gegangen wäre.
* c. 5, 21, 22.

19. Herodes aber, da er ihn forderte und nicht fand, ließ er die Hüter rechtfertigen, und hieß sie wegführen; und zog von Judäa hinab gen Cäsarien, und hielt allda sein Wesen.

20. Denn

20. Denn er gedachte wider die von Tyrus und Sidon zu kriegen. Sie aber kamen einmüthiglich zu ihm, und überredeten des Königs Kämmerer, Blastum, und baten um Frieden; darum, * daß ihre Länder sich nähren mußten von des Königs Lande. *1 Kön. 5, 9. 11. Hosea 11, IV.

21. Aber auf einen bestimmten Tag that Herodes das *königliche Kleid an, setzte sich auf den Richtstuhl, und that eine Rede zu ihnen. *Sir. 11, 4.

22. Das Volk aber rief zu: Das ist *GOttes Stimme, und nicht eines Menschen. *Judit. 16, 2.

23. Alsobald schlug ihn der Engel des HErrn, darum, *daß er die Ehre nicht GOtt gab; und ward gefressen von den Würmern, und gab den Geist auf. *Dan. 4, 30.

24. Das *Wort GOttes aber wuchs und mehrete sich. *c. 6, 7. Jes. 55, 11.

25. Barnabas aber und Saulus kamen wieder gen Jerusalem, und *überantworteten die Handreichung, und nahmen mit sich †Johannem, mit dem Zunamen Marcus. *c. 11, 29. †c. 12, 12.

Das 13. Capitel.
Pauli erste Reise zu den Heiden, und was er unter ihnen verrichtet.

1. Es waren aber zu Antiochien in der Gemeine *Propheten und Lehrer; nämlich Barnabas und Simon, genannt Niger, und Lucius von Kyrene, und Manahen, mit Herodes dem Vierfürsten erzogen, und Saulus. *c. 11, 27.

2. Da sie aber dem HErrn dieneten und fasteten, sprach der heilige Geist: *Sondert mir aus Barnabam und Saulum zu dem Werk, dazu ich sie berufen habe. *c. 9, 15.

3. Da *fasteten sie, und beteten, und †legten die Hände auf sie, und ließen sie gehen. *c. 14, 24. †c. 6, 6.

4. Und wie sie ausgesandt waren vom heiligen Geist, kamen sie gen Seleucia, und von dannen schifften sie gen Cypern.

5. Und da sie in die Stadt Salamin kamen, verkündigten sie das Wort GOttes in der Juden Schulen; sie hatten aber auch *Johannem zum Diener. *c. 12, 12. 25.

6. Und da sie die Insel durchzogen bis zu der Stadt Paphos, fanden sie einen Zauberer und falschen Propheten, einen Juden, der hieß Bar Jehu;

7. Der war bei Sergio Paulo, dem Landvogt, einem verständigen Manne. Derselbige rief zu sich Barnabam und Saulum, und begehrte das Wort GOttes zu hören.

8. Da *stand ihnen wider der Zauberer Elymas (denn also wird sein Name gedeutet), und trachtete, daß er den Landvogt vom Glauben wendete. *2 Mos. 7, 11. 2 Tim. 3, 8.

9. Saulus aber, der auch Paulus heißt, voll heiligen Geistes, sahe ihn an,

10. Und sprach: O, *du Kind des Teufels, voll aller List und aller Schalkheit, und Feind aller Gerechtigkeit! du hörest nicht auf abzuwenden die rechten Wege des HErrn; *5 Mos. 13, 13. Matth. 13, 38. 39.

11. Und nun siehe, die Hand des HErrn kommt über dich, und sollst blind seyn, und die Sonne eine Zeitlang nicht sehen. Und von Stund an fiel auf ihn Dunkelheit und Finsterniß; und ging umher, und suchte Handleiter.

12. Als der Landvogt die Geschichte sahe, glaubte er, und verwunderte sich der Lehre des HErrn.

13. Da aber Paulus, und die um ihn waren, von Paphos schifften, kamen sie gen Perge im Lande Pamphylien. Johannes aber wich von ihnen, und zog wieder gen Jerusalem.

14. Sie aber zogen durch von Perge, und kamen gen Antiochien im Lande Pisidien, und gingen in die Schule am Sabbathertage, und setzten sich.

15. Nach der Lection aber *des Gesetzes und der Propheten, sandten die Obersten der Schule zu ihnen, und ließen ihnen sagen: Lieben Brüder, wollt ihr etwas reden und das Volk ermahnen, so saget an. *c. 15, 21.

16. Da stand Paulus auf, und *winkte mit der Hand, und sprach: Ihr Männer von Israel, und die ihr GOtt fürchtet, höret zu. *c. 12, 17.

17. Der GOtt dieses Volks hat erwählet unsere Väter, und erhöhet das Volk, da sie Fremdlinge waren im Lande Egypten, und *mit einem hohen Arm führete er sie aus demselbigen. *2 Mos. 12, 37. 41.

18. Und *bei vierzig Jahre lang duldete er ihre Weise in der Wüste. *2 Mos. 16, 8. 35. 4 Mos. 14, 34.

19. Und vertilgete *sieben Völker in dem Lande Kanaan, und †theilete unter sie, nach dem Loos, jener Länder. *5 Mos. 7, 1. †Jos. 15, 2.

20. Dar-

20. Darnach *gab er ihnen Richter, bei vier hundert und funfzig Jahre lang, bis auf den Propheten Samuel.
* Richt. 2, 16. c. 3, 9.

21. Und von da an baten sie um einen König; und GOtt gab ihnen *Saul, den Sohn Kis, einen Mann aus dem Geschlecht Benjamins, vierzig Jahre lang. * 1 Sam. 10, 21.

22. Und da er denselbigen weg that, richtete er auf über sie David zum Könige, von welchem er zeugete: *„Ich habe gefunden David, den Sohn Jesse's, einen Mann nach meinem Herzen, der soll thun allen meinen Willen." * 1 Sam. 13, 13. 14.

23. Aus *dieses Samen hat GOtt, wie er verheißen hat, gezeuget JEsum, dem Volk Israel zum Heiland; * Jes. 11, 1. Matth. 1, 6. Luc. 1, 27.

24. Als denn Johannes zuvor dem Volk Israel *predigte die Taufe der Buße, ehe denn er anfing. * Matth. 3, 1.

25. Als aber Johannes seinen Lauf erfüllete, sprach er: *Ich bin nicht, dafür ihr mich haltet; aber siehe, †er kommt nach mir, deß ich nicht werth bin, daß ich ihm die Schuhe seiner Füße auflöse. * Joh. 1, 20. † Marc. 1, 7. Luc. 3, 16.

(Epistel am Osterdienstage.)

26. Ihr Männer, lieben Brüder, ihr Kinder des Geschlechts Abrahams, und die unter euch GOtt fürchten, euch ist *das Wort dieses Heils gesandt. * Röm. 1, 16.

27. Denn die zu Jerusalem wohnen, und ihre Obersten, *dieweil sie diesen nicht kannten, noch die Stimme der Propheten (welche auf alle Sabbathe gelesen werden), haben sie dieselben mit ihren Urtheilen erfüllet. * c. 3, 17. Joh. 16, 3.

28. Und wiewohl sie keine Ursach des Todes an ihm fanden, *baten sie doch Pilatum, ihn zu tödten. * Matth. 27, 22, 23. Marc. 15, 13. 14. Luc. 23, 23. Joh. 19, 6.

29. Und als sie Alles vollendet hatten, was von ihm geschrieben ist, *nahmen sie ihn von dem Holz, und legten ihn in ein Grab. * Matth. 27, 59.

30. Aber *GOtt hat ihn auferwecket von den Todten. * c. 2, 24. f. Marc. 16, 6.

31. Und er *ist erschienen viele Tage denen, die mit ihm hinauf von Galiläa gen Jerusalem gegangen waren; welche sind seine Zeugen an das Volk. * Joh. 20, 19. ff.

32. Und wie auch verkündigen euch die Verheißung, die *zu unsern Vätern geschehen ist. * 1 Mos. 3, 15. c. 12, 3. f.

33. Daß dieselbige GOtt uns, ihren Kindern, erfüllet hat, indem, daß er JEsum auferwecket hat;] wie denn *im andern Psalm geschrieben stehet: „Du bist mein Sohn, heute habe ich dich gezeuget." * Ps. 2, 7.

34. Daß er ihn aber hat von den Todten auferwecket, daß er hinfort nicht mehr soll verwesen, spricht er also: *„Ich will euch die Gnade, David verheißen, treulich halten." * Jes. 55, 3.

35. Darum spricht er auch an andern Ort: „Du wirst es nicht zugeben, daß dein Heiliger die Verwesung sehe." * c. 2, 27. Ps. 16, 10.

36. Denn *David, da er zu seiner Zeit gedienet hatte dem Willen GOttes, ist er entschlafen, und zu seinen Vätern gethan, und hat die Verwesung gesehen. * c. 2, 29. f.

37. Den aber GOtt auferwecket hat, der hat die Verwesung nicht gesehen.

38. So sey es nun euch kund, lieben Brüder, *daß euch verkündiget wird Vergebung der Sünden durch diesen, und von dem Allen, durch welches ihr nicht konntet im Gesetz Mosis gerecht werden. * Luc. 24, 47.

39. Wer aber an diesen glaubet, *der ist gerecht. * Jes. 53, 5. 11.

40. Sehet nun zu, daß nicht über euch komme, das in *den Propheten gesagt ist: * Hab. 1, 5.

41. „Sehet, ihr Verächter, und verwundert euch, und werdet zunichte; denn Ich thue ein Werk zu euren Zeiten, welches ihr nicht glauben werdet, so es euch Jemand erzählen wird."

42. Da aber die Juden aus der Schule gingen, baten die Heiden, daß sie zwischen Sabbaths ihnen die Worte sagten.

43. Und als die Gemeine der Schule von einander gingen, folgten Paulo und Barnaba nach viele Juden und gottesfürchtige Judengenossen. Sie aber sagten ihnen, und vermahneten sie, daß sie *bleiben sollten in der Gnade GOttes. * c. 11, 23. c. 14, 22.

44. Am folgenden Sabbath aber kam zusammen fast die ganze Stadt, das Wort GOttes zu hören.

45. Da aber die Juden das Volk sahen, wurden sie voll *Neides, und widersprachen dem, das von Paulo gesagt ward, widersprachen und lästerten. * c. 5, 17.

46. Pau-

46. Paulus aber und Barnabas sprachen frei öffentlich: Euch mußte *zuerst das Wort GOttes gesagt werden; nun ihr es aber von euch stoßet, und †achtet euch selbst nicht werth des ewigen Lebens, siehe, so wenden wir uns zu den Heiden. *Matth. 10, 6. †Cap. 7, 51.
47. Denn also hat uns der HErr geboten: *"Ich habe dich den Heiden zum Licht gesetzt, daß du das Heil seyst bis an's Ende der Erde." *Jes. 49, 6. c. 42, 6.
*Jes. 49, 2. Luc. 2, 32.
48. Da es aber die Heiden höreten, wurden sie froh, und priesen das Wort des HErrn, und wurden gläubig, *wie Viele ihrer zum ewigen Leben verordnet waren. *Röm. 8, 29.
49. Und das Wort des HErrn ward ausgebreitet durch die ganze Gegend.
50. Aber die Juden bewegten die andächtigen und ehrbaren Weiber, und der Stadt Obersten, und erweckten eine Verfolgung über Paulum und Barnabas, und stießen sie zu ihren Grenzen hinaus.
51. Sie aber *schüttelten den Staub von ihren Füßen über sie, und kamen gen Iconien. *c. 18, 6. Matth. 10, 14.
52. Die Jünger aber wurden voll Freude und heiligen Geistes.

Das 14. Capitel.

Pauli Wunderkraft zu Antiochien, und was sich weiters begeben.

1. Es geschah aber zu Iconien, daß sie zusammen kamen, und predigten in der Juden Schule, also, daß eine große Menge der Juden und der Griechen gläubig ward.
2. Die ungläubigen Juden aber erweckten und entrüsteten die Seelen der Heiden wider die Brüder.
3. So hatten sie nun ihr Wesen daselbst eine lange Zeit, und lehreten frei im HErrn, welcher bezeugte das Wort seiner Gnade, und ließ Zeichen und Wunder geschehen *durch ihre Hände. *c. 19, 11.
4. Die Menge aber der Stadt spaltete sich: Etliche hielten es mit den Juden, und Etliche mit den Aposteln.
5. Da sich aber ein Sturm erhob der Heiden und der Juden, mit ihren Obersten, *sie zu schmähen und zu steinigen; *v. 19. 2 Tim. 3, 11.
6. Wurden sie deß inne, und *entflohen in die Städte des Landes Lykaonien, gen Lystra und Derbe, und in die Gegend umher; *c. 8, 1.
7. Und *predigten daselbst das Evangelium. *c. 11, 20.
8. Und es war ein Mann zu Lystra, der mußte sitzen; denn er hatte böse Füße, und *war lahm von Mutterleibe, der noch nie gewandelt hatte. *c. 3, 2.
9. Der hörete Paulum reden. Und als er ihn ansahe, und merkte, daß er *glaubte, ihm möchte geholfen werden; *Matth. 9, 22.
10. Sprach er mit lauter Stimme: *Stehe aufrichtig auf deine Füße! Und er sprang auf, und wandelte. *c. 3, 6.
*Jes. 35, 6.
11. Da aber das Volk sahe, was Paulus gethan hatte, hoben sie ihre Stimme auf, und sprachen auf lykaonisch: Die *Götter sind den Menschen gleich geworden, und zu uns hernieder gekommen. *c. 28, 6.
12. Und nannten Barnabam „Jupiter," und Paulum „Mercurius," dieweil er das Wort führte.
13. Der Priester aber Jupiters, der vor ihrer Stadt war, brachte Ochsen und Kränze vor das Thor, und wollte opfern, sammt dem Volk.
14. Da nun die Apostel, Barnabas und Paulus, höreten, *zerrissen sie ihre Kleider, und sprangen unter das Volk, schreien, *4 Mos. 14, 6.
15. Und sprachen: Ihr Männer, was macht ihr da! *Wir sind auch sterbliche Menschen, gleichwie ihr, und predigen euch das Evangelium, daß ihr euch bekehren sollt von diesen falschen, zu dem lebendigen GOtt, †welcher gemacht hat Himmel und Erde, und das Meer, und Alles, was darinnen ist; *c. 10, 26.
†1 Mos. 1, 1. Ps. 146, 6. Offenb. 14, 7.
16. Der in vergangenen *Zeiten hat lassen alle Heiden wandeln †ihre eigenen Wege; *c. 17, 30. †Ps. 81, 13.
17. Und zwar hat er sich selbst nicht unbezeuget gelassen, hat uns viel Gutes gethan, und vom Himmel Regen und *fruchtbare Zeiten gegeben, unsere Herzen erfüllet mit Speise und Freude. *Ps. 147, 8. Jer. 5, 24. u. f.
18. Und da sie das sagten, stilleten sie kaum das Volk, daß sie ihnen nicht opferten.
19. Es kamen aber dahin Juden von Antiochien und Iconien, und *überredeten das Volk, und *steinigten Paulum und

über welche mein Name genannt ist, spricht der HErr, der das Alles thut."

18. GOtt sind alle seine Werke bewußt von der Welt her.

19. Darum beschließe ich, daß man denen, so aus den Heiden zu GOtt sich bekehren, nicht Unruhe mache;

20. Sondern schreibe ihnen, daß sie sich enthalten von Unsauberkeit der Abgötter, und von Hurerei, und vom Erstickten, und vom Blut. *1 Mos. 9, 17. f.

21. Denn Moses hat von langen Zeiten her, in allen Städten, die ihn predigen, und wird alle Sabbathertage in den Schulen gelesen.

22. Und es däuchte gut die Apostel und Aeltesten, sammt der ganzen Gemeine, aus ihnen Männer zu erwählen und zu senden gen Antiochien, mit Paulo und Barnabas, nämlich Judas, mit dem Zunamen Barsabas, und Silas, welche Männer Lehrer waren unter den Brüdern.

23. Und sie gaben Schrift in ihre Hand, also: „Wir, die Apostel, und Aeltesten, und Brüder, wünschen Heil den Brüdern aus den Heiden, die zu Antiochien, und Syrien, und Cilicien sind.

24. Dieweil wir gehöret haben, daß *Etliche von den Unsern sind ausgegangen, und haben euch mit Lehren irre gemacht, und eure Seelen zerrüttet, und sagen, ihr sollt euch beschneiden lassen und das Gesetz halten, welchen wir nichts befohlen haben: *c. m. Gal. 2, 4.

25. Hat es uns gut gedäucht, einmüthiglich versammelt, Männer zu erwählen und zu euch zu senden, mit unsern liebsten Barnaba und Paulo;

26. Welche Menschen ihre Seelen dargegeben haben für den Namen unsers HErrn JEsu Christi.

27. So haben wir gesandt Judas und Silas, welche auch mit Worten dasselbige verkündigen werden.

28. Denn es gefällt dem heiligen Geist und uns, euch keine Beschwerung mehr aufzulegen, denn nur diese nöthigen Stücke,

29. Daß ihr euch enthaltet vom Götzenopfer, und vom Blut, und vom Erstickten, und von Hurerei; von welchen, so ihr euch enthaltet, thut ihr recht. Gehabt euch wohl."

30. Da diese abgefertiget waren, kamen sie gen Antiochien, und versammelten die Menge, und überantworteten den Brief.

31. Da sie den lasen, *wurden sie des Trostes froh. *c. 18, 22.

32. Judas aber und Silas, die auch *Propheten waren, ermahneten die Brüder mit vielen Reden, und stärkten sie. *c. 11, 27. c. 13, 1.

33. Und da sie verzogen eine Zeit lang, wurden sie von den Brüdern mit Frieden abgefertiget zu den Aposteln.

34. Es gefiel aber Silas, daß er da bliebe.

35. Paulus aber und Barnabas hatten ihr Wesen zu Antiochien, lehreten und predigten des HErrn Wort, sammt vielen Andern.

36. Nach etlichen Tagen aber sprach Paulus zu Barnabas: Laß uns wieder umziehen und unsere Brüder besehen durch alle Städte, in welchen wir des HErrn Wort verkündiget haben, wie sie sich halten.

37. Barnabas aber gab Rath, daß sie mit sich nähmen Johannes, mit dem Zunamen Marcus.

38. Paulus aber achtete es billig, daß sie nicht mit sich nähmen einen solchen, der von ihnen gewichen war in *Pamphylien, und war nicht mit ihnen gezogen zu dem Werk. *c. 13, 13.

39. Und sie kamen scharf an einander, also, daß sie von einander zogen, und Barnabas zu sich nahm Marcus, und schiffte in Cypern.

40. Paulus aber wählte Silas, und zog hin, der Gnade GOttes befohlen von den Brüdern.

41. Er zog aber durch Syrien und Cilicien, und stärkte die Gemeinen.

Das 16. Capitel.

1. Er kam aber gen Derbe und Lystra; und siehe, ein Jünger war daselbst, mit Namen *Timotheus, eines Jüdischen Weibes Sohn, die war gläubig, aber eines Griechischen Vaters. *c. 19, 22.

2. Der hatte *ein gut Gerücht bei den Brüdern, unter den Lystranern und zu Ikonien.

3. Diesen wollte Paulus lassen mit sich ziehen, und nahm und beschnitt ihn um der Juden willen, die an demselbigen Ort waren;

28. Paulus aber rief laut, und sprach: Thue dir nichts Uebels; denn wir sind alle hier.

29. Er forderte aber ein Licht, und sprang hinein, und ward zitternd, und fiel Paulo und Sila zu den Füßen,

30. Und führete sie heraus, und sprach: Liebe Herren, *was soll ich thun, daß ich selig werde? *Am. 2, 10.

31. Sie sprachen: *Glaube an den HErrn JEsum Christum, so wirst du und dein Haus selig. *Joh. 3, 16.

32. Und sagten ihm das Wort des HErrn, und allen, die in seinem Hause waren.

33. Und er nahm sie zu sich in derselbigen Stunde der Nacht, und wusch ihnen die Striemen ab; und er ließ sich taufen, und alle die Seinen alsobald.

34. Und *führete sie in sein Haus, und setzte ihnen einen Tisch, und freuete sich, und seinem ganzen Hause, daß er an GOtt gläubig geworden war. *Am. 4, 30.

35. Und da es Tag ward, sandten die Hauptleute Stadtdiener, und sprachen: Laß die Menschen gehen.

36. Und der Kerkermeister verkündigte diese Rede Paulo: Die Hauptleute haben hergesandt, daß ihr los seyn sollet. Nun ziehet aus, und gehet hin mit Frieden.

37. Paulus aber sprach zu ihnen: Sie haben uns ohne Recht und Urtheil öffentlich gestäupet, die wir doch *Römer sind, und in das Gefängniß geworfen, und sollten uns nun heimlich ausstoßen? Nicht also; sondern laßt sie selbst kommen und uns hinaus führen. *c. 22, 25.

38. Die Stadtdiener verkündigten diese Worte den Hauptleuten, und sie fürchteten sich, da sie höreten, daß sie Römer wären;

39. Und kamen, und ermahneten sie, und führeten sie heraus, und *baten sie, daß sie auszögen aus der Stadt. *Matth. 8, 34.

40. Da gingen sie aus dem Gefängniß, und gingen zu der Lydia. Und da sie die Brüder gesehen hatten und getröstet, zogen sie aus.

Das 17. Capitel.
Pauli Verrichtung und Widerwärtigkeit zu Thessalonich, Beröa und Athen.

1. Da sie aber durch Amphipolis und Apollonia reiseten, kamen sie gen *Thessalonich; da war eine Judenschule. *1 Thess. 2, 2.

2. Nachdem nun Paulus gewohnt war, ging er zu ihnen hinein, und redete mit ihnen auf drei Sabbathen aus der Schrift,

3. Thät sie ihnen auf, und legte es ihnen vor, daß Christus *mußte leiden und auferstehen von den Todten, und daß dieser JEsus, den ich [sprach er] euch verkündige, ist der Christ. *c. 26, 23. 57, 43.

4. Und *Etliche unter ihnen fielen ihm zu, und gesellten sich zu Paulo und Sila, auch der gottesfürchtigen Griechen eine große Menge, dazu der vornehmsten Weiber nicht wenige. *v. 17. c. 28, 24.

5. Aber die halsstarrigen Juden neideten, und nahmen zu sich etliche boshaftige Männer, Pöbelvolks, machten eine Rotte, und richteten einen Aufruhr in der Stadt an, und traten vor das Haus Jasons, und suchten sie zu führen unter das gemeine Volk.

6. Da sie aber sie nicht fanden, schleiften sie den Jason und etliche Brüder vor die Obersten der Stadt, und schrieen: Diese, die den ganzen Weltkreis *erregen, sind auch hergekommen, *c. 16, 20. 1 Thess. 15, 17.

7. Die herberget Jason; und diese Alle handeln wider des Kaisers Gebot, sagen, ein *Anderer sey der König, nämlich JEsus. *cap. 22, 2.

8. Sie bewegten aber das Volk und die Obersten der Stadt, die solches höreten.

9. Und da sie Verantwortung von Jason und den Andern empfangen hatten, ließen sie sie los.

10. Die Brüder aber fertigten alsobald ab bei der Nacht Paulum und Silam gen Beröa. Da die dahinkamen, gingen sie in die Judenschule.

11. Denn sie waren die Edelsten unter denen zu Thessalonich; die nahmen das Wort auf ganz williglich, und *forschten täglich in der Schrift, ob sich's also hielte. *Jos. 24, 15. 1 cor. 10, 25. Joh. 5, 39.

12. So glaubten nun Viele aus ihnen, auch der Griechischen ehrbaren Weiber und Männer nicht wenige.

13. Als aber die Juden zu Thessalonich erfuhren, daß auch zu Beröa das Wort GOttes von Paulo verkündiget würde, kamen sie, und bewegten auch allda das Volk.

14. Aber da fertigten die Brüder Paulum alsobald ab, daß er ging bis an das Meer; Silas aber und *Timotheus blieben da. *c. 16, 1.

15. Die aber Paulum geleiteten, führeten ihn bis gen Athen. Und als sie Befehl empfingen an den Silas und Timotheus, daß sie auf's schierste zu ihm kämen, zogen sie hin.

16. Da aber Paulus ihrer zu *Athen wartete, ergrimmete sein Geist in ihm, da er sahe die Stadt so gar abgöttisch.
*1 Thess. 3, 1.

17. Und er redete zwar zu den Juden und Gottesfürchtigen in der Schule, auch auf dem Markt alle Tage, zu denen, die sich herzu fanden.

18. Etliche aber der Epikurer und Stoiker Philosophen zankten mit ihm. Und Etliche sprachen: Was will dieser *Lotterbube sagen? Etliche aber: Es siehet, als wollte er neue Götter verkündigen. Das machte, er hatte das Evangelium von JEsu und von der Auferstehung ihnen verkündiget. *1 Cor. 1, 18.

19. Sie nahmen ihn aber, und führeten ihn auf den Richtplatz, und sprachen: Können wir auch erfahren, was das für eine neue Lehre sey, die du lehrest?

20. Denn du bringest etwas Neues vor unsere Ohren; so wollten wir gerne wissen, was das sey.

21. Die Athener aber Alle, auch die Ausländer und Gäste, waren gerichtet auf nichts Anderes, denn etwas Neues zu sagen oder zu hören.

22. Paulus aber stand mitten auf dem Richtplatz, und sprach: Ihr Männer von Athen, ich sehe euch, daß ihr in allen Stücken allzu abergläubig seyd.

23. Ich bin herdurch gegangen, und habe gesehen eure Gottesdienste, und fand einen Altar; darauf war geschrieben: „Dem unbekannten GOtt." Nun verkündige ich euch denselbigen, dem ihr unwissend Gottesdienst thut.

24. GOtt, der die Welt gemacht hat, und Alles, was darinnen ist, sintemal er ein HErr ist Himmels und der Erde, *wohnet er nicht in Tempeln mit Händen gemacht. *c. 7, 48.

25. Seiner wird auch nicht von Menschenhänden gepfleget, als *der Jemandes bedürfte, so Er selbst Jedermann Leben und Odem allenthalben giebt; *Ps. 50, 8. 9.

26. Und hat gemacht, daß von Einem Blut aller Menschen Geschlecht auf dem ganzen Erdboden wohnen, und hat Ziel gesetzt, zuvor versehen, *wie lange und wie weit sie wohnen sollen; *5 Mos. 32, 8.

27. Daß sie den HErrn *suchen sollten, ob sie doch ihn fühlen und finden möchten. Und zwar er ist nicht ferne von einem Jeglichen unter uns. *Jes. 55, 6. Röm. 10, 6.

28. Denn in ihm leben, weben und sind wir; als auch etliche Poeten bei euch gesagt haben: „Wir sind seines Geschlechts."

29. So wir denn göttlichen Geschlechts sind, sollen wir nicht meinen, *die Gottheit sey gleich den goldenen, silbernen und steinernen Bildern, durch menschliche Gedanken gemacht. *Jes. 40, 18. f.

30. Und zwar hat GOtt *die Zeit der Unwissenheit übersehen; nun aber † gebietet er allen Menschen an allen Enden, Buße zu thun; *c. 14, 16. †Luc. 24, 47.

31. Darum, daß er einen Tag gesetzt hat, auf welchem er richten will den Kreis des Erdbodens mit Gerechtigkeit, durch *einen Mann, in welchem er es beschlossen hat, und Jedermann vorhält den Glauben, nachdem † er ihn hat von den Todten auferwecket. *Röm. 14, 10. f. †1 Pet. 3, 18. f.

32. Da sie höreten die Auferstehung der Todten, da hatten es Etliche ihren *Spott; Etliche aber sprachen: Wir wollen dich davon weiter hören. *1 Cor. 1, 23.

33. Also ging Paulus von ihnen.

34. Etliche Männer aber hingen ihm an, und wurden gläubig; unter welchen war Dionysius, Einer aus dem Rath, und ein Weib, mit Namen Damaris, und Andere mit ihnen.

Das 18. Capitel.

Verrichtung Pauli zu Corinth und auf der Rück nach Jerusalem, auch zu Ephesus.

1. Darnach schied Paulus von Athen, und kam gen Corinth;

2. Und fand einen Juden, mit Namen *Aquila, der Geburt aus Pontus, welcher war neulich aus Wälschland gekommen, sammt seinem Weibe Priscilla (darum, daß der Kaiser Claudius geboten hatte allen Juden, zu weichen aus Rom). *Röm. 16, 3.

3. Zu denselbigen ging er ein; und dieweil er gleiches Handwerks war, blieb

und zu Corinth. Gallion. Apostelgeschichte 18. Apollo, ein beredter Lehrer.

er bei ihnen, und *arbeitete: sie waren aber des Handwerks Teppichmacher.
  *1 Cor. 4, 12. f.

4. Und er lehrete in der Schule auf alle Sabbather, und beredete Beide, Juden und Griechen.

5. Da aber *Silas und Timotheus aus Macedonien kamen, drang Paulum der Geist, zu bezeugen den Juden JEsum, daß er der Christ sey. *c. 17, 14. 15.

6. Da sie aber widerstrebten und lästerten, *schüttelte er die Kleider aus, und sprach zu ihnen: Euer Blut sey über euer Haupt! Ich gehe von nun an rein zu den Heyden. *c. 13, 51. Matth. 10, 14.

7. Und machte sich von dannen, und kam in ein Haus Eines, mit Namen Justus, der gottesfürchtig war, und desselbigen Haus war zunächst an der Schule.

8. Crispus aber, der Oberste der Schule, glaubte an den HErrn, mit seinem ganzen Hause; und viele Corinther, die zuhöreten, wurden gläubig, und ließen sich taufen.

9. Es sprach aber der HErr durch ein Gesicht in der Nacht zu Paulo: *Fürchte dich nicht, sondern rede, und schweige nicht; *1 Cor. 2, 3.

10. Denn *Ich bin mit dir, und Niemand soll sich unterstehen, dir zu schaden; denn †ich habe ein groß Volk in dieser Stadt. *Jes. 41, 10. Jer. 1, 11.
  †Jos. 1, 19. Jes. 12, 10, 15.

11. Er saß aber daselbst ein Jahr und sechs Monate, und lehrete sie das Wort GOttes.

12. Da aber Gallion Landvogt war in Achaja, empöreten sich die Juden einmüthiglich wider Paulum, und führeten ihn vor den Richtstuhl,

13. Und sprachen: Dieser überredet die Leute, GOtt zu dienen, dem Gesetz zuwider.

14. Da aber Paulus wollte den Mund aufthun, sprach Gallion zu den Juden: Wenn es ein *Frevel oder Schalkheit wäre, lieben Juden, so hörete ich euch billig; *v. 11.

15. Weil es aber eine Frage ist von der Lehre, und von den Worten, und von dem Gesetz unter euch, so *sehet ihr selber zu; ich gedenke darüber nicht Richter zu seyn.
  *Matth. 27, 24. Joh. 18, 31.

16. Und trieb sie von dem Richtstuhl.

17. Da ergriffen alle Griechen *Sosthe-nes, den Obersten der Schule, und schlugen ihn vor dem Richtstuhl; und Gallion nahm sich's nicht an. *1 Cor. 1, 1.

18. Paulus aber blieb noch lange daselbst; darnach machte er seinen Abschied mit den Brüdern, und wollte in Syrien schiffen, und mit ihm Priscilla und Aquila; und er *beschor sein Haupt zu Kenchrea, denn er hatte ein Gelübde. *c. 21, 24. 4 Mos. 6, 9. 18.

19. Und kam hinab gen Ephesum, und ließ sie daselbst. Er aber ging in die Schule, und redete mit den Juden.

20. Sie baten ihn aber, daß er längere Zeit bei ihnen bliebe. Und er bewilligte nicht;

21. Sondern machte seinen Abschied mit ihnen, und sprach: Ich muß allerdinge das künftige Fest zu Jerusalem halten; *will's GOtt, so will ich wieder zu euch kommen. Und fuhr weg von Ephesus.
  *1 Cor. 4, 19. Ebr. 6, 3. Jac. 4, 15.

22. Und kam gen Cäsarien, und ging hinauf und grüßte die Gemeine; und zog hinab gen Antiochien;

23. Und verzog etliche Zeit, und reisete aus, und durchwandelte nach einander das Galatische Land und Phrygien, und stärkte alle Jünger.

24. Es kam aber gen Ephesus ein Jude, mit Namen Apollo, der Geburt von Alexandrien, ein beredter Mann, und mächtig in der Schrift.

25. Dieser war unterwiesen den Weg des HErrn, und redete mit brünstigem Geist, und lehrete mit Fleiß von dem HErrn, und wußte allein von der Taufe Johannis.

26. Dieser fing an frei zu predigen in der Schule. Da ihn aber Aquila und Priscilla höreten, nahmen sie ihn zu sich, und legten ihm den Weg GOttes noch fleißiger aus.

27. Da er aber wollte in Achaja reisen, schrieben die Brüder, und vermahneten die Jünger, daß sie ihn aufnähmen. Und als er dargekommen war, half er viel denen, die gläubig waren geworden durch die Gnade.

28. Denn er *überwand die Juden beständiglich, und erwies öffentlich durch die Schrift, daß JEsus der Christ sey.
  *c. 9, 22.

Das

Das 19. Capitel.
Pauli Verrichtung zu Ephesus.

1. Es geschah aber, da Apollo zu Corinth war, daß Paulus durchwandelte die obern Länder, und kam *gen Ephesus, und fand etliche Jünger; *v. 18, 19, 21.
2. Zu denen sprach er: Habt ihr *den heiligen Geist empfangen, da ihr gläubig geworden seyd? Sie sprachen zu ihm: Wir haben auch nie gehöret, †ob ein heiliger Geist sey. *v. 16, 44. †Joh. 7, 39.
3. Und er sprach zu ihnen: Worauf seyd ihr denn getauft? Sie sprachen: Auf Johannis Taufe.
4. Paulus aber sprach: *Johannes hat getauft mit der Taufe der Buße, und sagte dem Volk, daß sie sollten glauben an den, der nach ihm kommen sollte, das ist, an JEsum, daß er Christus sey. *Matth. 3, 11. f.
5. Da sie das höreten, ließen sie sich taufen auf den Namen des HErrn JEsu.
6. Und da Paulus *die Hände auf sie legte, †kam der heilige Geist auf sie, und redeten mit Zungen, und weissagten.
*c. 6, 6. c. 8, 17. †c. 2, 4. c. 10, 44. c. 11, 15.
7. Und aller der Männer waren bei Zwölfen.
8. Er ging aber in die Schule, und predigte frei drei Monate lang, lehrete und *beredete sie von dem Reich GOttes. *c. 14, 3.
9. Da aber Etliche *verstockt waren, und nicht glaubten, und übel redeten von dem Wege vor der Menge, wich er von ihnen, und sonderte ab die Jünger, und redete täglich in der Schule Eines, der hieß Tyrannus. *2 Tim. 1, 15.
10. Und daßelbige geschah zwei Jahre lang, also, daß Alle, die in Asien wohneten, das Wort des HErrn JEsu höreten, Beide, Juden und Griechen.
11. Und GOtt wirkte nicht geringe Thaten durch die Hände Pauli,
12. Also, daß sie auch von seiner Haut die Schweißtüchlein und Koller über die Kranken hielten, und die Seuchen von ihnen wichen, und die bösen Geister von ihnen ausfuhren.
13. Es unterwanden sich aber Etliche der umlaufenden Juden, die da Beschwörer waren, den Namen des HErrn JEsu zu nennen über die da böse Geister hatten, und sprachen: Wir beschwören euch bei JEsu, den Paulus prediget.
14. Es waren ihrer aber sieben Söhne eines Juden, Skeva, des Hohenpriesters, die solches thaten.
15. Aber der böse Geist antwortete und sprach: JEsum kenne ich wohl, und Paulum weiß ich wohl; wer seyd ihr aber?
16. Und der Mensch, in dem der böse Geist war, sprang auf sie, und ward ihrer mächtig, und warf sie unter sich, also, daß sie nackend und verwundet aus demselbigen Hause entflohen.
17. Daßelbige aber ward kund Allen, die zu Ephesus wohneten, Beiden, Juden und Griechen; und fiel eine Furcht *über sie Alle, und der Name des HErrn JEsu ward hochgelobet. *c. 2, 4. 2, 11.
18. Es kamen auch Viele derer, die gläubig waren geworden, und bekannten und verkündigten, was sie ausgerichtet hatten.
19. Viele aber, die da vorwitzige Kunst getrieben hatten, brachten die Bücher zusammen, und verbrannten sie öffentlich; und überrechneten, was sie werth waren, und fanden des Geldes fünfzig tausend Groschen.
20. Also *mächtig wuchs das Wort des HErrn, und nahm überhand.
*c. 6, 7. c. 12, 24.
21. Da das ausgerichtet war, setzte sich Paulus vor im Geist, durch Macedonien und Achaja zu reisen, und gen *Jerusalem zu wandeln, und sprach: Nachdem, wenn ich daselbst gewesen bin, muß ich auch Rom sehen. *c. 18, 21. c. 20, 22.
22. Und sandte Zween, die ihm dieneten, Timotheum und *Erastum, in Macedonien; er aber verzog eine Weile in Asien. *Röm. 16, 23.
23. Es erhob sich aber um dieselbige Zeit nicht *eine kleine Bewegung über diesem Wege. *2 Cor. 1, 8.
24. Denn Einer, mit Namen Demetrius, ein Goldschmid, der machte der Diana silberne Tempel, und wandte denen vom Handwerk *nicht geringen Gewinnst zu. *c. 16, 16.
25. Dieselbigen versammelte er, und die Beiarbeiter desselbigen Handwerks, und sprach: Lieben Männer, ihr wisset, daß wir großen Zugang von diesem Handel haben.

26. Und

26. Und ihr sehet und höret, daß nicht allein zu Ephesus, sondern auch fast in ganz Asien, dieser Paulus viel Volks abfällig macht, überredet, und spricht: Es sind nicht Götter, welche von Händen gemacht sind.

27. Aber es will nicht allein unser Handel dahin gerathen, daß er nichts gelte; sondern auch der Tempel der großen Göttin Diana wird für nichts geachtet, und wird dazu ihre Majestät untergehen, welcher doch ganz Asien und der Weltkreis Gottesdienst erzeigt.

28. Als sie das höreten, wurden sie voll Zorns, schrieen und sprachen: Groß ist die Diana der Epheser!

29. Und die ganze Stadt ward voll Getümmels. Sie stürmeten aber einmüthiglich zu dem Schauplatz, und ergriffen Gajum und Aristarchum aus Macedonien, Pauli Gefährten. *c. 1, 6.

30. Da aber Paulus wollte unter das Volk gehen, ließen es ihm die Jünger nicht zu.

31. Auch Etliche der Obersten in Asien, die Pauli gute Freunde waren, sandten zu ihm, und ermahneten ihn, daß er sich nicht gäbe auf den Schauplatz.

32. Etliche schrieen sonst, Etliche ein anders, und war die Gemeine irre, und der mehrere Theil wußte nicht, warum sie zusammen gekommen waren.

33. Etliche aber vom Volk zogen Alexandern hervor, da ihn die Juden hervor stießen. Alexander aber winkte mit der Hand, und wollte sich vor dem Volk verantworten. *c. 12, 17. c. 13, 14. c. 21, 40.

34. Da sie aber inne wurden, daß er ein Jude war, erhob sich eine Stimme von Allen, und schrieen bei zwo Stunden: Groß ist die Diana der Epheser!

35. Da aber der Kanzler das Volk gestillet hatte, sprach er: Ihr Männer von Ephesus, welcher Mensch ist, der nicht wisse, daß die Stadt Ephesus sey eine Pflegerin der großen Göttin Diana und des himmlischen Bildes!

36. Weil nun das unwidersprechlich ist, so sollt ihr ja stille seyn, und nichts Unbedächtiges handeln.

37. Ihr habt diese Menschen hergeführet, die weder Kirchenräuber, noch Lästerer eurer Göttin sind.

38. Hat aber Demetrius, und die mit ihm sind vom Handwerk, zu Jemand einen Anspruch, so hält man Gericht, und sind Landvögte da; laßt sie sich unter einander verklagen.

39. Wollt ihr aber etwas Anders handeln, so mag man es ausrichten in einer ordentlichen Gemeine.

40. Denn wir stehen in der Gefahr, daß wir um dieser heutigen Empörung verklagt möchten werden, und doch keine Sache vorhanden ist, damit wir uns solches Aufruhrs entschuldigen möchten. Und da er solches gesagt, ließ er die Gemeine gehen.

Das 20. Capitel.

Pauli Reise gen Troas und Miletus, und was er allda verrichtet.

1. Da nun die Empörung aufgehöret, rief Paulus die Jünger zu sich, und segnete sie, und ging aus, zu reisen in Macedonien. *1 Tim. 1, 3.

2. Und da er dieselbigen Länder durchzog, und sie ermahnet hatte mit vielen Worten, kam er in Griechenland, und verzog allda drei Monate.

3. Da aber ihm die Juden nachstelleten, als er in Syrien wollte fahren, ward er zu Rath, wieder umzuwenden durch Macedonien.

4. Es zogen aber mit ihm bis in Asien Sopater von *Beröa; von Thessalonich aber †Aristarchus und Secundus, und Gajus von Derbe, und Timotheus; aus Asien aber Tychikus und Trophimus. *c. 17, 10. †c. 19, 29.

5. Diese gingen voran, und harreten unserer zu *Troas. *c. 16, 8.

6. Wie aber schifften nach den Ostertagen von Philippi bis an den fünften Tag, und kamen zu ihnen gen Troas, und hatten da unser Wesen sieben Tage.

7. Auf einen Sabbath aber, da die Jünger zusammenkamen, das *Brot zu brechen, predigte ihnen Paulus, und wollte des andern Tages ausreisen, und verzog das Wort bis zu Mitternacht. *c. 2, 42. 46.

8. Und es waren viele Fackeln auf dem Söller, da sie versammelt waren. *c. 1, 13.

9. Es saß aber ein Jüngling, mit Namen Eutychus, in einem Fenster, und sank in einen tiefen Schlaf, dieweil Paulus so lange redete, und ward vom Schlaf überwogen

wogen, und fiel hinunter vom dritten Söller, und ward todt aufgehoben.

10. Paulus aber ging hinab, und fiel *auf ihn, umfing ihn, und sprach: Machet kein Getümmel; denn seine Seele ist in ihm.   *2 Kön. 17, 21.

11. Da ging er hinauf, und brach das Brot, und biß an, und redete viel mit ihnen, bis der Tag anbrach; und also zog er aus.

12. Sie brachten aber den Knaben lebendig, und wurden nicht wenig getröstet.

13. Wir aber zogen voran auf dem Schiffe, und fuhren gen Assus, und wollten daselbst Paulum zu uns nehmen; denn er hatte es also befohlen, und er wollte zu Fuße gehen.

14. Als er nun zu uns schlug zu Assus, nahmen wir ihn zu uns, und kamen gen Mitylene.

15. Und von dannen schifften wir, und kamen des andern Tages hin gen Chios; und des folgenden Tages fuhren wir an Samos, und blieben in Trogollion; und des nächsten Tages kamen wir gen Miletus.

16. Denn Paulus hatte beschlossen, vor Ephesus über zu schiffen, daß er nicht müßte in Asien Zeit zubringen; denn er eilete, auf den *Pfingsttag zu Jerusalem zu seyn, so es ihm möglich wäre.   *c. 2, 1. 2l.

17. Aber von Mileto sandte er gen Ephesus, und ließ fordern die Aeltesten von der Gemeine.

18. Als aber die zu ihm kamen, sprach er zu ihnen: Ihr wisset, von dem ersten Tage an, da ich bin in Asien gekommen, wie ich allezeit bin bei euch gewesen,   *c. 19, 10.

19. Und dem HErrn gedienet mit aller Demuth und mit vielen Thränen und Anfechtungen, die mir sind widerfahren von den Juden, so mir nachstelleten.

20. Wie ich nichts verhalten habe, das da nützlich ist, das ich euch nicht verkündiget hätte, und euch gelehret öffentlich und sonderlich;

21. Und habe bezeuget, Beiden, den Juden und Griechen, die *Buße zu GOtt, und den Glauben an unsern HErrn JEsum Christum.   *Rom. 1, 16.

22. Und nun siehe, ich im Geist gebunden, fahre hin *gen Jerusalem, weiß nicht, was mir daselbst begegnen wird,   *c. 19, 21.

23. Ohne daß der heilige Geist in allen Städten *bezeuget und spricht: Bande und Trübsal warten meiner daselbst.   *c. 9, 16. c. 21, 4. 11.

24. Aber ich *achte deren keins, ich halte mein Leben auch nicht selbst theuer, auf daß ich vollende meinen Lauf mit Freuden, und das Amt, das ich empfangen habe von dem HErrn JEsu, zu bezeugen das Evangelium von der Gnade GOttes.   *c. 21, 13.

25. Und nun siehe, ich weiß, daß ihr mein Angesicht nicht mehr sehen werdet, alle die, durch welche ich gezogen bin, und geprediget habe das Reich GOttes.

26. Darum zeuge ich euch an diesem heutigen Tage, daß ich rein bin *von aller Blut;   *c. 18, 6.

27. Denn ich habe euch nichts verhalten, daß ich nicht verkündiget hätte alle den Rath GOttes.

28. So habt nun Acht auf euch selbst, und auf die ganze Heerde, unter welche euch der heilige Geist gesetzet hat zu Bischöfen, zu weiden die Gemeine GOttes, welche er durch sein eigen Blut erworben hat.

29. Denn das weiß ich, daß nach meinem Abschiede werden unter euch kommen greuliche Wölfe, die der Heerde nicht verschonen werden.

30. Auch aus euch selbst werden aufstehen Männer, die da verkehrte Lehren reden, die Jünger an sich zu ziehen.

31. Darum seyd wacker, und *denket daran, daß ich nicht abgelassen habe drei Jahre, Tag und Nacht einen Jeglichen mit Thränen zu vermahnen.   *Thess. 10, 17.

32. Und nun, lieben Brüder, ich befehle euch GOtt, und dem *Wort seiner Gnade, der da mächtig ist, euch zu erbauen, und zu geben das Erbe, unter Allen, die geheiliget werden.   *c. 1, 14, 3.

33. Ich habe euer Keines Silber, noch Gold, noch Kleid begehret.

34. Denn ihr wisset selbst, daß mir diese Hände zu meiner Nothdurft, und derer, die mit mir gewesen sind, gedienet haben.

35. Ich habe es euch Alles gezeiget, daß man also arbeiten müsse, und die Schwachen aufnehmen, und gedenken an das Wort des HErrn JEsu, das Er gesagt hat: „Geben ist seliger, denn nehmen.“

36. Und

36. Und als er solches gesagt, kniete er nieder, und *betete mit ihnen Allen. *c. 21, 5.
37. Es ward aber viel Weinens unter ihnen Allen, und fielen Paulo um den Hals, und küßeten ihn.
38. Am allermeisten betrübt aber dem Wort, das er sagte, sie würden *sein Angesicht nicht mehr sehen. Und geleiteten ihn in das Schiff. *v. 25.

Das 21. Capitel.

Paulli Reise von Mileto ans Jerusalem, und was er dieselbst verrichtet und ausgestanden.

1. Als es nun geschah, daß wir, von ihnen gewandt, dahin fuhren, kamen wir stracks Laufs gen Cos, und am folgenden Tage gen Rhodus, und von dannen gen Patara.
2. Und als wir ein Schiff fanden, das in Phönicien fuhr, traten wir darein, und fuhren hin.
3. Als wir aber Cypern ansichtig wurden, ließen wir sie zur linken Hand, und schifften in Syrien, und kamen an zu Torus; denn daselbst sollte das Schiff die Waare niederlegen.
4. Und als wir Jünger fanden, blieben wir daselbst sieben Tage. Die sagten Paulo durch den *Geist, er sollte nicht hinauf gen Jerusalem ziehen. *v. 11. 12. c. 20, 23.
5. Und es geschah, da wir die Tage zugebracht hatten, zogen wir aus, und wandelten. Und sie geleiteten uns Alle, mit Weibern und Kindern, bis hinaus vor die Stadt, und *knieeten nieder am Ufer, und beteten. *c. 20, 36.
6. Und als wir einander gesegnet, traten wir in das Schiff; Jene aber wandten sich wieder zu den Ihrigen.
7. Wir aber vollzogen die Schifffahrt von Torus, und kamen gen Ptolemais, und grüßten die Brüder, und blieben Einen Tag bei ihnen.
8. Des andern Tages zogen wir aus, die wir um Paulo waren, und kamen gen Cäsarien, und gingen in das Haus Philippi, des Evangelisten, der einer von den Sieben war, und blieben bei ihm. *c. 6, 5.
9. Derselbige hatte vier Töchter, die waren *Jungfrauen, und weissagten. *c. 2, 17. Joel 3, 1.
10. Und als wir mehr Tage da blieben, reisete herab ein Prophet aus Judäa, mit Namen *Agabus, und kam zu uns. *c. 11, 28.

11. Der nahm den Gürtel Pauli, und band seine Hände und Füße, und sprach: Das sagt der *heilige Geist: Den Mann, deß der Gürtel ist, werden die Juden also binden zu Jerusalem, und überantworten in der Heiden Hände. *v. 33. 33.
12. Als wir aber solches höreten, baten wir ihn, und die desselbigen Orts waren, daß *er nicht hinauf gen Jerusalem zöge. *Matth. 16, 22.
13. Paulus aber antwortete: Was macht ihr, daß ihr weinet und brechet mir mein Herz! Denn ich bin bereit, nicht allein mich binden zu lassen, sondern auch zu sterben zu Jerusalem, *um des Namens willen des HErrn JEsu. *Phil. 1, 20.
14. Da er aber sich nicht überreden ließ, schwiegen wir, und sprachen: Des HErrn Wille geschehe!
15. Und nach denselbigen Tagen entledigten wir uns, und zogen hinauf gen Jerusalem.
16. Es kamen aber mit uns auch etliche Jünger von Cäsarien, und führeten uns zu Einem, mit Namen Mnason, aus Cypern, der ein alter Jünger war, bei dem wir herbergen sollten.
17. Da wir nun gen Jerusalem kamen, nahmen uns die Brüder gern auf.
18. Des andern Tages aber ging Paulus mit uns ein zu Jacobus, und kamen die Aeltesten alle dahin.
19. Und als er sie gegrüßet hatte, erzählte er eins nach dem andern, *was GOtt gethan hatte unter den Heiden durch †sein Amt. *Röm. 15, 17. †1 Cor. 15, 10.
20. Da sie aber das höreten, lobten sie den HErrn, und sprachen zu ihm: Bruder, du siehest, wie viel tausend Juden sind, die gläubig geworden sind, und sind alle Eiferer über dem Gesetz.
21. Sie sind aber berichtet worden wider dich, daß du lehrest von Mose abfallen alle Juden, die unter den Heiden sind, und sagest, sie sollen ihre Kinder nicht beschneiden, auch nicht nach desselbigen Weise wandeln.
22. Was ist es denn nun? Allerdinge muß die Menge zusammen kommen; denn es wird vor sie kommen, daß du gekommen bist.
23. So thue nun das, das wir dir sagen.

24. Wir

24. Wir haben vier Männer, die haben ein Gelübde auf sich; dieselbigen nimm zu dir, und laß dich reinigen mit ihnen, und wage die Kosten an sie, daß sie ihr Haupt bescheeren, und Alle vernehmen, daß nicht sey, weß sie wider dich berichtet sind, sondern daß du auch einher gehest, und hältest das Gesetz. *v. 18, 16, r.

25. Denn den Gläubigen aus den Heiden haben wir geschrieben und beschlossen, daß sie der keins halten sollen, denn *nur sich bewahren vor dem Götzenopfer, vor Blut, vor Ersticktem, und vor Hurerei. *c. 15, 20, 22.

26. Da nahm Paulus die Männer zu sich, und ließ sich des andern Tages sammt ihnen reinigen, und ging in den Tempel, und ließ sich sehen, wie er aushielte die Tage der Reinigung, bis daß für einen Jeglichen unter ihnen das Opfer geopfert ward.

27. Als aber die sieben Tage sollten vollendet werden, *sahen ihn die Juden aus Asien im Tempel, und erregten das ganze Volk, legten die Hände an ihn, und schrieen: *v. 24, 19.

28. Ihr Männer von Israel, helfet! *Dies ist der Mensch, der alle Menschen an allen Enden lehret wider dies Volk, wider das Gesetz, und wider diese Stätte; auch dazu hat er die Griechen in den Tempel geführet und diese †heilige Stätte gemein gemacht. *v. 19, 20. †c. 24, 6. † Hesek. 44, 7.

29. (Denn sie hatten mit ihm in der Stadt *Trophimum, den Ephefer, gesehen; denselbigen meineten sie, Paulus hätte ihn in den Tempel geführet.) *v. 20, 4. 2 Tim. 4, 20.

30. Und die ganze Stadt ward beweget, und ward ein Zulauf des Volks. Sie *griffen aber Paulum, und zogen ihn zum Tempel hinaus; und alsobald wurden die Thüren zugeschlossen. *c. 26, 21.

31. Da sie ihn aber tödten wollten, kam das Geschrei hinauf vor den obersten Hauptmann der Schaar, wie das ganze Jerusalem sich empörete.

32. Der nahm von Stund an die Kriegsknechte und Hauptleute zu sich, und lief unter sie. Da sie aber den Hauptmann und die Kriegsknechte sahen, höreten sie auf, Paulum zu schlagen.

33. Als aber der Hauptmann nahe herzu kam, nahm er ihn an, und ließ ihn *binden mit zwo Ketten, und fragte, wer er wäre, und was er gethan hätte? *v. 20, 22.

34. Einer aber rief dies, der Andere das, im Volk. Da er aber nichts Gewisses erfahren konnte, um des Getümmels willen, ließ er ihn in das Lager führen.

35. Und als er an die Stufen kam, mußten ihn die Kriegsknechte tragen, vor Gewalt des Volks.

36. Denn es folgte viel Volks nach, und schrie: Weg mit ihm!

37. Als aber Paulus jetzt zum Lager eingeführet ward, sprach er zu dem Hauptmann: Darf ich mit dir reden? Er aber sprach: Kannst du Griechisch?

38. Bist du nicht der Egypter, der vor diesen Tagen einen Aufruhr gemacht hat, und führetest in die Wüste hinaus vier tausend Meuchelmörder?

39. Paulus aber sprach: Ich bin ein Jüdischer Mann von Tarsen, ein Bürger einer namhaftigen Stadt in Cilicien; ich bitte dich, erlaube mir zu reden zu dem Volk. *v. 9, 11.

40. Als er aber ihm erlaubt, trat Paulus auf die Stufen, und *winkte dem Volk mit der Hand. Da nun eine große Stille ward, redete er zu ihnen auf Ebräisch, und sprach: *c. 12, 17. v. 12, 16. c. 26, 14.

Das 22. Capitel.
Pauli Verantwortung und Bekehrung.

1. Ihr *Männer, lieben Brüder und Väter, höret meine Verantwortung an euch. *c. 7, 2. v. 10, 26.

2. Da sie aber höreten, daß er *auf Ebräisch zu ihnen redete, wurden sie noch stiller. Und er sprach: *v. 21, 40.

3. Ich bin ein Jüdischer Mann, geboren zu Tarsen in Cilicien, und erzogen in dieser Stadt, zu den Füßen *Gamaliels, gelehret mit allem Fleiß im väterlichen Gesetz, und war ein Eiferer um GOtt, gleichwie ihr alle seyd heutiges Tages. *c. 5, 34.

4. Und habe diesen Weg verfolget bis in den Tod. Ich band sie, und überantwortete sie in's Gefängniß, beide, Männer und Weiber; *v. 8, 3. c. 9, 2. v. 26, 9.

5. Wie mir auch der *Hohepriester und der ganze Haufe der Aeltesten Zeugniß giebt, von welchen ich Briefe nahm an die Brüder, und reisete gen Damaskus, daß ich die

die daselbst waren, gebunden führete gen Jerusalem, daß sie gepeiniget würden.

6. Es geschah aber, da *ich hinzog, und nahe bei Damaskus kam, um den Mittag, umblickte mich schnell ein groß Licht vom Himmel.

7. Und ich fiel zum Erdboden, und hörete eine *Stimme, die sprach zu mir: Saul, Saul, was verfolgest du mich?

8. Ich antwortete aber: HErr, wer bist du? Und er sprach zu mir: Ich bin JEsus von Nazareth, den du verfolgest.

9. Die *aber mit mir waren, sahen das Licht, und erschraken; die Stimme aber deß, der mit mir redete, höreten sie nicht.

10. Ich sprach aber: HErr, was soll ich thun? Der HErr aber sprach zu mir: *Stehe auf, und gehe in Damaskus; da wird man dir sagen von Allem, das dir zu thun verordnet ist.

11. Als ich aber vor Klarheit dieses Lichtes nicht sehen konnte, ward ich bei der Hand geleitet von denen, die mit mir waren, und kam gen Damaskus.

12. Es war aber ein gottesfürchtiger Mann nach dem Gesetz, Ananias, der ein gut Gerücht hatte bei allen Juden, die daselbst wohneten.

13. Der kam zu mir, und trat bei mich, und sprach zu mir: Saul, lieber Bruder, siehe auf! Und ich sahe ihn zu zu derselbigen Stunde.

14. Er aber sprach: GOtt unserer Väter hat dich *verordnet, daß du seinen Willen erkennen solltest, und sehen den Gerechten, und hören die Stimme aus seinem Munde.

15. Denn du wirst sein *Zeuge zu allen Menschen seyn deß, das du gesehen und gehöret hast.

16. Und nun, was verziehest du! Stehe auf, und laß dich taufen, und abwaschen deine Sünden, und rufe an den Namen des HErrn.

17. Es geschah aber, da ich wieder *gen Jerusalem kam, und betete im Tempel, daß ich entzückt ward, und sahe ihn.

18. Da sprach er zu mir: Eile, und mache dich behende von Jerusalem hinaus; denn sie werden nicht aufnehmen dein Zeugniß von mir.

19. Und ich sprach: HErr, sie wissen selbst, daß ich *gefangen legte und stäupte die, so an dich glaubten, in den Schulen hin und wieder;

20. Und da das Blut Stephani, deines Zeugen vergossen ward, stand ich auch daneben, und hatte Wohlgefallen an seinem Tode, und *verwahrete denen die Kleider, die ihn tödteten.

21. Und er sprach zu mir: *Gehe hin; denn Ich will dich ferne unter die Heiden senden.

22. Sie höreten aber ihm zu bis auf dies Wort, und hoben ihre Stimme auf, und sprachen: *Hinweg mit solchem von der Erde; denn es ist nicht billig, daß er leben soll!

23. Da sie aber schrieen und ihre Kleider abwarfen und den Staub in die Luft warfen;

24. Hieß ihn der Hauptmann in das Lager führen, und sagte, daß man ihn stäupen, und erfragen sollte, daß er erführe, um welcher Ursache willen sie also über ihn riefen.

25. Als er ihn aber mit Riemen anband, sprach Paulus zu dem Unterhauptmann, der dabei stand: *Ist es auch recht bei euch, einen Römischen Menschen ohne Urtheil und Recht geißeln?

26. Da das der Unterhauptmann hörete, ging er zu dem Oberhauptmann, und verkündigte ihm, und sprach: Was willst du machen? Dieser Mensch ist Römisch.

27. Da kam zu ihm der Oberhauptmann, und sprach zu ihm: Sage mir, bist du Römisch? Er aber sprach: Ja.

28. Und der Oberhauptmann antwortete: Ich habe dies Bürgerrecht mit großer Summe zuwege gebracht. Paulus aber sprach: Ich aber bin auch Römisch geboren.

29. Da traten alsobald von ihm ab, die ihn erfragen sollten. Und der Oberhauptmann fürchtete sich, da er vernahm, daß er Römisch war, und er ihn gebunden hatte.

30. Des andern Tages wollte er gewiß erkunden, warum er verklaget würde von den Juden, und lösete ihn von den Banden, und hieß die Hohenpriester und ihren ganzen Rath kommen, und führete Paulum hervor, und stellete ihn unter sie.

Das

Das 23. Capitel.

Paulus wird auf seine Verantwortung vor dem Rath zu Jerusalem geschlagen, von den HErrn getröstet, und aus Gefahr erlediget.

1. Paulus aber sahe den Rath an, und sprach: Ihr Männer, lieben Brüder, ich *habe mit allem guten Gewissen gewandelt vor GOtt, bis auf diesen Tag.
  ^{*c. 24, 16.}

2. Der Hohepriester aber, Ananias, befahl denen, die um ihn standen, daß sie ihn auf's Maul schlügen.

3. Da sprach Paulus zu ihm: GOtt wird dich schlagen, du getünchte Wand; sitzest du, und richtest mich nach dem Gesetz, und heißest mich schlagen wider das Gesetz?

4. Die aber umher standen, sprachen: Schiltst du den Hohepriester GOttes?

5. Und Paulus sprach: Lieben Brüder, ich wußte es nicht, daß er der Hohepriester ist. Denn es *stehet geschrieben: „Dem Obersten deines Volks sollst du nicht fluchen."
  ^{*2 Mos. 22, 28. a Petr. 2, 10.}
  Joh. v. 8.

6. Als aber Paulus wußte, daß ein Theil Sadducäer war, und der andere Theil Pharisäer, rief er im Rath: Ihr Männer, lieben Brüder, *ich bin ein Pharisäer, und eines Pharisäers Sohn; ich werde angeklagt um der Hoffnung und Auferstehung willen der Todten.
  ^{*c. 26, 5.}

7. Da er aber das sagte, ward ein Aufruhr unter den Pharisäern und Sadducäern, und die Menge zerspaltete sich.

8. Denn die Sadducäer *sagen, es sey keine Auferstehung, noch Engel, noch Geist; die Pharisäer aber bekennen beides.
  ^{*Matth. 22, 23.}

9. Es ward aber ein großes Geschrei. Und die Schriftgelehrten, der Pharisäer Theil, standen auf, stritten und sprachen: *Wir finden nichts Arges an diesem Menschen; hat aber ein Geist oder ein Engel mit ihm geredet, so können wir †mit GOtt nicht streiten.
  ^{*c. 25, 25. † c. 5, 39.}

10. Da aber der Aufruhr groß ward, besorgte sich der oberste Hauptmann, sie möchten Paulum zerreißen; und hieß das Kriegsvolk hinab gehen, und ihn von ihnen reißen, und in das Lager führen.

11. Des andern Tages aber in der Nacht stand der HErr bei ihm, und sprach: Sey *getrost, Paule; denn wie du von mir zu Jerusalem gezeuget hast, also must du auch zu †Rom zeugen.
  ^{*c. 24, 2.}
  ^{† c. 19, 21.}

12. Da es aber Tag ward, schlugen sich etliche Juden zusammen, und verbanneten sich, weder zu essen noch zu trinken, bis daß sie Paulum getödtet hätten.

13. Ihrer aber waren mehr, denn vierzig, die solchen Bund machten.

14. Die traten zu den Hohenpriestern und Aeltesten, und sprachen: Wir haben uns hart verbannet, nichts anzubeißen, bis wir Paulum getödtet haben.

15. So thut nun kund dem Oberhauptmann, und dem Rath, daß er ihn morgen zu euch führe, als wolltet ihr ihn baß (regs=) verhören; wir aber sind bereit, ihn zu tödten, ehe denn er vor euch kommt.

16. Da aber Paulus Schwestersohn den Anschlag hörete, kam er dar, und ging in das Lager, und verkündigte es Paulo.

17. Paulus aber rief zu sich einen von den Unterhauptleuten, und sprach: Diesen Jüngling führe hin zu dem Oberhauptmann; denn er hat ihm etwas zu sagen.

18. Der nahm ihn an, und führete ihn zum Oberhauptmann, und sprach: Der gebundene Paulus rief mich zu sich, und bat mich, diesen Jüngling zu dir zu führen, der dir etwas zu sagen habe.

19. Da nahm ihn der Oberhauptmann bei der Hand, und wich an einen besondern Ort, und fragte ihn: Was ist es, das du mir zu sagen hast?

20. Er aber sprach: Die Juden sind eins geworden, dich zu bitten, daß du morgen Paulum vor den Rath bringen lassest, als wollten sie ihn besser verhören.

21. Du aber traue ihnen nicht; denn es halten auf ihn mehr denn vierzig Männer unter ihnen, die haben sich verbannet, weder zu essen noch zu trinken, bis sie Paulum tödten; und sind jetzt bereit und warten auf deine Verheißung.

22. Da ließ der Oberhauptmann den Jüngling von sich, und gebot ihm, daß er es Niemand sagte, daß er ihm solches eröffnet hätte.

23. Und er rief zu sich zween Unterhauptleute, und sprach: Rüstet zweihundert Kriegsknechte, daß sie gen Cäsarien ziehen, und siebenzig Reiter, und zwei-

zweihundert Schützen auf die dritte Stunde der Nacht;

24. Und die Thiere richtet zu, daß sie Paulum darauf setzen, und bringen ihn bewahret zu Felix, dem Landpfleger.

25. Und schrieb einen Brief, der hielt also:

26. "Claudius Lysias dem theuren Landpfleger Felix, Freude zuvor!

27. Diesen Mann hatten die Juden gegriffen, und wollten ihn getödtet haben. Da *kam ich mit dem Kriegsvolk dazu, und riß ihn von ihnen, und †erfuhr, daß er ein Römer ist. *v. 27. w. †v. 25. 26.

28. Da ich mich aber wollte erkundigen der Ursache, darum sie ihn beschuldigten, *führete ich ihn in ihren Rath. *c. 22. 30.

29. Da befand ich, daß er beschuldiget ward von den Fragen ihres Gesetzes, aber keine Anklage hatte, des Todes oder der Bande werth.

30. Und da vor mich kam, daß etliche Juden auf ihn hielten, sandte ich ihn von Stund an zu dir, und entbot den *Klägern auch, daß sie vor ihm sagten, was sie wider ihn hätten. Gehab dich wohl!" *v. 24. c.

31. Die Kriegsknechte, wie ihnen befohlen war, nahmen Paulum, und führeten ihn bei der Nacht gen Antipatris.

32. Des andern Tages aber ließen sie die Reiter mit ihm ziehen, und wandten wieder um zum Lager.

33. Da die gen Cäsarien kamen, überantworteten sie den Brief dem Landpfleger, und stelleten ihm Paulum auch dar.

34. Da der Landpfleger den Brief las, fragte er, aus welchem Lande er wäre. Und da er erkundet, daß er aus Cilicien wäre, sprach er:

35. Ich will dich verhören, wenn deine Verkläger auch da sind. Und hieß ihn verwahren in dem Richthause Herodis.

Das 24. Capitel.

Paulus vor dem Landpfleger Felix von den Juden angeklagt.

1. Ueber fünf Tage zog hinab der Hohepriester Ananias, mit den Aeltesten, und mit dem Redner Tertullus; die erschienen vor dem Landpfleger wider Paulum.

2. Da er aber berufen ward, fing an Tertullus zu verklagen, und sprach:

3. Daß wir in großem Frieden leben unter dir, und viele redliche Thaten diesem Volk widerfahren durch deine Vorsichtigkeit, *allertheuerster Felix, das nehmen wir an allewege und allenthalben mit aller Dankbarkeit. *v. 22. 26.

4. Auf daß ich aber dich nicht zu lange aufhalte, bitte ich dich, du wollest uns kürzlich hören, nach deiner Gelindigkeit.

5. Wir haben diesen Mann gefunden schädlich, und *der Aufruhr erreget allen Juden auf dem ganzen Erdboden, und einen Vornehmsten der Secte der Nazarener; *1 Petr. 2, 15. 17.

6. (Der auch versuchet hat den *Tempel zu entweihen), welchen wir auch griffen, und wollten ihn gerichtet haben nach unserm Gesetz. *c. 21. 20.

7. Aber Lysias, der Hauptmann, unterkam das, und führete ihn mit großer Gewalt aus unsern Händen,

8. Und hieß seine *Verkläger zu dir kommen, von welchen du kannst, so du es erforschen willst, dich deß Alles erkundigen, was wir ihm verklagen. *c. 23. 30.

9. Die Juden aber redeten auch dazu, und sprachen, es hielte sich also.

10. Paulus aber, da ihm der Landpfleger winkte, zu reden, antwortete: Dieweil ich weiß, daß du in diesem Volk nun viele Jahre ein Richter bist, will ich unerschrocken mich verantworten.

11. Denn du kannst erkennen, daß nicht mehr, denn zwölf Tage sind, daß ich bin hinauf gen Jerusalem gekommen, anzubeten.

12. Auch *haben sie mich nicht gefunden im Tempel mit Jemand reden, oder einen Aufruhr machen im Volk, noch in den Schulen, noch in den Städten. *c. 25. 8.

13. Sie können mir auch nicht beibringen, deß sie mich verklagen.

14. Das bekenne ich aber dir, daß ich nach diesem Wege, den sie eine *Secte heißen, diene also dem GOtt meiner Väter, daß ich glaube Allem, was geschrieben stehet im Gesetz und in den Propheten;

15. Und habe die Hoffnung zu GOtt, auf welche auch sie selbst warten, nämlich, daß zukünftig sey die *Auferstehung der Todten, Beide, der Gerechten und Ungerechten. *Dan. 12, 2. Joh. 5, 28. 29.

16. In

16. In demselbigen aber übe ich mich zu haben *ein unverletzt Gewissen allenthalben, beides, gegen GOtt und den Menschen. *c. 23, 1. Ebr. 13, 8. 1 Petr. 3, 16.

17. Aber nach vielen Jahren bin ich gekommen, und *habe ein Almosen gebracht meinem Volk, und Opfer. *c. 11, 29. c. 21, 26. Gal. 2, 10.

18. Darüber *fanden sie mich, daß ich mich reinigen ließ im Tempel ohne allen Rumor und Getümmel. *c. 21, 27.

19. Das waren aber etliche Juden aus Asien, welche sollten hier seyn vor dir, und mich verklagen, so sie etwas zu mir hätten.

20. Oder laß diese selbst sagen, ob sie etwas Unrechtes an mir gefunden haben, dieweil ich stehe vor dem Rath,

21. Ohne um *des einigen Wortes willen, da ich unter ihnen stand und rief: Ueber der Auferstehung der Todten werde ich von euch heute angeklaget! *c. 23, 6. c. 28, 6. c. 28, 20.

22. Da aber Felix solches hörete, zog er sie auf (denn er wußte fast wohl um diesen Weg), und sprach: Wenn Lysias, der Hauptmann, herabkommt, so will ich mich eures Dinges erkundigen. *c. 23, 26.

23. Er befahl aber dem *Unterhauptmann, Paulum zu behalten, und lassen Ruhe haben, und Niemand von den Seinen wehren, ihm zu dienen, oder zu ihm zu kommen. *c. 27, 3.

24. Nach etlichen Tagen aber kam Felix mit seinem Weibe Drusilla, die eine Jüdin war, und forderte Paulum, und hörete ihn von dem Glauben an Christum.

25. Da aber Paulus redete von der Gerechtigkeit, und von der Keuschheit, und von dem zukünftigen Gericht, erschrak Felix, und antwortete: Gehe hin auf dies Mal; wenn ich gelegene Zeit habe, will ich dich her lassen rufen.

26. Er hoffte aber daneben, daß ihm von Paulo sollte Geld gegeben werden, daß er ihn los gäbe; darum er ihn auch oft fordern ließ, und besprach sich mit ihm.

27. Da aber zwei Jahre um waren, kam *Portius Festus an Felix Statt. Felix aber †wollte den Juden eine Wohlthat erzeigen, und ließ Paulum hinter sich gefangen. *c. 23, 24. †c. 25, 9.

Das 25. Capitel.

Paulus beruft sich vor Festus auf den Kaiser.

1. Da nun Festus in's Land gekommen war, zog er über drei Tage hinauf von Cäsarien gen Jerusalem.

2. Da *erschienen vor ihm die Hohenpriester, und die Vornehmsten der Juden wider Paulum, und ermahneten ihn, *c. 24, 1.

3. Und baten um Gunst wider ihn, daß er ihn fordern ließe gen Jerusalem; und stelleten ihm nach, *daß sie ihn unterweges umbrächten. *c. 23, 12.

4. Da antwortete Festus, Paulus würde ja behalten zu Cäsarien; aber er würde in Kurzem wieder dahin ziehen.

5. Welche nun unter euch (sprach er) können, die laßt mit hinab ziehen und den Mann verklagen, so etwas an ihm ist.

6. Da er aber bei ihnen mehr, denn zehn Tage, gewesen war, zog er hinab gen Cäsarien; und des andern Tages *setzte er sich auf den Richtstuhl, und hieß Paulum holen. *Joh. 19, 13.

7. Da derselbige aber darkam, traten umher die Juden, die von Jerusalem herab gekommen waren, und brachten auf viele und schwere Klagen wider Paulum, welche sie nicht mochten beweisen;

8. Dieweil er sich verantwortete: Ich habe weder an der Juden Gesetz, noch *an dem Tempel, noch an dem Kaiser mich versündiget. *c. 24, 12.

9. Festus aber *wollte den Juden eine Gunst erzeigen, und antwortete Paulo, und sprach: Willst du hinauf gen Jerusalem, und daselbst über diesem dich vor mir richten lassen? *c. 24, 27.

10. Paulus aber sprach: Ich stehe vor des Kaisers Gericht, da soll ich mich lassen richten; den Juden habe ich kein Leid gethan, wie auch du auf's beste weißt.

11. Habe ich aber Jemand Leid gethan, und des Todes werth gehandelt, so weigere ich mich nicht, zu sterben; ist aber der keins nicht, daß sie mich verklagen, so kann mich ihnen Niemand ergeben. Ich berufe mich auf den Kaiser.

12. Da besprach sich Festus mit dem Rath, und antwortete: Auf den Kaiser hast du dich berufen; zum Kaiser sollst du ziehen.

13. Aber nach etlichen Tagen kamen der

der König Agrippas und Bernile gen Cäsarien, Festum zu empfangen.

14. Und da sie viele Tage daselbst gewesen waren, legte Festus dem Könige den Handel von Paulo vor, und sprach: Es *ist ein Mann, von Felix hinterlassen gefangen; *c. 24. 27.

15. Um welches willen die Hohenpriester und Aeltesten der Juden vor mir *erschienen, da ich zu Jerusalem war, und baten, ich sollte ihn richten lassen; *c. 25. 2. 3.

16. Welchen ich antwortete: Es ist der Römer Weise nicht, daß ein Mensch ergeben werde umzubringen, ehe *denn der Verklagte habe seine Kläger gegenwärtig, und Raum empfange, sich der Anklage zu verantworten. *5 Mos. 17. 6.

17. Da sie aber her zusammen kamen, machte ich keinen Aufschub, und hielt des andern Tages Gericht, und hieß den Mann vorbringen.

18. Von welchem, da die Verkläger auftraten, brachten sie der Ursache keine auf, der ich mich versahe.

19. Sie hatten aber etliche Fragen wider ihn von ihrem Aberglauben, und von einem verstorbenen JEsu, von welchem Paulus *sagte, er lebe. *c. 24. 21.

20. Da ich mich aber der Frage nicht verstand, sprach ich, *ob er wollte gen Jerusalem reisen und daselbst sich darüber lassen richten. *v. 9.

21. Da aber Paulus sich berief, daß er auf des Kaisers Erkenntniß behalten würde; hieß ich ihn behalten, bis daß ich ihn zum Kaiser sende.

22. Agrippas aber sprach zu Festo: Ich möchte den Menschen auch gern hören. Er aber sprach: Morgen sollst du ihn hören.

23. Und am andern Tage, da Agrippas und Bernile kamen mit großem Gepränge, und gingen in das Richthaus mit den Hauptleuten und vornehmsten Männern der Stadt, und da es Festus hieß, ward Paulus gebracht.

24. Und Festus sprach: Lieber König Agrippa, und alle ihr Männer, die ihr mit uns hier seyd, da sehet ihr den, um welchen mich die ganze Menge der Juden angelanget hat, Beide zu Jerusalem und auch hier, und *schrieen, er solle nicht länger leben. *c. 22. 22.

25. Ich aber, da ich vernahm, daß *er nichts gethan hatte, das des Todes werth sey, und er auch selber sich auf den Kaiser berief, habe ich beschlossen, ihn zu senden. *c. 23. 9.

26. Von welchem ich nichts Gewisses habe, das ich dem Herrn schreibe. Darum habe ich ihn lassen hervorbringen vor euch, allermeist aber vor dich, König Agrippa, auf daß ich, nach geschehener Erforschung, haben möge, was ich schreibe.

27. Denn es dünkt mich ungeschickt Ding seyn, einen Gefangenen zu schicken, und keine Ursach wider ihn anzuzeigen.

Das 26. Capitel.
Paulus erhält auf seine Verantwortung von Agrippa Zeugniß der Unschuld.

1. Agrippas aber sprach zu Paulo: Es ist dir erlaubt, für dich zu reden. Da verantwortete sich Paulus, und reckte die Hand aus:

2. Es ist mir sehr lieb, lieber König Agrippa, daß ich mich heute vor dir verantworten soll, Alles, deß ich von den Juden beschuldiget werde;

3. Allermeist, weil du weißt alle Sitten und Fragen der Juden. Darum bitte ich dich, du wolltest mich geduldiglich hören.

4. Zwar mein Leben von Jugend auf, wie das von Anfang unter diesem Volk zu Jerusalem zugebracht ist, wissen alle Juden,

5. Die mich vorhin gekannt haben, (wenn sie wollten bezeugen). Denn ich bin *ein Pharisäer gewesen, welche ist die strengste Secte unseres Gottesdienstes. *c. 23. 6. Phil. 3. 5.

6. Und nun stehe ich, und werde angeklagt *über der Hoffnung an die Verheißung, so geschehen ist von GOtt zu unsern Vätern; *c. 23. 29. c. 28. 20. 1 Mos. 3. 15.

7. Zu welcher *hoffen die zwölf Geschlechter der Unsern zu kommen, mit Gottesdienst Tag und Nacht emsiglich. Dieser Hoffnung halber werde ich, lieber König Agrippa, von den Juden beschuldiget. *Jac. 1. 1.

8. Warum wird das für unglaublich bei euch gerichtet, daß GOtt Todten auferwecket!

9. Zwar *ich meinete auch bei mir selbst, ich müßte viel zuwider thun dem Namen JEsu von Nazareth. *1. 6. 2. *8. 1. *c. 22. 4.

10. Wie ich denn auch zu Jerusalem gethan

gethan habe, da ich viele Heilige in das Gefängniß verschloß, darüber ich Macht von den Hohenpriestern empfing; und wenn sie erwürget wurden, half ich das Urtheil sprechen.

11. Und durch alle Schulen peinigte ich sie oft, und zwang sie zu lästern, und war überaus unsinnig auf sie, verfolgte sie auch bis in die fremden Städte.

12. Ueber welchem, da ich auch *gen Damaskus reisete, mit Macht und Befehl von den Hohenpriestern,   *c. 9. 3.

13. Mitten am Tage, lieber König, sahe ich auf dem Wege, daß ein Licht vom Himmel, heller denn der Sonnenglanz, mich, und die mit mir reiseten, umleuchtete.

14. Da wir aber alle zur Erde niederfielen, hörete ich eine Stimme reden zu mir, die sprach auf Ebräisch: Saul, Saul, was verfolgest du mich? Es wird dir schwer seyn wider den Stachel zu löcken.

15. Ich aber sprach: HErr, wer bist du? Er sprach: Ich bin JEsus, den du verfolgest; aber stehe auf, und tritt auf deine Füße!

16. Denn dazu bin ich dir erschienen, daß ich dich ordne zum Diener und *Zeugen deß, das du gesehen hast, und das ich dir noch will erscheinen lassen. *c. 22. 15.

17. Und will dich erretten von dem Volk, und von den Heiden, unter welche ich dich jetzt sende.

18. Aufzuthun *ihre Augen, daß sie sich bekehren von der Finsterniß zu dem Licht, und von der Gewalt des Satans zu GOtt; zu empfangen Vergebung der Sünden †und das Erbe sammt denen, die geheiliget werden, durch den Glauben an mich. *Joh. 12, 2. Col. 1, 13. † Ephes. 1, 11. Col. 1, 12.

*Gal. 1, 16.

19. Daher, lieber König Agrippa, war ich der *damaskischen Erscheinung nicht ungläubig;   *Gal. 1, 16.

20. Sondern *verkündigte zuerst denen zu Damaskus und zu Jerusalem, und in alle Gegend des Jüdischen Landes, auch den Heiden, daß sie Buße thäten, und sich bekehreten zu GOtt, und thäten rechtschaffene Werke der Buße.   *c. 9. 20.

21. Um deßwillen haben mich die Juden im Tempel gegriffen, und *unterstanden mich zu tödten.   *c. 21. 30.

22. Aber durch Hülfe GOttes ist es mir gelungen, und stehe bis auf diesen Tag, und zeuge, Beiden, den Kleinen und Großen; und sage nichts, außer dem, das die *Propheten gesagt haben, daß es geschehen sollte, und Moses,   *Luc. 24, 44.

23. Daß Christus sollte leiden, und *der Erste seyn aus der Auferstehung von den Todten, und verkündigen ein Licht dem Volk und den Heiden. *1 Cor. 15, 20.

Cap. 1, 5. Ephes. 1, 5.

24. Da er aber solches zur Verantwortung gab, sprach Festus mit lauter Stimme: Paule, du rasest; die große Kunst macht dich rasend.

25. Er aber sprach: Mein theurer Feste, ich rase nicht, sondern ich rede wahre und vernünftige Worte.

26. Denn der König weiß solches wohl, zu welchem ich freudig rede. Denn *ich achte, ihm sey der keins nicht verborgen, denn solches ist nicht im Winkel geschehen. *Joh. 18, 20.

27. Glaubst du, König Agrippa, den Propheten? Ich weiß, daß du glaubest.

28. Agrippa aber sprach zu Paulo: Es fehlet nicht viel, du überredest mich, daß ich ein Christ würde.

29. Paulus aber sprach: Ich wünschte vor GOtt, es fehle an viel oder an wenig, daß nicht allein du, sondern alle, die mich heute hören, solche würden, wie ich bin, ausgenommen diese Bande.

30. Und da er das gesagt, stand der König auf, und der Landpfleger, und Bernice, und die mit ihm saßen,

31. Und entwichen beiseits, redeten mit einander, und sprachen: Dieser Mensch hat nichts gethan, das des Todes oder der Bande werth sey.

32. Agrippas aber sprach zu Festo: Dieser Mensch hätte können los gegeben werden, wenn er sich nicht *auf den Kaiser beruffen hätte. *c. 25. 11.

Das 17. Capitel.

Pauli geführliche und wunderbare Schiffahrt.

1. Da es aber beschlossen war, *daß wir in Welschland schiffen sollten, übergaben sie Paulum und etliche andere Gefangene dem Unterhauptmann, mit Namen Julius, von der kaiserlichen Schaar.   *c. 25. 12.

2. Da wir aber in ein Adramyttisch Schiff

Schiff traten, daß wir an Asien hin schiffen sollten, fuhren wir vom Lande; und es war mit uns *Aristarchus aus Macedonien von Thessalonich;   *c. 19, 29.

3. Und kamen des andern Tages an zu Sidon. Und Julius *hielt sich freundlich gegen Paulum, erlaubte ihm, zu seinen guten Freunden zu gehen, und seiner zu pflegen.
   *c. 24, 23.   c. 28, 16.

4. Und von dannen stießen wir ab, und schifften unter Cypern hin, darum, daß uns die Winde entgegen waren.

5. Und schifften auf dem Meer vor Cilicien und Pamphylien über, und kamen gen Myra in Lycien.

6. Und daselbst fand der Unterhauptmann ein Schiff von Alexandrien, das schiffte in Welschland, und lud uns darauf.

7. Da wir aber langsam schifften, und in vielen Tagen kaum gegen Knidus kamen (denn der Wind wehrete uns), schifften wir unter Creta hin, nach der Stadt Salmone.

8. Und zogen kaum vorüber, da kamen wir an eine Stätte, die heißet Gutfurt, dabei war nahe die Stadt Lasea.

9. Da nun viele Zeit vergangen war, und nunmehr *gefährlich war zu schiffen, darum, daß auch die Fasten schon vorüber war; vermahnete sie Paulus,
   *1 Cor. 11, 25. 26.

10. Und sprach zu ihnen: Lieben Männer, ich sehe, daß die Schifffahrt will mit Beleidigung und großem Schaden ergehen, nicht allein der Last und des Schiffes, sondern auch unsers Lebens.

11. Aber der Unterhauptmann glaubte dem Schiffherrn und dem Schiffsmann mehr, denn dem, das Paulus sagte.

12. Und da die Anfurt ungelegen war zu wintern, bestanden ihrer das mehrere Theil auf dem Rath, von dannen zu fahren, ob sie könnten kommen gen Phönice zu wintern, welches ist eine Anfurt an Creta, gegen dem Wind Südwest und Nordwest.

13. Da aber der Südwind wehete, und sie meineten, sie hätten nun ihr Vornehmen, erhoben sie sich gen Asson, und fuhren an Creta hin.

14. Nicht lange aber darnach erhob

sich, wider ihr Vornehmen, eine Windsbraut, die man nennet Nordost.

15. Und da das Schiff ergriffen ward und konnte sich nicht wider den Wind richten, gaben wir es dahin, und schwebten also.

16. Wir kamen aber an eine Insel, die heißet Klauda; da konnten wir kaum einen Kahn ergreifen.

17. Den hoben wir auf, und brauchten der Hülfe, und banden ihn unten an das Schiff, denn wir fürchteten, es möchte in die Syrten fallen, und ließen das Gefäß hinunter, und fuhren also.

18. Und da wir groß Ungewitter erlitten hatten, da thaten sie des nächsten Tages einen Auswurf.

19. Und am dritten Tage warfen wir mit unsern Händen aus die Bereitschaft im Schiffe.

20. Da aber in vielen Tagen weder Sonne noch Gestirn erschien, und nicht ein klein Ungewitter uns zuwider war, war alle Hoffnung unsers Lebens dahin.

21. Und da man lange nicht gegessen hatte, trat Paulus in's Mittel unter sie, und sprach: Lieben Männer, man sollte mir gehorchet und nicht von Creta aufgebrochen haben, und uns dieses Leides und Schadens überhoben haben.

22. Und nun ermahne ich euch, daß ihr unverzagt seyd; denn keines Leben aus uns wird umkommen, ohne das Schiff.

23. Denn diese Nacht ist bei mir gestanden der *Engel GOttes, deß ich bin, und dem ich diene,   *1 Mos. 16. v.

24. Und sprach: *Fürchte dich nicht, Paule, du mußt vor den Kaiser gestellet werden; und siehe, GOtt hat dir geschenkt Alle, die mit dir schiffen.
   *c. 23, 11.

25. Darum, lieben Männer, seyd unverzagt; denn ich glaube GOtt, es wird also geschehen, wie mir gesagt ist.

26. Wir *müssen aber anfahren an eine Insel.   *c. 28, 1.

27. Da aber die vierzehnte Nacht kam, und wir in Adria fuhren um die Mitternacht, wähnten die Schiffsleute, sie kämen etwa an ein Land.

28. Und sie senkten den Bleiwurf ein, und fanden zwanzig Klafter tief, und über

über ein wenig von dannen senkten sie abermal, und fanden fünfzehn Klafter.

20. Da fürchteten sie sich, sie würden an harte Oerter anstoßen, und warfen hinten vom Schiff vier Anker, und wünschten, daß es Tag würde.

30. Da aber die Schiffleute die Flucht suchten aus dem Schiff, und den Kahn niederließen in das Meer, und gaben vor, sie wollten die Anker vorne aus dem Schiff lassen;

31. Sprach Paulus zu dem Unterhauptmann und zu den Kriegsknechten: Wenn diese nicht im Schiff bleiben, so könnet ihr nicht beim Leben bleiben.

32. Da hieben die Kriegsknechte die Stricke ab von dem Kahn, und ließen ihn fallen.

33. Und da es anfing licht zu werden, ermahnete sie Paulus Alle, daß sie Speise nähmen, und sprach: Es ist heute der *vierzehnte Tag, daß ihr wartet und ungegessen geblieben seyd, und habt nichts zu euch genommen.
    *v. 27.

34. Darum ermahne ich euch, Speise zu nehmen, euch zu laben; denn es wird eurer Keinem *ein Haar von dem Haupt entfallen.   *Matth. 10, 30. Luc. 21, 18.

35. Und da er das gesagt, nahm er das Brot, *dankte GOtt vor ihnen Allen, und brach es, und fing an zu essen.
    *Joh. 6, 11. 1 Tim. 4, 4.

36. Da wurden sie Alle gutes Muths, und nahmen auch Speise.

37. Unserer waren aber Alle zusammen im Schiff zwei hundert und sechs und siebenzig *Seelen.   *v. 2, 44. c. 7, 14.

38. Und da sie satt geworden, erleichterten sie das Schiff, und warfen das Getreide in das Meer.

39. Da es aber Tag ward, kannten sie das Land nicht; einer Anfurt aber wurden sie gewahr, die hatte ein Ufer; da hinan wollten sie das Schiff treiben, wo es möglich wäre.

40. Und da sie die Anker aufgehoben, ließen sie sich dem Meer, und löseten die Ruderbande auf, und richteten den Segelbaum nach dem Winde, und trachteten nach dem Ufer.

41. Und da wir fuhren an einen Ort, der auf beiden Seiten Meer hatte, *stieß sich das Schiff an, und das Vordertheil

blieb feste stehen unbeweglich; aber das Hintertheil zerbrach von der Gewalt der Wellen.   *2 Cor. 11, 25.

42. Die Kriegsknechte aber hatten einen Rath, die Gefangenen zu tödten, daß nicht Jemand, so heraus schwömme, entflöhe.

43. Aber der Unterhauptmann wollte Paulum erhalten, und wehrete ihrem Vornehmen, und hieß, die da schwimmen konnten, sich zuerst in das Meer lassen und entgehen an das Land;

44. Die Andern aber, Etliche auf den Brettern, Etliche auf dem, das vom Schiff war. Und also geschah es, daß sie *Alle erhalten zu Lande kamen.   *v. 24, 25.

Das 28. Capitel.

Pauli Wunderwerk in der Insel Melite; Ankunft zu Rom.

1. Und da wir *auskamen, erfuhren wir, daß die Insel Melite hieß.   *c. 27, 26.

2. Die Leutlein aber erzeigten uns nicht geringe Freundschaft, zündeten ein Feuer an, und nahmen uns Alle auf, um des Regens, der über uns gekommen war, und um *der Kälte willen.   *2 Cor. 11, 27.

3. Da aber Paulus einen Haufen Reiser zusammen raffte, und legte es auf's Feuer, kam eine Otter von der Hitze, und fuhr Paulo an seine Hand.

4. Da aber die Leutlein sahen das Thier an seiner Hand hangen, sprachen sie unter einander: Dieser Mensch muß ein Mörder seyn, welchen die Rache nicht leben läßt, ob er gleich dem Meer entgangen ist.

5. Er aber *schlenkerte das Thier in's Feuer, und ihm widerfuhr nichts Uebels.
    *Marc. 16, 18.

6. Sie aber warteten, wann er schwellen würde, oder todt niederfallen. Da sie aber lange warteten, und sahen, daß ihm nichts Ungeheures widerfuhr, verwandten sie sich, und sprachen, er wäre ein Gott.

7. An denselbigen Oertern aber hatte der Oberste in der Insel, mit Namen Publius, ein Vorwerk; der nahm uns auf, und herbergte uns drei Tage freundlich.

8. Es geschah aber, daß der Vater Publii *am Fieber und an der Ruhr lag. Zu dem ging Paulus hinein, und betete, und legte die Hand auf ihn, und machte ihn gesund.   *Matth. 8, 14.

9. Da

9. Da das geschah, kamen auch die Andern in der Insel herzu, die Krankheiten hatten, und ließen sich gesund machen.

10. Und sie thaten uns große Ehre; und da wir auszogen, luden sie auf, was uns noth war.

11. Nach dreien Monaten aber schifften wir aus in einem Schiff von Alexandrien, welches in der Insel gewintert hatte, und hatte ein Panier der Zwillinge.

12. Und da wir gen Syrakusa kamen, blieben wir drei Tage da.

13. Und da wir umschifften, kamen wir gen Regium; und nach Einem Tage, da der Südwind sich erhob, kamen wir des andern Tages gen Puteoli.

14. Da fanden wir Brüder, und wurden von ihnen gebeten, daß wir sieben Tage da blieben. Und also kamen wir gen Rom.

15. Und von dannen, da die Brüder von uns höreten, giengen sie aus uns entgegen, bis gen Appifer und Treladern. Da die Paulus sahe, dankte er GOtt, und gewann eine Zuversicht.

16. Da wir aber gen Rom kamen, *überantwortete der Unterhauptmann die Gefangenen dem obersten Hauptmann. Aber Paulo †ward erlaubt, zu bleiben, wo er wollte, mit einem Kriegsknechte, der seiner hütete. *v.17,23.

†c.24,23. *c.27,3.

17. Es geschah aber nach dreien Tagen, daß Paulus zusammen rief die Vornehmsten der Juden. Da dieselbigen zusammenkamen, sprach er zu ihnen: "Ihr Männer, lieben Brüder, ich habe nichts gethan wider unser Volk, noch wider väterliche Sitten; und bin doch gefangen aus Jerusalem übergeben in der Römer Hände, *c.21,1.

18. Welche, da sie mich verhöret hatten, wollten sie mich losgeben, dieweil keine Ursach des Todes an mir war.

19. Da aber die Juden dawider redeten, ward ich genöthiget, mich *auf den Kaiser zu berufen; nicht, als hätte ich mein Volk etwas zu verklagen. *c.25,11.

20. Um der Ursach willen habe ich euch gebeten, daß ich euch sehen und ansprechen möchte; denn um *der Hoffnung willen Israels, bin ich mit dieser Kette umgeben. *c.23,6. c.24,21. v.26,6,7.

21. Sie aber sprachen zu ihm: Wir haben weder Schrift empfangen aus Judäa deinethalben, noch kein Bruder ist gekommen, der von dir etwas Arges verkündiget oder gesagt habe.

22. Doch wollen wir von dir hören, was du hältst. Denn von *dieser Secte ist uns kund, daß ihr wird an allen Enden †widersprochen. *c.24,5,14. †Luc.2,34.

23. Und da sie ihm einen Tag bestimmten, kamen Viele zu ihm in die Herberge, welchen er auslegte und *bezeugte das Reich GOttes, und prediget ihnen von JEsu aus dem Gesetz Mosis, und aus den Propheten, von früh Morgens an, bis an den Abend. *c.26,22.

24. Und *Etliche fielen zu dem, das er sagte, Etliche aber glaubten nicht. *c.17,4.

25. Da sie aber unter einander mißhellig waren, giengen sie weg, als Paulus Ein Wort redete, das wohl *der heilige Geist gesagt hat durch den Propheten Jesaias zu unsern Vätern, *1Petr.1,11.

26. Und *gesprochen: "Gehe hin zu diesem Volk, und sprich: mit den Ohren werdet ihr es hören, und nicht verstehen, und mit den Augen werdet ihr es sehen, und nicht erkennen. *Jes.6,9.10.

Jes.6,10 f.

27. Denn das Herz dieses Volks ist verstockt, und sie hören schwerlich mit Ohren, und schlummern mit ihren Augen, auf daß sie nicht dermaleinst sehen mit den Augen, und hören mit den Ohren, und verständig werden im Herzen, und sich bekehren, daß ich ihnen hülfe."

28. So sey es euch *kund gethan, daß den Heiden gesandt ist dies Heil GOttes; und †sie werden es hören. *c.13,46. †Matth.21,43.

29. Und da er solches redete, giengen die Juden hin, und hatten viel Fragens unter ihnen selbst.

30. Paulus aber blieb zwei Jahre in seinem eigenen Gedinge, und nahm auf Alle, die zu ihm einkamen;

31. Prediger das Reich GOttes, und lehrete von dem HErrn JEsu, mit aller Freudigkeit, unverboten.

Die Epistel Pauli an die Römer.

Das 1. Capitel.

Die Gerechtigkeit kommt nicht aus dem Gesetz der Natur und dessen Wissen; sondern allein durch das Glauben an Jesum Christum.

1. Paulus, ein Knecht JEsu Christi, berufen zum Apostel, *ausgesondert zu predigen das Evangelium GOttes, *Apost. 9, 15. Gal. 1, 15.
2. Welches er zuvor *verheißen hat durch † seine Propheten in der heiligen Schrift, *1B 1, 2. †Apost. 3, 21.
3. Von seinem Sohne, (der geboren ist von dem Samen *Davids, nach dem Fleische, *2 Sam. 7, 12.
4. Und kräftiglich erwiesen ein *Sohn GOttes, nach dem Geist, der da heiliget, seit der Zeit er auferstanden ist von den Todten), nämlich JEsus Christus, unser HErr, *Joh. 10, 36.
5. (Durch welchen wir haben empfangen Gnade und *Apostelamt, unter allen Heiden den *Gehorsam des Glaubens aufzurichten unter seinem Namen, *Apost. 9, 15. †Röm. 15, 18. *16, 26.
6. Welcher ihr zum Theil auch seyd, die da berufen sind von JEsu Christo.)
7. Allen, die zu Rom sind, den Liebsten GOttes und *berufenen Heiligen: Gnade sey mit euch, und Friede von GOtt, unserm Vater, und dem HErrn JEsu Christo. *1 Cor. 1, 2.
8. Aufs erste *danke ich meinem GOtt, durch JEsum Christ, euer Aller halben, † daß man von eurem Glauben in aller Welt saget. *1 Cor. 2, 4, 5. †1 Thess. 1, 8.
9. Denn *GOtt ist mein Zeuge, welchem ich diene in meinem Geist am Evangelio von seinem Sohne, daß ich † ohne Unterlaß euer gedenke, *Phil. 1, 8. †1 Cor. 1, 13.
10. Und allezeit in meinem Gebet flehe, ob sich's einmal zutragen wollte, daß ich zu *euch käme durch GOttes Willen. *c. 15, 23. 32.
11. Denn mich *verlanget, euch zu sehen, auf daß ich euch mittheile etwas † geistlicher Gabe, euch zu stärken; *c. 15, 23. †1 Thess. 3, 11.
12. Das ist, daß ich sammt euch getröstet würde, durch euren und meinen Glauben, *den wir unter einander haben. *2 Cor. 1, 2.
13. Ich will euch aber nicht verhalten, Lieben Brüder, daß ich *mit oft habe vorgesetzt zu euch zu kommen (bin aber verhindert bisher), daß ich auch unter euch Frucht schaffte, gleichwie unter andern Heiden. *1 Thess. 2, 18.
14. Ich bin ein Schuldner, Beider, der Griechen und der Ungriechen, Beider, der Weisen und der Unweisen.
15. Darum, so viel an mir ist, bin ich geneigt, auch *euch zu Rom das Evangelium zu predigen. *v. 11.
16. Denn ich schäme *mich des Evangelii von Christo nicht; denn es ist eine † Kraft GOttes, die da selig macht Alle, die daran glauben, die Juden vornehmlich, und auch die Griechen. *Ps. 40, 10. Ps. 119, 46.
†1 Cor. 1, 18. 24. Ebr. 4, 12.
17. Sintemal darinnen geoffenbaret wird *die Gerechtigkeit, die vor GOtt gilt, welche kommt aus Glauben in Glauben; † wie denn geschrieben stehet: „Der Gerechte wird seines Glaubens leben." *c. 3, 21. 22.
†Hab. 2, 4. Joh. 3, 36. Gal. 3, 11. Ebr. 10, 38.
18. Denn GOttes Zorn vom Himmel wird geoffenbaret über alles gottlose Wesen und Ungerechtigkeit der Menschen, die die Wahrheit in Ungerechtigkeit aufhalten.
19. Denn daß man weiß, daß GOtt sey, ist *ihnen offenbar; denn GOtt hat es ihnen geoffenbaret. *Apost. 14, 15. 16.
20. (Damit, daß GOttes unsichtbares Wesen, das ist, seine ewige Kraft und Gottheit, wird ersehen, so man des wahrnimmt an den Werken, nämlich an der Schöpfung der Welt), also, daß sie keine Entschuldigung haben.
21. Dieweil sie wußten, daß ein GOtt ist, und haben ihn nicht gepriesen als einen GOtt, noch gedanket; sondern sind in ihrem Dichten eitel geworden, und ihr *unverständiges Herz ist verfinstert. *Ephes. 4, 18.
22. Da *sie sich für weise hielten, sind sie zu Narren geworden; *Jer. 10, 14. 1 Cor. 1, 20.
23. Und haben *verwandelt die Herrlichkeit des unvergänglichen GOttes in ein Bild, gleich dem vergänglichen Menschen, und der Vögel, und der † vierfüßigen und der kriechenden Thiere. *5 Mos. 4, 15. †Weish. 11, 16. c. 12, 24.
24. Darum hat sie auch GOtt dahin gegeben in *ihrer Herzen Gelüste, in Unreinig-

reinigten zu schänden ihre eigenen Leiber an ihnen selbst: * Pf. 81, 12. Esech. 14, 10.

25. Die GOttes Wahrheit haben *verwandelt in die Lügen, und haben geehret und gedienet dem Geschöpf mehr, denn dem Schöpfer, der †da gelobet ist in Ewigkeit. Amen. * Pf. 106, 20. Hosel. 4, 10. † 1 Tim. 6, 5.

26. Darum hat sie GOtt auch dahin gegeben in schändliche Lüste. Denn ihre * Weiber haben verwandelt den natürlichen Gebrauch in den unnatürlichen. * 3 Mos. 18, 23.

27. Desselbigen gleichen auch die Männer haben verlassen den natürlichen Gebrauch des Weibes, und sind an einander erhitzt in ihren Lüsten, und haben * Mann mit Mann Schande getrieben, und den Lohn ihres Irrthums (wie es denn seyn sollte) an ihnen selbst empfangen. * 3 Mos. 9, 9.

28. Und gleichwie sie nicht geachtet haben, daß sie GOtt erkenneten, hat sie GOtt auch dahin gegeben in *verkehrten Sinn, zu thun, das nicht taugt. * Match. 9, 11. 12.

29. Voll *alles Ungerechten, Hurerei, Schalkheit, Geizes, Bosheit, voll Hasses, Mords, Haders, List, giftig, Ohrenbläser, * Spruch. 14, 20.

30. Verleumder, Gottesverächter, Frevler, Hoffärtige, Ruhmredige, Schädliche, den Eltern Ungehorsame,

31. Unvernünftige, Treulose, Störrige, Unversöhnliche, Unbarmherzige,

32. *Die GOttes Gerechtigkeit wissen, (daß, die solches thun, des Todes würdig sind,) thun sie es nicht allein, sondern haben auch Gefallen an denen, die es thun.
* Hos. 7, 8. 9.

Das 2. Capitel.

Die Juden sind sowohl Sünder, als die Heiden, ob sie sich gleich des Gesetzes Volks und des Gesetzes rühmen.

1. Darum, o Mensch, kannst du dich nicht entschuldigen, wer du bist, der da richtet: denn *worinnen du einen Andern richtest, verdammest du dich selbst; sintemal du eben dasselbige thust, das du richtest. * Matth. 7, 2. 1 Mos. 4, 14. 2 Sam. 9, 20. Joh. 8, 7.

2. Denn wir wissen, daß GOttes Urtheil ist recht über die, so solches thun.

3. Denkest du aber, o Mensch, der du richtest die, so solches thun, und thust auch dasselbige, daß du dem Urtheil GOttes entrinnen werdest?

4. Oder verachtest du den Reichthum seiner Güte, Geduld und Langmüthigkeit? Weißt du nicht, daß dich GOttes Güte zur Buße leitet?

5. Du aber, nach deinem verstockten und unbußfertigen Herzen, häufest dir selbst den Zorn, auf den Tag des Zorns und der Offenbarung des gerechten Gerichts GOttes.

6. Welcher *geben wird einem Jeglichen nach seinen Werken; *Jer. 40, 10. Jer. 17, 10. Pf. 62, 12. Match. 16, 27. 1 Cor. 3, 8. † Cor. 5, 10.

7. Nämlich, Preis, und Ehre, und unvergängliches Wesen, denen, die mit Geduld in guten Werken trachten nach dem ewigen Leben;

8. Aber denen, die *da zänkisch sind, und der Wahrheit nicht gehorchen, gehorchen aber dem Ungerechten, †Ungnade und Zorn! * Hof. 4, 4. † 2 Thess. 1, 8. Sire. 6, 12.

9. Trübsal und Angst über alle Seelen der Menschen, die da Böses thun, vornehmlich *der Juden und auch der Griechen! * c. 1, 9.

10. Preis aber, und Ehre, und Friede, allen denen, die da Gutes thun, vornehmlich den Juden und auch den Griechen!

11. Denn *es ist kein Ansehen der Person vor GOtt. * Spruch. 10, 24, f.

12. Welche ohne Gesetz gesündiget haben, die werden auch ohne Gesetz verloren werden: und welche am Gesetz gesündiget haben, die werden durch's Gesetz verurtheilet werden;

13. (Sintemal vor GOtt nicht, die das Gesetz hören, gerecht sind; sondern, *die das Gesetz thun, werden gerecht seyn.
* Match. 7, 21. 1 Joh. 3, 7. Jac. 1, 22. 23.

14. Denn so die Heiden, die das Gesetz nicht haben, und doch von Natur thun des Gesetzes Werk, dieselbigen, dieweil sie das Gesetz nicht haben, sind sie ihnen selbst ein Gesetz:

15. Damit, daß sie beweisen, des Gesetzes Werk sey beschrieben in ihren Herzen, sintemal ihr Gewissen sie bezeuget, dazu auch die Gedanken, die sich unter einander verklagen oder entschuldigen,)

16. Auf den *Tag, da GOtt das Verborgene der Menschen durch JEsum Christ richten wird, laut meines Evangelii.
* Spruch. 12, 14. Match. 25, 31.

17. Siehe aber zu, du heißest ein Jud-

Jude, und verlässest dich auf das Gesetz, und rühmest dich GOttes,

18. Und weißt seinen Willen; und weil du aus dem Gesetz unterrichtet bist, prüfest du, was das Beste zu thun sey,

19. Und vermissest dich, zu seyn ein Leiter der Blinden, ein Licht derer, die in Finsterniß sind,

20. Ein Züchtiger der Thörichten, ein Lehrer der Einfältigen, hast die Form, was zu wissen und recht ist im Gesetz.

21. Nun *lehrest du Andere, und lehrest dich selber nicht. Du predigest, man solle nicht stehlen, und du stiehlst; * Matth 23, 2. 4.

22. Du sprichst, man solle nicht ehebrechen, und du brichst die Ehe. Dir gräuelt vor den Götzen, und raubest GOtt, was sein ist.

23. Du *rühmest dich des Gesetzes, und schändest GOtt durch Uebertretung des Gesetzes. *v. 3. 4.

24. Denn „euretthalben wird GOttes Name gelästert unter den Heiden," als geschrieben stehet. * Jes. 52, 5. Hesek. 36, 20. 23.
1 Tim. 6, 1.

25. Die Beschneidung ist wohl nütze, wenn du das Gesetz hältst; hältst du aber das Gesetz nicht, so ist deine *Beschneidung schon eine Vorhaut geworden. * Jer. 4, 4. c. 9. 25. 26.

26. So nun die Vorhaut das Recht im Gesetz hält, meinest du nicht, daß seine Vorhaut werde für eine Beschneidung gerechnet?

27. Und wird also, das von Natur eine Vorhaut ist, und das Gesetz vollbringet, dich richten, der du unter dem Buchstaben und Beschneidung bist, und das Gesetz übertrittst.

28. Denn das ist nicht ein Jude, der auswendig ein Jude ist, auch ist das nicht eine Beschneidung, die auswendig im Fleisch geschieht;

29. Sondern das ist ein Jude, der inwendig verborgen ist; und die Beschneidung des Herzens ist *eine Beschneidung, die im Geist, und nicht im Buchstaben geschieht, † welches Lob ist nicht aus Menschen, sondern aus GOtt. * 5 Mos. 30, 6. f. † Joh. 8, 15. 44.

Das 3. Capitel.

Die Gerechtigkeit kommt aus dem Glauben.

1. Was haben denn die Juden Vortheils? Oder was nützt die Beschneidung?

2. Zwar fast viel. Zum ersten *ihnen ist vertrauet, was GOtt geredet hat.
* Ps. 147, 19. 20. 5 Mos. 4, 8.

3. Daß aber Etliche nicht glauben an dasselbige: was liegt daran? Sollte ihr *Unglaube GOttes Glauben aufheben?
*v. 6. 9. c. 11. 29. 4 Mos. 23, 19. 2 Tim. 2, 13.

4. Das sey ferne! Es bleibe vielmehr also, daß *GOtt sey wahrhaftig, und alle Menschen ** falsch; wie †geschrieben steht: „Auf daß du gerecht seyst in deinen Worten, und überwindest, wenn du gerichtet wirst." * Joh. 3, 33. Ps. 1, 2.
** Ps. 62, 10. Ps. 116, 11. † Ps. 51, 6.

5. Ist es aber also, daß unsere Ungerechtigkeit GOttes Gerechtigkeit preiset: was wollen wir sagen? Ist denn GOtt auch ungerecht, daß er darüber zürnet? (Ich rede also auf Menschen-Weise.)

6. Das sey ferne! Wie *könnte sonst GOtt die Welt richten? * 1 Mos. 18, 23.

7. Denn so die Wahrheit GOttes durch meine Lügen herrlicher wird zu seinem Preise; warum sollte ich denn noch als ein Sünder gerichtet werden?

8. Und nicht vielmehr also thun, wie wir gelästert werden, (und wie Etliche sprechen, daß wir sagen sollen): Lasset uns *Uebels thun, auf daß Gutes daraus komme! Welcher Verdammniß ist ganz recht. * c. 6. 1. 2.

9. Was sagen wir denn nun? Haben wir einen Vortheil? Gar keinen. Denn wir haben droben bewiesen, daß *Beide, Juden und Griechen, Alle unter der Sünde sind. * v. 11. 23. Gal. 3. 22.

10. Wie denn *geschrieben stehet: „Da ist nicht, der gerecht sey, auch nicht Einer; * Ps. 14, 1. Ps. 53, 2.

11. Da ist nicht, der verständig sey; da ist nicht, der nach GOtt frage;

12. Sie sind Alle abgewichen, und allesammt untüchtig geworden; da ist nicht, der Gutes thue, auch nicht Einer;

13. *Ihr Schlund ist ein offen Grab; mit ihren Zungen handeln sie trüglich; †Otterngift ist unter ihren Lippen; * Ps. 5, 10. † Ps. 140, 4.

14. *Ihr Mund ist voll Fluchens und Bitterkeit; * Ps. 10, 7.

15. *Ihre Füße sind eilend, Blut zu vergießen; * Spr. 1, 16. Jes. 59, 7.

16. In ihren Wegen ist eitel Unfall und Herzeleid;

17. Und

17. Und den Weg des Friedens wissen sie nicht;
18. *Es ist keine Furcht GOttes vor ihren Augen." *1 Mos. m. 11. Pf. 36, 2.
19. Wir wissen aber, daß, was das Gesetz sagt, das sagt es denen, die unter dem Gesetz sind; auf daß Aller *Mund verstopfet werde, und alle Welt GOtt schuldig sey; *Pf. 107, 42. Hiob. 10, 16. Gal. 3, 22.
20. Darum, daß kein Fleisch *durch des Gesetzes Werke vor ihm gerecht seyn mag; denn durch das Gesetz kommt Erkenntniß der Sünde. *Gal. 2, 16. Pf. 143, 2.
21. Nun aber ist ohne Zuthun des Gesetzes die Gerechtigkeit, die vor GOtt gilt, offenbaret, und bezeuget durch das *Gesetz und die Propheten. *Joh. 5, 46. Röm. 10, 4.
22. Ich sage aber von solcher Gerechtigkeit vor GOtt, die da kommt durch den Glauben an JEsum Christ, zu Allen und auf Alle, die da glauben.
23. Denn *es ist hier kein Unterschied; sie sind †allzumal Sünder, und mangeln des Ruhms, den sie an GOtt haben sollten. *c. 10, 12. Gal. 3, 22. †1 Mos. 2, 4. 1.
24. Und werden *ohne Verdienst gerecht aus seiner Gnade, durch die Erlösung, so durch Christum JEsum geschehen ist; *Off. 2, 2.
25. Welchen GOtt hat vorgestellt zu einem *Gnadenstuhl, durch den Glauben in seinem Blut, damit er die Gerechtigkeit, die vor ihm gilt, darbiete, in dem, daß die Sünde vergiebt, welche bis anhero geblieben war unter göttlicher Geduld; *Offb. 16, 15. Ebr. 4, 16.
26. Auf daß er zu diesen Zeiten darböte die Gerechtigkeit, die vor ihm gilt; auf daß Er allein gerecht sey, und gerecht mache den, der da ist des Glaubens an JEsum.
27. Wo *bleibt nun der Ruhm? Er ist aus. Durch welch Gesetz? Durch der Werke Gesetz? Nicht also, sondern durch des Glaubens Gesetz. *c. 2, 17. 23. c. 4, 2.
1 Cor. 1, 29. 31.
28. So *halten wir es nun, daß der Mensch gerecht werde ohne des Gesetzes Werke, allein durch den Glauben. *Gal. 2, 16. f.
29. Oder ist GOtt allein der Juden GOtt? Ist er nicht auch der *Heiden GOtt? Ja freylich, auch der Heiden GOtt. *c. 10, 12. Mal. 2, 10. 1 Cor. 12, 6.

30. Einmal es ist ein einiger GOtt, der da gerecht macht die Beschneidung aus dem Glauben, und die Vorhaut durch den Glauben.
31. Wie! Heben wir denn das Gesetz auf durch den Glauben? Das sey ferne! *Sondern wir richten das Gesetz auf! *Matth. 5, 17. 18. 19.

Das 4. Capitel.
Die Gerechtigkeit des Glaubens wird durch das Exempel Abrahams erkläret.

1. Was sagen wir denn von unserm Vater Abraham, daß er gefunden habe nach dem Fleisch?
2. Das sagen wir: Ist Abraham durch die Werke gerecht, so hat er wohl Ruhm, aber nicht vor GOtt.
3. Was sagt denn die *Schrift? „Abraham hat GOtt geglaubet, und das ist ihm zur Gerechtigkeit gerechnet." *1 Mos. 15, 6. Gal. 3, 6.
4. Dem aber, der mit Werken umgehet, wird der Lohn nicht aus Gnaden zugerechnet, sondern *aus Pflicht.
*c. 11, 6. Matth. 20, 7. 14.
5. Dem *aber, der nicht mit Werken umgehet, glaubet aber an den, der die Gottlosen gerecht macht; dem wird sein Glaube gerechnet zur Gerechtigkeit. *c. 3, 22.
6. Nach welcher Weise auch David sagt, daß die Seligkeit sey allein des Menschen, welchem GOtt zurechnet die Gerechtigkeit, ohne Zuthun der Werke, da er spricht:
7. „Selig sind die, welchen ihre Ungerechtigkeit vergeben, und welchen ihre Sünden bedeckt sind! *Ps. 32, 1. 2.
8. Selig ist der Mann, welchem GOtt keine Sünde zurechnet!"
9. Nun, diese Seligkeit, gehet sie über die Beschneidung, oder über die Vorhaut? Wir müssen je sagen, daß Abraham sey sein Glaube zur Gerechtigkeit gerechnet.
10. Wie ist er ihm denn zugerechnet? In der Beschneidung, oder in der Vorhaut? Ohne Zweifel nicht in der Beschneidung, sondern in der Vorhaut.
11. Das Zeichen aber der Beschneidung empfing er zum *Siegel der Gerechtigkeit des Glaubens, welchen er noch in der Vorhaut hatte; auf daß er würde ein Vater Aller, die da glauben in der Vorhaut, (daß denselbigen solches auch gerechnet werde zur Gerechtigkeit;) *1 Mos. 17, 10. f.
12. Und

12. Und würde auch ein Vater der Beschneidung, *nicht allein deren, die von der Beschneidung sind, sondern auch derer, die da wandeln in den Fußstapfen des Glaubens, welcher war in dem Vorhaut unsers Vaters Abraham.
* Marc. 2, 9.

13. Denn die *Verheißung, daß er sollte seyn der Welt Erbe, ist nicht geschehen Abraham, oder seinem Samen, durch das Gesetz; sondern durch die Gerechtigkeit des Glaubens.
* 1 Mos. 17, 4. 6.

14. (Denn wo die vom Gesetz *Erben sind; so ist der Glaube nichts, und die Verheißung ist ab.
* Gal. 3, 18.

15. Sintemal *das Gesetz richtet nur Zorn an; denn wo das Gesetz nicht ist, da ist auch keine Uebertretung.)
* c. 3, 20.

16. Derhalben muß die Gerechtigkeit durch den Glauben kommen, auf daß sie sey aus Gnaden, und *die Verheißung fest bleibe allem Samen; nicht allein dem, der unter dem Gesetz ist, sondern auch dem, der des Glaubens Abrahams ist, welcher ist unser aller Vater.
* Gal. 3, 16.

17. Wie *geschrieben stehet: Ich habe dich gesetzt zum Vater vieler Heiden vor GOtt, dem du geglaubet hast, der da lebendig macht die Todten, und ruft dem, das nicht ist, daß es sey.
* 1 Mos. 17, 4.

18. Und er hat geglaubet auf Hoffnung, da nichts zu hoffen war, auf daß er würde ein Vater vieler Heiden; (wie denn zu ihm gesagt ist: *"Also soll dein Same seyn.")
* 1 Mos. 15, 4.

19. Und er ward nicht schwach im Glauben, *sahe auch nicht an seinen eigenen Leib, welcher schon erstorben war, weil er fast hundertjährig war; auch nicht den erstorbenen Leib der Sarah.
* 1 Mos. 17, 17.

20. Denn er zweifelte nicht an der Verheißung GOttes durch Unglauben, sondern ward stark im Glauben, und *gab GOtt die Ehre.
* c. 11, 7.

21. Und wußte aufs allergewisseste, daß, was GOtt verheißt, das *kann er auch thun.
* Er. 113, 3. Jer. 90, 1. Luc. 1, 37.

22. Darum ist es ihm auch zur *Gerechtigkeit gerechnet.
* 1 Mos. 15, 6.

23. Das ist aber nicht geschrieben allein *um seinetwillen, daß es ihm zugerechnet ist:
* c. 16, 4.

24. Sondern auch um unsertwillen, welchen es soll zugerechnet werden, so wir glauben an den, der unsern HErrn JEsum *auferwecket hat von den Todten;
* Apost. 2, 24.

25. Welcher ist um unserer Sünde willen dahin gegeben, und um unserer Gerechtigkeit willen auferwecket.

Das 5. Capitel.

Von etlichen Früchten der Gerechtigkeit des Glaubens. Gegenverantwortliche Christi und Ehristi.

1. Nun wir denn sind gerecht worden durch den Glauben, so haben wir *Frieden mit GOtt, durch unsern HErrn JEsum Christ.
* c. 14, 17. Jes. 32, 17, 18. Joh. 16, 33.

2. Durch welchen wir auch einen *Zugang haben im Glauben zu dieser Gnade, darinnen wir stehen, und rühmen uns der Hoffnung der zukünftigen Herrlichkeit, die GOtt geben soll.
* Eph. 2, 18. c. 3, 12.

3. Nicht allein aber das, sondern *wir rühmen uns auch der Trübsale, dieweil wir wissen, daß Trübsal Geduld bringet;
* Jac. 1, 3.

4. *Geduld aber bringet Erfahrung; Erfahrung aber bringet Hoffnung;
* Jac. 1, 3.

5. *Hoffnung aber läßt nicht zu Schanden werden. Denn die Liebe GOttes ist ausgegossen in unser Herz durch den heiligen Geist, welcher uns gegeben ist.
* Ebr. 6, 18. 19.

6. Denn auch Christus, da wir noch schwach waren, nach der Zeit, ist für uns Gottlose gestorben.

7. Nun *stirbt kaum Jemand um des Rechtes willen; um etwas Gutes willen dürfte vielleicht Jemand sterben.
* Joh. 15, 13.

8. Darum preiset GOtt seine *Liebe gegen uns, daß Christus für uns gestorben ist, da wir noch Sünder waren.
* Joh. 3, 16. f.

9. So werden wir je viel mehr durch ihn behalten werden vor dem Zorn, nachdem wir durch sein Blut gerecht geworden sind!

10. Denn so wir GOtt versöhnet sind durch den Tod seines Sohnes, da wir noch Feinde waren; viel mehr werden wir selig werden durch sein Leben, so wir nun versöhnet sind!

11. Nicht allein aber das; sondern wir rühmen uns auch GOttes, durch unsern HErrn JEsum Christ, durch welchen wir nun die Versöhnung empfangen haben.

12. Der-

12. Derhalben, wie durch Einen Menschen die Sünde ist kommen in die Welt, und der Tod durch die Sünde, und ist also der *Tod zu allen Menschen durchgedrungen, dieweil sie Alle gesündiget haben; *1.0.12.
13. Denn die Sünde war wohl in der Welt, bis auf das Gesetz; aber *wo kein Gesetz ist, da achtet man der Sünde nicht. *c. 4, 15.
14. Sondern der Tod herrschte von Adam an bis auf Mose, auch über die, die nicht gesündiget haben mit gleicher Uebertretung, wie *Adam, welcher ist ein Bild deß, der zukünftig war.
*1 Cor. 15, 21. 45. 46.
15. Aber nicht hält sich's mit der Gabe, wie mit der Sünde. Denn so an *Eines Sünde Viele gestorben sind; so ist viel mehr GOttes Gnade und Gabe Vielen reichlich widerfahren, durch †die Gnade des einigen Menschen, JEsu Christi.
*1 Cor. 15, 22. †Joh. 1, 16.
16. Und nicht ist die Gabe allein über Eine Sünde, wie durch des einigen Sünders einige Sünde alles Verderben; denn das Urtheil ist gekommen aus Einer Sünde zur Verdammniß; die Gabe aber hilft auch aus vielen Sünden zur Gerechtigkeit.
17. Denn so um des Einigen Sünde willen der Tod geherrschet hat durch den Einen; viel mehr werden die, so da empfangen die Fülle der Gnade und der Gabe zur Gerechtigkeit, herrschen im Leben, durch Einen, JEsum Christ!
18. Wie nun durch Eines Sünde die Verdammniß über alle Menschen gekommen ist: *also ist auch durch Eines Gerechtigkeit die Rechtfertigung des Lebens über alle Menschen gekommen. *1 Cor. 15, 22.
19. Denn gleichwie durch Eines Menschen Ungehorsam viele Sünder geworden sind, also auch durch Eines Gehorsam werden viele Gerechte.
20. Das *Gesetz aber ist neben eingekommen, auf daß die Sünde mächtiger würde. Wo aber die Sünde mächtig geworden ist, da ist doch die Gnade viel mächtiger geworden; *c. 4, 15. 1. 7, 8. Gal. 3, 19.
21. Auf daß, gleichwie die Sünde geherrschet hat zu dem Tode, also auch herrsche die Gnade durch die Gerechtigkeit zum ewigen *Leben, durch JEsum Christ, unsern HErrn. *c. 4, 25.

Das 6. Capitel.

Von der Heiligung und neuem Gehorsam, als einer Frucht der Gerechtigkeit des Glaubens.

1. Was wollen wir hierzu sagen? *Sollen wir denn in der Sünde beharren, auf daß die Gnade desto mächtiger werde? *Cal. 2, 17.
2. Das sey ferne! Wie sollten wir in der Sünde wollen leben, der wir *abgestorben sind! *Gal. 6, 14

(Epistel am 6. Sonnt. nach Trinit.)
3. Wisset *ihr nicht, daß Alle, die wir in JEsum Christ getaufet sind, die sind in seinen Tod getauft?
*Gal. 3, 27. Gal. 2, 12.
4. So sind wir je *mit ihm begraben durch die Taufe in den Tod, auf daß, gleichwie Christus ist auferwecket von den Todten, durch die Herrlichkeit des Vaters, †also sollen auch wir in einem neuen Leben wandeln.
*c. 8, 10. 1 Cor. 4, 21. Col. 2, 12. †1 Petr. 2, 2.
5. So *wie aber sammt ihm gepflanzet werden zu gleichem Tode, so werden wir auch der Auferstehung gleich seyn:
*Phil. 3, 10. 11.
6. Dieweil wir wissen, daß unser alter Mensch sammt ihm *gekreuziget ist, auf daß der sündliche Leib aufhöre, daß wir hinfort der Sünde nicht dienen. *Gal. 5, 24.
7. Denn wer gestorben ist, der ist gerechtfertiget von der Sünde.
8. Sind wir aber mit Christo gestorben, so glauben wir, daß wir auch mit ihm leben werden;
9. Und wissen, daß Christus, von den Todten auferwecket, *hinfort nicht stirbt; der Tod wird hinfort über ihn nicht herrschen. *Offenb. 1, 18.
10. Denn das er gestorben ist, das ist er der Sünde gestorben zu *Einem Mal; das er aber †lebet, das lebet er GOtte.
*Hebr. 9, 28. †1 Pet. 4, 6. 10.
11. Also auch ihr, haltet euch dafür, daß ihr der Sünde gestorben seyd, und lebet GOtte in Christo JEsu, unserm HErrn.]
12. So laßt nun die Sünde nicht herrschen in eurem sterblichen Leibe, ihr Gehorsam zu leisten in seinen Lüsten.
*1 Pet. 4, 7. Pf. 119, 133.
13. Auch begebet nicht der Sünde eure Glieder zu Waffen der Ungerechtigkeit; sondern begebet euch selbst GOtte, als die da aus den Todten lebendig sind, und eure Glieder GOtte zu Waffen der Gerechtigkeit.
14. Denn

14. Denn die Sünde wird *nicht herrschen können über euch; sintemal ihr nicht unter dem Gesetz seyd, sondern unter der Gnade.
　　*5 Mos. 6, 7.

15. Wie nun? Sollen wir sündigen, dieweil wir nicht unter dem Gesetz, sondern *unter der Gnade sind? Das sey ferne! *Joh. 1, 16.

16. Wisset ihr nicht, *welchem ihr euch begebet zu Knechten in Gehorsam, deß Knechte seyd ihr, dem ihr gehorsam seyd; es sey der Sünde zum Tode, oder dem Gehorsam zur Gerechtigkeit. *Joh. 4, 24 f.

17. GOtt sey aber gedankt, daß ihr Knechte der Sünde gewesen seyd, aber nun gehorsam geworden von Herzen dem Vorbilde der Lehre, welchem ihr ergeben seyd.

18. Denn *nun ihr frei geworden seyd von der Sünde, seyd ihr Knechte geworden der Gerechtigkeit. *Joh. 8, 32.

(Epistel am 7. Sonnt. nach Trinit.)

19. (Ich muß *menschlich davon reden, um der Schwachheit willen eures Fleisches.) Gleichwie ihr eure Glieder begeben habt zum Dienst der Unreinigkeit, und von einer Ungerechtigkeit zu der andern: also begebet nun auch eure Glieder zum Dienst der Gerechtigkeit, daß sie heilig werden. *c. 3, 5. † c. 6, 13.

20. Denn da ihr *der Sünde Knechte waret, da waret ihr frei von der Gerechtigkeit. *Joh. 8, 34.

21. Was hattet ihr nun zu der Zeit für Frucht? Welcher ihr euch jetzt *schämet; denn †das Ende derselbigen ist der Tod. *Ebr. 12, 21. 23. †1 Thess. 5, 6.

22. Nun ihr aber seyd von der Sünde frei, und GOttes Knechte geworden, habt ihr eure Frucht, daß ihr heilig werdet, *Ende aber das ewige Leben. *1 Pet. 1, 9.

23. Denn der Tod ist der Sünden Sold; aber die Gabe GOttes ist das ewige Leben, in Christo JEsu, unserm HErrn. *c. 5, 12.

Das 7. Capitel.

Von der Freiheit vom Gesetz, des Gesetzes Nutzen, Wirkung, und dem Kampf des innern und äußern Menschen.

1. Wisset ihr nicht, lieben Brüder (denn ich rede mit denen, die das Gesetz wissen), daß das *Gesetz herrschet über den Menschen, so lange er lebet? *c. 6, 14.

2. Denn ein Weib, das unter dem Manne ist, dieweil der Mann lebet, ist sie verbunden an das Gesetz; so aber der Mann stirbt, so ist sie los vom Gesetz, das den Mann betrifft.

3. Wo sie nun *bei einem andern Manne ist, weil der Mann lebet, wird sie eine Ehebrecherin geheißen; so aber der Mann stirbt, ist sie frei vom Gesetz, daß sie nicht eine Ehebrecherin ist, wo sie bei einem andern Manne ist.
　　*Matth. 5, 32.

4. Also auch, meine Brüder, ihr seyd getödtet dem Gesetz, durch den Leib Christi, daß ihr eines Andern seyd, nämlich deß, der von den Todten auferwecket ist, auf daß wir GOtt Frucht bringen.

5. Denn da wir im Fleisch waren, da waren die sündlichen Lüste, welche durch das Gesetz sich erregten, kräftig in unsern Gliedern, dem *Tode Frucht zu bringen. *c. 6, 21.

6. Nun aber sind wir von dem Gesetz los, und ihm *abgestorben, das uns gefangen hielt, also, daß wir dienen sollen im neuen Wesen des Geistes, und nicht im alten Wesen des Buchstabens. *c. 6, 2.

7. Was wollen wir denn nun sagen? Ist das Gesetz Sünde? Das sey ferne! Aber die Sünde erkannte ich nicht, ohne durch das Gesetz. Denn ich wußte nichts von der Lust, wo *das Gesetz nicht hätte gesagt: „Laß dich nicht gelüsten;"
　　*2 Mos. 20, 17. f.

8. Da nahm aber die Sünde Ursach am Gebot, und erregte in mir allerlei Lust. Denn *ohne das Gesetz war die Sünde todt. *Joh. 15, 22.

9. Ich aber lebte etwa ohne Gesetz. Da aber das Gebot kam, ward die Sünde wieder lebendig.

10. Ich aber starb; und es befand sich, daß das Gebot mir zum Tode gereichte, *das mir doch zum Leben gegeben war.
　　*3 Mos. 18, 5.

11. Denn die Sünde nahm Ursach am Gebot, und betrog mich, und tödtete mich durch dasselbige Gebot.

12. Das Gesetz ist je heilig, **und das Gebot ist heilig, recht und gut.**

13. Ist denn, das da gut ist, mir ein Tod geworden? Das sey ferne! Aber die Sünde, auf daß sie erscheine, wie sie Sünde ist, hat sie mir durch das Gute den Tod gewirket, auf daß die Sünde würde überaus sündig durch's Gebot.

14. Denn wir wissen, daß das Gesetz geistlich

lich ist; ich *aber bin fleischlich, unter die Sünde verkauft. *v. 8, 9. † 1 Kön. 21, 10, 20.

15. Denn ich weiß nicht, was ich thue; denn ich thue nicht, was ich will, sondern, das ich hasse, das thue ich.

16. So ich aber das thue, das ich nicht will; so willige ich, daß das *Gesetz gut sey. *v. 20.

17. So thue ich nun dasselbige nicht, sondern die Sünde, die *in mir wohnet. *v. 20.

18. Denn ich weiß, daß in mir, das ist, in meinem Fleisch, wohnet *nichts Gutes. Wollen habe ich wohl, aber vollbringen das Gute finde ich nicht. *1 Mos. 6, 5. u. 8, 21.

19. Denn das Gute, das ich will, das thue ich nicht; sondern das Böse, das ich nicht will, das thue ich.

20. So ich aber thue, das ich nicht will, so thue ich dasselbige nicht, sondern die Sünde, die in mir wohnet.

21. So finde ich mir nun ein Gesetz, der ich will das Gute thun, daß mir *das Böse anhanget. *Ps. 51, 7.

22. Denn ich habe *Lust an GOttes Gesetz, nach dem inwendigen Menschen. *Ps. 1, 2.

23. Ich sehe aber ein ander Gesetz in meinen Gliedern, das da *widerstreitet dem Gesetz in meinem Gemüthe, und nimmt mich gefangen in der Sünden Gesetz, welches ist in meinen Gliedern. *Gal. 5, 17.

24. Ich elender Mensch, wer wird mich erlösen von dem Leibe dieses Todes!

25. Ich *danke GOtt, durch JEsum Christ, unsern HErrn. So diene ich nun mit dem Gemüthe dem Gesetz GOttes, aber mit dem Fleisch dem Gesetz der Sünden. *1 Cor. 15, 57.

Das 8. Capitel.

Der Gläubigen Freyheit von der Verdammung. Wandel nach dem Geist, liegt unter die Todten.

1. So ist nun nichts Verdammliches an denen, die in Christo JEsu sind, die nicht nach dem Fleisch wandeln, sondern nach dem Geist.

2. Denn *das Gesetz des Geistes, der da lebendig macht in Christo JEsu, hat mich frei gemacht von dem Gesetz der Sünde und des Todes. *v. 2, 27.

3. Denn das dem Gesetz unmöglich war, (sintemal es *durch das Fleisch geschwächet ward), das that GOtt, und sandte seinen Sohn in der Gestalt des sündlichen Fleisches, und verdammte die Sünde im Fleisch durch Sünde. *Apost. 13, 10.

4. Auf daß die Gerechtigkeit, vom Gesetz erfordert, in uns erfüllet würde, die wir nun nicht nach dem Fleisch wandeln, sondern nach dem Geist.

5. Denn die da fleischlich sind, die sind fleischlich gesinnet; die aber geistlich sind, die sind geistlich gesinnet.

6. Aber fleischlich gesinnet seyn, *ist der Tod; und geistlich gesinnet seyn, ist Leben und Friede. *c. 6, 21.

7. Denn fleischlich gesinnet seyn, ist eine *Feindschaft wider GOtt; sintemal es dem Gesetz GOttes nicht unterthan ist, denn es vermag es auch nicht. *Jac. 4, 4.

8. Die aber fleischlich sind, mögen GOtt nicht gefallen.

9. Ihr aber seyd nicht fleischlich, sondern geistlich, so anders *GOttes Geist in euch wohnet. Wer aber Christi Geist nicht hat, der ist nicht sein. *1 Cor. 3, 16.

10. So aber Christus in euch ist, so ist der Leib zwar todt um der Sünde willen, der Geist aber ist das Leben um der Gerechtigkeit willen.

11. So nun der Geist deß, der JEsum von den Todten auferwecket hat, in euch wohnet, so wird auch derselbige, der Christum von den Todten auferwecket hat, eure sterblichen Leiber lebendig machen, um deß willen, daß sein Geist in euch wohnet.

(Epistel am 8. Sonnt. nach Trinit.)

12. So sind wir nun, lieben Brüder, *Schuldener, nicht dem Fleisch, daß wir nach dem Fleisch leben. *c. 6, 7, 18.

13. Denn *wo ihr nach dem Fleisch lebet, so werdet ihr sterben müssen; wo ihr aber durch den Geist des Fleisches Geschäfte tödtet, so werdet ihr leben. *Gal. 6, 8. † Eph. 4, 22.

14. Denn *welche der Geist GOttes treibet, die sind GOttes Kinder. *Gal. 3, 16, 17, 18.

15. Denn ihr *habt nicht einen knechtlichen Geist empfangen, daß ihr euch abermal fürchten müßtet; sondern ihr habt einen †kindlichen Geist empfangen, durch welchen wir rufen: Abba, lieber Vater! *2 Tim. 1, 7. † Gal. 3, 26. u. 4, 6.

16. Derselbige *Geist giebt Zeugniß unserm Geist, daß wir GOttes Kinder sind. *2 Cor. 1, 22.

17. Sind

17. Sind wir dem *Kinder, so sind wir auch Erben, nämlich GOttes Erben, und Miterben Christi; so wir anders †mit leiden, auf daß wir auch mit zur Herrlichkeit erhoben werden.] *Gal. 4, 7. †2 Tim. 14, 10.

(Epistel am 4. Sonnt. nach Trinit.)

18. Denn ich halte es dafür, *daß dieser Zeit Leiden der Herrlichkeit nicht werth, sey, die an uns soll geoffenbaret werden. *2 Cor. 4, 17.

19. Denn das ängstliche Harren der Creatur wartet auf die *Offenbarung der Kinder GOttes. *Col. 1, 4.

20. Sintemal die Creatur unterworfen ist der Eitelkeit (ohne ihren Willen, sondern um deßwillen, der sie unterworfen hat), auf Hoffnung;

21. Denn auch die Creatur frey werden wird von dem Dienst des vergänglichen Wesens, zu der herrlichen Freyheit der Kinder GOttes.

22. Denn wir wissen, daß alle Creatur sehnet sich mit uns, und ängstet sich noch immerdar.

23. Nicht allein aber sie, sondern auch wir selbst, die wir haben des Geistes Erstlinge, sehnen uns auch bei uns selbst nach der *Kindschaft, und †warten auf unsers Leibes Erlösung.] *Gal. 4, 5. †2 Cor. 7, 10.

24. Denn wir sind wohl selig, *doch in der Hoffnung. Die Hoffnung aber, die man siehet, ist nicht Hoffnung; denn wie kann man deß hoffen, das man siehet? *2 Cor. 5, 7.

25. So wir aber deß hoffen, das wir *nicht sehen, so warten wir sein durch Geduld. *2 Cor. 4, 18.

26. Desselbigen gleichen auch der Geist hilft unserer Schwachheit auf. Denn wir *wissen nicht, was wir beten sollen, wie sich's gebühret; sondern der Geist selbst vertritt uns aufs beste, mit unaussprechlichem Seufzen. *Matth. 20, 22.

27. Der aber die *Herzen forschet, der weiß, was des Geistes Sinn sey; denn er vertritt die Heiligen, nach dem, das GOtt gefällt. *Ps. 7, 10. f.

(Epistel am Jacobi Tage.)

28. Wir wissen aber, daß denen, die GOtt lieben, alle Dinge zum Besten dienen, die nach dem *Vorsatz berufen sind. *Eph. 1, 11. 2 Tim. 1, 11.

29. Denn welche er zuvor versehen hat, die hat er auch verordnet, daß sie gleich seyn sollten dem Ebenbilde seines Sohnes, auf daß derselbige der *Erstgeborne sey unter vielen Brüdern. *Col. 1, 18. Ebr. 1, 6.

30. Welche er aber verordnet hat, die hat er auch berufen; welche er aber berufen hat, die hat er auch gerecht gemacht; welche er aber hat gerecht gemacht, die hat er auch herrlich gemacht.

31. Was wollen wir denn hierzu sagen? Ist *GOtt für uns, wer mag wider uns seyn? *4 Mos. 14, 8.

32. Welcher *auch seines eigenen Sohnes nicht hat verschonet, sondern hat ihn †für uns Alle dahin gegeben; wie sollte er uns mit ihm nicht Alles schenken! *1 Mos. 22, 12. †Joh. 3, 16.

33. Wer will die Auserwählten GOttes *beschuldigen? GOtt ist hier, der da gerecht macht. *Jes. 50, 8. 9. 1 Cor. 15.

34. Wer *will verdammen? Christus ist hier, der gestorben ist, ja, vielmehr, der auch auferwecket ist, welcher ist zur Rechten GOttes, und vertritt uns. *v. 1. Hiob 34, 29.

35. Wer will uns scheiden *von der Liebe GOttes, Trübsal oder Angst, oder Verfolgung, oder Hunger, oder Blöße, oder Fährlichkeit, oder Schwert? *Joh. 10, 28.

36. (Wie *geschrieben stehet: "Um deinetwillen werden wir getödtet den ganzen Tag; wir sind geachtet wie Schlachtschafe." *Ps. 44, 23. 1 Cor. 4, 2. 2 Cor. 4, 11.

37. Aber in dem Allen *überwinden wir weit, um deß willen, der uns geliebet hat. *1 Cor. 15, 57.

38. Denn *ich bin gewiß, daß weder Tod noch Leben, weder Engel noch Fürstenthum, noch Gewalt, weder Gegenwärtiges noch Zukünftiges, *Phil. 1, 2. 2 Tim. 1, 12.

39. Weder Hohes noch Tiefes, noch keine andere Creatur, mag uns scheiden von der Liebe GOttes, die in Christo JEsu ist, unserm HErrn.]

Das 9. Capitel.

Die Israeliten klagt nicht an äußerlicher Vorzug, sondern an GOttes Gnade.

1. Ich sage die Wahrheit in Christo und lüge nicht, deß *wir Zeugniß giebt mein Gewissen, in dem heiligen Geist. *1, 1, 9.

2. Daß ich große Traurigkeit und Schmerzen ohne Unterlaß in meinem Herzen habe.

Wahl der Gnade. Römer 9. Der Heiden Beruf.

3. Ich habe *gewünscht, verbannet zu seyn von Christo für meine Brüder, die meine Gefreundte sind nach dem Fleisch;
  * 2 Mos. 32, 32.

4. Die da sind von Israel, welchen gehöret die *Kindschaft, und die Herrlichkeit, und der Bund, und das Gesetz, und der Gottesdienst, und die Verheißung;
  * 5 Mos. 7, 6.

5. Welcher auch sind die Väter, aus welchen Christus *herkommt nach dem Fleisch, der da ist GOtt über Alles, gelobet in Ewigkeit! Amen.   * Matth. 1, 1. 22. Luc. 3, 23. f.

6. Aber nicht sage ich solches, *daß GOttes Wort darum aus sey. Denn es sind †nicht Alle Israeliter, die von Israel sind.   * 4 Mos. 23, 19. † c. 2, 28. 3 Joh. 2, 29.

7. Auch nicht Alle, die Abrahams Same sind, sind darum auch Kinder; sondern "in *Isaak soll dir der Same genannt seyn."
  * 1 Mos. 21, 12. Gal. 4, 30. Ebr. 11, 18.

8. Das ist: nicht sind das GOttes Kinder, die nach dem Fleisch Kinder sind; sondern die Kinder der Verheißung werden für Samen gerechnet.

9. Denn dies ist ein Wort der Verheißung, *da er spricht: "Um diese Zeit will ich kommen, und Sarah soll einen Sohn haben."   * 1 Mos. 18, 10.

10. Nicht allein aber ist es mit dem also, sondern auch, da *Rebekka von dem einigen Isaak, unserm Vater, schwanger ward;   * 1 Mos. 25, 21.

11. Ehe die Kinder geboren waren, und weder Gutes noch Böses gethan hatten, (auf daß der Vorsatz GOttes bestünde nach der Wahl;) ward zu ihr gesagt:

12. Nicht aus Verdienst der Werke, sondern aus Gnade des Berufers, also: "Der *Größere soll dienstbar werden dem Kleinern."   * 1 Mos. 25, 23. 4 c. 24, 16.

13. Wie denn *geschrieben stehet: "Jakob habe ich geliebet, aber Esau habe ich gehasset."   * Mal. 1, 2. 3.

14. Was wollen wir denn hier sagen? Ist denn *GOtt ungerecht? Das sey ferne!   * 5 Mos. 32, 4.

15. Denn *er spricht zu Mose: "Welchem ich gnädig bin, dem bin ich gnädig; und welches ich mich erbarme, deß erbarme ich mich."   * 2 Mos. 33, 19.

16. So liegt es nun nicht an Jemandes Wollen oder Laufen, sondern an GOttes Erbarmen.

17. Denn die Schrift *sagt zu Pharao: "Eben darum habe ich dich erwecket, daß ich an dir meine Macht erzeige, auf daß mein Name verkündiget werde in allen Landen."   * 2 Mos. 9, 16. u. 14, 4. 17.

18. So erbarmet er sich nun, welches er will, und verstocket, welchen er will.

19. So sagst du zu mir: Was schuldigt er denn uns? Wer kann seinem Willen widerstehen?

20. Ja, lieber Mensch! *Wer bist du denn, daß du mit GOtt rechten willst? Spricht auch ein Werk zu seinem †Meister: Warum machst du mich also?
  * Hiob 9, 12. Weish. 12, 12. † Jes. 45, 9. f.

21. Hat nicht ein Töpfer Macht aus Einem Klumpen zu machen ein Faß zu Ehren, und das andere zu Unehren?

22. Derhalben, da GOtt wollte Zorn erzeigen und kund thun seine Macht, hat er mit großer *Geduld getragen die Gefäße des Zorns, die da †zugerichtet sind zur Verdammniß;   * c. 2, 4. † 2 Petr. 2, 9.

23. Auf daß er *kund thäte den Reichthum seiner Herrlichkeit an den Gefäßen der Barmherzigkeit, die er bereitet hat zur Herrlichkeit.   * Col. 1, 4. 7. Eph. 1, 27.

24. Welche er berufen hat, nämlich uns, nicht allein aus den Juden, sondern auch aus den Heiden.

25. Wie er denn auch durch Hoseas *spricht: "Ich will das mein Volk heißen, das nicht mein Volk war, und meine Liebe, die nicht die Liebe war."
  * Hos. 2, 23. 1 Petr. 2, 10. f.

26. *Und soll geschehen, an dem Ort, da zu ihnen gesagt ward: "Ihr seyd nicht mein Volk; sollen sie Kinder des lebendigen GOttes genannt werden."
  * Hos. 1, 10. Joh. 11, 1.

27. Jesaias aber schreiet für Israel: "Wenn die Zahl der Kinder Israel würde seyn wie der Sand am Meer, so wird doch das †Uebrige selig werden!
  * Jes. 10, 22. 23. † Ebr. 11, 5.

28. Denn es wird ein Verderben und Steuren geschehen zur Gerechtigkeit, und der HErr wird dasselbige Steuren thun auf Erden.

29. Und wie *Jesaias zuvor sagt: "Wenn uns nicht der HErr Zebaoth hätte lassen Samen überbleiben; so wären wir †wie Sodoma geworden, und gleichwie Gomorra."   * Jes. 1, 9. † 1 Mos. 19, 24

30. Was

30. Was wollen wir nun hier sagen? Das wollen wir sagen: *Die Heyden, die nicht haben nach der Gerechtigkeit gestanden, haben die Gerechtigkeit erlanget; ich sage aber von der Gerechtigkeit, die aus dem Glauben kommt. *c. 10, 20.

31. Israel *aber hat dem Gesetz der Gerechtigkeit nachgestanden, und hat das Gesetz der Gerechtigkeit nicht überkommen. *c. 10, 2.

32. Warum das? Darum, daß sie es nicht aus dem Glauben, sondern als aus den Werken des Gesetzes suchen. Denn sie haben sich gestoßen an den Stein des Anlaufens;

33. Wie *geschrieben stehet: „Siehe da! Ich lege in Zion einen Stein des Anlaufens, und einen Fels der Aergerniß; und wer an ihn glaubt, der soll nicht zu Schanden werden." *Jes. 8, 14.
Jes. 28, 16. Matth. 21, 42. §. 1.

Das 10. Capitel.
Die Erkenntniß der Gewißheit ist nicht zu haben im Gesetz, sondern im Evangelio.

1. Lieben Brüder, meines Herzens Wunsch ist, und flehe auch GOtt für Israel, daß sie selig werden.

2. Denn ich gebe ihnen das Zeugniß, daß sie *eifern um GOtt, aber mit Unverstand. *Gal. 1. 14.

3. Denn sie *erkennen die Gerechtigkeit nicht, die vor GOtt gilt, und trachten ihre eigene Gerechtigkeit aufzurichten, und sind also der Gerechtigkeit, die vor GOtt gilt, nicht unterthan. *c. 9, 30. 31. 33. Phil. 3, 9.

4. Denn Christus *ist des Gesetzes Ende; †wer an den glaubt, der ist gerecht. *Matth. 5, 17. †Joh. 3, 15. 16.

5. Moses aber *schreibt wohl von der Gerechtigkeit, die aus dem Gesetz kommt: „Welcher Mensch dies thut, der wird darinnen leben." *3 Mos. 18, 5.
Ezech. 20, 11. Gal. 3, 12.

6. Aber die Gerechtigkeit aus dem Glauben spricht also: *„Sprich nicht in deinem Herzen: Wer will hinauf gen Himmel fahren?" (Das ist nichts Anderes, denn Christum herabholen.) *5 Mos. 30, 12.

7. Oder: „Wer will hinab in die Tiefe fahren?" (Das ist nichts Anderes, denn Christum von den Todten holen.)

8. Aber was sagt *sie? „Das Wort ist dir nahe, nämlich in deinem Munde und in deinem Herzen." *5 Mos. 30, 14.

(Epistel am Andreastage.)

Dies ist das Wort *vom Glauben, das wir predigen. *1 Tim. 4, 6.

9. Denn so du mit deinem Munde bekennest JEsum, daß er der HErr sey, und glaubest in deinem Herzen, daß ihn GOtt von den Todten auferwecket hat; so wirst du selig.

10. (Denn so man von Herzen glaubt, so wird man gerecht; und so man *mit dem Munde bekennet, so wird man selig.) *Pr. 116, 10.

11. Denn die Schrift spricht: *„Wer an ihn glaubt, wird nicht zu Schanden werden." *Jes. 28, 16. c. 9, 33.

12. Es ist hier *kein Unterschied unter Juden und Griechen; es ist Aller zumal Ein HErr, reich über Alle, die ihn anrufen. *Ap.G. 10, 34. f.

13. „Denn *wer den Namen des HErrn wird anrufen, soll selig werden." *Joel 3, 5. Ap.G. 2, 21.

14. Wie sollen sie aber anrufen, an den sie nicht glauben! Wie sollen sie aber glauben, von dem sie nichts gehöret haben! Wie sollen sie aber hören ohne Prediger!

15. Wie sollen sie aber predigen, wo sie nicht gesandt werden! Wie denn *geschrieben stehet: „Wie lieblich sind die Füße derer, die den Frieden verkündigen, die das Gute verkündigen!" *Jes. 52, 7.

16. Aber sie sind nicht Alle *dem Evangelio gehorsam. Denn Jesaias †spricht: „HErr, wer glaubet unserm Predigen!" *Ebr. 4, 6. 1 Jes. 53, 1. Joh. 12, 38.

17. So *kommt der Glaube aus der Predigt, das Predigen aber durch das Wort GOttes. *Joh. 17, 20.

18. Ich sage aber: Haben sie es nicht gehöret? Zwar *„es ist je in alle Lande ausgegangen ihr Schall, und in alle Welt ihre Worte."] *Ps. 19, 5. 1 Jes. 66, 4. Col. 1, 23.

19. Ich sage aber: Hat es Israel nicht erkannt? Der erste Moses spricht: *„Ich will euch eifern machen über dem, das nicht mein Volk ist, und über einem unverständigen Volk will ich euch erzürnen." *5 Mos. 32, 21.

20. Jesaias aber darf wohl *sagen: „Ich bin erfunden von denen, die mich nicht gesucht haben, und bin erschienen denen, die nicht nach mir gefraget haben." *c. 9, 30. Jes. 65, 1.

21. Zu Israel aber *spricht er: „Den ganzen

ganzen Tag habe ich meine Hände ausgestreckt zu dem Volk, das sich nicht sagen läßt, und widerspricht." *Jef. 65, 2.

Das 11. Capitel.
Die Erwählung ist unwandelbar.

1. So sage ich nun: Hat denn *GOtt sein Volk verstoßen? Das sey ferne! Denn ich bin auch ein Israeliter, von dem Samen Abrahams, aus dem Geschlecht Benjamins. *Jer. 31, 37.
2. GOtt hat sein Volk nicht verstoßen, welches er zuvor versehen hat. Oder wisset ihr nicht, was die Schrift sagt von Elias? Wie er tritt vor GOtt wider Israel, und spricht:
3. „HErr, sie *haben deine Propheten getödtet, und haben deine Altäre ausgegraben; und ich bin allein übergeblieben, und sie stehen nach meinem Leben." *1 Kön. 19, 10. 14.
4. Aber was sagt ihm die göttliche Antwort? *„Ich habe mir lassen überbleiben sieben tausend Mann, die nicht haben ihre Kniee gebeuget vor dem Baal." *1 Kön. 19, 18.
5. Also gehet es auch jetzt zu dieser Zeit mit diesen *Uebergebliebenen nach der Wahl der Gnaden. *v. 2. 27.
6. Ist es *aber aus Gnaden, so ist es nicht aus Verdienst der Werke; [sonst würde Gnade nicht Gnade seyn. Ist es aber aus Verdienst der Werke, so ist die Gnade nichts; sonst wäre Verdienst nicht Verdienst.] *5 Mos. 9, 4. 5.
7. Wie denn nun? *Das Israel sucht, das erlanget es nicht; die Wahl aber erlanget es: die Andern sind verstockt. *c. 9, 31
8. (Wie geschrieben *stehet: „GOtt hat ihnen gegeben einen erbitterten Geist, Augen, daß sie nicht sehen, und Ohren, daß sie nicht hören," bis auf den heutigen Tag.) *5 Mos. 29, 10 f.
9. Und David *spricht: „Laß ihren Tisch zu einem Strick werden, und zu einer Berückung, und zum Aergerniß, und ihnen zur Vergeltung; *Pf. 69, 23. 24.
10. Verblende ihre Augen, daß sie nicht sehen, und beuge ihren Rücken allezeit."
11. So sage ich nun: Sind sie darum angelaufen, daß sie fallen sollten? Das sey ferne! *Sondern aus ihrem Fall ist den Heiden das Heil widerfahren, auf daß sie denen nacheifern sollten. *cp. 9. 10. 20.
12. Denn so ihr Fall der Welt Reichthum ist, und ihr Schade ist der Heiden Reichthum; wie viel mehr, wenn ihre *Zahl voll würde! *Hof. 1, 10.
13. Mit euch Heiden rede ich; denn dieweil ich der Heiden Apostel bin, will ich mein Amt preisen;
14. Ob ich möchte die, so mein Fleisch sind, zu eifern reizen und *ihrer Etliche selig machen. *1 Tim. 4, 16.
15. Denn so ihr Verlust der Welt Versöhnung ist; was wäre das Anderes, denn das Leben von den Todten nehmen!
16. Ist der Anbruch heilig, so ist auch der Teig heilig; und so die Wurzel heilig ist, so sind auch die Zweige heilig.
17. Ob aber nun *etliche von den Zweigen zerbrochen sind; und du, da du ein wilder Oelbaum warest, bist unter sie gepfropfet, und theilhaftig geworden der Wurzel und des Safts im Oelbaum: *Jer. 11, 16.
18. So rühme dich nicht wider die Zweige. Rühmest du dich aber wider sie, so sollt du wissen, daß du die Wurzel nicht trägest, sondern die Wurzel trägt dich.
19. So sprichst du: Die *Zweige sind zerbrochen, daß ich hinein gepfropfet würde. *Apoſt. 13, 46.
20. Ist wohl geredet. Sie sind zerbrochen, um ihres Unglaubens willen; du stehest aber durch den Glauben: sey nicht stolz, *sondern fürchte dich! *1 Cor. 10, 12.
21. Hat GOtt der natürlichen Zweige nicht verschonet, daß er vielleicht deiner auch nicht verschone!
22. Darum schaue die Güte und den Ernst GOttes; den Ernst an denen, die gefallen sind, die Güte aber an dir, *so ferne du an der Güte bleibest; sonst wirst du auch abgehauen werden.
*Joh. 15, 2. 4 Ebr. 3, 14.
23. Und Jene, so sie nicht bleiben in dem Unglauben, werden sie eingepfropfet werden: GOtt *kann sie wohl wieder einpfropfen. *2 Cor. 3, 16.
24. Denn so du aus dem Oelbaum, der von Natur wild war, bist ausgehauen, und wider die Natur, in den *guten Oelbaum gepfropfet; wie viel mehr werden die natürlichen eingepfropfet in ihren eigenen Oelbaum! *Jer. 11, 16.
25. Ich will euch nicht verhalten, lieben Brüder, dieses Geheimniß, (auf daß ihr nicht stolz seyd). Blindheit ist Israel eines

nes Theils widerfahren, so lange bis die Fülle der Heiden eingegangen sey,
26. Und also das ganze Israel selig werde, wie geschrieben stehet; † „Es wird kommen aus Zion, der da **erlöse, und abwende das gottlose Wesen von Jakob;
27. Und dies ist mein Testament mit ihnen, wenn ich ihre Sünden werde wegnehmen."
28. Nach dem Evangelio halte ich sie für Feinde, um euretwillen; aber nach der Wahl habe ich sie lieb, um der Väter willen.
29. GOttes Gaben und Berufung mögen ihn nicht gereuen.
30. Denn gleicher Weise, wie auch ihr weiland nicht habt geglaubet an GOtt, nun aber habt ihr Barmherzigkeit überkommen über ihrem Unglauben:
31. Also auch Jene haben jetzt nicht wollen glauben an die Barmherzigkeit, die euch widerfahren ist, auf daß sie auch Barmherzigkeit überkommen.
32. Denn GOtt hat Alles beschlossen unter den Unglauben, auf daß er sich † Aller erbarme.

(Epistel am Sonntage Trinitatis.)

33. O welch eine Tiefe des Reichthums, beydes, der Weisheit und Erkenntniß GOttes. Wie gar unbegreiflich sind seine Gerichte, und unerforschlich seine Wege!
34. Denn wer hat des HErrn Sinn erkannt! Oder, wer ist sein Rathgeber gewesen!
35. Oder, wer hat ihm etwas zuvor gegeben, das ihm werde wieder vergolten!
36. Denn von ihm, und durch ihn, und in ihm sind alle Dinge. Ihm sey Ehre in Ewigkeit! Amen.]

Das 12. Capitel.

(Epistel am 1. Sonntage nach Epiphanias.)

1. Ich ermahne euch, lieben Brüder, durch die Barmherzigkeit GOttes, daß ihr eure Leiber begebet zum Opfer, das da lebendig, heilig und GOtt wohlgefällig sey, welches sey euer vernünftiger Gottesdienst.
2. Und stellet euch nicht dieser Welt gleich, sondern verändert euch durch Verneuerung eures Sinnes, auf daß ihr prüfen möget, † welches da sey der gute, der wohlgefällige, und der vollkommene GOttes-Wille.
3. Denn ich sage durch die Gnade, die mir gegeben ist, Jedermann unter euch, daß Niemand weiter von sich halte, denn sich's gebühret zu halten; sondern daß er von sich mäßiglich halte, ein Jeglicher, nachdem GOtt ausgetheilet hat das Maß des Glaubens.
4. Denn gleicher Weise, als wir in Einem Leibe viele Glieder haben, aber alle Glieder nicht einerlei Geschäfte haben:
5. Also sind wir Viele Ein Leib in Christo, aber unter einander ist Einer des Andern Glied,
6. Und haben mancherlei Gaben, nach der Gnade, die uns gegeben ist.]

(Epistel am 2. Sonntage nach Epiphanias.)

7. Hat Jemand Weissagung, so sey sie dem Glauben ähnlich. Hat Jemand ein Amt, so warte er des Amts. Lehret Jemand, so warte er der Lehre.

8. Ermahnet Jemand, so warte er des Ermahnens. Giebt Jemand, so gebe er einfältiglich. Regieret Jemand, so sey er sorgfältig. Uebet Jemand Barmherzigkeit, so thue er es † mit Lust.
9. Die Liebe sey nicht falsch. † Hasset das Arge, hanget dem Guten an.
10. Die brüderliche Liebe unter einander sey herzlich. Einer komme dem Andern mit Ehrerbietung zuvor.
11. Seyd nicht träge, was ihr thun sollt. Seyd brünstig im Geist. † Schicket euch in die Zeit.
12. Seyd fröhlich in Hoffnung, geduldig in Trübsal, † haltet an am Gebet.
13. Nehmet euch der Heiligen Nothdurft an. Herberget gerne.
14. Segnet, die euch verfolgen; segnet, und fluchet nicht.
15. Freuet euch mit den Fröhlichen, und weinet mit den Weinenden.
16. Habt

16. Habt *einerlei Sinn unter einander. Trachtet nicht nach hohen Dingen, sondern haltet euch herunter zu den Niedrigen.]
* c. 15, 5.
(Epistel am 5. Sonntage nach Epiphanias.)
17. Haltet euch *nicht selbst für klug. †Vergeltet Niemand Böses mit Bösem. Fleißiget euch der Ehrbarkeit gegen Jedermann. *Jef. 5, 21. † 2 Cor. 8, 21. 14.
18. Ist es möglich, so viel an euch ist, *so habt mit allen Menschen Frieden.
*Hebr. 12, 14. Marc. 9, 50.
19. *Rächet euch selber nicht, meine Liebsten, sondern gebet Raum dem Zorn; denn es stehet geschrieben: †„Die Rache ist mein, ich will vergelten, spricht der HErr."
*3 Mos. 19, 18. Matth. 5, 39.
1 Cor. 6, 7. † 5 Mos. 32, 35. Ps. 94, 1. Sir. 19, 20.
20. So nun *deinen Feind hungert, so speise ihn; dürstet ihn, so tränke ihn. Wenn du das thust, so wirst du feurige Kohlen auf sein Haupt sammeln.
*Spr. 25, 21. 22. Matth. 5, 44.
21. Laß dich nicht das *Böse überwinden, sondern überwinde das Böse mit Gutem.]
*Matth. 7, 20.

Das 13. Capitel.

Wie man sich gegen die Christen, den Nächsten und sich selbst verhalten soll.

1. Jedermann *sey unterthan der Obrigkeit, die Gewalt über ihn hat. Denn †es ist keine Obrigkeit, ohne von GOtt; wo aber Obrigkeit ist, die ist von GOtt verordnet.
*Tit. 3, 1. 1 Joh. 19, 11. Weish. 6, 4.
2. Wer sich nun wider die Obrigkeit setzet, der widerstrebet GOttes Ordnung; die aber widerstreben, werden über sich ein Urtheil empfangen.
3. Denn die *Gewaltigen sind nicht den guten Werken, sondern den bösen zu fürchten. Willst du dich aber nicht fürchten vor der Obrigkeit, so thue Gutes; so wirst du Lob von derselbigen haben.
*Spr. 14, 35.
4. Denn sie ist *GOttes Dienerin, dir zu gut. Thust du aber Böses, so fürchte dich; denn sie trägt das Schwert nicht umsonst: sie ist GOttes Dienerin, eine Racherin zur Strafe, über den, der Böses thut.
*Ps. 82, 2.
5. So seyd nun aus Noth *unterthan, nicht allein um der Strafe willen, sondern auch um des Gewissens willen. *1 Petr. 2, 13.
6. Derhalben müsset ihr auch Schoß geben; denn sie sind *GOttes Diener, die solchen Schutz sollen handhaben.
*v. 4. 2 Chron. 19, 6. 7.

7. So *gebet nun Jedermann, was ihr schuldig seyd: Schoß, dem der Schoß gebühret; Zoll, dem der Zoll gebühret; Furcht, dem die Furcht gebühret; Ehre, dem die Ehre gebühret.
*Matth. 22, 21.
Marc. 12, 17.
(Epistel am 4. Sonntage nach Epiphanias.)
8. Seyd Niemand nichts schuldig, denn daß ihr euch unter einander liebet; denn wer den Andern liebet, der hat das Gesetz erfüllet. *Gal. 5, 14. Col. 3, 14. 1 Tim. 1, 5.
9. Denn das da gesagt ist: Du sollst nicht ehebrechen; du sollst nicht tödten; du sollst nicht stehlen; du sollst nicht falsch Zeugniß geben; dich soll nichts gelüsten; und so ein ander Gebot mehr ist, das wird in diesem Wort verfasset: *„Du sollst deinen Nächsten lieben als dich selbst."
*3 Mos. 19, 18. Matth. 22, 39.
10. Die *Liebe thut dem Nächsten nichts Böses. So ist nun die Liebe des Gesetzes Erfüllung.] *1 Cor. 13, 4.
(Epistel am 1. Sonntage des Advents.)
11. Und weil wir solches wissen, nämlich die Zeit, daß die Stunde da ist, aufzustehen vom *Schlaf: sintemal †unser Heil jetzt näher ist, denn da wir es glauben. *1 Cor. 15, 34. Eph. 5, 14. 1 Thess. 5, 6. 7. † Offenb. 22, 10.
12. Die *Nacht ist vergangen, der Tag aber herbei gekommen; †so laßt uns ablegen die Werke der Finsterniß, und anlegen die Waffen des Lichts. *1 Joh. 2, 8. † Eph. 5, 11.
13. Lasset uns ehrbarlich wandeln, als am Tage; *nicht in Fressen und Saufen, nicht in Kammern und Unzucht, nicht in †Hader und Neid; *1 Petr. 4, 3.
† Gal. 5, 19. 1 Cor. 3, 3.
14. Sondern *ziehet an den HErrn JEsum Christ, und wartet des Leibes, doch also, daß er nicht geil werde.]
*Gal. 3, 27. Col. 3, 10.

Das 14. Capitel.

Wie man sich gegen die Schwachgläubigen soll verhalten.

1. Den *Schwachen im Glauben nehmet auf, und verwirret die Gewissen nicht. *c. 15, 1. 1 Cor. 8, 9. 1 Cor. 9, 22.
*1 Cor. 8, 10.
2. Einer glaubt, er möge allerlei essen; welcher aber schwach ist, *der isset Kraut.
*1 Mos. 1, 29. c. 9, 3.
3. Welcher *isset, der verachte den nicht, der da nicht isset; und welcher nicht isset, der richte den nicht, der da isset: denn GOtt hat ihn aufgenommen. *Col. 2, 16.

4. Wer

4. *Wer bist du, daß du einen fremden Knecht richtest? Er stehet oder fället seinem HErrn. Er mag aber wohl aufgerichtet werden; denn GOtt kann ihn wohl aufrichten. *Matth. 7, 1. Röm. 9, 1. Jac. 4, 12.

5. Einer *hält einen Tag vor dem andern; der Andere aber hält alle Tage gleich. Ein Jeglicher sey in seiner Meinung gewiß. *Gal. 4, 10.

6. Welcher auf die Tage hält, der thut es dem HErrn; und welcher nichts darauf hält, der thut es auch dem HErrn. Welcher isset, der isset dem HErrn: denn er *danket GOtt; welcher nicht isset, der isset dem HErrn nicht, und danket GOtt. *5 Mos. 8, 10. 1 Sam. 10, 31.

7. Denn unser Keiner lebt ihm selber, und Keiner stirbt ihm selber.

8. *Leben wir, so leben wir dem HErrn; sterben wir, so sterben wir dem HErrn. Darum, wir leben oder sterben, so sind wir des HErrn. *Gal. 2, 20. 1 Thess. 5, 10.

9. Denn *dazu ist Christus auch gestorben, und auferstanden und wieder lebendig geworden, daß er über Todte und Lebendige HErr sey. *Röm. 10, 42. 2 Cor. 5, 15.

10. Du aber, was *richtest du deinen Bruder? Oder, du Anderer, was verachtest du deinen Bruder? †Wir werden Alle vor dem Richtstuhl Christi dargestellet werden. *Röm. 8, 17. † Apost. 17, 31. *Matth. 15, 21. 22. 2 Sam. 5, 10.

11. Nachdem geschrieben stehet: „So wahr als ich lebe, spricht der HErr, mir sollen *alle Kniee gebeuget werden, und alle Zungen sollen GOtt bekennen." *Jes. 45, 23. Phil. 2, 10.

12. So wird nun *ein Jeglicher für sich selbst GOtt Rechenschaft geben. *Matth. 12, 36. Gal. 6, 6.

13. Darum laßt uns nicht mehr Einer den Andern richten; sondern das richtet vielmehr, daß *Niemand seinem Bruder einen Anstoß oder Aergerniß darstelle. *Matth. 18, 7.

14. Ich weiß und bin es gewiß in dem HErrn JEsu, daß *nichts gemein ist an ihm selbst; ohne der es rechnet für gemein, demselbigen ist es gemein. *Matth. 15, 11.

15. So aber dein Bruder über deiner Speise betrübet wird, so wandelst du schon nicht nach der Liebe. Lieber, *verderbe den nicht mit deiner Speise, um welches willen Christus gestorben ist. *1 Cor. 8, 11. 12.

16. Darum schaffet, daß euer Schatz nicht *verlästert werde. *Tit. 2, 5.

17. Denn das Reich GOttes ist nicht Essen und Trinken, sondern Gerechtigkeit, und Friede, und Freude in dem heiligen Geist. *1 Cor. 17, 20.

18. Wer darinnen Christo dienet, der *ist GOtt gefällig, und den Menschen werth. *1 Thess. 2, 15.

19. Darum laßt uns dem nachstreben, das *zum Frieden dienet, und was †zur Besserung unter einander dienet. *1 Cor. 12, 13. † 2 Cor. 13, 11. Röm. 15, 2.

20. Lieber, *verstöre nicht um der Speise willen GOttes Werk. Es ist zwar †Alles rein; aber es ist nicht gut dem, der es isset mit einem Anstoß seines Gewissens. *v. 15. † Matth. 15, 11. Apost. 10, 15.

21. Es ist *besser, du essest kein Fleisch, und trinkest keinen Wein, oder das, daran sich dein Bruder stößt, oder ärgert, oder schwach wird. *1 Cor. 8, 13.

22. Hast du den Glauben, so habe ihn bei dir selbst vor GOtt. Selig ist, der sich selbst *kein Gewissen macht in dem, das er annimmt. *1 Joh. 3, 21.

23. Wer aber darüber zweifelt, und isset doch, der ist verdammt; denn es gehet nicht aus dem Glauben. *Was aber nicht aus dem Glauben gehet, das ist Sünde. *Tit. 1, 15. Ebr. 11, 6.

Das 15. Capitel.

Warum die Schwachgläubigen mit Geduld zu tragen, und wie man zum christlichen Leben kommen möge.

1. Wir aber, die wir stark sind, sollen *der Schwachen Gebrechlichkeit tragen, und nicht Gefallen an uns selber haben. *v. 14, 1. 1 Cor. 9, 22. Gal. 6, 1.

2. Es stelle *sich aber ein Jeglicher unter uns also, daß er seinem Nächsten gefalle zum Guten, zur Besserung. *1 Cor. 9, 19. c. 10, 24. 33.

3. Denn auch Christus nicht an ihm selber Gefallen hatte, sondern, wie *geschrieben stehet: „Die Schmach derer, die dich schmähen, ist über mich gefallen." *Ps. 69, 10. Joh. 15, 4.

(Epistel am 2. Sonntage des Advents.)

4. Was aber *zuvor geschrieben ist, das ist uns zur Lehre geschrieben, auf daß wir, durch Geduld und Trost der Schrift, Hoffnung haben. *c. 4, 23. 24. 1 Cor. 10, 11.

5. GOtt aber der Geduld und des Trostes

stes gebe euch, daß *ihr einerlei gesinnet seyd unter einander, nach JEsu Christo;

* Phil. 2, 2. c.

6. Auf daß ihr einmüthiglich mit Einem Munde lobet GOtt und den Vater unsers HErrn JEsu Christi.

7. Darum nehmet euch unter einander auf, gleichwie euch Christus hat aufgenommen zu GOttes Lobe.

8. Ich sage aber, daß JEsus Christus sey *ein Diener gewesen der Beschneidung, um der Wahrheit willen GOttes, zu bestätigen † die Verheißung, den Vätern geschehen.   * Matth. 15, 24. † 1 Mos. 3, 25.

9. Daß die Heiden aber GOtt loben um *der Barmherzigkeit willen, wie † geschrieben stehet: „Darum will ich dich loben unter den Heiden, und deinem Namen singen."   * c. 11, 30. † Ps. 18, 50. 2 Sam. 22, 50.

10. Und abermal *spricht er: „Freuet euch, ihr Heiden, mit seinem Volk."

* 5 Mos. 32, 43. Ps. 67, 5.

11. Und abermal: *„Lobet den HErrn, alle Heiden, und preiset ihn, alle Völker."

* Ps. 117, 1.

12. Und abermal spricht *Jesaias: „Es wird seyn die †Wurzel Jesse, und der auferstehen wird zu herrschen über die Heiden; auf den werden die Heiden hoffen."   * Jes. 11, 10. † Offenb. 5, 5.

13. GOtt aber der Hoffnung erfülle euch mit aller *Freude und Frieden im Glauben, daß ihr völlige Hoffnung habet durch die Kraft des heiligen Geistes.]

* c. 14, 17.

14. Ich weiß aber fast wohl von euch, lieben Brüder, daß ihr selbst voll Gütigkeit seyd, erfüllet * mit aller Erkenntniß, daß ihr euch unter einander könnet ermahnen.   * 2 Petr. 1, 12. 1 Joh. 2, 21.

15. Ich habe es aber dennoch gewagt, und euch etwas wollen schreiben, lieben Brüder, euch zu erinnern, um der *Gnade willen, die mir von GOtt gegeben ist,

* c. 1, 5. c. 12, 3.

16. Daß ich soll seyn ein *Diener Christi unter die Heiden, zu opfern das Evangelium GOttes, auf daß die Heiden ein Opfer werden, GOtt angenehm, geheiliget durch den heiligen Geist.   * c. 11, 13.

17. Darum kann ich mich rühmen in JEsu Christo, daß ich GOtt diene.

18. Denn ich dürfte nicht etwas reden, wo *dasselbige Christus nicht durch mich

wirkte, die Heiden † zum Gehorsam zu bringen, durch Wort und Werk,

* Matth. 10, 18, 20. † Röm. 1, 5. c. 16, 26.

19. Durch Kraft *der Zeichen und Wunder, und durch Kraft des Geistes GOttes; also, daß ich von Jerusalem an, und umher bis an Illyrien, Alles mit dem Evangelio Christi erfüllet habe,   * Marc. 16, 17.

20. Und mich sonderlich geflissen, das Evangelium zu predigen, wo *Christi Name nicht bekannt war, auf daß ich nicht auf einen fremden Grund bauete;

* 2 Cor. 10, 13. 15. 16.

21. Sondern wie *geschrieben stehet: „Welchen nicht ist von ihm verkündiget, die sollen es sehen; und welche nicht gehöret haben, sollen es verstehen."   * Jes. 52, 15.

22. Das ist auch die Sache, *darum ich viel Mal verhindert bin, zu euch zu kommen.   * c. 1, 13. 1 Thess. 2, 18.

23. Nun ich aber nicht mehr Raum habe in diesen Ländern, habe aber *Verlangen, zu euch zu kommen, von vielen Jahren her;   * c. 1, 10.

24. Wenn ich reisen werde in Hispanien, will ich zu euch kommen. Denn ich hoffe, daß ich da durchreisen und euch sehen werde, und *von euch dorthin geleitet werden möge; so doch, daß ich zuvor mich ein wenig mit euch ergötze.   * 1 Cor. 16, 6.

25. Nun *aber fahre ich hin gen Jerusalem, den Heiligen zu Dienst.

* Apost. 19, 21. c. 24, 17. c. 20, 22.

26. Denn die aus Macedonien und Achaja haben williglich eine *gemeine Steuer zusammen gelegt den armen Heiligen zu Jerusalem.   * 1 Cor. 16, 1.

2 Cor. 8, 1. c. 9, 2. 12.

27. Sie haben es williglich gethan, und sind auch ihre Schuldner; denn so die Heiden sich ihrer geistlichen Güter theilhaftig geworden, ist es billig, daß sie ihnen auch in leiblichen Gütern Dienst beweisen.   * 1 Cor. 9, 11.

28. Wenn ich nun solches ausgerichtet und ihnen diese Frucht versiegelt habe, will ich durch euch in Hispanien ziehen.

29. Ich weiß aber, wenn ich zu euch komme, daß ich *mit vollem Segen des Evangelii Christi kommen werde.

* c. 1, 11.

30. Ich ermahne euch aber, lieben Brüder, durch unsern HErrn JEsum Christum

Christum, und durch die Liebe des Geistes, *daß ihr mir helfet kämpfen mit Beten für mich zu GOtt, *2 Cor. 1, 11.
Phil. 1, 27. 2 Cor. 1, 11.

31. Auf daß ich errettet werde von den Ungläubigen in Judäa, und daß mein Dienst, den ich gen Jerusalem thue, angenehm werde den Heiligen;

32. Auf daß ich mit Freuden zu euch komme, durch den Willen GOttes, und mich mit euch erquicke.

33. Der *GOtt aber des Friedens sey mit euch Allen! Amen. *c. 16, 20.

Das 16. Capitel.
Empfehlung der Phöbe. Schlüßlicher Gruß, Warnung und Danksagung.

1. Ich befehle euch aber unsere Schwester Phöbe, welche ist am Dienst der Gemeine zu Kenchreä,

2. Daß ihr sie aufnehmet in dem HErrn, wie sich's ziemet den Heiligen, und thut ihr Beystand in allem Geschäfte, darinnen sie eurer bedarf. Denn sie hat auch Vielen Beystand gethan, auch mir selbst.

3. Grüßet die *Priscilla und den Aquila, meine Gehülfen in Christo JEsu,
*Apost. 18, 2. 26.

4. (Welche haben für mein Leben ihre Hälse dargegeben, welchen nicht allein ich danke, sondern alle Gemeinen unter den Heiden.)

5. Auch grüßet *die Gemeine in ihrem Hause. Grüßet Epänetum, meinen Liebsten, welcher ist der Erstling meiner aus Achaja in Christo. *1 Cor. 16, 15. 19.

6. Grüßet Maria, welche viele Mühe und Arbeit mit uns gehabt hat.

7. Grüßet den Andronicus und Junia, meine Gefreundten und meine Mitgefangenen, welche sind berühmte Apostel, und vor mir gewesen in Christo.

8. Grüßet Amplian, meinen Lieben in dem HErrn.

9. Grüßet Urban, unsern Gehülfen in Christo, und Stachyn, meinen Lieben.

10. Grüßet Apellen, den Bewährten in Christo. Grüßet, die da sind von Aristobulus Gesinde.

11. Grüßet Herodionem, meinen Gefreundten. Grüßet, die da sind von Narcissus Gesinde, in dem HErrn.

12. Grüßet die Tryphäna und die Tryphosa, welche in dem HErrn gearbeitet haben. Grüßet die Persis, meine Liebe, welche in dem HErrn viel gearbeitet hat.

13. Grüßet *Rufum, den Auserwählten in dem HErrn, und seine und meine Mutter. *Marc. 15, 21.

14. Grüßet Asynkritum und Phlegonem, Herman, Patroban, Hermen und die Brüder bei ihnen.

15. Grüßet Philologum und die Julia, Nereum und seine Schwester, und Olympan, und alle Heiligen bei ihnen.

16. Grüßet *euch unter einander mit dem heiligen Kuß. Es grüßen euch die Gemeinen Christi. *1 Cor. 16, 20. f.

17. Ich ermahne aber euch, lieben Brüder, daß ihr *aufsehet auf die, die da Zertrennung und Aergerniß anrichten, neben der Lehre, die ihr gelernet habt, und †weichet von denselbigen.
*Matth. 7, 15. 1 Tim. 6, 10.

18. Denn solche dienen nicht dem HErrn JEsu Christo, sondern *ihrem Bauch; und durch †süße Worte und prächtige Rede verführen sie die unschuldigen Herzen.
*Phil. 3. 19. † Hesek. 13, 18. 2 Cor. 2, 17. Col. 2, 4.

19. Denn *euer Gehorsam ist unter Jedermann ausgekommen. Derhalben freue ich mich über euch. Ich will aber, daß ihr weise seyd auf's Gute, aber einfältig auf's Böse. *c. 1, 8.

20. Aber *der GOtt des Friedens zertrete den Satan unter eure Füße in Kurzem. Die Gnade unsers HErrn JEsu Christi sey mit euch. *c. 15, 33.

21. Es grüßen euch *Timotheus, mein Gehülfe, und Lucas, und Jason und Sosipater, meine Gefreundte.
*Apost. 16, 1. 3. Phil. 2, 19.

22. Ich, Tertius, grüße euch, der ich diesen Brief geschrieben habe, in dem HErrn.

23. Es grüßet euch *Cajus, mein und der ganzen Gemeine Wirth. Es grüßet euch †Erastus, der Stadt Rentmeister, und Quartus, der Bruder. *1 Cor. 1, 14.
† Apost. 19, 22.

24. Die Gnade unsers HErrn JEsu Christi sey mit euch Allen! Amen!

25. Dem aber, der euch stärken kann, laut meines Evangelii und Predigt von JEsu Christo, durch welche das *Geheimniß geoffenbaret ist, †das von der Welt her verschwiegen gewesen ist;
*Eph. 1, 9. 1 Cor. 2, 7. 1.

26. Nun

26. Nun aber *geoffenbaret, auch kund gemacht durch der Propheten Schriften, aus Befehl des ewigen GOttes, den †Gehorsam des Glaubens aufzurichten unter allen Heiden: *Röm. 1, 18.
1 Tim. 1, 5.
27. Demselbigen GOtt, *der allein weise ist, sey Ehre durch JEsum Christ, in Ewigkeit! Amen. *1 Tim. 1, 17.
Ev. Jud. v. 25.

[An die Römer gesandt von Corinth durch Phöbe, die am Dienst war der Gemeine zu Kenchrea.]

Die erste Epistel Pauli an die Corinther.

Das 1. Capitel.

Ermahnung zur Einigkeit und Demuth.

1. Paulus, *berufen zum Apostel JEsu Christi durch den Willen GOttes, und Bruder Sosthenes, *Gal. 1, 1.

2. Der Gemeine GOttes zu Corinth, den *Geheiligten in Christo JEsu, den berufenen Heiligen, sammt Allen denen, die anrufen den Namen unsers HErrn JEsu Christi, an allen ihren und unsern Orten. *v. 8, 11.

3. Gnade sey *mit euch, und Friede von GOtt, unserm Vater, und dem HErrn JEsu Christo. *Röm. 1, 7.
1 Cor. 1, 2. Eph. 1, 2.

(Epistel am 18. Sonnt. nach Trinitatis.)

4. Ich *danke meinem GOtt allezeit euretthalben, für die Gnade GOttes, die euch gegeben ist in Christo JEsu, *Phil. 1, 13. 16.

5. (Daß ihr seyd durch ihn an allen Stücken reich gemacht, an aller Lehre und in aller *Erkenntniß; *v. 12. c.

6. Wie denn die Predigt von Christo in euch *kräftig geworden ist, *1 Tim. 1, 11.
2 Cor. 1, 21.

7. Also, daß ihr *keinen Mangel habt an irgend einer Gabe, und †wartet nur auf die Offenbarung unsers HErrn JEsu Christi,) *Phil. 1, 6. †Phil. 3, 20.

8. Welcher *auch wird euch fest behalten bis an's Ende, daß ihr †unsträflich seyd auf den Tag unsers HErrn JEsu Christi. *1 Thess. 3, 13. †Col. 1, 22. 1 Thess. 3, 13.
v. 3, 13.

9. Denn *GOtt ist treu, durch welchen ihr berufen seyd †zur Gemeinschaft seines Sohnes JEsu Christi, unsers HErrn.] *1 Thess. 5, 24. †1 Joh. 1, 3.

10. Ich ermahne euch aber, lieben Brüder, durch den Namen unsers HErrn JEsu Christi, daß ihr allzumal einerlei Rede führet, und lasset nicht Spaltungen unter euch seyn, sondern haltet fest an einander, *in Einem Sinn und in einerlei Meinung. *Phil. 2, 10. s.

11. Denn mir ist vorgekommen, lieben Brüder, durch die aus Chloe's Gesinde, von euch, daß Zank unter euch sey.

12. Ich sage aber davon, daß unter euch Einer spricht: *Ich bin Paulisch; der Andere: Ich bin †Apollisch; der Dritte: Ich bin Kephisch; der Vierte: Ich bin Christisch. *v. 3, 4. †Apost. 18, 24.

13. Wie! Ist Christus nun getrennet? Ist denn Paulus für euch gekreuziget? Oder seyd ihr in Pauli Namen getauft?

14. Ich danke GOtt, daß ich Niemand unter euch getauft habe, *ohne Crispum und Cajum. *Apost. 18, 8.

15. Daß nicht Jemand sagen möge, ich hätte auf meinen Namen getauft.

16. Ich habe aber auch getauft des *Stephana Hausgesinde; darnach weiß ich nicht, ob ich etliche Andere getauft habe. *c. 16, 15, 16, 17.

17. Denn Christus hat mich nicht gesandt zu taufen, sondern das Evangelium zu predigen, nicht mit *klugen Worten, auf daß nicht das Kreuz Christi zunichte werde. *v. 2, 1. 4. 2 Petr. 1, 16.

18. Denn das Wort vom Kreuz ist eine Thorheit denen, *die verloren werden; uns aber, die wir selig werden, ist es †eine GOttes Kraft. *2 Cor. 4, 3.
†Röm. 1, 16.

19. Denn es stehet *geschrieben: "Ich will zunichte machen die Weisheit der Weisen, und den Verstand der Verständigen will ich verwerfen." *Jes. 29, 14.

20. Wo *sind die Klugen? Wo sind die Schriftgelehrten? Wo sind die Weltweisen?

weisen! Hat nicht GOtt die †Weisheit dieser Welt zur Thorheit gemacht?
* Hiob 12, 17. Jes. 33, 18. † Cap. 3, 19.

21. Denn dieweil die Welt durch ihre Weisheit GOtt in seiner Weisheit *nicht erkannte, gefiel es GOtt wohl, durch thörichte Predigt selig zu machen die, so daran glauben. * Matth. 11, 25. Luc. 10, 21.

22. Sintemal *die Juden Zeichen fordern, und †die Griechen nach Weisheit fragen. *Matth. 12, 38. L. 11, 1. Joh. 4, 48. † Baruch 3, 23.

23. Wir aber predigen den gekreuzigten Christum, *den Juden ein Aergerniß, und den †Griechen eine Thorheit.
* Matth. 11, 6. Joh. 6, 60. Röm. 9, 32. † 1 Cor. 2, 14.

24. Denen aber, die berufen sind, beyden, Juden und Griechen, predigen wir Christum, *göttliche Kraft und †göttliche Weisheit. * Röm. 1, 16. † Col. 2, 3.

25. Denn die göttliche Thorheit ist weiser, denn die Menschen sind; und die göttliche Schwachheit ist stärker, denn die Menschen sind.

26. Sehet an, lieben Brüder, euren Beruf: *nicht viel Weise nach dem Fleisch, nicht viel Gewaltige, nicht viel Edle sind berufen. * Matth. 11, 25. Joh. 7, 48. Jac. 2, 5.

27. Sondern, was thöricht ist vor der Welt, das hat GOtt erwählet, daß er die Weisen zu Schanden mache; und was schwach ist vor der Welt, das hat GOtt erwählet, daß er zu Schanden mache, was stark ist;

28. Und das Unedle vor der Welt, und das Verachtete hat GOtt erwählet, und das da nichts ist, daß er zu nichte mache, was etwas ist;

29. Auf *daß sich vor ihm kein Fleisch rühme. * Rom. 3, 27. Eph. 2, 9.

30. Von welchem auch ihr herkommt in Christo JEsu, welcher uns gemacht ist von GOtt zur Weisheit, und zur *Gerechtigkeit, und zur †Heiligung, und zur Erlösung. * Jer. 23, 5, 6. Röm. 4, 25. † 2 Cor. 6, 11. 1 Joh. 17, 19.

31. Auf daß, (wie *geschrieben stehet) „wer sich rühmet, der rühme sich des HErrn." * Jes. 65, 16. Jer. 9, 23. 24. 2 Cor. 10, 17.

Das 2. Capitel.
Einfältige Weise das Evangelium zu predigen.

1. Und ich, lieben Brüder, da ich zu euch kam, kam ich *nicht mit hohen Worten, oder hoher Weisheit, euch zu verkündigen die göttliche Predigt.
* c. 1, 17. 2 Cor. 1, 12.

2. Denn ich hielt mich nicht dafür, daß ich etwas wüßte unter euch, *ohne allein JEsum Christum, den Gekreuzigten. * Gal. 6, 14.

3. Und ich *war bei euch mit Schwachheit, und mit Furcht, und mit großen Zittern. * Apost. 18, 1-9.

4. Und *mein Wort und meine Predigt war nicht in vernünftigen Reden menschlicher Weisheit, sondern in Beweisung des Geistes und der Kraft; * c. 1, 17. f.

5. Auf daß euer Glaube bestehe, nicht auf Menschen Weisheit, sondern *auf GOttes Kraft. * Joh. 1, 17. 19. 1 Thess. 1, 5.

6. Da wir aber von reden, das ist dennoch Weisheit bei den Vollkommenen: nicht eine Weisheit dieser Welt, auch nicht der Obersten dieser Welt, welche vergehen;

7. Sondern wir reden *von der heimlichen, verborgenen Weisheit GOttes, welche GOtt verordnet hat vor der Welt, zu unserer Herrlichkeit. * Ps. 44, 2.
Röm. 16, 25.

8. Welche keiner von den Obersten dieser Welt erkannt hat; denn wo sie die erkannt hätten, hätten sie den *HErrn der Herrlichkeit nicht gekreuziget.
* Ps. 24, 8, 9. Apok. 2, 15.

9. Sondern — wie *geschrieben stehet: „Das kein Auge gesehen hat, und kein Ohr gehöret hat, und in keines Menschen Herz gekommen ist, das GOtt bereitet hat denen, die ihn lieben;"
* Jes. 64, 4.

10. Uns *aber hat es GOtt geoffenbaret durch seinen Geist. Denn der Geist erforschet alle Dinge, auch die Tiefen der Gottheit. * Matth. 16, 17.

11. Denn welcher Mensch weiß, was im Menschen ist, ohne der Geist des Menschen, der in ihm ist? Also auch weiß Niemand, was in GOtt ist, ohne der Geist GOttes.

12. Wir aber haben nicht empfangen den Geist der Welt, sondern den Geist aus GOtt, daß wir wissen können, was uns von GOtt gegeben ist.

13. Welches wir *auch reden, nicht mit Worten, welche menschliche Weisheit lehren kann, sondern mit Worten, die der bei-

heilige Geist lehret, und richten geistliche Sachen geistlich. *v. 1. 4. +1, 17.
* 5 Mos. 4, 12.

14. *Der natürliche Mensch aber vernimmt nichts vom Geist GOttes: es ist ihm eine Thorheit, und kann es nicht erkennen; denn es muß geistlich gerichtet seyn. *Röm. 8, 7.

15. Der *Geistliche aber richtet Alles, und wird von Niemand gerichtet.
*Spr. 28, 5.

16. Denn *wer hat des HErrn Sinn erkannt! Oder wer will ihn unterweisen! Wir aber haben †Christi Sinn.
*Röm. 11, 34. f. † Joel. 2, 2.

Das 3. Capitel.
Lehrer sind Diener, nicht und Pauliste. Der Herr und Grund der Heil ist Christus.

1. Und ich, lieben Brüder, konnte nicht mit euch reden als mit Geistlichen, sondern als mit Fleischlichen, wie *mit jungen Kindern in Christo. *Joh. 16, 12.

2. *Milch habe ich euch zu trinken gegeben, und nicht Speise; denn ihr konntet noch nicht, auch könnet ihr noch jetzt nicht. *1 Petr. 2, 2. Ebr. 5, 12. 13.

3. Dieweil ihr noch fleischlich seyd. Denn sintemal *Eifer, und Zank, und Zwietracht unter euch sind: seyd ihr denn nicht fleischlich, und wandelt nach menschlicher Weise? *c. 1, 10. 11. 4. 11, 18.

4. Denn so Einer sagt: Ich bin Paulisch; der Andre aber: Ich bin Apollisch; seyd ihr denn nicht fleischlich?
*c. 1, 12.

5. Wer ist nun Paulus? Wer ist *Apollo? Diener sind sie, durch welche ihr seyd gläubig geworden; und dasselbige, wie der HErr einem Jeglichen gegeben hat. *Apost. 18, 24.

6. *Ich habe *gepflanzet, Apollo hat begossen; aber GOtt hat das Gedeihen gegeben. *Apost. 18, 11.

7. So ist nun weder der da pflanzet, noch der da begießet, etwas, sondern GOtt, der das Gedeihen giebt.

8. Der aber pflanzet, und der da begießet, ist Einer wie der Andere. Ein *Jeglicher aber wird seinen Lohn empfangen nach seiner Arbeit. *Ps. 62, 13.

9. Denn wir sind GOttes *Mitarbeiter; ihr seyd GOttes Ackerwerk, und †GOttes Gebäude. *2 Cor. 6, 1. †Eph. 2, 20.

10. Ich, *von GOttes Gnade, die mir gegeben ist, habe den Grund gelegt, als ein weiser Baumeister; ein Anderer bauet darauf. Ein Jeglicher aber sehe zu, wie er darauf bauet. *c. 15, 10.

11. Einen andern Grund kann zwar Niemand legen, außer dem, der gelegt ist, welcher ist JEsus Christus.

12. So aber Jemand auf diesen Grund bauet Gold, Silber, Edelsteine, Holz, Heu, Stoppeln;

13. So wird eines Jeglichen Werk offenbar werden; der Tag wird es klar machen; denn es wird durch's Feuer offenbar werden, und *welcherley eines Jeglichen Werk sey, wird das Feuer bewähren. *Joh. 48, 10.

14. Wird Jemandes Werk bleiben, das er darauf gebauet hat, so wird er Lohn empfangen.

15. Wird aber Jemandes Werk verbrennen, so wird er deß Schaden leiden; er selbst aber wird selig werden, so doch, als durch's Feuer.

16. Wisset ihr nicht, daß ihr GOttes *Tempel seyd, und der Geist GOttes in euch †wohne? *v. 2, 19. 2 Cor. 6, 16.
Eph. 2, 21. 22. 2 Mos. 17. 1 Petr. 4, 5. Ebr. 3, 6.
† 1 Tim. 3, 5.

17. So Jemand den Tempel GOttes verderbet, den wird GOtt verderben; denn der Tempel GOttes ist heilig; der seyd ihr.

18. Niemand betrüge sich selbst. Welcher sich unter euch dünkt weise zu seyn, der werde ein Narr in dieser Welt, daß er möge weise seyn. *Spr. 3, 7. Jes. 5, 21.
Jer. 8, 29.

19. Denn dieser Welt Weisheit ist Thorheit bei GOtt. Denn es stehet geschrieben: *"Die Weisen erhascht er in ihrer Klugheit." *Hiob 5, 12. 13.

20. Und abermal: *"Der HErr weiß der Weisen Gedanken, daß sie eitel sind."
*Ps. 84, 11.

21. Darum rühme sich Niemand eines Menschen. Es ist Alles euer:

22. Es sey Paulus oder Apollo, es sey Kephas oder die Welt, es sey das Leben oder der Tod, es sey das Gegenwärtige oder das Zukünftige; Alles ist euer.

23. Ihr *aber seyd Christi, Christus aber ist GOttes. *c. 11, 3.

Das 4. Capitel.
Der Prediger Absehen, Amt und Zustand.
(Epistel am 4. Sonntage des Advents.)

1. Dafür halte uns Jedermann, nämlich für *Christi Diener, und Haushalter über GOttes Geheimnisse. *Matth. 10, 18. Col. 1, 25.

2. Nun sucht man nicht mehr an den Haushaltern, denn daß *sie treu erfunden werden. *Luc. 12, 42.

3. Mir aber ist es ein Geringes, daß ich von euch gerichtet werde, oder von einem menschlichen Tage; auch richte ich mich selbst nicht:

4. (Ich bin mir wohl nichts bewußt, aber darinnen *bin ich nicht gerechtfertiget); der †HErr ist es aber, der mich richtet. *2 Mos. 34, 7. †Ps. 25, 2c.

5. Darum richtet nicht vor der Zeit, bis der HErr komme, welcher auch wird an's Licht bringen, was im Finstern verborgen ist, und den Rath der Herzen offenbaren; alsdann wird einem Jeglichen von GOtt Lob widerfahren.]

6. Solches aber, lieben Brüder, habe ich auf mich und Apollo gedeutet, um euret willen, daß ihr an uns lernet, daß *Niemand höher von sich halte, denn jetzt geschrieben ist; auf daß sich nicht Einer wider den Andern um Jemandes willen aufblase. *Spr. 3, 7. Röm. 12, 3.

7. Denn wer hat dich vorgezogen? *Was hast du aber, das du nicht empfangen hast? So du es aber empfangen hast, was rühmest du dich denn, als der es nicht empfangen hätte? *Joh. 3, 27.
*Röm. 12, 6. 1 Petr. 4, 10. Jac. 1, 17.

8. Ihr seyd schon satt geworden, *ihr seyd schon reich geworden, ihr herrschet ohne uns; und wollte GOtt, ihr herrschetet, auf daß auch wir mit euch herrschen möchten! *Offenb. 3, 17.

9. Ich halte aber, GOtt habe uns Apostel für die allergeringsten dargestellet, als dem *Tode übergeben. Denn wir sind ein †Schauspiel geworden der Welt und den Engeln und den Menschen. *Ps. 44, 23. Röm. 8, 36. †Hebr. 10, 33.

10. Wir sind *Narren um Christi willen, ihr aber seyd klug in Christo; wir schwach, ihr aber stark; ihr herrlich, wir aber verachtet. *c. 3, 18.

11. Bis auf diese Stunde leiden wir *Hunger und Durst, und sind nackend, und werden geschlagen, und haben keine gewisse Stätte, *2 Cor. 11, 27.

12. Und *arbeiten, und wirken mit unsern eigenen Händen. **Man schilt uns, so segnen wir; †man verfolgt uns, so dulden wir es; man lästert uns, so flehen wir. *Apost. 18, 3. c. 20, 34. 1 Cor. 9, 15. 1 Thess. 2, 9.
†Thess. 4, 12. **Röm. 12, 14. †Ps. 109, 28.

13. Wir sind stets als ein Fluch der Welt, und ein Fegopfer aller Leute.

14. Nicht schreibe ich solches, daß ich euch beschäme, sondern ich ermahne euch, als *meine lieben Kinder. *1 Thess. 2, 11.

15. Denn ob ihr gleich zehn tausend Zuchtmeister hättet in Christo, so habt ihr doch nicht viele Väter. Denn ich habe euch gezeuget in Christo JEsu, durch das Evangelium.

16. Darum ermahne ich euch, *seyd meine Nachfolger. *c. 11, 1.

17. Aus derselben Ursach habe ich Timotheum zu euch gesandt, welcher ist mein lieber und getreuer Sohn in dem HErrn, daß er euch erinnere meiner Wege, die da in Christo sind, gleichwie ich an allen Enden in allen Gemeinen lehre.

18. Es blähen sich Etliche auf, als würde ich nicht zu euch kommen.

19. Ich will aber gar kürzlich zu euch kommen, *so der HErr will, und erlernen, nicht die Worte der Aufgeblasenen, sondern die Kraft. *Apost. 18, 21. Ebr. 6, 3.
Jac. 4, 15.

20. Denn *das Reich GOttes stehet nicht in Worten, sondern in Kraft. *v. 4, 5. Luc. 17, 20.

21. Was wollt ihr? Soll ich mit der Ruthe zu euch kommen, oder mit Liebe und sanftmüthigem Geist?

Das 5. Capitel.
Bestrafung der Unzucht, Bestrafung des Hurerischen, Wie und warum die Sache zu melden.

1. Es gehet ein gemein Geschrei, daß Hurerei unter euch ist, und eine solche Hurerei, da auch die Heiden nicht von zu sagen wissen, daß *Einer seines Vaters Weib habe. *3 Mos. 18, 7 u. c.

2. Und ihr seyd aufgeblasen, und habt nicht vielmehr Leid getragen, auf daß, der das Werk gethan hat, von euch gethan würde.

3. Ich

3. Ich zwar, als der ich mit dem Leibe nicht da bin, doch mit dem Geist gegenwärtig, habe schon als gegenwärtig beschlossen über den, der solches also gethan hat:

4. In dem Namen unsers HErrn JEsu Christi (in eurer Versammlung mit meinem Geist), und mit der Kraft unsers HErrn JEsu Christi,

5. Ihn zu übergeben dem Satan, zum Verderben des Fleisches, auf daß der Geist selig werde am Tage des HErrn JEsu.

(Epistel am Osterfeste.)

6. Euer Ruhm ist nicht fein. Wisset ihr nicht, daß ein wenig Sauerteig den ganzen Teig versäuert?

7. Darum feget den alten Sauerteig aus, auf daß ihr ein neuer Teig seyd, gleichwie ihr ungesäuert seyd. Denn wir haben auch ein Osterlamm: das ist Christus, für uns geopfert.

8. Darum lasset uns Ostern halten, nicht im alten Sauerteige, auch nicht im Sauerteige der Bosheit und Schalkheit, sondern in dem Süßteige der Lauterkeit und der Wahrheit.

9. Ich habe euch geschrieben in dem Briefe, daß „ihr nichts sollt zu schaffen haben mit den Hurern."

10. Das meine ich gar nicht von den Hurern in dieser Welt, oder von den Geizigen, oder von den Räubern, oder von den Abgöttischen; (sonst müßtet ihr die Welt räumen).

11. Nun aber habe ich euch geschrieben, „ihr sollt nichts mit ihnen zu schaffen haben; nämlich, so Jemand ist, der sich läßt einen Bruder nennen, und ist ein Hurer, oder ein Geiziger, oder ein Abgöttischer, oder ein Lästerer, oder ein Trunkenbold, oder ein Räuber; mit demselbigen sollt ihr auch nicht essen."

12. Denn was gehen mich die draußen an, daß ich sie sollte richten! Richtet ihr nicht, die da drinnen sind?

13. GOtt aber wird, die draußen sind, richten. Thut von euch selbst hinaus, wer da böse ist.

Das 6. Capitel.

Bestrafung des unnöthigen gerichtlichen Zankens und des Hurens.

1. Wie darf Jemand unter euch, so er einen Handel hat mit einem Andern, hadern vor den Ungerechten, und nicht vor den Heiligen?

2. Wisset ihr nicht, daß die Heiligen die Welt richten werden? So denn nun die Welt soll von euch gerichtet werden: seyd ihr denn nicht gut genug, geringere Sachen zu richten?

3. Wisset ihr nicht, daß wir über die Engel richten werden? Wie viel mehr über die zeitlichen Güter!

4. Ihr aber, wenn ihr über zeitlichen Güter Sachen habt, so nehmet ihr die, so bei der Gemeine verachtet sind, und setzet sie zu Richtern.

5. Euch zur Schande muß ich das sagen. Ist so gar kein Weiser unter euch? Oder doch nicht Einer, der da könnte richten zwischen Bruder und Bruder?

6. Sondern ein Bruder mit dem andern hadert, dazu vor den Ungläubigen!

7. Es ist schon ein Fehler unter euch, daß ihr mit einander rechtet. Warum laßt ihr euch nicht viel lieber Unrecht thun? Warum laßt ihr euch nicht viel lieber übervortheilen?

8. Sondern ihr thut Unrecht, und übervortheilet; und solches an den Brüdern!

9. Wisset ihr nicht, daß die Ungerechten werden das Reich GOttes nicht ererben? Lasset euch nicht verführen! Weder die Hurer, noch die Abgöttischen, noch die Ehebrecher, noch die Weichlinge, noch die Knabenschänder,

10. Noch die Diebe, noch die Geizigen, noch die Trunkenbolde, noch die Lästerer, noch die Räuber, werden das Reich GOttes ererben.

11. Und solche sind eurer Etliche gewesen; aber ihr seyd abgewaschen, ihr seyd geheiliget, ihr seyd gerecht geworden durch den Namen des HErrn JEsu, und durch den Geist unsers GOttes.

12. Ich habe es alles Macht; es frommet aber nicht Alles. Ich habe es alles Macht; es soll mich aber nichts gefangen nehmen.

13. Die

13. Die *Speise dem Bauche, und der Bauch der Speise; aber GOtt wird diesen und jene hinrichten. Der †Leib aber nicht der Hurerei, sondern dem HErrn, und der HErr dem Leibe.
* Matth. 15, 17. † 1 Thess. 4, 3.

14. GOtt aber hat *den HErrn auferwecket, und wird uns auch auferwecken durch seine Kraft.
* Röm. 8, 11. f.

15. Wisset ihr nicht, daß eure *Leiber Christi Glieder sind? Sollte ich nun die Glieder Christi nehmen und Hurenglieder daraus machen? Das sey ferne!
* Eph. 4, 12. 16.

16. Oder wisset ihr nicht, daß, wer an der Hure hanget, der ist *Ein Leib mit ihr? „Denn sie werden" (spricht er) „zwei in Einem Fleisch seyn."
* Matth. 19, 5. f.

17. Wer aber dem HErrn *anhanget, der ist Ein Geist mit ihm.
* Joh. 17, 21. ff.
Gal. 3, 28.

18. Fliehet die Hurerei! Alle Sünden, die der Mensch thut, sind außer seinem Leibe; wer aber huret, der sündiget an seinem eigenen Leibe.

19. Oder wisset ihr nicht, daß *euer Leib ein Tempel des heiligen Geistes ist, der in euch ist, welchen ihr habt von GOtt, und seyd nicht euer selbst?
* c. 3, 16. f.

20. Denn *ihr seyd theuer erkauft. Darum so †preiset GOtt an eurem Leibe und in eurem Geist, welche sind GOttes.
* c. 7, 23. 1 Petr. 1, 18. 19 † Phil. 1, 20.

Das 7. Capitel.
Bescheid auf mancherlei Fragen vom Ehestand, ledigen und Wittwenstand.

1. Von dem ihr aber mir geschrieben habt, antworte ich: Es ist dem Menschen gut, daß er kein Weib berühre.

2. Aber um der Hurerei willen habe ein Jeglicher sein eigen Weib, und eine Jegliche habe ihren eigenen Mann.

3. Der Mann leiste dem Weibe die schuldige Freundschaft, desselbigen gleichen das Weib dem Manne.

4. Das Weib ist ihres Leibes nicht mächtig, sondern der Mann. Desselbigen gleichen der Mann ist seines Leibes nicht mächtig, sondern das Weib.

5. Entziehe sich nicht Eins dem Andern, es sey denn aus Beider Bewilligung eine Zeit lang, daß ihr zum Fasten und Beten Muße habet; und kommt wiederum zusammen, auf daß euch der Satan nicht versuche, um eurer Unkeuschheit willen.

6. Solches sage ich aber aus Vergunst, und nicht aus Gebot.

7. Ich wollte aber lieber, alle Menschen wären, wie ich bin; aber *ein Jeglicher hat seine eigene Gabe von GOtt, Einer so, der Andere so.
* Matth. 19, 12.

8. Ich sage zwar den Ledigen und Wittwen: Es ist ihnen gut, wenn sie auch bleiben, wie ich.

9. So sie aber sich *nicht enthalten, so laß sie freien; es ist besser freien, denn Brunst leiden.
* 1 Tim. 5, 14.

10. Den Ehelichen aber gebiete nicht ich, sondern *der HErr, daß das †Weib sich nicht scheide von dem Manne;
* 1 Thess. 4, 15. † Matth. 5, 32. f.

11. (So sie sich aber scheidet, daß sie ohne Ehe bleibe, oder sich mit dem Manne versöhne), und daß der Mann das Weib nicht von sich lasse.

12. Den Andern aber sage ich, nicht der HErr: So ein Bruder ein ungläubig Weib hat, und dieselbige läßt es sich gefallen, bei ihm zu wohnen: der scheide sich nicht von ihr.

13. Und so ein Weib einen ungläubigen Mann hat, und er läßt es sich gefallen, bei ihr zu wohnen, die scheide sich nicht von ihm.

14. Denn der ungläubige Mann ist geheiligt durch das Weib, und das ungläubige Weib wird geheiliget durch den Mann. Sonst wären eure Kinder unrein; nun *aber sind sie heilig.
* Mal. 11, 10.

15. (So aber der Ungläubige sich scheidet, so laß ihn sich scheiden. Es ist der Bruder oder die Schwester nicht gefangen in solchen Fällen. Im *Frieden aber hat uns GOtt berufen.)
* Röm. 2, 14. 17.

16. Was weißt du aber, du *Weib, ob du den Mann werdest selig machen? Oder du Mann, was weißt du, ob du das Weib werdest selig machen!
* 1 Petr. 3, 1.

17. Doch wie einem Jeglichen GOtt hat ausgetheilet; *ein Jeglicher, wie ihn der HErr berufen hat, also wandele er. Und also schaffe ich es in allen Gemeinen.
* c. 12, 11.

18. Ist Jemand beschnitten berufen, zeuge keine Vorhaut. Ist Jemand berufen

sen in der Vorhaut, der lasse sich nicht beschneiden.

19. Die *Beschneidung ist nichts, und die Vorhaut ist nichts, sondern GOttes Gebot halten. * Gal. 5, 6. 6, 15.

20. *Ein Jeglicher bleibe in dem Beruf, darinnen er berufen ist. *v. 17. 24.

Spr. 4, 1.

21. Bist du ein Knecht berufen, sorge dir nicht; doch, kannst du frei werden, so brauche deß viel lieber.

22. Denn wer ein Knecht berufen ist in dem HErrn, der ist ein *Gefreiter des HErrn; desselbigen gleichen wer ein Freier berufen ist, der ist ein †Knecht Christi. *Joh. 8, 36. †1 Petr. 2, 16.

23. Ihr *seyd theuer erkauft; werdet nicht der Menschen Knechte. *c. 6, 20.

1 Petr. 1, 18. 19.

24. Ein Jeglicher, lieben Brüder, *worinnen er berufen ist, darinnen bleibe er bei GOtt. *v. 17. 20.

25. Von den Jungfrauen aber habe ich kein Gebot des HErrn; ich sage aber meine Meinung, als ich Barmherzigkeit erlanget habe von dem HErrn, treu zu seyn.

26. So meine ich nun, solches sey gut, um *der gegenwärtigen Noth willen, daß es dem Menschen gut sey, also zu seyn. *Jer. 16, 2.

27. Bist du an ein Weib gebunden, so suche nicht los zu werden; bist du aber los vom Weibe, so suche kein Weib.

28. So du aber freiest, sündigest du nicht; und so eine Jungfrau freiet, sündiget sie nicht; doch werden solche leibliche Trübsal haben. Ich verschone aber euer gerne.

29. Das sage ich aber, lieben Brüder, die *Zeit ist kurz. Weiter ist das die Meinung: Die da Weiber haben, daß sie seyn, als hätten sie keine; und die da weinen, als weineten sie nicht;

* Röm. 13, 11.

30. Und die sich freuen, als freueten sie sich nicht; und die da kaufen, als besäßen sie es nicht;

31. Und die dieser Welt brauchen, daß sie derselbigen nicht mißbrauchen: denn das Wesen dieser Welt vergehet.

* 1 Joh. 2, 17.

32. Ich wollte aber, daß ihr ohne Sorge wäret. Wer *ledig ist, der sorget, was dem HErrn angehöret, wie er dem HErrn gefalle. *1 Tim. 5, 5.

33. Wer aber freiet, der sorget, was der Welt angehöret, wie er *dem Weibe gefalle. Es ist ein Unterschied zwischen einem Weibe und einer Jungfrau.

* Sir. 7, 27.

34. Welche nicht freiet, die sorget, was dem HErrn angehöret, daß sie heilig sey, beides, am Leibe und auch am Geiste; die aber freiet, die sorget, was der Welt angehöret, wie sie dem Manne gefalle.

35. Solches aber sage ich zu eurem Nutzen; nicht daß ich euch einen Strick an den Hals werfe, sondern dazu, daß es fein ist, und ihr stets und unverhindert dem HErrn dienen könnet.

36. So aber Jemand sich läßt dünken, es wolle sich nicht schicken mit seiner Jungfrau, weil sie eben wohl mannbar ist, und es will nicht anders seyn; so thue er, was er will; er sündiget nicht, er lasse sie freien.

37. Wenn Einer aber sich feste vornimmt, weil er ungezwungen ist und seinen freien Willen hat, und beschließt solches in seinem Herzen, seine Jungfrau also bleiben zu lassen, der thut wohl.

38. Endlich, welcher verheirathet, der thut wohl; welcher aber nicht verheirathet, der thut besser.

39. Ein *Weib ist gebunden an das Gesetz, so lange ihr Mann lebet; so aber ihr Mann entschläft, ist sie frei, sich zu verheirathen, welchem sie will; allein, daß es in dem HErrn geschehe.

* Röm. 7, 2.

40. Seliger ist sie aber, wo sie also bleibet, nach meiner Meinung. Ich halte aber, ich habe auch den Geist GOttes.

Das 8. Capitel

Vom Götzenopfer und Gebrauch christlicher Freiheit ohne Aergerniß.

1. Von dem *Götzenopfer aber wissen wir, denn wir haben Alle das Wissen. (Das Wissen bläset auf; aber die Liebe bessert. * Apost. 14, 20.

2. So aber *sich Jemand dünken läßt, er wisse etwas, der weiß noch nichts, wie er wissen soll. * Gal. 6, 3. 1 Tim. 6, 4.

3. So aber Jemand GOtt liebt, derselbige ist *von ihm erkannt.) * 2 Tim. 2, 19.

4. So wissen wir nun von der Speise des

des Götzenopfers, daß ein Götze nichts in der Welt sey, und daß kein anderer GOtt sey ohne der einige.

5. Und wiewohl es sind, die *Götter genannt werden, es sey im Himmel oder auf Erden; (sintemal es sind viele Götter und viele Herren): *5 Mos. 10. 14.

6. So *haben wir doch nur Einen GOtt, den Vater, von welchem alle Dinge sind, und wir in ihm; und Einen HErrn, JEsum Christum, durch welchen alle Dinge sind, und wir durch ihn. *Mal. 2. 10.

7. Es hat aber nicht Jedermann das Wissen. Denn *Etliche machen ihnen noch ein Gewissen über dem Götzen, und essen es für Götzenopfer; wird nicht ihr Gewissen, weil es so schwach ist, beflecket. *c. 10. 27.

8. Aber *die Speise fördert uns nicht vor GOtt. Essen wir, so werden wir darum nicht besser seyn; essen wir nicht, so werden wir darum nichts weniger seyn. *Röm. 14. 17.

9. Sehet aber zu, daß diese *eure Freyheit nicht gerathe zu einem Anstoß der Schwachen. *Gal. 5. 13.

10. Denn so dich, der du das Erkenntniß hast, Jemand sähe zu Tische sitzen im Götzenhause; wird nicht sein Gewissen, dieweil er schwach ist, verursachet, das Götzenopfer zu essen?

11. Und wird also *über deinem Erkenntniß der schwache Bruder umkommen, um welches willen doch Christus gestorben ist. *Röm. 14. 15.

12. Wenn ihr aber also sündiget an den Brüdern, und schlaget ihr schwaches Gewissen, so sündiget ihr an Christo.

13. Darum, *so die Speise meinen Bruder ärgert, wollte ich nimmermehr Fleisch essen, auf daß ich meinen Bruder nicht ärgerte. *Röm. 14. 21.

Das 9. Capitel.

Wie sich der Apostel der christlichen Freiheit in Darreichung seines Amtes bedient.

1. Bin ich nicht ein *Apostel? Bin ich nicht frey? *Habe ich nicht unsern HErrn JEsum Christum gesehen? Seyd nicht ihr mein Werk in dem HErrn? *v. 15, 6. Apost. 9. 3. 1 Cor. 15. 8. c. 15. 17.

2. Bin ich nicht Andern ein Apostel, so bin ich doch euer Apostel; denn das Siegel meines Apostelamts seyd ihr in dem HErrn.

3. Wenn man mich fragt, so antworte ich also:

4. Haben *wir nicht Macht zu essen und zu trinken? *1 Thess. 10, 2.

5. Haben wir nicht auch Macht eine Schwester zum Weibe mit umher zu führen, wie die andern Apostel, und des HErrn Brüder, und *Kephas? *Matth. 8. 14.

6. Oder haben allein ich und Barnabas nicht Macht, solches zu thun?

7. Welcher ziehet jemals in den Krieg auf seinen eigenen Sold! Welcher pflanzet einen Weinberg, und isset nicht von seiner Frucht! Oder welcher weidet eine Heerde, und isset nicht von der Milch der Heerde!

8. Rede ich aber solches auf Menschen Weise? Sagt nicht solches das Gesetz auch?

9. Denn im Gesetz Mosis *stehet geschrieben: „Du sollt dem Ochsen nicht das Maul verbinden, der da drischet." Sorget GOtt für die Ochsen? *5 Mos. 25. 4. 1 Tim. 5. 18.

10. Oder saget er es nicht allerdinge um unsert willen? Denn es ist ja um unsert willen geschrieben. Denn der da pflüget, soll auf Hoffnung pflügen, und der da drischet, soll auf Hoffnung dreschen, daß er seiner Hoffnung theilhaftig werde.

11. So *wir euch das Geistliche säen; ist es ein groß Ding, ob wir euer Leibliches ernten? *Röm. 15. 27.

12. So aber Andere dieser Macht an euch theilhaftig sind, warum nicht vielmehr wir? *Aber wir haben solcher Macht nicht gebraucht, sondern wir vertragen allerlei, daß wir nicht dem Evangelio Christi eine Hinderniß machen. *Apost. 20. 33. 2 Cor. 11. 9.

13. Wisset ihr nicht, daß, die da *opfern, essen vom Opfer? Und die des Altars pflegen, genießen des Altars? *3 Mos. 10. 12, 14.

14. Also hat auch der HErr befohlen, daß, *die das Evangelium verkündigen, sollen sich vom Evangelio nähren. *Luc. 10. 7. f.

15. Ich *aber habe deren keins gebraucht. Ich schreibe auch nicht darum davon, daß es mit mir also sollte gehalten werden. Es wäre mir lieber, ich stürbe, denn daß mir Jemand meinen Ruhm sollte zunichte machen. *Apost. 18. 3.

16. Denn

16. Denn daß ich das Evangelium predige, darf ich mich nicht rühmen; denn ich muß es thun. Und wehe mir, wenn ich das Evangelium nicht predigte!

17. Thue ich es gerne, so wird mir gelohnet; thue ich es aber ungerne, so ist mir * das Amt doch befohlen. *c. 4, 1.

18. Was ist denn nun mein Lohn? Nämlich, daß ich predige das Evangelium Christi, und thue dasselbige frei umsonst, auf daß ich nicht meiner * Freiheit mißbrauche am Evangelio. *v. 1. 2.

19. Denn wiewohl ich frei bin von Jedermann, habe ich doch mich selbst Jedermann * zum Knechte gemacht, auf daß ich ihrer Viele gewinne. *Matth. 20, 17. 18.

20. Den Juden bin ich geworden als ein Jude, auf daß ich die Juden gewinne. Denen, die unter dem Gesetz sind, bin ich geworden als unter dem Gesetz, auf daß ich die, so unter dem Gesetz sind, gewinne.

21. Denen, die ohne Gesetz sind, * bin ich als ohne Gesetz geworden (so ich doch nicht ohne Gesetz bin vor GOtt, sondern bin in dem Gesetz Christi), auf daß ich die, so ohne Gesetz sind, gewinne. *Gal. 2, 3.

22. Den Schwachen bin ich geworden als ein Schwacher, auf daß ich die Schwachen gewinne. * Ich bin Jedermann allerlei geworden, auf daß ich allenthalben † ja Etliche selig mache. *2 Cor. 11, 29. † Röm. 11, 14.

23. Solches aber thue ich um des Evangelii willen, auf daß ich seiner theilhaftig werde.

(Epistel am Sonntage Septuagesimä.)

24. Wisset ihr nicht, daß die, so in den Schranken laufen, die laufen Alle, aber Einer erlanget das Kleinod? Laufet nun also, daß ihr es ergreifet.

25. Ein * Jeglicher aber, der da kämpfet, enthält sich alles Dinges: Jene also, daß sie eine vergängliche Krone empfangen, wir aber eine unvergängliche. *Eph. 6, 12.

26. Ich laufe aber also, nicht als aufs Ungewisse; ich fechte also, nicht als der in die Luft streichet.

27. Sondern ich * betäube meinen Leib, und zähme ihn, daß ich nicht den Andern predige, und selbst verwerflich werde. *Röm. 6, 12. c. 13, 14.

Das 10. Capitel.

Fleischliche Sicherheit zu meiden.

1. Ich will euch aber, lieben Brüder, nicht verhalten, daß * unsere Väter sind Alle unter der Wolke gewesen, und † sind Alle durch das Meer gegangen; *2 Mos. 13, 21. † 2 Mos. 14, 22.

2. Und sind Alle unter Mose getauft, mit der Wolke und mit dem Meer;

3. Und * haben Alle einerlei geistliche Speise gegessen; *2 Mos. 16, 15. f.

4. Und * haben Alle einerlei geistlichen Trank getrunken: (Sie trunken aber von dem geistlichen Fels, der mit folgte, welcher war Christus:) *2 Mos. 17, 6. f.

5. Aber an ihrer Vielen hatte GOtt keinen Wohlgefallen; denn * sie sind niedergeschlagen in der Wüste.] *Jud. 5, 11.

(Epistel am 9. Sonnt. nach Trinit.)

6. Das ist aber uns zum Vorbilde geschehen, daß wir uns nicht gelüsten lassen des Bösen, gleichwie * Jene gelüstet hat. *4 Mos. 11, 4. f.

7. Werdet * auch nicht Abgöttische, gleichwie Jener Etliche wurden; † als geschrieben stehet: „Das Volk setzte sich nieder, zu essen und zu trinken, und stand auf zu spielen." *2 Mos. 20, 3. † 2 Mos. 32, 6.

8. Auch laßt uns nicht Hurerei treiben, wie Etliche unter * Jenen Hurerei trieben, und fielen auf einen Tag drei und zwanzig tausend. *4 Mos. 25, 1. f.

9. Laßt uns aber auch Christum nicht versuchen, wie Etliche von Jenen ihn versuchten, und * wurden von den Schlangen umgebracht. *4 Mos. 21, 5. 6. Weish. 16, 5.

10. Murret auch nicht, gleichwie * Jener Etliche murreten, und wurden umgebracht durch den Verderber. *4 Mos. 14, 2. 36. Ebr. 3, 17. 18.

11. Solches Alles widerfuhr ihnen zum Vorbilde; es ist aber geschrieben uns zur Warnung, auf welche das Ende der Welt gekommen ist.

12. Darum, wer * sich läßt dünken, er stehe, mag wohl zusehen, daß er nicht falle! *Röm. 11, 20.

13. Es hat euch noch keine, denn menschliche, Versuchung betreten; aber GOtt ist getreu, der euch nicht läßt versuchen über euer Vermögen, sondern machet, daß die Versuchung so ein Ende gewinne, daß ihr es könnet ertragen.]

14. Dar-

14. Darum, meine Liebsten, *fliehet von dem Götzendienst. *2 Mos. 20,3. 1 Joh. 5, 21.
15. Als mit den Klugen rede ich; *richtet ihr, was ich sage. *c. 8, 1s.
16. *Der gesegnete Kelch, welchen wir segnen, ist der nicht die Gemeinschaft des Blutes Christi? Das Brot, das †wir brechen, ist das nicht die Gemeinschaft des Leibes Christi? *Matth. 26, 27. †Ap.G. 2, 42.
17. Denn Ein Brot ist es, so sind wir *Viele Ein Leib; dieweil wir Alle Eines Brotes theilhaftig sind. *Röm. 12, 5.
1 Cor. 12, 27.
18. Sehet an den Israel *nach dem Fleisch. Welche die *Opfer essen, sind die nicht in der Gemeinschaft des Altars?
*3 Mos. 7, 6. 14.
19. Was soll ich denn nun sagen? Soll ich sagen, daß der Götze etwas sey? Oder, daß das Götzenopfer etwas sey?
*Ps. 96, 5. 1 Cor. 8, 4.
20. Aber ich sage, daß die *Heiden, was sie opfern, das opfern sie den Teufeln, und nicht GOtte. Nun will ich nicht, daß ihr in der Teufel Gemeinschaft seyn sollt.
*3 Mos. 17, 7. 5 Mos. 32, 17. Ps. 106, 37. Offenb. 9, 20.
21. Ihr könnet *nicht zugleich trinken des HErrn Kelch, und der Teufel Kelch; ihr könnet nicht zugleich theilhaftig seyn des HErrn Tisches, und der Teufel Tisches. *2 Cor. 6, 15.
22. Oder wollen wir dem HErrn *trotzen? Sind wir stärker, denn er?
*5 Mos. 32, 21. Hiob 9, 19.
23. Ich *habe es zwar Alles Macht, aber es frommet nicht Alles; ich habe es Alles Macht, aber es bessert nicht Alles.
*c. 6, 12. Sir. 37, 31.
24. Niemand *suche, was sein ist; sondern ein Jeglicher, was des Andern ist.
*v. 33. 13. Röm. 15, 2.
25. *Alles, was euch feil ist auf dem Fleischmarkt, das esset, und forschet nichts, auf daß ihr des Gewissens verschonet. *1 Tim. 4, 4.
26. Denn *„die Erde ist des HErrn, und was darinnen ist." *2 Mos. 19, 5.
Ps. 24, 1. Ps. 50, 12.
27. So aber Jemand von den Ungläubigen euch ladet, und ihr wollt hingehen, so *esset Alles, was euch vorgetragen wird, und forschet nichts, auf daß ihr des Gewissens verschonet. *Luc. 10, 7.
28. *Wo aber Jemand würde zu euch sagen: Das ist Götzenopfer; so esset

nicht, um deß willen, der es anzeiget, auf daß ihr des Gewissens verschonet. [„Die Erde ist des HErrn, und was darinnen ist."] *v. 27.
20. Ich sage aber vom Gewissen, nicht deiner selbst, sondern des Andern. Denn warum sollte ich meine Freiheit lassen urtheilen von eines Andern Gewissen!
*Röm. 14, 16.
30. Denn so ich es *mit Danksagung genieße; was sollte ich denn verlästert werden über dem, dafür ich danke?
*1 Tim. 4, 4.
31. Ihr *esset nun, oder trinket, oder was ihr thut; so thut es Alles zu GOttes Ehre. *Col. 3, 17.
32. Seyd *nicht ärgerlich weder den Juden noch den Griechen, noch der Gemeine GOttes. *Röm. 14, 13.
33. Gleichwie ich auch Jedermann zu allerlei mich gefällig mache, und suche nicht, was mir, sondern was Vielen frommet, daß sie selig werden.
Cap. 11. v. 1. Seyd *meine Nachfolger, gleichwie ich Christi. *c. 4, 16.

Das 11. Capitel.
Von äußern Gebärden im Beten, und nächtlichem Gebrauch des heiligen Abendmahls.

2. Ich lobe euch, lieben Brüder, daß ihr an mich gedenket in allen Stücken, und haltet die Weise, gleichwie ich euch gegeben habe.
3. Ich lasse euch aber wissen, daß Christus ist eines jeglichen Mannes Haupt, *der Mann aber ist des Weibes Haupt; †GOtt aber ist Christi Haupt.
*Eph. 5, 23. †1 Cor. 3, 23.
4. Ein jeglicher Mann, der da betet oder *weissaget, und hat etwas auf dem Haupt, der schändet sein Haupt. *c. 12, 10. 14, 1.
5. Ein Weib aber, das da betet oder weissaget mit unbedecktem Haupt, die schändet ihr Haupt; denn es ist eben so viel, als wäre sie beschoren.
6. Will sie sich nicht bedecken, so schneide man ihr auch das Haar ab. Nun es aber übel stehet, daß ein Weib verschnittene Haare habe oder beschoren sey, so laßt sie das Haupt bedecken.
7. Der Mann aber soll das Haupt nicht bedecken, sintemal er ist *GOttes Bild und Ehre; das Weib aber ist des Mannes Ehre. *1 Mos. 1, 27.
8. Denn der Mann ist nicht vom Weibe, sondern das Weib ist vom Manne.
9. Und

9. Und der Mann ist nicht geschaffen um des Weibes willen; *sondern das Weib um des Mannes willen. *1 Mos. 2, 18. 23.

10. Darum soll das Weib eine Macht auf dem Haupt haben, um der Engel willen.

11. Doch ist weder der Mann ohne das Weib, noch das Weib ohne den Mann *in dem HErrn. *Gal. 3, 28.

12. Denn wie das Weib von dem Manne, also kommt auch der Mann durch das Weib; aber Alles von GOtt.

13. *Richtet bei euch selbst, ob es wohl stehet, daß ein Weib unbedeckt vor GOtt bete. *Cap. 6, 19.

14. Oder lehret euch auch nicht die Natur, daß einem Manne eine Unehre ist, so er langes Haar zeuget,

15. Und dem Weibe eine Ehre, so sie langes Haar zeuget? Das Haar ist ihr zur Decke gegeben.

16. Ist *aber Jemand unter euch, der Lust zu zanken hat, der wisse, daß wir solche Weise nicht haben, die Gemeinen GOttes auch nicht. *1 Tim. 6, 4.

17. Ich muß aber dies befehlen: *Ich kann es nicht loben, daß ihr nicht auf bessere Weise, sondern auf ärgere Weise zusammen kommt. *v. 22.

18. Zum ersten, wenn ihr zusammen kommt in der Gemeine, höre ich, *es seyen Spaltungen unter euch; und zum Theil glaube ich es. *c. 3, 10. 11. 12. u. s. f.

19. (Denn es *müssen Rotten unter euch seyn, auf daß die, so rechtschaffen sind, †offenbar unter euch werden.)
*Matth. 18, 24. 25. — c. 17, 7. Luc. 17, 1. 1 Joh. 2, 19.
†6 Mos. 13, 3. 5 Mos. 3, 16.

20. Wenn ihr nun zusammen kommt, so hält man da nicht des HErrn Abendmahl.

21. Denn so man das Abendmahl halten soll, nimmt ein Jeglicher sein Eigenes vorhin, und Einer ist hungrig, der Andere ist trunken.

22. Habt ihr aber nicht Häuser, da ihr essen und trinken möget? Oder verachtet ihr die Gemeine GOttes, und *beschämet die, so da nichts haben? Was soll ich euch sagen? Soll ich euch loben? Hierinnen lobe ich euch nicht. *Jac. 2, 6.

(Epistel am grünen Donnerstage.)

23. Ich habe es von dem HErrn empfangen, das ich *euch gegeben habe. †Denn der HErr JEsus in der Nacht, da er verrathen ward, nahm er das Brot, *c. 15, 3. †Matth. 26, 26.

24. Dankte, und brach es, und sprach: „Nehmet, esset, das ist mein Leib, der für euch gebrochen wird; solches thut zu meinem Gedächtniß."

25. Desselbigen gleichen auch den Kelch, nach dem Abendmahl, und sprach: „Dieser Kelch ist das neue Testament in meinem Blut; solches thut, so oft ihr es trinket, zu meinem Gedächtniß."

26. Denn so oft ihr von diesem Brot esset, und von diesem Kelch trinket, sollt ihr des HErrn Tod verkündigen, *bis daß er kommt. *Matth. 15, 13. Matth. 26, 64.
Joh. 14, 3.

27. *Welcher nun unwürdig von diesem Brot isset, oder von dem Kelch des HErrn trinket, der ist schuldig an dem Leibe und Blute des HErrn.
*v. 10. 21. Ebr. 6, 6.

28. Der Mensch prüfe *aber sich selbst, und also esse er von diesem Brot, und trinke von diesem Kelch. *2 Cor. 13, 5. Gal. 6, 4.

29. Denn welcher unwürdig isset und trinket, der isset und trinket ihm selber das Gericht, damit, daß er nicht unterscheidet den Leib des HErrn.

30. Darum sind auch so viele Schwache und Kranke unter euch, und ein gut Theil schlafen.

31. Denn *so wir uns selber richteten, so würden wir nicht gerichtet. *Ps. 32, 5.

32. Wenn *wir aber gerichtet werden, so werden wir von dem HErrn †gezüchtiget, auf daß wir nicht sammt der Welt verdammt werden.] *Weish. 12, 22.
†Ebr. 12, 5. 6.

33. Darum, meine lieben Brüder, wenn ihr zusammen kommt, zu essen, so harre Einer des Andern.

34. Hungert aber Jemand, der esse daheim, auf daß ihr nicht zum Gericht zusammen kommt. Das Andere will ich ordnen, wenn ich komme.

Das 12. Capitel.
Wie geistliche Gaben zu gebrauchen sind.

(Epistel am 10. Sonnt. nach Trinit.)

1. Von den geistlichen Gaben aber will ich euch, lieben Brüder, *nicht verhalten. *v. 10. 1.

2. Ihr *wisset, daß ihr Heiden seyd ge-

wesen, und hingegangen zu den stummen Götzen, wie ihr geführet wurdet.

c. 6, 11. Eph. 2, 11. 12.

3. Darum thue ich euch kund, daß *Niemand JEsum verfluchet, der durch den Geist GOttes redet; und Niemand kann JEsum einen HErrn heißen, ohne durch den heiligen Geist. *Marc. 9, 39.*

(Epistel am Matthäus-Tage.)

4. Es sind *mancherlei Gaben, aber es ist Ein Geist. *Röm. 12, 6.*

Eph. 4, 4. Ebr. 2, 4.

5. Und es sind *mancherlei Aemter, aber es ist Ein HErr. *v. 28. Eph. 4, 12.*

6. Und es sind mancherlei Kräfte, aber es ist Ein GOtt, der da *wirket Alles in Allen. *Eph. 1, 23.*

7. Zu einem Jeglichen erzeigen sich die Gaben des Geistes *zum gemeinen Nutz. *v. 14, 20.*

8. Einem wird gegeben durch den Geist, zu reden von der *Weisheit; dem Andern wird gegeben, zu reden von der †Erkenntniß, nach demselbigen Geist;

c. 2, 6. Jes. 11, 2.

9. Einem Andern, der Glaube, in demselbigen Geist; einem Andern, die Gabe gesund zu machen, in demselbigen Geist;

10. Einem Andern, Wunder zu thun; einem Andern Weissagung; einem Andern, Geister zu unterscheiden; einem Andern mancherlei *Sprachen; einem Andern, die Sprachen auszulegen. *Ap.G. 2, 4.*

11. Dies aber Alles wirket derselbige einige Geist, und theilet einem Jeglichen seines zu, nachdem er will.]

v. 4. 1.

Gal. 19, 3. 4. Eph. 4, 7.

12. Denn gleichwie Ein Leib ist, und hat doch viele Glieder; alle Glieder aber Eines Leibes, wiewohl *ihrer viele sind, sind sie doch Ein Leib: also auch Christus. *v. 19, 27.*

13. Denn wir sind, durch Einen Geist, Alle zu Einem Leibe getauft, wir seyn Juden oder Griechen; Knechte oder Freie, und sind Alle zu Einem Geist getränket.

14. Denn auch der *Leib ist nicht Ein Glied, sondern viele. *v. 20.*

15. So aber der Fuß spräche: Ich bin keine Hand; darum bin ich des Leibes Glied nicht: sollte er um deß willen nicht des Leibes Glied seyn?

16. Und so das Ohr spräche: Ich bin kein Auge; darum bin ich nicht des Leibes Glied; sollte es um deß willen nicht des Leibes Glied seyn?

17. Wenn der ganze Leib Auge wäre, wo bliebe das Gehör! So er ganz das Gehör wäre, wo bliebe der Geruch!

18. Nun aber hat GOtt die *Glieder gesetzt, ein jegliches sonderlich am Leibe, wie er gewollt hat. *Cap. 3, 10.*

19. So aber alle Glieder Ein Glied wären, wo bliebe der Leib!

20. Nun aber sind *der Glieder viele, aber der Leib ist Einer. *v. 14.*

21. Es kann das Auge nicht sagen zu der Hand: Ich darf deiner nicht; oder wiederum das Haupt zu den Füßen: Ich darf euer nicht.

22. Sondern vielmehr die Glieder des Leibes, die uns dünken die schwächsten zu seyn, sind die nöthigsten;

23. Und die uns dünken die unehrlichsten zu seyn, denselbigen legen wir am meisten Ehre an, und die uns übel anstehen, die schmücket man am meisten.

24. Denn die uns wohl anstehen, die bedürfen es nicht. Aber GOtt hat den Leib also vermenget, und dem dürftigen Gliede am meisten Ehre gegeben,

25. Auf daß nicht eine Spaltung im Leibe sey, sondern die Glieder für einander gleich sorgen.

26. Und so Ein Glied leidet, so leiden alle Glieder mit; und so Ein Glied wird herrlich gehalten, so freuen sich alle Glieder mit.

27. *Ihr seid aber der Leib Christi, und Glieder, ein Jeglicher nach seinem Theil. *Röm. 12, 5. Eph. 4, 12. Eph. 5, 30.*

Gal. 3, 26.

28. Und GOtt hat gesetzt in der Gemeine aufs erste *die Apostel, aufs andere die Propheten, aufs dritte die Lehrer, darnach die Wunderthäter, darnach die Gaben gesund zu machen, Helfer, Regierer, mancherlei Sprachen.

v. 8. Eph. 4, 11.

29. Sind sie Alle Apostel? Sind sie Alle Propheten? Sind sie Alle Lehrer? Sind sie Alle Wunderthäter?

30. Haben sie Alle Gaben, gesund zu machen? Reden sie Alle mit mancherlei Sprachen? Können sie Alle auslegen?

31. Strebet *aber nach den besten Gaben! Und ich will euch noch einen köstlichern Weg zeigen. *c. 14, 1.*

Das

Preis der Liebe. 1 Corinther 13. 14. Gebrauch der Sprachen.

Das 13. Capitel.
Der christlichen Liebe Vortrefflichkeit und Eigenschaften.

(Epistel am Sonntage Quinquagesimä.)

1. Wenn ich mit Menschen- und mit Engelzungen redete, und hätte der Liebe nicht; so wäre ich ein tönend Erz, oder eine klingende Schelle.
2. Und *wenn ich weissagen könnte, und wüßte alle Geheimnisse und alle Erkenntniß, und hätte allen Glauben, also, daß ich Berge versetzte, und hätte der Liebe nicht; so wäre ich nichts.
 * Matth. 7. 22. † Matth. 17. 20.
3. Und wenn ich alle meine Habe *den Armen gäbe, und ließe meinen Leib brennen, und hätte der Liebe nicht; so wäre mir's nichts nütze. * Matth. 6. 1. Joh. 15. 13.
 Röm. 12. 8. 20. 1 Joh. 3. 17.
4. Die Liebe ist *langmüthig und freundlich, die Liebe eifert nicht, die Liebe treibt nicht Muthwillen, sie blähet sich nicht, * Eph. 10, 12.
5. Sie stellet sich nicht ungeberdig, *sie suchet nicht das Ihre, sie läßt sich nicht erbittern, sie trachtet nicht nach Schaden,
 * Phil. 2. 4. 21.
6. Sie freuet sich nicht der Ungerechtigkeit, sie freuet sich aber der Wahrheit.
7. Sie *verträgt Alles, sie glaubet Alles, sie hoffet Alles, sie duldet Alles.
 * v. 9. 10. Eph. 14. 18. Röm. 15. 1.
8. Die Liebe höret nimmer auf, so doch die Weissagungen aufhören werden, und die Sprachen aufhören werden, und das Erkenntniß aufhören wird.
9. Denn unser Wissen ist Stückwerk, und unser Weissagen ist Stückwerk.
10. Wenn aber kommen wird *das Vollkommene, so wird das Stückwerk aufhören. * Eph. 4. 13.
11. Da ich ein Kind war, da redete ich wie ein Kind, und war klug wie ein Kind, und hatte kindische Anschläge; da ich aber ein Mann ward, that ich ab, was kindisch war.
12. Wir sehen jetzt durch einen Spiegel in einem dunkeln Wort; dann aber von Angesicht zu Angesicht. Jetzt erkenne ich es stückweise; dann aber werde ich es erkennen, gleichwie ich erkannt bin.
13. Nun aber bleibet Glaube, Hoffnung, Liebe, diese drei; aber die Liebe ist die größeste unter ihnen.]

Das 14. Capitel.
Vom rechten Gebrauch der Sprachen und Weissagung.

1. Strebet nach der Liebe. *Fleißiget euch der geistlichen Gaben, am meisten aber, daß ihr †weissagen möget.
 * c. 12, 31. † c. 11, 1. c. 12, 10.
2. Denn der mit der Zunge redet, der redet nicht den Menschen, sondern GOtte; denn ihm höret Niemand zu; im Geist aber redet er die Geheimnisse.
3. Wer aber weissaget, der redet den Menschen zur Besserung, und zur Ermahnung, und zur Tröstung.
4. Wer mit Zungen redet, der bessert sich selbst; wer aber weissaget, der bessert die Gemeine.
5. Ich wollte, *daß ihr Alle mit Zungen reden könntet; aber vielmehr, daß ihr weissaget. Denn der da weissaget, ist größer, denn der mit Zungen redet; es sey denn, daß er es auch auslege, daß die Gemeine davon gebessert werde. * 4 Mos. 11. 29.
6. Nun aber, lieben Brüder, wenn ich zu euch käme, und redete mit Zungen; was wäre ich euch nütze, so ich nicht mit euch redete, entweder durch Offenbarung, oder durch *Erkenntniß, oder durch Weissagung, oder durch Lehre? * c. 12, 8.
7. Hält sich's doch auch also in den Dingen, die da lauten, und doch nicht leben, es sey eine Pfeife, oder eine Harfe: wenn sie nicht unterschiedliche Stimmen von sich geben, wie kann man wissen, was gepfiffen oder geharfet ist?
8. Und so die *Posaune einen undeutlichen Ton giebt, wer will sich zum Streit rüsten? * 4 Mos. 10, 9.
9. Also auch ihr, wenn ihr mit Zungen redet, so ihr nicht eine deutliche Rede gebt: wie kann man wissen, was geredet ist? Denn ihr werdet in den Wind reden.
10. Zwar es ist mancherlei Art der Stimmen in der Welt, und derselben ist doch keine undeutlich.
11. So ich nun nicht weiß der Stimme Deutung, werde ich undeutsch seyn dem, der da redet, und der da redet, wird mir undeutsch seyn.
12. Also auch ihr, sintemal ihr euch *fleißiget der geistlichen Gaben: trachtet darnach, daß ihr die Gemeine bessert, auf daß ihr Alles reichlich habt. * v. 1.
13. Dar-

13. Darum, wer mit *der Zunge redet, der bete also, daß er es auch auslege. *c. 12, 10.

14. So ich aber mit der Zunge bete, so betet mein Geist; aber mein Sinn bringet Niemand Frucht.

15. Wie soll es aber denn seyn? Nämlich also: Ich will beten mit dem Geist, und will beten auch im Sinn; ich will *Psalmen singen im Geist, und will auch Psalmen singen mit dem Sinn. *Eph. 5, 19.

16. Wenn du aber segnest im Geist; wie soll der, so an Statt des Laien stehet, Amen sagen auf deine Danksagung; sintemal er nicht verstehet, was du sagest?

17. Du danksagest wohl sein; aber der Andere wird nicht davon gebessert.

18. Ich danke meinem GOtt, daß ich mehr mit Zungen rede, denn ihr Alle.

19. Aber ich will in der Gemeine lieber fünf Worte reden mit meinem Sinn, auf daß ich auch Andere unterweise, denn sonst zehn tausend Worte mit Zungen.

20. Lieben Brüder, werdet nicht *Kinder an dem Verständniß; sondern †an der Bosheit seyd Kinder, an dem Verständniß aber seyd vollkommen. *Eph. 4, 14. †Matth. 18, 3. s.

21. Im *Gesetz stehet geschrieben: „Ich will mit andern Zungen und mit andern Lippen reden zu diesem Volk; und sie werden mich auch also nicht hören, spricht der HErr." *5 Mos. 28, 49. Jes. 28, 11. 12.

22. Darum so sind die Zungen zum Zeichen, nicht den Gläubigen, sondern den Ungläubigen; die Weissagung aber nicht den Ungläubigen, sondern den Gläubigen.

23. Wenn nun die ganze Gemeine zusammenkäme an einem Ort, und redeten Alle mit Zungen; es kämen aber hinein Laien oder Ungläubige: würden sie nicht sagen, ihr wäret unsinnig?

24. So sie aber Alle weissagten, und käme dann ein Ungläubiger oder Laie hinein; der würde von denselbigen *Allen gestrafet, und von Allen gerichtet. *v. 8, 22.

25. Und also würde das *Verborgene seines Herzens offenbar; und er würde also fallen auf sein Angesicht, GOtt anbeten und bekennen, daß GOtt wahrhaftig in euch sey. *1. 4, 5.

26. Wie ist ihm denn nun, lieben Brüder? Wenn *ihr zusammen kommt, so hat ein Jeglicher Psalmen, er †hat eine Lehre, er hat Zungen, er hat Offenbarung, er hat Auslegung. Lasset es Alles geschehen **zur Besserung. *c. 11, 18, 20. †v. 12, 8, 9, 10. **Eph. 4, 12.

27. So Jemand mit der Zunge redet, oder zween, oder aufs meiste drei, eins um's andere; so lege es Einer aus.

28. Ist er aber nicht ein Ausleger, so schweige er unter der Gemeine, rede aber ihm selber und GOtte.

29. Die Weissager aber laßt reden, zween oder drei, und die Andern lasset richten.

30. So aber eine Offenbarung geschiehet einem Andern, der da sitzt, so schweige der Erste.

31. Ihr könnet wohl Alle weissagen, Einer nach dem Andern, auf daß sie Alle lernen und Alle ermahnet werden.

32. Und *die Geister der Propheten sind den Propheten unterthan. *c. 12, 9, 10, 11.

33. Denn GOtt ist nicht ein GOtt der Unordnung, sondern des Friedens, wie in allen Gemeinen der Heiligen.

34. Eure *Weiber lasset schweigen unter der Gemeine; denn es soll ihnen nicht zugelassen werden, daß sie reden, sondern †unterthan seyn, wie auch das Gesetz sagt. *1 Tim. 2, 12. †1 Mos. 3, 16. Eph. 5, 22. Col. 3, 18. Tit. 2, 5.

35. Wollen sie aber etwas lernen, so laßt sie daheim ihre Männer fragen. Es stehet den Weibern übel an, unter der Gemeine reden.

36. Oder ist das Wort GOttes von euch ausgekommen? Oder ist es allein zu euch gekommen?

37. So sich Jemand läßt dünken, er sey ein Prophet, oder geistlich, der *erkenne, was ich euch schreibe; denn es sind des HErrn Gebote. *1 Joh. 4, 6.

38. Ist aber Jemand unwissend, der sey unwissend.

39. Darum, lieben Brüder, fleißiget euch des Weissagens, und wehret nicht mit Zungen zu reden.

40. Lasset Alles ehrlich und *ordentlich zugehen. *Col. 2, 5.

Das

Das 15. Capitel.
Von Auferstehung der Todten, und wie es damit beschaffen ist.
(Epistel am 11. Sonnt. nach Trinitatis.)

1. Ich *erinnere euch aber, lieben Brüder, des Evangelii, das ich euch verkündiget habe, welches ihr auch angenommen habt, in welchem ihr auch stehet,
   * Gal. 1, 11. 12.

2. Durch welches ihr *auch selig werdet, (welcher Gestalt ich es euch verkündiget habe,) so ihr es behalten habt, es wäre denn, daß ihr es umsonst geglaubet hättet.
   * c. 1, 21.

3. Denn ich habe euch zuvörderst gegeben, welches ich auch empfangen habe, daß Christus gestorben sey für unsere Sünden, nach *der Schrift;
   * 1 C. 53, 5. 6.

4. Und daß er begraben sey, und daß er auferstanden sey am dritten Tage, *nach der Schrift;
   * Pf. 16, 10.

5. Und daß er gesehen worden ist von *Kephas, darnach †von den Zwölfen;
   * Luc. 24, 34. † Matth. 10, 14.

6. Darnach ist er gesehen worden von mehr denn fünf hundert Brüdern auf einmal, derer noch Viele leben, Etliche aber sind entschlafen.

7. Darnach ist er gesehen worden von Jacobo, darnach von *allen Aposteln;
   * Luc. 24, 50.

8. Am letzten nach Allen ist er auch *von mir, als einer unzeitigen Geburt, gesehen worden.
   * Apost. 9, 4.

9. (Denn *ich bin der geringste unter den Aposteln, als der ich nicht werth bin, daß ich ein Apostel heiße, darum, daß ich die Gemeine GOttes verfolget habe.
   * Eph. 3, 8.

10. Aber von GOttes Gnade ich bin, das ich bin, und seine Gnade an mir ist nicht vergeblich gewesen, sondern ich habe viel mehr gearbeitet, denn sie Alle; nicht aber ich, sondern GOttes Gnade, die mit mir ist.)]

11. Es sey nun ich oder Jene, also predigen wir, und also habt ihr geglaubet.

12. So aber Christus geprediget wird, daß er sey *von den Todten auferstanden: wie sagen denn Etliche unter euch, die Auferstehung der Todten sey nichts?
    * Apost. 17, 18.

13. Ist aber die Auferstehung der Todten nichts, so ist auch Christus nicht auferstanden.

14. Ist aber Christus nicht auferstanden, so ist unsere Predigt vergeblich, so ist auch euer Glaube vergeblich.

15. Wir würden aber auch erfunden falsche Zeugen GOttes, daß wir wider GOtt gezeuget hätten, *er hätte Christum auferwecket, den er nicht auferwecket hätte, sintemal die Todten nicht auferstehen.
    * Apost. 2, 24. f.

16. Denn so die *Todten nicht auferstehen, so ist Christus auch nicht auferstanden.
    * Matth. 5, 11.

17. Ist Christus aber nicht auferstanden, so ist *euer Glaube eitel, so seyd ihr noch in euren Sünden;
    * v. 14.

18. So sind auch die, so in Christo entschlafen sind, verloren.

19. Hoffen wir allein in diesem Leben auf Christum, so sind wir die elendesten unter allen Menschen.

20. Nun aber ist Christus auferstanden von den Todten, und der *Erstling geworden unter denen, die da schlafen.
    * Apost. 26, 23. f.

21. Sintemal durch *einen Menschen der Tod, und durch einen Menschen die Auferstehung der Todten kommt.
    * 1 Mos. 3, 19. Röm. 5, 12. 18.

22. Denn gleichwie sie in Adam Alle sterben, also werden sie *in Christo Alle lebendig gemacht werden.
    * Röm. 5, 21.

23. Ein Jeglicher aber in seiner Ordnung. *Der Erstling Christus; darnach, †die Christo angehören, wenn er kommen wird.
    * v. 20. † 1 Thess. 4, 16. † Offb. 20, 6.

24. Darnach das Ende, wenn er das Reich GOtt und dem Vater überantworten wird, wenn er aufheben wird alle Herrschaft, und alle Obrigkeit und Gewalt.

25. Er muß aber herrschen, *„bis daß er alle seine Feinde unter seine Füße lege."
    * Matth. 22, 44. f.

26. Der *letzte Feind, der aufgehoben wird, ist der Tod.
    * Offenb. 20, 14.

27. „Denn er hat ihm Alles unter seine Füße gethan." Wenn er aber sagt, daß es Alles unterthan sey, ist es offenbar, daß ausgenommen ist, der ihm Alles untergethan hat.
    * Röm. 11, 36. f.

28. Wenn aber Alles ihm unterthan seyn wird, alsdann wird auch der Sohn selbst unterthan seyn dem, der ihm Alles unterthan hat, auf daß GOtt sey Alles in Allem.

29. Was machen sonst, die sich tau-

sen lassen über den Todten, so allerdings die Todten nicht auferstehen! Was lassen sie sich taufen über den Todten?

30. Und *was stehen wir alle Stunden in der Gefahr!
  *Röm. 8, 36.

31. Bei unserm *Ruhm, den ich habe in Christo JEsu, unserm HErrn; †ich sterbe täglich.   *2 Kor. 1, 14.   †2 Kor. 4, 10. 11.

32. Habe ich menschlicher Meinung zu Ephesus mit den wilden Thieren gefochten? Was hilft mir's, so die Todten nicht auferstehen? *"Laßt uns essen und trinken; denn morgen sind wir todt."
  *Jes. 22, 13.   c. 56, 12.   Weish. 2, 6.

33. *Laßt euch nicht verführen. "Böse Geschwätze verderben gute Sitten."
  *Ephes. 4, 4. f.   Weish. 4, 12.

34. *Werdet doch einmal recht nüchtern, und sündiget nicht; denn Etliche wissen nichts von GOtt, das †sage ich euch zur Schande.   *Röm. 13, 11.
  †1 Kor. 6, 5.

35. Möchte aber Jemand sagen: "Wie werden die Todten auferstehen? Und mit welcherlei Leibe werden sie kommen?
  *Hesek. 37, 3.

36. Du Narr! das du säest, wird nicht lebendig, *es sterbe denn.
  *Joh. 12, 24.

37. Und das du säest, ist ja nicht der Leib, der werden soll; sondern ein bloß Korn, nämlich Weizen, oder der andern eins.

38. GOtt aber giebt ihm einen Leib, wie er will, und einem Jeglichen von den *Samen seinen eigenen Leib.
  *1 Mos. 1, 11.

39. Nicht ist alles Fleisch einerlei Fleisch; sondern ein anderes Fleisch ist der Menschen, ein anderes des Viehes, ein anderes der Fische, ein anderes der Vögel.

40. Und es sind himmlische Körper, und irdische Körper. Aber eine andere Herrlichkeit haben die himmlischen, und eine andere die irdischen.

41. Eine andere Klarheit hat die Sonne, eine andere Klarheit hat der Mond, eine andere Klarheit haben die Sterne; denn ein Stern übertrifft den andern nach der Klarheit.

42. Also auch die Auferstehung der Todten. Es wird gesäet verweslich, und wird auferstehen unverweslich.

43. Es wird gesäet in Unehre, und wird auferstehen *in Herrlichkeit. Es wird gesäet in Schwachheit, und wird auferstehen in Kraft.   *Phil. 3, 20. 21.

44. Es wird gesäet ein natürlicher Leib, und wird auferstehen ein geistlicher Leib. Hat man einen natürlichen Leib, so hat man auch einen geistlichen Leib.

45. Wie es *geschrieben stehet: "Der erste Mensch, Adam, ist gemacht in das natürliche Leben;" und der letzte Adam in das geistliche Leben.   *1 Mos. 2, 7.

46. Aber der geistliche Leib ist nicht der erste; sondern der natürliche, darnach der geistliche.

47. Der erste Mensch ist von der Erde, und irdisch; der andere Mensch ist der HErr vom Himmel.

48. Welcherlei der irdische ist, solcherlei sind auch die irdischen; und welcherlei der himmlische ist, solcherlei sind auch die himmlischen.

49. Und wie wir getragen haben das Bild des irdischen, also werden wir auch tragen das Bild des himmlischen.

50. Davon sage ich aber, lieben Brüder, daß *Fleisch und Blut nicht können das Reich GOttes ererben; auch wird das Verwesliche nicht erben das Unverwesliche.   *Matth. 16, 17.   Joh. 1, 13.

51. Siehe, ich sage euch ein Geheimniß: Wir *werden nicht Alle entschlafen, wir werden aber Alle verwandelt werden;
  *1 Thess. 4, 15. f.

52. Und dasselbige plötzlich in einem Augenblick, zur Zeit der letzten *Posaune. (Denn es wird die Posaune schallen, und die Todten werden auferstehen unverweslich, und wir werden verwandelt werden.)
  *Matth. 24, 31.   1 Thess. 4, 16.

53. Denn dies Verwesliche muß anziehen das Unverwesliche, und *dies Sterbliche muß anziehen die Unsterblichkeit.   *2 Kor. 5, 4.

54. Wenn aber dies Verwesliche wird anziehen das Unverwesliche, und dies Sterbliche wird anziehen die Unsterblichkeit; dann wird erfüllet werden das Wort, *das geschrieben stehet: *Jes. 25, 8.

55. "Der Tod ist verschlungen in den Sieg." Tod, wo ist dein Stachel! Hölle, wo ist dein Sieg!

56. Aber der Stachel des Todes ist die Sünde, *die Kraft aber der Sünde ist das Gesetz.   *Röm. 7, 13.

57. GOtt

37. GOtt aber sey Dank, *der uns den Sieg gegeben hat, durch unsern HErrn JEsum Christum! *1 Joh. 5, 4.
58. Darum, meine lieben Brüder, seyd *feste, unbeweglich, und nehmet immer zu in dem Werk des HErrn; sintemal ihr wisset, †daß eure Arbeit nicht vergeblich ist in dem HErrn.
*Col. 1, 23. †2 Chron. 15, 7.

Das 16. Capitel.
Von Sammlung einer Steuer für die dürftigen Christen zu Jerusalem.

1. Von der *Steuer aber, die den Heiligen geschiehet, wie ich den Gemeinen in Galatien geordnet habe, also thut auch ihr. *Apost. 11, 29. Röm. 15, 26.
2. Auf einen jeglichen *Sabbather lege bei sich selbst ein Jeglicher unter euch, und sammle, was ihn gut dünkt, auf daß nicht, wenn ich komme, dann allererst die Steuer zu sammeln sey.
*Apost. 20, 7.
3. Wenn ich aber darkommen bin, welche ihr durch Briefe dafür ansehet, die *will ich senden, daß sie hinbringen eure Wohlthat gen Jerusalem. *2 Cor. 8, 18. 19.
4. So es aber werth ist, daß ich auch hinreise, sollen sie mit mir reisen.
5. Ich *will aber zu euch kommen, wenn ich durch Macedonien ziehe; (denn durch Macedonien werde ich ziehen.)
*Apost. 19, 21.
6. Bei euch aber werde ich vielleicht bleiben oder auch wintern, auf daß ihr mich geleitet, wo ich hinziehen werde.
7. Ich will euch jetzt nicht sehen im Vorüberziehen; denn ich hoffe, ich wolle etliche Zeit bei euch bleiben, *so es der HErr zuläßt. *Apost. 18, 21.
8. Ich werde aber zu *Ephesus bleiben bis auf Pfingsten. *v. 11, 20.
9. Denn mir ist eine große Thür aufgethan, die viele Frucht wirket, und sind viele Widerwärtige da.
10. So Timotheus kommt, so sehet zu, daß er ohne Furcht bei euch sey; denn er *treibt auch das Werk des HErrn, wie ich. *Phil. 2, 20.
11. Daß ihn nun nicht Jemand verachte. Geleitet ihn aber in Frieden, daß er zu mir komme; denn ich warte seiner mit den Brüdern.

12. Von Apollo, dem Bruder, aber wisset, daß ich ihn sehr viel ermahnet habe, daß er zu euch käme mit den Brüdern; und es war allerdings sein Wille nicht, daß er jetzt käme; er wird aber kommen, wenn es ihm gelegen seyn wird.
13. *Wachet, stehet im Glauben, seyd männlich, und seyd stark. *c. 15, 58.
Matth. 24, 42. u. 25, 13.
14. Alle eure Dinge lasset in der Liebe geschehen.
15. Ich ermahne euch aber, lieben Brüder: Ihr kennet das *Haus Stephana's, daß sie sind die †Erstlinge in Achaja, und haben sich selbst verordnet zum Dienst den Heiligen; *c. 1, 16.
†Röm. 16, 5.
16. Auf daß auch ihr solchen unterthan seyd, und Allen, die *mitwirken und arbeiten. *Phil. 2, 29.
17. Ich freue mich über die Zukunft Stephana's und Fortunati und Achaici; denn wo ich euer *Mangel hatte, das haben sie erstattet. *2 Cor. 11, 9.
18. Sie haben erquicket meinen und euren Geist. *Erkennet, die solche sind.
*1 Thess. 5, 12.
19. Es grüßen euch die Gemeinen in Asien. Es grüßen euch sehr in dem HErrn *Aquila und Priscilla, sammt der †Gemeine in ihrem Hause.
*Apost. 18, 2. 19. 26. †Röm. 16, 5.
20. Es grüßen euch alle Brüder. Grüßet euch unter einander *mit dem heiligen Kuß. *Röm. 16, 16. 2 Cor. 13, 12.
1 Thess. 5, 26. 1 Petr. 5, 14.
21. Ich *Paulus grüße euch mit meiner Hand. *Col. 4, 18. 2 Thess. 3, 17.
22. (So Jemand den HErrn JEsum Christum nicht lieb hat, der sey Anathema, Maharam Motha. *Anathema Maran atha, d. i. verflucht, wann der HErr kommt.)
23. Die *Gnade des HErrn JEsu Christi sey mit euch. *Röm. 16, 24.
24. Meine Liebe sey mit euch Allen in Christo JEsu. Amen.
[Die erste Epistel an die Corinther, gesandt von Philippi, durch Stephanan und Fortunatum und Achaikum und Timotheum.]

Die

Die andere Epistel Pauli an die Corinther.

Das 1. Capitel.
Pauli Geduld in Verfolgung.

1. Paulus, ein Apostel JEsu Christi *durch den Willen GOttes, und Bruder Timotheus, der Gemeine GOttes zu Corinth, samt allen Heiligen in ganz Achaja. * 1 Cor. 1, 1.
2. Gnade *sey mit euch, und Friede von GOtt, unserm Vater, und dem HErrn JEsu Christo. * Röm. 1, 7. 1 Cor. 1, 3.
3. *Gelobet sey GOtt und der Vater unsers HErrn JEsu Christi, der Vater der Barmherzigkeit, und †GOtt alles Trostes, * Eph. 1, 2. 1 Petr. 1, 3. † Röm. 15, 5.
4. Der uns tröstet in aller unserer Trübsal, daß wir auch trösten können, die da sind in allerlei Trübsal, mit dem Trost, damit wir getröstet werden von GOtt.
5. Denn *gleichwie wir des Leidens Christi viel haben, also werden wir auch †reichlich getröstet durch Christum. * Ps. 34, 20. † Ps. 61, 19.
6. Wir haben aber Trübsal, oder Trost, so *geschiehet es euch zu gute. Ist es Trübsal, so geschiehet es euch zu Trost und Heil; welches Heil beweiset sich, so ihr leidet mit Geduld, dermaßen, wie wir leiden. Ist es Trost, so geschiehet es euch auch zu Trost und Heil; * c. 4, 16, 17.
7. (Und stehet unsere Hoffnung feste für euch); dieweil wir wissen, daß, wie ihr des Leidens theilhaftig seyd, so werdet ihr auch des Trostes theilhaftig seyn. † 2 Tim. 2, 4. 5.
8. Denn wir wollen euch nicht verhalten, lieben Brüder, *unsere Trübsal, die uns in Asien widerfahren ist, da wir über die Maße beschweret waren, und über Macht, also, daß wir uns auch des Lebens erwegten, * 1 Cor. 15, 32.
9. Und bei uns beschlossen hatten, wir müßten sterben. Das geschah aber darum, daß wir unser Vertrauen nicht auf uns selbst stelleten, sondern auf GOtt, der die Todten auferwecket.
10. Welcher uns von solchem Tode erlöset hat, und noch täglich erlöset; und hoffen auf ihn, er werde uns auch *hinfort erlösen, * 2 Tim. 4, 18.
11. Durch Hülfe eurer Fürbitte für uns; auf daß über uns, für die Gabe, die uns gegeben ist, durch viele Personen viel Danks geschehe.
12. Denn unser Ruhm ist der, nämlich das *Zeugniß unsers Gewissens, daß wir in †Einfältigkeit und göttlicher Lauterkeit (nicht in fleischlicher Weisheit, sondern in der Gnade GOttes) auf der Welt gewandelt haben, allermeist aber bei euch. * Ser. 15, 16. † Cap. 11, 30, 12.
13. Denn wir schreiben euch nichts anders, denn das ihr leset und auch befindet. Ich hoffe aber, ihr werdet uns auch bis an das Ende also befinden, gleichwie ihr uns zum Theil befunden habt.
14. Denn *wir sind euer Ruhm, gleichwie auch ihr unser Ruhm seyd auf des HErrn JEsu Tag. * c. 5, 12.
15. Und auf solches Vertrauen gedachte ich jenes Mal zu euch zu kommen, auf daß ihr abermal eine Wohlthat empfinget,
16. Und ich durch euch in Macedonien reisete, und wiederum aus Macedonien zu euch käme, und von euch geleitet würde in Judäa.
17. Habe ich aber einer Leichtfertigkeit gebrauchet, da ich solches gedachte? Oder sind meine Anschläge fleischlich? Nicht also; sondern bei mir ist Ja Ja, und Nein ist Nein.
18. Aber, o ein *treuer GOtt, daß unser Wort an euch nicht Ja und Nein gewesen ist. * 1 Cor. 1, 9.
19. Denn der Sohn GOttes, JEsus Christus, der unter euch durch uns geprediget ist, durch mich und Silvanum, und Timotheum, der war nicht Ja und Nein, sondern es war Ja in ihm.
20. (Denn alle GOttes-Verheißungen sind Ja in ihm, und sind Amen in ihm), GOtt zu Lobe durch uns.
21. GOtt ist es aber, der uns *befestiget sammt euch in Christum, und uns gesalbet, * 1 Cor. 1, 6. 1 Joh. 2, 20.
22. Und versiegelt, und in unsere Herzen *das Pfand, den Geist, gegeben hat. * Rom. 8, 16. Eph. 1, 14.

Das 2. Capitel.
Von Entschuldung des bußfertigen Blutschänders.

23. Ich rufe aber GOtt an *zum Zeugen auf meine Seele, daß ich eurer ver-

verschonet habe, in dem, daß ich nicht wieder gen Corinth gekommen bin.

24. Nicht, daß wir *Herren seyen über euren Glauben, sondern wir sind Gehülfen eurer Freude; denn ihr stehet im Glauben.   *1 Petr. 5, 3.

Cap. 2. v. 1. Ich gedachte aber solches bei mir, daß ich nicht abermal in Traurigkeit zu euch käme.

2. Denn so ich euch traurig mache: wer ist, der mich fröhlich mache, ohne der da von mir betrübet wird?

3. Und dasselbige habe ich euch geschrieben, *daß ich nicht, wenn ich käme, traurig seyn müßte, über welche ich mich billig sollte freuen. Sintemal ich mich deß zu euch Allen versehe, daß meine Freude euer aller Freude sey. *c. 1, 12. 24.

4. Denn ich schrieb euch in großer Trübsal und Angst des Herzens, mit viel Thränen; nicht, daß ihr solltet betrübt werden, sondern auf daß ihr die Liebe erkennetet, welche ich habe sonderlich zu euch.

5. So aber Jemand eine Betrübniß hat angerichtet, der hat nicht mich betrübet, ohne zum Theil, auf daß ich nicht euch Alle beschwere.

6. Es ist aber genug, daß derselbige von Vielen also gestraft ist;

7. *Daß ihr nun fort ihm desto mehr vergebet, und tröstet, auf daß er nicht in allzu großer Traurigkeit versinke.
*Gal. 6, 1.

8. Darum ermahne ich euch, daß ihr *die Liebe an ihm beweiset. *1 Cor. 16, 14.

9. (Denn darum habe ich euch auch geschrieben, daß ich erkennete, ob ihr rechtschaffen seyd, *gehorsam zu seyn in allen Stücken. *c. 7, 15.

10. Welchem aber ihr etwas vergebet, dem vergebe ich auch. Denn auch ich, so ich etwas vergebe Jemandem, das vergebe ich um euretwillen, an Christi Statt;)

11. Auf daß wir nicht übervortheilet werden *vom Satan. Denn uns ist nicht unbewußt, was er im Sinn hat.
*1 Petr. 5, 8.

12. Da ich aber gen *Troas kam, zu predigen das Evangelium Christi, und †mir eine Thür aufgethan war in dem HErrn;   *Apost. 16, 8. †1 Cor. 16, 9.

13. Hatte ich keine Ruhe in meinem Geist, da ich Titum, meinen Bruder, nicht

fand, sondern ich machte meinen Abschied mit ihnen, und fuhr aus in Macedonien.

14. Aber GOtt sey gedankt, der uns allezeit Sieg giebt in Christo, und offenbaret den Geruch seiner Erkenntniß durch uns an allen Orten!

15. Denn wir sind GOtt ein guter Geruch Christi, beides *unter denen, die selig werden, und unter denen, die verloren werden.   *1 Cor. 1, 18.

16. Diesen ein Geruch des Todes zum Tode; Jenen aber ein Geruch des Lebens zum Leben. Und *wer ist hierzu tüchtig?
*c. 3, 5.

17. Denn wir sind nicht, wie Etlicher viele, die das Wort GOttes verfälschen; sondern als aus Lauterkeit, und als aus GOtt, vor GOtt, reden wir in Christo.

Das 3. Capitel.
Bestätigung des evangelischen Predigtamts.

1. Heben wir denn abermal an, *uns selbst zu preisen? Oder bedürfen wir, wie Etliche, der Lobebriefe an euch, oder Lobebriefe von euch?   *c. 5, 12.

2. Ihr seyd unser Brief, in unser Herz geschrieben, der erkannt und gelesen wird von allen Menschen;

3. Die ihr offenbar geworden seyd, daß ihr ein Brief Christi seyd, durch unser Predigtamt zubereitet, und durch *uns geschrieben, nicht mit Tinte, sondern mit dem Geist des lebendigen GOttes, nicht in steinerne Tafeln, sondern in fleischerne Tafeln des Herzens.   *Jer. 31, 33.

(Epistel am 11. Sonntage nach Trinitatis.)

4. Ein solch Vertrauen aber haben wir *durch Christum zu GOtt.
*Joh. 14, 6.

5. Nicht, *daß wir tüchtig sind von uns selber, etwas zu denken, als von uns selber; sondern daß wir tüchtig sind, ist von GOtt;   *c. 2, 16.

6. Welcher auch uns tüchtig gemacht hat, das Amt zu führen des neuen Testaments; nicht des Buchstabens, sondern des Geistes. Denn der Buchstabe tödtet; aber *der Geist macht lebendig.
*Joh. 6, 63.

7. So aber das Amt, das durch die Buchstaben tödtet und in die Steine ist gebildet, Klarheit hatte, also, daß die Kinder Israel nicht konnten ansehen *das Angesicht Mosis, um der Klarheit willen seines Angesichts, die doch aufhöret:
*2 Mos. 34, 30.

8. Wie

8. Wie sollte nicht vielmehr das Amt, das *den Geist giebt, Klarheit haben!
*Gal. 3, 14.

9. Denn so das Amt, das die Verdammniß prediget, Klarheit hat, viel mehr hat das Amt, *das die Gerechtigkeit prediget, überschwängliche Klarheit!
*Röm. 1, 17. c. 3, 21.

10. Denn auch jenes Theil, das verkläret war, ist nicht für Klarheit zu achten gegen dieser überschwänglichen Klarheit.

11. Denn so das Klarheit hatte, das da aufhöret; viel mehr wird das Klarheit haben, das da bleibet.]

12. Dieweil wir nun *solche Hoffnung haben, brauchen wir †großer Freudigkeit,
*v. 4. †Cap. 6, 19.

13. Und thun nicht wie Moses, der *die Decke vor sein Angesicht hänge, daß die Kinder Israel nicht ansehen konnten das Ende deß, der aufhöret;
*2 Mos. 34, 33. 35.

14. Sondern ihre *Sinne sind verstockt. Denn bis auf den heutigen Tag bleibt dieselbe Decke unaufgedeckt über dem alten Testament, wenn sie es lesen, welche in Christo aufhöret.
*J.s. c. 6, 10.

15. Aber bis auf den heutigen Tag, wenn Moses gelesen wird, hangt die Decke vor ihrem Herzen.

16. Wenn es *aber sich bekehrte zu dem HErrn, so würde die Decke abgethan.
*2 Mos. 12, 23. 30.

17. Denn *der HErr ist der Geist. Wo aber der Geist des HErrn ist, da ist Freiheit.
*Joh. 4, 14.

18. Nun aber spiegelt sich in uns Allen des HErrn Klarheit, mit aufgedecktem Angesicht; und wir werden verkläret in dasselbige Bild, von einer Klarheit zu der andern, als vom HErrn, der der Geist ist.

Das 4. Capitel.
Fruchtbarkeit des Evangelii in den unter dem Kreuz frohlockenden Gläubigen.

1. Darum, dieweil wir *ein solch Amt haben, nachdem †uns Barmherzigkeit widerfahren ist, so werden wir nicht müde;
*c. 3, 6. †1 Cor. 7, 25.

2. Sondern meiden auch heimliche Schande, und gehen nicht *mit Schalkheit um, fälschen auch nicht GOttes Wort; sondern mit Offenbarung der Wahrheit, und beweisen uns wohl gegen aller Menschen Gewissen vor GOtt.
*1 Thess. 2, 5.

3. Ist nun unser Evangelium verdeckt, so ist es *in denen, die verloren werden, verdeckt;
*1 Cor. 1, 18.

4. Bei welchen der GOtt dieser Welt der Ungläubigen Sinne verblendet hat, daß sie nicht sehen das helle Licht des Evangelii von der Klarheit Christi, *welcher ist das Ebenbild GOttes.
*Hebr. 1, 3. f.

5. Denn wir *predigen nicht uns selbst, sondern JEsum Christum, daß er sey der HErr, wir aber eure Knechte um JEsu willen.
*c. 1, 24.

6. Denn *GOtt, der da hieß das Licht aus der Finsterniß hervor leuchten, der hat einen †hellen Schein in unsere Herzen gegeben, daß (durch uns) entstände die Erleuchtung von der Erkenntniß der Klarheit GOttes in dem Angesichte JEsu Christi.
*1 Mos. 1, 3. †2 Petr. 1, 19.

(Epistel am Bartholomäi-Tage.)

7. Wir haben *aber solchen Schatz in irdischen Gefäßen, auf daß die überschwängliche Kraft sey GOttes, und †nicht von uns.
*c. 5, 1. †1 Cor. 2, 5.

8. Wir haben allenthalben *Trübsal, aber wir ängsten uns nicht. Uns ist bange, aber wir verzagen nicht.
*c. 1, 8. c. 7, 5.

9. Wir leiden Verfolgung, *aber wir werden nicht verlassen. Wir werden unterdrückt, aber wir kommen nicht um.
*Ps. 37, 24. 25.

10. Und *tragen um allezeit das Sterben des HErrn JEsu an unserm Leibe, auf daß auch das Leben des HErrn JEsu an unserm Leibe offenbar werde.]
*Röm. 8, 17.

11. Denn wir, die wir leben, werden immerdar in *den Tod gegeben um JEsu willen, auf daß auch das Leben JEsu offenbar werde an unserm sterblichen Fleische.
*Ps. 44, 23.

12. Darum so ist nun der *Tod mächtig in uns, aber das Leben in euch.
*1 Cor. 4, 6.

13. Dieweil wir aber denselbigen Geist des Glaubens haben (nachdem geschrieben *stehet: „Ich glaube, darum rede ich,") so glauben wir auch, darum so reden wir auch,
*Ps. 116, 10.

14. Und wissen, daß der, so den HErrn JEsum hat auferwecket, wird uns auch auferwecken durch JEsum, und wird uns darstellen sammt euch.
*Apost. 2, 15. f.

15. Denn es geschiehet Alles um euret wil-

willen, *auf daß die überschwängliche Gnade durch Vieler Danksagen GOtt reichlich preise. *Röm. 1, 15.

16. Darum werden wir nicht müde; sondern, ob unser äußerlicher Mensch *verweset, so wird doch der innerliche von Tage zu Tage verneuert. *1 Petr. 4, 1. † Eph. 3, 16.

17. Denn *unsere Trübsal, die zeitlich und leicht ist, schaffet eine ewige und über alle Maße wichtige Herrlichkeit, *Röm. 8, 18.

18. Uns, die *wir nicht sehen auf das Sichtbare, sondern auf das Unsichtbare. Denn was sichtbar ist, das ist zeitlich; was aber unsichtbar ist, das ist ewig. *Röm. 8, 24. 25.

Das 5. Capitel.
Trost der Gläubigen wider allerlei Trübsal. Kraft des Evangelii.

1. Wir wissen aber, so unser irdisch Haus *dieser Hütte zerbrochen wird, daß wir einen Bau haben von GOtt erbauet, †ein Haus nicht mit Händen gemacht, das ewig ist im Himmel. *Hiob 4, 19. †2 Petr. 1, 13, 14. †Joh. 14, 2.

2. Und über demselbigen sehnen wir uns auch nach unserer Behausung, die vom Himmel ist, und uns verlanget, daß wir damit überkleidet werden; *Röm. 8, 23.

3. So doch, wo wir bekleidet, und nicht bloß erfunden werden.

4. Denn dieweil wir in der Hütte sind, sehnen wir uns, und sind *beschweret; sintemal wir wollten lieber nicht entkleidet, sondern †überkleidet werden, auf daß das Sterbliche würde verschlungen von dem Leben. *Röm. 9, 13. †1 Cor. 15, 53.

5. Der uns aber zu demselbigen bereitet, das ist GOtt, der uns das *Pfand, den Geist, gegeben hat. *c. 1, 22. Röm. 8, 16. 19. Eph. 1, 13. 14.

6. Wir sind aber getrost allezeit, und wissen, daß, dieweil wir im Leibe wohnen, so wallen wir dem HErrn.

7. (Denn wir wandeln im Glauben, und nicht im Schauen.)

8. Wir sind aber getrost, und *haben vielmehr Lust, außer dem Leibe zu wallen, und daheim zu seyn bei dem HErrn. *Phil. 1, 23.

9. Darum fleißigen wir uns auch, wir sind daheim, oder *wallen, daß wir ihm wohlgefallen. *Ps. 39, 13.

10. Denn wir müssen Alle offenbaret werden *vor dem Richterstuhl Christi,

auf daß ein Jeglicher empfange, nachdem er gehandelt hat bei Leibes Leben, es sey gut oder böse. *Röm. 17, 31. Röm. 2, 9. Röm. 14, 10.

11. Dieweil wir denn wissen, *daß der HErr zu fürchten ist, fahren wir schön mit den Leuten; aber GOtt sind wir offenbar. Ich hoffe aber, daß wir auch in euren Gewissen offenbar sind. *Hiob. 31, 23.

12. Daß wir *uns nicht abermal loben, sondern euch eine Ursach geben zu rühmen von uns; auf daß ihr habet zu rühmen wider die, so sich nach dem Ansehen rühmen, und nicht nach dem Herzen. *c. 3, 1.

13. Denn thun wir *zu viel, so thun wir es GOtte; sind wir mäßig, so sind wir euch mäßig. *c. 11, 16. 17.

14. Denn die Liebe Christi dringet uns also; sintemal wir halten, daß, so Einer *für Alle gestorben ist, so sind sie Alle gestorben. *Ebr. 2, 9.

15. Und er ist darum für *Alle gestorben, auf daß die, so da leben, hinfort nicht ihnen selbst leben; sondern dem, der für sie gestorben und auferstanden ist. *1 Tim. 2, 6. † Röm. 14, 7.

16. Darum von nun an kennen wir Niemand nach dem Fleisch; und ob wir auch Christum gekannt haben nach dem Fleisch, so kennen wir ihn doch jetzt nicht mehr.

17. Darum, *ist Jemand in Christo, so ist er eine neue Creatur; †das Alte ist vergangen, siehe, es ist Alles neu geworden. *Gal. 6, 15. †Jes. 43, 18. †Offenb. 21, 5.

18. Aber das Alles von GOtt, der *uns mit ihm selber versöhnet hat durch JEsum Christum, und das Amt gegeben, das die Versöhnung prediget. *Röm. 5, 10.

19. Denn *GOtt war in Christo, und versöhnete die Welt mit ihm selber, und rechnete ihnen ihre Sünden nicht zu, und hat unter uns aufgerichtet das Wort von der Versöhnung. *Röm. 3, 14. 25.

20. So sind wir nun *Botschafter an Christi Statt: denn GOtt vermahnet durch uns; so bitten wir nun an Christi Statt: Lasset euch versöhnen mit GOtt. *Jes. 52, 7.

21. Denn er hat den, *der von keiner Sünde wußte, für uns zur **Sünde gemacht, auf daß wir würden in ihm die Gerechtigkeit, die vor GOtt gilt. *1 Petr. 2, 22. f. **Gal. 3, 13.

1 Gal. 1, 14. Off. 1, 6. 7. Phil. 2, 5.

Das

Das 6. Capitel.
Ermahnung zu würdiger Anwendung der Gnade Gottes.
(Epistel am 1. Sonnt. in d. Fasten Invocavit.)

1. Wir *ermahnen aber euch, als † Mithelfer, daß ihr nicht vergeblich die Gnade GOttes empfanget.
* v. 4. 20. † 1 Kor. 3, 9.

2. (Denn * er spricht: „Ich habe dich in der angenehmen Zeit erhöret, und habe dir am Tage des Heils geholfen." Sehet, †jetzt ist die angenehme Zeit, jetzt ist der Tag des Heils.)   * Jes. 49, 8. † Ebr. 4. 10. 11.

3. Lasset uns aber Niemand irgend ein Aergerniß geben, auf daß unser Amt nicht verlästert werde.

4. Sondern in allen Dingen *lasset uns beweisen als die Diener GOttes, in großer Geduld, in Trübsalen, in Nöthen, in Aengsten,   * v. 6, 9.

5. In *Schlägen, in Gefängnissen, in Aufruhren, in Arbeit, in Wachen, in Fasten,   * K. 11, 23. 27.

6. In *Keuschheit, in Erkenntniß, in Langmuth, in Freundlichkeit, in dem heiligen Geist, in ungefärbter Liebe, * 1 Tim. 4, 12.

7. In dem Wort der Wahrheit, in der *Kraft GOttes, durch Waffen der Gerechtigkeit, zur Rechten und zur Linken;
* 1 Kor. 2, 4.

8. Durch Ehre und Schande, durch böse Gerüchte und gute Gerüchte; als die Verführer, und doch wahrhaftig;

9. Als die Unbekannten, und doch bekannt; als die *Sterbenden, und, siehe! wir leben; als die Gezüchtigten, und doch nicht ertödtet;   * K. 4. 10. 11.

10. Als die Traurigen, aber allezeit fröhlich; als die Armen, aber die doch Viele reich machen; als die nichts inne haben, und doch Alles haben.]

11. O, ihr Corinther! unser Mund hat sich zu euch aufgethan, unser Herz ist getrost.

12. Unserthalben dürft ihr euch nicht ängsten. Daß ihr euch aber ängstet, das thut ihr aus herzlicher Meinung.

13. Ich rede mit euch, als *mit meinen Kindern, daß ihr euch auch also gegen mich stellet, und seyd auch getrost. * 1 Kor. 4, 14.

14. *Ziehet nicht am fremden Joch mit den Ungläubigen. Denn †was hat die Gerechtigkeit für Genieß mit der Ungerechtigkeit? Was hat das Licht für Gemeinschaft mit der Finsterniß!
* 5 Mos. 7, 2. † Eph. 5, 11.

15. Wie stimmet Christus mit Belial? Oder was für ein Theil hat der Gläubige mit dem Ungläubigen?

16. Was hat der Tempel GOttes für eine Gleiche mit den Götzen? Ihr *aber seyd der Tempel des lebendigen GOttes; wie denn GOtt †spricht: „Ich will in ihnen wohnen, und in ihnen wandeln, und will ihr GOtt seyn, und sie sollen mein Volk seyn." * 1 Kor. 3, 16. † 3 Mos. 26, 11.

17. *Darum gehet aus von ihnen, und sondert euch ab, spricht der HErr, und rühret kein Unreines an; so will ich euch annehmen;   * Jes. 52, 11.

18. Und *euer Vater seyn, und ihr sollt meine Söhne und Töchter seyn, spricht der allmächtige HErr.
* Jer. 31, 1. 9. 33. c. 12, 28.

Das 7. Capitel.
Ermahnung zur Heiligung.

1. Dieweil wir nun solche Verheißung haben, meine Liebsten, so lasset uns von aller Befleckung des Fleisches und des Geistes uns reinigen, und fortfahren mit der Heiligung in der Furcht GOttes.

2. Fasset uns; wir haben *Niemand Leid gethan, wir haben Niemand verletzt, wir haben Niemand vervortheilet.
* v. 12. 17. Apost. 20, 33.

3. Nicht sage ich solches, euch zu verdammen; denn ich habe droben zuvor gesagt, daß ihr in *unsern Herzen seyd, mit zu sterben und mit zu leben. * c. 6, 11. 12. 13.

4. Ich *rede mit großer Freudigkeit zu euch, ich rühme viel von euch, ich bin erfüllet mit Trost, ich bin überschwänglich in Freuden, in aller unserer Trübsal.
* Philem. v. 8.

5. Denn da wir in Macedonien kamen, hatte unser Fleisch keine Ruhe; sondern allenthalben waren wir in Trübsal, auswendig Streit, inwendig Furcht.

6. Aber *GOtt, der die Geringen tröstet, der tröstete uns durch die Zukunft Titi. * c. 1, 3. 4.

7. Nicht allein aber durch seine Zukunst, sondern auch durch den Trost, damit er getröstet war an euch, und verkündigte uns euer Verlangen, euer Weinen, euren Eifer um mich, also, daß ich mich noch mehr freuete.

8. Denn daß *ich euch durch den Brief habe traurig gemacht, reuet mich nicht.

Und

Und ob es mich reuete, so ich aber sehe, daß der Brief vielleicht eine Weile euch betrübet hat.

9. So freue ich mich doch nun, nicht darüber, daß ihr seyd betrübt worden, sondern daß ihr betrübt seyd worden zur Reue. Denn ihr seyd göttlich betrübt worden, daß ihr von uns ja keinen Schaden irgend worin nehmet.

10. Denn die göttliche Traurigkeit wirket zur Seligkeit eine Reue, die Niemand gereuet; die Traurigkeit aber der Welt wirket den Tod.

11. Siehe, daßelbige, daß ihr göttlich seyd betrübt worden, welchen Fleiß hat es in euch gewirket, dazu Verantwortung, Zorn, Furcht, Verlangen, Eifer, Rache! Ihr habt euch bewiesen in allen Stücken, daß ihr rein seyd an der That.

12. Darum, ob ich euch geschrieben habe; so ist es doch nicht geschehen um deß willen, der beleidiget hat, auch nicht um deß willen, der beleidiget ist, sondern um deß willen, daß euer Fleiß gegen uns offenbar würde bei euch vor GOtt.

13. Derhalben sind wir getröstet worden, daß ihr getröstet seyd. Ueberschwänglicher aber haben wir uns noch mehr gefreuet über der Freude Titi; denn sein Geist ist erquicket an euch Allen.

14. Denn was ich vor ihm von euch gerühmet habe, bin ich nicht zu Schanden geworden; sondern gleichwie Alles wahr ist, das ich mit euch geredet habe, also ist auch unser Ruhm bei Tito wahr geworden.

15. Und er ist überaus herzlich wohl an euch, wenn er gedenket an euer Aller *Gehorsam, wie ihr ihn mit Furcht und Zittern habt aufgenommen.

16. Ich freue mich, daß ich mich zu euch Alles versehen darf.

Das 8. Capitel.

Ermahnung zur milden Steuer für die Armen.

1. Ich thue euch kund, lieben Brüder, die *Gnade GOttes, die in den Gemeinen in Macedonien gegeben ist.

2. Denn ihre Freude war da überschwänglich, da sie durch viele Trübsal bewähret wurden. Und wiewohl sie sehr arm waren, haben sie doch reichlich gegeben in aller Einfältigkeit.

3. Denn nach allem Vermögen (das zeuge ich) und über Vermögen waren sie selbst willig,

4. Und flehten uns mit vielem Ermahnen, daß wir *aufnähmen die Wohlthat und Gemeinschaft der Handreichung, die da geschiehet den Heiligen.

5. Und nicht, wie wir hoffeten; sondern ergaben sich selbst zuerst dem HErrn, und darnach uns, durch den Willen GOttes.

6. Daß wir müßten Titum ermahnen, auf daß er, wie er zuvor hatte angefangen, also auch unter euch solche Wohlthat ausrichtete.

7. Aber, gleichwie ihr in allen Stücken reich seyd (im Glauben, und im Wort, und in der Erkenntniß, und in allerlei Fleiß, und in eurer Liebe zu uns): also schaffet, daß ihr auch in dieser Wohlthat reich seyd.

8. Nicht sage ich, daß ich etwas gebiete; sondern dieweil Andere so fleißig sind, versuche ich auch eure Liebe, ob sie rechter Art sey.

9. Denn ihr wisset die Gnade unsers HErrn JEsu Christi, *daß, ob er wohl reich ist, ward er doch arm um euretwillen, auf daß ihr durch seine Armuth reich würdet.

10. Und mein Wohlmeinen hierinnen gebe ich. Denn solches ist euch nützlich, die ihr angefangen habt vor dem Jahr her, nicht allein das Thun, sondern auch das Wollen.

11. Nun aber vollbringet auch das Thun, auf daß, gleichwie da ist ein geneigt Gemüth *zu wollen, so sey auch da ein geneigt Gemüth zu thun, von dem, das ihr habt.

12. Denn so Einer *willig ist, so ist er angenehm, nachdem er hat, nicht nachdem er nicht hat.

13. Nicht geschieht das der Meinung, daß die Andern Ruhe haben, und ihr Trübsal; sondern, daß es gleich sey.

14. So diene euer Ueberschwang *ihrem Mangel, diese (theure) Zeit lang, auf daß auch ihr Ueberfluß hernach diene eurem Mangel; und geschehe, das gleich ist.

15. Wie *geschrieben stehet: „Der viel sammelte, hatte nicht Ueberfluß; und der wenig sammelte, hatte nicht Mangel."

16. GOtt

16. GOtt *aber sey Dank, der solchen Fleiß an euch gegeben hat in das Herz Titi. *c. 2, 13. 1 Kor. 15, 57.

17. Denn er nahm zwar die Ermahnung an; aber dieweil er so sehr fleißig war, ist er von ihm selber zu euch gereiset.

18. Wir haben aber einen Bruder mit ihm gesandt, der das Lob hat am Evangelio durch alle Gemeinen.

19. Nicht allein aber das, sondern er ist auch verordnet von den Gemeinen zu unserm Gefährten in dieser Wohlthat, welche durch uns ausgerichtet wird dem HErrn zu Ehren, und (zum Preis) eures guten Willens. *Gal. 2, 10.

20. Und verhüten das, daß uns nicht Jemand übel nachreden möge, solcher reichen Steuer halben, die durch uns ausgerichtet wird;

21. Und sehen darauf, daß es redlich zugehe, nicht allein vor dem HErrn, sondern auch vor den Menschen.

22. Auch haben wir mit ihnen gesandt unsern Bruder, den wir oft gespüret haben, in vielen Stücken, daß er fleißig sey, nun aber viel fleißiger.

23. Und wir sind großer Zuversicht zu euch, es sey *Titus halben, welcher mein Geselle und Gehülfe unter euch ist; oder unserer Brüder halben, welche †Apostel sind der Gemeinen, und eine Ehre Christi. *c. 7, 13. c. 12, 18. † Röm. 16, 7.

24. Erzeiget nun die Beweisung eurer Liebe und unsers Ruhms von euch, an diesen, auch öffentlich vor den Gemeinen. *v. 8. v. 7, 14.

Das 9. Capitel.

Ursachen, die Steuer bald und richtig zu befördern.

1. Denn von solcher *Steuer, die den Heiligen geschiehet, ist mir nicht noth euch zu schreiben. *v. 12. c. 8. 4. 20.

2. Denn ich weiß euren guten *Willen, davon ich rühme bei denen aus Macedonien (und sage): Achaja ist vor dem Jahre bereit gewesen. Und euer Exempel hat Viele gereizet. *c. 8, 19.

3. Ich habe aber diese Brüder darum gesandt, daß nicht unser Ruhm von euch zunichte würde in dem Stücke; und daß ihr bereitet seyd, gleichwie ich von euch gesagt habe:

4. Auf daß nicht, so die aus Macedonien mit mir kämen und euch unbereitet fänden, wir (will nicht sagen ihr) zu Schanden würden mit solchem Rühmen.

5. Ich habe es aber für nöthig angesehen, die Brüder zu ermahnen, daß sie voran zögen zu euch, zu verfertigen diesen zuvor verheißenen Segen, daß er bereitet sey, also, daß es sey ein Segen, und nicht ein Geiz.

(Epistel am Tage Laurentii.)

6. Ich meine aber das: *Wer da kärglich säet, der wird auch kärglich ernten; und wer da säet im Segen, der wird auch ernten im Segen. *Spr. 22, 9.

7. Ein Jeglicher nach seinem Willkühr, nicht mit Unwillen, oder aus Zwang; denn *einen fröhlichen Geber hat GOtt lieb. *5 Mos. 15, 2.

8. GOtt aber kann machen, daß allerlei Gnade unter euch reichlich sey, daß ihr in allen Dingen volle Genüge habet, und reich seyd zu allerlei guten Werken.

9. Wie *geschrieben stehet: "Er hat ausgestreuet und gegeben den Armen, seine Gerechtigkeit bleibet in Ewigkeit." *Ps. 112, 9. Sir. 11, 24.

10. Der aber *Samen reicht dem Säemann, der wird je auch das Brot reichen zur Speise, und wird vermehren euren Samen, und wachsen lassen das †Gewächs eurer Gerechtigkeit;) *Jes. 55, 10. † Hos. 10, 12.

11. Daß ihr reich seyd in allen Dingen, mit aller Einfältigkeit, welche wirket *durch uns Danksagung GOtt. *c. 1, 11. c. 4, 15.

12. Denn die Handreichung dieser Steuer erfüllet nicht allein den Mangel der Heiligen, sondern ist auch *überschwänglich darinnen, daß Viele GOtt danken für diesen unsern treuen Dienst, *c. 8, 14.

13. Und preisen GOtt über eurem unterthänigen Bekenntniß des Evangelii Christi, und über eurer einfältigen Steuer an sie und an Alle.

14. Und über ihrem Gebet für euch, welche verlanget nach euch, um der überschwänglichen Gnade GOttes willen in euch.

15. GOtt aber sey Dank für seine unaussprechliche Gabe.

Das 10. Capitel.

Warnung vor Verführung der falschen Apostel.

1. Ich aber Paulus ermahne euch, durch die *Sanftmüthigkeit und Lindigkeit

teit Christi, der ich gegenwärtig unter euch gering bin; im Abwesen aber bin ich thürstig (türstig) gegen euch. * Röm. 12, 1.

2. Ich bitte aber, daß mir nicht noth sey, gegenwärtig thürstig zu handeln, und der Kühnheit zu gebrauchen, die man mir zumisset, gegen Etliche, die uns schätzen, als wandelten wir fleischlicher Weise.

3. Denn ob wir wohl im Fleisch wandeln, so *streiten wir doch nicht fleischlicher Weise. * 1 Tim. 1, 18.

4. Denn die *Waffen unserer Ritterschaft sind nicht fleischlich, sondern mächtig vor GOtt zu verstören die Befestigungen; * Eph. 6, 13.

5. Damit wir verstören die Anschläge und alle Höhe, die sich erhebet wider das Erkenntniß GOttes, und nehmen gefangen alle Vernunft unter den Gehorsam Christi;

6. Und sind bereit, *zu rächen allen Ungehorsam, wenn euer Gehorsam erfüllet ist. * Apost. 5, 29. 1 Cor. 5, 4. 5.

7. Richtet ihr nach dem Ansehen? Verläßet sich Jemand darauf, daß er Christo angehöre; der denke solches auch wiederum bei ihm, daß, gleichwie er Christo angehöret, also gehören wir auch Christo an.

8. Und so *ich auch etwas weiter mich rühmte von †unserer Gewalt, welche uns der HErr gegeben hat, euch zu bessern, und nicht zu verderben, wollte ich nicht zu Schanden werden. * v. 12, 5.
† 1 Cor. 3, 2. 4, 5.

9. (Das sage ich aber) daß ihr nicht euch dünken lasset, als hätte ich euch wollen schrecken * mit Briefen. — * 1 Cor. 4, 9. 11.

10. Denn die Briefe (sprechen sie) sind schwer und stark; aber *die Gegenwärtigkeit des Leibes ist schwach, und die Rede verächtlich. — * v. 1.

11. Wer ein solcher ist, der denke, daß, wie wir sind mit Worten in den Briefen im Abwesen, so dürfen wir auch wohl seyn mit der That *gegenwärtig.
* v. 12, 20. c. 13, 2. 10.

12. Denn wir *dürfen uns nicht unter die rechnen oder zählen, so sich selbst loben; aber dieweil sie sich bei sich selbst messen und halten allein von sich selbst, verstehen sie nichts. * c. 3, 1. c. 5, 12.

13. Wir aber rühmen uns nicht über das Ziel, sondern nur nach *dem Ziel der Regel, damit uns GOtt abgemessen hat das Ziel, zu gelangen auch bis an euch. * Röm. 12, 3.

14. Denn wir fahren nicht zu weit, als hätten wir nicht gelanget bis an euch; denn wir sind ja auch bis zu euch gekommen mit dem Evangelio Christi.

15. Und rühmen uns nicht über das Ziel in fremder *Arbeit, und haben Hoffnung, wenn nun euer Glaube in euch gewachsen, daß wir, unserer Regel nach, wollen weiter kommen. * Röm. 15, 20.

16. Und das Evangelium auch predigen denen, die jenseit euch wohnen, und uns nicht rühmen in dem, das mit fremder Regel bereitet ist.

Das 11. Capitel.

Pauli ausgestandene Arbeit und Gefahr in Pflanzung der Gemeine.

17. Wer *sich aber rühmet, der rühme sich des HErrn! * Jer. 9, 23. 24.
1 Cor. 1, 31.

18. Denn darum ist Einer nicht tüchtig, daß er sich selbst lobet; sondern daß ihn der HErr lobet.

Cap. 11. v. 1. Wollte GOtt, ihr hieltet mir ein wenig Thorheit zu gut; doch ihr haltet mir es wohl zu gut.

2. Denn ich eifere über euch mit göttlichem Eifer. Denn ich habe euch vertrauet Einem Manne, daß ich eine reine *Jungfrau Christo zubrächte.
* 3 Mos. 21, 13. Eph. 5, 26. 27.

3. Ich fürchte aber, daß nicht, wie *die Schlange Evam verführte mit ihrer Schalkheit, also auch eure Sinne verrücket werden von der Einfältigkeit in Christo.
* 1 Mos. 3, 4. 13.

4. Denn so, der da zu euch kommt, einen andern JEsum predigte, den wir nicht geprediget haben; oder ihr einen andern Geist empfinget, den ihr nicht empfangen habt; oder ein *ander Evangelium, das ihr nicht angenommen habt: so vertrüget ihr es billig. * Gal. 1, 8. 9.

5. Denn ich *achte, ich sey nicht weniger, denn die hohen Apostel sind.
* c. 12, 11. 1 Cor. 15, 10. Gal. 2, 6. 9.

6. Denn ob ich *albern bin mit Reden, so bin ich doch nicht albern in dem Erkenntniß. Doch ich bin bei euch allenthalben wohl bekannt. * 1 Cor. 2, 1. 13. c. 1. Eph. 3, 4.

7. Oder habe ich gesündiget, daß ich mich erniedriget habe, auf daß ihr erhöhet würdet? Denn ich habe euch das Evangelium *umsonst verkündiget; * 1 Cor. 9, 12. 18.

8. Und

8. Und habe andere Gemeinen beraubet und Sold von ihnen genommen, daß ich euch predigte.

9. Und da ich bei euch war gegenwärtig, und Mangel hatte, war ich Niemand *beschwerlich, (denn meinen Mangel erstatteten die Brüder, die aus Macedonien kamen); und habe mich in allen Stücken euch unbeschwerlich gehalten, und will auch noch mich also halten.   *v. 12. 13.

10. So gewiß die Wahrheit Christi in mir ist, so soll mir dieser Ruhm in den Ländern Achaja's nicht gestopfet werden.

11. Warum das? *Daß ich euch nicht sollte lieb haben? GOtt weiß es!
*v. 9. 11. 12. 15.

12. Was ich aber thue, und thun will, das thue ich darum, daß *ich die Ursach abhaue denen, die Ursach suchen, daß sie rühmen möchten, sie seyen wie wir.   *1 Cor. 9. 12.

13. Denn *solche falsche Apostel und trügliche Arbeiter verstellen sich zu Christi Aposteln.   *Phil. 4, 2.

14. Und das ist auch kein Wunder; denn er selbst, der Satan, verstellet sich zum Engel des Lichts.

15. Darum ist es nicht ein Großes, ob sich auch seine Diener verstellen als Prediger der Gerechtigkeit; welcher *Ende seyn wird nach ihren Werken.   *Phil. 3. 19.

16. Ich sage abermal, daß nicht Jemand wähne, ich sey *thöricht; wo aber nicht, so nehmet mich an als einen Thörichten, daß ich mich auch ein wenig rühme.
*v. 17, 6.

17. Was ich jetzt rede, das rede ich nicht als im HErrn, sondern als in der Thorheit, dieweil wir in das Rühmen gekommen sind.

18. Sintemal Viele sich rühmen nach dem Fleisch, will *ich mich auch rühmen.
*v. 10. 12. c. 12. 9.

(Epistel am Sonntage Sexagesimä.)

19. Denn ihr vertraget gern die Narren, dieweil *ihr klug seyd.   *1 Cor. 4. 10.

20. Ihr vertraget, so euch Jemand zu Knechten macht, so euch Jemand schindet, so euch Jemand nimmt, so euch Jemand trotzet, so euch Jemand in das Angesicht streichet.

21. Das sage ich nach der Unehre, als wären wir schwach geworden. Worauf nun Jemand kühn ist, (ich rede in Thorheit), darauf bin ich auch kühn.

22. Sie sind Ebräer, ich auch. Sie sind Israeliter, ich auch. Sie sind Abrahams Samen, ich auch.

23. Sie sind Diener Christi; (Ich rede thörlich:) ich bin wohl mehr! *Ich habe mehr gearbeitet, ich habe mehr Schläge erlitten, ich bin öfter gefangen, oft in Todesnöthen gewesen.   *1 Cor. 15, 10.

24. Von den Juden habe ich fünfmal empfangen *vierzig Streiche weniger eins.
*5 Mos. 25, 3.

25. Ich bin *dreimal gestäupet, †einmal gesteiniget, dreimal habe ich Schiffbruch erlitten, Tag und Nacht habe ich zugebracht in der Tiefe (des Meers).
*Apost. 16, 22 f. †Apost. 14, 19. f.

26. Ich habe oft gereiset; ich bin in Gefahr gewesen *zu Wasser, in Gefahr unter den Mördern, in Gefahr unter den Juden, in Gefahr unter den Heiden, in Gefahr in den Städten, in Gefahr in der Wüste, in Gefahr auf dem Meer, in Gefahr unter den falschen Brüdern;
*Apost. 27, 2. 3.

27. In Mühe und *Arbeit, in viel Wachen, in Hunger und Durst, in viel Fasten, in Frost und Blöße;   *c. 6, 5.

28. Ohne was sich sonst zuträgt, nämlich, daß ich täglich werde angelaufen und *trage Sorge für alle Gemeinen.
*Apost. 16. 18. 19. 20.

29. Wer ist schwach, und ich werde nicht schwach! Wer wird geärgert, und ich brenne nicht!

30. So ich mich je rühmen soll, will ich mich *meiner Schwachheit rühmen. *c. 12, 5.

31. GOtt und der Vater unsers HErrn JEsu Christi, *welcher sei gelobet in Ewigkeit, weiß, daß ich nicht lüge.   *Röm. 1, 25.

32. Zu *Damaskus, der Landpfleger des Königs Areta verwahrete die Stadt der Damasker, und wollte mich greifen;
*Apost. 9, 24.

33. Und ich ward *im einem Korbe zum Fenster aus durch die Mauer niedergelassen, und entrann aus seinen Händen.
*Jos. 2, 15. Apost. 9, 25.

Das 12. Capitel.

Paulli Ruhm und Erinnerung, seiner Widerwärtigen Vorzug entgegengesetzt.

1. Es ist mir ja das Rühmen nichts nütze; doch will ich kommen auf die Gesichte und Offenbarungen des HErrn.

2. Ich kenne einen Menschen in Christo, vor vierzehn Jahren (ist er in dem Leibe gewe-

gewesen, so weiß ich es nicht; oder ist er außer dem Leibe gewesen, so weiß ich es auch nicht; GOtt weiß es): derselbige ward entzückt bis in den dritten Himmel.

3. Und ich kenne denselbigen Menschen, (ob er in dem Leibe, oder außer dem Leibe gewesen ist, weiß ich nicht; *GOtt weiß es.) *c. 11, 11.

4. Er ward entzückt in das Paradies, und hörete unaussprechliche Worte, welche kein Mensch sagen kann.

5. Davon will ich mich rühmen, von mir selbst aber will ich mich nichts rühmen, ohne meiner *Schwachheit. *c. 11, 30.

6. Und *so ich mich rühmen wollte, thäte ich darum nicht thörlich; denn ich wollte die Wahrheit sagen. Ich enthalte mich aber deß, auf daß nicht Jemand mich höher achte, denn er an mir siehet, oder von mir höret. *c. 10, 8. c. 11, 16.

7. Und auf daß ich mich nicht der hohen Offenbarung überhebe, ist mir gegeben ein Pfahl in's Fleisch, nämlich des Satans Engel, der mich mit *Fäusten schlage, auf daß ich mich nicht überhebe. *Hiob 2, 6.

8. Dafür ich dreimal dem HErrn gestehet habe, daß er von mir wiche.

9. Und er hat zu mir gesagt: Laß dir an meiner Gnade genügen; denn meine Kraft ist in den Schwachen mächtig. Darum will ich mich am allerliebsten rühmen meiner Schwachheit, auf daß die Kraft Christi bei mir wohne.]

10. Darum bin ich gutes Muths in Schwachheiten, in Schmachen, in Nöthen, in Verfolgungen, in Aengsten, um Christi willen. Denn wenn ich schwach bin, so bin ich stark.

11. Ich bin *ein Narr geworden über dem Rühmen; dazu habt ihr mich gezwungen. Denn ich sollte von euch gelobet werden; sintemal ich † nichts weniger bin, denn die hohen Apostel sind; wiewohl ich nichts bin. *c. 11, 1. 6. †v. 11, 5.

12. Denn es sind ja eines Apostels Zeichen unter euch geschehen, mit aller Geduld, mit Zeichen und mit Wundern, und mit Thaten.

13. Welches ist es, darinnen ihr geringer seyd, denn die andern Gemeinen? ohne daß ich selbst euch nicht habe *beschweret. Vergebet mir diese Sünde. *c. 11, 9. 1 Cor. 9, 12.

14. Siehe, ich bin *bereit, zum dritten Mal zu euch zu kommen, und will euch nicht beschweren; denn ich suche nicht das Eure, sondern euch. Denn es sollen nicht die Kinder den Eltern Schätze sammeln, sondern die Eltern den Kindern. *c. 13, 1.

15. Ich aber will fast gerne dargeben, und *dargeleget werden für eure Seelen; wiewohl ich euch fast sehr liebe, und doch wenig geliebet werde. *c. 1, 6.

16. Aber laß also seyn, daß ich euch *nicht habe beschweret; sondern, dieweil ich tückisch war, habe ich euch mit Hinterlist gefangen. *c. 11, 9. v. u. v. 6. 6.

17. Habe ich aber auch Jemand übervortheilet durch deren Etliche, die ich zu euch gesandt habe?

18. Ich habe *Titum ermahnet, und mit ihm gesandt einen Bruder. Hat euch auch Titus übervortheilet? Haben wir nicht in Einem Geist gewandelt? Sind wir nicht in einerlei Fußstapfen gegangen? *c. 8. 6. 16. 18.

19. Laßt ihr euch abermal dünken, wir verantworten uns? Wir reden in Christo vor GOtt; aber das Alles geschiehet, meine Liebsten, euch zur Besserung.

20. Denn ich fürchte, wenn *ich komme, daß ich euch nicht finde, wie ich will, und ihr mich auch nicht findet, wie ihr wollet; daß nicht Hader, Neid, Zorn, Zank, Afterreden, Ohrenblasen, †Aufblähen, Aufruhr da sey; *c. 10, 6. †1 Cor. 4, 6.

21. Daß ich nicht abermal komme, und mich mein GOtt demüthige bei euch, und müsse Leid tragen über Viele, *die zuvor gesündiget, und nicht Buße gethan haben für die Unreinigkeit, und Hurerei, und Unzucht, die sie getrieben haben. *c. 13, 2.

Das 13. Capitel.
Ermahnung zur Buße.

1. Komme ich zum dritten Mal zu euch, so soll *in zweier oder dreier [Zeugen] Munde bestehen allerlei Sache. *5 Mos. 8, 17, 6.

2. Ich habe es euch zuvor gesagt, und sage es euch zuvor (als gegenwärtig) zum andern Mal, und schreibe es nun (im Abwesen) denen, die zuvor gesündiget haben, und den Andern allen, wenn ich abermal komme, so will ich nicht schonen.
3. Sin-

3. Sintemal ihr suchet, daß ihr einmal gewahr werdet deß, der in mir redet, nämlich Christi, welcher unter euch nicht schwach ist, sondern ist mächtig unter euch.

4. Und ob er wohl gekreuziget ist *in der Schwachheit, so lebet er doch in der Kraft GOttes. Und ob wir auch schwach sind in ihm, so leben wir doch mit ihm in der Kraft GOttes unter euch. *Phil. 2, 7. 8.

5. Versuchet euch selbst, ob ihr im Glauben seyd, *prüfet euch selbst. Oder erkennet ihr euch selbst nicht, daß †JEsus Christus in euch ist? Es sey denn, daß ihr untüchtig seyd. *1 Cor. 11, 28. †Röm. 8, 9. 10. Gal. 3, 26. Col. 1, 27.

6. Ich hoffe aber, ihr erkennet, daß wir nicht untüchtig sind.

7. Ich bitte aber GOtt, daß ihr nichts Uebels thut: nicht, auf daß wir tüchtig gesehen werden; sondern auf daß ihr das Gute thut, und wir wie die Untüchtigen seyn.

8. Denn wir können nichts wider die Wahrheit, sondern für die Wahrheit.

9. Wir freuen uns aber, wenn wir schwach sind, und ihr mächtig seyd. Und dasselbige wünschen wir auch, nämlich eure Vollkommenheit.

10. Derhalben ich auch solches abwesend schreibe, *auf daß ich nicht, wenn ich gegenwärtig bin, Schärfe brauchen müsse, nach der †Macht, welche mir der HErr, zu bessern und nicht zu verderben, gegeben hat. *c. 2. 3. †c. 10, 8.

11. Zuletzt, lieben Brüder, *freuet euch, seyd vollkommen, tröstet euch, habt einerlei Sinn, seyd friedsam; so wird GOtt der Liebe und des †Friedens mit euch seyn. *Phil. 4, 4. †Röm. 15, 33.

12. *Grüßet euch unter einander mit dem heiligen Kuß. Es grüßen euch alle Heiligen. *1 Cor. 16, 20 f.

13. Die Gnade unsers HErrn JEsu Christi, und die Liebe GOttes, und die Gemeinschaft des heiligen Geistes, sey mit euch Allen! Amen.

[Die andere Epistel an die Corinther, gesandt von Philippi in Macedonien, durch Titum und Lucam.]

Die Epistel Pauli an die Galater.

Das 1. Capitel.
Von der Galater Unbeständigkeit, und Pauli Apostelamt.

1. Paulus, ein Apostel (nicht *von Menschen, auch nicht durch Menschen, sondern durch JEsum Christum, und GOtt den Vater, der ihn †auferwecket hat von den Todten;) *v. 11. 12. †Apost. 2, 24. f.

2. Und alle Brüder, die bei mir sind, den Gemeinen in Galatien.

3. *Gnade sey mit euch, und Friede von GOtt, dem Vater, und unserm HErrn JEsu Christo, *Röm. 1, 7. 1 Cor. 1, 3. Eph. 1, 2. 1 Petr. 1, 2. 2 Joh. v. 3.

4. Der sich *selbst für unsere Sünden gegeben hat, daß er uns errettete von dieser gegenwärtigen †argen Welt, nach dem Willen GOttes und unsers Vaters, *c. 2, 20. 1 Tim. 2, 6. †v. 1, 14. †1 Joh. 5, 19.

5. *Welchem sey Ehre von Ewigkeit zu Ewigkeit! Amen. *1 Tim. 1, 17.

6. Mich wundert, daß ihr euch so bald abwenden *lasset von dem, der euch berufen hat in die Gnade Christi, auf ein ander Evangelium; *c. 5, 8.

7. So doch kein anderes ist; ohne daß Etliche sind, die euch *verwirren, und wollen das Evangelium Christi verkehren. *Apost. 15, 1. 24.

8. Aber so auch wir, oder ein Engel vom Himmel euch würde Evangelium predigen, anders, denn das wir euch gepredigt haben, *der sey verflucht! *1 Cor. 16, 22.

9. Wie wir jetzt gesagt haben, so sagen wir auch abermal: So Jemand euch Evangelium prediget, anders, denn das ihr empfangen habt, der sey verflucht!

10. Predige ich denn jetzt *Menschen, oder GOtt zum Dienst? Oder gedenke ich, Menschen gefällig zu seyn? Wenn ich den Menschen noch gefällig wäre, so wäre ich Christi Knecht nicht. *1 Thess. 2, 4.

11. Ich *thue aber euch kund, lieben Brüder, daß das Evangelium, das von mir geprediget ist, nicht menschlich ist. *1 Cor. 15, 1. 3.

12. Denn

12. Denn *ich habe es von keinem Menschen empfangen, noch gelernet, sondern durch die Offenbarung JEsu Christi.
   *1 Cor. 11, 23.

13. Denn ihr habt je wohl gehöret meinen Wandel weiland im Judenthum; *wie ich über die Maße die Gemeine GOttes verfolgte, und verstörete sie,
   *Apost. 22, 4. f.

14. Und nahm zu im Judenthum über Viele meines gleichen in meinem Geschlecht, und eiferte über die Maße um das väterliche Gesetz.

15. Da es aber GOtt wohl gefiel, der *mich von meiner Mutter Leibe hat ausgesondert und berufen durch seine Gnade,
   *Röm. 1, 1.

16. Daß er seinen Sohn *offenbarete in mir, daß ich ihn durch das Evangelium verkündigen sollte unter den Heiden: alsobald fuhr ich zu, und besprach mich nicht darüber mit Fleisch und Blut;
   *Match. 16, 17.

17. Kam auch nicht gen Jerusalem zu denen, die vor mir Apostel waren; sondern zog hin in Arabien, und kam wiederum gen Damaskus.

18. Darnach über *drei Jahre kam ich gen Jerusalem, Petrum zu schauen, und blieb funfzehn Tage bei ihm.
   *Apost. 9, 26.

19. Der andern Apostel aber sahe ich Keinen, ohne *Jacobum, des HErrn Bruder.
   *Match. 13, 55.

20. (Was ich euch aber schreibe, siehe, GOtt weiß, ich lüge nicht.)

21. Darnach *kam ich in die Länder Syrien und Cilicien.
   *Apost. 9, 30.

22. Ich war aber unbekannt von Angesicht den christlichen Gemeinen in Judäa.

23. Sie hatten aber allein gehöret, daß, der uns weiland verfolgte, der prediget jetzt den Glauben, welchen er weiland verstörete;

24. Und priesen GOtt über mir.

Das 2. Capitel.

Pauli Vergleichung mit den Aposteln. Streit mit Petro. Predigt von der Gerechtigkeit des Glaubens.

1. Darnach über vierzehn Jahre zog ich abermal hinauf gen Jerusalem, mit Barnabas, und nahm Titum auch mit mir.

2. Ich zog aber hinauf aus einer Offenbarung, und besprach mich mit ihnen über dem Evangelio, das ich predige unter den Heiden, (besonders aber mit denen, die das Ansehen hatten), auf daß ich nicht vergeblich liefe oder gelaufen hätte.

3. Aber es ward auch Titus nicht gezwungen, sich zu beschneiden, der mit mir war, ob er wohl auch ein *Grieche war;
   *Apost. 16, 3.

4. Denn da *etliche falsche Brüder sich mit eingedrungen, und neben eingeschlichen waren, zu verkundschaften unsere Freiheit, die wir haben in Christo JEsu, daß sie uns gefangen nähmen;
   *Apost. 15, 24.

5. Wichen wir denselbigen nicht eine Stunde, unterthan zu seyn, auf daß *die Wahrheit des Evangelii bei euch bestände.
   *v. 3. f.

6. Von denen aber, die das Ansehen hatten, welcherlei sie weiland gewesen sind, da liegt mir nichts an; *denn GOtt achtet das Ansehen der Menschen nicht. Mich aber haben die, so das Ansehen hatten, nichts Anders gelehret;
   *5 Mos. 10, 16. f.

7. Sondern wiederum, da sie sahen, daß mir *vertrauet war das Evangelium an die Vorhaut, gleichwie Petro das Evangelium an die Beschneidung.
   *Apost. 13, 46.

8. (Denn der mit Petro kräftig ist gewesen zum Apostelamt unter die Beschneidung, der ist mit mir auch kräftig gewesen unter die Heiden;)

9. Und erkannten die Gnade, die mir gegeben war, Jacobus, und Kephas, und Johannes, die für Säulen angesehen waren; gaben sie mir und Barnabas die rechte Hand, und wurden mit uns eins, daß wir unter den Heiden, sie aber unter der Beschneidung predigten;

10. Allein, daß wir *der Armen gedächten, welches ich auch fleißig bin gewesen zu thun.
   *Apost. 11, 29. 6, 19, 21. 1 Cor. 16, 1.

11. Da aber Petrus gen Antiochien kam, widerstand ich ihm unter Augen; denn es war Klage über ihn gekommen.

12. Denn zuvor, ehe Etliche von Jacobo kamen, aß er mit den Heiden; da sie aber kamen, entzog er sich, und sonderte sich, darum, daß er die von der Beschneidung fürchtete.

13. Und heuchelten mit ihm die andern Juden, also, daß auch Barnabas verführet ward, mit ihnen zu heucheln.

14. Aber da ich sahe, daß sie nicht richtig wandelten, nach der Wahrheit des Evangelii; sprach ich zu Petro* vor Allen öffentlich: „So du, der du ein Jude bist, heidnisch lebest, und nicht jüdisch; warum zwingest du denn die Heiden, jüdisch zu leben? *1 Tim. 5, 20.

15. Wiewohl wir von Natur Juden, und nicht Sünder aus den Heiden sind.

16. Doch, weil wir wissen, daß *der Mensch durch des Gesetzes Werke nicht gerecht wird, sondern durch den Glauben an JEsum Christum: so glauben wir auch an Christum JEsum, auf daß wir gerecht werden durch den Glauben an Christum, und nicht durch des Gesetzes Werke; denn durch des Gesetzes Werke wird kein Fleisch gerecht. *Apost. 13, 10. 11. Röm. 3, 20. 26. 2. c. 4, 2. 5. 13, 6. Eph. 2, 10.

17. Sollten wir aber, die da suchen durch Christum gerecht zu werden, auch noch selbst Sünder erfunden werden; so wäre Christus ein Sündendiener. Das sey ferne!

18. Wenn ich aber das, so ich zerbrochen habe, wiederum baue, so mache ich mich selbst zu einem Uebertreter.

19. Ich bin aber durch's Gesetz dem Gesetz gestorben, *auf daß ich GOtte lebe; ich bin mit Christo gekreuziget. *Röm. 14, 7.

20. Ich lebe aber; doch nun nicht ich, *sondern Christus lebet in mir. Denn was ich jetzt lebe im Fleisch, das lebe ich in dem Glauben des Sohnes GOttes, der mich geliebet hat, †und sich selbst für mich dargegeben. *2 Cor. 13, 3. †Gal. 1, 4.

21. Ich werfe nicht weg die Gnade GOttes; denn, *so durch das Gesetz die Gerechtigkeit kommt, so ist Christus vergeblich gestorben." *c. 5, 10.

Das 3. Capitel

Gerechtigkeit des Glaubens bestätiget; der rechte Gebrauch des Gesetzes gezeiget.

1. O ihr *unverständigen Galater, wer hat euch bezaubert, daß ihr der Wahrheit nicht gehorchet? Welchen Christus JEsus vor die Augen gemahlet war, und jetzt unter euch gekreuziget ist. *Apost. 24, 25.

2. Das will ich allein von euch lernen: Habt ihr den Geist empfangen durch des Gesetzes Werke, oder durch die Predigt vom Glauben?

3. Seyd ihr so unverständig? Im Geist habt ihr angefangen; wollt ihr es denn nun im Fleisch vollenden?

4. Habt ihr denn so viel umsonst erlitten? — ist es anders umsonst!

5. Der euch nun den Geist reichet, und thut solche Thaten unter euch, thut er es durch des Gesetzes Werke, oder durch *die Predigt vom Glauben? *Röm. 10, 3.

6. Gleichwie *Abraham hat GOtt geglaubet, und es ist ihm gerechnet zur Gerechtigkeit. *Röm. 4, 3. 5.

7. So erkennet ihr ja nun, daß, die des Glaubens sind, das sind Abrahams Kinder.

8. Die Schrift aber hat es zuvor ersehen, daß GOtt die Heiden durch den Glauben gerecht mache. Darum verkündiget sie dem Abraham: *„In dir sollen alle Heiden gesegnet werden." *1 Mos. 12, 3. f.

9. Also werden nun, die des Glaubens sind, gesegnet mit dem gläubigen Abraham.

10. Denn die mit des Gesetzes Werken umgehen, die sind unter dem Fluch. Denn es stehet geschrieben: *„Verflucht sey Jedermann, der nicht bleibt in Allem dem, das geschrieben stehet in dem Buch des Gesetzes, daß er es thue." *5 Mos. 27, 26. f.

11. Daß aber durch das Gesetz Niemand gerecht wird vor GOtt, ist offenbar; denn *„der Gerechte wird seines Glaubens leben." *Röm. 1, 17. f.

12. Das Gesetz ist aber nicht des Glaubens; sondern „der Mensch, der es thut, wird dadurch leben."

13. Christus aber hat uns erlöset von dem Fluch des Gesetzes, da er ward ein *Fluch für uns, (denn es stehet †geschrieben: „Verflucht ist Jedermann, der am Holz hanget,") *Röm. 8, 3. †5 Mos. 21, 23.

14. Auf daß *der Segen Abrahams unter die Heiden käme in Christo JEsu, und wir also den verheißenen Geist empfangen durch den Glauben. *1 Mos. 12, 3

(Epistel am 13. Sonnt. nach Trinit.)

15. Liebe Brüder, ich will nach menschlicher Weise reden: Verachtet man doch eines Menschen *Testament nicht, wenn es bestätiget ist, und thut auch nichts dazu. *Ebr. 9, 17

16. Nun ist je die Verheißung Abraham und seinem Samen zugesagt. Er *spricht nicht

des Gesetzes.   Galater 3. 4.   Erlösung vom Gesetz.

nicht, „durch die Samen," als durch Viele, sondern als durch Einen, „durch deinen Samen," welcher ist Christus. *1 Mos. 17, 19.

17. Ich sage aber davon: das Testament, das von GOtt zuvor bestätiget ist auf Christum, wird nicht aufgehoben, daß die Verheißung sollte durch das Gesetz aufhören, * welches gegeben ist über vierhundert und dreißig Jahre hernach.
* 2 Mos. 12, 40. Apost. 7, 6.

18. Denn so das Erbe durch das Gesetz erworben würde, so würde es nicht durch Verheißung gegeben. GOtt aber hat es Abraham durch Verheißung frei geschenkt.

19. Was soll denn das Gesetz? Es ist dazu gekommen um der Sünde willen, (bis der Same käme, dem die Verheißung geschehen ist), und ist gestellet von den Engeln durch die Hand * des Mittlers.
* 3 Mos. 10, 9.

20. Ein Mittler aber ist nicht eines Einigen Mittler; * GOtt aber ist einig.
* 5 Mos. 6, 20. u. a. e.

21. Wie! Ist denn das Gesetz wider GOttes Verheißungen? Das sey ferne! Wenn aber ein Gesetz gegeben wäre, das da könnte * lebendig machen: so käme die Gerechtigkeit wahrhaftig aus dem Gesetz.
* Röm. 8, 3. 4.

22. Aber die * Schrift hat es Alles beschlossen unter die Sünde, auf daß die Verheißung käme † durch den Glauben an JEsum Christum, gegeben denen, die da glauben. * Röm. 8, 9.
† Röm. 11, 32. 1 Gal. 8, 14, 28.

(Epistel am Neujahrstage.)

23. Ehe denn aber der Glaube kam, wurden wir unter dem Gesetz * verwahret und verschlossen auf den Glauben, der da sollte geoffenbaret werden. * v. 4. 8.

24. Also ist das Gesetz * unser Zuchtmeister gewesen auf Christum, daß wir durch den Glauben gerecht würden.

25. Nun aber der Glaube gekommen ist, sind wir nicht mehr unter dem Zuchtmeister.

26. Denn * ihr seyd Alle GOttes Kinder, durch den Glauben an Christum JEsum. * Joh. 1, 1. Joh. 1, 12. Röm. 8, 17.

27. Denn wie Viele euer getauft * sind, die † haben Christum angezogen. * Röm. 6, 3. 1 Kor. 12, 14.

28. Hier * ist kein Jude noch Grieche, hier ist kein Knecht noch Freier, hier ist

kein Mann noch Weib; denn ihr seyd allzumal Einer in Christo JEsu.
* Röm. 10, 12. 1 Kor. 12, 13.

29. Seyd ihr aber Christi; so seyd ihr ja * Abrahams Samen, und nach der Verheißung Erben.] * Röm. 9, 7.

Das 4. Capitel.

Fernere Erklärung der Gerechtigkeit des Glaubens.

(Epistel am Sonntage nach dem Christtage.)

1. Ich sage aber, so lange der Erbe ein Kind ist, so ist unter ihm und einem Knechte kein Unterschied, ob er wohl ein Herr ist aller Güter;

2. Sondern er ist unter den Vormündern und Pflegern, bis auf die bestimmte Zeit vom Vater.

3. Also auch wir, da wir Kinder waren, waren wir * gefangen unter den äußerlichen Satzungen. * v. 9, 25. c. 5, 1. Kol. 2, 20.

4. Da * aber die Zeit erfüllet ward, sandte GOtt seinen Sohn, geboren von einem Weibe, und unter das Gesetz gethan. * 1 Mos. 49, 10.

5. Auf daß er * die, so unter dem Gesetz waren, erlösete, daß wir die Kindschaft empfingen. * c. 3, 13.

6. Weil ihr denn Kinder seyd, hat GOtt gesandt * den Geist seines Sohnes in eure Herzen, der schreiet: Abba, lieber Vater! * Röm. 8, 15.

7. Also ist nun hier kein Knecht mehr, sondern eitel Kinder. Sind es * aber Kinder, so sind es auch Erben GOttes durch Christum.] * c. 3, 29. Röm. 8, 16, 17.

8. Aber zu der Zeit, da ihr GOtt nicht erkannt, dienetet ihr denen, die von Natur nicht Götter sind.

9. Nun ihr aber GOtt erkannt habt, ja vielmehr von GOtt erkannt seyd; wie wendet ihr euch denn um wieder zu den schwachen und dürftigen Satzungen, welchen ihr von neuem an dienen wollt!

10. Ihr * haltet Tage, und Monate, und Feste, und Jahrszeiten. * Röm. 14, 5.

11. Ich fürchte euer, daß ich * nicht vielleicht umsonst habe an euch gearbeitet.
* 1 Thess. 3, 5.

12. Seyd doch wie ich; denn ich bin wie ihr. Lieben Brüder, ich bitte euch; * ihr habt mir kein Leid gethan. * 2 Kor. 2, 5.

13. Denn ihr wisset, daß ich euch * in Schwachheit nach dem Fleisch das Evangelium geprediget habe zum ersten Mal.
* 1 Kor. 2, 3.

14. Und meine Anfechtungen, die ich leide

leibs nach dem Fleisch, habt ihr nicht verachtet noch verschmähet; sondern als einen *Engel GOttes nahmet ihr mich auf, ja als Christum JEsum. *Mal. 2, 7.

15. Wie waret ihr dazumal so selig! Ich bin euer Zeuge, daß, wenn es möglich gewesen wäre, ihr hättet eure Augen ausgerissen und mir gegeben.

16. Bin ich denn also euer Feind geworden, *daß ich euch die Wahrheit vorhalte? *Cap.2, 10.

17. Sie *eifern um euch nicht fein; sondern sie wollen euch von mir abfällig machen, daß ihr sie um sie sollt eifern.
*Röm. 10, 2.

18. Eifern ist gut, wenn es immerdar geschiehet um das Gute, und nicht allein, wenn ich gegenwärtig bei euch bin.

19. Meine lieben Kinder, *welche ich abermal mit Aengsten gebäre, bis daß Christus in euch eine Gestalt gewinne.
*1 Cor. 4, 12.

20. Ich wollte aber, daß ich jetzt bei euch wäre und meine Stimme wandeln könnte; denn ich bin irre an euch.

(Epistel am 4. Sonnt. in der Fasten, Lätare.)
21. Saget mir, die ihr *unter dem Gesetz seyn wollt, habt ihr das Gesetz nicht gehöret? *v. s. w.

22. Denn es stehet geschrieben, daß Abraham zween Söhne hatte, einen von der Magd, den *andern von der Freien.
*1 Mos. 21, 2. u. 1.

23. Aber der von der Magd war, ist nach dem Fleisch geboren; der aber von der Freien, ist durch die Verheißung geboren.

24. Die Worte bedeuten etwas. Denn das sind die zwei Testamente, eins von dem Berge Sinai, das *zur Knechtschaft gebieret, welches ist die Agar.
*c. 4, 1. Röm. 8, 15.

25. (Denn Agar heißt in Arabien der Berg Sinai;) und langet bis an Jerusalem, das zu dieser Zeit ist, und ist dienstbar mit seinen Kindern.

26. Aber das *Jerusalem, das droben ist, das ist die Freie, die ist unser Aller Mutter. *Ebr. 12, 22. Offenb. 3, 12.

27. Denn es *stehet geschrieben: „Sey fröhlich, du Unfruchtbare, die du nicht gebierest, und brich hervor, und rufe, die du nicht schwanger bist; denn die Einsame hat viel mehr Kinder, denn die den Mann hat." *Jes. 54, 1.

28. Wir aber, lieben Brüder, sind, Isaak *nach, der Verheißung Kinder.
*Röm. 9, v. 7.

29. Aber gleichwie zu der Zeit, der nach dem Fleisch geboren war, verfolgte den, der nach dem Geist geboren war: also gehet es jetzt auch.

30. Aber *was spricht die Schrift? „Stoß die Magd hinaus mit ihrem Sohne; denn der Magd Sohn soll nicht erben mit dem Sohne der Freien." *1 Mos. 21, 10. 12.

31. So sind wir nun, lieben Brüder, nicht der Magd Kinder, sondern *der Freien.] *c. 3, 29.

Das 5. Capitel.

Ermahnung zum rechten Gebrauch der christlichen Freiheit, und zu guten Werken.

1. So bestehet nun in der *Freiheit, damit uns Christus befreiet hat, und lasset euch nicht wiederum in das knechtische Joch fangen. *Joh. 8, 36.

2. Siehe, ich Paulus sage euch: Wo ihr euch beschneiden lasset, so ist euch Christus kein nütze.

3. Ich zeuge abermal einem Jeden, der sich beschneiden läßt, daß er noch *das ganze Gesetz schuldig ist zu thun. *Jac. 2, 10.

4. *Ihr habt Christum verloren, die ihr durch das Gesetz gerecht werden wollt, und seyd von der Gnade gefallen.
*c. 2, 21. Röm. 7, 5. 6.

5. Wir aber *warten im Geist durch den Glauben der Gerechtigkeit, der man hoffen muß. *2 Tim. 4, 8.

6. Denn *in Christo JEsu gilt weder Beschneidung noch Vorhaut etwas, sondern der Glaube, der durch die Liebe thätig ist. *1 Cor. 7, 19.

7. Ihr *liefet fein. Wer hat euch aufgehalten, der Wahrheit nicht zu gehorchen? *c. 3, 1. 1 Cor. 9, 24.

8. Solch *Ueberreden ist nicht von dem, der euch berufen hat. *c. 1, 6.

9. Ein *wenig Sauerteig versäuert den ganzen Teig.

10. *Ich versehe mich zu euch in dem HErrn, ihr werdet nicht anders gesinnet seyn. Wer euch aber †irre macht, der wird sein Urtheil tragen, er sey, wer er wolle. *2 Cor. 2, 3. c. 8, 22. †1 Gal. 1, 7.

11. Ich aber, lieben Brüder, so ich die Beschneidung noch predige, warum leide ich denn Verfolgung? So *hätte das Aergerniß des Kreuzes aufgehöret. *1 Cor. 1, 23.

12. *Wollte

12. *Wollte GOtt, daß sie auch ausgerottet würden, die euch verstören! *V. 11. 4.

13. Ihr aber, lieben Brüder, seyd zur Freyheit berufen. Allein sehet zu, daß ihr durch die *Freyheit dem Fleisch nicht Raum gebet; sondern durch die Liebe diene Einer dem Andern. *1 Cor. 8, 9.

14. Denn alle Gesetze werden in Einem Wort erfüllet, in dem: *„Liebe deinen Nächsten als dich selbst." *Marc. 12, 31. f.

15. So ihr euch aber unter einander *beisset und fresset, so sehet zu, daß ihr nicht unter einander verzehret werdet. *1 Petr. 10, 20.

(Epistel am 14. Sonnt. nach Trinit.)

16. Ich sage aber: Wandelt im Geist, so werdet ihr die Lüste des Fleisches nicht vollbringen.

17. Denn das *Fleisch gelüstet wider den Geist, und den Geist wider das Fleisch. Dieselbigen sind wider einander, daß ihr nicht thut, was ihr wollt. *Röm. 7, 18. 23.

18. Regieret euch aber der Geist, so seyd ihr nicht unter dem Gesetz.

19. Offenbar *sind aber die Werke des Fleisches, als da sind Ehebruch, Hurerey, Unreinigkeit, Unzucht, *1 Cor. 6, 9.

20. Abgötterey, Zauberey, Feindschaft, Hader, Neid, Zorn, Zank, Zwietracht, Rotten, Haß, Mord,

21. *Saufen, Fressen und dergleichen; von welchen ich euch habe zuvor gesagt, und sage noch zuvor, daß, die solches thun, werden †das Reich GOttes nicht ererben. *Röm. 13, 13. †1 Cor. 6, 10.

22. Die *Frucht aber des Geistes ist Liebe, Freude, Friede, Geduld, Freundlichkeit, Gütigkeit, Glaube, Sanftmuth, Keuschheit. *Eph. 5, 9.

23. *Wider solche ist das Gesetz nicht. *1 Tim. 1, 9.

24. Welche *aber Christo angehören, die †kreuzigen ihr Fleisch sammt den Lüsten und Begierden.] *1 Cor. 15, 23. †Röm. 6, 6.

Das 6. Capitel.
Sanftmuth und Vollthätigkeit zu üben.
(Epistel am 15. Sonnt. nach Trinit.)

25. So wir im *Geist leben, so lasset uns auch im Geist wandeln. *Röm. 8, 4.

26. Lasset uns nicht *eitler Ehre geizig seyn, unter einander zu entrüsten und zu hassen. *Phil. 2, 3.

Cap. 6. v. 1. Lieben Brüder, so *ein Mensch etwa von einem Fehler übereilet würde; so helfet ihm wieder zurecht mit sanftmüthigem Geist, die ihr geistlich seyd. Und siehe auf dich selbst, daß du nicht auch versuchet werdest.
*Matth. 18, 15. 1 Cor. 15, 1. Jac. 5, 19.

2. Einer trage des Andern Last, so werdet ihr das Gesetz Christi erfüllen.

3. So aber sich Jemand läßt dünken, er sey etwas, so er doch nichts ist, der betrügt sich selbst.

4. Ein Jeglicher aber *prüfe sein selbst Werk; und alsdann wird er an ihm selber Ruhm haben, und nicht an einem Andern. *2 Cor. 13, 5.

5. Denn *ein Jeglicher wird seine Last tragen. *1 Cor. 3, 8. 1 Cor. 5, 10.

6. Der aber unterrichtet wird mit dem Wort, der theile mit allerley Gutes dem, der ihn unterrichtet.

7. Irret euch nicht; GOtt läßt sich nicht spotten. Denn was der Mensch säet, das wird er ernten.

8. Wer *auf sein Fleisch säet, der wird von dem Fleisch das Verderben ernten. Wer aber auf den Geist säet, der wird von dem Geist das ewige Leben ernten. *Hiob 4, 8. Röm. 8, 13.

9. Lasset *uns aber Gutes thun, und nicht müde werden; denn zu seiner Zeit werden wir auch ernten ohne Aufhören. *2 Thess. 3, 13. Ebr. 1, 2. 3.

10. Als wir denn nun Zeit haben, so lasset uns Gutes thun an Jedermann, allermeist aber an des Glaubens Genossen.]

11. Sehet, mit wie vielen Worten habe ich euch geschrieben mit eigener Hand!

12. Die sich wollen angenehm machen nach dem Fleisch, die zwingen euch, zu beschneiden, allein, *daß sie nicht mit dem Kreuz Christi verfolget werden. *Phil. 3, 18.

13. Denn auch sie selbst, *die sich beschneiden lassen, halten das Gesetz nicht; sondern sie wollen, daß ihr euch beschneiden lasset, auf daß sie sich von eurem Fleisch rühmen mögen. *Apost. 15, 10.

14. Es sey aber ferne von mir *rühmen, denn allein von dem Kreuz unsers HErrn JEsu Christi, durch welchen mir die Welt gekreuziget ist, und ich der Welt. *Jer. 9, 24. 1 Cor. 1, 31.

15. Denn *in Christo JEsu gilt weder

der Beschneidung noch Vorhaut etwas, sondern eine neue Creatur.
* Matth. 12, 50. Joh. 15, 14. 1 Cor. 7, 19.

16. Und wie Viele nach dieser Regel *einher gehen, über die sey Friede und Barmherzigkeit, und über den Israel GOttes! * Ps. 125, 5.

17. Hinfort mache mir Niemand weiter Mühe; denn ich trage die Mahlzeichen des HErrn JEsu an meinem Leibe.

18. Die *Gnade unseres HErrn JEsu Christi sey mit eurem Geist, lieben Brüder! Amen. * Phil. 4, 23. 2 Tim. 4, 22.

Philem. v. 25.

[An die Galater gesandt von Rom.]

Die Epistel Pauli an die Epheser.

Das 1. Capitel.

Danksagung für die geistlichen Wohlthaten GOttes. Gebet um Vermehrung der Glaubens.

1. Paulus, *ein Apostel JEsu Christi, durch den Willen GOttes, †den Heiligen zu Ephesus, und Gläubigen an Christum JEsum. * 2 Cor. 1, 1.
† 1 Cor. 1, 7. 2 Cor. 1, 2.

2. Gnade *sey mit euch, und Friede von GOtt, unserm Vater, und dem HErrn JEsu Christo. * Gal. 1, 3. 2 Petr. 1, 2.
(Epistel am Thomas-Tage.)

3. Gelobet sey *GOtt und der Vater unsers HErrn JEsu Christi, der uns gesegnet hat mit allerlei geistlichem Segen in himmlischen Gütern durch Christum. * 2 Cor. 1, 3. 1 Petr. 1, 3.

4. Wie er uns denn *erwählet hat durch denselbigen, ehe der Welt Grund geleget war, daß wir sollten seyn heilig und unsträflich vor ihm in der Liebe;
* Joh. 15, 16. 2 Tim. 1, 9.

5. Und hat uns verordnet *zur Kindschaft gegen ihn selbst, durch JEsum Christum, nach dem Wohlgefallen seines Willens, * Joh. 1, 12. 13.

6. Zu Lobe seiner herrlichen Gnade, durch welche er uns hat angenehm gemacht in dem *Geliebten! * Matth. 3, 17.

7. An welchem wir haben die *Erlösung durch sein Blut, nämlich die Vergebung der Sünden, nach dem †Reichthum seiner Gnade, * Kost. 20, 28.
† Col. 1, 14. Ebr. 9, 12. † Röm. 2, 23.

8. Welche uns reichlich widerfahren ist, durch allerlei Weisheit und Klugheit.

9. Und hat uns wissen lassen *das Geheimniß seines Willens, nach seinem Wohlgefallen, und hat dasselbige hervorgebracht durch ihn, * v. 5. 8. Röm. 16, 25. Col. 1, 26.

10. Daß es gepredigt würde, *da die Zeit erfüllet war, auf daß alle Dinge zusammen unter ein Haupt verfasset würden in Christo, beides, das im Himmel und auf Erden ist, durch ihn selbst; * Gal. 4, 4.

11. Durch welchen wir auch zum *Erbtheil gekommen sind, die wir zuvor verordnet sind, nach dem Vorsatz deß, der alle Dinge wirket nach dem Rath seines Willens; * Apost. 20, 18.

12. Auf daß wir etwas seyen — zu Lobe seiner Herrlichkeit — die wir *zuvor auf Christum hoffen. * Gal. 3, 13. 22.

13. Durch welchen auch ihr gehöret habt das Wort der Wahrheit, nämlich das Evangelium von eurer Seligkeit; durch welchen ihr auch, da ihr glaubetet, *versiegelt worden seyd mit dem heiligen Geist der Verheißung, * v. 4. 30. 2 Cor. 1, 22.

14. Welcher *ist das Pfand unsers Erbes — zu unserer Erlösung, daß wir sein Eigenthum würden, zu Lobe seiner Herrlichkeit! * 2 Cor. 2, 5.

15. Darum auch ich, nachdem ich gehöret habe von dem Glauben bei euch an den HErrn JEsum, und von eurer Liebe zu allen Heiligen;

16. Höre ich nicht auf zu danken für euch, und *gedenke eurer in meinem Gebet, * Phm. 1, 4.

17. Daß der GOtt unsers HErrn JEsu Christi, der *Vater der Herrlichkeit, gebe euch den Geist der Weisheit und der Offenbarung, zu seiner selbst Erkenntniß, * Röm. 15, 6.

18. Und *erleuchtete Augen eures Verständnisses, daß ihr erkennen möget, welche da sey die Hoffnung eures Berufs, und welcher da sey der Reichthum seines herrlichen Erbes an seinen Heiligen, * 2 Cor. 4, 6.

19. Und welche da sey die überschwängliche Größe seiner Kraft an uns, die wir glauben, nach der Wirkung seiner mächtigen Stärke,

20. Welche er gewirket hat in Christo, da er ihn *von den Todten auferwecket hat

hat und †gesetzt zu seiner Rechten im Himmel,
 * Apost. 2, 15. c.   † Ps. 110, 1.

21. Ueber *alle Fürstenthümer, Gewalt, Macht, Herrschaft, und Alles, was genannt mag werden, nicht allein in dieser Welt, sondern auch in der zukünftigen.
 * Col. 2, 10.

22. Und hat *alle Dinge unter seine Füße gethan, und hat ihn gesetzt zum Haupt der Gemeine über Alles,
 * Ps. 8, 7. h. Matth. 28, 18.

23. Welche da ist *sein Leib, nämlich die Fülle deß, der Alles in Allem erfüllet.
 * Röm. 12, 5. 1 Cor. 12, 27.

Das 2. Capitel.
Des Menschen Elend außer Christo, von seligem Zustand in Christo.

1. Und auch euch, da *ihr todt waret durch Uebertretung und Sünden,
 * Röm. 5, 6. Col. 2, 13.

2. In welchen ihr *weiland gewandelt habt, nach dem Lauf dieser Welt, und nach dem †Fürsten, der in der Luft herrschet, nämlich nach dem Geist, der zu dieser Zeit sein Werk hat in den Kindern des Unglaubens;
 * 1 Joh. 5, 19. c.   † Joh. 6, 12. Joh. 12, 31.

3. Unter *welchen wir auch Alle weiland unsern Wandel gehabt haben in den Lüsten unsers Fleisches, und thaten den Willen des Fleisches und der Vernunft, und waren auch Kinder des Zorns von Natur, gleichwie auch die Andern. * Gal. 2, 7.

4. Aber GOtt, der da *reich ist von Barmherzigkeit, durch seine große Liebe, damit er uns geliebet hat,
 * v. 4, 7. Röm. 2, 4. c. 10, 12.

5. Da wir *todt waren in den Sünden, hat er uns sammt Christo lebendig gemacht, — denn aus Gnaden seyd ihr selig geworden! — * Röm. 2, 4. f.

6. Und hat uns sammt ihm *auferwecket, und sammt ihm in das †himmlische Wesen versetzt, in Christo JEsu,
 * 2 Cor. 4, 14.   † Phil. 3, 20.

7. Auf daß er erzeigete in den zukünftigen Zeiten den überschwänglichen Reichthum seiner Gnade durch seine Güte über uns in Christo JEsu.

8. Denn *aus Gnaden seyd ihr selig geworden durch den Glauben; und dasselbige nicht aus euch: GOttes Gabe ist es; * Col. 2, 14. f.

9. Nicht aus den Werken, auf daß sich *nicht Jemand rühme. * 1 Cor. 1, 29.

10. Denn wir sind sein Werk, geschaffen in Christo JEsu *zu guten Werken, zu welchen GOtt uns zuvor bereitet hat, daß wir darinnen wandeln sollen.
 * Tit. 2, 14. Ebr. 13, 21.

11. Darum gedenket daran, daß ihr, die ihr *weiland nach dem Fleisch Heiden gewesen seyd, (und die Vorhaut genannt wurdet von denen, die genannt sind die Beschneidung nach dem Fleisch, die mit der Hand geschiehet),
 * v. 2, 3. 1 Cor. 12, 2.

12. Daß ihr zu derselbigen Zeit waret ohne Christo, Fremde und *außer der Bürgerschaft Israels, und †Fremde von den Testamenten der Verheißung; daher ihr keine Hoffnung hattet, und waret ohne GOtt in der Welt.
 * Röm. 9, 4.   † Röm. 8, 1.

13. Nun aber, die ihr in Christo JEsu seyd, und weiland ferne gewesen, seyd nun nahe geworden durch das Blut Christi.

14. Denn er ist *unser Friede, der aus beiden Eins hat gemacht, und hat abgebrochen den Zaun, der dazwischen war, in dem, daß er durch sein Fleisch wegnahm die Feindschaft, * Jes. 9, 6. Sach. 10, 50.

15. Nämlich das *Gesetz, so in Geboten gestellet war; auf daß er aus zween Einen †neuen Menschen in ihm selber schaffte, und Frieden machte.
 * Col. 2, 14.   † Gal. 6, 17.

16. Und *daß er Beide versöhnete mit GOtt in Einem Leibe, durch das Kreuz, und daß die Feindschaft getödtet durch sich selbst. * Col. 1, 20.

17. Und ist gekommen, *hat verkündiget im Evangelio den Frieden, euch, die ihr ferne waret, und denen, die nahe waren;
 * Jes. 57, 19. Cap. 9, 10.

18. Denn *durch Ihn haben wir den Zugang alle Beide in Einem Geist zum Vater. * v. 3, 10. f. Joh. 14, 6. f.

(Epistel am Tage Philippi und Jacobi.)

19. So seyd ihr nun nicht mehr Gäste und Fremdlinge, sondern *Bürger mit den Heiligen, und GOttes Hausgenossen, * Phil. 3, 20. Ebr. 12, 22. 23.

20. Erbauet auf den Grund der Apostel und Propheten, *da JEsus Christus der Eckstein ist. * Jes. 28, 16.

21. Auf welchem der ganze Bau in einander gefüget, wächset zu einem heiligen Tempel in dem HErrn,

22. Auf welchem auch ihr mit *erbauet werdet, zu einer Behausung GOttes im Geist.] * 1 Petr. 2, 5.

Das 3. Capitel.
Preis des Predigtamts, als eines Mittels der Bekehrung.

1. Derhalben ich, Paulus, der *Gefangene Christi JEsu für euch Heiden, *Apost. 21, 33. Cap. 4, 1. Phil. 1, 7. 2 Tim. 1, 8.

2. Nachdem ihr gehöret habt von dem *Amt der Gnade GOttes, die mir an euch gegeben ist, *Apost. 9, 15.

3. Daß mir ist kund geworden dieses Geheimniß durch Offenbarung, (wie ich *droben auf's kürzeste geschrieben habe; *c. 1, 9. 10.

4. Daran ihr, so ihr es leset, merken könnet meinen Verstand an dem *Geheimniß Christi); *Col. 4, 3.

5. Welches nicht kund gethan ist in den vorigen Zeiten den Menschenkindern, als es *nun geoffenbaret ist seinen heiligen Aposteln und Propheten durch den Geist. *c. 1, 9.

6. Nämlich, *daß die Heiden Miterben seyen, und mit einverleibet, und Mitgenossen seiner Verheißung in Christo, durch das Evangelium, *c. 2, 16.
*c. 2, 13. 14. 19. Gal. 3, 28. 29.

7. Deß *ich ein Diener geworden bin, nach der Gabe, aus der Gnade GOttes, die mir nach seiner mächtigen Kraft gegeben ist. *Röm. 1, 5.

8. Mir, dem *allergeringsten unter allen Heiligen, ist gegeben diese †Gnade, unter den Heiden zu verkündigen den unausforschlichen Reichthum Christi;
*1 Cor. 15, 9. 10. †Apost. 9, 15. Gal. 1, 16.

9. Und *zu erleuchten Jedermann, welche da sey die Gemeinschaft des Geheimnisses, das von der Welt her in GOtt verborgen gewesen ist, der alle Dinge geschaffen hat durch JEsum Christum; *Apost. 26, 18.

10. Auf daß *jetzt kund würde den Fürstenthümern und Herrschaften in dem Himmel, an der Gemeine, die †mannigfaltige Weisheit GOttes. *1 Petr. 1, 12.
†1 Tim. 3, 16.

11. Nach dem Vorsatz von der Welt her, welche er bewiesen hat in Christo JEsu, unserm HErrn:

12. *Durch welchen wir haben †Freudigkeit und Zugang in aller Zuversicht, durch den Glauben an ihn. *Joh. 14, 6. f.
†Ebr. 4, 16.

(Epistel am 16. Sonnt. nach Trinit.)

13. Darum bitte ich, daß ihr nicht müde werdet um meiner Trübsalen willen, die ich für euch leide, welche euch eine Ehre sind.

14. Derhalben beuge ich meine Knie gegen den *Vater unsers HErrn JEsu Christi, *c. 2, 2.

15. Der der rechte Vater ist über Alles, was da Kinder heißt im Himmel und auf Erden,

16. Daß er euch Kraft gebe nach *dem Reichthum seiner Herrlichkeit, †stark zu werden durch seinen Geist an dem inwendigen Menschen, *v. 8. c. 3, 7. †c. 1, 19.

17. Und Christum *zu wohnen durch den Glauben in euren Herzen, und durch die Liebe eingewurzelt und gegründet zu werden; *Joh. 14, 23.

18. Auf daß ihr begreifen möget mit allen Heiligen, welches da sey die *Breite, und die Länge, und die Tiefe, und die Höhe; *Hiob 11, 8. 9.

19. Auch erkennen, *daß Christum lieb haben, viel besser ist, denn alles Wissen, auf daß ihr erfüllet werdet mit allerlei GOttesfülle. (oder: die Liebe Christi, die doch alle Erkenntniß übertrifft.)

20. Dem aber, der *überschwänglich thun kann über Alles, das wir bitten oder verstehen, nach der Kraft, die da in uns wirket, *Röm. 16, 25.

21. Dem *sey Ehre in der Gemeine, die in Christo JEsu ist, zu aller Zeit, von Ewigkeit zu Ewigkeit! Amen.] *Röm. 11, 36. c. 16, 27. 1 Tim. 1, 17.

Das 4. Capitel.
Ermahnung zur Gottseligkeit und Einigkeit. Warnung vor falschen und Lastern.

(Epistel am 17. Sonnt. nach Trinit.)

1. So ermahne nun euch ich Gefangener in dem HErrn, daß ihr wandelt, wie sich's gebühret eurem Beruf, darinnen ihr berufen seyd,

2. Mit *aller Demuth und Sanftmuth, mit Geduld, und vertraget Einer den Andern in der Liebe, *Apost. 20, 19.
Col. 3, 12.

3. Und seyd fleißig zu halten die *Einigkeit im Geist, durch das Band des Friedens. *1 Cor. 12, 13.

4. Ein Leib und Ein Geist, wie ihr auch berufen seyd auf einerlei Hoffnung eures Berufs. *Röm. 12, 5.

5. Ein HErr, Ein Glaube, Eine Taufe. *5 Mos. 6, 4. 1 Cor. 8, 4. 6.

6. *Ein GOtt und Vater [unser] Aller, der

der da ist über euch Alle, und durch euch Alle, und in euch Allen.]   *Mal. 2, 10. 1 Cor. 12, 6.

7. *Einem Jeglichen aber unter uns ist gegeben die Gnade nach dem Maß der Gabe Christi.   *Röm. 12, 3. 1 Cor. 12, 11.

8. Darum spricht er: *„Er ist aufgefahren in die Höhe, und hat das †Gefängnis gefangen geführt, und hat den Menschen ††Gaben gegeben."   *Ps. 68, 19.
†Richt. 5, 12. Col. 2, 15.   ††Sprch. 1, 23.

9. Daß er aber *aufgefahren ist; was ist es, denn daß er [zuvor] ist hinunter gefahren in die untersten Oerter der Erde?   *Joh. 3, 13.

10. Der hinuntergefahren ist, das ist derselbige, der *aufgefahren ist über alle Himmel, auf daß er Alles erfüllete.   *Apost. 2, 33.

11. Und Er hat Etliche zu *Aposteln gesetzt, Etliche aber zu Propheten, Etliche zu Evangelisten, Etliche zu Hirten und Lehrern,   *1 Cor. 12, 28.

12. Daß die Heiligen zugerichtet werden zum Werk des Amts, dadurch *der Leib Christi erbauet werde;   *Röm. 12, 5. 1 Cor. 1, 2.

13. Bis daß wir Alle hinan kommen zu einerlei Glauben und Erkenntniß des Sohnes GOttes, und ein vollkommener Mann werden, der da sey in der *Maße des vollkommenen Alters Christi;   *v. 2, 15, 16.

14. Auf daß wir nicht mehr Kinder seyn, und uns wägen und wiegen lassen von allerlei Wind der Lehre, durch Schalkheit der Menschen und Täscherei, damit sie uns erschleichen zu verführen.

15. Lasset uns aber rechtschaffen seyn in der Liebe, und wachsen in allen Stücken an dem, der das Haupt ist, *Christus;   *v. 2, 12. Col. 1, 18.

16. Aus *welchem der ganze Leib zusammengefüget, und ein Glied am andern hanget, durch alle Gelenke: dadurch eins dem andern Handreichung thut, nach dem Werk eines jeglichen Gliedes in seiner Maße, und machet, daß der Leib wächset zu seiner selbst Besserung: und das Alles in der Liebe.   *Röm. 12, 5.

17. So sage ich nun und zeuge in dem HErrn, daß ihr nicht mehr wandelt, wie die andern Heiden wandeln *in der Eitelkeit ihres Sinnes,   *Röm. 1, 21.

18. Welcher Verstand verfinstert ist, und sind *entfremdet von dem Leben, das aus GOtt ist, durch die Unwissenheit, so in ihnen ist, durch die Blindheit ihres Herzens;   *v. 1, 12.

19. Welche ruchlos sind, und ergeben sich der Unzucht, und treiben allerlei Unreinigkeit sammt dem Geiz.

20. Ihr aber habt Christum nicht also gelernet;

21. So ihr anders von ihm *gehöret habt, und in ihm gelehret seyd, wie in JEsu ein rechtschaffen Wesen ist.   *v. 1, 13.

22. So leget nun von euch ab, nach dem vorigen Wandel, den *alten Menschen, der durch Lüste in Irrthum sich †verderbet.   *Röm. 6, 6. Col. 3, 9.   †Gal. 6, 8.

23. *Erneuet euch aber im Geist eures Gemüths;   *Röm. 12, 2.

24. Und ziehet den neuen Menschen an, *der nach GOtt geschaffen ist in rechtschaffener Gerechtigkeit und Heiligkeit.   *1 Mos. 1, 26. V. f.

25. Darum *leget die Lügen ab, und redet die Wahrheit, ein Jeglicher mit seinem Nächsten, sintemal wir unter einander Glieder sind.   *Col. 3, 9.

26. *Zürnet und sündiget nicht; lasset die Sonne nicht über eurem Zorn untergehen.   *Ps. 4, 5. Jac. 1, 19, 20.

27. Gebet auch nicht *Raum dem Lästerer.   *1 Petr. 5, 8. Jac. 4, 7.

28. Wer gestohlen hat, der stehle nicht mehr; sondern *arbeite, und schaffe mit den Händen etwas Gutes, auf daß er habe zu geben dem Dürftigen.]   *1 Thess. 4, 11. 2 Thess. 3, 10.

29. Lasset *kein faul Geschwätz aus eurem Munde gehen; sondern was nützlich zur Besserung ist, da es noth thut, daß es holdselig sey zu hören.   *v. 5, 4. Matth. 12, 36.

30. Und *betrübet nicht den heiligen Geist GOttes, damit ihr versiegelt seyd auf den Tag der Erlösung.   *Jes. 7, 13. c. 1, 10.

31. Alle *Bitterkeit, und Grimm, und Zorn, und Geschrei, und Lästerung, sey ferne von euch, sammt aller Bosheit.   *Col. 3, 8.

32. Seyd aber unter einander freundlich, herzlich, und vergebet Einer dem Andern, gleichwie GOtt euch vergeben hat in Christo.

Das 5. Capitel.

(Epistel am 3. Sonnt. in der Fasten, Ocul.)

1. So seyd nun GOttes Nachfolger, als die lieben Kinder,

2. Und

2. Und wandelt in der Liebe, *gleichwie Christus uns hat geliebet und sich selbst dargegeben für uns, zur Gabe und Opfer, GOtt zu einem süßen Geruch.
  * Matth. 19, 21 f.

3. *Hurerei aber und alle Unreinigkeit, oder Geiz, lasset nicht von euch gesaget werden, (wie den Heiligen zustehet;) * Col. 3, 5.

4. Auch *schandbare Worte und Narrentheidinge, oder Scherz, welche euch nicht ziemen; sondern vielmehr Danksagung.
  * c. 4, 29. Matth. 12, 36.

5. Denn das sollt ihr wissen, daß kein Hurer, oder Unreiner, oder Geiziger (welcher ist ein Götzendiener) Erbe hat an dem Reich Christi und GOttes. * 1 Cor. 6, 9. 10.

6. *Lasset euch Niemand verführen mit vergeblichen Worten; denn um dieser willen kommt der Zorn GOttes über die Kinder des Unglaubens. * Matth. 24, 4.
  Jer. 29, 8. Luc. 21, 8. 1 Cor. 15, 33. 2 Thess. 2, 3.

7. Darum seyd nicht ihre Mitgenossen.

8. Denn ihr *waret weiland Finsterniß, nun aber seyd ihr ein Licht in dem HErrn.
  * c. 2, 11. 1 Pet. 2, 9.

9. Wandelt wie *die Kinder des Lichts. (Die Frucht des Geistes ist allerlei Gütigkeit, und Gerechtigkeit, und Wahrheit.)]
  * Joh. 12, 36.

10. Und *prüfet, was da sey wohlgefällig dem HErrn. * Röm. 12, 2.

11. Und habt nicht Gemeinschaft mit den unfruchtbaren Werken der Finsterniß, strafet sie aber vielmehr.

12. Denn was heimlich von ihnen geschiehet, das ist auch *schändlich zu sagen.
  * Röm. 1, 24.

13. Das Alles aber wird offenbar, wenn es *vom Licht gestraft wird. Denn Alles, was offenbar wird, das ist Licht.
  * Joh. 3, 20. 21.

14. Darum *spricht er: „Wache auf, der du schläfest, und stehe auf von den Todten, so wird dich Christus erleuchten."
  * Jes. 60, 1.

(Epistel am 20. Sonntage nach Trinitatis.)

15. So sehet nun zu, wie ihr *vorsichtiglich wandelt, nicht als die Unweisen, sondern als die Weisen.
  * Röm. 10, 16. Jac. 3, 13.

16. Und *schicket euch in die Zeit, denn es ist böse Zeit. * Röm. 12, 11.

17. Darum werdet nicht unverständig, sondern verständig, *was da sey des HErrn Wille. * Röm. 12, 2. 1 Thess. 4, 3.

18. Und saufet euch nicht voll Weins, daraus ein unordentliches Wesen folgt; sondern werdet voll Geistes,

19. Und *redet unter einander von Psalmen und Lobgesängen und geistlichen Liedern, †singet und spielet dem HErrn in euren Herzen; * Col. 3, 16. † Ps. 33, 2.

20. Und *saget Dank allezeit für Alles, GOtt und dem Vater, in dem Namen unsers HErrn JEsu Christi; * Jes. 63, 7.
  Col. 3, 17.

21. Und seyd unter einander unterthan in der Furcht GOttes.]

22. *Die Weiber seyen unterthan ihren Männern, als dem HErrn. * 1 Mos. 3, 16.
  Col. 3, 18. 1 Pet. 3, 1.

23. Denn der *Mann ist des Weibes Haupt; gleichwie auch Christus das Haupt ist der Gemeine, und Er ist seines Leibes Heiland. * 1 Cor. 11, 3.

24. Aber wie nun die Gemeine ist Christo unterthan, also auch die Weiber ihren Männern in allen Dingen.

25. Ihr *Männer, liebet eure Weiber; gleichwie Christus auch geliebet hat die Gemeine, und hat sich selbst für sie gegeben, * Col. 3, 19. f.

26. Auf daß er sie *heiligte, und hat sie gereiniget †durch das Wasserbad im Wort. * Joh. 17, 17. † Joh. 3, 5.

27. Auf daß er sie ihm selbst darstellete eine Gemeine, die *herrlich sey, die nicht habe einen Flecken, oder Runzel, oder deß etwas, sondern daß sie heilig sey und unsträflich. * Cf. 4, 13. Hohel. 4, 7.
  2 Cor. 11, 2.

28. Also sollen auch die Männer ihre Weiber lieben, als ihre eigenen Leiber. Wer sein Weib liebet, der liebet sich selbst.

29. Denn Niemand hat jemals sein eigen Fleisch gehasset; sondern er nähret es, und pfleget sein, gleichwie auch der HErr die Gemeine.

30. Denn *wir sind Glieder seines Leibes, von seinem Fleisch, und von seinem Gebeine. * Röm. 12, 5. 1 Cor. 6, 15.

31. Um deß willen wird *ein Mensch verlassen Vater und Mutter, und seinem Weibe anhangen, und werden zwei ein Fleisch seyn. * Malch. 19, 5. f.

32. Das Geheimniß ist groß: ich sage aber von Christo und der Gemeine.

33. Doch auch ihr, ja ein Jeglicher habe lieb sein Weib, als sich selbst; das Weib aber fürchte den Mann.

Das

Das 6. Capitel.
Christliche Haustafel, weltliche Waffen.

1. Ihr *Kinder, seyd gehorsam euren Eltern in dem HErrn; denn das ist billig. *Col. 3, 20.

2. *"Ehre Vater und Mutter;" das ist das erste Gebot, das Verheißung hat; *2 Mos. 20, 12. f.

3. "Auf daß dir's wohl gehe, und lange lebest auf Erden."

4. Und *ihr Väter, reizet eure Kinder nicht zum Zorn; sondern †ziehet sie auf in der Zucht und Vermahnung zum HErrn. *Col. 3, 21. †1 Mos. 6, 7. 20. Ps. 78, 1. Spr. 19, 18. 63, 17.

5. Ihr *Knechte seyd gehorsam euren leiblichen Herren, †mit Furcht und Zittern, in Einfältigkeit eures Herzens, als Christo; *Cap. 3, 22. f. †1 Mos. 3, 19. 1 Petr. 2, 18.

6. Nicht mit Dienst allein vor Augen, als den Menschen zu gefallen, sondern als die Knechte Christi, daß ihr solchen Willen GOttes thut von Herzen, mit gutem Willen.

7. Lasset euch dünken, daß ihr dem HErrn dienet, und nicht den Menschen;

8. Und wisset, was *ein Jeglicher Gutes thun wird, das wird er von dem HErrn empfangen, er sey ein Knecht oder ein Freier. *Röm. 2, 6. 1 Cor. 3, 8. 2 Cor. 5, 10.

9. Und *ihr Herren, thut auch dasselbige gegen sie, und lasset das Drohen, und wisset, daß auch euer HErr im Himmel ist, und ist bei ihm †kein Ansehen der Person. *Col. 4, 1. 1 Apost. 10, 34. f.

(Epistel am 21. Sonntage nach Trinitatis.)

10. Zuletzt, meine Brüder, *seyd stark in dem HErrn, und in der Macht seiner Stärke. *1 Cor. 16, 13. 1 Joh. 2, 14.

11. Ziehet an den Harnisch GOttes, daß ihr bestehen könnet gegen die listigen Anläufe des Teufels.

12. Denn wir haben nicht *mit Fleisch und Blut zu kämpfen, sondern †mit Fürsten und Gewaltigen, nämlich mit den Herren der Welt, die in der Finsterniß dieser Welt herrschen, mit den bösen Geistern unter dem Himmel. *Matth. 16, 17. 1 Cor. 9, 25. †Joh. 11, 30.

13. Um deß willen, so ergreifet den Harnisch GOttes, auf daß ihr an dem bösen Tage Widerstand thun, und Alles wohl ausrichten, und das Feld behalten möget.

14. So stehet *nun, umgürtet eure Lenden mit Wahrheit, und †angezogen mit dem Krebs (Panzer) der Gerechtigkeit, *Esa. 11, 5. 1 Petr. 1, 13. †Jes. 59, 17.

15. Und an Beinen gestiefelt, als fertig, zu treiben das Evangelium des Friedens, damit ihr bereitet seyd.

16. Vor allen Dingen aber ergreifet *den Schild des Glaubens, mit welchem ihr auslöschen könnet alle feurige Pfeile des Bösewichts. *1 Kön. 2, 6. 1 Joh. 5, 4.

17. Und nehmet den *Helm des Heils, und das Schwert des Geistes, welches ist das Wort GOttes.] *Jes. 60, 17. 1 Thess. 5, 8.

18. Und betet stets in allem Anliegen, mit Bitten und Flehen im Geist, und wachet dazu mit allem Anhalten und Flehen für alle Heiligen,

19. Und *für mich, auf daß mir gegeben werde das Wort mit freudigem Aufthun meines Mundes, daß ich möge kund machen das Geheimniß des Evangelii; *Col. 4, 3. f.

20. *Welches Bote ich bin in der Kette, auf daß ich darin †freudig handeln möge, und reden, wie sich's gebühret. *2 Cor. 5, 20. †1 Thess. 2, 2.

21. Auf daß aber ihr auch wisset, wie es um mich stehet, und was ich schaffe, wird es euch Alles kund thun *Tychikus, mein lieber Bruder und getreuer Diener in dem HErrn, *Apost. 20, 4. 2 Tim. 4, 12.

22. Welchen ich gesandt habe zu euch, um desselbigen willen, daß ihr erfahret, *wie es um mich stehet, und daß er eure Herzen tröste. *Col. 4, 7.

23. Friede sey den Brüdern, und Liebe mit Glauben, von GOtt dem Vater, und dem HErrn JEsu Christo.

24. *Gnade sey mit Allen, die da lieb haben unsern HErrn JEsum Christum unverrückt. Amen. *1 Cor. 13, 13.

[Geschrieben von Rom an die Epheser, durch Tychikus.]

Die Epistel Pauli an die Philipper.

Das 1. Capitel.

Des gesammten Pauli Danksagung, Gebet und Ermahnung zum beständigen Glaubenskampf.

1. Paulus und Timotheus, Knechte JEsu Christi, *allen Heiligen in Christo JEsu zu Philippi, sammt den Bischöfen und Dienern. *1 Cor. 1, 2.
2. *Gnade sey mit euch, und Friede von GOtt, unserm Vater, und dem HErrn JEsu Christo! *Röm. 1, 7.
(Epistel am 22. Sonntage nach Trinitatis.)
3. Ich *danke meinem GOtt, so oft ich Euerer gedenke, *Röm. 1, 9. 1 Cor. 1, 4.
4. Welches ich allezeit thue in allem meinem Gebet für euch Alle — und thue das Gebet mit Freuden —
5. Ueber eurer Gemeinschaft am Evangelio, vom ersten Tage an bisher.
6. Und bin desselbigen in guter Zuversicht, daß, der in euch angefangen hat *das gute Werk, der wird es auch vollführen, bis an den Tag JEsu Christi. *Joh. 6, 29.
7. Wie es denn mir billig ist, daß ich dermaßen von euch Allen halte; darum, daß ich euch in meinem Herzen habe, *in diesem meinem Gefängniß, darinnen ich das Evangelium verantworte und bekräftige, als die ihr Alle mit mir der Gnade theilhaftig seyd. *Vet. 3, 1. c. 4, 1.
8. Denn GOtt ist mein Zeuge, wie mich nach euch Allen verlanget von Herzensgrunde in JEsu Christo.
9. Und darum bete ich, daß eure Liebe je mehr und mehr reich werde *in allerlei Erkenntniß und Erfahrung. *Col. 1, 9.
10. Daß ihr prüfen möget, was das Beste sey: auf daß ihr seyd lauter und *unanstößig bis auf den Tag Christi, *Ephes. 5, 16.
11. Erfüllet mit *Früchten der Gerechtigkeit, die durch JEsum Christum geschehen [in euch,] zur Ehre und Lobe GOttes.] *Joh. 5, 5.
12. Ich lasse euch aber wissen, lieben Brüder, daß, wie es um mich stehet, das ist nur mehr zur Förderung des Evangelii gerathen;
13. Also, daß meine Bande offenbar geworden sind in Christo, *in dem ganzen Richthause, und bei den andern Allen; *c. 4, 22.
14. Und viele Brüder in dem HErrn

aus *meinen Banden Zuversicht gewonnen, desto thätiger (kecklich) geworden sind, das Wort zu reden ohne Scheu. *Eph. 3, 13. 1 Thess. 2, 2.
15. *Etliche zwar predigen Christum, auch um Haß und Haders willen; Etliche aber aus guter Meinung. *1 Cor. 2, 17.
16. Jene verkündigen Christum aus Zank, und nicht lauter; denn sie meinen, sie wollen eine Trübsal zuwenden meinen Banden.
17. Diese aber aus Liebe; denn sie wissen, daß ich zur Verantwortung des Evangelii hier liege. *v. 7.
18. Was ist ihm aber denn? Daß nur Christus verkündiget werde allerlei Weise, es geschehe zufallens, oder rechter Weise; so freue ich mich doch darinnen, und will mich auch freuen. *c. 2, 2. IV. 19.
19. Denn ich weiß, daß mir dasselbe gelinget zur Seligkeit, *durch euer Gebet, und durch Handreichung des Geistes JEsu Christi. *2 Cor. 1, 11.
20. Wie ich endlich warte und hoffe, daß ich in keinerlei Stück zu Schanden werde; sondern daß mit aller Freudigkeit, gleichwie sonst allezeit, also auch jetzt, Christus hoch gepriesen werde an meinem Leibe, es sei durch Leben oder durch Tod.
21. Denn Christus ist mein Leben, und Sterben ist mein Gewinn.
22. Sintemal aber im Fleisch leben dienet mehr Frucht zu schaffen; so weiß ich nicht, welches ich erwählen soll.
23. Denn es liegt mir beides hart an: Ich *habe Lust abzuscheiden und bei Christo zu seyn (welches auch viel besser wäre); *2 Kön. 10, 4. 2 Cor. 5, 4. 2 Tim. 4, 8.
24. Aber es ist nöthiger im Fleisch bleiben um euretwillen.
25. Und *in guter Zuversicht weiß ich, daß ich bleiben und bei euch Allen seyn werde, euch zur Förderung und zur Freude des Glaubens; *v. 6. c. 2, 24.
26. Auf daß ihr euch sehr rühmen möget in Christo JEsu an mir, durch meine Zukunft wieder zu euch.
27. Wandelt nur würdiglich dem Evangelio Christi, auf daß, ob ich komme, und sehe euch, oder abwesend von euch höre,
daß

daß ihr stehet in Einem Geist und Einer Seele, und sammt uns kämpfet für den Glauben des Evangelii;

28. Und euch in keinem Wege erschrecken lasset von den Widersachern, welches ist eine Anzeige, ihnen *der Verdammniß, euch aber der †Seligkeit, und dasselbige von GOtt. *v. 3, 18. †2 Tim. 1, 17.

29. Denn euch ist gegeben um Christi willen zu thun, daß ihr nicht allein an ihn glaubet, sondern auch um seinetwillen leidet.

30. Und habet denselbigen *Kampf, welchen ihr an mir gesehen habt, und nun von mir höret. *Apost. 16, 22, 23. Col. 1, 16.

Das 2. Capitel.
Die Erniedrigung und Erhöhung Christi soll zur Einigkeit, Demuth u. s. w. bewegen.

1. Ist nun bei euch Ermahnung in Christo, ist Trost der Liebe, ist Gemeinschaft des Geistes, ist herzliche Liebe und Barmherzigkeit: *Röm. 12, 10. Col. 3, 12.

2. So erfüllet meine Freude, daß ihr Eines Sinnes seyd, gleiche Liebe habet, einmüthig und einhellig seyd.

3. Nichts thut durch Zank oder eitle Ehre; sondern durch Demuth achtet ein unter einander einer den Andern höher, denn sich selbst.

4. Und ein Jeglicher *sehe nicht auf das Seine, sondern auf das, das des Andern ist. *1 Cor. 10, 24, 33.

(Epistel am Palmsonntage.)

5. Ein Jeglicher sey gesinnet, wie JEsus Christus auch war.

6. Welcher, ob er wohl in *göttlicher Gestalt war, hielt er es nicht für einen Raub, GOtte gleich seyn; *Joh. 1, 1, 2. Joh. 5, 18. c. 10, 33.

7. Sondern äusserte sich selbst, und nahm *Knechtsgestalt an, ward gleich wie ein anderer Mensch, und an Geberden als ein Mensch erfunden. *Jes. 49, 1.
Jes. 53, 2. c. 53, 3.

8. Er *niedrigte sich selbst, und ward gehorsam bis zum Tode, ja zum Tode am Kreutz. *Hebr. 12, 2.

9. Darum hat ihn auch GOtt erhöhet, und hat ihm einen Namen gegeben, der über alle Namen ist;

10. Daß *in dem Namen JEsu sich beugen sollen aller derer Kniee, die im Himmel und auf Erden und unter der Erde sind; *Jes. 45, 23. Röm. 14, 11.

11. Und alle Zungen bekennen sollen, daß JEsus Christus der HErr sey, zur Ehre GOttes des Vaters.]

12. Also, meine Liebsten, wie ihr allezeit seyd gehorsam gewesen, nicht allein in meiner Gegenwärtigkeit, sondern auch nun vielmehr in meinem Abwesen; schaffet, daß ihr selig werdet *mit Furcht und Zittern. *Ephes. 6, 11. 1 Pet. 1, 17.

13. Denn *GOtt ist es, der in euch wirket, beides, das Wollen und das Vollbringen, nach seinem Wohlgefallen. *1 Cor. 2, 2.

14. Thut Alles ohne *Murren und ohne Zweifel. *1 Pet. 4, 9. 1 Pet. 4, 9.

15. Auf daß ihr seyd ohne Tadel, und *lauter, und GOttes Kinder, unsträflich mitten unter dem aufsätzigen und verkehrten Geschlecht, unter welchem †ihr scheinet, als Lichter in der Welt; *c. 1, 10. †Matth. 5, 14. Eph. 5, 8.

16. Damit, daß ihr *haltet ob dem Wort des Lebens, mir zu einem Ruhm an dem Tage Christi, als †der ich nicht vergeblich gelaufen, noch vergeblich gearbeitet habe. *2 Tim. 1, 13. †Jes. 49, 4.
1 Cor. 9, 26.

17. Und ob *ich geopfert werde über dem Opfer und Gottesdienst eures Glaubens; so †freue ich mich, und freue mich mit euch Allen. *2 Tim. 4, 6. †2 Cor. 7, 4.

18. Desselbigen sollt *ihr euch auch freuen, und sollt euch mit mir freuen.
*c. 3, 1. c. 4, 4.

19. Ich hoffe aber in dem HErrn JEsu, daß ich *Timotheum bald werde zu euch senden, daß ich auch erquicket werde, wenn ich erfahre, wie es um euch stehet.
*Apost. 16, 1. 1 Thess. 3, 2.

20. Denn ich habe Keinen, der *so gar meines Sinnes sey, der so herzlich für euch sorget. *1 Cor. 16, 10.

21. Denn *sie suchen Alle das Ihre, nicht das Christi JEsu ist. *1 Cor. 10, 24.

22. Ihr aber wisset, daß er rechtschaffen ist; denn, wie ein Kind dem Vater, hat er mit mir gedienet am Evangelio.

23. Denselbigen, hoffe ich, werde ich senden von Stund an, wenn ich erfahren habe, wie es um mich stehet.

24. Ich *vertraue aber in dem HErrn, daß auch ich selbst schier kommen werde.
*v. 1, 25.

25. Ich

25. Ich habe es aber für nöthig angesehen, den Bruder *Epaphroditus zu euch zu senden, der mein †Gehülfe und Mitstreiter, und euer Apostel, und meiner Nothdurft Diener ist; *c. 4, 18. †2 Cor. 8, 23.

26. Sintemal er nach euch Allen Verlangen hatte, und war doch bekümmert, darum, daß ihr gehöret hattet, daß er krank war gewesen.

27. Und er war zwar *todtkrank, aber GOtt hat sich über ihn erbarmet; nicht allein aber über ihn, sondern auch über mich, auf daß ich nicht eine Traurigkeit über die andere hätte. *Jes. 38, 1.

28. Ich habe ihn aber desto eilender gesandt, auf daß ihr ihn sehet und wieder fröhlich werdet, und ich auch der Traurigkeit weniger habe.

29. So *nehmet ihn nun auf in dem HErrn, mit allen Freuden, und habt solche in Ehren. *Röm. 16, 2.

30. Denn um des Werkes Christi willen ist er dem Tode so nahe gekommen, da er sein Leben geringe bedachte, auf daß *er mir dienete an eurer Statt. *1 Cor. 16, 17.

Das 3. Capitel.
Von der Gerechtigkeit des Glaubens wider die falschen Apostel.

1. Weiter, lieben Brüder, *freuet euch in dem HErrn! Daß ich euch immer einerlei schreibe, verdrießt mich nicht, und macht euch desto gewisser. *c. 4, 4.

2. Sehet auf *die Hunde, sehet auf die bösen Arbeiter, sehet auf die Zerschneidung. *Jes. 56, 10, 11.

3. Denn wir sind die Beschneidung, die *wir GOtt im Geist dienen, und rühmen uns von Christo JEsu, und verlassen uns nicht auf Fleisch. *5 Mos. 30, 6. f.

4. Wiewohl ich auch habe, daß ich mich Fleisches rühmen möchte. So ein Anderer sich dünken läßt, er möge sich Fleisches rühmen; ich viel mehr; *2 Cor. 11, 18. 22.

5. Der ich am achten Tage beschnitten bin, einer aus dem Volk von Israel, des Geschlechts Benjamin, ein Ebräer aus den Ebräern, und nach dem Gesetz ein Pharisäer.

6. Nach dem Eifer ein Verfolger der Gemeine, nach der Gerechtigkeit im Gesetz gewesen unsträflich.

7. Aber was mir *Gewinn war, das habe ich um Christi willen für Schaden geachtet. *Matth. 13, 44.

8. Denn ich achte es Alles für Schaden gegen der überschwänglichen *Erkenntniß Christi JEsu, meines HErrn, um welches willen ich Alles habe für Schaden gerechnet, und achte es für Dreck, auf daß ich Christum gewinne, *Jes. 55, 11.

9. Und in ihm erfunden werde, daß ich *nicht habe meine Gerechtigkeit, die aus dem Gesetz, sondern die durch den Glauben an Christum kommt, nämlich die Gerechtigkeit, die von GOtt dem Glauben zugerechnet wird; *Röm. 3, 21. 22. c. 9, 30.

10. Zu erkennen ihn, und die Kraft seiner *Auferstehung, und die †Gemeinschaft seiner Leiden, daß ich seinem Tode ähnlich werde; *Röm. 1, 3. 4. 5. †Röm. 6, 3. ff.

11. Damit ich entgegen komme, zur Auferstehung der Todten.

12. Nicht, *daß ich es schon ergriffen habe, oder schon vollkommen sey; ich jage ihm aber nach, ob ich es auch ergreifen möchte, †nachdem ich von Christo JEsu ergriffen bin. *1 Tim. 6, 12. †Jes. 8, 11. Joh. 6, 44. c. 12, 32.

13. Meine Brüder, ich schätze mich selbst noch nicht, daß ich es ergriffen habe. Eins aber sage ich: Ich vergesse, was dahinten ist, und strecke mich zu dem, das da vorne ist;

14. Und jage nach dem vorgesteckten Ziel, nach dem *Kleinod, welches vorhält die himmlische Berufung GOttes in Christo JEsu. *1 Cor. 9, 24. 1 Tim. 6, 12.

15. Wie Viele nun unserer *vollkommen sind, die laßt uns also gesinnet seyn; und sollt ihr sonst etwas halten, das laßt euch GOtt offenbaren; *1 Cor. 2, 6.

16. Doch so ferne, daß wir nach einer Regel, darin wir gekommen sind, wandeln, und *gleich gesinnet seyn. *c. 1, 27. c. 2, 2.
Röm. 12, 16. c. 15, 5. 1 Cor. 1, 10. 1 Petr. 3, 8.

(Epistel am 23. Sonnt. nach Trinit.)

17. Folget mir, lieben Brüder, und sehet auf die, die also wandeln, wie ihr uns habt zum Vorbilde.

18. Denn Viele wandeln, von welchen ich euch oft gesagt habe, nun aber sage ich auch mit Weinen, die Feinde des Kreuzes Christi;

19. Welcher *Ende ist die Verdammniß, welchen der †Bauch ihr GOtt ist, und ihre Ehre zu Schanden wird, derer, die irdisch gesinnet sind. *2 Cor. 11, 15. †Ps. 17, 14. Röm. 16, 18.

20. Unser

Chriſtliche Freude und Friede.   Philipper 3. 4.   Der Philipper Guttthätigkeit. 239

20. Unſer *Wandel aber iſt im Himmel, von dannen wir auch warten des Heilandes JEſu Chriſti, des HErrn.
 *Eph. 2, 6. Ebr. 13, 14.

21. Welcher *unſern nichtigen Leib verklären wird, daß er ähnlich werde ſeinem verklärten Leibe, nach der Wirkung, damit er kann auch alle Dinge ihm unterthänig machen.]

Das 4 Capitel.

Von der Standhaftigkeit und chriſtlichen Freude der Chriſten. Ferner: der Philipper Gottſeligkeit, Dank u. w. ſ. w.

1. Alſo, meine lieben und gewünſchten Brüder, *meine Freude und meine Krone, beſtehet alſo in dem HErrn, ihr Lieben!
 *1 Cor. 1, 14. 1 Theſſ. 2, 10. 20.

2. Die Evodia ermahne ich, und die Syntyche ermahne ich, daß ſie Eines Sinnes ſeyn in dem HErrn.

3. Ja, ich bitte auch dich, mein treuer Geſelle, ſtehe ihnen bei, die ſammt mir über dem Evangelio gekämpfet haben, mit Clemens und den andern meinen Gehülfen, welcher Namen ſind *in dem Buch des Lebens.
 *2 Moſ. 32, 32. Pſ. 69, 29. Dan. 12, 1. Offenb. 3, 5. Eſai. 4, 3. c. 17, 8. c. 21, 27.

(Epiſtel am 4 Sonntage des Advents.)

4. Freuet *euch in dem HErrn allewege; und abermal ſage ich: Freuet euch!
 *c. 3, 1. 1 Cor. 13, 11.

5. Eure *Lindigkeit laſſet kund ſeyn allen Menſchen. Der †HErr iſt nahe.
 *Til. 3, 2. 1 Cor. 13, 11.

6. *Sorget nichts; ſondern in allen Dingen †laſſet eure Bitte im Gebet und Flehen mit Dankſagung vor GOtt kund werden.
 *Matth. 6, 25. 31. f. 1 Pet. 5, 6. 7.

7. Und der *Friede GOttes, welcher höher iſt, denn alle Vernunft, bewahre eure Herzen und Sinne in Chriſto JEſu.]
 *Joh. 14, 27.

8. *Weiter, lieben Brüder, was wahrhaftig iſt, was ehrbar, was gerecht, was keuſch, was lieblich, was wohl lautet, iſt etwa eine Tugend, iſt etwa ein Lob, dem denket nach.
 *c. 3, 1. 1 Thess. 5, 17.

9. Welches ihr auch gelernet und empfangen, und gehöret, und geſehen habt an mir, das thut; ſo *wird der HErr des Friedens mit euch ſeyn.
 *Röm. 1, 17.

10. Ich bin aber höchlich erfreuet in dem HErrn, daß ihr wieder wacker geworden ſeyd, für mich zu ſorgen; wiewohl ihr allerwege geſorget habt, aber die Zeit hat es nicht wollen leiden.

11. Nicht ſage ich das des Mangels halben; denn ich habe gelernet, bei welchen ich bin, mir genügen zu laſſen.

12. Ich kann niedrig ſeyn, und kann hoch ſeyn; ich bin in allen Dingen und bei allen geſchickt, beides, ſatt ſeyn und *hungern, beides, übrig haben und Mangel leiden.
 *1 Cor. 4, 11. 2 Cor. 6, 10. c. 11, 27.

13. *Ich vermag Alles durch den, der mich mächtig macht, Chriſtus.
 *Joſ. 23, 21. v. 60, 19. 20. 21.

14. Doch ihr habt wohl gethan, daß ihr euch meiner Trübſal angenommen habt.

15. Ihr aber von Philippi wiſſet, daß von Anfang des Evangelii, da ich auszog aus Macedonien, keine *Gemeine mit mir getheilet hat, nach der Rechnung der Ausgabe und Einnahme, denn ihr allein.
 *2 Cor. 11, 8.

16. Denn gen Theſſalonich ſandtet ihr zu meiner Nothdurft einmal, und darnach aber einmal.

17. Nicht, daß ich das Geſchenk ſuche; ſondern ich *ſuche die Frucht, daß ſie †überflüſſig in eurer Rechnung ſey.
 *Jon. 12, 7. 1 Cor. 9, 11. 12.

18. Denn ich habe Alles, und habe überflüſſig. Ich bin erfüllet, da ich empfing durch *Epaphroditum, das von euch kam, einem ſüßen Geruch, ein angenehm Opfer, GOtte gefällig.
 *c. 2, 25.

19. Mein *GOtt aber erfülle alle eure Nothdurft, nach ſeinem Reichthum in der Herrlichkeit, in Chriſto JEſu.
 *2 Cor. 9, 8.

20. Dem *GOtt aber und unſerm Vater ſey Ehre von Ewigkeit zu Ewigkeit! Amen.
 *Röm. 4, 16.

21. Grüßet alle Heiligen in Chriſto JEſu. Es grüßen euch die *Brüder, die bei mir ſind.
 *1 Cor. 16, 20.

22. Es grüßen *euch alle Heiligen, ſonderlich aber die von des Kaiſers Hauſe.
 *2 Cor. 13, 12.

23. Die Gnade unſers HErrn JEſu Chriſti ſey mit euch Allen! Amen.

[Geſchrieben von Rom, durch Epaphroditum.]

Die

Die Epistel Pauli an die Coloſſer.

Das 1. Capitel.

Die Heiligkeit, durch Chriſtum erworben, wird durch das Wort den Menſchen angeboten.

1. Paulus, *ein Apoſtel JEſu Chriſti, durch den Willen GOttes, und Bruder Timotheus. *1 Cor. 1, 1.

2. Den Heiligen zu Coloſſä, und den gläubigen Brüdern in Chriſto. *Gnade ſey mit euch, und Friede von GOtt, unſerm Vater, und dem HErrn JEſu Chriſto! *Röm. 1, 7.

3. Wir danken GOtt, und dem Vater unſers HErrn JEſu Chriſti, und beten allezeit für euch,

4. Nachdem *wir gehöret haben von eurem Glauben an Chriſtum JEſum, und von der Liebe zu allen Heiligen; *Eph. 1, 15.

5. Um der *Hoffnung willen, die euch beigeleget iſt im Himmel, von welcher ihr zuvor gehöret habt, durch †das Wort der Wahrheit im Evangelio,
*1 Petr. 1, 3. 4. † 2 Tim. 2, 7.

6. Das zu euch gekommen iſt, wie auch in alle Welt, und iſt fruchtbar, wie auch in euch, von dem Tage an, da ihr es gehöret habt, und erkannt die Gnade GOttes in der Wahrheit.

7. Wie ihr denn gelernet habt von *Epaphra, unſerm lieben Mitdiener, welcher iſt ein treuer Diener Chriſti für euch, *c. 4, 12.

8. Der uns auch eröffnet hat eure Liebe im Geiſt.

(Epiſtel am 24. Sonntage nach Trinitatis.)

9. Derhalben auch wir, von dem Tage an, da *wir es gehöret haben, hören wir nicht auf für euch zu beten, und zu bitten, daß ihr erfüllet werdet mit Erkenntniß ſeines Willens, in allerley geiſtlicher Weisheit und Verſtand; *Eph. 1, 15. 16.

10. Daß ihr *wandelt würdiglich dem HErrn zu allem Gefallen, und fruchtbar ſeyd in allen guten Werken,
*Eph. 4, 1. Phil. 1, 27.

11. Und wachſet in der *Erkenntniß GOttes, und geſtärket werdet mit aller Kraft, nach ſeiner herrlichen Macht, in aller Geduld und Langmüthigkeit mit Freuden; *1 Petr. 1, 5.

12. Und dankſaget dem Vater, der uns *tüchtig gemacht hat zu dem †Erbtheil der Heiligen im Licht. *1 Cor. 1, 5. 6. † 1 Petr. 1, 3. 4.

13. Welcher uns *errettet hat von der Obrigkeit der Finſterniß, und hat uns verſetzet in das Reich ſeines lieben Sohnes;
*v. 2, 13.

14. An *welchem wir haben die Erlöſung [durch ſein Blut], nämlich die Vergebung der Sünden; *Eph. 1, 7.

15. Welcher iſt das *Ebenbild des unſichtbaren GOttes, der Erſtgeborne vor allen Creaturen. *Hebr. 1, 3. 6.

16. Denn durch ihn *iſt Alles geſchaffen, das im Himmel und auf Erden iſt, das Sichtbare und Unſichtbare, beide, die Thronen, und Herrſchaften, und Fürſtenthümer, und Obrigkeiten; es iſt Alles durch ihn und zu ihm geſchaffen. *Joh. 1, 2. 10. f.

17. Und Er iſt *vor Allen, und es beſtehet Alles in ihm. *Eph. 1, 21. 22. 23.

18. Und Er iſt *das Haupt des Leibes, nämlich der Gemeine; welcher iſt der Anfang und der *Erſtgeborne von den Todten, auf daß Er in allen Dingen den Vorgang habe. *Eph. 1, 20. 23. Röm. 8, 28.
*1 Cor. 15, 20. Offenb. 1, 5.

19. Denn es iſt das Wohlgefallen geweſen, daß in ihm *alle Fülle wohnen ſollte, *v. 2, 9. Joh. 1, 18. c. 3, 34.

20. Und *Alles durch ihn verſöhnet würde zu ihm ſelbſt, es ſey auf Erden oder im Himmel, damit, daß er Frieden machte durch das Blut an ſeinem Kreuz durch ſich ſelbſt.
*Eph. 5, 10. 1 Cor. 5, 19. 1 Joh. 2, 2. c. 4, 10.

21. Und euch, die ihr *weiland Fremde und Feinde waret, durch die Vernunft in böſen Werken; *Eph. 2, 1. 12. c. 4, 18.

22. Nun aber hat er euch verſöhnet mit dem Leibe ſeines Fleiſches, durch den Tod, auf daß er euch darſtellete heilig und unſträflich, und ohne Tadel vor ihm ſelbſt;

23. So ihr anders bleibet im Glauben gegründet und *feſte, und unbeweglich von der Hoffnung des Evangelii, welches ihr gehöret habt, welches †geprediget iſt unter aller Creatur, die unter dem Himmel iſt, welches ich, Paulus, Diener geworden bin. *1 Cor. 15, 58. † Mark. 16, 15.

24. Nun *freue ich mich in meinem Leiden, das ich †für euch leide, und erſtatte an meinem Fleiſch, was noch mangelt an Trübſalen in Chriſto, für ſeinen Leib, welcher iſt die Gemeine;
*2 Cor. 7, 4. † 2 Cor. 1, 13.

25. Wel-

25. Welcher ich ein Diener geworden bin, nach *dem göttlichen Predigtamt, das mir gegeben ist unter euch, daß ich das Wort GOttes reichlich predigen soll; * Eph. 3, 2.

26. Nämlich das Geheimniß, das verborgen gewesen ist von der Welt her, und von den Zeiten her, nun aber geoffenbaret ist seinen Heiligen;

27. Welchen GOtt gewollt hat kund thun, welcher da sey der herrliche Reichthum dieses Geheimnisses unter den Heiden, welcher ist Christus in euch, der da ist die *Hoffnung der Herrlichkeit; * 1 Tim. 1, 1.

28. Den wir verkündigen, und vermahnen alle Menschen, und lehren *alle Menschen, mit aller Weisheit, auf † das wir darstellen einen jeglichen Menschen vollkommen in Christo JEsu;
* Joel. 1, 5. † Eph. 5, 27.

29. Daran ich auch *arbeite und ringe, nach der Wirkung deß, der in mir kräftiglich wirket. * 2 Tim. 4, 7.

Das 2. Capitel.

Vom Menschensatzungen. Christo der heiligen Taufe, und der Kraft seines Todes.

1. Ich lasse euch aber wissen, welch *einen Kampf ich habe um euch, und um die zu Laodicea, und Alle, die meine Person im Fleisch nicht gesehen haben;
* Phil. 1, 30.

2. Auf daß ihre Herzen ermahnet und zusammen gefasset werden in der Liebe, zu allem Reichthum des gewissen Verstandes; *zu erkennen das Geheimniß GOttes und des Vaters und Christi. * Joh. 17, 3.

3. In welchem verborgen liegen alle Schätze *der Weisheit und der Erkenntniß. * Jes. 11, 2. 1 Cor. 1, 24.

4. Ich sage aber davon, daß euch Niemand betrüge mit *vernünftigen Reden.
* Röm. 16, 18.

5. Denn ob ich wohl nach *dem Fleisch nicht da bin, so bin ich aber im Geist bei euch, freue mich, und sehe eure † Ordnung und euren festen Glauben an Christum.
* 1 Cor. 5, 3. † 1 Cor. 14, 40.

6. Wie ihr nun angenommen habt den HErrn Christum JEsum, so wandelt in ihm;

7. Und seyd *gewurzelt und † erbauet in ihm, und seyd feste im Glauben, wie ihr gelehret seyd, und seyd ††in demselbigen reichlich dankbar. * Eph. 3, 17.
† Eph. 2, 20. Jud. v. 20. †† Eph. 5, 20. 1 Thess. 5, 18.

8. Sehet zu, daß euch Niemand beraube durch die Philosophie und lose Verführung nach der Menschen Lehre, und nach der Welt Satzungen, und nicht nach Christo.

9. Denn in ihm wohnet die ganze Fülle der Gottheit leibhaftig.

10. Und ihr seyd *vollkommen in ihm, welcher ist † das Haupt aller Fürstenthümer und Obrigkeit;
* Joh. 1, 16. † Eph. 1, 21.

11. In welchem ihr auch beschnitten seyd, mit der *Beschneidung ohne Hände, durch Ablegung des sündlichen Leibes im Fleisch, nämlich mit der Beschneidung Christi; * 5 Mos. 10, 16. c. 30, 6. Röm. 2, 29.

12. In dem, *daß ihr mit ihm begraben seyd durch die Taufe, in welchem ihr auch seyd † auferstanden durch den Glauben, den GOtt wirket, welcher ihn auferwecket hat von den Todten; * Röm. 6, 4. † c. 3, 1. f.

13. Und hat euch auch mit ihm lebendig gemacht, da *ihr todt waret in den Sünden und in der Vorhaut eures Fleisches; und † hat uns geschenket alle Sünden,
* Eph. 2, 1. 5. † 2 Cor. 5, 19.

14. Und ausgetilget die Handschrift, so wider uns war, welche *durch Satzungen entstund und uns entgegen war, und hat sie aus dem Mittel gethan und an das Kreuz geheftet; * Eph. 2, 15.

15. Und *hat ausgezogen die Fürstenthümer und die Gewaltigen, und sie Schau getragen öffentlich, und einen Triumph aus ihnen gemacht durch sich selbst. * c. 2, 12.

16. So lasset nun Niemand euch Gewissen machen über *Speise, oder über Trank, oder über bestimmte Feiertage, oder Neumonden, oder Sabbathe; * Röm. 14, 2. 3.

17. Welches ist der *Schatten von dem, das zukünftig war, aber der Körper selbst ist in Christo. * Ebr. 8, 5.

18. Lasset euch Niemand das Ziel verrücken, der nach eigener Wahl einher gehet, in Demuth und † Geistlichkeit der Engel, deß er nie keines gesehen hat, und ist ohne Sache aufgeblasen in seinem fleischlichen Sinn;
* Matth. 24, 4. 24. † v. 23.

19. Und *hält sich nicht an dem Haupt, aus welchem der ganze Leib durch Gelenke und Fugen Handreichung empfänget, und an einander sich enthält, und also wächset zur göttlichen Größe. * Eph. 4, 15. 16.

20. So ihr denn nun abgestorben seyd mit

mit Christo den Satzungen der Welt; was laßt ihr euch denn fangen mit Satzungen, als lebtet ihr noch in der Welt?

21. Die da sagen: "Du sollst das nicht angreifen, du sollst das nicht kosten, du sollst das nicht anrühren,"

22. Welche sich doch Alles unter Händen verzehret, und ist *Menschengebot und Lehre; *Jes. 29, 13. Matth. 15, 9.

23. Welche haben einen Schein der Weisheit, durch selbsterwählte Geistlichkeit und Demuth, und dadurch, daß sie des *Leibes nicht verschonen, und dem Fleisch nicht seine Ehre thun zu seiner Nothdurft. *1 Tim. 4, 8.

Das 3. Capitel.
Vom Schmuck der Gerechtigkeit, sonderlich in Persohnen häuslichen Standes.

1. Seyd ihr nun *mit Christo auferstanden, so suchet, was droben ist, da Christus ist, sitzend zu der Rechten GOttes. *v. 2. 12. Röm. 6, 8.

2. *Trachtet nach dem, das droben ist, nicht nach dem, das auf Erden ist. *Matth. 6, 33.

3. Denn *ihr seyd gestorben, und euer Leben ist verborgen mit Christo in GOtt. *Röm. 6, 2.

4. Wenn *aber Christus, euer Leben, sich offenbaren wird, dann werdet ihr auch offenbar werden mit ihm in der †Herrlichkeit. — *Phil. 1, 21. 1 Joh. 3, 2. †v. 3.

5. *So tödtet nun eure Glieder, die auf Erden sind, †Hurerei, Unreinigkeit, schändliche Brunst, böse Lust, und den Geitz, welcher ist Abgötterei.
*Röm. 6, 13. 1 Joh. 5, 3.

6. Um *welcher willen kommt der Zorn GOttes über die Kinder des Unglaubens; *Eph. 5, 6.

7. In welchen auch ihr weiland gewandelt habt, *da ihr darinnen lebtet. *Röm. 6, 20.

8. Nun aber *leget Alles ab von euch, den Zorn, Grimm, Bosheit, Lästerung, schandbare Worte aus eurem Munde.
*Röm. 6, 13. Eph. 4, 22. 31. Ebr. 12, 1.

9. *Lüget nicht unter einander; ziehet den alten Menschen mit seinen Werken aus; *Röm. 6, 6. Eph. 4, 22.

10. Und *ziehet den neuen an, der da verneuert wird zu der Erkenntniß, nach dem †Ebenbilde deß, der ihn geschaffen hat; *Eph. 4, 24. †1 Mos. 1, 27.

11. Da *nicht ist Grieche, Jude, Beschneidung, Vorhaut, Ungrieche, Scythe, †Knecht, Freier; sondern Alles und in Allen Christus. *Röm. 10, 12. 1 Cor. 7, 21, 22.

(Epistel am 5. Sonnt. nach Epiphanias.)

12. So *ziehet nun an, als die Auserwählten GOttes, Heilige und Geliebte, herzliches Erbarmen, Freundlichkeit, Demuth, Sanftmuth, Geduld;
*Eph. 4, 24. 32.

13. (Und *vertrage Einer den Andern, und vergebet euch unter einander, so Jemand Klage hat wider den Andern; gleichwie Christus euch vergeben hat, also auch ihr.) *Matth. 6, 14. Eph. 4, 2.

14. Ueber Alles aber ziehet an *die Liebe, die da ist das Band der Vollkommenheit. *Joh. 13, 34.

15. Und der *Friede GOttes regiere in euren Herzen, zu welchem ihr auch berufen seyd in Einem Leibe, und †seyd dankbar. *Phil. 4, 7. 1 Cor. R. V. 1.

16. Lasset das Wort Christi unter euch *reichlich wohnen, in aller Weisheit; lehret und vermahnet euch selbst †mit Psalmen und Lobgesängen, und geistlichen lieblichen Liedern, und singet dem HErrn in eurem Herzen. *1 Cor. 1, 5. †Eph. 5, 19.

17. Und *Alles, was ihr thut mit Worten oder mit Werken, das thut Alles in dem Namen des HErrn JEsu, und danket GOtt und dem Vater durch ihn.]
*1 Cor. 10, 31.

18. *Ihr Weiber, seyd unterthan euren Männern in dem HErrn, wie sich's gebühret. *Eph. 5, 22 f.

19. *Ihr Männer, liebet eure Weiber, und seyd nicht bitter gegen sie.
*Eph. 5, 25. 1 Petr. 3, 7.

20. *Ihr Kinder, seyd gehorsam den Eltern in allen Dingen; denn das ist dem HErrn gefällig. *Eph. 6, 1.

21. *Ihr Väter, erbittert eure Kinder nicht, auf daß sie nicht scheu werden. *Eph. 6, 4.

22. *Ihr Knechte, seyd gehorsam in allen Dingen euren leiblichen Herren, nicht mit Dienst vor Augen, als den Menschen zu gefallen, sondern mit Einfältigkeit des Herzens und mit Gottesfurcht. *Eph. 6, 5 f.

23. Alles, was ihr thut, das thut von Herzen, *als dem HErrn, und nicht den Menschen; *v. 17.

24. Und wisset, daß ihr von dem HErrn

HErrn empfangen werdet die Vergeltung des Erbes; denn ihr dienet dem *HErrn Christo. * Ephes. 6, 8.

25. Wer aber Unrecht thut, der wird empfangen, was er Unrecht gethan hat; und *gilt kein Ansehen der Person. * Apost. 10, 34. f.

Cap. 4. v. 1. Ihr Herren, *was recht und gleich ist, das beweiset den Knechten, und wisset, daß ihr auch einen HErrn im Himmel habt. * 3 Mos. 25, 43. 53. Eph. 6, 9.

Das 4. Capitel.
Von der Christen Gebet und vorsichtigem Wandel.

2. Haltet an *am Gebet, und wachet in demselbigen mit Danksagung; * 1 Thess. 5, 17. f.

3. Und *betet zugleich auch für uns, auf daß GOtt uns die Thür des Worts aufthue, zu reden †das Geheimniß Christi, darum ich auch gebunden bin; * Röm. 15, 30. Eph. 6, 19. 2 Thess. 3, 1. †Eph. 3, 4.

4. Auf daß ich dasselbige offenbare, wie ich soll reden.

5. *Wandelt weislich gegen die, die draußen sind, und schicket euch in die Zeit. * Eph. 5, 15. 16.

6. Eure Rede sey allezeit lieblich, und mit *Salz gewürzet, daß ihr wisset, wie ihr einem Jeglichen antworten sollt. * Marc. 9, 50.

7. Wie es um mich stehet, wird euch Alles kund thun Tychikus, der liebe Bruder, und getreue Diener und Mitknecht in dem HErrn;

8. Welchen *ich habe darum zu euch gesandt, daß er erfahre, wie es sich mit euch hält, und daß er eure Herzen ermahne; * Eph. 6, 22.

9. Sammt Onesimo, dem getreuen und lieben Bruder, welcher von den Euren ist. Alles, wie es hier zustehet, werden sie euch kund thun.

10. Es grüsset euch *Aristarchus, mein Mitgefangener; und Marcus, der Neffe Barnabä, von welchem ihr etliche Befehle empfangen habt: (So er zu euch kommt, nehmet ihn auf.) * Apost. 19, 29.

11. Und Jesus, der da heißt Justus, *die aus der Beschneidung sind. Diese sind allein meine Gehülfen am Reich GOttes, die mir ein Trost geworden sind. * Apost. 11, 2.

12. Es grüsset euch *Epaphras, der von den Euren ist, ein Knecht Christi, und allezeit ringet für euch mit Gebeten, auf daß ihr bestehet vollkommen, und erfüllet mit allem Willen GOttes. * c. 1, 7.

13. Ich gebe ihm Zeugniß, daß er grossen Fleiß hat um euch, und um die zu Laodicea, und zu Hierapolis.

14. Es grüsset euch Lucas, der Arzt, der Geliebte, und Demas.

15. Grüsset die Brüder zu Laodicea, und den Nymphas, und *die Gemeine in seinem Hause. * Röm. 16, 5.

16. Und wenn die Epistel bei euch gelesen ist, so schaffet, daß sie auch in der Gemeine zu Laodicea *gelesen werde, und daß ihr die von Laodicea leset. * 1 Thess. 5, 27.

17. Und saget dem Archippus: Siehe auf das Amt, das du empfangen hast in dem HErrn, daß du dasselbige ausrichtest.

18. Mein *Gruß mit meiner Pauls-Hand. Gedenket meiner Bande. Die Gnade sey mit euch! Amen. * 2 Thess. 3, 17. 18.

[Geschrieben von Rom durch Tychikus und Onesimus.]

Die erste Epistel Pauli an die Thessalonicher.

Das 1. Capitel.
Ermahnung an die Thessalonicher zur Beständigkeit im Christenthum.

1. Paulus, *und Silvanus, und Timotheus der Gemeine zu Thessalonich, in GOtt dem Vater, und dem HErrn JEsu Christo. Gnade sey mit euch, und Friede von GOtt, unserm Vater, und dem HErrn JEsu Christo! * 2 Thess. 1, 1.

2. Wir danken GOtt allezeit für euch Alle, und gedenken euer in unserm Gebet ohne Unterlaß;

3. Und gedenken an euer *Werk im Glauben, und an eure Arbeit in der Liebe, und an eure Geduld in der Hoffnung, welche ist unser HErr JEsus Christus, vor GOtt und unserm Vater. * Joh. 6, 29. 1 Cor. 13, 13.

4. Denn, lieben Brüder, von GOtt geliebet, wir wissen, wie ihr *auserwählet seyd; * Col. 3, 12.

5. Das

5. Daß unser Evangelium ist bei euch gewesen, nicht allein im Wort, sondern, beides, *in der Kraft und in dem heiligen Geist, und in großer Gewißheit; wie ihr wisset, welcherlei wir gewesen sind unter euch um euretwillen. *1 Cor. 2, 4.

6. Und ihr seyd unsere *Nachfolger geworden und des HErrn, und habt das Wort aufgenommen unter vielen Trübsalen mit Freuden im heiligen Geist; *1 Cor. 4, 16.

7. Also, daß ihr geworden seyd ein Vorbild allen Gläubigen in *Macedonien und Achaja. *c. 4, 10.

8. Denn von euch ist ausgeschollen das Wort des HErrn, nicht allein in Macedonien und Achaja; sondern an allen Orten ist auch *euer Glaube an GOtt ausgebrochen, also, daß nicht noth ist, euch etwas zu sagen. *Röm. 1, 8. 1 Thess. 1, 6.

9. Denn sie selbst verkündigen von euch, was für einen Eingang wir zu euch gehabt haben, und wie ihr *bekehret seyd zu GOtt von den Abgöttern, zu dienen dem lebendigen und wahren GOtt,
*1 Cor. 12, 2.

10. Und *zu warten seines Sohnes vom Himmel, welchen er auferwecket hat von den Todten, JEsum, der uns von dem zukünftigen Zorn erlöset hat. *Röm. 1, 17.
Phil. 3, 20.

Das 2. Capitel.

Eifrige Lehrer sind getreuen Lehrern eine große Freude.

1. Denn auch ihr wisset, lieben Brüder, von *unserm Eingange zu euch, daß er nicht vergeblich gewesen ist; *c. 1, 5. 9.

2. Sondern, als wir zuvor gelitten hatten und *geschmähet gewesen waren zu Philippi, wie ihr wisset, waren wir dennoch freudig in unserm GOtt, bei euch zu sagen das Evangelium GOttes, mit großem Kämpfen. *Apost. 16, 22. c. 17, 2.

3. Denn unsere Ermahnung ist nicht gewesen zum Irrthum, noch zur Unreinigkeit, noch mit List:

4. Sondern wie wir von GOtt bewähret sind, daß uns das Evangelium *vertrauet ist zu predigen, also reden wir, nicht als wollten wir den Menschen gefallen, sondern GOtte, der unser Herz prüfet.
*Gal. 2, 10.

5. Denn wir sind nie mit Schmeichelworten umgegangen, wie ihr wisset, noch dem Geiz gestellt: GOtt ist des Zeuge.

6. Haben auch nicht *Ehre gesucht von den Leuten, weder von euch, noch von Andern; *Joh. 5, 41. 44.

7. Hätten *euch auch mögen schwer seyn, als Christi Apostel; sondern wir sind mütterlich gewesen bei euch, gleichwie eine Amme ihre Kinder pfleget.
*1 Cor. 9, 18. 2 Thess. 3, 9.

8. Also hatten wir Herzens-Lust an euch, und waren willig, euch mitzutheilen nicht allein das Evangelium GOttes, sondern auch unser Leben, darum, daß wir euch lieb haben gewonnen.

9. Ihr seyd wohl eingedenk, lieben Brüder, *unserer Arbeit und unserer Mühe; denn Tag und Nacht arbeiteten wir, daß wir Niemand unter euch beschwerlich wären, und predigten unter euch das Evangelium GOttes. *1 Cor. 4, 12. 1.

10. Deß seyd ihr Zeugen, und GOtt, wie heilig und gerecht und *unsträflich wir bei euch, die ihr gläubig waret, gewesen sind. *1 Thess. 4, 3.

11. Wie ihr denn wisset, daß wir, als ein Vater seine Kinder, einen Jeglichen unter euch ermahnet und getröstet,

12. Und bezeuget haben, daß ihr *wandeln solltet würdiglich vor GOtt, der euch berufen hat zu seinem Reich und zu seiner Herrlichkeit.
*Ephes. 4, 1. Phil. 1, 27.

13. Darum auch wir ohne Unterlaß GOtt danken, daß ihr, da ihr empfinget von uns das Wort göttlicher Predigt, nahmet ihr es auf, nicht als Menschen-Wort, sondern (wie es denn wahrhaftig ist) als GOttes Wort; welcher *auch wirket in euch, die ihr glaubet. *c. 1, 5.

14. Denn ihr seyd Nachfolger geworden, lieben Brüder, der Gemeinen GOttes in Judäa, in Christo JEsu, daß ihr eben dasselbige erlitten habt von euren Blutsfreunden, das jene von den Juden;

15. Welche auch *den HErrn JEsum getödtet haben, und ihre eigenen Propheten, und haben uns verfolget, und gefallen GOtt nicht, und sind allen Menschen zuwider. *Apost. 2, 23. c. 7, 52.

16. Wehren uns zu sagen den Heiden, damit sie selig würden, auf daß sie *ihre Sünden erfüllen allewege; denn der Zorn ist schon endlich über sie gekommen.
*Matth. 23, 32. 33.

17. Wie aber, lieben Brüder, nachdem wir

wir euret eine Weile beraubet gewesen sind, nach dem Angesicht, nicht nach dem Herzen, haben wir desto mehr geeilet, euer Angesicht zu sehen *mit großem Verlangen.
*1Thess. 1, 11. 12.

18. Darum haben wir wollen zu euch kommen (ich Paulus) zweimal; und Satanas hat uns verhindert.

19. Denn *wer ist unsere Hoffnung, oder Freude, oder Krone des Ruhms? Seyd nicht auch ihr es vor unserm HErrn JEsu Christo, zu seiner Zukunft?
*Phil. 4, 1.

20. Ihr seyd ja unsere Ehre und Freude.

Das 3. Capitel.
Pauli Sorgfalt und Gebet für die Thessalonicher.

1. Darum haben wir es nicht weiter wollen vertragen, und haben uns lassen wohlgefallen, daß wir zu Athen allein gelassen würden,

2. Und haben Timotheum gesandt, unsern Bruder und Diener GOttes, und unsern Gehülfen am Evangelio Christi, euch zu stärken und zu ermahnen in eurem Glauben;

3. Daß nicht Jemand *weich würde in diesen Trübsalen; (denn ihr wisset, daß wir dazu gesetzt sind.
*Ephes. 3, 13.

4. Und da wir bei euch waren, sagten wir es euch zuvor, wir würden Trübsal haben müssen; wie denn auch geschehen ist, und ihr wisset.)

5. Darum ich es auch nicht länger vertragen habe, ich ausgesandt, daß ich erführe euren Glauben, auf daß nicht euch vielleicht versucht hätte der Versucher, und *unsere Arbeit vergeblich würde.
*Gal. 2, 10.

6. Nun aber, so *Timotheus zu uns von euch gekommen ist, und uns verkündiget hat euren Glauben und Liebe, und daß ihr unserer gedenket allezeit zum Besten, und verlanget nach uns zu sehen, wie denn auch uns nach euch:
*Apost. 18, 5.

7. Da sind wir, lieben Brüder, getröstet worden an euch, in aller *unserer Trübsal und Noth, durch euren Glauben.
*c. 1, 2, 3.

8. Denn nun sind wir lebendig, dieweil ihr stehet in dem HErrn.

9. Denn was für einen Dank können wir GOtt vergelten um euch, für alle diese Freude, die wir haben von euch vor unserm GOtt!

10. Wir bitten Tag und Nacht fast sehr, daß wir sehen mögen euer Angesicht, und erstatten, so etwas mangelt an eurem Glauben.

11. Er aber, GOtt unser Vater, und unser HErr JEsus Christus, schicke unsern Weg zu euch.

12. Euch aber vermehre der HErr, und lasse die Liebe völlig werden unter einander, und gegen Jedermann, (wie denn auch wir sind gegen euch):

13. Daß *eure Herzen gestärket, †untrüglich seyen in der Heiligkeit vor GOtt und unserm Vater, auf die Zukunft unsers HErrn JEsu Christi sammt allen seinen Heiligen.
*1Thess. 5, 17. †1Phil. 2, 15.

Das 4. Capitel.
Ermahnung zum heiligen Wandel. Trost wider Traurigkeit und der Beschaffenheit des Todes.
(Epistel am Sonntage in der Fasten. Reminiscere.)

1. Weiter, lieben Brüder, bitten wir euch, und *ermahnen in dem HErrn JEsu, (nachdem ihr von uns empfangen habt, †wie ihr sollt wandeln und GOtt gefallen), daß ihr immer völliger werdet.
*2Thess. 3, 12. †Coloss. 4, 1.

2. Denn ihr wisset, welche Gebote wir euch gegeben haben, durch den HErrn JEsum.

3. Denn *das ist der Wille GOttes, eure Heiligung, daß ihr meidet die Hurerei,
*Röm. 12, 2.

4. Und ein Jeglicher unter euch wisse sein *Faß (seinen Leib) zu behalten in Heiligung und Ehren,
*1Cor. 6, 18. 19.

5. Nicht in der *Lustseuche, wie die Heiden, die von GOtt nichts wissen;
*Rom. 2, 5. Gal. 4, 8.

6. Und daß Niemand zu weit greife, noch vervortheile seinen Bruder im Handel; denn der HErr ist der Rächer über das Alles, wie wir euch zuvor gesagt und bezeuget haben.

7. Denn GOtt hat uns nicht berufen zur Unreinigkeit, sondern *zur Heiligung.
*2Tim. 1, 9.

8. *Wer nun verachtet, der verachtet nicht Menschen, sondern GOtt, der seinen heiligen Geist gegeben hat in euch.
*1m. 10, 16.

9. Von der brüderlichen Liebe aber ist nicht noth euch zu schreiben; denn ihr seyd selbst von GOtt gelehret, *euch unter einander zu lieben.
*Matt. 12, 31. 2.

10. Und

10. Und das thut ihr auch an allen Brüdern, die in ganz *Macedonien sind. Wir ermahnen euch aber, lieben Brüder, †daß ihr noch völliger werdet; *v. 1, v.
†c. 4, 1.

11. Und *ringet darnach, daß ihr stille seyd, und das Eure schaffet, und †arbeitet mit euren eigenen Händen, wie wir euch geboten haben. *2 Thess. 3, 6. 12.
‡1 Cor. 4, 12.

12. Auf daß ihr *ehrbarlich wandelt gegen die, die draußen sind, und ihrer keines bedürfet. *Röm. 13, 13.

(Epistel am 25. Sonntage nach Trinitatis.)

13. Wir wollen euch aber, lieben Brüder, *nicht verhalten von denen, die da schlafen, auf daß †ihr nicht traurig seyd, wie die Andern, die keine Hoffnung haben. *1 Cor. 10, 1. †Ephes. 2, 12.

14. Denn so wir glauben, daß *JEsus gestorben und auferstanden ist; also wird GOtt auch, die da entschlafen sind durch JEsum, mit ihm führen. *Röm. 14, 9.
1 Cor. 25, 12, 18.

15. Denn das sagen wir euch, als ein Wort des HErrn, daß wir, die wir leben und überbleiben in der Zukunft des HErrn, *werden denen nicht vorkommen, die da schlafen. *1 Cor. 15, 23. 46. 50.

16. Denn er selbst, der HErr, wird mit einem Feldgeschrei und Stimme des Erzengels, und mit der Posaune GOttes hernieder kommen vom Himmel, und die Todten in Christo werden auferstehen zuerst.

17. Darnach wir, die wir leben und überbleiben, werden zugleich mit denselbigen *hingerückt werden in den Wolken, dem HErrn entgegen in der Luft, und werden also †bei dem HErrn seyn allezeit.
*Ezech. 11, 12. †Joh. 12, 26. 4, 17. 24.

18. So tröstet euch nun mit diesen Worten unter einander.]

Das 5. Capitel.

Von der Zeit des jüngsten Tages, und wie man sich dazu recht vorbereiten soll.

(Epistel am 27. Sonntage nach Trinitatis.)

1. Von den *Zeiten aber und Stunden, lieben Brüder, ist nicht noth euch zu schreiben. *Matth. 24, 3. 36.

2. Denn ihr selbst wisset gewiß, daß der Tag des HErrn wird kommen, *wie ein Dieb in der Nacht. *Matth. 24, 42. 43. 44.
Luc. 12, 39. 2 Petr. 3, 10. Offenb. 3, 3. 16, 15.

3. Denn, wenn sie werden sagen: *Es ist Friede, es hat keine Gefahr; so wird sie das Verderben schnell überfallen, gleichwie der Schmerz ein schwanger Weib, und werden nicht entfliehen.
*Jer. 8, 14. c. 6, 14.

4. Ihr aber, lieben Brüder, *seyd nicht in der Finsterniß, daß euch der Tag wie ein Dieb ergreife. *Eph. 5, 8.

5. Ihr seyd allzumal *Kinder des Lichts, und Kinder des Tages; wir sind nicht von der Nacht, noch von der Finsterniß. *Gal. 16, 8. Röm. 13, 12.

6. So lasset uns nun nicht schlafen, wie die Andern; sondern lasset uns wachen und nüchtern seyn.

7. Denn die da schlafen, die schlafen des Nachts, und die da trunken sind, die sind des Nachts trunken.

8. Wir aber, die wir *des Tages sind, sollen nüchtern seyn, angethan †mit dem Krebs (Panzer) des Glaubens und der Liebe, und mit dem Helm der Hoffnung zur Seligkeit. *Röm. 13, 12. †Jes. 59, 17. †Eph. 6, 14. 17. s.

9. Denn *GOtt hat uns nicht gesetzt zum Zorn, sondern die Seligkeit zu besitzen, durch unsern HErrn JEsum Christum. *Röm. 9, 22.

10. Der für uns gestorben ist, auf daß, *wir wachen oder schlafen, wir zugleich mit ihm leben sollen. *Röm. 14, 8. 9.
2 Cor. 5, 15.

11. Darum *ermahnet euch unter einander, und bauet Einer den Andern, wie ihr denn thut.]
*c. 4, 18. Ebr. 10, 24. 25.

12. Wir bitten euch aber, lieben Brüder, daß ihr *erkennet, die an euch arbeiten und euch vorstehen in dem HErrn, und euch vermahnen. *1 Cor. 16, 18.

13. Habt sie desto lieber um ihres Werks willen, und seyd friedsam mit ihnen.

14. Wir ermahnen euch aber, lieben Brüder: *Vermahnet die Ungezogenen, tröstet die Kleinmüthigen, traget die Schwachen, seyd geduldig gegen Jedermann. *2 Thess. 5, 16.

15. Sehet zu, daß *Niemand Böses mit Bösem Jemand vergelte; sondern allezeit jaget dem Guten nach, beides, unter einander und gegen Jedermann.
*Spr. 20, 22. Röm. 11, 17. 1 Petr. 2, 9.

16. *Seyd allezeit fröhlich. *Phil. 4, 4.

17. *Betet ohne Unterlaß. *Luc. 18, 1.
Röm. 12, 12. Col. 4, 2.

18. Seyd *dankbar in allen Dingen; denn

denn das ist der Wille GOttes in Christo
JEsu an euch. * Eph. 5, 20. Col. 3, 7.
* v. 7, 12.
19. Den Geist dämpfet nicht.
20. Die *Weissagung verachtet nicht.
* 1 Cor. 14, 1.
21. *Prüfet aber Alles, und das Gute
behaltet. * Röm. 2, 10.
22. Meidet allen bösen Schein.
23. Er aber, *der GOtt des Friedens, heilige euch durch und durch,
und euer Geist ganz, sammt der Seele
und Leib, müsse behalten werden unsträflich auf die Zukunft unsers
HErrn JEsu Christi. * Röm. 16, 20.

24. *Getreu ist er, der euch rufen,
welcher wird es auch thun. * 1 Cor. 1, 9.
1 Cor. 10, 13. 2 Thess. 3, 3. 1 Tim. 2, 13. 1 Joh. 1, 9.
25. Lieben Brüder, *betet für uns.
* Col. 4, 2.
26. Grüßet *alle Brüder mit dem heiligen Kuß. * Röm. 16, 16.
27. Ich beschwöre euch bei dem HErrn,
daß ihr diese Epistel lesen lasset alle
heilige Brüder.
28. Die *Gnade unsers HErrn JEsu
Christi sey mit euch! Amen.
* Röm. 16, 20. 24. Phil. 4, 23.

[An die Thessalonicher die erste, geschrieben von Athen.]

Die andere Epistel Pauli an die Thessalonicher.

Das 1. Capitel.
Ermahnung zur Beständigkeit bei Verfolgung.

1. Paulus, und Silvanus, und Timotheus, der Gemeine zu Thessalonich, in GOtt, unserm Vater,
und dem HErrn JEsu Christo.
2. *Gnade sey mit euch, und Friede von
GOtt, unserm Vater, und dem HErrn
JEsu Christo. * 1 Cor. 1, 3. Gal. 1, 3.
(Epistel am 26. Sonntage nach Trinitatis.)
3. Wir sollen *GOtt danken allezeit
um euch, lieben Brüder, wie es
billig ist; denn euer Glaube wächset
sehr, und die Liebe eines Jeglichen unter
euch Allen nimmt zu gegen einander,
* c. 2, 13. 1 Thess. 1, 2.
4. Also, *daß wir uns auch euer rühmen
unter den Gemeinen GOttes, von eurer
Geduld und Glauben, in allen euren
Verfolgungen und Trübsalen, die ihr
duldet; * 1 Cor. 1, 14.
5. Welches *anzeigt, daß GOtt recht
richten wird, und ihr †würdig werdet
zum Reich GOttes, über welchem ihr
auch leidet; * Phil. 1, 28. † Luc. 21, 36.
6. Nachdem es recht ist bei GOtt,
zu vergelten Trübsal denen, die euch
Trübsal anlegen.
7. Euch aber, die ihr Trübsal leidet,
Ruhe mit uns, wenn nun *der HErr JE-
sus wird geoffenbaret werden vom Himmel, †sammt den Engeln seiner Kraft,
* 1 Thess. 4, 16. 1 Petr. 4, 13. † Matth. 25, 31.
8. Und mit Feuerflammen, *Rache zu
geben über die, so GOtt nicht erkennen,

und über die, so nicht gehorsam sind dem
Evangelio unsers HErrn JEsu Christi;
9. Welche werden Pein leiden, das ewige
Verderben von dem Angesichte des HErrn,
und von seiner herrlichen Macht;
* Ef. 2, 10. 19.
10. Wenn *er kommen wird, daß er
herrlich erscheine mit seinen Heiligen, und
wunderbar mit allen Gläubigen. Denn
unser Zeugniß an euch von demselbigen
Tage habt ihr geglaubet. * Col. 3, 4.
11. Und derhalben *beten wir auch allezeit für euch, daß unser GOtt euch würdig mache der Berufes, und erfülle alles
Wohlgefallen der Güte, und das Werk des
Glaubens in der Kraft. * 2 Thess. 3, 1. 2.
12. Auf daß an euch gepriesen werde der
Name unsers HErrn JEsu Christi, und
ihr an ihm, nach der Gnade unsers GOttes, und des HErrn JEsu Christi.

Das 2. Capitel.
Weissagung vom Antichrist, vor der letzten Zukunft des HErrn.

1. Aber der Zukunft halben unsers
HErrn JEsu Christi und unserer
Versammlung zu ihm, bitten wir euch,
lieben Brüder,
2. Daß ihr euch nicht bald bewegen
lasset von eurem Sinn, noch erschrecken,
— weder durch Geist, noch durch Wort,
noch durch Briefe, als von uns gesandt —
daß der Tag Christi vorhanden sey.
3. Lasset *euch Niemand verführen in
keinerlei Weise. Denn er kommt nicht,

es sey denn, daß zuvor der Abfall komme, und geoffenbaret werde der Mensch der Sünden, und das Kind des Verderbens,
*Dan. 7, 25.

4. Der da ist ein Widerwärtiger, und *sich erhebt über Alles, das GOtt oder Gottesdienst heißt, also, daß er sich setzet in den Tempel GOttes, als ein GOtt, und giebt sich vor, er sey GOtt.
*Dan. 11, 36.

5. Gedenket ihr nicht daran, daß ich euch solches sagte, da ich noch bei euch war?

6. Und was es noch aufhält, wisset ihr, daß er geoffenbaret werde zu seiner Zeit.

7. *Denn es reget sich schon bereits die Bosheit heimlich, ohne daß, der es jetzt aufhält, muß hinweg gethan werden.
*Spök. 15, 13.

8. Und alsdann wird der Boshaftige geoffenbaret werden, welchen *der HErr umbringen wird mit dem Geist seines Mundes, und wird seiner ein Ende machen, durch die Erscheinung seiner Zukunft,
*Jes. 11, 4. Offenb. 19, 19. 20.

9. Deß, welches Zukunft geschiehet nach der *Wirkung des Satans, mit allerlei lügenhaftigen Kräften, und Zeichen, und Wundern,
*Matth. 24, 24.

10. Und mit allerlei Verführung zur Ungerechtigkeit, unter denen, *die verloren werden: dafür, daß sie die Liebe zur Wahrheit nicht haben angenommen, daß sie selig würden.
*1 Cor. 1, 18. 2 Cor. 4, 3.

11. Darum wird *ihnen GOtt kräftige Irrthümer senden, daß sie glauben der Lüge;
*Röm. 1, 24.

12. Auf daß gerichtet werden Alle, die *der Wahrheit nicht glauben, sondern haben Lust an der Ungerechtigkeit.
*5 Mos. 32, 24. W. 18, 1, 18.

13. Wir aber *sollen GOtt danken allezeit um euch, geliebte Brüder von dem HErrn, daß euch GOtt *erwählet hat von Anfang zur Seligkeit, in der Heiligung des Geistes, und im Glauben der Wahrheit.
*v. 1. 2. 4. † Eph. 1, 4.

14. Darein er euch berufen hat durch unser Evangelium, zum herrlichen Eigenthum unsers HErrn JEsu Christi.

15. So stehet nun, lieben Brüder, und haltet *an den Satzungen, die ihr gelehret seyd, es sey durch unser Wort, oder Epistel.
*c. 3, 6.

16. Er aber, unser HErr JEsus Christus, und GOtt und unser Vater, der uns hat geliebet und gegeben einen ewigen Trost und eine gute Hoffnung, durch Gnade,

17. Der ermahne eure *Herzen, und stärke euch in allerlei Lehre und gutem Werk.
*1 Thess. 3, 13.

Das 3. Capitel.
Für den Verlauf des Evangelii soll man beten, den Nachläßigen und Vorwitz meiden.

1. Weiter, lieben Brüder, *betet für uns, daß das Wort des HErrn laufe und gepriesen werde, wie bei euch,
*Col. 4, 3.

2. Und daß wir erlöset werden von den unartigen und argen Menschen. Denn der Glaube ist nicht Jedermanns Ding.

3. Aber der HErr ist *treu, der wird euch stärken und bewahren vor dem Argen.
*1 Cor. 1, 9. c. 10, 13.

4. Wir *versehen uns aber zu euch in dem HErrn, daß ihr thut und thun werdet, was wir euch gebieten.
*2 Cor. 7, 16.

5. Der HErr aber richte eure Herzen zu der Liebe GOttes, und zu der Geduld Christi.

6. Wir gebieten euch aber, lieben Brüder, in dem Namen unsers HErrn JEsu Christi, daß ihr euch *entziehet von allem Bruder, der da unordentlich wandelt, und nicht nach der Satzung, die er von uns empfangen hat.
*Matth. 18, 17.

7. Denn ihr wisset, wie *ihr uns sollt nachfolgen. Denn wir sind nicht unordentlich unter euch gewesen;
*1 Cor. 4, 16. 1 Thess. 1, 6.

8. Haben auch nicht umsonst das Brot genommen von Jemand, sondern *mit Arbeit und Mühe Tag und Nacht haben wir gewirket, daß wir nicht Jemand unter euch beschwerlich wären.
*1 Cor. 4, 12. 1.

9. Nicht darum, daß wir deß *nicht Macht haben; sondern, † daß wir uns selbst zum Vorbilde euch geben, uns nachzufolgen.
*Matth. 10, 10. † 1 Cor. 4, 12.

10. Und da wir bei euch waren, geboten wir euch solches, daß, so Jemand nicht will *arbeiten, der soll auch nicht essen.
*1 Mos. 3, 19.

11. Denn wir hören, daß Etliche unter euch wandeln unordentlich, und arbeiten nichts, sondern treiben Vorwitz.

12. Sol-

12. Solchen aber gebieten wir, und ermahnen sie, durch unsern HErrn JEsum Christum, daß sie *mit stillem Wesen arbeiten und ihr eigen Brot essen. *1 Thess. 4, 11.

13. Ihr aber, lieben Brüder, *werdet nicht verdrossen, Gutes zu thun. *Gal. 6, 9.

14. So aber Jemand nicht gehorsam ist unserm Wort, den zeichnet an durch einen Brief, und *habt nichts mit ihm zu schaffen, auf daß er schamroth werde. *v. 6. Matth. 18, 17. 1 Cor. 5, 9. 11.

15. Doch haltet ihn nicht als einen Feind, sondern *vermahnet ihn als einen Bruder. *Matth. 18, 15.

16. Er aber, *der HErr des Friedens, gebe euch Frieden allenthalben und auf allerlei Weise. Der HErr sey mit euch Allen. *Röm. 15, 33. c. 16, 20.

17. Der *Gruß mit meiner Hand Pauli. Das ist das Zeichen in allen Briefen, also schreibe ich. *1 Cor. 16, 21.

18. Die *Gnade unsers HErrn JEsu Christi sey mit euch Allen! Amen. *2 Tim. 4, 22.

[Geschrieben von Athen.]

Die erste Epistel Pauli an Timotheum.

Das 1. Capitel.

Lehre des Gesetzes und Evangelii durch Pauli Exempel erkläret.

1. Paulus, ein Apostel JEsu Christi, nach *dem Befehl GOttes unsers Heilandes, und des HErrn JEsu Christi, der unsere Hoffnung ist, *Ephes. 3, 9. Röm. 1, 1. 1 Col. 1, 27.

2. Timotheo, meinem rechtschaffenen *Sohne im Glauben, Gnade, Barmherzigkeit, Friede von GOtt, unserm Vater, und unserm HErrn JEsu Christo! *2 Tim. 1, 2.

3. Wie ich dich ermahnet habe, daß du zu Ephesus bliebest, da ich in Macedonien zog, und gebötest Etlichen, daß sie nicht anders lehrten;

4. Auch nicht Acht hätten auf die *Fabeln und der Geschlechter Register, die kein Ende haben, und bringen Fragen auf, mehr, denn Besserung zu GOtt im Glauben. *c. 4. 7.

5. Denn die *Hauptsumme des Gebots ist Liebe von reinem Herzen, und von gutem Gewissen, und von ungefärbtem Glauben; *Röm. 13, 10. Röm. 13, 8. 10. Matth. 22, 40.

6. Welcher haben Etliche gefehlet, und sind umgewandt zu unnützem Geschwätz, *c. 6, 4. c. 20.

7. Wollen der Schrift *Meister seyn, und †verstehen nicht, was sie sagen oder was sie setzen. *Joh. 9, 10. †1 Tim. 9, 4.

8. Wir wissen aber, daß *das Gesetz gut ist, so seiner Jemand recht brauchet. *Röm. 7, 12.

9. Und weiß solches, daß dem Gerechten kein Gesetz gegeben ist, sondern den Ungerechten und Ungehorsamen, den Gottlosen und Sündern, den Unheiligen und Ungeistlichen, den Vatermördern und Muttermördern, den Todtschlägern,

10. Den Hurern, den Knabenschändern, *den Menschendieben, den Lügnern, den Meineidigen, und so etwas mehr der heilsamen Lehre zuwider ist; *2 Mos. 21, 16.

11. Nach dem herrlichen Evangelio *des seligen GOttes, welches mir vertrauet ist. *c. 6, 15.

12. Und ich danke unserm HErrn Christo JEsu, der mich stark gemacht, und *treu geachtet hat, und gesetzet in das Amt; *Ephes. 3, 15.

13. Der ich zuvor war ein Lästerer, und ein Verfolger, und ein Schmäher; aber mir ist Barmherzigkeit widerfahren, denn ich habe es unwissend gethan, im Unglauben.

14. Es ist aber desto reicher gewesen die Gnade unsers HErrn, sammt dem Glauben und der Liebe, die in Christo JEsu ist.

15. Denn das ist je gewißlich wahr und ein theuer werthes Wort, daß Christus JEsus *gekommen ist in die Welt, die Sünder selig zu machen, unter welchen ich der vornehmste bin. *Matth. 18, 11. f.

16. Aber darum ist mir Barmherzigkeit widerfahren, auf daß an mir vornehmlich JEsus Christus erzeigte alle Geduld, zum Exempel denen, die an ihn glauben sollten zum ewigen Leben.

17. Aber GOtt, dem ewigen Könige, dem Unvergänglichen, und Unsichtbaren, und allein Weisen, sey Ehre und Preis in Ewigkeit! Amen.

18. Dies

18. Dies Gebot befehle ich dir, mein Sohn Timotheus, nach den vorigen Weissagungen über dir, daß du in denselbigen eine gute Ritterschaft übest.
* 1. B. 18. Cap. Joh. d. c.

19. Und habest *den Glauben und gut Gewissen, welches Etliche von sich gestoßen, und am Glauben Schiffbruch erlitten haben; * c. 3, 2.

20. Unter welchen ist *Hymenäus und Alexander, welche ich habe dem Satan übergeben, daß sie gezüchtiget werden, nicht mehr zu lästern. * 2 Tim. 2, 17. † 1 Cor. 3, 5.

Das 2. Capitel.

Wie und wann das Gebet vor Macht- und Wohlthatspersonen in der Gemeine soll verrichtet werden.

1. So ermahne ich nun, daß man vor allen Dingen zuerst thue *Bitte, Gebet, Fürbitte und Danksagung für alle Menschen, * Phil. 4, 6.

2. Für die Könige und für alle Obrigkeit, auf daß wir ein geruhiges und stilles Leben führen mögen, in aller Gottseligkeit und Ehrbarkeit.

3. Denn solches ist gut, dazu auch angenehm vor GOtt, *unserm Heilande, * c. 4, 10.

4. Welcher will, *daß allen Menschen geholfen werde, und zur Erkenntniß der Wahrheit kommen. * Hesek. 18, 23. 2 Petr. 3, 9.

5. Denn es ist *Ein GOtt, und Ein †Mittler zwischen GOtt und den Menschen, nämlich der Mensch Christus JEsus. * Jes. 43, 21. 22. † Joh. 17, 3. ‡ Hebr. 12, 24. u.

6. Der *sich selbst gegeben hat für alle zur Erlösung, daß solches zu seiner Zeit geprediget würde. * Gal. 1, 4. c. 3, 20. Tit. 2, 14.

7. Dazu *ich gesetzt bin ein Prediger und Apostel (ich sage die Wahrheit in Christo, und lüge nicht), ein Lehrer der Heiden, im Glauben und in der Wahrheit. * Apost. 9, 15. c. 13, 2. c. 22, 14. † 2 Tim. 1, 11.

8. So will ich nun, daß die Männer beten an allen Orten, und aufheben heilige Hände, ohne Zorn und Zweifel.

9. Desselbigen gleichen die Weiber, daß sie in *zierlichem Kleide, mit Scham und Zucht sich schmücken; nicht mit Zöpfen, oder Gold, oder Perlen, oder köstlichem Gewand; * Jes. 3, 18. 1 Sam. 3, 3.

10. Sondern wie sich's ziemet den Weibern, die da *Gottseligkeit beweisen, durch gute Werke. * c. 5, 10.

11. Ein Weib lerne in der Stille, *mit aller Unterthänigkeit. * Eph. 5, 22.

12. Einem *Weibe aber gestatte ich nicht, daß sie lehre, auch nicht, †daß sie des Mannes Herr sey; sondern stille sey. * 1 Cor. 14. 34. † 1 Mos. 3, 16.

13. Denn *Adam ist am ersten gemacht, darnach Eva. * 1 Mos. 2, 22.

14. Und Adam ward nicht verführet; *das Weib aber ward verführet, und hat die Uebertretung eingeführet. * 1 Mos. 3, 6. Sir. 25, 26.

15. Sie wird aber selig werden durch Kinderzeugen, so sie bleibet im Glauben, und in der Liebe, und in der Heiligung, sammt der Zucht.

Das 3. Capitel.

Die Beschaffenheit der Kirchendiener und ihrer Angehörigen. Ferner, daß die Kirche und das Geheimniß der Gottseligkeit.

1. Das ist je gewißlich wahr, so *Jemand ein Bischofsamt begehret, der begehret ein köstlich Werk. * Apost. 20, 28.

2. Es soll aber *ein Bischof unsträflich seyn, Eines Weibes Mann, nüchtern, mäßig, sittig, gastfrei, lehrhaftig; * 3 Mos. 21, 17. † Tit. 1, 6. 7.

3. Nicht *ein Weinsäufer, nicht pochen, [nicht unehrliche Hantirung treiben,] sondern gelinde, nicht haberhäftig, nicht geizig; * 3 Mos. 10, 9. Tit. 1, 7.

4. Der seinem eigenen Hause wohl vorstehe, der *gehorsame Kinder habe mit aller Ehrbarkeit; * 1 Sam. 3, 13.

5. (So aber Jemand seinem eigenen Hause nicht weiß vorzustehen, wie wird er die Gemeine GOttes versorgen!)

6. Nicht ein Neuling, auf daß er sich nicht aufblase, und dem *Lästerer in's Urtheil falle. * c. 1. Mos. 22, 1.

7. Er muß aber auch *ein gut Zeugniß haben von denen, †die draußen sind, auf daß er nicht falle dem Lästerer in die Schmach und Strick. * c. 5, 20. † 1 Cor. 5, 12. 13.

8. Desselbigen gleichen die Diener sollen ehrbar seyn; nicht zweizüngig, nicht Weinsäufer, nicht unehrliche Hantirung treiben;

9. Die das Geheimniß des **Glaubens** in reinem Gewissen haben.

10. Und dieselbigen lasse man zuvor versuchen; darnach lasse man sie dienen wenn sie unsträflich sind.

11. Desselbigen gleichen ihre Weiber sollen

sen ehrbar seyn, *nicht Lästerinnen, nüchtern, treu in allen Dingen. *2u.2,3.
12. Die Diener laß einen Jeglichen seyn *Eines Weibes Mann, die ihren Kindern wohl vorstehen, und ihren eigenen Häusern. *v.2.
13. Welche aber *wohl dienen, die erwerben ihnen selbst eine gute Stufe, und eine †große Freudigkeit im Glauben, in Christo JEsu. *Matth. 20., 21. †1 Joh. 3, 21.
14. Solches schreibe ich dir, und hoffe, auf's schierste zu dir zu kommen;
15. So ich aber verziehe, daß du wissest, wie du wandeln sollst in dem *Hause GOttes, welches ist die Gemeine des lebendigen GOttes, ein Pfeiler und Grundfeste der Wahrheit. *2 Tim. 2, 20.
16. Und kündlich groß ist das gottselige Geheimniß: *GOtt ist geoffenbaret im Fleisch, gerechtfertiget im Geist, erschienen den Engeln, geprediget den Heiden, geglaubet von der Welt, †aufgenommen in die Herrlichkeit. *Joh. 1, 14. †Marc. 16, 19.

Das 4. Capitel.

Warnung vor Verführung der letzten Zeit. Ermahnung zur Uebung der Gottseligkeit.

1. Der Geist aber sagt deutlich, daß *in den letzten Zeiten werden Etliche von dem Glauben abtreten, und anhangen den verführerischen Geistern, und Lehren der Teufel; *Dan. 7, 25.
2 Tim. 3, 1. 2 Petr. 3, 3. Ep. Joh. 2. 18. 1 Joh. 2, 18.

2. Durch die, so in Gleißnerey Lügenredner sind, und Brandmahl in ihrem Gewissen haben,

3. Und verbieten, ehelich zu werden, und zu meiden die Speise, die *GOtt geschaffen hat, zu nehmen †mit Danksagung, den Gläubigen und denen, die die Wahrheit erkennen. *1 Mos. 9, 3.
†1 Cor. 10, 30, 31.

4. Denn alle *Creatur GOttes ist gut, und nichts verwerflich, das mit Danksagung empfangen wird. *1 Mos. 1, 31. Röm. 14, 14.

5. Denn es wird geheiliget durch das Wort GOttes und Gebet.

6. Wenn du den Brüdern solches vorhältst, so wirst du ein guter Diener JEsu Christi seyn, *auferzogen in den Worten des Glaubens und der guten Lehre, bei welcher du immerdar gewesen bist.
*2 Tim. 1, 5.

7. Der ungeistlichen aber und altvettelischen *Fabeln entschlage dich. Uebe dich selbst aber an der Gottseligkeit.
*c. 1, 4. c. 6, 20. w. 2 Tim. 2, 16, 23. Tit. 1, 14. c. 3, 9.

8. Denn die leibliche Uebung ist wenig nütze; aber die *Gottseligkeit ist zu allen Dingen nütze, und hat die Verheißung dieses und des zukünftigen Lebens. *c. 6, 6. 2.

9. Das ist *je gewißlich wahr, und ein theuer werthes Wort. *c. 1, 15.

10. Denn dahin arbeiten wir auch, und werden geschmähet, daß wir auf den lebendigen GOtt gehoffet haben; welcher *ist der Heiland aller Menschen, †sonderlich aber der Gläubigen.
*2 Tim. 2, 10, 11. †Col. 3, 23.

11. Solches gebiete und lehre.

12. *Niemand verachte deine Jugend; sondern sey ein Vorbild den Gläubigen im Wort, im Wandel, in der Liebe, im Geist, im Glauben, in der Keuschheit.
*Tit. 2, 15.

13. Halte an mit *Lesen, mit Ermahnen, mit Lehren, bis ich komme. *Ap. 6, 20.

14. Laß nicht aus der Acht die Gabe, die dir gegeben ist durch die Weissagung, *mit Handauflegung der Aeltesten.
*c. 5, 22. Ebr. 6, 2. c. 9, 17.

15. Solches warte, damit gehe um, auf daß dein Zunehmen in allen Dingen offenbar sey.

16. Habe Acht auf dich selbst und auf die Lehre, beharre in diesen Stücken. Denn, wo du solches thust, wirst du dich selbst *selig machen, und die dich hören. *Röm. 11, 14.

Das 5. Capitel.

Wie sich ein Prediger gegen Personen unterschiedlichen Standes und Alters, und gegen sich selbst verhalten soll.

1. Einem *Alten schelte nicht, sondern ermahne ihn als einen Vater; die Jungen als die Brüder; *3 Mos. 19, 32.

2. Die alten Weiber als *die Mütter; die jungen als die Schwestern, mit aller Keuschheit. *Joh. 19, 27.

3. Ehre die Wittwen, welche *rechte Wittwen sind. *v. 5.

4. So aber eine Wittwe Kinder oder Neffen hat, solche laß zuvor lernen ihre eigenen Häuser göttlich regieren und *den Eltern Gleiches vergelten; denn das ist wohlgethan und angenehm vor GOtt. *Sir. 3, 13, 14.

5. Das

5. Das ist aber eine rechte Wittwe, die einsam ist, die ihre Hoffnung auf GOtt stellet, und *bleibet am Gebet und Flehen Tag und Nacht. *Luc. 2, 37. 1. Cor. 7.

6. Welche aber in *Wollüsten lebet, die ist lebendig todt. *Röm. 8, 13.

7. Solches *gebiete, auf daß sie untadelig seyen. *c. 4, 11.

8. So aber Jemand die Seinen, sonderlich *seine Hausgenossen, nicht versorget; der hat den †Glauben verleugnet, und ist ärger, denn ein Heide.
*Gal. 6, 10. †2 Tim. 3, 5.

9. Laß keine Wittwe erwählet werden unter sechzig Jahren, und die da gewesen sey Eines Mannes Weib,

10. Und die ein Zeugniß habe guter Werke, so sie Kinder aufgezogen hat, so sie *gastfrei gewesen ist, so sie der Heiligen Füße gewaschen hat, so sie den Trübseligen Handreichung gethan hat, so sie allem guten Werk nachgekommen ist. *Ebr. 13, 2. f.

11. Der jungen Wittwen aber entschlage dich; denn, wenn sie geil geworden sind wider Christum, so wollen sie freien;

12. Und haben ihr Urtheil, daß sie den ersten Glauben verbrochen haben.

13. Daneben sind sie faul, und lernen *umlaufen durch die Häuser; nicht allein aber sind sie faul, sondern auch schwätzig und vorwitzig, und reden, das nicht seyn soll. *Ep. 7, 11.

14. So will ich nun, daß die *jungen Wittwen freien, Kinder zeugen, haushalten, dem Widersacher keine Ursach geben zu schelten. *1 Cor. 7, 9.

15. Denn es sind schon Etliche *umgewandt, dem Satan nach. *c. 1, 6.

16. So aber ein Gläubiger oder Gläubigin Wittwen hat, der versorge dieselben, und lasse die Gemeine nicht beschweret werden, auf daß die, so rechte Wittwen sind, mögen genug haben.

17. Die Aeltesten, die *wohl vorstehen, die halte man zwiefacher Ehren werth; sonderlich die da arbeiten im Wort und in der Lehre. *Röm. 12, 8. 1. 16, 27.

18. Denn es spricht die Schrift: „Du sollst dem Ochsen nicht das Maul verbinden, der da drischet;" und: †„Ein Arbeiter ist seines Lohnes werth."
*5 Mos. 25, 4. 1 Cor. 9, 9. †Luc. 10, 7.

19. Wider einen Aeltesten nimm keine Klage auf *außer zween oder dreien Zeugen. *5 Mos. 19, 15.

20. Die da sündigen, die strafe *vor Allen, auf daß sich auch die Andern fürchten. *Eph. 5, 11. 13.

21. Ich bezeuge vor GOtt und dem HErrn JEsu Christo, und den auserwählten Engeln, daß du solches haltest ohne eigen Gutdünkel, und nichts thust nach Gunst.

22. Die *Hände lege Niemand bald auf, mache dich auch nicht theilhaftig fremder Sünden. Halte dich selber keusch. *Ap. Gesch. 6, 6.

23. Trinke nicht mehr Wasser, sondern brauche ein wenig *Weins, um deines Magens willen, und daß du oft krank bist. *Ps. 104, 15.

24. Etlicher Menschen Sünden sind offenbar, daß man sie vorhin richten kann; etlicher aber werden hernach offenbar.

25. Desselbigen gleichen auch etlicher gute Werke sind zuvor *offenbar, und die andern bleiben auch nicht verborgen.
*Gal. 5, 19.

Das 6. Capitel.

Von Knechten. Warnungen, welches Irrsal, und Kampf des Glaubens.

1. Die *Knechte, so unter dem Joch sind, sollen ihre Herren aller Ehren werth halten, auf daß nicht der Name GOttes und die Lehre verlästert werde. *Eph. 6, 5.

2. Welche aber gläubige Herren haben, sollen dieselben nicht verachten (mit dem Schein), daß sie Brüder sind; sondern sollen vielmehr dienstbar seyn, dieweil sie gläubig, und geliebet, und der Wohlthat theilhaftig sind. Solches lehre und ermahne. *c. 4, 11. Ph. 1, 2.

3. So Jemand *anders lehret, und bleibet nicht bei den heilsamen Worten unsers HErrn JEsu Christi, und bei der Lehre von der Gottseligkeit;
*Gal. 1, 6. 7, 8, 9. †1 Tim. 1, 3. f.

4. Der ist verdüstert und weiß nichts, sondern ist seuchtig (hat eine Sucht) in Fragen und Wortkriegen, aus welchen entspringet Neid, Hader, Lästerung, böser Argwohn,

5. Schulgezänke solcher Menschen, die zerrüttete Sinne haben und der Wahrheit beraubt sind, die da meinen, Gottseligkeit sey ein Gewerbe. Thue dich von solchen!

6. Es ist aber *ein großer Gewinn, wer gottselig ist und läßt ihm † genügen. *v. 4, 8. †Ebr. 13, 16. Phil. 4, 11, 12.

7. Denn *wir haben nichts in die Welt gebracht; darum offenbar ist, wir werden auch nichts hinaus bringen. *Hiob. 1, 21. f.

8. Wenn *wir aber Nahrung und Kleider haben, so lasset uns begnügen. *1 Mos. 28, 20. Spr. 30, 8.

9. Denn *die da reich werden wollen, die fallen in Versuchung und Stricke, und viel thörichter und schädlicher Lüste, welche versenken die Menschen in's Verderben und Verdammniß. *Spr. 11, 28.
+ 20, 21. Ebr. 13, 5.

10. Denn *Geiz ist eine Wurzel alles Uebels, welches hat Etliche gelüstet, und sind vom Glauben irre gegangen, und machen ihnen selbst viel Schmerzen. *2 Mos. 23, 8.

11. Aber, du Gottesmensch, fliehe solches! *Jage aber nach der Gerechtigkeit, der Gottseligkeit, dem Glauben, der Liebe, der Geduld, der Sanftmuth. *2 Tim. 2, 22.

12. Kämpfe *den guten Kampf des Glaubens; ergreife das ewige Leben, dazu du auch berufen bist, und bekannt hast ein gut Bekenntniß vor vielen Zeugen. *1 Kor. 9, 25, 26.

13. Ich gebiete dir vor GOtt, *der alle Dinge lebendig macht, und vor Christo JEsu, der † unter Pontio Pilato bezeuget hat ein gut Bekenntniß, *4 Mos. 16, 22. f. †Joh. 18, 36. +18, 37.

14. Daß du haltest das Gebot ohne Flecken, untadelig, bis auf die Erscheinung unsers HErrn JEsu Christi;

15. Welche wird zeigen zu seiner Zeit der Selige und allein Gewaltige, *der König aller Könige, und † HErr aller Herren; *Offenb. 17, 14. +19, 16. †5 Mos. 10, 17.

16. Der allein Unsterblichkeit hat; der da wohnet in einem Lichte, da Niemand zu kommen kann; welchen kein Mensch gesehen hat, noch sehen kann; dem sey Ehre und ewiges Reich! Amen.
*Joh. 1, 18.

17. Den Reichen von dieser Welt gebiete, daß sie nicht stolz seyen, auch *nicht hoffen auf den ungewissen Reichthum, sondern auf den lebendigen GOtt, der uns dargiebt reichlich allerlei zu genießen; *Ps. 52, 11.

18. Daß sie *Gutes thun, reich werden an guten Werken, gerne geben, behülflich seyen, *5 Mos. 15, V. 10.

19. Schätze sammeln, ihnen selbst einen guten Grund auf's Zukünftige, daß sie ergreifen das ewige Leben.

20. O Timotheus! *bewahre, das dir vertrauet ist, und † meide die ungeistlichen losen Geschwätze, und das Gezänke der falsch berühmten Kunst. *2 Tim. 1, 14.
†2 Tim. 2, 7.

21. Welche Etliche vorgeben, und *fehlen des Glaubens. Die Gnade sey mit dir! Amen. *c. 1, 6. 2 Tim. 2, 18.

[Geschrieben von Laodicea, die da ist eine Hauptstadt des Landes Phrygia Pacatiana.]

Die andere Epistel Pauli an Timotheum.

Das 1. Capitel.
Ermahnung zur Beständigkeit in der reinen Lehre des Evangelium.

1. Paulus, ein Apostel JEsu Christi durch den Willen GOttes, nach der Verheißung des *Lebens in Christo JEsu; *c. 2, 10. Joh. 1, 4.
+ Joh. 5, 11-13.

2. Meinem lieben Sohne Timotheus Gnade, *Barmherzigkeit, Friede von GOtt, dem Vater, und Christo JEsu, unserm HErrn! *1 Tim. 1, 2.
† 2 Tim. 1, 2. Tit. 1, 4.

3. Ich danke GOtt, dem ich diene von meinen Voreltern her *in reinem Gewissen, daß ich ohne Unterlaß deiner gedenke in meinem Gebet Tag und Nacht; *Apost. 23, 1. +24, 16. † Röm. 1, 8. 9.

4. Und mich verlanget, dich zu sehen, wenn ich denke an deine Thränen, auf daß ich mit Freuden erfüllet würde.

5. Und *erinnere mich des ungefärbten Glaubens in dir, welcher zuvor gewohnet hat in deiner Großmutter Lois, und in deiner Mutter Eunike; bin aber gewiß, daß auch in dir. *Apost. 16, 1.

6. Um

6. Um welcher Sache willen ich dich erinnere, daß du *erweckest die Gabe GOttes, die in dir ist, durch die Auflegung meiner Hände. *1 Thess. 2, 13. 1 Tim. 4, 14.

7. Denn GOtt hat uns nicht gegeben *den Geist der Furcht, sondern der Kraft, und der Liebe, und der Zucht.
*Röm. 8, 15.

8. Darum so schäme dich nicht des Zeugnisses unsers HErrn, noch meiner, der ich sein Gebundener bin; sondern leide dich mit dem Evangelio, wie ich, nach der Kraft GOttes;

9. Der uns hat selig gemacht, und berufen mit einem heiligen Ruf, *nicht nach unsern Werken, sondern nach seinem Vorsatz und Gnade, die uns gegeben ist in Christo JEsu vor der Zeit der Welt, *Tit. 3, 4. f.

10. Jetzt aber *geoffenbaret durch die Erscheinung unsers Heilandes JEsu Christi, der dem †Tode die Macht hat genommen, und das Leben und ein unvergängliches Wesen an das Licht gebracht, durch das Evangelium.
*Röm. 16, 25. †Jes. 25, 8. Hos. 13, 14.
1 Cor. 15, 53. 57. Ebr. 2, 14.

11. Zu welchem *ich gesetzt bin ein Prediger und Apostel, und Lehrer der Heiden. *1 Tim. 2, 7. f.

12. Um welcher Sache willen ich solches leide; aber ich schäme mich's nicht: denn ich weiß, an welchen ich glaube, und bin gewiß, daß er kann mir meine *Beilage bewahren bis an jenen Tag. *v. 4. 8.

13. Halte an dem Vorbilde der heilsamen Worte, die du von mir gehöret hast, vom Glauben und von der Liebe in Christo JEsu. *1 Tim. 6, 3. Tit. 2, 1.

14. Diese *gute †Beilage bewahre durch den heiligen Geist, der in uns wohnet. *v. 12. †1 Tim. 6, 20.

15. Das weißt du, daß sich gewandt haben von mir Alle, die in Asien sind, unter welchen ist Phygellus und Hermogenes.

16. Der HErr gebe Barmherzigkeit dem Hause Onesiphori: denn er hat mich oft erquickt, und hat sich meiner Ketten nicht geschämet;

17. Sondern, da er zu *Rom war, suchte er mich auf's fleißigste, und fand mich. *Apost. 28. 16.

18. (Der HErr gebe ihm, daß er finde Barmherzigkeit bei dem HErrn an jenem Tage!) Und wie viel er mir zu Ephesus gedienet hat, weißt du am besten.

Das 2. Capitel.

Treue Unterrichtung des Timotheus. Trost im Leiden. Warnung etlicher Lehrer.

1. So sey nun stark, mein Sohn, durch die Gnade in Christo JEsu.

2. Und was du von mir gehöret hast durch viele Zeugen, das *befiehl treuen Menschen, die da tüchtig sind, auch Andere zu lehren. *1 Tim. 6, 2.

3. *Leide dich als ein guter Streiter JEsu Christi. *c. 1, 8. c. 4, 5.

4. Kein Kriegsmann flicht sich in Händel der Nahrung, auf daß er gefalle dem, der ihn angenommen hat. *1 Cor. 9, 25.

5. Und so Jemand auch kämpfet, wird er doch nicht *gekrönet, er kämpfe denn recht. *c. 4, 8.

6. Es soll aber der Ackermann, der den Acker bauet, der Früchte am ersten genießen. Merke, was ich sage!

7. Der HErr aber wird dir in allen Dingen Verstand geben.

8. Halte im Gedächtniß JEsum Christum, *der auferstanden ist von den Todten, †aus dem Samen Davids, nach meinem Evangelio. *1 Cor. 15, 4. 20. †Röm. 1, 3.

9. Ueber welchem ich mich leide bis an die *Bande, als ein Uebelthäter; aber GOttes Wort ist nicht gebunden. *Eph. 3, 1. 13. Phil. 1, 17.

10. Darum dulde ich Alles *um der Auserwählten willen, auf daß auch sie die Seligkeit erlangen in Christo JEsu, mit ewiger Herrlichkeit. *Phil. 2, 17. Col. 1, 24.

11. Das ist je gewißlich wahr: *Sterben wir mit, so werden wir mit leben; *Röm. 6, 3. 1 Petr. 4, 13.

12. Dulden wir, so werden wir mit herrschen; *verleugnen wir, so wird Er uns auch verleugnen; *Matth. 10, 33.
Luc. 9, 26. f.

13. *Glauben wir nicht, so bleibet †Er treu: er kann sich selbst nicht leugnen.
*Röm. 3, 3. †4 Mos. 23, 19.

14. Solches erinnere sie, und bezeuge vor dem HErrn, daß sie *nicht um Worte zanken, welches nichts nütze ist, denn zu verkehren, die da zuhören. *1 Tim. 6, 4. Tit. 3, 9.

15. Befleißige dich, GOtt zu erzeigen *einen rechtschaffenen und unsträflichen Arbeiter, der da recht theile das Wort der Wahrheit. *1 Tim. 4, 9. 2 Tim. 2, 7. 8.

16. Des

16. Des *ungeistlichen losen Geschwätzes entschlage dich; denn es hilft viel zum ungöttlichen Wesen. *1 Tim. 4, 7. Tit. 1, 14. c. 3, 9.

17. Und ihr Wort frißt um sich, wie der Krebs, unter *welchen ist Hymenäus und Philetus, *1 Tim. 1, 20.

18. Welche der Wahrheit gefehlet haben und sagen, die Auferstehung sey schon geschehen, und haben Etlicher Glauben verkehret.

19. Aber der feste Grund GOttes bestehet, und hat dieses Siegel: „Der HErr kennet die Seinen;" und: „Es trete ab von der Ungerechtigkeit, wer den Namen Christi nennet."

20. In einem großen Hause aber sind nicht allein goldene und silberne Gefäße, sondern auch hölzerne und irdene; und etliche zu Ehren, etliche aber zu Unehren.

21. So nun Jemand sich reiniget von solchen Leuten, der wird ein geheiligtes Faß seyn, zu den Ehren, dem Hausherrn bräuchlich, und zu allem guten Werk bereitet.

22. Fliehe die Lüste der Jugend; *jage aber nach der Gerechtigkeit, dem Glauben, der Liebe, dem Frieden, mit Allen, die den HErrn anrufen von reinem Herzen.
*1 Tim. 6, 11.

23. Aber der *thörichten und unnützen Fragen entschlage dich; denn du weißt, † daß sie nur Zank gebären.
*1 Tim. 4, 7. † 1 Tim. 6, 4.

24. Ein *Knecht aber des HErrn soll nicht zänkisch seyn, sondern freundlich gegen Jedermann, lehrhaftig, der Bösen tragen kann mit Sanftmuth, *Tit. 1, 7. 9.

25. Und strafe die Widerspenstigen; ob ihnen GOtt dermaleinst Buße gäbe, die Wahrheit zu erkennen,

26. Und wieder nüchtern würden aus des Teufels Strick, von dem sie gefangen sind zu seinem Willen.

Das 3. Capitel.
Von den gefährlichen letzten Zeiten, und herrlichen Nutzen der heiligen Schrift.

1. Das sollst du aber wissen, daß in den *letzten Tagen werden gräuliche Zeiten kommen. *1 Tim. 4, 1. 1.

2. Denn es werden Menschen seyn, die von sich selbst halten, *geizig, ruhmredig, hoffärtig, Lästerer, den Eltern ungehorsam, undankbar, ungeistlich, *2 Pet. 1, 19. 20. 21.

3. Störrig, unversöhnlich, Schänder, unkeusch, wild, ungütig,

4. Verräther, Frevler, aufgeblasen, die *mehr lieben Wollust, denn GOtt;
*Phil. 3, 19.

5. Die da haben den *Schein eines gottseligen Wesens, aber seine Kraft verleugnen sie. Und solche † meide!
*Match. 7, 15. Tit. 1, 16. † Match. 18, 17.

6. Aus *denselbigen sind, die hin und her in die Häuser schleichen, und führen die Weiblein gefangen, die mit Sünden beladen sind, und mit mancherlei Lüsten fahren, *Match. 23, 14. Tit. 1, 10. 11.

7. Lernen immerdar, und können nimmer zur *Erkenntniß der Wahrheit kommen. *1 Tim. 2, 4.

8. Gleicher Weise aber, wie Jannes und Jambres *Mosi widerstanden, also widerstehen auch diese der Wahrheit: es sind Menschen von zerrütteten Sinnen, untüchtig zum Glauben. *2 Mos. 7, 11. 12.

9. Aber sie werden es die Länge nicht treiben; denn ihre Thorheit wird offenbar werden Jedermann, gleichwie auch Jener war.

10. Du aber hast erfahren meine Lehre, meine Weise, meine Meinung, meinen Glauben, meine Langmuth, meine Liebe, meine Geduld,

11. Meine Verfolgung, meine Leiden, *welche mir widerfahren sind zu Antiochien, zu Jkonien, zu Lystra, welche Verfolgung ich da ertrug; und aus † allen hat mich der HErr erlöset. *Apost. 13, 50.
c. 14, 2. 19. 22. † Ps. 34, 20.

12. Und Alle, die gottselig leben wollen in Christo JEsu, *müssen Verfolgung leiden. *Ps. 34, 20. Match. 10, 24. Marc. 14, 29.

13. Mit den bösen Menschen aber *verführerischen wird es je länger je ärger, verführen und werden verführet.
*1 Tim. 4, 1.

14. Du aber bleibe *in dem, das du gelernet hast und dir vertrauet ist; sintemal du weißt, von wem du gelernet hast. *c. 2, 2.

15. Und weil du von Kind auf die heilige Schrift weißt, kann dich dieselbige unterweisen zur Seligkeit, durch den Glauben an Christo JEsu.

16. Denn alle *Schrift von GOtt eingegeben ist nütze zur Lehre, zur Strafe, zur Besserung, zur Züchtigung in der Gerechtigkeit;
*Röm. 15, 4. 2 Petr. 1, 19. 20. 21.

17. Das

17. Daß *ein Mensch GOttes sey vollkommen, † zu allem guten Werk geschickt.
  * 1 Tim. 6, 11. † 2 Tim. 2, 21.

Das 4. Capitel.
Golts Einsicht im Predigtamt verwalten. Pauli Kampf und Krone.

1. So bezeuge ich nun vor GOtt und dem HErrn JEsu Christo, der da *zukünftig ist, zu richten die Lebendigen und die Todten, mit seiner Erscheinung und mit seinem Reich.
  * Matth. 25, 31.
  Joh. 5, 27. Apost. 10, 42. c. 17, 31. 2 Cor. 5, 10.
  † 2 Thess. 1, 7, 8. 2 Thess. 2, 8. 1 Petr. 4, 5.

2. Predige das Wort, *halte an, es sey zu rechter Zeit, oder zur Unzeit; **strafe, drohe, ermahne mit aller Geduld † und Lehre.
  * Jes. 58, 1. ** Tit. 1, 9. 13. † 1 Tim. 2, 24. c. 3. 10. 16.

3. Denn es wird eine Zeit seyn, da sie die *heilsame Lehre nicht leiden werden, sondern nach ihren eigenen Lüsten werden sie ihnen selbst Lehrer aufladen, nach dem ihnen die Ohren jücken;
  * 1 Tim. 6, 3.

4. Und werden die Ohren von der Wahrheit wenden, und sich zu den Fabeln kehren.
  * 1 Tim. 4, 7. c. 6, 20. Tit. 1, 10. 14.

5. Du aber sey nüchtern allenthalben, leide dich, thue das Werk eines *evangelischen Predigers, richte dein Amt redlich aus.
  * Apost. 21, 8.

6. Denn *ich werde schon geopfert, und die Zeit meines Abscheidens ist vorhanden.
  * Phil. 1, 23. c. 2, 17.

7. Ich habe einen guten Kampf *gekämpfet, ich habe den † Lauf vollendet, ich habe Glauben gehalten.
  * 1 Cor. 9, 24. 25.
  † 2 Tim. 2, 12. Ebr. 12, 1. † Phil. 3, 14.

8. Hinfort ist mir beigelegt die *Krone der Gerechtigkeit, welche mir der HErr an jenem Tage, der gerechte Richter, geben wird; nicht mir aber allein, sondern auch Allen, die seine Erscheinung lieb haben.
  * c. 2, 5. 1 Petr. 5, 4. Jac. 1, 12. Offenb. 2, 10.

9. *Fleißige dich, daß du bald zu mir kommest.

10. Denn *Demas hat † mich verlassen und diese Welt lieb gewonnen, und ist gen Thessalonich gezogen, Crescens in Galatien, Titus in Dalmatien.
  * Col. 4, 14. † 2 Tim. 1, 15.

11. Lucas ist allein bei mir. *Marcum nimm zu dir, und bringe ihn mit dir; denn er ist mir nützlich zum Dienst.
  * Apost. 15, 37. Col. 4, 10.

12. *Tychikum habe ich gen Ephesum gesandt.
  * Apost. 20, 4. Eph. 6, 21. Col. 4, 7.

13. Den Mantel, den ich zu Troas ließ bei Carpo, bringe mit, wenn du kommst; und die Bücher, sonderlich aber das Pergamen.

14. Alexander, *der Schmid, hat mir viel Böses erwiesen: † der HErr bezahle ihm nach seinen Werken.
  * 1 Tim. 1, 20.
  † 2 Sam. 3, 39. Ps. 28, 4.

15. Vor welchem hüte du dich auch; denn er hat unsern Worten sehr widerstanden.

16. In meiner ersten Verantwortung stand *Niemand bei mir, sondern sie † verließen mich Alle. (Es sey ihnen nicht zugerechnet!)
  * Joh. 16, 32. 2 Tim. 1, 15.

17. Der HErr aber *stand mir bei, und stärkte mich, auf daß durch mich die Predigt bestätiget würde, und alle Heiden höreten. Und † ich bin erlöset von des Löwen Rachen.
  * Apost. 23, 11.
  c. 27, 23. † 1 Sam. 17, 37.

18. Der HErr aber wird mich erlösen von allem Uebel, und mir aushelfen zu seinem himmlischen Reich; *welchem sey Ehre von Ewigkeit zu Ewigkeit! Amen.
  * Röm. 11, 36. c. 16, 27. Gal. 1, 5. 1 Tim. 6, 16.

19. Grüße Priscam *und Aquilam, und † das Haus Onesiphori.
  * Apost. 18, 2.
  Röm. 16, 3. † 2 Tim. 1, 16.

20. *Erastus blieb zu Corinth, † Trophimum aber ließ ich zu Miletum krank.
  * Apost. 19, 22. † Apost. 20, 4. 21, 29.

21. Thue Fleiß, daß du vor dem Winter kommest. Es grüßet dich Eubulus, und Pudens, und Linus, und Claudia, und alle Brüder.

22. Der HErr JEsus Christus sey mit deinem Geist! Die *Gnade sey mit euch! Amen!
  * Röm. 1, 7.

[Geschrieben von Rom, die andere Epistel an Timotheum, da Paulus zum andern Mal vor dem Kaiser Nero ward dargestellet.]

Die

Die Epistel Pauli an Titum.

Das 1. Capitel.
Wie man für Personen des Predigtamts zu bestellen, und was des Predigers Amt sey.

1. Paulus, ein Knecht GOttes, aber ein Apostel JEsu Christi, (nach dem Glauben der Auserwählten GOttes, und der Erkenntniß der Wahrheit *zur Gottseligkeit, *1 Tim. 6, 10. 2 c. 2, 5.

2. Auf Hoffnung des ewigen Lebens, welches *verheißen hat, der nicht lüget, GOtt, vor den Zeiten der Welt, *Ebr. 1, 2.

3. Hat aber geoffenbaret *zu seiner Zeit sein Wort durch die Predigt, die †mir vertrauet ist, nach dem Befehl GOttes, unsers Heilandes:) *Eph. 1, 9. 10. c. 3, 9. †1 Tim. 1, 1. 1 Thess. 2, 4.

4. Tito, meinem *rechtschaffenen Sohne, nach unserer Beider Glauben, †Gnade, Barmherzigkeit, Friede von GOtt, dem Vater, und dem HErrn JEsu Christo, unserm Heilande! *1 Tim. 1, 2. 1 Cor. 4, 2. †Gal. 1, 3.

5. Derhalben ließ ich dich in Creta, daß du solltest vollends anrichten, da ich es gelassen habe, und besetzen die Städte hin und her mit Aeltesten, wie ich dir befohlen habe;

6. Wo *Einer ist untadelig, Eines Weibes Mann, der gläubige Kinder habe, nicht berüchtiget, daß sie Schwelger und ungehorsam sind. *1 Tim. 3, 2. 1 Petr. 5, 2.

7. Denn ein Bischof soll untadelig seyn, als ein Haushalter GOttes; nicht eigensinnig, nicht zornig, nicht *ein Weinsäufer, nicht pochen, nicht unehrliche Handthierung treiben; *3 Mos. 10, 9. Hesek. 44, 21.

8. Sondern gastfrei, gütig, züchtig, gerecht, heilig, keusch;

9. Und *halte ob dem Wort, das gewiß ist und lehren kann, auf daß er mächtig sey zu ermahnen durch die heilsame Lehre, und zu strafen die Widersprecher. *2 Thess. 2, 3.

10. Denn es sind viele freche und unnütze Schwätzer und Verführer, sonderlich die aus der Beschneidung;

11. *Welchen man muß das Maul stopfen, †die da ganze Häuser verkehren, und lehren, das nicht taugt, um schändlichen Gewinns willen. *Matth. 22, 34. †2 Tim. 3, 6.

12. Es hat Einer aus ihnen gesagt, ihr eigener Prophet: „Die Creter sind immer Lügner, böse Thiere und faule Bäuche."

13. Dies Zeugniß ist wahr. Um der Sache willen *strafe sie scharf, auf daß sie gesund seyn im Glauben, *2 Tim. 4, 2.

14. Und nicht achten auf die Jüdischen *Fabeln und Menschengebote, welche sich von der Wahrheit abwenden. *1 Tim. 4, 7.

15. Den *Reinen ist Alles rein; den Unreinen aber und Ungläubigen ist nichts rein, sondern unrein ist, beides, ihr Sinn und Gewissen. *Matth. 15, 11. Röm. 14, 20.

16. Sie *sagen, sie erkennen GOtt, aber mit den Werken verleugnen sie es; sintemal sie sind, an welchen GOtt Gräuel hat, und gehorchen nicht, und sind zu allem guten Werk untüchtig. *2 Tim. 3, 5.

Das 2. Capitel.
Lebensregeln unterschiedlicher Stände, um den Gnade Christi willen zu beobachten.

1. Du aber *rede, wie sich's ziemet nach der heilsamen Lehre. *1 Tim. 6, 3. 2 Tim. 1, 13.

2. Den Alten, daß sie nüchtern seyn, ehrbar, züchtig, gesund im Glauben, in der Liebe, in der Geduld;

3. Den alten *Weibern desselbigen gleichen, daß sie sich stellen, wie den Heiligen ziemet, nicht Lästerinnen seyn, nicht Weinsäuferinnen, gute Lehrerinnen; *1 Tim. 2, 9. c. 3, 11. 1 Petr. 3, 1-5.

4. Daß sie die jungen Weiber lehren züchtig seyn, ihre Männer lieben, Kinder lieben,

5. Sittig seyn, keusch, häuslich, gütig, *ihren Männern unterthan, auf daß nicht das Wort GOttes gelästert werde. *Eph. 5, 23.

6. Desselbigen gleichen die jungen Männer ermahne, daß sie züchtig seyn.

7. Allenthalben aber *stelle dich selbst zum Vorbilde guter Werke, mit unverfälschter Lehre, mit Ehrbarkeit. *1 Tim. 4, 12. 1 Petr. 5, 3.

8. Mit heilsamem und untadeligem Wort, auf daß der Widerwärtige sich schäme, und nichts habe, daß er von uns möge Böses sagen.

9. Den *Knechten, daß sie ihren Herren unterthänig seyen, in allen Dingen zu Gefallen thun, nicht widerbellen,
* Eph. 6, 5. Col. 3, 22. 1 Tim. 6, 1. 1 Petr. 2, 18.

10. Nicht veruntreuen, sondern alle gute Treue erzeigen, auf daß sie die Lehre GOttes, *unsers Heilandes, zieren in allen Stücken. * 1 Tim. 6, 1. 2 u. 1, 6.

(Epistel am Christtage.)
11. Denn es *ist erschienen die heilsame Gnade GOttes allen Menschen;
* c. 2, 4. 1 Joh. 4, 9.

12. Und züchtiget uns, daß wir sollen verleugnen das ungöttliche Wesen und die weltlichen Lüste, *und züchtig, gerecht und gottselig leben in dieser Welt,
* Gal. 1, 4.

13. Und warten auf die selige Hoffnung und Erscheinung der Herrlichkeit des großen GOttes und unsers Heilandes JEsu Christi.

14. Der *sich selbst für uns gegeben hat, auf daß er uns erlösete von aller Ungerechtigkeit, und reinigte ihm selbst ein Volk zum Eigenthum, das fleißig wäre zu †guten Werken.]
* Gal. 1, 6. 2, 20. 1 Tim. 2, 6. † Ebr. 12, 21. f.

15. Solches rede und ermahne, und strafe mit ganzem Ernst. *Laß dich Niemand verachten. * 1 Tim. 4, 12.

Das 3. Capitel.

Die Obrigkeit ist zu ehren. GOttes Güte zu preisen, unnütze Fragen und Ketzer zu meiden.

1. Erinnere sie, daß sie den Fürsten und der *Obrigkeit unterthan und gehorsam seyn, zu †allem guten Werk bereit seyn, * 1 Petr. 2, 13. f. † Eph. 2, 10.
2 Tim. 2, 17.

2. Niemand lästern, nicht hadern, gelinde seyn, alle Sanftmüthigkeit beweisen gegen alle Menschen. * Gal. 6, 1.
Eph. 4, 2. Phil. 4, 5.

3. Denn *wir waren auch weiland unweise, ungehorsame, irrige, dienende den Lüsten und mancherley Wollüsten, und wandelten in Bosheit und Neid, und hasseten uns unter einander.
* 1 Cor. 6, 11. Eph. 2, 2. c. 4, 17 19. 1 Petr. 4, 3.

(Epistel am zweiten Christtage.)
4. Da aber *erschien die Freundlichkeit und Leutseligkeit GOttes, unsers Heilandes: * c. 2, 11. 1 Joh. 4, 9.

5. *Nicht um der Werke willen der Gerechtigkeit, die wir gethan hatten, sondern nach seiner Barmherzigkeit machte er uns selig, durch das Bad der Wiedergeburt und Erneuerung des heiligen Geistes, * Gal. 2, 6, 6. 2 Tim. 1, 9.

6. Welchen er *ausgegossen hat über uns reichlich durch JEsum Christum, unsern Heiland: * Joel. 2, 28. Joel 2, L
Joh. 7, 38.

7. Auf daß wir durch desselbigen Gnade *gerecht, und †Erben seyn des ewigen Lebens, nach der Hoffnung;] * Röm. 8, 1.
† Röm. 8, 17.

8. Das ist je gewißlich wahr. Solches will ich, daß du fest lehrest, auf daß über, so an GOtt gläubig sind geworden, in *einem Stande guter Werke gefunden werden. Solches ist gut und nütze den Menschen. * v. 14.

9. Der *thörichten Fragen aber, der Geschlechtsregister, des Zanks und Streits über dem Gesetz entschlage dich; denn sie sind unnütz und eitel. * 1 Tim. 6, 7.

10. Einen *ketzerischen Menschen meide, wenn er †einmal und abermal ermahnet ist, * Matth. 7, 15. 1 Cor. 5, 6, 11.
† Matth. 18, 15 16, 17.

11. Und wisse, daß *ein solcher verkehrt ist und sündiget, als der sich selbst verurtheilet hat. * 1 Tim. 6, 4. 5.

12. Wenn ich zu dir senden werde Artemam oder *Tychikum, so komm eilends zu mir gen Nikopolis; denn daselbst habe ich beschlossen, den Winter zu bleiben. * Apost. 20, 4. Eph. 6, 21. Col. 4, 7. 2 Tim. 4, 12.

13. Zenam, den Schriftgelehrten, und *Apollon fertige ab mit Fleiß, auf daß ihnen nichts gebreche. * Apost. 18, 24.

14. Laß aber auch die Unsern lernen, daß sie *im Stande guter Werke sich finden lassen, wo man ihrer bedarf, †auf daß sie nicht unfruchtbar seyn. * v. 8.
† 1 Tim. 5, 10. † Matth. 7, 19. Phil. 4, 17.

15. Es grüßen dich Alle, die mit mir sind. Grüße Alle, die uns lieben im Glauben. Die Gnade sey mit euch Allen! Amen.

[Geschrieben von Nikopolis in Macedonien.]

Die

Die Epistel Pauli an Philemon.

Pauli Christus für Onesimus, den bekehrten Knecht.

1. Paulus, der *Gebundene Christi JEsu, und Timotheus, der Bruder, Philemon dem Lieben und unserm Gehülfen,
   *Eph. 4, 1. c. 4, 1.
   v. 8, 9.

2. Und Appia, der Lieben, und *Archippus, unserm Streitgenossen, und †der Gemeine in deinem Hause.
   *Col. 4, 17. †1 Cor. 16, 2. 1 Cor. 14, 19.

3. Gnade *sey mit euch, und Friede von GOtt, unserm Vater, und dem HErrn JEsu Christo!
   *Gal. 1, 3.

4. Ich *danke meinem GOtt, und gedenke deiner allezeit in meinem Gebet,
   *Röm. 1, 9. Eph. 1, 16.

5. Nachdem ich *höre von der Liebe und dem Glauben, welchen du hast an den HErrn JEsum, und gegen alle Heiligen,
   *Eph. 1, 15. Col. 1, 4.

6. Daß dein Glaube, den wir mit einander haben, in dir *kräftig werde durch Erkenntniß alles des Guten, das ihr habt in Christo JEsu.
   *c. v. 14.
   Gir. 10, 14.

7. Wir haben aber große *Freude und Trost an deiner Liebe; denn †die Herzen der Heiligen sind erquicket durch dich, lieber Bruder.
   *2 Cor. 7, 4. †2 Tim. 1, 16.

8. Darum, *wiewohl ich habe große Freudigkeit in Christo, dir zu gebieten, was dir ziemet;
   *1 Thess. 2, 7.

9. So will ich doch um der Liebe willen nur vermahnen, der ich ein solcher bin, nämlich ein alter Paulus, nun aber auch ein Gebundener JEsu Christi.

10. So ermahne ich dich um *meines Sohnes willen, Onesimi, den ich †gezeuget habe in meinen Banden,
    *Col. 4, 9.
    †1 Cor. 4, 15. Gal. 4, 19.

11. Welcher weiland dir unnütze, nun aber dir und mir wohl nütze ist, den habe ich wieder gesandt.

12. Du aber wollest ihn, das ist mein eigen Herz, annehmen.

13. Denn ich wollte ihn bei mir behalten, daß er an deiner *Statt dienete in den Banden des Evangelii;
    *1 Cor. 16, 17. Phil. 2, 30.

14. Aber ohne deinen Willen wollte ich nichts thun, auf daß dein Gutes nicht wäre genöthiget, sondern *freiwillig.
    *2 Cor. 9, 7.

15. Vielmehr aber ist er *darum eine Zeitlang von dir gekommen, daß du ihn ewig wieder hättest,
    *1 Mos. 45, 5.

16. Nun nicht mehr als einen Knecht, sondern mehr denn einen Knecht, einen *lieben Bruder, sonderlich mir; wie viel mehr aber dir, beides, nach dem Fleisch und in dem HErrn!
    *Matth. 23, 8.

17. So du nun mich hältst für deinen Gesellen, so wollest du ihn als mich selbst annehmen.

18. So er aber dir etwas Schaden gethan hat, oder schuldig ist, das rechne mir zu.

19. Ich Paulus habe es geschrieben mit meiner Hand, ich will es bezahlen. Ich schweige, daß du dich selbst mir schuldig bist.

20. Ja, lieber Bruder, gönne mir, daß ich mich an dir ergötze in dem HErrn; erquicke mein Herz in dem HErrn.

21. Ich habe aus Zuversicht deines *Gehorsams dir geschrieben; denn ich weiß, du wirst mehr thun, denn ich sage.
    *2 Cor. 7, 15. 16.

22. Daneben bereite mir die Herberge; denn ich hoffe, daß ich durch euer Gebet *euch geschenket werde.
    *Phil. 1, 25.
    c. 2, 24.

23. Es grüsset dich *Epaphras, mein Mitgefangener in Christo JEsu,
    *Col. 1, 7. c. 4, 12.

24. *Marcus, †Aristarchus, Demas, Lucas, meine Gehülfen.
    *Apost. 12, 12. 25. c. 4, 10.
    †Apost. 19, 29. c. 27, 2. Col. 4, 10. 14.

25. Die Gnade unsers HErrn JEsu Christi sey mit eurem Geist! Amen.

[Geschrieben von Rom durch Onesimus.]

Die erste Epistel Petri.

Das 1. Capitel.
Von GOttes geistlichen Wohlthaten, und der Christen Pflichten.

1. Petrus, ein Apostel JEsu Christi, den erwählten Fremdlingen *hin und her, in Pontus, Galatien, Cappadocien, Asien und Bithynien,
  * Joh. 7, 35.

2. Nach der *Versehung GOttes des Vaters, durch die Heiligung des Geistes, zum Gehorsam und zur Besprengung des Blutes JEsu Christi. GOtt gebe euch viel Gnade und Frieden! * Röm. 8, 29.

(Epistel am Tage Simonis und Judä.)

3. Gelobet *sey GOtt und der Vater unsers HErrn JEsu Christi, der uns nach seiner großen Barmherzigkeit wiedergeboren hat zu einer lebendigen Hoffnung, durch die Auferstehung JEsu Christi von den Todten, * 2 Cor. 1, 3. Eph. 1, 3.

4. Zu einem unvergänglichen und unbefleckten und *unverwelklichen Erbe, das behalten wird im Himmel, * c. 5, 4.

5. Euch, die ihr aus GOttes Macht durch den Glauben *bewahret werdet zur Seligkeit, welche zubereitet ist, daß sie offenbar werde zu der letzten Zeit, * Joh. 10, 28. c. 17, 11.

6. In *welcher ihr euch freuen werdet, die ihr jetzt eine kleine Zeit (wo es seyn soll) traurig seyd in mancherley Anfechtungen, * Röm. 5, 2. 2 Cor. 4, 17.

7. Auf daß euer Glaube rechtschaffen und viel köstlicher erfunden werde, *denn das vergängliche Gold, das durch's Feuer bewähret wird, zu Lobe, Preis und Ehre, wenn nun geoffenbaret wird JEsus Christus, * Spr. 17, 3. Sir. 2, 5.

8. Welchen ihr *nicht gesehen und doch lieb habet, und nun an ihn glaubet, wiewohl ihr ihn nicht sehet, so werdet ihr euch freuen mit unaussprechlicher und herrlicher Freude, * Joh. 20, 29. 2 Cor. 5, 7.

9. Und das *Ende eures Glaubens davon bringen, nämlich der Seelen Seligkeit.] * Röm. 6, 22.

10. Nach welcher Seligkeit haben gesucht und geforschet *die Propheten, die von der zukünftigen Gnade auf euch geweissaget haben, * Dan. 9, 23. M. Luc. 10, 24.

11. Und haben geforschet, auf welche und welcherley Zeit deutete der Geist Christi, der in ihnen war, und zuvor bezeuget hat *die Leiden, die in Christo sind, und die Herrlichkeit darnach;
  * Ps. 22, 7. Jes. 53, 3.

12. Welchen es geoffenbaret ist. Denn sie haben es nicht ihnen selbst, sondern uns dargethan, welches euch nun verkündiget ist durch die, so euch das Evangelium verkündiget haben, durch den heiligen Geist vom Himmel gesandt; welches auch die Engel gelüstet zu schauen.

13. Darum so *begürtet die Lenden eures Gemüths, seyd nüchtern, und setzet eure Hoffnung ganz auf die Gnade, die euch angeboten wird durch die Offenbarung JEsu Christi, * Jer. 1, 17. Luc. 12, 35.

14. Als gehorsame Kinder, und *stellet euch nicht gleichwie vorhin, da ihr in Unwissenheit nach den Lüsten lebetet; * Röm. 12, 2.

15. Sondern nach dem, der euch berufen hat und heilig ist, seyd auch *ihr heilig in allem eurem Wandel. * 2 m. L, 75.

16. Denn es stehet *geschrieben: Ihr sollt heilig seyn; denn Ich bin heilig.
  * 3 Mos. 11, 44. c. 19, 2.

17. Und sintemal ihr den zum Vater anrufet, der *ohne Ansehen der Person richtet, nach eines Jeglichen Werk; so führet euren Wandel, so lange ihr hier wallet, mit Furcht; * 5 Mos. 10, 17.

18. Und wisset, da ihr *nicht mit vergänglichem Silber oder Golde erlöset seyd von eurem †eiteln Wandel nach väterlicher Weise; * 1 Cor. 6, 20. † 1 Cor. 7, 23. † 1 Petr. 4, 3.

19. Sondern mit dem theuren Blute Christi, als eines unschuldigen und unbefleckten Lammes;

20. Der zwar *zuvor versehen ist, ehe der Welt Grund geleget ward, aber geoffenbaret zu den letzten Zeiten um euretwillen; * Röm. 16, 25.

21. Die ihr *durch ihn glaubet an GOtt, der †ihn auferwecket hat von den Todten, und ihm die Herrlichkeit gegeben, auf daß ihr Glauben und Hoffnung zu GOtt haben möchtet. * Joh. 14, 6. †. 1 Petr. 3, 18 f.

22. Und machet keusch eure Seelen im Gehorsam der Wahrheit durch den Geist, zu ungefärbter Bruderliebe, und habt euch unter einander brünstig lieb aus reinem Herzen,

23. Als

23. Als die da wiederum geboren sind, nicht aus vergänglichem, sondern aus unvergänglichem Samen, nämlich aus dem lebendigen Wort GOttes, das da ewiglich bleibet.

24. Denn *alles Fleisch ist wie Gras, und alle Herrlichkeit der Menschen wie des Grases Blume. Das Gras ist verdorret, und die Blume abgefallen. * Ps. 103, 15.
Ps. 90, 15. Jes. 40, 6, 7. Sir. 14, 18. Jac. 1, 10. 11.

25. Aber des HErrn Wort bleibet in Ewigkeit. Das ist aber das Wort, welches unter euch verkündiget ist.

Das 1. Capitel.
Von der Pflicht der Wiedergebornen, wie auch der Unterthanen und Knechte.

1. So *leget nun ab alle Bosheit, und allen Betrug, und Heuchelei, und Neid, und alles Afterreden; * Röm. 6, 4.
Röm. 13, 2. 1 Cor. 14, 20.

2. Und seyd begierig *nach der vernünftigen lautern Milch, als † die jetzt gebornen Kindlein, auf daß ihr durch dieselbige zunehmet; * Ebr. 5, 12. † Matth. 18, 3.

3. So ihr anders *geschmecket habt, daß der HErr freundlich ist; * Ps. 34, 9.

4. Zu welchem ihr gekommen seyd, als zu *dem lebendigen Stein, der von den Menschen verworfen, aber bei GOtt ist er auserwählt und köstlich. * Ps. 118, 22.
Rom. 2, 24. 44. 45.

5. Und auch ihr, als die lebendigen Steine, bauet euch zum geistlichen Hause und zum *heiligen Priesterthum, zu opfern † geistliche Opfer, die GOtt angenehm sind, durch JEsum Christum. * Jes. 61, 6. 2. Mos. 21.
† Hos. 14, 3. Mal. 1, 11. Röm. 12, 1.

6. Darum stehet in der Schrift: "Siehe da, ich lege einen auserwählten köstlichen Eckstein in Zion; und wer an ihn glaubet, der soll nicht zu Schanden werden." * Jes. 8, 14. 15.

7. Euch nun, die ihr glaubet, ist er köstlich; den Ungläubigen aber *ist der Stein — den die Bauleute verworfen haben, und zum Eckstein geworden ist — * Matth. 21, 42. f.

8. Ein Stein des Anstoßens, und ein Fels des Aergernis, die sich stoßen an dem Wort, und glauben nicht daran, darauf sie gesetzt sind. * Jes. 8, 14. Luc. 2, 34. Röm. 9, 33.

9. Ihr aber *seyd das auserwählte Geschlecht, das † königliche Priesterthum, das heilige Volk, das Volk des Eigenthums, daß ihr verkündigen sollt die Tugenden deß, der euch berufen hat von der Finsterniß, zu seinem wunderbaren Licht.
* Jes. 43, 20. 21. † 2 Mos. 19, 6.

10. Die *ihr weiland nicht ein Volk waret, nun aber GOttes Volk seyd, und weiland nicht in Gnaden waret, nun aber in Gnaden seyd. * Hos. 2, 23. Röm. 9, 25.
(Ep. am 3. Sonnt. nach Ostern, Jubilate.)

11. Lieben Brüder, ich ermahne euch, *als † die Fremdlinge und Pilgrimme: † Enthaltet euch von fleischlichen Lüsten, welche wider ** die Seele streiten;
* Ps. 39, 13. f. † Ebr. 11, 13. ** Ephes. 1, 22.

12. Und führet einen guten Wandel unter den Heiden, auf daß die, so von euch afterreden, als von Uebelthätern, *eure gute Werke sehen, und GOtt preisen, wenn es nun an den Tag kommen wird. * Matth. 5, 16.

13. Seyd *unterthan aller menschlichen Ordnung, um des HErrn willen, es sey dem Könige, als dem Obersten, * Röm. 13, 1. 5. f. Tit. 3, 1.

14. Oder den Hauptleuten, als den Gesandten von ihm zur Rache über die Uebelthäter, und zu Lobe den Frommen.

15. (Denn das ist der Wille GOttes, daß ihr *mit Wohlthun verstopfet die Unwissenheit der thörichten Menschen;) * v. 9. 8.

16. Als die *Freien, und nicht als hättet ihr die Freiheit zum Deckel der Bosheit, sondern als die Knechte GOttes.
* 1 Cor. 7, 22. 1. 3. 5.

17. Thut *Ehre Jedermann. Habt die Brüder lieb. † Fürchtet GOtt. †† Ehret den König. * Röm. 12, 10. † Spr. 24, 21. †† Matth. 22, 21.

18. Ihr *Knechte, seyd unterthan mit aller Furcht den Herren, nicht allein den gütigen und gelinden, sondern auch den wunderlichen. * Ephes. 6, 5. Col. 3, 22. f.

19. Denn das ist Gnade, so Jemand *um des Gewissens willen zu GOtt das Uebel verträgt, und leidet das Unrecht.
* Matth. 5, 10.

20. Denn was ist das für ein Ruhm, so ihr um Missethat willen Streiche leidet! Aber wenn *ihr um Wohlthat willen leidet und erduldet, das ist Gnade bei GOtt.] * v. 9. 14. 17. c. 4, 14. Matth. 5, 10.
(Ep. am 2. Sonnt. nach Ostern, Misericord. Domini.)

21. Denn dazu seyd ihr berufen. Sintemal auch Christus gelitten hat für

für uns, und uns ein *Vorbild gelassen,
daß ihr sollt nachfolgen seinen Fußstapfen;   * Joh. 13, 15.
22. *Welcher keine Sünde gethan hat,
ist auch kein Betrug in seinem Munde
erfunden;   *Jes. 53, 9. Joh. 8, 46. 2 Cor. 5, 21.
23. Welcher *nicht wieder schalt, da er
gescholten ward, nicht drohete, da er
litte; er stellete es aber dem heim, der
da recht richtet,   *Jes. 53, 7.
24. Welcher *unsere Sünden selbst
geopfert hat an seinem Leibe auf dem
Holz, auf daß wir, †der Sünde abgestorben, der Gerechtigkeit leben;
durch welches Wunden ihr seyd heil
geworden.   *1 Joh. 3, 5. †Röm. 6, 11.
25. Denn ihr waret *wie die irrenden
Schafe; aber ihr seyd nun bekehret zu
dem †Hirten und Bischof eurer Seelen.]
* Pf. 119, 176. Jes. 53, 6. Ezech. 34, 6. †Joh. 10, 19. f.

Das 3. Capitel.
Pflichten der Eheleute. Geduld und Erschäfftigkeit im
Leiden. Taufbund.

1. Deſſelbigen gleichen ſollen *die Weiber ihren Männern unterthan ſeyn,
auf daß auch die, ſo nicht glauben an
das Wort, durch der Weiber Wandel
ohne Wort gewonnen werden,
                       * Eph. 5, 22. f.
2. Wenn ſie anſehen euren keuſchen
Wandel in der Furcht.
3. Welcher *Schmuck ſoll nicht auswendig ſeyn (mit Haarflechten und Gold-
umhängen oder Kleider-Anlegen);
        *Jes. 3, 18. 19. 1 Tim. 2, 9.
4. Sondern *der verborgene Menſch
des Herzens unverrückt, mit ſanftem
und ſtillem Geiſte, das iſt köſtlich vor
GOtt.   * Pſ. 45, 14.
5. Denn alſo haben ſich auch vor Zeiten
die heiligen Weiber geſchmückt, die ihre
Hoffnung auf GOtt ſetzten und ihren
Männern unterthan waren;
6. Wie die Sara Abraham gehorſam
war, und *hieß ihn Herr, welcher Töchter
ihr geworden ſeyd, ſo ihr wohl thut und
nicht ſo ſchüchtern ſeyd.   *1 Moſ. 18, 12.
7. Deſſelbigen gleichen *ihr Männer,
wohnet bei ihnen mit Vernunft, und
gebet dem weiblichen, als dem ſchwäch-
ſten Werkzeuge, ſeine Ehre, als auch
Miterben der Gnade des Lebens, auf
daß euer Gebet nicht verhindert werde.
            * Eph. 5, 25. Col. 3, 19.

(Epistel am 5. Sonntage nach Trinitatis.)
8. Endlich aber ſeyd alleſammt *gleich
geſinnet, mitleidig, brüderlich, barmherzig, freundlich.   * Röm. 12, 16.
9. *Vergeltet nicht Böſes mit Böſem,
oder Scheltwort mit Scheltwort; ſondern dagegen ſegnet, und wiſſet, daß
ihr dazu berufen ſeyd, daß ihr den
Segen beerbet.   *1 Theſſ. 5, 15. f.
10. „Denn wer leben will, und gute
Tage ſehen, †der ſchweige ſeine Zunge,
daß ſie nicht Böſes rede, und ſeine Lippen, daß ſie nicht trügen.   * Pſ. 34, 13. f.
                         † Jac. 1, 26.
11. *Er wende ſich vom Böſen, und
thue Gutes; †er ſuche Frieden, und jage
ihm nach.   *Jes. 1, 16. 17. †Ebr. 12, 14.
12. Denn die *Augen des HErrn ſehen
auf die Gerechten, und ſeine Ohren auf
ihr Gebet; das Angeſicht aber des HErrn
ſtehet auf die, ſo Böſes thun.”
         * Pſ. 33, 18. Pſ. 34, 16. 17.
13. Und wer iſt, der euch ſchaden könnte,
ſo ihr dem Guten nachkommet!
14. Und *ob ihr auch leidet um der Gerechtigkeit willen, ſo ſeyd ihr doch ſelig.
Fürchtet euch aber vor ihrem Trotzen
nicht, und erſchrecket nicht.   *c. 2, 20. f.
                          Matth. 5, 10.
15. *Heiliget aber GOtt den HErrn
in euren Herzen.] Seyd aber allezeit
bereit zur Verantwortung Jedermann,
der Grund fordert der Hoffnung, die in
euch iſt,   *Jes. 8, 13.
16. Und das mit Sanftmüthigkeit und
*Furcht, und habt ein gut Gewiſſen, auf
daß die, ſo von euch †afterreden, als von
Uebelthätern, zu Schanden werden, daß
ſie geſchmähet haben euren guten Wandel in Chriſto.   * Phil. 2, 12. †c. 2, 12.
17. Denn *es iſt beſſer, ſo es GOttes
Wille iſt, daß ihr bei Wohlthat wegen leidet, denn von Uebelthat wegen.
                        *c. 2, 15. 19. 20.
18. Einmal *auch Chriſtus einmal
für unſere Sünden gelitten hat, der Gerechte für die Ungerechten, auf daß er uns
GOtt opferte: und iſt getödtet nach dem
Fleiſch, aber lebendig gemacht nach dem
Geiſt.   * Röm. 5, 6. Ebr. 9, 28. c. 1, 19. 19.
19. In demſelbigen iſt er auch hingegangen, und hat gepredigt *den Gei-
ſtern im Gefängniß,
20. Die etwa nicht glaubten, da GOtt
einsmals harrete und Geduld hatte zu den
Zeiten

Zeiten *Noahs, da man die Arche zurüstete, in welcher wenige (das ist, acht Seelen) behalten wurden durch's Wasser;
* 1 Mos. 6. v. 5.

21. Welches nun auch uns selig macht in *der Taufe, die durch jenes bedeutet ist, (nicht das Abthun des Unflaths am Fleisch, sondern der †Bund eines guten Gewissens mit GOtt), durch die Auferstehung JEsu Christi; * Rom. 14. 15. Eph. 5. 26.
† 5 Mos. 26. v. 17. 18.

22. Welcher ist *zur Rechten GOttes in den Himmel gefahren, und sind ihm unterthan die Engel, und die Gewaltigen, und die Kräfte. * Ps. 110. 1. Eph. 1. 20.

Das 4. Capitel.
Vom Nutzen des Kreuzes, und Geduld darin, sammt andern Tugenden.

1. Weil nun Christus im Fleisch für uns gelitten hat, so wapnet euch auch mit demselbigen Sinn; denn wer am Fleisch leidet, der höret auf von Sünden.

2. Daß er hinfort, was noch hinterstelliger Zeit im Fleisch ist, nicht der Menschen Lüsten, sondern dem Willen GOttes lebe. * Gal. 2. 20.

3. Denn es ist genug, daß wir die *vergangene Zeit des Lebens zugebracht haben nach heidnischem Willen, da wir wandelten in Unzucht, Lüsten, Trunkenheit, Fresserei, Sauferei und gräulichen Abgöttereien. * Eph. 4. 17. 18. Col. 3. 5.

4. Das befremdet sie, daß ihr nicht mit ihnen laufet in dasselbige wüste, unordentliche Wesen, und lästern;

5. Welche werden Rechenschaft geben dem, *der bereit ist zu richten die Lebendigen und die Todten. * 2 Tim. 4. 1. 1.

6. Denn dazu ist auch den *Todten das Evangelium verkündiget, auf daß sie gerichtet werden nach dem Menschen am Fleisch, aber im Geist GOtte leben. * c. 3. 19.

7. Es ist *aber nahe gekommen das Ende aller Dinge. * 1 Cor. 10. 11. 1 Joh. 2. 18.

(Epistel am Sonntage Exaudi.)

8. So seyd nun *mäßig und nüchtern zum Gebet. Vor allen Dingen aber habt unter einander eine brünstige Liebe; denn †die Liebe decket auch der Sünden Menge. * Jer. 21. 34. 36. † Spr. 10. 12.

9. Seyd *gastfrei unter einander ohne Murmeln. * Ebr. 13. 1. 1.

10. Und dienet einander, ein Jeglicher mit der Gabe, die er empfangen hat, als die guten Haushalter der mancherlei Gnade GOttes.

11. So Jemand redet, daß er es *rede als GOttes Wort. So Jemand ein Amt hat, daß er es thue als aus dem Vermögen, das GOtt darreichet, auf daß in allen Dingen GOtt gepriesen werde durch JEsum Christum, welchem sey Ehre und Gewalt von Ewigkeit zu Ewigkeit! Amen.] * 2 Cor. 2. 17.

(Epistel am Sonntage nach dem Neujahr.)

12. Ihr Lieben, lasset euch die Hitze, so euch begegnet, nicht befremden, (die *euch widerfähret, daß ihr versuchet werdet), als widerführe euch etwas Seltsames; * c. 1. 7.

13. Sondern freuet euch, daß *ihr mit Christo leidet, auf daß ihr auch, zur Zeit der Offenbarung seiner Herrlichkeit, Freude und Wonne haben möget. * Matth. 5. 10.

14. *Selig seyd ihr, wenn ihr geschmähet werdet über dem Namen Christi; denn der Geist, der ein Geist der Herrlichkeit und GOttes ist, ruhet auf euch. Bei ihnen ist er verlästert, aber bei euch ist er gepriesen. * Jes. 61. 7. Matth. 5. 11. 1.

15. *Niemand aber unter euch leide als ein Mörder, oder Dieb, oder Uebelthäter, oder der in ein fremd Amt greift. * v. 4. 20.

16. Leidet er aber als ein Christ, so schäme er sich nicht; er *ehre aber GOtt in solchem Fall. * Joh. 21. 19. Phil. 1. 29.

17. Denn es ist Zeit, daß anfange das Gericht an *dem Hause GOttes. So aber zuerst an uns; was will es für ein Ende werden mit denen, die dem Evangelio GOttes nicht glauben! * Jer. 25. 29.

Jer. 49. 12. Hesek. 9. 6.

18. Und so *der Gerechte kaum erhalten wird, wo will der Gottlose und Sünder erscheinen! * Spr. 11. 31.

19. Darum, welche da leiden nach GOttes Willen, die sollen ihm ihre Seelen befehlen, als dem treuen Schöpfer, in guten Werken.]

Das 5. Capitel.
Vom Amt der Aeltesten, Pflicht der Jugend und aller Christen insgemein.

1. Die Aeltesten, so unter euch sind, ermahne ich, der Mitälteste und Zeuge *der Leiden, die in Christo sind, und theilhaftig †der Herrlichkeit, die geoffenbaret werden soll: * Rom. 8. 18. † 1 Joh. 5. 12.

2. Wei-

2. Weidet die *Heerde Christi, so euch befohlen ist, und sehet wohl zu, nicht gezwungen, sondern williglich; nicht um schändlichen Gewinns willen, sondern von Herzensgrunde; *Joh. 21, 16. Apost. G. 20.

3. Nicht als die *über das Volk herrschen, sondern †werdet Vorbilder der Heerde. *1 Cor. 3, 5. 17. 2 Cor. 1, 24. †Phil. 3, 17. 2 Thess. 3, 9. 2 Tim. 2, 7.

4. So werdet ihr (wenn erscheinen wird der *Erzhirte) die †unverwelkliche Krone der Ehre empfangen. *Jes. 40, 11. †1 Petr. 1, 4.

5. Desselbigen gleichen, ihr Jungen, seyd unterthan den Aeltesten. *Allesammt seyd unter einander unterthan, und haltet fest an der Demuth. Denn †GOtt widerstehet den Hoffärtigen; aber den Demüthigen giebt er Gnade. *Eph. 5, 21. †Matth. 23, 12. Luc. 1, 51. Jac. 4, 6.

(Epistel am 3. Sonntage nach Trinitatis.)

6. So *demüthiget euch nun unter die gewaltige Hand GOttes, daß er euch erhöhe zu seiner Zeit. *Hiob 22, 29. Jac. 4, 10.

7. Alle eure Sorge werfet auf ihn; denn †Er sorget für euch. *Matth. 6, 25. f. †Hiob. 12, 10.

8. Seyd *nüchtern und wachet! Denn euer Widersacher, der Teufel, gehet umher wie ein brüllender Löwe, und suchet, welchen er verschlinge. *Luc. 21, 34. 1 Thess. 5, 6.

9. Dem *widerstehet feste im Glauben, und wisset, daß eben dieselbigen Leiden über eure Brüder in der Welt gehen. *Eph. 4, 12. 13.

10. Der GOtt aber aller Gnade, der uns berufen hat zu seiner ewigen Herrlichkeit in Christo JEsu, derselbige wird euch, die ihr *eine kleine Zeit leidet, vollbereiten, stärken, kräftigen, gründen. *2. 1. 6.

11. Demselbigen sey Ehre und Macht von Ewigkeit zu Ewigkeit! Amen.]

12. Durch euren treuen Bruder Silvanus (als ich achte) habe ich euch *ein wenig geschrieben, zu ermahnen und zu bezeugen, daß das die rechte Gnade GOttes ist, darinnen ihr stehet. *Ebr. 13, 22.

13. Es grüßen euch, die sammt euch auserwählt sind zu Babylon, und mein Sohn *Marcus. *Apost. G. 12, 12. 25.

14. Grüßet euch unter einander mit *dem Kuß der Liebe. Friede sey mit Allen, die in Christo JEsu sind! Amen. *1 Cor. 16, 20. f.

Die andere Epistel Petri.

Das 1. Capitel.

Das des Glaubens Fruchtbarkeit in guten Werken, und Lob heiliger Schrift.

1. Simon Petrus, ein Knecht und Apostel JEsu Christi, denen, die *mit uns eben denselbigen theuren Glauben überkommen haben in der Gerechtigkeit, die unser GOtt giebt, und der Heiland JEsus Christus. *Röm. 1, 12.

2. GOtt gebe euch viel Gnade und Frieden durch die Erkenntniß GOttes und JEsu Christi, unsers HErrn!

3. Nachdem allerlei seiner göttlichen Kraft (was zum Leben und göttlichen Wandel dienet) uns geschenket ist, durch die Erkenntniß deß, *der uns berufen hat durch seine Herrlichkeit und Tugend; *1 Petr. 2, 9.

4. (Durch welche uns die theuren und allergrößten Verheißungen geschenket sind, nämlich, daß ihr durch dasselbige theilhaftig werdet der göttlichen Natur, so ihr fliehet die vergängliche Lust der Welt);

5. So wendet allen euren Fleiß daran, und reichet dar in eurem *Glauben Tugend, und in der Tugend Bescheidenheit, *Gal. 5, 6.

6. Und in der Bescheidenheit Mäßigkeit, und in der Mäßigkeit Geduld, und in der Geduld Gottseligkeit,

7. Und in der Gottseligkeit brüderliche Liebe, und in der brüderlichen Liebe gemeine Liebe.

8. Denn wo solches reichlich bei euch ist, wird es euch nicht faul noch *unfruchtbar seyn lassen in der Erkenntniß unsers HErrn JEsu Christi. *Joh. 15, 2.

9. Welcher aber solches nicht hat, der ist blind, und tappet mit der Hand, und vergißt der Reinigung seiner vorigen Sünden. *1 Joh. 2, 9. 11.

10. Darum, lieben Brüder, thut desto mehr,

mehr Fleiß, euren Beruf und Erwählung
feft zu machen. Denn wo ihr folches
thut, werdet ihr nicht ftraucheln,
* Ebr. 3, 14.

11. Und alfo wird euch reichlich dar-
gereichet werden der Eingang zu dem
ewigen Reich unfers HErrn und Heilandes JEfu Chrifti.

12. Darum will ich es nicht laffen, euch
allezeit folches zu erinnern; wiewohl ihr es
wiffet, und geftärket feyd in der gegenwärtigen Wahrheit. * Röm. 15, 14. 15.

13. Denn ich achte es billig zu feyn,
fo lange ich in diefer Hütte bin, euch
zu erwecken und zu erinnern.

14. Denn ich weiß, daß ich meine
Hütte bald ablegen muß, *wie mir denn
auch unfer HErr JEfus Chriftus eröffnet hat. * Joh. 21, 18. 19.

15. Ich will aber Fleiß thun, daß ihr
allenthalben habet nach meinem Abfchiede
folches im Gedächtniß zu halten.

16. Denn wir haben nicht den *klugen
Fabeln gefolget, da wir euch kund gethan haben † die Kraft und Zukunft
unfers HErrn JEfu Chrifti; fondern
wir haben feine Herrlichkeit felber gefe-
hen, * 1 Cor. 1, 17. † 1 Cor. 2, 4.

17. Da er empfing von GOtt dem Vater
Ehre und Preis, durch eine Stimme, die
zu ihm gefchah von der großen Herrlichkeit
dermaßen: "Dies ift mein lieber Sohn,
an dem ich Wohlgefallen habe."
* Matth. 3, 17. c. 17, 5. Luc. 9, 35. Offb. 1, 6.

18. Und diefe Stimme haben wir gehöret vom Himmel gebracht, * da wir
mit ihm waren auf dem heiligen Berge.
* Matth. 17, 5.

19. Wir haben ein feftes prophetifches
Wort; und ihr thut wohl, daß ihr darauf achtet, als auf *ein Licht, das da
fcheinet in einem dunkeln Ort, bis der Tag
anbreche und der Morgenftern aufgehe
in euren Herzen. * Pf. 119, 105. 2 Cor. 4, 6.

20. Und das follt ihr für das erfte
wiffen, daß *keine Weiffagung in der
Schrift gefchiehet aus eigener Auslegung. * Röm. 12, 7. 2 Tim. 2, 15.

21. Denn es ift noch nie eine Weiffagung aus menfchlichem Willen hervorgebracht; fondern die *heiligen Men-
fchen GOttes haben geredet, getrieben
† von dem heiligen Geift. * 2 Tim. 3, 16.
† 2 Pet. 3, 2.

Das 2. Capitel.
Das falfchen Lehrern, ihren Strafe und unchriftlichen Wandel.

1. Es waren aber auch falfche Propheten unter dem Volk; wie auch unter euch feyn werden *falfche Lehrer, die
neben einführen werden verderbliche Sec-
ten, und verleugnen den HErrn, der fie
erkauft hat, und werden über fich felbft
führen eine fchnelle Verdammniß.
* Matth. 24, 11. 1 Tim. 4, 1. f.

2. Und *Viele werden nachfolgen ihrem
Verderben; durch welche wird der Weg
der Wahrheit verläftert werden.
* 2 Tim. 4, 3. 4.

3. Und durch Geiz mit erdichteten Worten werden fie an euch handthieren; von
welchen das Urtheil von lange her nicht
fäumig ift, und ihre Verdammniß fchläft
nicht.

4. Denn fo GOtt *der Engel, die ge-
fündiget haben, nicht verfchonet hat, fondern hat fie mit Ketten der Finfterniß
zur Hölle verftoßen, und übergeben, daß
fie zum Gericht behalten werden.
* Ep. Judä v. 6.

5. Und hat *nicht verfchonet der vorigen Welt, fondern bewahrete Noah, den
Prediger der Gerechtigkeit, felbft achte,
und führete die Sündfluth über die Welt
der Gottlofen. * c. 3, 6. 1 Mof. 7, 7. 23.

6. Und hat *die Städte Sodom und
Gomorra zu Afche gemacht, umgekehret
und †verdammet, damit ein Exempel
gefetzt den Gottlofen, die hernach kommen würden. * 1 Mof. 19, 24. f. † Epb. 11, 7.

7. Und hat erlöfet den gerechten Lot,
welchem die fchändlichen Leute alles Leid
thaten mit ihrem unzüchtigen Wandel;

8. (Denn dieweil er gerecht war und
unter ihnen wohnete, daß er es fehen und
hören mußte, quälten fie die gerechte
Seele von Tag zu Tage mit ihren ungerechten Werken.) * Pf. 119, 158. Ezech. 9. 4.

9. Der * HErr weiß die Gottfeligen
aus der Verfuchung zu erlöfen, die Ungerechten aber zu behalten zum Tage des
Gerichts, zu peinigen; * 1 Cor. 10, 13.

10. Allermeift aber die, fo da wandeln
nach dem Fleifch in der unreinen Luft,
und die Herrfchaft verachten, thürftig
(find), eigenfinnig, nicht erzittern die
Majeftäten zu läftern.

11. So doch die Engel, die größere Stärke
und

und Macht haben, nicht ertragen das lästerliche Gericht wider sich vom HErrn.

12. Aber sie sind wie die *unvernünftigen Thiere — die von Natur dazu geboren sind, daß sie gefangen und geschlachtet werden —, lästern, da sie nichts von wissen, und werden in ihrem verderblichen Wesen umkommen,
*Jer. 12, 3. Sp. Sal. v. 16.

13. Und den Lohn der Ungerechtigkeit davon bringen. Sie achten für Wollust das zeitliche Wohlleben; *sie sind Schande und Laster, prangen von eurem Almosen, prassen mit dem Euren, *Sp. Sal. v. 13.

14. Haben Augen voll Ehebruchs, lassen ihnen die Sünde nicht wehren, locken an sich die leichtfertigen Seelen, haben ein Herz durchtrieben mit Geiz, verfluchte Leute;

15. Verlassen den richtigen Weg, und gehen irre, und folgen nach dem Wege Balaams, *des Sohnes Bosors, welchem geliebte der Lohn der Ungerechtigkeit, *4 Mos. 2, 14. f.

16. *Hatte aber eine Strafe seiner Uebertretung; nämlich das stumme lastbare Thier redete mit Menschenstimme, und wehrete des Propheten Thorheit. *4 Mos. 22, 27. f.

17. Das sind Brunnen ohne Wasser, und Wolken vom Windwirbel umgetrieben; welchen behalten ist eine dunkle Finsterniß in Ewigkeit.

18. Denn sie reden stolze Worte, da nichts hinter ist; und reizen durch Unzucht zur fleischlichen Lust diejenigen, die recht entronnen waren, und nun im Irrthum wandeln;

19. Und verheißen ihnen Freiheit, so sie selbst Knechte des Verderbens sind. Denn *von welchem Jemand überwunden ist, deß Knecht ist er geworden. *Joh. 8. 34. f.

20. Denn so sie entflohen sind dem *Unflath der Welt, durch die Erkenntniß des HErrn und Heilandes JEsu Christi; werden aber wiederum in dieselbigen geflochten und überwunden; ist mit †ihnen das Letzte ärger geworden, denn das Erste.
*Matth. 9, 7. 8. †Matth. 12, 45. Ebr. 10, 26, 27.

21. Denn es wäre ihnen besser, daß sie den Weg der Gerechtigkeit nicht erkannt hätten, denn daß sie ihn erkennen, und sich *kehren von dem heiligen Gebot, das ihnen gegeben ist. *Ezech. 18, 67. 69.

22. Es ist ihnen widerfahren das wahre *Sprichwort: „Der Hund frisset wieder, was er gespeiet hat;" und „die Sau wälzet sich nach der Schwemme wieder im Koth." *Spr. 26, 11.

Das 3. Capitel.

Von den letzten Zeiten, Christi Zukunft, und wichtigen Verhalten dazu.

1. Dies ist die andere Epistel, die ich euch schreibe, ihr Lieben, in welcher ich *erwecke und erinnere euren lautern Sinn, *c. 1, 13.

2. Daß ihr gedenket an die Worte, die euch zuvor gesagt sind von den heiligen Propheten, und an unser Gebot, die wir sind Apostel des HErrn und Heilandes. (Epistel am 16. Sonntage nach Trinitatis.)

3. Und wisset das auf's erste, daß *in den letzten Tagen kommen werden Spötter, die nach ihren eigenen Lüsten wandeln, *1 Tim. 4, 1. f.

4. Und *sagen: Wo ist die Verheißung seiner Zukunft? Denn nachdem die Väter entschlafen sind, bleibt es Alles, wie es von Anfang der Creatur gewesen ist. *Jes. 5, 19.

5. Aber Muthwillens wollen sie nicht wissen, daß *der Himmel vor Zeiten auch war, dazu die †Erde aus Wasser, und im Wasser bestanden durch GOttes Wort: *1 Mos. 1, 2. 6. †Ps. 24, 2.

6. Dennoch ward zu der Zeit die Welt durch dieselbigen mit der *Sündfluth verderbet. *1 B. 2. 1 Mos. 7, 21.

7. Also auch der Himmel jetzund und die Erde werden durch sein Wort gesparet, daß sie zum *Feuer behalten werden am Tage des Gerichts und Verdammniß der gottlosen Menschen. *v. 10.

8. Eins aber sey euch unverhalten, ihr Lieben: daß *Ein Tag vor dem HErrn ist wie tausend Jahre, und tausend Jahre wie Ein Tag. *Ps. 90, 4.

9. Der *HErr verziehet nicht die Verheißung, wie es Etliche für einen Verzug achten; sondern er hat Geduld mit uns, und will nicht, daß Jemand verloren werde, †sondern daß sich Jedermann zur Buße kehre. *Hab. 2, 3. †Ezech. 18, 23. f. 1 Tim. 2, 4. f.

10. Es wird aber *des HErrn Tag kommen als ein Dieb in der Nacht; in welchem die †Himmel zergehen werden mit großem Krachen, die Elemente aber werden

vor Hitze zerschmelzen, und die Erde und die Werke, die darinnen sind, werden verbrennen. *1 Thess. 3, 2, 9. f.

† 2 Petr. 2, 7. Jac. 01, 23. Ebr. 1, 11. 12.

11. So nun das Alles soll zergehen: wie sollt ihr denn geschickt seyn mit heiligem Wandel und gottseligem Wesen!

12. Daß ihr wartet und eilet zu der Zukunft des Tages des HErrn, in welchem die Himmel vom Feuer zergehen und die Elemente vor Hitze zerschmelzen werden.

13. Wir warten aber *eines neuen Himmels, und einer neuen Erde, nach seiner Verheißung, in welchen Gerechtigkeit wohnet. *Jes. 6, 17.

v. 65, 22. Offenb. 21, 1.

14. Darum, meine Lieben, *dieweil ihr darauf warten sollet; so thut Fleiß, daß ihr vor ihm unbefleckt und † unsträflich im Frieden erfunden werdet.]

*1 Cor. 4, 10. † 1 Cor. 1, 8.

15. Und die *Geduld unsers HErrn achtet für eure Seligkeit; als auch unser lieber Bruder Paulus, nach der Weisheit, die ihm gegeben ist, euch geschrieben hat. *Röm. 2, 4.

16. Wie er auch in allen Briefen davon redet, in welchen sind etliche Dinge schwer zu verstehen; welche verwirren die Ungelehrigen und Leichtfertigen, wie auch die anderen Schriften zu ihrer eigenen Verdammniß.

17. Ihr aber, meine Lieben, weil ihr das zuvor wisset, so *verwahret euch, daß ihr nicht, durch Irrthum der ruchlosen Leute, sammt ihnen verführet werdet, und entfallet aus eurer eigenen Festung. *Marc. 13, 5. v. 23.

† 1 Cor. 8, 26. f.

18. Wachset aber in der Gnade und Erkenntniß unsers HErrn und Heilandes JEsu Christi. Demselbigen sey Ehre, nun und zu ewigen Zeiten! Amen.

Die erste Epistel Johannis.

Das 1. Capitel.

Von Christi Person, seinem gnadenreichen Wort, und von rechter Buße.

1. Das da *von Anfang war, das wir gehöret haben, das wir † gesehen haben mit unsern Augen, das wir beschauet haben, und unsere **Hände betastet haben, vom Worte des Lebens,

*Joh. 1, 1. † Joh. 1, 14. ** Luc. 24, 39.

2. (Und das *Leben ist erschienen, und wir haben gesehen, und zeugen, und verkündigen euch das Leben, das ewig ist, welches † war bei dem Vater, und ist uns erschienen.) *Joh. 1, 4. † Joh. 1, 1.

3. Was wir gesehen und gehöret haben, das verkündigen wir euch, auf daß auch ihr mit uns Gemeinschaft habet, und unsere Gemeinschaft sey mit dem Vater, und mit seinem Sohne, JEsu Christo.

4. Und solches schreiben wir euch, auf daß *eure Freude völlig sey. *Joh. 15, 11.

Joh. 16, 24.

5. Und das ist die Verkündigung, die wir von ihm gehöret haben, und euch verkündigen, *daß GOtt ein Licht ist, und in ihm ist keine Finsterniß.

*Vf. 104, 2. Joh. 8, 12.

6. So wir sagen, daß wir Gemeinschaft mit ihm haben, und wandeln in Finsterniß, so lügen *wir, und thun nicht die Wahrheit. *v. 2. 4.

7. So wir aber im Licht wandeln, wie er im Lichte ist, so haben wir Gemeinschaft unter einander; und das Blut JEsu Christi, seines Sohnes, macht uns rein von aller Sünde.

8. So wir sagen, wir haben keine Sünde, so verführen wir uns selbst, und die Wahrheit ist nicht in uns.

9. So wir aber *unsere Sünde bekennen; so ist er †treu und gerecht, daß er uns die Sünde vergiebt, und reiniget uns von aller Untugend. *Spr. 28, 13.

† 1 Reg. 8, 36. f.

10. So wir sagen, wir haben nicht gesündiget, so machen wir ihn zum Lügner, und sein Wort ist nicht in uns.

Das 2. Capitel.

Von des Christenthums Grund, Evangelischen Inhalt, Früchten und Erhaltung.

1. Meine Kindlein, solches schreibe ich euch, auf daß ihr nicht sündiget. Und ob Jemand sündiget, so haben wir einen *Fürsprecher bei dem Vater, JEsum Christum, der gerecht ist. *Röm. 8, 34. Ebr. 7, 25.

2. Und derselbige ist die *Versöhnung für unsere Sünden; nicht allein aber

aber für die unsere, sondern auch für der ganzen Welt. *Col. 1, 20. f.

3. Und an dem merken wir, daß wir ihn kennen, so wir seine Gebote halten.

4. *Wer da sagt: Ich kenne ihn, und hält seine Gebote nicht, der ist ein Lügner, und in solchem ist keine Wahrheit.
*v. 1, 6. c. 4, 20.

5. Wer aber *sein Wort hält, in solchem ist wahrlich die Liebe GOttes vollkommen. Daran erkennen wir, daß wir in ihm sind. *Joh. 14, 21. 23.

6. Wer da sagt, daß er *in ihm bleibet, der soll auch wandeln, gleichwie Er gewandelt hat. *Joh. 15, 4. 5.

7. Brüder, ich schreibe euch nicht ein neu Gebot, sondern das alte Gebot, das ihr habt von Anfang gehabt. Das alte Gebot ist das Wort, das ihr von Anfang gehöret habt.

8. Wiederum ein neu Gebot schreibe ich euch, das da wahrhaftig ist bei Ihm und bei euch; denn die *Finsterniß ist vergangen, und das wahre Licht scheinet jetzt. *Röm. 13, 12.

9. Wer da sagt, er sey im Licht, und *hasset seinen Bruder, der ist noch in Finsterniß. *v. 5, 15. c. 4, 20.

10. Wer *seinen Bruder liebet, der bleibet im Licht, und ist kein Aergerniß bei ihm. *v. 4, 16.

11. Wer aber seinen Bruder hasset, der ist in Finsterniß, und wandelt in Finsterniß, und weiß nicht, wo er hin gehet; denn die Finsterniß hat seine Augen verblendet.

12. Lieben Kindlein, ich schreibe euch, daß euch die *Sünden vergeben werden durch seinen Namen.
*Luc. 24, 47. Ebr. 4, 12.

13. Ich schreibe euch Vätern; denn ihr kennet den, der von Anfang ist. Ich schreibe euch Jünglingen; denn ihr habt den Bösewicht überwunden. Ich schreibe euch Kindern; denn ihr kennet den Vater.

14. Ich habe euch Vätern geschrieben, daß ihr den kennet, der von Anfang ist. Ich habe euch Jünglingen geschrieben, daß ihr *stark seyd, und das Wort GOttes bei euch bleibet, und den Bösewicht überwunden habt. *Eph. 6, 10.

15. Habt euch lieb die Welt, noch was in der Welt ist. So Jemand die Welt lieb hat, in dem ist nicht die Liebe des Vaters,

16. Denn Alles, was in der Welt ist, (nämlich des Fleisches Lust, und der Augen Lust, und hoffärtiges Leben), ist nicht vom Vater, sondern von der Welt.

17. Und die Welt vergehet mit ihrer Lust; wer aber den Willen GOttes thut, der bleibet in Ewigkeit.

18. Kinder, es ist die letzte Stunde; und wie ihr gehöret habt, daß der *Widerchrist kommt, und nun sind viele Widerchristen geworden; daher erkennen wir, daß die letzte Stunde ist. *Matth. 24, 5. 24.

19. Sie sind *von uns ausgegangen; aber sie waren nicht von uns: denn wo sie von uns gewesen wären, so wären sie ja bei uns geblieben; aber †auf daß sie offenbar würden, daß sie nicht alle von uns sind. *Apost. 20, 30. †1 Cor. 11, 19.

20. Und ihr habt die *Salbung von dem, der heilig ist, und wisset Alles.
*v. 27.

21. Ich habe euch nicht geschrieben, als wüßtet ihr die Wahrheit nicht; sondern ihr wisset sie, und wisset, daß keine Lüge aus der Wahrheit kommt.

22. Wer ist ein Lügner, ohne der da leugnet, daß JEsus der Christ sey! Das ist der Widerchrist, der den Vater und den Sohn leugnet.

23. Wer *den Sohn leugnet, der hat auch den Vater nicht. *c. 4, 15.

24. Was ihr nun *gehöret habt von Anfang, das bleibe bei euch. So ihr euch bleibet, was ihr von Anfang gehöret habt; so werdet ihr auch bei dem Sohne und Vater bleiben. *v. 7.

25. Und das ist die Verheißung, die Er uns verheißen hat, das ewige Leben.

26. Solches habe ich euch geschrieben von denen, die euch verführen.

27. Und *die Salbung, die ihr von ihm empfangen habt, bleibet bei euch, und dürfet nicht, daß euch Jemand lehre, sondern, wie euch die Salbung allerlei lehret, so ist es wahr und ist keine Lüge; und wie sie euch gelehret hat, so bleibet bei demselbigen. *v. 20. Joh. 14, 26. c. 3, 15. 18.

28. Und nun, Kindlein, bleibet bei ihm, auf daß, wenn er geoffenbaret wird, daß wir *Freudigkeit haben und nicht zu Schanden werden vor ihm in seiner Zukunft. *c. 3, 21. f. c. 4, 17. c. 5, 3, 14.

29. So ihr wisset, daß er gerecht ist,

so erkennet auch, daß, wer *recht thut, der ist von ihm geboren. *c. 2. v. 29.

Das 3. Capitel.
Von wahren Christen Herrlichkeit, Eigenschaften, Creutz und Trost.

1. Sehet, welch eine Liebe hat uns der Vater erzeiget, daß wir GOttes Kinder sollen heißen! Darum kennet euch die Welt nicht; *denn sie kennet Ihn nicht. *Joh. 17. 25.

2. Meine Lieben, wir *sind nun GOttes Kinder, und ist noch nicht erschienen, was wir seyn werden. Wir †wissen aber, wenn es erscheinen wird, daß wir ihm gleich seyn werden; denn wir werden ihn sehen, wie er ist. *Joh. 1. 12. †Röm. 8. 19.

3. Und ein Jeglicher, der solche Hoffnung hat zu ihm, der reiniget sich, gleichwie Er auch rein ist.

4. Wer Sünde thut, der thut auch Unrecht; und die Sünde ist das Unrecht.

5. Und ihr wisset, daß Er ist erschienen, *auf daß er unsere Sünden wegnehme, und ist keine Sünde in ihm. *Jes. 53. 4. 1 Tim. 1. 24. f.

6. Wer in ihm bleibet, der sündiget nicht; wer da sündiget, der hat ihn nicht gesehen, noch erkannt.

7. Kindlein, lasset euch Niemand verführen. Wer recht thut, der ist gerecht, gleichwie Er gerecht ist.

8. Wer Sünde thut, *der ist vom Teufel; denn der Teufel sündiget von Anfang. Dazu ist erschienen der Sohn GOttes, daß er die Werke des Teufels zerstöre. *Joh. 8. 44.

9. Wer aus GOtt geboren ist, der *thut nicht Sünde, denn sein Same bleibet bei ihm; und kann nicht sündigen, denn er ist von GOtt geboren. *v. 6. c. 5. 18.

10. Daran wird es offenbar, welche die Kinder GOttes, und die Kinder des Teufels sind. Wer nicht recht thut, der ist nicht von GOtt, und wer nicht seinen Bruder lieb hat.

11. Denn das ist die Botschaft, die ihr gehöret habt von Anfang, *daß wir uns unter einander lieben sollen. *Joh. 13. 34.

12. Nicht wie *Cain, der von dem Argen war, und erwürgete seinen Bruder. Und warum erwürgete er ihn? Daß seine Werke böse waren, und seines Bruders gerecht. *1 Mos. 4. 8. Matth. 23. 35.
Jud. v. 11.

(Epistel am 2. Sonntage nach Trinitatis.)

13. Verwundert *euch nicht, meine Brüder, ob euch die Welt hasset. *Matth. 5. 11. Joh. 15. 18. 19.

14. Wir wissen, daß wir aus dem Tode in das Leben gekommen sind; denn wir lieben die Brüder. *Wer den Bruder nicht liebet, der bleibet im Tode. *1 c. 2. 11. 1 Mos. 19. 17.

15. Wer seinen Bruder hasset, der ist ein Todtschläger; und ihr wisset, daß ein Todtschläger nicht hat das ewige Leben bei ihm bleibend.

16. Daran haben wir erkannt die Liebe, daß Er sein Leben für uns gelassen hat; und wir sollen auch das Leben für die Brüder lassen.

17. Wenn aber Jemand dieser Welt Güter hat, und siehet seinen Bruder darben, und schließt sein Herz vor ihm zu: *wie bleibet die Liebe GOttes bei ihm! *c. 4. 20.

18. Meine Kindlein, lasset uns nicht lieben mit Worten, noch mit der Zunge; sondern *mit der That und mit der Wahrheit. *Jac. 1. 22. 2. 15.

19. Daran erkennen wir, daß wir aus der Wahrheit sind, und können unser Herz vor ihm stillen.

20. Daß, so uns unser Herz verdammet, daß GOtt größer ist, denn unser Herz, und erkennet alle Dinge.

21. Ihr Lieben, so uns unser Herz nicht verdammet, so haben wir *eine Freudigkeit zu GOtt. *c. 2. 28. c. 4. 17. c. 5. 14.
Ephr. 3. 12. Ebr. 4. 16.

22. Und *was wir bitten, werden wir von ihm nehmen; denn wir halten seine Gebote, und thun, was vor ihm gefällig ist. *Matth. 11. 24. f.

23. Und das ist sein Gebot, *daß wir glauben an den Namen seines Sohnes JEsu Christi, und †lieben uns unter einander, wie Er uns ein Gebot gegeben hat. *Joh. 6. 29. †Matth. 18. 35. f.

24. Und *wer seine Gebote hält, der bleibet in Ihm, und Er in ihm. Und †daran erkennen wir, daß Er in uns bleibet, an **dem Geist, den er uns gegeben hat.
*Joh. 14. 23. †Joh. 4. 13. **Röm. 8. 9.

Das 4. Capitel.
Von Prüfung falscher Lehrer, und Lehrung der Liebe gegen GOtt und den Nächsten.

1. Ihr Lieben, glaubet nicht einem jeglichen Geist, sondern prüfet die Geister, ob sie von GOtt sind; denn es sind

viele falsche Propheten ausgegangen in die Welt.

2. Daran sollt ihr den Geist GOttes erkennen: *Ein jeglicher Geist, der da bekennet, daß JEsus Christus ist in das Fleisch gekommen, der ist von GOtt;
* 1 Cor. 12, 3.

3. Und ein jeglicher Geist, der da nicht bekennet, daß JEsus Christus ist in das Fleisch gekommen, der ist nicht von GOtt. Und das ist der Geist des Widerchrists, von welchem ihr habt gehöret, daß er kommen werde, und ist jetzt schon in der Welt.

4. Kindlein, ihr seyd von GOtt, und habt jene überwunden; denn der in euch ist, ist *größer, denn der in der Welt ist.
* 2 Chr. 6, 18. 2 Chr. 32, 7.

5. Sie sind von der Welt; darum *reden sie von der Welt, und die Welt höret sie.
* Joh. 3, 31. c. 15, 19.

6. *Wir sind von GOtt, und *wer GOtt erkennet, der höret uns; welcher nicht von GOtt ist, der höret uns nicht. Daran erkennen wir den Geist der Wahrheit, und den Geist des Irrthums.
* Joh. 8, 47.

7. Ihr Lieben, lasset uns unter einander lieb haben; denn die Liebe ist von GOtt; und *wer lieb hat, der ist von GOtt geboren und kennet GOtt.
* Joh. 3, 42.

8. Wer nicht lieb hat, der kennet GOtt nicht; denn GOtt ist die Liebe.

9. Daran ist erschienen die Liebe GOttes gegen uns, daß *GOtt seinen eingebornen Sohn gesandt hat in die Welt, daß wir durch ihn leben sollen.
* Joh. 3, 16. f. Cor. 5, 11.

10. Darinnen stehet die Liebe; nicht, daß wir GOtt geliebet haben; sondern daß Er uns geliebet hat, und gesandt seinen Sohn zur *Versöhnung für unsere Sünden.
* Röm. 5, 18. 2 Cor. 5, 19. Gal. 4, 10.

11. Ihr Lieben, hat uns GOtt also geliebet, so *sollen wir uns auch unter einander lieben.
* Matth. 18, 35.

12. *Niemand hat GOtt jemals gesehen. So wir uns unter einander lieben, so bleibet GOtt in uns, und seine Liebe ist völlig in uns.
* 2 Mos. 33, 20. 1 Tim. 6, 16.
Joh. 1, 18.

13. Daran erkennen wir, daß wir in ihm bleiben und Er in uns, daß er uns von seinem Geist gegeben hat.

14. Und wir haben gesehen und zeugen, daß der Vater den Sohn gesandt hat zum Heiland der Welt.

15. Welcher *nun bekennet, daß JEsus GOttes Sohn ist, in dem bleibet GOtt, und er in GOtt.
* v. 2.

16. Und wir haben erkannt und geglaubet die Liebe, die GOtt zu uns hat.

(Epistel am 1. Sonntage nach Trinitatis.)

GOtt *ist die Liebe; und wer in der Liebe bleibet, der bleibet in GOtt, und GOtt in ihm.
* v. 8.

17. Daran ist die Liebe völlig bei uns, auf daß wir eine *Freudigkeit haben am Tage des Gerichts; denn gleichwie Er ist, so sind auch wir in dieser Welt.
* c. 2, 28. f.

18. Furcht ist nicht in der Liebe, sondern die völlige Liebe treibet die Furcht aus; denn die Furcht hat Pein. Wer sich aber fürchtet, der ist nicht völlig in der Liebe.

19. Lasset uns ihn lieben; denn *Er hat uns erst geliebet.
* v. 10.

20. So *Jemand spricht: Ich liebe GOtt, und hasset seinen Bruder, der ist ein Lügner. Denn wer seinen Bruder nicht liebet, den er siehet; wie kann er GOtt lieben, den er nicht siehet!
* c. 2, 4. 11.

21. Und dies Gebot haben wir von ihm, daß, wer GOtt liebet, *daß der auch seinen Bruder liebe.]
* Matth. 22, 37. f.

Das 5. Capitel.
Von dem rechten Glauben, dessen Kraft, Frucht und Eigenschaft.

1. Wer da glaubet, daß JEsus sey der Christ, der ist *von GOtt geboren. Und wer da liebet den, der ihn geboren hat, der liebet auch den, der von ihm geboren ist.
* Joh. 1, 12, 13.

2. *Daran erkennen wir, daß wir GOttes Kinder lieben, wenn wir GOtt lieben, und seine Gebote halten.
* c. 4, 21.

3. Denn das ist die Liebe zu GOtt, daß wir *seine Gebote halten; und seine Gebote sind †nicht schwer.
* Joh. 14, 15, 21, 23, 24. † Matth. 11, 30.

(Epistel am 1. Sonntage nach Ostern, Quasimodogeniti.)

4. Denn Alles, was *von GOtt geboren ist, †überwindet die Welt; und unser Glaube ist der Sieg, der die Welt überwunden hat.
* Joh. 1, 13. † Joh. 16, 33.

5. Wer ist aber, der die Welt überwindet, ohne der da glaubet, daß JEsus GOttes Sohn ist!
* c. 4, 4. 1 Cor. 15, 57.

6. Die-

6. Dieser ist es, der da kommt mit Wasser und Blut, JEsus Christus, nicht mit Wasser allein, sondern mit Wasser und Blut. Und der Geist ist es, der da zeuget, daß Geist Wahrheit ist. *Joh. 19, 34. ec.

7. Denn drei sind, die da zeugen im Himmel: Der Vater, das Wort, und der heilige Geist; und diese drei sind Eins. *Matth. 28, 19.

8. Und drei sind, die da zeugen auf Erden: Der Geist, und das Wasser, und das Blut; und die drei sind beisammen.

9. So wir der Menschen Zeugniß annehmen, so ist GOttes Zeugniß größer; denn GOttes Zeugniß ist das, das er gezeuget hat von seinem Sohne. *Joh. 8, 17.

10. Wer da glaubet an den Sohn GOttes, der hat solches Zeugniß bei ihm.] † Wer GOtte nicht glaubet, der macht ihn zum Lügner; denn er glaubet nicht dem Zeugniß, das GOtt zeuget von seinem Sohne. *1 Joh. 3, 10. 1 Joh. 5, 20.

11. Und das ist das Zeugniß, daß uns GOtt das ewige Leben hat gegeben, und solches Leben ist in seinem Sohne. *Joh. 1, 4.

12. Wer den Sohn GOttes hat, der hat das Leben; wer den Sohn GOttes nicht hat, der hat das Leben nicht.

13. Solches habe ich euch geschrieben, die ihr glaubet an den Namen des Sohnes GOttes, auf daß ihr wisset, daß ihr das ewige Leben habet, und daß ihr glaubet an den Namen des Sohnes GOttes. *Joh. 20, 31.

14. Und das ist die Freudigkeit, die wir haben zu ihm, daß, so wir etwas bitten nach seinem Willen, so höret er uns.

15. Und so wir wissen, daß er uns höret, was wir bitten, so wissen wir, daß wir die Bitte haben, die wir von ihm gebeten haben.

16. So Jemand siehet seinen Bruder sündigen, eine Sünde nicht zum Tode, der mag bitten; so wird er geben das Leben denen, die da sündigen nicht zum Tode. Es ist eine Sünde zum Tode; dafür sage ich nicht, daß Jemand bitte. *Matth. 12, 31.

17. Alle Untugend ist Sünde; und es ist etliche Sünde nicht zum Tode.

18. Wir wissen, daß, wer von GOtt geboren ist, der sündiget nicht; sondern wer von GOtt geboren ist, der bewahret sich, und der Arge wird ihn nicht antasten. *1 Joh. 3, 9.

19. Wir wissen, daß wir von GOtt sind; und die ganze Welt liegt im Argen. *Gal. 1, 4.

20. Wir wissen aber, daß da GOttes Sohn gekommen ist, und hat uns einen Sinn gegeben, daß wir erkennen den Wahrhaftigen, und sind in dem Wahrhaftigen, in seinem Sohne JEsu Christo. Dieser ist der wahrhaftige GOtt und das ewige Leben. *Joh. 1, 1. 1 Joh. 2, 13.

21. Kindlein, hütet euch vor den Abgöttern! Amen. *1 Cor. 10, 14.

Die andere Epistel Johannis.

Spiegel einer gottseligen Frau.

1. Der Aelteste, der auserwählten Frau und ihren Kindern, die ich lieb habe in der Wahrheit, (und nicht allein ich, sondern auch Alle, die die Wahrheit erkannt haben,)

2. Um der Wahrheit willen, die in uns bleibet, und bei uns seyn wird in Ewigkeit.

3. Gnade, Barmherzigkeit, Friede von GOtt dem Vater; und von dem HErrn JEsu Christo, dem Sohne des Vaters, in der Wahrheit und in der Liebe, sey mit euch!

4. Ich bin sehr erfreuet, daß ich gefunden habe unter deinen Kindern, die in der Wahrheit wandeln; wie denn wir ein Gebot vom Vater empfangen haben.

5. Und nun bitte ich dich, Frau, (nicht als ein neu Gebot schreibe ich dir, sondern das wir gehabt haben von Anfang,) daß wir uns unter einander lieben.

6. Und das ist die Liebe, daß wir wandeln nach seinem Gebot. Das ist das Gebot, wie ihr gehöret habt von Anfang, auf daß ihr daselbst innen wandelt.

7. Denn

7. Denn viele Verführer sind in die Welt gekommen, die nicht bekennen JEsum Christum, daß er in das Fleisch gekommen ist. (Dieser ist der Verführer und der Widerchrist.)

8. Sehet euch vor, daß wir nicht verlieren, was wir erarbeitet haben, sondern vollen Lohn empfangen.

9. Wer übertritt, und bleibet nicht in der Lehre Christi, der hat keinen GOtt: wer in der Lehre Christi bleibet, der hat Beide, den Vater und den Sohn.

10. So Jemand zu euch kommt, und bringet diese Lehre nicht, den nehmet nicht zu Hause, und grüßet ihn auch nicht.

11. Denn wer ihn grüßet, der macht sich theilhaftig seiner bösen Werke.

12. Ich hatte euch viel zu schreiben; aber ich wollte nicht mit Briefen und Tinte; sondern ich hoffe, zu euch zu kommen und mündlich mit euch zu reden, auf daß unsere Freude vollkommen sey.

13. Es grüßen dich die Kinder deiner Schwester, der Auserwählten. Amen.

Die dritte Epistel Johannis.

1. Der Aelteste, Gajo dem Lieben, den ich lieb habe in der Wahrheit.

2. Mein Lieber, ich wünsche in allen Stücken, daß dir's wohl gehe und gesund seyest; wie es denn deiner Seele wohl gehet.

3. Ich bin aber sehr erfreut, da die Brüder kamen, und zeugeten von deiner Wahrheit; wie denn du wandelst in der Wahrheit.

4. Ich habe keine größere Freude, denn die, daß ich höre meine Kinder in der Wahrheit wandeln.

5. Mein Lieber, du thust treulich, was du thust an den Brüdern und Gästen,

6. Die von deiner Liebe gezeuget haben vor der Gemeine; und du hast wohl gethan, daß du sie abgefertiget hast würdiglich vor GOtt.

7. Denn um seines Namens willen sind sie ausgezogen, und haben von den Heiden nichts genommen.

8. So sollen wir nun solche aufnehmen, auf daß wir der Wahrheit Gehülfen werden.

9. Ich habe der Gemeine geschrieben; aber Diotrephes, der unter ihnen will hoch gehalten seyn, nimmt uns nicht an.

10. Darum, wenn ich komme, will ich ihn erinnern seiner Werke, die er thut, und plaudert mit bösen Worten wider uns, und läßt ihm an dem nicht begnügen. Er selbst nimmt die Brüder nicht an, und wehret denen, die es thun wollen, und stößt sie aus der Gemeine.

11. Mein Lieber, folge nicht nach dem Bösen, sondern dem Guten. Wer Gutes thut, der ist von GOtt; wer Böses thut, der siehet GOtt nicht.

12. Demetrius hat Zeugniß von Jedermann und von der Wahrheit selbst; und wir zeugen auch, und ihr wisset, daß unser Zeugniß wahr ist.

13. Ich hatte viel zu schreiben; aber ich wollte nicht mit Tinte und Feder zu dir schreiben.

14. Ich hoffe aber, dich bald zu sehen; so wollen wir mündlich mit einander reden.

15. Friede sey mit dir! Es grüßen dich die Freunde. Grüße die Freunde mit Namen.

Die Epistel an die Ebräer.

Das 1. Capitel.
Christus ist Gottes Sohn, und höher denn die Engel und alle Creaturen.

(Epistel am 3. Christtage.)

1. Nachdem vor Zeiten GOtt manchmal und mancherlei Weise geredet hat zu den Vätern durch die Propheten,

2. Hat er am letzten in diesen Tagen zu uns geredet durch den Sohn, welchen er gesetzet hat *zum Erben über Alles, †durch welchen er auch die Welt gemacht hat.
   * V. 3, 6. Matth. 21, 38. † Joh. 1, 10. 1.

3. Welcher, sintemal er ist der *Glanz seiner Herrlichkeit, und †das Ebenbild seines Wesens, und trägt alle Dinge mit seinem kräftigen Wort, und hat gemacht die **Reinigung unserer Sünden durch sich selbst, hat er sich gesetzt zu der Rechten der Majestät in der Höhe;
   * Weish. 7, 26.
   † 2 Cor. 4, 4. Col. 1, 15. ** Ebr. 9, 14. 26.

4. So viel besser geworden, denn die Engel, so gar viel einen höhern Namen er vor ihnen ererbet hat.

5. Denn zu welchem Engel hat Er jemals gesagt: *„Du bist mein Sohn, heute habe Ich dich gezeuget!" Und abermal: †„Ich werde sein Vater seyn, und Er wird mein Sohn seyn!"
   * Ps. 2, 7. † 2 Sam. 7, 14.

6. Und abermal, da er einführet den *Erstgebornen in die Welt, spricht er: „Und den sollen ihn alle Engel GOttes anbeten."
   * Röm. 8, 29. Ps. 97, 7.

7. Von den Engeln spricht er zwar: *„Er macht seine Engel Geister, und seine Diener Feuerflammen."
   * Ps. 104, 4.

8. Aber von dem Sohne: *„GOtt, dein Stuhl währet von Ewigkeit zu Ewigkeit; das Scepter deines Reichs ist ein richtiges Scepter;
   * Ps. 45, 7.

9. Du hast geliebet *die Gerechtigkeit, und gehasset die Ungerechtigkeit; darum hat dich, o GOtt, †gesalbet dein GOtt, mit dem Oel der Freuden, über deine Genossen."
   * Ps. 45, 8. † Ierem. 10, 16.

10. Und *„Du, HErr, hast von Anfang die Erde gegründet, und die Himmel sind deiner Hände Werk.
   * Ps. 8, 4. Ps. 102, 26.

11. Dieselbigen werden vergehen, Du aber wirst bleiben; und sie werden alle veralten wie ein Kleid,

12. Und wie ein Gewand wirst Du sie verwandeln, und sie werden sich *verwandeln; Du aber bist derselbige, und deine Jahre werden nicht aufhören."]
   * Jes. 34, 4. c. 51, 6.

13. Zu welchem Engel aber hat Er jemals gesagt: *„Setze dich zu meiner Rechten, bis ich lege deine Feinde zum Schemel deiner Füße!"
   * Matth. 22, 44 f.

14. Sind sie nicht allzumal dienstbare Geister, ausgesandt *zum Dienst, um derer willen, die ererben sollen die Seligkeit?
   * Ps. 34, 8. Ps. 91, 11.

Das 2. Capitel.
Die Lehre von Christo soll man wohl und ernstlich annehmen.

1. Darum sollen wir desto mehr *wahrnehmen des Worts, das wir hören, daß wir nicht dahin fahren.
   * Spr. 4, 21.

2. Denn so das Wort fest geworden ist, das durch die *Engel geredet ist; und eine jegliche Uebertretung und Ungehorsam hat empfangen seinen rechten Lohn:
   * Apostl. 7, 53. Gal. 3, 19.

3. *Wie wollen wir entfliehen, so wir eine solche Seligkeit nicht achten! Welche, nachdem sie erstlich geprediget ist †durch den HErrn, ist sie auf uns gekommen durch die, so es gehöret haben;
   * c. 10, 28. 29. † Matth. 4, 17.

4. Und GOtt hat ihr *Zeugniß gegeben mit Zeichen, Wundern und mancherlei Kräften, und mit †Austheilung des heiligen Geistes, **nach seinem Willen.
   * Marc. 16, 20. † 1 Cor. 12, 4. 7. ** 1 Cor. 12, 11.

5. Denn er hat nicht den Engeln unterthan *die zukünftige Welt, davon wir reden.
   * c. 6, 5.

6. Es bezeuget aber Einer an einem *Ort, und spricht: „Was ist der Mensch, daß du sein gedenkest; und des Menschen Sohn, daß du ihn heimsuchest?
   * Ps. 8, 5.

7. Du hast ihn eine kleine Zeit der Engel mangeln lassen; *mit Preis und Ehre hast du ihn gekrönet, und †hast ihn gesetzt über die Werke deiner Hände;
   * Matth. 28, 18. † Ps. 8, 7.

8. *Alles hast du untergethan zu seinen Füßen." In dem, daß er ihm Alles hat unterthan, hat er nichts gelassen, das ihm nicht unterthan sey; jetzt aber sehen wir noch nicht, daß ihm Alles unterthan sey.
   * Matth. 11, 27.

9. Den aber, der eine kleine Zeit der Engel gemangelt hat, sehen wir, daß es JEsus ist, durch's Leiden des Todes *gekrönet mit

mit Preis und Ehren, auf daß er von GOttes Gnaden für † Alle den Tod schmeckete.
*Phil. 2, 7. 9. † 1 Cor. 4, 14. ‡ Joh. 3, 1.

10. Denn es ziemete dem, um deß willen alle Dinge sind, und *durch den alle Dinge sind, der da viele Kinder hat zur Herrlichkeit geführet, daß er den Herzog ihrer Seligkeit durch Leiden vollkommen machte. *Joh. 1, 3.

11. Einmal sie Alle von Einem kommen; Beide, der da heiliget, und die da geheiliget werden. Darum schämet er sich auch nicht, sie *Brüder zu heißen,
*Matth. 2. 11. 12.

12. Und spricht: „Ich will verkündigen deinem Namen *meinen Brüdern, und mitten in der Gemeine dir lobsingen."
*Ps. 22, 23. Jes. 20, 17.

13. Und abermal: „Ich will mein Vertrauen auf ihn setzen." Und abermal: †„Sehe da, Ich und die Kinder, welche mir GOtt gegeben hat." *Ps. 18, 3. † Jes. 8, 17.

14. Nachdem nun die Kinder Fleisch und Blut haben, ist Er es gleicher Maßen theilhaftig geworden, auf daß er *durch den Tod die Macht nähme dem, der des Todes Gewalt hatte, das ist, dem Teufel, *2 Tim. 1, 10. 1.

15. Und *erlösete die, so durch Furcht des Todes im ganzen Leben Knechte seyn mußten. *Rom. 8, 14.

16. Denn er nimmt nirgend die Engel an sich, sondern den Samen Abrahams nimmt er an sich.

17. Daher mußte er allerdinge seinen Brüdern *gleich werden, auf daß er barmherzig würde, und ein treuer Hoherpriester vor GOtt, zu versöhnen die Sünde des Volks. *c. 4, 15.

18. Denn darinnen Er gelitten hat und versucht ist, kann er helfen denen, die versucht werden.

Das 3. Capitel.
Christum, den vortrefflichen Lehrer des neuen Testaments, soll man hören.

1. Derhalben, ihr heiligen Brüder, die ihr mit berufen seyd durch den himmlischen Beruf, nehmet wahr *des Apostels und Hohenpriesters, den wir bekennen, Christi JEsu, *c. 4, 14. 1.

2. Der da treu ist dem, der ihn gemacht hat, (wie auch *Moses) in seinem ganzen Hause. *4 Mos. 12, 7.

3. Dieser aber ist größerer Ehre werth, denn Moses, nachdem der eine größere Ehre am Hause hat, der es bereitet, denn das Haus.

4. (Denn ein jeglich Haus wird von Jemand bereitet; der *aber Alles bereitet, das ist GOtt.) *1 Cor. 8, 6.

5. Und Moses zwar war treu in seinem ganzen Hause, als ein Knecht, zum Zeugniß deß, das gesagt sollte werden:

6. Christus aber, als ein Sohn über sein Haus; welches Haus sind wir, so wir anders das Vertrauen und den Ruhm der Hoffnung bis an das Ende feste behalten.

7. Darum, wie der heilige Geist spricht: „Heute, so ihr hören werdet seine Stimme, *c. 4, 7. 7.

8. So verstocket eure Herzen nicht, als geschah in der Verbitterung, am Tage der Versuchung, in der Wüste;

9. Da *mich eure Väter versuchten; sie prüften mich, und sahen meine Werke vierzig Jahre lang; *2 Mos. 17, 7.

10. Darum ich entrüstet ward über dies Geschlecht, und sprach: Immerdar irren sie mit dem Herzen; aber sie wußten meine Wege nicht;

11. Daß *ich auch schwur in meinem Zorn, sie sollen zu meiner Ruhe nicht kommen." *4 Mos. 14, 28. 29. 30.

12. Sehet zu, lieben Brüder, daß nicht Jemand unter euch ein arges ungläubiges Herz habe, das da abtrete von dem lebendigen GOtt;

13. Sondern *ermahnet euch selbst alle Tage, so lange es heute heißt, daß nicht Jemand unter euch verstocket werde, durch Betrug der Sünde; *Mos. 10, 12.
1 Thess. 5, 11. 14.

14. (Denn wir sind Christi theilhaftig geworden, so wir anders das angefangene Wesen bis an das Ende *feste behalten:) *c. 6, 11.

15. So lange gesagt wird: „Heute, so ihr seine Stimme hören werdet, so verstocket eure Herzen nicht, wie in der Verbitterung geschah." *v. 4, 7. 1c. w. 7. 8, 9.

16. Denn Etliche, da sie höreten, richteten eine Verbitterung an; aber nicht Alle, die von Egypten ausgingen durch Mosen.

17. Ueber welche aber ward er entrüstet vierzig Jahre lang? Ist es nicht also, daß über die, so da sündigten, *deren Leiber in der Wüste verfielen? *4 Mos. 14, 28.
1 Cor. 10, 20.

18. Welchen schwur er aber, daß sie nicht

nicht zu seiner Ruhe kommen sollten, denn den Ungläubigen?
19. Und wir sehen, daß sie nicht haben können hinein kommen, um des Unglaubens willen.

Das 4. Capitel.

1. So lasset uns nun fürchten, daß wir die Verheißung, einzukommen zu seiner Ruhe, nicht versäumen, und unserer Keiner dahinten bleibe.
2. Denn es ist uns auch verkündiget, gleichwie Jenen; aber das Wort der Predigt half Jenen nichts, da nicht glaubten die, so es höreten.
3. Denn wir, die wir glauben, gehen in die Ruhe, wie *er spricht: „Daß ich schwur in meinem Zorn, sie sollen zu meiner Ruhe nicht kommen." — Und zwar, da die Werke von Anbeginn der Welt waren gemacht. *c. 3, 11. Ps. 95, 11.
4. Sprach er an einem Ort von dem siebenten Tage also: „Und GOtt ruhete am siebenten Tage von allen seinen Werken." *1 Mos. 2, 2, 3.
5. Und hier an diesem Ort abermal: „Sie sollen nicht kommen zu meiner Ruhe." —
6. Nachdem es nun noch vorhanden ist, daß Etliche sollen zu demselbigen kommen; und die, denen es zuerst verkündiget ist, sind nicht dazu gekommen, um des Unglaubens willen:
7. Bestimmte er abermal einen Tag nach solcher langen Zeit, und sagte durch David: „Heute," wie gesagt ist, „heute, so ihr seine Stimme hören werdet, so verstocket eure Herzen nicht." *c. 3, 9. Ps. 95, 7, 8.
8. Denn, so *Josua sie hätte zur Ruhe gebracht, würde er nicht hernach von einem andern Tage gesagt haben. *5 Mos. 31, 7.
9. Darum ist noch eine Ruhe vorhanden dem Volk GOttes.
10. Denn *wer zu seiner Ruhe gekommen ist, der ruhet auch von seinen Werken, gleichwie GOtt von seinen. *Offb. 14, 13.
11. So lasset uns nun Fleiß thun, einzukommen zu dieser Ruhe, auf daß nicht Jemand falle in dasselbige Exempel des Unglaubens.
12. Denn das Wort *GOttes ist lebendig und kräftig, und schärfer denn kein zweischneidig Schwert, und durchdringet, bis daß es scheidet Seele und Geist, auch Mark und Bein, und ist ein Richter der Gedanken und Sinne des Herzens. *Ephes. 6, 17. Jer. 23, 29.
13. Und ist *keine Creatur vor ihm unsichtbar; es ist aber Alles bloß und entdeckt vor seinen Augen: von dem reden wir. *Chr. 16, 18. c. 13, 13.

Das 5. Capitel.

14. Dieweil wir denn *einen großen Hohenpriester haben, JEsum, den Sohn GOttes, der gen Himmel gefahren ist; so lasset uns halten an dem Bekenntniß. *c. 3, 1. c. 9, 20. c. 7, 26. c. 9, 1. c. 10, 21.
15. Denn wir haben nicht einen Hohenpriester, der *nicht könnte Mitleiden haben mit unserer Schwachheit, sondern der versucht ist allenthalben, gleichwie wir, doch ohne Sünde. *c. 2, 17.
16. Darum lasset uns hinzu treten *mit Freudigkeit zu dem †Gnadenstuhl, auf daß wir Barmherzigkeit empfangen, und Gnade finden, auf die Zeit, wenn uns Hülfe noth seyn wird. *1 Joh. 3, 21. †c. 9, 5.

Cap. 5. v. 1. Denn ein jeglicher Hoherpriester, der aus den Menschen genommen wird, der wird gesetzt für die Menschen gegen GOtt, auf daß er opfere Gaben und Opfer *für die Sünden; *c. 8, 17.
2. Der da könnte *mit leiden über die, so unwissend sind und irren, nachdem er auch selbst umgeben ist mit Schwachheit. *c. 4, 15.
3. Darum muß er auch, gleichwie für das Volk, also auch für sich selbst opfern für die Sünden.
4. Und Niemand nimmt ihm selbst die Ehre; sondern der auch berufen sey von GOtt, gleichwie der Aaron.
5. Also auch Christus hat sich nicht selbst in die Ehre gesetzt, daß er Hoherpriester würde, sondern der zu ihm gesagt hat: „*Du bist mein Sohn; heute habe Ich dich gezeuget." *Ps. 2, 7. Apost. 13, 33. Ebr. 1, 5.
6. Wie er auch an andern Ort spricht: „*Du bist ein Priester in Ewigkeit, nach der Ordnung Melchisedeks." *c. 6, 20. c. 7, 17. Ps. 110, 4.
7. Und er hat an Tagen seines Fleisches Gebet und Flehen mit starkem Geschrei und Thränen geopfert zu dem, der ihm von dem Tode konnte aushelfen; und

ist auch erhöret, darum, daß er GOtt in Ehren hatte.

8. (Und wiewohl er GOttes Sohn war, hat er doch an dem, das er litte, *Gehorsam gelernet;) * Phil. 2, 8.

9. Und da er ist vollendet, ist er geworden Allen, die ihm gehorsam sind, eine Ursach zur ewigen Seligkeit;

10. Genannt von GOtt ein Hoherpriester, nach der Ordnung Melchisedeks.

11. Davon hätten wir wohl viel zu reden; aber es *ist schwer, weil ihr so unverständig seyd. * 3 r. 2. 14. 15.

12. Und die ihr sollet längst Meister seyn, bedürfet ihr wiederum, daß man euch die ersten Buchstaben der göttlichen Worte lehre, und daß man euch *Milch gebe, und nicht starke Speise. * 1 Cor. 3, 1. 2. 3.

13. Denn wer man noch Milch geben muß, der ist unerfahren in dem Wort der Gerechtigkeit; denn *er ist ein junges Kind. * Eph. 4, 14.

14. Den Vollkommenen aber gehöret starke Speise, die durch Gewohnheit haben geübte Sinne, zum Unterschied des Guten und des Bösen.

Das 6. Capitel.
Warnung vor Abfall. Ermahnung zur Beständigkeit.

1. Darum wollen wir die Lehre vom Anfang christlichen Lebens jetzt lassen, und zur Vollkommenheit fahren; nicht abermal Grund legen von Buße der todten Werke, vom Glauben an GOtt,

2. Von der Taufe, von der Lehre, vom Händeauflegen, von der Todten Auferstehung, und vom ewigen Gericht.

3. Und das wollen wir thun, so *es GOtt anders zuläßt. * Apostg. 18, 21.

4. Denn *es ist unmöglich, daß die, so einmal erleuchtet sind, und geschmeckt haben die himmlische Gabe, und theilhaftig geworden sind des heiligen Geistes, * c. 10, 26.

5. Und geschmeckt haben das gütige Wort GOttes, und die Kräfte der zukünftigen Welt,

6. Wo sie abfallen, und *wiederum ihnen selbst den Sohn GOttes kreuzigen, und für Spott halten, daß sie sollen wiederum erneuert werden zur Buße. * c. 10, 29.

7. Denn die Erde, die den Regen trinket, der oft über sie kommt, und bequem Kraut trägt denen, die sie bauen, empfänget Segen von GOtt.

8. Welche aber *Dornen und Disteln trägt, die ist untüchtig, und dem Fluch nahe, welche man zuletzt verbrennet. * 1 Ps. 6, 8.

9. Wir versehen uns aber, ihr Liebsten, Besseres zu euch, und daß die Seligkeit näher sey, ob wir wohl also reden.

10. Denn GOtt ist nicht ungerecht, daß er vergesse *eures Werks und Arbeit der Liebe, die ihr bewiesen habt an seinem Namen, da ihr den Heiligen dienetet und noch dienet. * Matth. 2, 14. 15. Marc. 10, 40.

11. Wir begehren aber, daß euer Jeglicher denselbigen Fleiß beweise, die Hoffnung *feste zu halten bis an's Ende, * c. 3, 14. 1 Ps. 1, 6.

12. Daß ihr nicht träge werdet, sondern Nachfolger derer, die durch den Glauben und Geduld ererben die Verheißungen.

13. Denn als *GOtt Abraham verhieß, da er bei keinem Größern zu schwören hatte, *schwur er bei sich selbst, * 1 Mos. 22, 16. s.

14. Und sprach: „Wahrlich, ich will dich segnen und vermehren."

15. Und also trug er Geduld, und erlangte die Verheißung.

16. Die Menschen schwören wohl *bei einem Größern, denn sie sind; und der Eid macht ein Ende alles Haders, dabei es feste bleibet unter ihnen. * 2 Mos. 22, 11.

17. Aber GOtt, da er wollte den Erben der Verheißung überschwänglich beweisen, daß sein Rath nicht wankte, hat er *einen Eid dazu gethan, * 1 Mos. 22, 16.

18. Auf daß wir durch zwei Stücke, die nicht wanken (denn es ist *unmöglich, daß GOtt lüge), einen starken Trost haben, die wir Zuflucht haben, und halten an der angebotenen Hoffnung; * Tit. 1, 2.

19. Welche wir haben als einen sichern und festen Anker unserer Seele, der auch hinein gehet in das Inwendige des Vorhangs,

20. Dahin der Vorläufer für uns eingegangen, JEsus, ein *Hoherpriester geworden in Ewigkeit, nach der Ordnung Melchisedeks. * c. 4, 14. s.

Das 7. Capitel.
Erscheinung Christi als Melchisedek.

1. Dieser *Melchisedek aber war ein König zu Salem, ein Priester GOttes, des Allerhöchsten, (der Abraham entgegen

gegen ging, da er von der Könige Schlacht wiederkam, und segnete ihn; *1 Mos. 14, 18.

2. Welchem auch Abraham gab den Zehnten aller Güter.) Auf's erste wird er verdolmetschet ein König der Gerechtigkeit; darnach aber ist er auch ein König zu Salem, (das ist, ein König des Friedens);

3. Ohne Vater, ohne Mutter, ohne Geschlecht, und hat weder Anfang der Tage, noch Ende des Lebens: er ist aber verglichen dem Sohne Gottes, und bleibet Priester in Ewigkeit.

4. Schauet aber, wie groß ist der, dem auch Abraham, *der Patriarch, *den Zehnten giebt von der eroberten Beute! *1 Mos. 14, 20.

5. Zwar die Kinder Levi's, da sie das Priesterthum empfangen, haben sie *ein Gebot, den Zehnten vom Volk, das ist, von ihren Brüdern, zu nehmen, nach dem Gesetz, wiewohl auch dieselben aus den Lenden Abraham's gekommen sind. *4 Mos. 18, 21. 26.

6. Aber der, deß Geschlecht nicht genannt wird unter ihnen, der nahm den Zehnten von Abraham, und *segnete den, der die Verheißung hatte. *1 Mos. 14, 19. 20.

7. Nun ist es ohne alles Widersprechen also, daß das Geringe von dem Bessern gesegnet wird.

8. Und hier nehmen den Zehnten die sterbenden Menschen; aber dort bezeuget er, daß er lebe.

9. Und daß ich also sage, es ist auch Levi, der den Zehnten nimmt, verzehntet durch Abraham.

10. Denn er war je noch in den Lenden des Vaters, da ihm *Melchisedek entgegen ging. *1 Mos. 14, 18.

11. Ist nun die *Vollkommenheit durch das Levitische Priesterthum geschehen, (denn unter demselbigen hat das Volk das Gesetz empfangen); was ist denn weiter noch zu sagen, daß ein anderer Priester aufkommen solle, nach der Ordnung Melchisedeks, und nicht nach der Ordnung Aarons? *v. 18. 19. Gal. 2, 21.

12. Denn wo das Priesterthum verändert wird, da muß auch das Gesetz verändert werden.

13. Denn von dem solches gesagt ist, der ist aus einem andern Geschlecht, aus welchem nie Keiner des Altars gepfleget hat.

14. Denn es ist ja offenbar, daß *von Juda aufgegangen ist unser HErr; zu welchem Geschlecht Moses nichts geredet hat vom Priesterthum. *1 Mos. 49, 10. Jes. 11, 1.

15. Und es ist noch klärlicher, so nach der Weise Melchisedeks ein anderer Priester aufkommt,

16. Welcher nicht nach dem Gesetz des fleischlichen Gebots gemacht ist, sondern nach der Kraft des unendlichen Lebens.

17. Denn er bezeuget: „Du bist ein Priester ewiglich, nach der Ordnung Melchisedeks." *c. 5, 6. f.

18. Denn damit wird das vorige Gesetz aufgehoben, (darum, daß es zu schwach, und nicht nütze war;

19. Denn das Gesetz konnte nichts vollkommen machen); und wird eingeführet eine bessere Hoffnung, durch welche wir zu GOtt nahen;

20. Und dazu, das viel ist, nicht ohne Eid. (Denn Jene sind ohne Eid Priester geworden;

21. Dieser aber mit dem Eide, durch den, der zu ihm spricht: „Der HErr hat geschworen und wird ihn nicht gereuen, Du bist ein Priester in Ewigkeit, nach der Ordnung Melchisedeks.") *Ps. 110, 4.

22. Also gar viel eines *bessern Testaments Ausrichter ist JEsus geworden. *c. 8, 6. c. 12, 24.

23. Und Jener sind Viele, die Priester wurden, darum, daß sie der Tod nicht bleiben ließ;

24. Dieser aber darum, daß er bleibet ewiglich, hat er ein unvergänglich Priesterthum.

25. Daher er auch selig machen kann immerdar, die *durch ihn zu GOtt kommen; und lebet immerdar, und †bittet für sie. *Joh. 11, 6. f. †Joh. 2, 1. f.

26. Denn einen solchen Hohenpriester sollten wir haben, der da wäre heilig, unschuldig, unbefleckt, von den Sündern abgesondert, und höher, denn der Himmel ist;

27. Dem nicht täglich noth wäre, wie jenen Hohenpriestern, *zuerst für eigene Sünde Opfer zu thun, darnach für des Volks Sünde; denn das hat er gethan einmal, da er sich selbst opferte. *3 Mos. 9, 7. f.

28. Denn *das Gesetz macht Menschen zu Hohenpriestern, die da Schwachheit haben; dies Wort aber des Eides, das nach dem Gesetz gesagt ist, setzt den Sohn ewig und vollkommen. *c. 5, 1. f.

Das

Das 8. Capitel.

Vergleichung des Priesterthums Christi mit dem Levitischen des Leviten.

1. Das ist nun die Summe, davon wir reden: wir haben einen solchen *Hohenpriester, der da sitzet zu der Rechten, auf dem Stuhl der Majestät im Himmel;
*c. 4, 14. f.

2. Und ist ein Pfleger der heiligen Güter und der wahrhaftigen Hütte, welche GOtt aufgerichtet hat, und kein Mensch.

3. Denn *ein jeglicher Hoherpriester wird eingesetzt, zu opfern Gaben und Opfer. Darum muß auch † dieser etwas haben, das er opfere. *c. 5, 1. † c. 9, 14.

4. Wenn er nun auf Erden wäre, so wäre er nicht Priester; dieweil da Priester sind, die nach dem Gesetz die Gaben opfern.

5. Welche dienen *dem Vorbilde, und dem Schatten der himmlischen Güter; (wie die göttliche Antwort zu Mose sprach, da er sollte die Hütte vollenden: „Schaue zu," sprach er, †„daß du machest alles nach dem Bilde, das dir auf dem Berge gezeiget ist.")
*Col. 2, 17.
† 2 Mos. 25, 40. Apost. 7, 44.

6. Nun aber hat er ein besser Amt erlanget, als der eines *bessern Testaments Mittler ist, welches auch auf bessern Verheißungen stehet. *c. 7, 22. c. 12, 24. 1 Tim. 2, 5.

7. Denn so jenes, das erste, untadelig gewesen wäre, würde nicht Raum zu einem andern gesucht.

8. Denn er tadelt sie, und sagt: *„Siehe, es kommen die Tage, spricht der HErr, daß Ich über das Haus Israel und über das Haus Juda ein neu Testament machen will;
*c. 10, 16. Jer. 31, 31. f.

9. Nicht nach dem Testament, *das ich gemacht habe mit ihren Vätern an dem Tage, da ich ihre Hand ergriff, sie auszuführen aus Egyptenland. Denn sie sind nicht geblieben in meinem Testament; so habe Ich ihrer auch nicht wollen achten, spricht der HErr. *2 Mos. 19, 5. f.

10. Denn das ist das Testament, das ich machen will dem Hause Israel nach diesen Tagen, spricht der HErr: Ich will *geben meine Gesetze in ihren Sinn, und in ihr Herz will Ich sie schreiben; und will ihr GOtt seyn, und sie sollen mein Volk seyn.
*Cap. 10, 2. Jer. 24, 12.

11. Und soll nicht lehren Jemand seinen Nächsten, noch Jemand seinen Bruder, und sagen: Erkenne den HErrn! Denn sie sollen mich Alle kennen, von dem Kleinsten an bis zu dem Größten.

12. Denn *Ich will gnädig seyn ihrer Untugend und ihren Sünden, und ihrer Ungerechtigkeit will ich nicht mehr gedenken."
*Jer. 31, 34.

13. Indem er sagt: „Ein neues;" macht er das erste alt. Was aber alt und überjahret ist, das ist nahe bei seinem Ende.

Das 9. Capitel.

Die Gottseligkeit und die Heiligthum Levi, ein Vorbild auf das hohepriesterliche Amt Christi.

1. Es hatte zwar auch das erste seine Rechte des Gottesdienstes, und äußerliche Heiligkeit.

2. Denn es war da aufgerichtet das Vorderheil der Hütte, darinnen *war der Leuchter, und der Tisch, und die Schaubrote; und diese heißt das Heilige.
*2 Mos. 25. 26. 31.

3. Hinter dem andern Vorhang aber war die Hütte, die da heißt *das Allerheiligste.
*2 Mos. 26, 33.

4. Die hatte das goldene Rauchfaß, und die Lade des Testaments, allenthalben mit Gold überzogen, in welcher war die goldene Geile (Urne), die das Himmelsbrot hatte, und die Ruthe Aarons, die gegrünet hatte, und die Tafeln des Testaments.

5. Oben *darüber aber waren die Cherubim der Herrlichkeit, die überschatteten den † Gnadenstuhl; von welchem jetzt nicht zu sagen ist insonderheit.
*2 Mos. 25, 18. † 2 Mos. 25, 26.

6. Da nun solches also zugerichtet war, *gingen die Priester allezeit in die vorderste Hütte, und richteten aus den Gottesdienst.
*4 Mos. 28, 3. f.

7. In die andere aber ging nur *Ein Mal im Jahre allein der Hohepriester, nicht ohne Blut, das er opferte für sich selbst und des Volks Unwissenheit.
*2 Mos. 30, 10. 3 Mos. 16, 2. f.

8. Damit der heilige Geist deutet, daß noch nicht geoffenbaret wäre der Weg *zur Heiligkeit, so lange die vorige Hütte stünde.
*c. 10, 19.

9. Welche mußte zu derselbigen Zeit ein Vorbild seyn, in welcher Gaben und Opfer geopfert wurden, und konnten nicht vollkommen machen nach dem Gewissen den, der da Gottesdienst thut;

10. Allein

10. Altern mit *Speise und Trank, und mancherlei Taufen, und äußerlicher Heiligkeit, die bis auf die Zeit der Besserung sind aufgelegt. *2 Mos. 11, 2. f. § 3 Mos. 14, 8. f. (Epistel am 5. Sonnt. in der Fasten, Judica.)

11. Christus aber ist gekommen, daß er sey ein *Hoherpriester der zukünftigen Güter, durch eine größere und vollkommenere Hütte, die nicht mit der Hand gemacht ist, (das ist, die nicht also gebauet ist;)
*c. 8, 1. 2. 4, 14. c. 6, 20. c. 7, 27.

12. Auch nicht durch der Böcke oder Kälber Blut, sondern er ist durch *sein eigen Blut Ein Mal in das Heilige eingegangen, und hat eine ewige Erlösung erfunden. ―― *Apg. 20, 28.

13. Denn, so *der Ochsen und der Böcke Blut, und † die Asche, von der Kuh gesprenget, heiliget die Unreinen zu der leiblichen Reinigkeit;
*3 Mos. 16, 14. † 4 Mos. 19, 2. 12. 17. 18.

14. Wie viel mehr wird das *Blut Christi, der sich selbst ohne allen Wandel durch den heiligen Geist GOtt geopfert hat, unser Gewissen reinigen von den todten Werken, zu dienen dem lebendigen GOtt! *1 Petr. 1, 19. 1 Joh. 1, 7. Offenb. 1, 5.

15. Und darum ist er auch *ein Mittler des neuen Testaments, auf daß durch den Tod, so geschehen ist zur Erlösung von den Uebertretungen, die unter dem ersten Testament waren, die, so berufen sind, das verheißene ewige Erbe empfangen.]
*c. 12, 24. 1 Tim. 2, 5.

16. Denn wo ein Testament ist, da muß der Tod geschehen deß, der das Testament macht.

17. Denn *ein Testament wird fest durch den Tod: anders hat es noch keine Macht, wenn der noch lebet, der es gemacht hat. *Gal. 3, 15.

18. Daher auch das erste nicht ohne Blut gestiftet ward.

19. Denn *als Moses ausgeredet hatte von allen Geboten, nach dem Gesetz, zu allem Volk, nahm er Kälber- und Bocksblut, mit Wasser und Purpurwolle und Ysop, und besprengete das Buch und alles Volk, *2 Mos. 24, 6. 8.

20. Und sprach: *„Das ist das Blut des Testaments, das GOtt euch geboten hat." *2 Mos. 24, 8.

21. Und die Hütte und alles Geräthe des Gottesdienstes *besprengete er desselbigen gleichen mit Blut. *3 Mos. 8, 15. 19.

22. Und *wird fast Alles mit Blut gereiniget nach dem Gesetz. Und † ohne Blutvergießen geschieht keine Vergebung. *3 Mos. 17, 11. † Matth. 6, 1.

23. So mußten nun der himmlischen Dinge Vorbilder mit solchem gereiniget werden; aber sie selbst, die himmlischen, müssen bessere Opfer haben, denn jene waren.

24. Denn Christus ist nicht eingegangen in das Heilige, so mit Händen gemacht ist, (welches ist ein Gegenbild der Rechtschaffenen), sondern in den Himmel selbst, um zu *erscheinen vor dem Angesicht GOttes für uns. *1 Joh. 2, 1. f.

25. Auch nicht, daß er sich oftmals opfere, gleichwie *der Hohepriester gehet alle Jahre in das Heilige mit fremdem Blut. *3 Mos. 16, 10.

26. (Sonst hätte er oft müssen leiden vom Anfang der Welt her.) Nun aber *am Ende der Welt ist er † Ein Mal erschienen, durch sein eigen Opfer die Sünde aufzuheben. *1 Cor. 10, 11. Gal. 4, 4. † 1 Petr. 3, 18. f.

27. Und *wie den Menschen ist gesetzt Ein Mal zu sterben, darnach aber das Gericht: *1 Mos. 3, 19.

28. Also ist *Christus Ein Mal geopfert, wegzunehmen Vieler Sünden. Zum andern Mal aber wird er ohne Sünde erscheinen denen, die auf ihn warten, zur Seligkeit. *c. 10, 12. f.

Das 10. Capitel.

1. Denn das *Gesetz hat den Schatten von den zukünftigen Gütern, nicht das Wesen der Güter selbst. Alle Jahre muß man opfern immer einerlei Opfer, und † kann nicht, die da opfern, vollkommen machen. *Col. 2, 16. 17. † Ebr. 7, 18.

2. Sonst hätte das Opfern aufgehöret, wo die, so am Gottesdienst sind, kein Gewissen mehr hätten von den Sünden, wenn sie Ein Mal gereiniget wären.

3. Sondern es geschiehet nur durch dieselbigen ein *Gedächtniß der Sünden alle Jahre. *3 Mos. 16, 21.

4. Denn es ist *unmöglich durch Ochsen- und Bocksblut Sünden wegnehmen. *3 Mos. 13. 14. 16. Ps. 50. 13.

5. Darum, da er in die Welt kommt, *spricht er: „Opfer und Gaben hast du nicht gewollt, den Leib aber hast du mir zubereitet. *Ps. 40, 7. f.

6. Brand-

6. Brandopfer und Sündopfer gefallen dir nicht.

7. Da sprach ich: Siehe, ich komme, (im Buch stehet vornehmlich von mir geschrieben), daß ich thun soll, GOtt, deinen Willen."

8. Droben, als er gesagt hatte: „Opfer und Gaben, Brandopfer und Sündopfer hast du nicht gewollt, sie gefallen dir auch nicht," (welche nach dem Gesetz geopfert werden):

9. Da sprach er: „Siehe, ich komme, zu thun, GOtt, deinen Willen." Da hebt er das Erste auf, daß er das Andere einsetze.

10. In welchem Willen wir sind geheiliget, Ein Mal geschehen durch das Opfer des Leibes JEsu Christi.

11. Und ein jeglicher Priester ist eingesetzt, daß er alle Tage Gottesdienst pflege, und oftmals einerlei Opfer thue, welche *nimmermehr können die Sünden abnehmen. *v. 18. 1.

12. Dieser aber, da er hat *Ein Opfer für die Sünde geopfert, das ewiglich gilt, †sitzet er nun zur Rechten GOttes, *c. 1. 10. 14. c. 7. 27. c. 9. 12. 28. †Ps. 110. 1.

13. Und *wartet hinfort, bis daß seine Feinde zum Schemel seiner Füße gelegt werden. *c. 2. 8.

14. Denn mit *Einem Opfer hat er in Ewigkeit vollendet, die geheiliget werden. *v. 10. 1.

15. Es bezeuget uns aber das auch der heilige Geist. Denn nachdem er zuvor gesagt hatte:

16. „Das ist das *Testament, das ich ihnen machen will nach diesen Tagen;" spricht der HErr: †„Ich will mein Gesetz in ihr Herz geben, und in ihre Sinne will ich es schreiben;" *Röm. 11. 27. †Jer. 31. 33.

17. *Und ihrer Sünden und ihrer Ungerechtigkeit will ich nicht mehr gedenken." *Jer. 31. 34.

18. Wo aber derselbigen Vergebung ist, da ist nicht mehr Opfer für die Sünde.

19. So wir denn nun haben, lieben Brüder, die Freudigkeit zum Eingang in das Heilige *durch das Blut JEsu, *Joh. 14. 6. 1.

20. Welchen er uns zubereitet hat zum neuen und lebendigen Wege, durch den Vorhang (das ist, durch sein Fleisch); *v. 22.

21. Und haben einen Hohenpriester über das Haus GOttes:

22. So lasset uns hinzu gehen, mit wahrhaftigem Herzen, in völligem Glauben, besprenget in unsern Herzen, und los von dem bösen Gewissen, und gewaschen am Leibe mit reinem Wasser; *c. 4. 16.

23. Und lasset uns *halten an dem Bekenntniß der Hoffnung, und nicht wanken; (denn er ist treu, der sie verheißen hat.) *c. 4. 14.

24. Und lasset uns unter einander unserer selbst wahrnehmen, mit *Reizen zur Liebe und guten Werken; *Joh. 13. 34. Röm. 12. 31. f.

25. Und nicht verlassen unsere Versammlung, wie Etliche pflegen; sondern unter einander ermahnen, und das *so viel mehr, so viel ihr sehet, daß sich der Tag nahet. *1 Cor. 10. 11.

26. Denn *so wir muthwillig sündigen, nachdem wir die Erkenntniß der Wahrheit empfangen haben, haben wir fürder kein ander Opfer mehr für die Sünde; *c. 6. 4.

27. Sondern ein schreckliches Warten des Gerichts und des Feuereifers, der die Widerwärtigen *verzehren wird. *Jes. 1. 18.

28. Wenn Jemand das Gesetz Mosis bricht, der muß sterben ohne Barmherzigkeit, durch *zween oder drei Zeugen. *Joh. 8. 17.

29. Wie viel, meinet ihr, ärgere Strafe wird der verdienen, der den Sohn GOttes mit Füßen tritt, und †das Blut des Testaments unrein achtet, durch welches er geheiliget ist, und den Geist der Gnade schmähet? *c. 2. 3. *c. 12. 25. †1 Cor. 11. 19. 27.

30. Denn wir wissen den, der da sagt: „Die Rache ist mein, Ich will vergelten," spricht der HErr. Und abermal: „Der HErr wird sein Volk richten." *Röm. 12. 19. f.

31. Schrecklich ist es, in die Hände des lebendigen GOttes zu fallen.

32. Gedenket aber an die vorigen Tage, in welchen ihr, erleuchtet, *erduldet habt einen großen Kampf des Leidens; *Phil. 1. 27. 28.

33. Zum Theil selbst durch Schmach und Trübsal ein Schauspiel geworden; zum Theil Gemeinschaft gehabt mit denen, denen es also gehet.

34. Denn ihr habt mit meinen Banden Mitleiden gehabt, und den Raub eurer Güter mit Freuden erduldet, als die *ihr wisset, daß ihr bei euch selbst eine bessere und bleibende Habe im Himmel habt. *Matth. 6. 20.

35. Werfet

35. Werfet euer Vertrauen nicht weg, *welches eine große Belohnung hat. *c. 11. 35.
36. Geduld aber ist euch noth, auf daß ihr den Willen GOttes thut, und die Verheißung empfanget.
37. „Denn noch über *eine kleine Weile, so wird kommen, der da kommen soll, und nicht verziehen. *Hagg. 2, 7. 1 Petr. 1, 6.
38. *Der Gerechte aber wird des Glaubens leben. Wer aber welchen wird, an dem wird meine Seele keinen Gefallen haben." *Röm. 1, 17. f.
39. Wir aber sind nicht von denen, die da weichen und verdammt werden; sondern von denen, die da *glauben und die Seele erretten. *Rob. 9, 19.

Das 11. Capitel.
Vom seligmachenden Glauben.

Es ist aber der Glaube eine gewisse Zuversicht deß, das man hoffet, und Nichtzweifeln an dem, *das man nicht siehet. *Cor. 5, 8.
2. Durch den haben die Alten Zeugniß überkommen.
3. Durch den Glauben merken wir, daß die Welt *durch GOttes Wort fertig ist; daß Alles, was man siehet, aus nichts geworden ist. *1 Mos. 1, 1. Job. 1, 10. Ebr. 1, 2.
4. Durch den Glauben hat *Abel GOtt ein größer Opfer gethan, denn Kain; durch welchen er Zeugniß überkommen hat, daß er gerecht sey, da GOtt zeugete von seiner Gabe; und durch denselbigen redet er noch, wiewohl er gestorben ist.
*1 Mos. 4, 4. Matth. 23, 35.
5. Durch den Glauben ward *Enoch weggenommen, daß er den Tod nicht sähe, und ward nicht erfunden, darum, daß ihn GOtt wegnahm; denn vor seinem Wegnehmen hat er Zeugniß gehabt, daß er GOtt gefallen habe. *1 Mos. 5, 24.
6. Aber ohne Glauben ist es unmöglich GOtt gefallen; denn wer zu GOtt kommen will, der muß glauben, daß er sey, und denen, die ihn suchen, ein Vergelter seyn werde.
7. Durch den Glauben hat *Noah GOtt †geehret, und die Arche zubereitet zum Heil seines Hauses, da er einen göttlichen Befehl empfing von dem, das man noch nicht sahe; durch welchen er verdammte die Welt, und hat ererbet **die Gerechtigkeit, die durch den Glauben kommt.
*1 Mos. 6, 9. 14. †Röm. 4, 20. **Röm. 1, 17. 24.

8. Durch den Glauben ward gehorsam Abraham, da er *berufen ward, auszugehen in das Land, das er ererben sollte; und ging aus, und wußte nicht, wo er hin käme. *1 Mos. 12, 1. 4. f.
9. Durch den Glauben ist er ein *Fremdling gewesen in dem verheißenen Lande, als in einem fremden, und wohnete in Hütten mit Isaak und Jakob, den Miterben derselbigen Verheißung.
*1 Mos. 14, 16.
10. Denn er wartete auf eine Stadt, die einen Grund hat, welcher Baumeister und Schöpfer GOtt ist.
11. Durch den Glauben empfing auch *Sara Kraft, daß sie schwanger ward, und gebar †über die Zeit ihres Alters; denn sie achtete ihn treu, der es verheißen hatte. *1 Mos. 21, 2. f. †1 Mos. 1, 20.
12. Darum sind auch von Einem, *wiewohl erstorbenen Leibes, Viele geboren, wie die †Sterne am Himmel, und wie der **Sand am Rande des Meers, der unzählig ist. *Röm. 4, 19. †1 Mos. 15, 6.
**1 Mos. 22, 17.
13. Diese Alle sind gestorben im Glauben, und haben die Verheißung nicht empfangen; sondern sie von ferne gesehen, und sich der vertröstet, und wohl begnüget lassen, und bekannt, daß sie *Gäste und Fremdlinge auf Erden sind. *Ps. 39, 13.
14. Denn die solches sagen, die geben zu verstehen, daß sie ein Vaterland suchen.
15. Und zwar, wo sie das gemeint hätten, von welchem sie waren ausgezogen, hatten sie ja Zeit wieder umzukehren.
16. Nun aber begehren sie eines bessern, nämlich eines himmlischen. Darum schämet sich GOtt ihrer nicht, zu heißen *ihr GOtt; denn er hat ihnen eine Stadt zubereitet. *2 Mos. 3, 6. Marc. 12, 26.
17. Durch den Glauben *opferte Abraham den Isaak, da er versucht ward; und gab dahin den Eingebornen, da er schon die Verheißung empfangen hatte,
*1 Mos. 22, 1. f.
18. Von welchem gesagt war: *„In Isaak wird dir der Same geheißen werden;" *Röm. 9, 7. f.
19. Und dachte, GOtt kann auch wohl *von den Todten erwecken, daher er auch ihn zum Vorbilde wieder nahm.
*Röm. 4, 17.
20. Durch den Glauben *segnete Isaak von

von den zukünftigen Dingen den Jakob und Esau. *1 Mos. 27, 27.

21. Durch den Glauben segnete Jakob, da er starb, *beyde Söhne Josephs, und †neigete sich gegen seines Scepters Spitze.
*1 Mos. 48, 10. f. †1 Mos. 47, 31.

22. Durch den Glauben *redete Joseph vom Auszug der Kinder Israel, da er starb, und that Befehl von seinen Gebeinen.
*1 Mos. 50, 24.

23. Durch den Glauben ward *Moses, da er geboren war, drey Monate verborgen von seinen Eltern, darum, daß sie sahen, wie er ein schön Kind war; und fürchteten †sich nicht vor des Königs Gebot.
*2 Mos. 2, 2. f. †2 Mos. 1, 22.

24. Durch den Glauben wollte *Moses, da er groß ward, nicht mehr ein Sohn heißen der Tochter Pharao's. *2 Mos. 2, 11. 12.

25. Und erwählete *viel lieber, mit dem Volk GOttes Ungemach zu leiden, denn die zeitliche Ergötzung der Sünde zu haben;
*Ps. 84, 11.

26. Und achtete die Schmach Christi für grössern *Reichthum, denn die Schätze Egyptens: denn er sahe an die †Belohnung.
*Matth. 5, 10. †Cap. 10, 35.

27. Durch den Glauben *verließ er Egypten, und fürchtete nicht des Königs Grimm; denn er hielt sich an den, den er nicht sahe, als sähe er ihn. *2 Mos. 2, 15.
2 Mos. 7, 10.

28. Durch den Glauben *hielt er die Ostern und das Blutvergießen, auf daß, der die Erstgeburten würgete, sie nicht träfe. *2 Mos. 12, 12. 13. 14.

29. Durch den Glauben *gingen sie durch das rothe Meer, als durch trocken Land, welches die Egypter auch versuchten, und ersoffen. *2 Mos. 14, 22. f.

30. Durch den Glauben *fielen die Mauern zu Jericho, da sie sieben Tage umher gegangen waren. *Jos. 6, 20.

31. Durch den Glauben ward die Hure *Rahab nicht verloren mit den Ungläubigen, da sie die Kundschafter freundlich aufnahm. *Jos. 2, 10. b. 6, 17. 23. Jac. 2, 25.

32. Und was soll ich mehr sagen? Die Zeit würde mir zu kurz, wenn ich sollte erzählen von *Gideon, **und Barak, und ***Simson, und †Jephthah, und ††David, und †††Samuel, und den Propheten;
*Richt. 6, 11. **Richt. 4, 6. ***Richt. 13. 24.
†Richt. 11, 1. 2. ††1 Sam. 16, 1. †††1 Sam. 7, 15.

33. Welche haben durch den Glauben *Königreiche bezwungen, Gerechtigkeit gewirket, die Verheißung erlanget, der Löwen Rachen verstopfet. *2 Sam. 8, 1.

34. Des *Feuers Kraft ausgelöschet, sind des Schwerts Schärfe entronnen, sind kräftig geworden aus der Schwachheit, sind stark geworden im Streit, haben der Fremden Heer darniedergelegt. *Dan. 3, 27. oc. 6, 23.

35. Die Weiber haben ihre Todten von der Auferstehung wieder genommen; die Andern aber sind zerschlagen, und haben keine Erlösung angenommen, auf daß sie die Auferstehung, die besser ist, erlangeten.

36. Etliche haben Spott und Geißeln erlitten, dazu Bande und *Gefängniß;
*1 Mos. 39, 20. Jer. 20, 2.

37. Sie sind *gesteiniget, zerhackt, zerstochen, durch's Schwert getödtet; sie sind umher gegangen in Peltzen und Ziegenfellen, mit Mangel, mit Trübsal, mit Ungemach, *2 Chr. 24, 21. 2 Chr. 7, 10. 11.

38. (Deren die Welt nicht werth war) und sind im Elende gegangen in den Wüsten, auf den Bergen, und in den Klüften und Löchern der Erde.

39. Diese Alle haben durch den Glauben Zeugniß überkommen, und nicht empfangen die Verheißung;

40. Darum, daß GOtt etwas *Besseres für uns zuvor versehen hat, daß sie nicht ohne uns vollendet würden. *C. 7, 22.

Das 12. Capitel.
Ermahnung zur Geduld und Beständigkeit.

1. Darum auch wir, dieweil wir solchen Haufen Zeugen um uns haben, *lasset uns ablegen die Sünde, so uns immer anklebt und träge macht, und lasset uns †laufen durch *Geduld in dem Kampf, der uns verordnet ist,

2. Und aufsehen auf JEsum, den Anfänger und Vollender des Glaubens, welcher, da er wohl hätte mögen Freude haben, *erduldete er das Kreuz, und achtete der Schande nicht, und ist gesessen zur Rechten auf dem Stuhl GOttes. *Joel. 3, 4. 7.

3. Gedenket an den, *der ein solches Widersprechen von den Sündern wider sich erduldet hat, daß ihr nicht in eurem Muth matt werdet und ablasset. *Joh. 2, 20.

4. Denn ihr habt noch nicht bis auf's Blut widerstanden, über dem Kämpfen wider die Sünde;

5. Und

5. Und habt bereits vergessen des Trostes, der zu euch redet, als zu den Kindern: *„Mein Sohn, achte nicht gering die Züchtigung des HErrn, und verzage nicht, wenn du von ihm gestraft wirst." *Sprüchw. 3, 11. 12.

6. Denn, *welchen der HErr lieb hat, den züchtiget er; er stäupet aber einen jeglichen Sohn, den er aufnimmt."
*Sprüchw. 3, 12. f.

7. So ihr die Züchtigung erduldet, so erbietet sich euch GOtt, als Kindern: denn wo ist ein Sohn, den der Vater nicht züchtiget?

8. Seyd ihr aber *ohne Züchtigung, welcher sie Alle sind theilhaftig geworden; so seyd ihr Bastarte, und nicht Kinder.
*Ps. 73, 14. 15.

9. Auch so wir haben unsere leiblichen Väter zu Züchtigern gehabt, und sie gescheuet; sollen wir denn nicht vielmehr unterthan seyn dem geistlichen Vater, daß wir leben?

10. Und jene zwar haben uns gezüchtiget wenige Tage nach ihrem Dünken; dieser aber zu Nutz, auf daß wir seine Heiligung erlangen.

11. Alle Züchtigung aber, wenn sie da ist, dünket sie uns nicht Freude, sondern Traurigkeit zu seyn; aber darnach wird sie geben eine friedsame Frucht der Gerechtigkeit denen, die dadurch geübet sind.

12. Darum richtet wieder auf die lässigen Hände und die müden Kniee;

13. Und thut gewisse *Tritte mit euren Füßen, daß nicht Jemand strauchele, wie ein Lahmer, sondern vielmehr gesund werde.
*Spr. 17. 2.

14. *Jaget nach dem Frieden gegen Jedermann, und der Heiligung, ohne welche wird Niemand den HErrn sehen.
*Röm. 12, 15. 2 Sam. 3, 11.

15. Und sehet darauf, daß nicht Jemand GOttes Gnade versäume; daß nicht etwa eine *bittere Wurzel aufwachse und Unfrieden anrichte, und Viele durch dieselbe verunreiniget werden;
*5 Mos. 29, 18.

16. Daß nicht Jemand sey ein Hurer oder ein Gottloser, wie *Esau, der um Einer Speise willen seine Erstgeburt verkaufte.
*1 Mos. 25, 33. f.

17. Wisset aber, daß *er hernach, da er den Segen ererben wollte, verworfen ist; denn er fand keinen Raum zur Buße, wiewohl er sie mit Thränen suchte.
*1 Mos. 27, 30. 34.

18. Denn ihr *seyd nicht gekommen zu dem Berge, den man anrühren konnte, und mit Feuer brannte, noch zu dem Dunkel und Finsterniß und Ungewitter;
*2 Mos. 19, 12.

19. Noch zu dem Hall der Posaune, und zur Stimme der Worte; welcher sich *weigerten, die sie höreten, daß ihnen das Wort ja nicht gesagt würde.
*2 Mos. 19, 16. c. 20, 19.

20. (Denn sie mochten es nicht ertragen, was da gesagt ward. „Und *wenn ein Thier den Berg anrührete, sollte es gesteiniget, oder mit einem Geschoß erschossen werden."
*2 Mos. 19, 12, 13.

21. Und — also erschrecklich war das Gesicht, daß Moses sprach: „Ich bin erschrocken, und zittere.")

22. Sondern ihr seyd *gekommen zu dem Berge Zion, und zu der Stadt des lebendigen GOttes, zu dem himmlischen Jerusalem, und zu der Menge *vieler tausend Engel.
*Ps. 48, 17. Joh. 4, 2, 2. † 5 Mos. 23, 2.

23. Und zu der Gemeine der *Erstgebornen, die † im Himmel angeschrieben sind, und zu GOtt, dem Richter über Alle, und zu den Geistern der vollkommenen Gerechten.
*Offenb. 4, 13. † Phil. 16, 20.

24. Und zu *dem Mittler des neuen Testaments JEsu, und zu dem Blut der Besprengung, das da besser † redet, denn Abels.
*1 Tim. 2, 5. Offb. 8, 6. † 1 Mos. 4, 10.

25. Sehet zu, daß ihr euch deß nicht weigert, der da redet. Denn so *jene nicht entflohen sind, die sich weigerten, da er auf Erden redete; viel weniger wir, so wir uns deß weigern, der vom Himmel redet!
*c. 2, 1, 2, 3. c. 3, 17. c. 10, 28, 29.

26. Welches Stimme zu der Zeit die Erde bewegte. Nun aber verheißet er, und *spricht: „Noch Einmal will Ich bewegen, nicht allein die Erde, sondern auch den Himmel."
*Hagg. 2, 7.

27. Aber solches: „Noch Einmal," zeiget an, daß das Bewegliche soll verändert werden, als das gemacht ist, auf daß da bleibe das Unbewegliche.

28. Darum, dieweil wir empfangen ein *unbewegliches Reich; haben wir Gnade, durch welche wir sollen GOtt dienen, ihm zu gefallen mit Zucht und † Furcht.
*Jes. 9, 7. Dan. 2, 44. Luc. 7, 15. † Phil. 2, 12.

29. Denn *unser GOtt ist ein verzehrend Feuer.
*5 Mos. 4, 24. c. 9, 3.

Das

Das 13. Capitel.
Ermahnung zum christlichen Wandel und seiner Lehre.

1. Bleibet fest *in der brüderlichen Liebe.
 * Röm. 12, 10. Eph. 4, 3. 1 Thess. 4, 9.

2. *Gastfrei zu seyn vergesset nicht; denn durch dasselbige haben Etliche, ohne ihr Wissen, †Engel beherberget.
 * Röm. 12, 13. 1 Petr. 4, 9. † 1 Mos. 18, 3. c. 19, 2. 3.

3. Gedenket der *Gebundenen, als die Mitgebundenen, und derer, die Trübsal leiden, als die ihr auch noch im Leibe lebet.
 * Matth. 25, 36.

4. Die Ehe soll ehrlich gehalten werden bei Allen, und das Ehebette unbefleckt; die *Hurer aber und Ehebrecher wird GOtt richten.
 * 1 Cor. 6, 9. Gal. 5, 19. 21. Eph. 5, 5.

5. Der Wandel sey ohne Geiz; und lasset euch begnügen an dem, das da ist. Denn Er hat *gesagt: „Ich will dich nicht verlassen, noch versäumen."
 * Jos. 1, 5.

6. Also, daß wir dürfen sagen: *„Der HErr ist mein Helfer; und will mich nicht fürchten. Was sollte mir ein Mensch thun!"
 * Ps. 56, 5. Ps. 118, 6.

7. Gedenket *an eure Lehrer, die euch das Wort GOttes gesagt haben, welcher Ende schauet an, und †folget ihrem Glauben nach.
 * v. 17. † 1 Cor. 4, 16. c. 11, 1.

8. JEsus *Christus, gestern und heute, und derselbe auch in Ewigkeit.
 * 1 Cor. 1, 11. Christ. 1, 17.

9. Lasset *euch nicht mit mancherlei und fremden Lehren umtreiben; denn es ist ein köstlich Ding, daß das †Herz fest werde, welches geschiehet durch Gnade, nicht durch Speisen, davon keinen Nutzen haben, die damit umgehen.
 * Jer. 29, 8. Matth. 24, 4. 1 Cor. 14, 2. v. 17. 8. ** 1 Thess. 10, 6.

10. Wir haben einen Altar, davon nicht Macht haben zu essen, die der Hütte pflegen.

11. Denn *welcher Thiere Blut getragen wird durch den Hohenpriester in das Heilige für die Sünde, derselbigen Leichname werden †verbrannt außer dem Lager.
 * 3 Mos. 16, 27. † 2 Mos. 29, 14. 4 Mos. 19, 6.

12. Darum auch JEsus, auf daß er heiligte das Volk durch sein eigen Blut, hat er *gelitten außen vor dem Thor.
 * Joh. 19, 17.

13. So lasset uns nun zu ihm hinaus gehen, außer dem Lager, und seine *Schmach tragen.
 * v. 11. 23. c. 12, 2. 1 Petr. 4, 14.

14. Denn *wir haben hier keine bleibende Stadt, sondern die zukünftige suchen wir.
 * Ps. 39, 13, 14.

15. So lasset uns nun opfern, durch ihn, das *Lobopfer GOtte allezeit; das ist, die Frucht der Lippen, die seinen Namen bekennen.
 * 3 Mos. 7, 12. Ps. 50, 23.

16. *Wohlzuthun und mitzutheilen vergesset nicht; denn †solche Opfer gefallen GOtt wohl.
 * Eph. 4, 17. † Phil. 4, 18.

17. *Gehorchet euren Lehrern, und folget ihnen; denn sie wachen über eure Seelen, als die da †Rechenschaft dafür geben sollen; auf daß sie das mit Freuden thun, und nicht mit Seufzen, denn das ist euch nicht gut.
 1 Thess. 5, 12. † Hesek. 3, 18. c. 33, 8, 9.

18. Betet für uns. Unser *Trost ist der, daß wir ein gut Gewissen haben, und fleißigen uns, guten Wandel zu führen bei Allen.
 * 2 Cor. 1, 12.

19. Ich ermahne euch aber zum Ueberfluß, solches zu thun, auf daß ich aufs schierste wieder zu euch komme.

20. GOtt aber des Friedens, der von den Todten ausgeführet hat den großen *Hirten der Schafe, durch das Blut des ewigen Testaments, unsern HErrn JEsum,
 * Jes. 40, 11. Hesek. 34, 23. Joh. 10, 10. 1 Petr. 2, 25.

21. Der *mache euch fertig in allem guten Werk, zu thun seinen Willen, und †schaffe in euch, was vor ihm gefällig ist, durch JEsum Christum; welchem sey Ehre von Ewigkeit zu Ewigkeit! Amen.
 * 2 Cor. 3, 5. † Phil. 2, 10.

22. Ich ermahne euch aber, lieben Brüder, haltet das Wort der Ermahnung zu gute; denn ich habe euch kurz geschrieben.

23. Wisset, daß der Bruder Timotheus wieder ledig ist; mit welchem, so er bald kommt, will ich euch sehen.

24. Grüßet alle eure Lehrer, und alle Heiligen. Es grüßen euch die Brüder aus Italien.

25. Die *Gnade sey mit euch Allen! Amen.
 * 2 Tim. 4, 22. Tit. 3, 15.

[Geschrieben aus Italien, durch Timotheus.]

Die Epistel Jacobi.

Das 1. Capitel.
Von Geduld im Kreuz und Leiden.

1. Jacobus, ein Knecht GOttes und des HErrn JEsu Christi, den zwölf Geschlechtern, die da sind hin und her, Freude zuvor!

2. Meine lieben Brüder, *achtet es eitel Freude, wenn ihr in mancherlei Anfechtungen fallet, *Apost. 2, 41. Röm. 5, 3.

3. Und *wisset, daß euer Glaube, so er rechtschaffen ist, Geduld wirket. *1 Petr. 1, 7.

4. Die Geduld aber soll feste bleiben, bis an's Ende, auf daß ihr seyd vollkommen und ganz, und keinen Mangel habet.

5. So aber Jemand unter euch Weisheit mangelt, der *bitte von GOtt, der da giebt einfältiglich Jedermann, und rücket es Niemand auf; so wird sie ihm gegeben werden. *Spr. 2, 3. 5. 6. 7. Matth. 11, 14. 21.

6. Er *bitte aber im Glauben, und †zweifle nicht; denn wer da zweifelt, der ist gleich wie die Meereswoge, die vom Winde getrieben und gewebet wird.
*Matth. 11, 24. †Cap. 1, 10.

7. Solcher Mensch denke nicht, daß er etwas von dem HErrn empfangen werde.

8. *Ein Zweifler ist unbeständig in allen seinen Wegen. *c. 4, 8.

9. Ein Bruder aber, der niedrig ist, rühme sich seiner Höhe;

10. Und der da reich ist, rühme sich seiner Niedrigkeit; denn *wie eine Blume des Grases wird er vergehen. *1 Petr. 1, 24. f.

11. Die Sonne gehet auf mit der Hitze, und das Gras verwelket, und die Blume fällt ab, und seine schöne Gestalt verdirbt: also wird der Reiche in seiner Habe verwelken.

12. *Selig ist der Mann, der die Anfechtung erduldet; denn nachdem er bewähret ist, †wird er die Krone des Lebens empfangen, welche GOtt verheißen hat denen, die ihn lieb haben.
*Hiob. 5, 17. †2 Tim. 4, 8.

13. Niemand sage, wenn er versucht wird, daß er von GOtt versucht werde. Denn GOtt ist nicht ein *Versucher zum Bösen, er versucht Niemand. *1 Cor. 10, 18.

14. Sondern ein Jeglicher wird versucht, wenn er von seiner eigenen Lust gereizet und gelocket wird.

15. Darnach, wenn die Lust empfangen hat, gebieret sie die Sünde; die Sünde aber, wenn sie vollendet ist, gebieret sie *den Tod. *Röm. 6, 23.
(Epistel am 4. Sonnt. nach Ostern, Cantate.)

16. Irret nicht, lieben Brüder!

17. Alle *gute Gabe und alle vollkommene Gabe kommt von oben herab, von dem Vater des Lichts, †bei welchem ist keine Veränderung, noch Wechsel des Lichts und Finsterniß.
*Sir. 11, 3. †1 Mal. 3, 6.

18. Er hat uns *gezeuget nach seinem Willen, durch das Wort der Wahrheit, auf daß wir wären Erstlinge seiner Creaturen. *Joh. 1, 13. 1 Petr. 1, 23.

19. Darum, lieben Brüder, ein jeglicher Mensch sey *schnell zu hören; langsam aber zu reden, und langsam zum Zorn. *Pred. 7, 10.

20. Denn des Menschen Zorn thut nicht, was vor GOtt recht ist.

21. Darum so *leget ab alle Unsauberkeit und alle Bosheit; und nehmet das Wort an mit Sanftmuth, das in euch †gepflanzet ist, welches kann eure Seelen selig machen.] *Sir. 25, 18. Col. 3, 8. †1 Petr. 2, 2.
(Epistel am 5. Sonnt. nach Ostern, Rogate.)

22. Seyd aber *Thäter des Worts, und nicht Hörer allein, damit ihr euch selbst betrüget. *Matth. 7, 21. Luc. 6, 46. Röm. 2, 13.

23. Denn so *Jemand ist ein Hörer des Worts, und nicht ein Thäter; der ist gleich einem Manne, der sein leiblich Angesicht im Spiegel beschauet. *Luc. 6, 49.

24. Denn, nachdem er sich beschauet hat, gehet er von Stund' an davon, und vergißt, wie er gestaltet war.

25. Wer aber durchschauet in das vollkommene *Gesetz der Freiheit, und darinnen beharret; und ist nicht ein vergeßlicher Hörer, sondern ein Thäter: derselbige †wird selig seyn in seiner That. *c. 2, 12. †Joh. 13, 17.

26. So aber sich Jemand unter euch läßt dünken, er diene GOtt, und *hält seine Zunge nicht im Zaum, sondern verführet sein Herz; deß Gottesdienst ist eitel. *Ps. 34, 14.

27. Ein reiner und unbefleckter Gottesdienst vor GOtt dem Vater ist der: Die Waisen und Wittwen in ihrer Trübsal besuchen, und sich von der Welt unbefleckt behalten.]

Das

Das 1. Capitel.

1. Lieben Brüder, haltet nicht dafür, daß der Glaube an JEsum Christum, unsern HErrn der Herrlichkeit, Ansehen der Person leide.

2. Denn so in eure Versammlung käme ein Mann mit einem goldenen Ringe und mit einem herrlichen Kleide, es käme aber auch ein Armer in einem unsaubern Kleide;

3. Und ihr sähet auf den, der das herrliche Kleid trägt, und sprächet zu ihm: Setze du dich her auf's beste; und sprächet zu dem Armen: Stehe du dort, oder setze dich her zu meinen Füßen;

4. Und bedenket es nicht recht; sondern ihr werdet Richter, und machet bösen Unterschied.

5. Höret zu, meine lieben Brüder: hat nicht GOtt *erwählet die Armen auf dieser Welt, die am Glauben reich sind, und Erben des Reichs, welches er verheißen hat denen, die ihn † lieb haben?
*1 Cor. 1, 26. † 2 Mos. 20, 6.

6. Ihr aber habt dem Armen Unehre gethan. Sind nicht die Reichen die, die Gewalt an euch üben, und ziehen euch vor Gericht?

7. Verlästern sie nicht den guten Namen, davon ihr genannt seyd?

8. So ihr das königliche Gesetz vollendet nach der *Schrift: „Liebe deinen Nächsten als dich selbst;" so thut ihr wohl.
*3 Mos. 19, 18. 1.

9. So ihr aber *die Person ansehet, thut ihr Sünde, und werdet gestraft vom Gesetz, als die Uebertreter.
*5 Mos. 10, 18. b 3 Mos. 1, 17. c 16, 19.

10. Denn *so Jemand das ganze Gesetz hält, und sündiget an Einem; der ist es ganz schuldig. *5 Mos. 27, 26. Matth. 5, 19.

11. Denn der da gesagt hat: „Du sollst nicht ehebrechen!" der hat auch gesagt: „Du sollst nicht tödten." So du nun nicht ehebrichst, tödtest aber; bist du ein Uebertreter des Gesetzes.
*2 Mos. 20, 13. 14.

12. Also redet, und also thut, als die da sollen durch das Gesetz *der Freiheit gerichtet werden. *c. 1, 25.

13. Es wird *aber ein unbarmherzig Gericht über den gehen, der nicht Barmherzigkeit gethan hat; und die Barmherzigkeit rühmet sich wider das Gericht.
*Matth. 6, 7. c. 10, 22. 24.

14. Was hilft es, lieben Brüder, so Jemand sagt, er habe den Glauben, und hat doch *die Werke nicht! Kann auch der Glaube ihn selig machen? *Matth. 7, 21.

15. So aber ein Bruder oder Schwester *bloß wäre, und Mangel hätte der täglichen Nahrung; *Hiob 31, 19.

16. Und Jemand unter euch spräche zu ihnen: GOtt berathe euch, wärmet euch, und sättiget euch; gäbet ihnen aber nicht, was des Leibes Nothdurft ist: was hülfe ihnen das!

17. Also auch der Glaube, wenn er nicht Werke hat, ist er todt an ihm selber.

18. Aber es möchte Jemand sagen: Du hast den Glauben, und ich habe die Werke; zeige mir *deinen Glauben mit deinen Werken, so will ich auch meinen Glauben dir zeigen mit meinen Werken. *Gal. 5, 6.

19. Du glaubest, daß ein einiger GOtt ist: du thust wohl daran; die Teufel glauben es auch, und zittern.

20. Willst du aber wissen, du eitler Mensch, daß der Glaube ohne Werke todt sey?

21. Ist nicht Abraham, unser Vater, durch die Werke gerecht geworden, da er *seinen Sohn Isaak auf dem Altar opferte? *1 Mos. 22, 9. 10. 12.

22. Da siehest du, daß der Glaube mit gewirket hat an seinen Werken; und durch die Werke ist der Glaube vollkommen geworden.

23. Und ist die Schrift erfüllet, die da *spricht: „Abraham hat GOtt geglaubet, und ist ihm zur Gerechtigkeit gerechnet," und ist ein Freund GOttes geheißen. *1 Mos. 15, 6.

24. So sehet ihr nun, daß der Mensch durch die Werke gerecht wird, nicht durch den Glauben allein.

25. Desselbigen gleichen die Hure *Rahab, ist sie nicht durch die Werke gerecht geworden, da sie die Boten aufnahm, und ließ sie einen andern Weg hinaus?
*Jos. 2, 1. 6, 23.

26. Denn gleichwie der Leib ohne Geist todt ist, also auch *der Glaube ohne Werke ist todt. *v. 17.

Das 3. Capitel.

1. Lieben Brüder, unterwinde sich nicht Jedermann Lehrer zu seyn; und wisset, daß wir desto mehr Urtheil empfangen werden.

2. Denn

2. Denn wir fehlen alle mannigfaltig-
lich. Wer aber auch in keinem Wort fehlet,
der ist ein vollkommener Mann, und kann
auch den ganzen Leib im Zaum halten.
3. Siehe, die Pferde halten wir in
Zäumen, daß sie uns gehorchen; und
lenken den ganzen Leib. *Pr. 30, 9.
4. Siehe, die Schiffe, ob sie wohl so groß
sind und von starken Winden getrieben
werden, werden sie doch gelenket mit
einem kleinen Ruder, wo der hin will,
der es regieret.
5. Also ist auch die Zunge *ein klein
Glied, und richtet große Dinge an.
Siehe, ein klein Feuer, welch einen Wald
zündet es an! *Ps. 12, 4. 5. Ps. 57, 5.
6. Und die Zunge ist auch ein Feuer, eine
Welt voll Ungerechtigkeit! Also ist die
Zunge unter unsern Gliedern, und *beflecket den ganzen Leib, und zündet an
all unsern Wandel, wenn sie von der
Hölle entzündet ist. *Match. 15, 11. 18. 19.
7. Denn alle Natur der Thiere, und
der Vögel, und der Schlangen, und
der Meerwunder werden gezähmet, und
sind gezähmet von der menschlichen
Natur;
8. Aber die Zunge kann kein Mensch
zähmen, das unruhige Uebel, *voll töd-
lichen Giftes! *Ps. 140, 4.
9. Durch sie loben wir GOtt den Vater; und durch sie fluchen wir den Menschen, nach dem *Bilde GOttes gemacht.
*1 Mos. 1, 27.
10. Aus Einem Munde gehet Loben
und Fluchen. Es soll nicht, lieben Brüder, also seyn.
11. Quillet auch ein Brunnen aus
Einem Loch süß und bitter?
12. Kann auch, lieben Brüder, ein Feigenbaum Oel, oder ein Weinstock Feigen
tragen? Also kann auch ein Brunnen
nicht salzig und süß Wasser geben.
13. Wer ist *weise und klug unter
euch? Der erzeige mit seinem guten
Wandel seine Werke, in der Sanftmuth
und Weisheit. *Spr. 2, 10.
14. Habt *ihr aber bittern Neid und
Zank in eurem Herzen; so rühmet euch
nicht, und lüget nicht wider die Wahrheit. *Röm. 2, 17.
15. Denn das ist nicht die Weisheit,
die von oben herab kommt; sondern irdisch, menschlich und teuflisch.

16. Denn wo Neid und Zank ist, da
ist Unordnung und eitel böses Ding.
17. Die Weisheit aber von oben her,
ist aufs erste keusch, darnach friedsam,
gelinde, läßt ihr sagen, voll Barmherzigkeit und guter Früchte, unparteiisch, ohne
Heuchelei.
18. Die Frucht aber der Gerechtigkeit
wird gesäet in Frieden denen, die den
Frieden halten. *Jes. 32, 17.

Das 4. Capitel.

Warnung vor Sünden.

1. Woher kommt Streit und Krieg unter euch? Kommt es nicht daher,
aus euren Wollüsten, die da streiten in
euren Gliedern?
2. Ihr seyd begierig, und erlanget es damit
nicht; ihr hasset und neidet, und gewinnet
damit nichts; ihr streitet und krieget; ihr
habt nicht, darum, daß ihr nicht bittet;
3. Ihr *bittet und krieget nicht, darum,
daß ihr übel bittet, nämlich dahin, daß ihr
es mit euren Wollüsten verzehret. *Pf. 18, 42.
4. Ihr Ehebrecher und Ehebrecherinnen!
wisset ihr nicht, daß der Welt Freundschaft GOttes Feindschaft ist? Aber der
Welt Freund seyn will, der wird GOttes Feind seyn.
5. Oder laßt ihr euch dünken, die
Schrift *sage umsonst: "Den Geist, der
in euch wohnet, gelüstet wider den Haß?"
*4 Mos. 5, 17.
6. Und giebt reichlich Gnade. Darum die Schrift sagt: *"GOtt widerstehet den Hoffärtigen; aber den Demüthigen giebt er Gnade." *Spr. 3, 34.
Match. 23, 12. 1 Petr. 5, 5.
7. So seyd nun GOtt unterthänig.
*Widerstehet dem Teufel, so fliehet er
von euch. *Eph. 4, 27. 1 Petr. 5, 9.
8. *Nahet euch zu GOtt, so nahet er sich
zu euch. †Reiniget die Hände, ihr Sünder, und machet eure Herzen keusch, ihr
Wankelmüthigen. *Sach. 1, 3. †Jes. 1, 16.
9. Seyd elend und traget Leide, und
weinet; euer Lachen verkehre sich in Weinen,
und eure Freude in Traurigkeit.
10. *Demüthiget euch vor GOtt, so
wird er euch erhöhen. *1 Petr. 5, 6.
11. Afterredet *nicht unter einander, lieben Brüder. Wer seinem Bruder afterredet, und urtheilet seinen Bruder, der afterredet dem Gesetz, und urtheilet das
Gesetz. Urtheilest du aber das Gesetz, so

biſt du nicht ein Thäter des Geſetzes, ſondern ein Richter. *Pſ. 13, 2. 1 Petr. 2, 1.

12. Es iſt ein einiger Geſetzgeber, der kann ſelig machen und verdammen. *Wer biſt du, der du einen Andern urtheileſt! *Matth. 7, 1.

13. Wohlan, die *ihr nun ſaget: Heute oder morgen wollen wir gehen in die oder die Stadt, und wollen ein Jahr da liegen, und handthieren und gewinnen; *Sp. 27, 1.

14. Die *ihr nicht wiſſet, was morgen ſeyn wird! (Denn was iſt euer Leben? Ein Dampf iſt es, der eine kleine Zeit währet, darnach aber verſchwindet er.) *Pſ. 102, 20.

15. Dafür ihr ſagen ſolltet: *So der HErr will und wir leben, wollen wir dies oder das thun. *1 Cor. 10, 21.

16. Nun aber rühmet ihr euch in eurem Hochmuth. Aller *ſolcher Ruhm iſt böſe. *1 Cor. 5, 6.

17. Denn *wer da weiß Gutes zu thun, und thut es nicht, dem iſt es Sünde. *Luc. 12, 47.

Das 5. Capitel
Von der Reichthums Nichtigkeit, von geduldigen Leiden und heiligem Gebet.

1. Wohlan nun, ihr *Reichen, weinet und heulet über euer Elend, das über euch kommen wird. *Spr. 11, 28. Luc. 6, 24.

2. Euer *Reichthum iſt verfaulet, eure Kleider ſind mottenfräſſig geworden. *Matth. 6, 19.

3. Euer Gold und Silber iſt verroſtet; und ihr Roſt wird euch zum Zeugniß ſeyn, und wird euer Fleiſch freſſen, wie ein Feuer. Ihr habt euch Schätze geſammelt an den letzten Tagen.

4. Siehe, *der Arbeiter Lohn, die euer Land eingeerntet haben, und von euch abgebrochen iſt, das ſchreiet; und das Ruſen der Ernter iſt gekommen vor die Ohren des HErrn Zebaoth. *5 Moſ. 24, 14. 15.

5. Ihr *habt wohlgelebet auf Erden, und eure Wolluſt gehabt, und eure Herzen geweidet, als auf einen Schlachttag. *Hiob 21, 13. 14.

6. Ihr habt verurtheilt den Gerechten, und getödtet, und er hat euch nicht widerſtanden.

7. So ſeyd nun *geduldig, lieben Brüder, bis auf die Zukunft des HErrn. Siehe, ein Ackermann wartet auf die köſtliche Frucht der Erde, und iſt geduldig darüber, bis er empfange den Morgenregen und Abendregen. *5 Moſ. 11, 14. Ebr. 10, 36.

8. Seyd ihr auch geduldig, und ſtärket eure Herzen; denn die Zukunft des HErrn iſt nahe.

9. Seufzet nicht wider einander, lieben Brüder, auf daß ihr nicht verdammet werdet. Siehe, *der Richter iſt vor der Thür. *Matth. 24, 33.

10. Nehmet, meine lieben Brüder, *zum Exempel des Leidens und der Geduld, die Propheten, die zu euch geredet haben in dem Namen des HErrn. *Matth. 5, 12.

11. Siehe, wir preiſen ſelig, die erduldet haben. Die *Geduld Hiobs habt ihr gehöret, und das Ende des HErrn habt ihr geſehen; denn der †HErr iſt barmherzig, und ein Erbarmer. *Hiob 1, 21. 22. †Pſ. 103, 8.

12. Vor allen Dingen aber, meine Brüder, *ſchwöret nicht, weder bei dem Himmel, noch bei der Erde, noch mit keinem andern Eide. Es ſey aber euer Wort: Ja, das Ja iſt; und Nein, das Nein iſt; auf daß ihr nicht in Heuchelei fallet. *Matth. 5, 34. f.

13. *Leidet Jemand unter euch, der bete; iſt Jemand gutes Muths, der †ſinge Pſalmen. *Pſ. 50, 15. †Col. 3, 16.

14. Iſt Jemand krank, der rufe zu ſich die Älteſten von der Gemeine, und laſſe ſie über ſich beten, und *ſalben mit Oel in dem Namen des HErrn. *Marc. 6, 13.

15. Und das *Gebet des Glaubens wird dem Kranken helfen, und der HErr wird ihn aufrichten; und ſo er hat Sünde gethan, werden ſie ihm vergeben ſeyn. *Pſ. 33, 3.

16. Bekenne Einer dem Andern ſeine Sünden; und betet für einander, daß ihr geſund werdet. *Des Gerechten Gebet vermag viel, wenn es ernſtlich iſt. *Pſ. 145, 18.

17. Elias war ein Menſch, gleichwie wir, und er *betete ein Gebet, daß es nicht regnen ſollte; und *es regnete nicht auf Erden drei Jahre und ſechs Monate. *Luc. 4, 25. f.

18. Und er *betete abermal; und der Himmel gab den Regen, und die Erde brachte ihre Frucht. *1 Kön. 18, 45.

19. Lieben Brüder, ſo Jemand unter euch irren würde von der Wahrheit, und Jemand bekehrete ihn,

20. Der ſoll wiſſen, daß, wer den Sünder bekehret hat von dem Irrthum ſeines Weges, der hat einer Seele vom Tode geholfen, und wird bedecken die Menge der Sünden.

Die

Die Epistel Judä.

Ermahnung zu Standhaftigkeit in reiner Lehre und Leben, wider die Verführer.

1. Judas, ein Knecht JEsu Christi, aber ein *Bruder Jacobi, den Berufenen, die da geheiliget sind in GOtt dem Vater, und behalten in JEsu Christo. * Matth. 10, 3. Luc. 6, 16.

2. GOtt gebe euch viel Barmherzigkeit, und Frieden, und Liebe!

3. Ihr Lieben, nachdem ich vorhatte, euch zu schreiben von unser aller Heil, hielt ich es für nöthig, euch mit Schriften zu ermahnen, daß ihr ob dem Glauben kämpfet, der einmal den Heiligen vorgegeben ist. * Gal. 1, 11. 1 Tim. 1, 18.

4. Denn es sind etliche Menschen neben eingeschlichen, von denen vor Zeiten geschrieben ist, zu solcher Strafe; die sind *gottlos, und ziehen die Gnade unsers GOttes auf Muthwillen, und verleugnen GOtt und unsern HErrn JEsum Christum, den einigen Herrscher. * 2 Pet. 2, 10.

5. Ich will euch aber erinnern, daß ihr wisset auf Einmal dies, daß der HErr, da er dem Volk aus Egypten half, zum andern Mal *brachte er um, die da nicht glaubten. * 4 Mos. 14, 29. 1 Cor. 10, 5.

6. Auch *die Engel, die ihr Fürstenthum nicht behielten, sondern verließen ihre Behausung, hat er behalten zum Gericht des großen Tages, mit ewigen Banden in Finsterniß. * Joh. 8, 44. † 2 Petr. 2, 4.

7. Wie *auch Sodom und Gomorra, und die umliegenden Städte, die gleicher Weise, wie diese, ausgehuret haben, und nach einem andern Fleisch gegangen sind, zum Exempel gesetzt sind, und leiden des ewigen Feuers Pein. * 1 Mos. 19, 24. u. f.

8. Desselbigen gleichen sind auch diese Träumer, die das Fleisch beflecken, *die Herrschaften aber verachten, und die Majestäten lästern. * 2 Petr. 2, 10. 11.

9. *Michael aber, der Erzengel, da er mit dem Teufel zankte, und mit ihm redete über dem Leichnam Mosis, durfte er das Urtheil der Lästerung nicht fällen; sondern sprach: †„Der HErr strafe dich!" * Dan. 12, 1. † Zach. 3, 2.

10. Diese aber lästern, da sie nichts von wissen; was *sie aber natürlich erkennen, darinnen verderben sie, wie die unvernünftigen Thiere. * 2 Petr. 2, 12.

11. Wehe ihnen! Denn sie gehen den Weg *Cains, und fallen in den Irrthum des † Bileam, um Genußes willen, und kommen um in dem **Aufruhr Korahs. * 1 Mos. 4, 8. f. † 4 Mos. 22, 7. 21. ** 4 Mos. 16, 1. u. f.

12. Diese Unflather prassen von euren Almosen ohne Scheu, weiden sich selbst; sie sind Wolken ohne Wasser, von dem Winde umgetrieben; kahle unfruchtbare Bäume, zwei Mal erstorben und ausgewurzelt;

13. Wilde Wellen des Meers, die ihre eigene Schande ausschäumen; irrige Sterne, welchen behalten ist das Dunkel der Finsterniß in Ewigkeit.

14. Es hat aber auch von solchen geweissaget *Enoch, der siebente von Adam, und gesprochen: „Siehe, der HErr kommt mit viel tausend Heiligen, * 1 Mos. 5, 21.

15. Gericht zu halten über Alle, und zu strafen alle ihre Gottlosen, um alle Werke ihres gottlosen Wandels, damit sie gottlos gewesen sind, und um alle das Harte, das die gottlosen Sünder wider ihn † geredet haben." * Matth. 25, 31. † Matth. 12, 36.

16. Diese murmeln und klagen immerdar, die nach ihren Lüsten wandeln; und *ihr Mund redet stolze Worte, und achten das Ansehen der Person um Nutzens willen. * Ps. 17, 10.

17. Ihr aber, meine Lieben, erinnert euch der Worte, die zuvor gesagt sind von den Aposteln unsers HErrn JEsu Christi;

18. Da sie euch sagten, daß zu *der letzten Zeit werden Spötter seyn, die nach ihren eigenen Lüsten des gottlosen Wesens wandeln. * 1 Tim. 4, 1. f. 2 Petr. 3, 3.

19. Diese sind, *die da Rotten machen, Fleischliche, die da keinen Geist haben. * Spr. 18, 1.

20. Ihr aber, meine Lieben, *erbauet euch auf euren allerheiligsten Glauben, durch den heiligen Geist, und betet, * v. 3. Col. 1, 23. u. f. 7.

21. Und behaltet euch in der Liebe GOttes, und *wartet auf die Barmherzigkeit unsers HErrn JEsu Christi, zum ewigen Leben. * 2 Tim. 4, 8.

22. Und

22. Und haltet diesen Unterschied, daß ihr euch Etlicher erbarmet,
23. Etliche aber mit Furcht *selig machet, und rücket sie aus dem Feuer; und hasset †den befleckten Rock des Fleisches. *Amos 4, 11. Sach. 3, 2. Röm. 11, 14. †Jes. 3, 18, 20. †Jes. 64, 6.
24. Dem aber, der euch kann behüten ohne Fehler, und stellen vor das Angesicht seiner Herrlichkeit unsträflich mit Freuden;
25. Dem GOtt, *der allein weise ist, unserm Heilande, sey Ehre und Majestät, und Gewalt und Macht, nun und zu aller Ewigkeit! Amen. *Röm. 16, 27. 1 Tim. 1, 17.

Die Offenbarung Johannis, des Theologen.

Das 1. Capitel.
Geheimniß der sieben Leuchter und Sterne.

1. Dies ist die Offenbarung JEsu Christi, die ihm *GOtt gegeben hat, seinen Knechten zu zeigen, †was in der Kürze geschehen soll; und hat sie gedeutet, und gesandt durch seinen Engel zu seinem Knechte Johannes, *Joh. 3, 27. †c. 15. Cap. 22, 6. 7.

2. Der bezeuget hat *das Wort GOttes und das Zeugniß von JEsu Christo, was er gesehen hat.

3. *Selig ist, der da lieset und die da hören die Worte der Weissagung, und behalten, was darinnen geschrieben ist; denn †die Zeit ist nahe. *c. 22, v. 10. †1 Pet. 4, 7. Röm. 13, 11.

4. Johannes den sieben Gemeinen in Asien: Gnade sey mit euch, und Friede von dem, *der da ist, und der da war, und der da kommt, und von den sieben Geistern, die da sind vor seinem Stuhl; *2 Mos. 3, 14. Cor. 15, 3.

5. Und von JEsu Christo, welcher ist der treue *Zeuge und **Erstgeborne von den Todten, und ein Fürst der Könige auf Erden; der uns †geliebet hat, und ††gewaschen von den Sünden mit seinem Blut, *c. 3, 14. **Ap. G. 26, 23. f. †Gal. 2, 20. ††Ebr. 9, 14. f.

6. Und *hat uns zu Königen und Priestern gemacht vor GOtt und seinem Vater; demselbigen sey Ehre und Gewalt, von Ewigkeit zu Ewigkeit! Amen. *c. 5, 10. 1 Petr. 2, 5. 9.

7. Siehe, er kommt mit den Wolken; und es werden ihn *sehen alle Augen, und die ihn gestochen haben; und werden heulen alle Geschlechter der Erde. Ja, Amen. *Sac. 12, 10. Joh. 19, 37.

8. Ich *bin das A und das O, der Anfang und das Ende, spricht der HErr, der da ist, und der da war, und der da kommt, der Allmächtige. *c. 22, 13. Jes. 41, 4. Jes. 44, 6. c. 48, 12.

9. Ich Johannes, der auch euer Bruder und *Mitgenosse an der Trübsal ist, und am Reich, und an der Geduld JEsu Christi, war in der Insel, die da heißt Patmos, um des Worts GOttes willen, und des Zeugnisses JEsu Christi *Röm. 8, 17.

10. Ich war im Geist an des HErrn Tage, und hörete hinter mir *eine große Stimme, als einer Posaune, *v. 19.

11. Die sprach: *Ich bin das A und das O, der Erste und der Letzte; und was du siehest, das schreibe in ein Buch, und sende es zu den Gemeinen in Asien, gen Ephesus, und gen Smyrna, und gen Pergamus, und gen Thyatira, und gen Sardes, und gen Philadelphia, und gen Laodicea. *c. 22, 13. f.

12. Und ich wandte mich um, zu sehen nach der Stimme, die mit mir redete. Und als ich mich wandte, sahe ich sieben goldene Leuchter;

13. Und *mitten unter den sieben Leuchtern Einen, der war †eines Menschen Sohne gleich, der war angethan mit einem Kittel, und begürtet um die Brust mit einem goldenen Gürtel. *c. 2, 1. †Dan. 7, 13.

14. Sein Haupt aber und sein Haar war weiß, wie weiße Wolle, als der Schnee, und *seine Augen wie eine Feuerflamme, *c. 2, 18.

15. Und seine Füße gleichwie Messing, das im Ofen glühet, und seine Stimme wie groß Wasserrauschen;

16. Und hatte sieben Sterne in seiner rechten Hand, und aus seinem Munde ging ein scharf zweischneidig Schwert, und sein Angesicht leuchtete wie die helle Sonne.

17. Und als ich ihn sahe, fiel ich zu seinen Füßen als ein Todter; und er legte seine rechte Hand auf mich, und sprach zu mir:

mir: Fürchte dich nicht! Ich bin der Erste und der Letzte,

18. Und der *Lebendige. Ich war todt; und siehe! ich bin lebendig von Ewigkeit zu Ewigkeit, und habe die Schlüssel der Hölle und des Todes. *Röm. 6, 9.

19. *Schreibe, was du gesehen hast, und was da ist, und was †geschehen soll darnach: *c. 14, 13. †c. 4, 1.

20. Das Geheimniß der sieben Sterne, die du gesehen hast in meiner rechten Hand, und die sieben goldenen Leuchter. Die sieben Sterne sind *Engel der sieben Gemeinen, und die sieben Leuchter, die du gesehen hast, sind sieben Gemeinen. *Mal. 2, 7.

Das 2. Capitel.
Vier Sendschreiben, die vor falscher Lehre warnen, und zur Beständigkeit ermahnen.

1. Und dem Engel der Gemeine zu Ephesus schreibe: Das sagt, *der da hält die sieben Sterne in seiner Rechten, der da wandelt mitten unter den sieben goldenen Leuchtern: *c. 1, 13. 16. 20.

2. Ich weiß deine Werke, und deine Arbeit, und deine Geduld, und daß du die Bösen nicht tragen kannst; und hast *versucht die, so da sagen, sie seyen Apostel, und sind es nicht, und hast sie Lügner erfunden; *1 Joh. 1, 2, 3.

3. Und verträgst, und hast Geduld, und um meines Namens willen arbeitest du, und bist *nicht müde geworden. *Gal. 6, 9.
*Ebr. 12, 2. 12.

4. Aber ich habe wider dich, daß du die erste Liebe verlässest.

5. Gedenke, wovon du gefallen bist, und thue Buße, und thue die ersten Werke. Wo aber nicht, werde ich dir kommen bald, und deinen Leuchter wegstoßen von seiner Stätte, wo du nicht Buße thust.

6. Aber das hast du, daß du die Werke der *Nikolaiten †hassest, welche Ich auch hasse. *v. 15. †v. 160, 21.

7. Wer *Ohren hat, der höre, was der Geist den Gemeinen sagt: Wer überwindet, dem will ich zu essen geben von dem Holz des Lebens, das im Paradies GOttes ist. *Matth. 11, 15.

8. Und dem Engel der Gemeine zu Smyrna schreibe: Das sagt *der Erste und der Letzte, der todt war und ist lebendig geworden: *c. 1, 17. 18.

9. Ich weiß deine Werke, und deine Trübsal, und deine Armuth (du bist aber reich), und die Lästerung von denen, *die da sagen, sie sind Juden, und sind es nicht, sondern sind des Satans Schule. *c. 3, 9.

10. *Fürchte dich vor der keinem, das du leiden wirst. Siehe, der Teufel wird Etliche von euch in's Gefängniß werfen, auf daß ihr versucht werdet; und werdet Trübsal haben zehn Tage. Sey †getreu bis in den Tod, so will ich dir die Krone des Lebens geben.
*Matth. 10, 16. †Jak. 1, 12.

11. Wer Ohren hat, der höre, was der Geist den Gemeinen sagt: Wer überwindet, dem soll kein Leid geschehen von dem andern Tode. *c. 1, 10. Eph. 2, 17. Ebr. 4, 12.

12. Und dem Engel der Gemeine zu Pergamus schreibe: Das sagt, *der da hat das scharfe zweischneidige Schwert: *c. 1, 16. Eph. 2, 17. Ebr. 4, 12.

13. Ich weiß, was du thust, und wo du wohnest, da des *Satans Stuhl ist; und †hältst an meinem Namen, und hast meinen Glauben nicht verleugnet, auch in den Tagen, in welchen Antipas, mein treuer Zeuge, bei euch getödtet ist, da der Satan wohnet. *c. 13, 2. †c. 3, 8.

14. Aber ich habe ein Kleines wider dich, daß du daselbst hast, die *an der Lehre Balaams halten, welcher lehrete durch den Balak ein Aergerniß aufrichten vor den Kindern Israel, zu essen Götzenopfer, und Hurerei treiben. *4 Mos. 23, 8.

15. Also hast du auch, die an der *Lehre der Nikolaiten halten; das hasse ich. *v. 6.

16. Thue Buße; wo aber nicht, so werde ich dir bald kommen, und mit ihnen *kriegen durch das Schwert meines Mundes. *c. 19, 15. 21.

17. Wer Ohren hat, der höre, was der Geist den Gemeinen sagt: Wer überwindet, dem will ich zu essen geben von dem verborgenen Manna, und will ihm geben ein gut Zeugniß, und mit dem Zeugniß einen neuen Namen geschrieben, welchen Niemand kennet, denn der ihn empfänget.

18. Und dem Engel der Gemeine zu Thyatira schreibe: Das sagt der Sohn GOttes, der *Augen hat wie Feuerflammen, und seine Füße gleichwie Messing. *c. 1, 14. c. 19, 12.

19. Ich weiß deine Werke, und deine Liebe, und deinen Dienst, und deinen Glauben, und deine Geduld, und daß du je länger je mehr thust.

20. Aber

20. Aber *ich habe ein Kleines wider dich, daß du lässest das Weib †Jesabel, die da spricht, sie sey eine Prophetin, lehren, und verführen meine Knechte, Hurerei treiben und Götzenopfer essen.
  *v. 2. †1 Kön. 16, 31.
21. Und ich habe ihr Zeit gegeben, daß sie sollte Buße thun für ihre Hurerei; und sie thut nicht Buße.
22. Siehe, Ich werfe sie in ein Bette, und die *mit ihr die Ehe gebrochen haben, in große Trübsal; wo sie nicht Buße thun für ihre Werke.   *v. 14. v.
23. Und ihre Kinder will ich zu Tode schlagen. Und sollen erkennen alle Gemeinen, daß *Ich bin, der die Nieren und Herzen erforschet; und werde geben einem Jeglichen unter euch nach euren Werken.   *Ier. 7. 10. f.
24. Euch aber sage ich und den Andern, die zu Thyatira sind, die nicht haben solche Lehre, und die nicht erkannt haben die Tiefen des Satans (als sie sagen): Ich will nicht auf euch werfen eine andere Last.
25. Doch *was ihr habt, das haltet, bis daß ich komme.   *c. 3. 11.
26. Und wer da überwindet, und hält meine Werke bis an das Ende, *dem will ich Macht geben über die Heiden; —
  *Pf. 2. 8.
27. Und er soll *sie weiden mit einer eisernen Ruthe, und wie eines Töpfers Gefäße soll er sie zerschmeißen.   *c. 12. 5. Pf. 18. 10.
28. Wie *ich von meinem Vater empfangen habe; — und will ihm geben den Morgenstern.   *Joh. 10. 18.
29. Wer *Ohren hat, der höre, was der Geist den Gemeinen sagt.   *v. 7. 11.

Das 3. Capitel.

Drei Sendschreiben, worin eine Warnung der Frechheit, Gleichgültigkeit und Hochmüthigkeit, des Christenthums betreffend.

1. Und dem Engel der Gemeine zu Sardes schreibe: Das sagt, der die Geister GOttes hat, *und die sieben Sterne: Ich weiß deine Werke; denn du hast den Namen, daß du lebest, und bist todt.   *c. 1. 16.
2. Sey *wacker und stärke das Andere, das sterben will; denn ich habe deine Werke nicht völlig erfunden vor GOtt.   *v. 10.
3. So gedenke nun, wie du empfangen und gehöret hast, und halte es, und thue Buße. So du nicht wirst wachen, *werde ich über dich kommen, wie ein Dieb, und wirst nicht wissen, welche Stunde ich über dich kommen werde.   *1 Thess. 5. 2. f.

4. Du hast auch wenig Namen zu Sardes, die nicht ihre Kleider besudelt haben; und sie werden mit mir wandeln in *weißen Kleidern, denn sie sind es werth.
  *v. 5. 5.

5. Wer überwindet, der soll mit weißen Kleidern angelegt werden, und ich werde seinen Namen nicht austilgen aus *dem Buch des Lebens, und ich will seinen Namen bekennen vor meinem Vater und vor seinen Engeln.   *Phil. 4. 3. f.

6. Wer Ohren hat, der höre, was der Geist den Gemeinen sagt.

7. Und dem Engel der Gemeine zu Philadelphia schreibe: Das sagt der Heilige, der Wahrhaftige, der da *hat den Schlüssel Davids, der aufthut, und Niemand zuschließet, der zuschließet, und Niemand aufthut.   *Jes. 22. 22. Hiob 12. 14.

8. Ich *weiß deine Werke. Siehe, ich habe vor dir gegeben eine offene Thür, und Niemand kann sie zuschließen; denn du hast eine kleine Kraft, und hast mein Wort behalten, und hast meinen Namen nicht verleugnet.   *v. 1. 15. f. 1 Kor. 16. 9.

9. Siehe, ich werde geben aus Satanas Schule, die da sagen, *sie sind Juden, und sind es nicht, sondern lügen. Siehe, ich will sie machen, daß sie kommen sollen und anbeten zu deinen Füßen, und erkennen, daß Ich dich geliebet habe.   *c. 2. 9.

10. Dieweil du hast behalten das Wort meiner Geduld, will Ich auch dich behalten vor der Stunde der Versuchung, die kommen wird über der ganzen Welt Kreis, zu versuchen, die da wohnen auf Erden.

11. Siehe, *Ich komme bald. Halte, was du hast, daß Niemand deine Krone nehme.   *c. 2. 25. c. 22. 7.

12. Wer *Überwindet, den will ich machen zum Pfeiler in dem Tempel meines GOttes; und soll nicht mehr hinaus gehen. Und will auf ihn schreiben den Namen meines GOttes, und den Namen des neuen Jerusalems, der Stadt meines GOttes, die vom Himmel herunter kommt, von meinem GOtt, und †meinen Namen, den neuen.   *c. 2. 7. 11. 17. †c. 14. 1.

13. Wer Ohren hat, der höre, was der Geist den Gemeinen sagt.

14. Und dem Engel der Gemeine zu Laodicea

Laodicea schreibe: Das sagt Amen, der treue und wahrhaftige Zeuge, der Anfang der Creatur GOttes:

15. Ich weiß deine Werke, daß du weder kalt noch warm bist. Ach, daß du kalt oder warm wärest!

16. Weil du aber lau bist, und weder kalt noch warm, werde ich dich ausspeien aus meinem Munde.

17. Du sprichst: Ich bin reich und habe gar satt, und darf nichts; und weißt nicht, daß du bist elend und jämmerlich, arm, blind und bloß.

18. Ich rathe dir, daß du Gold von mir kaufest, das mit Feuer durchläutert ist, daß du reich werdest; und weiße Kleider, daß du dich anthust, und nicht offenbaret werde die Schande deiner Blöße; und salbe deine Augen mit Augensalbe, daß du sehen mögest.

19. Welche Ich lieb habe, die strafe und züchtige ich. So sey nun fleißig, und thue Buße.

20. Siehe, ich stehe vor der Thür, und klopfe an. So Jemand meine Stimme hören wird, und die Thür aufthun, zu dem werde ich eingehen, und das Abendmahl mit ihm halten, und Er mit mir.

21. Wer überwindet, dem will ich geben mit mir auf meinem Stuhl zu sitzen; wie Ich überwunden habe, und bin gesessen mit meinem Vater auf seinem Stuhl.

22. Wer Ohren hat, der höre, was der Geist den Gemeinen sagt.

Das 4. Capitel.

1. Darnach sahe ich, und siehe! eine Thür ward aufgethan im Himmel; und die erste Stimme, die ich gehöret hatte mit mir reden, als eine Posaune, die sprach: Steige her, ich will dir zeigen, was nach diesem geschehen soll.

2. Und alsobald war ich im Geist. Und siehe! ein Stuhl ward gesetzt im Himmel, und auf dem Stuhl saß Einer.

3. Und der da saß, war gleich anzusehen wie der Stein Jaspis und Sardis; und ein Regenbogen war um den Stuhl, gleich anzusehen wie ein Smaragd.

4. Und um den Stuhl waren vier und zwanzig Stühle; und auf den Stühlen saßen vier und zwanzig Aeltesten mit weißen Kleidern angethan, und hatten auf ihren Häuptern goldene Kronen.

5. Und von dem Stuhl gingen aus Blitze, Donner und Stimmen; und sieben Fackeln mit Feuer brannten vor dem Stuhl, welches sind die sieben Geister GOttes.

6. Und vor dem Stuhl war ein gläsern Meer, gleich dem Krystall: und mitten im Stuhl und um den Stuhl vier Thiere, voll Augen, vorne und hinten.

7. Und das erste Thier war gleich einem Löwen, und das andere Thier war gleich einem Kalbe, und das dritte hatte ein Antlitz wie ein Mensch, und das vierte Thier gleich einem fliegenden Adler.

8. Und ein jegliches der vier Thiere hatte sechs Flügel umher, und waren inwendig voll Augen, und hatten keine Ruhe Tag und Nacht, und sprachen: Heilig, heilig, heilig ist GOtt, der HErr, der Allmächtige, der da war, und der da ist, und der da kommt!

9. Und da die Thiere gaben Preis, und Ehre, und Dank dem, der da auf dem Stuhl saß, der da lebet von Ewigkeit zu Ewigkeit;

10. Fielen die vier und zwanzig Aeltesten vor dem, der auf dem Stuhl saß, und beteten an den, der da lebet von Ewigkeit zu Ewigkeit, und warfen ihre Kronen vor den Stuhl, und sprachen:

11. HErr, du bist würdig zu nehmen Preis und Ehre und Kraft; denn Du hast alle Dinge geschaffen, und durch deinen Willen haben sie das Wesen, und sind geschaffen.

Das 5. Capitel.

1. Und ich sahe in der rechten Hand deß, der auf dem Stuhl saß, ein Buch, geschrieben inwendig und auswendig, versiegelt mit sieben Siegeln.

2. Und ich sahe einen starken Engel predigen mit großer Stimme: Wer ist würdig, das Buch aufzuthun, und seine Siegel zu brechen?

3. Und Niemand im Himmel, noch auf Erden,

Erden, noch unter der Erde, konnte das Buch aufthun, und darein sehen.

4. Und ich weinete sehr, daß Niemand würdig erfunden ward, das Buch aufzuthun und zu lesen, noch darein zu sehen.

5. Und einer von den Aeltesten spricht zu mir: Weine nicht! Siehe, es hat überwunden der Löwe, der *da ist vom Geschlecht Juda's, die †Wurzel Davids; aufzuthun das Buch, und zu brechen seine sieben Siegel. *1 Mos. 49, 9. 10. †Jes. 11, 1. 10.

6. Und ich sahe, und siehe! mitten im Stuhl und der vier Thiere, und mitten unter den Aeltesten stand ein Lamm, wie es erwürget wäre; und hatte sieben Hörner und sieben Augen, welches sind die sieben Geister GOttes, gesandt in alle Lande.

7. Und es kam, und nahm das Buch aus der rechten Hand * deß, der auf dem Stuhl saß. *c. 4, 2. 9.

8. Und da es das Buch nahm, da fielen die vier Thiere, und die vier und zwanzig Aeltesten vor das Lamm; und hatten ein Jeglicher Harfen, und goldene Schalen voll Räuchwerks, welches sind die Gebete der Heiligen.

9. Und sangen ein neues Lied, und sprachen: Du bist würdig zu nehmen das Buch, und aufzuthun seine Siegel; denn du bist erwürget, und hast uns GOtt erkauft mit deinem Blut aus allerlei Geschlecht, und Zungen und Volk, und Heiden;

10. Und hast uns unserm GOtt zu *Königen und Priestern gemacht, und wir werden Könige seyn auf Erden.
*v. 1, 6. c. 20, 6. c. 22, 5.

11. Und ich sahe, und hörete eine Stimme vieler Engel um den Stuhl, und um die Thiere, und um die Aeltesten her; und * ihre Zahl war viel tausend Mal tausend, *Dan. 7, 10.

12. Und sprachen mit großer Stimme: Das Lamm, das erwürget ist, ist würdig zu nehmen Kraft, und Reichthum, und Weisheit, und Stärke, und Ehre, und Preis, und Lob.

13. Und alle Creatur, die im Himmel ist, und auf Erden, und unter der Erde, und im Meer, und Alles, was darinnen ist, hörete ich sagen zu dem, der auf dem Stuhl saß, und zu dem Lamm: Lob und Ehre, und Preis, und Gewalt von Ewigkeit zu Ewigkeit!

14. Und die vier Thiere sprachen: Amen. Und die vier und zwanzig Aeltesten fielen nieder, und beteten an den, der da lebet von Ewigkeit zu Ewigkeit.

Das 6. Capitel.
Von Eröffnung sieben unterschiedener Siegel.

1. Und ich sahe, daß das Lamm der Siegel Eins aufthat. Und ich hörete der * vier Thiere eins sagen, als mit einer Donner-Stimme: Komm, und siehe zu! *c. 4, 6. c. 5, 6. 8.

2. Und ich sahe, und stehe! ein weiß Pferd, und der darauf saß, hatte einen Bogen; und ihm ward gegeben eine Krone, und er zog aus, zu überwinden, und daß er siegete.

3. Und da es das andere Siegel aufthat, hörete ich das *andere Thier sagen: Komm, und siehe zu! *c. 4, 7.

4. Und es ging heraus ein ander Pferd, das war *roth; und dem, der darauf saß, ward gegeben den Frieden zu nehmen von der Erde, und daß sie sich †unter einander erwürgeten; und ihm ward ein groß Schwert gegeben. *c. 4. 1, 2. †Jes. 9, 20. M. 24.

5. Und da es das dritte Siegel aufthat, hörete ich das dritte Thier sagen: Komm, und siehe zu! Und ich sahe, und siehe! ein schwarz Pferd; und der darauf saß, hatte eine Wage in seiner Hand. *c. 4, 7.

6. Und ich hörete eine Stimme unter den vier Thieren sagen: Ein Maß Weizen um einen Groschen, und drei Maß Gerste um einen Groschen: und dem Oel und Wein thue kein Leid.

7. Und da es das vierte Siegel aufthat, hörete ich die Stimme des vierten Thiers sagen: Komm, und siehe zu!

8. Und ich sahe, und siehe! ein fahl Pferd; und der darauf saß, deß Name hieß *Tod, und die Hölle folgte ihm nach. Und ihnen ward Macht gegeben zu tödten das vierte Theil auf der Erde, mit dem Schwert, und Hunger, und mit dem Tod, und durch die Thiere auf Erden. *c. 20, 14.

9. Und da es das fünfte Siegel aufthat, sahe ich unter dem Altar die Seelen derer, die erwürget waren um des Worts GOttes willen, und um des Zeugnisses willen, das sie hatten.

10. Und sie *schrieen mit großer Stimme, und sprachen: HErr, du Heiliger und Wahrhaftiger, †wie lange richtest du, und rächest nicht unser Blut an denen, die auf der Erde wohnen! *5 M. 32, 2. †Ps. 13, 1. 79, 10.

11. Und

11. Und ihnen wurden gegeben einem Jeglichen *ein weiß Kleid; und ward zu ihnen gesagt, daß sie ruheten noch eine kleine Zeit, bis daß vollends dazu kämen ihre Mitknechte und Brüder, die auch sollten noch ertödtet werden, gleichwie sie. *c. 3. 4. 5.

12. Und ich sahe, daß es das sechste Siegel aufthat; und siehe! da ward ein großes Erdbeben, und die Sonne ward schwarz wie ein härener Sack, und der Mond ward wie Blut.

13. Und die Sterne des Himmels fielen auf die Erde, gleichwie ein Feigenbaum seine Feigen abwirft, wenn er von großem Winde beweget wird.

14. Und der Himmel *entwich, wie ein eingewickelt Buch; und alle Berge und Inseln wurden bewegt aus ihren Oertern.
*Pf. 102, 27. Ebr. 1, 10. 11.

15. Und die Könige auf Erden, und die Obersten, und die Reichen, und die Hauptleute, und die Gewaltigen, und alle Knechte, und alle Freien verbargen sich in den Klüften und Felsen an den Bergen;

16. Und *sprachen zu den Bergen und Felsen: Fallet auf uns, und verberget uns vor dem Angesicht deß, der auf dem Stuhl sitzt, und vor dem Zorn des Lammes.
*Hos. 10, 8. c. 9.

17. Denn es ist gekommen der große Tag seines Zorns, und wer kann bestehen?

Das 7. Capitel.
Rest der Flüche in ihrem leidlichen Zustande.

1. Und darnach sahe ich vier Engel stehen auf den vier Ecken der Erde, die hielten die vier Winde der Erde, auf daß kein Wind über die Erde bliese, noch über das Meer, noch über einigen Baum.

(Epistel am Tage aller Heiligen.)

2. Und ich sahe einen andern Engel aufsteigen von der Sonnen Aufgang, der hatte das Siegel des lebendigen GOttes, und schrie mit großer Stimme zu den vier Engeln, welchen gegeben ist zu beschädigen die Erde und das Meer,

3. Und er sprach: Beschädiget die Erde nicht, noch das Meer, noch die Bäume, bis *daß wir versiegeln die Knechte unsers GOttes an ihren Stirnen.]
*Mof. 12, 13. Hefek. 9, 4.

4. Und ich hörte die Zahl derer, die versiegelt wurden, hundert und vier und vierzig tausend, die versiegelt waren von allen Geschlechtern der Kinder Israel.

5. Von dem Geschlecht Juda's zwölf tausend versiegelt; von dem Geschlecht Rubens zwölf tausend versiegelt; von dem Geschlecht Gads zwölf tausend versiegelt;

6. Von dem Geschlecht Assers zwölf tausend versiegelt; von dem Geschlecht Naphthali's zwölf tausend versiegelt; von dem Geschlecht Manasse's zwölf tausend versiegelt;

7. Von dem Geschlecht Simeons zwölf tausend versiegelt; von dem Geschlecht Levi's zwölf tausend versiegelt; von dem Geschlecht Isaschars zwölf tausend versiegelt;

8. Von dem Geschlecht Zabulons zwölf tausend versiegelt; von dem Geschlecht Josephs zwölf tausend versiegelt; von dem Geschlecht Benjamins zwölf tausend versiegelt.

9. Darnach sahe ich, und siehe! eine große Schaar, welche Niemand zählen konnte, aus allen Heiden, und Völkern, und Sprachen, vor dem Stuhl stehend, und vor dem Lamm, angethan mit *weißen Kleidern, und Palmen in ihren Händen, *c. 6, 11.

10. Schrieen mit großer Stimme, und sprachen: Heil sey dem, der auf dem Stuhl sitzt, unserm GOtt, und dem Lamm!

11. Und alle *Engel standen um den Stuhl, und um die Aeltesten, und um die vier Thiere, und fielen vor dem Stuhl auf ihr Angesicht, und beteten GOtt an. *c. 5, 11.

12. Und sprachen: Amen, *Lob und Ehre, und Weisheit, und Dank, und Preis, und Kraft, und Stärke sey unserm GOtt, von Ewigkeit zu Ewigkeit! Amen. *c. 5, 12.

13. Und es antwortete der Aeltesten einer, und sprach zu mir: Wer sind diese, mit weißen Kleidern angethan? Und woher sind sie gekommen?

14. Und ich sprach zu ihm: Herr, *Du weißt es. Und er sprach zu mir: Diese sind es, die gekommen sind aus großer Trübsal, und haben ihre Kleider gewaschen, und haben ihre Kleider helle gemacht † im Blut des Lammes. *Joh. 21, 15. † 1 Ebr. 4, 14.

15. Darum sind sie vor dem Stuhl GOttes, und dienen ihm Tag und Nacht in seinem Tempel. Und der auf dem Stuhl sitzt, wird über ihnen wohnen.

16. Sie *wird nicht mehr hungern, noch dürsten; es wird †auch nicht auf sie fallen die Sonne, oder irgend eine Hitze.
*Jes. 49, 10. † Pf. 121, 6.

17. Denn

17. Denn *das Lamm mitten im Stuhl wird sie weiden, und †leiten zu den lebendigen Wasserbrunnen; und GOtt wird abwischen alle Thränen von ihren Augen. *c.5,6. †Ps.23,2.
** Jes.25,8. Offenb.21,4.

Das 8. Capitel.
Das dritte Gesicht und Eröffnung des siebenten Siegels. Die erste, andere, dritte und vierte Posaune.

1. Und da es das siebente Siegel aufthat, ward eine *Stille in dem Himmel, bei einer halben Stunde. *Jes.14,7. Hab.2,20.

2. Und ich sahe sieben Engel, die da traten vor GOtt; und ihnen wurden sieben Posaunen gegeben.

3. Und ein anderer Engel kam, und trat bei den Altar, und hatte ein *golden Rauchfaß; und ihm ward viel Räuchwerks gegeben, daß er gäbe zum Gebet aller Heiligen, auf den goldenen Altar vor dem Stuhl. *c.5,8.

4. Und der Rauch des Räuchwerks vom Gebet der Heiligen ging auf von der Hand des Engels vor GOtt.

5. Und der Engel nahm das Rauchfaß, und füllete es mit Feuer vom Altar, und schüttete es auf die Erde. Und da geschahen *Stimmen, und Donner, und Blitze, und Erdbeben. *c.4,5.

6. Und die sieben Engel mit den sieben Posaunen hatten sich gerüstet, zu posaunen.

7. Und der erste Engel posaunete. Und es ward ein Hagel und Feuer mit Blut gemenget, und fiel auf die Erde. Und das dritte Theil der Bäume verbrannte, und alles grüne Gras verbrannte.

8. Und der andere Engel posaunete. Und es fuhr wie ein großer Berg mit Feuer brennend in's Meer. Und das dritte Theil des Meeres ward Blut.

9. Und das dritte Theil der lebendigen Creaturen im Meer starben, und das dritte Theil der Schiffe wurde verderbet.

10. Und der dritte Engel posaunete. Und es fiel ein großer Stern vom Himmel; der brannte wie eine Fackel, und fiel auf das dritte Theil der Wasserströme, und über die Wasserbrunnen.

11. Und der Name des Sterns heißt Wermuth. Und das dritte Theil ward Wermuth. Und viele Menschen starben von den Wassern, daß sie waren so bitter geworden.

12. Und der vierte Engel posaunete. Und es ward geschlagen das dritte Theil der Sonne, und das dritte Theil des Mondes, und das dritte Theil der Sterne, daß ihr drittes Theil verfinstert ward, und der Tag das dritte Theil nicht schien, und die Nacht desselbigen gleichen.

13. Und ich sahe, und hörete einen Engel fliegen mitten durch den Himmel, und sagen mit großer Stimme: *Wehe, wehe, wehe denen, die auf Erden wohnen, vor den andern Stimmen der Posaune der drei Engel, die noch posaunen sollen! *c.9,12.

Das 9. Capitel.
Die fünfte und sechste Posaune.

1. Und der fünfte Engel posaunete. Und ich sahe einen Stern gefallen vom Himmel auf die Erde; und ihm ward der Schlüssel zum Brunnen des Abgrunds gegeben.

2. Und er that den Brunnen des Abgrunds auf. Und es ging auf ein Rauch aus dem Brunnen, wie ein Rauch eines großen Ofens; und es ward verfinstert die Sonne und die Luft von dem Rauch des Brunnens.

3. Und aus dem Rauch kamen Heuschrecken auf die Erde. Und ihnen ward Macht gegeben, wie die Scorpionen auf Erden Macht haben.

4. Und es ward zu ihnen gesagt, daß sie nicht beleidigten das Gras auf Erden, noch kein Grünes, noch keinen Baum; sondern allein die Menschen, die nicht haben *das Siegel GOttes an ihren Stirnen. *c.7,3.

5. Und es ward ihnen gegeben, daß sie sie nicht tödteten, sondern sie quäleten fünf Monate lang; und ihre Qual war wie eine Qual eines Scorpion, wenn er einen Menschen hauet.

6. Und in denselbigen Tagen *werden die Menschen den Tod suchen, und nicht finden; werden begehren zu sterben, und der Tod wird von ihnen fliehen. *c.6,16. Jes.2,19.

7. Und die *Heuschrecken sind gleich den Rossen, die zum Kriege bereitet sind; und auf ihrem Haupt wie Kronen, dem Golde gleich, und ihre Antlitze gleich der Menschen Antlitz. *Joel 2,4.

8. Und hatten Haare wie Weiberhaare, und *ihre Zähne waren wie der Löwen. *Joel 1,6.

9. Und hatten Panzer wie eiserne Panzer, und das Rasseln ihrer Flügel, wie das Rasseln

Raſſeln an den Wagen vieler Roſſe, die in den Krieg laufen.

10. Und hatten Schwänze gleich den Scorpionen, und es waren Stacheln an ihren Schwänzen; und ihre Macht war, zu beleidigen die Menſchen fünf Monate lang.

11. Und hatten über ſich einen König, einen Engel aus dem Abgrund, deß Name heißt auf Ebräiſch Abaddon, und auf Griechiſch hat er den Namen Apollyon. *v. 1.

12. Ein Wehe iſt dahin; ſiehe es kommen noch zwei Wehe nach dem.

13. Und der ſechste Engel poſaunete. Und ich hörete eine Stimme aus den vier Ecken des goldenen Altars vor Gott,

14. Die ſprach zu dem ſechſten Engel, der die Poſaune hatte: Löſe auf die vier Engel, gebunden an dem großen Waſſerſtrom Euphrat.

15. Und es wurden die vier Engel los, die bereit waren auf eine Stunde, und auf einen Tag, und auf einen Monat, und auf ein Jahr, daß ſie tödteten das dritte Theil der Menſchen.

16. Und die Zahl des reiſigen Zeuges war *viel tauſend Mal tauſend; und ich hörete ihre Zahl. *Dan. 7, 10.

17. Und alſo ſahe ich die Roſſe im Geſicht, und die darauf ſaßen, daß ſie hatten feurige, und gelbe, und ſchwefelichte Panzer; und die Häupter der Roſſe, wie die Häupter der Löwen, und aus ihrem Munde ging Feuer, und Rauch, und Schwefel.

18. Von dieſen dreien ward erlödtet das dritte Theil der Menſchen, von dem Feuer, und Rauch, und Schwefel, der aus ihrem Munde ging.

19. Denn ihre Macht war in ihrem Munde, und ihre Schwänze waren den Schlangen gleich, und hatten Häupter, und mit denſelbigen thaten ſie Schaden.

20. Und blieben noch Leute, die nicht getödtet wurden von dieſen Plagen, noch *Buße thaten für die Werke ihrer Hände, daß ſie nicht †anbeteten die Teufel und die goldenen, ſilbernen, ehernen, ſteinernen und hölzernen Götzen, welche weder ſehen, noch hören, noch wandeln können;
*c. 16, 11. †1 Cor. 10, 4. ꝛc. 12, 12.

21. Die auch nicht Buße thaten für ihre Morde, Zauberei, Hurerei und Dieberei.

Das 10. Capitel.
Johannes verſchlingt das Buch.

1. Und ich ſahe einen andern ſtarken *Engel vom Himmel herab kommen; der war mit einer Wolke bekleidet, und ein †Regenbogen auf ſeinem Haupt, und ſein Antlitz wie die Sonne, und ſeine Füße wie die Feuerpfeiler; *c. 5, 2. †c. 4, 3.

2. Und er hatte *in ſeiner Hand ein Büchlein aufgethan; und er ſetzte ſeinen rechten Fuß auf das Meer, und den linken auf die Erde. *c. 5, 1.

3. Und er ſchrie mit großer Stimme, *wie ein Löwe brüllet; und da er ſchrie, redeten ſieben Donner ihre Stimmen.
*Jer. 25, 30.

4. Und da die ſieben Donner ihre Stimmen geredet hatten, wollte ich ſie ſchreiben. Da hörete ich eine Stimme vom Himmel ſagen zu mir: *Verſiegele, was die ſieben Donner geredet haben; dieſelbigen ſchreibe nicht. *Dan. 8, 26. c. 12, 4. 9.

5. Und der Engel, den ich ſahe ſtehen auf dem Meer und auf der Erde, *hob ſeine Hand auf gen Himmel, *4 Moſ. 14, 30.

6. Und *ſchwur bei dem Lebendigen von Ewigkeit zu Ewigkeit, der den Himmel geſchaffen hat, und was darinnen iſt, und die Erde, und was darinnen iſt, und das Meer, und was darinnen iſt, daß hinfort keine Zeit mehr ſeyn ſoll;
*5 Moſ. 32, 40.

7. Sondern in den Tagen der Stimme des *ſiebenten Engels, wenn er poſaunen wird, ſo ſoll vollendet werden das †Geheimniß GOttes, wie er hat verkündiget ſeinen Knechten und Propheten.
*c. 11, 15. †1 Cor. 16, 51.

8. Und ich hörete eine Stimme vom Himmel abermal mit mir reden, und ſagen: Gehe hin, nimm das *offene Büchlein von der Hand des Engels, der auf dem Meer und auf der Erde ſtehet. *v. 2.

9. Und ich ging hin zum Engel, und ſprach zu ihm: Gieb mir das Büchlein. Und er ſprach zu mir: *Nimm hin, und verſchlinge es; und es wird dich im Bauch grimmen, aber in deinem Munde wird es ſüße ſeyn, wie Honig. *Eſek. 2, 9. 3, 1. 2.

10. Und ich nahm das Büchlein von der Hand des Engels, und verſchlang es; und es war ſüß in meinem Munde, wie Honig; und da ich es gegeſſen hatte, grimmete mich's im Bauch.

11. Und

11. Und er sprach zu mir: Du mußt abermals weissagen den Völkern, und Heiden, und Sprachen, und vielen Königen.

Cap. 11. v. 1. Und es ward mir ein Rohr gegeben, einem Stecken gleich, und sprach: Stehe auf, und miß den Tempel GOttes, und den Altar, und die darinnen anbeten.

2. Aber das innere Chor des Tempels wirf hinaus, und miß es nicht, denn es ist den Heiden gegeben; und die heilige Stadt werden sie zertreten zwei und vierzig Monate. — *c. 10, 8.*

Das 11. Capitel.
Der zweenen Zeugen. Herrn Tod und Auffahrt.

3. Und ich will meine zween Zeugen geben, und sie sollen weissagen *tausend, zwei hundert und sechzig Tage, angethan mit Säcken. *c. 10, 8, 14.

4. Diese sind *zween Oelbäume, und zwo Fackeln, stehend vor dem GOtt der Erden. *Sach. 4, 3, 11, 14.

5. Und so Jemand sie will beleidigen, so gehet das Feuer aus ihrem Munde, und verzehret ihre Feinde; und so Jemand sie will beleidigen, der muß also getödtet werden.

6. Diese haben Macht, *den Himmel zu verschließen, daß es nicht regne in den Tagen ihrer Weissagung; und haben †Macht über das Wasser, zu wandeln in Blut, und zu schlagen die Erde mit allerlei Plage, so oft sie wollen. *1 Kön. 17, 1. †2 Mos. 7, 19. 20.

7. Und wenn sie ihr Zeugniß geendet haben; so wird *das Thier, das aus dem Abgrund aufsteiget, mit ihnen †einen Streit halten, und wird sie überwinden, und wird sie tödten. *c. 13, 11. †c. 12, 17.

8. Und ihre Leichname werden liegen auf der Gasse *der großen Stadt, die da heißt geistlich die Sodoma und Egypten, da unser HErr gekreuziget ist. *c. 18, 10. Ebr. 13, 12.

9. Und es werden ihre Leichname etliche von den Völkern und Geschlechtern und Sprachen drei Tage und einen halben sehen; und werden ihre Leichname nicht lassen in Gräber legen.

10. Und die auf Erden wohnen, werden sich freuen über ihnen, und wohl leben, und Geschenke unter einander senden; denn diese zween Propheten quäleten, die auf Erden wohneten.

11. Und nach dreien Tagen und einem halben fuhr in sie der Geist des Lebens von GOtt, und sie traten auf ihre Füße, und eine *große Furcht fiel über die, so sie sahen. *Ezech. V. 10.

12. Und sie höreten eine große Stimme vom Himmel zu ihnen sagen: Steiget herauf! Und sie stiegen auf in den Himmel in einer Wolke, und es sahen sie ihre Feinde.

13. Und zu derselbigen Stunde ward ein groß Erdbeben, und das zehnte Theil der Stadt fiel, und wurden ertödtet in dem Erdbeben sieben tausend Namen der Menschen; und die andern erschraken, und gaben Ehre dem GOtt des Himmels.

14. Das andere Wehe ist dahin; siehe! das dritte Wehe kommt schnell.

Das 12. Capitel.
Die siebente Posaune. Das vierte Gesicht vom Streit Michaelis wider den Drachen.

15. Und der siebente Engel posaunete. Und es wurden große Stimmen im Himmel, die sprachen: Es sind die *Reiche der Welt unsers HErrn und seines Christus geworden, und er wird regieren von Ewigkeit zu Ewigkeit. *Dan. 2, 44. c. 17, 14.

16. Und die *vier und zwanzig Aeltesten, die vor GOtt auf ihren Stühlen saßen, fielen auf ihr Angesicht, und beteten GOtt an. *c. 4, 4. 10.

17. Und sprachen: Wir danken dir, HErr, allmächtiger GOtt, der du bist, und warest, und zukünftig bist, daß du hast angenommen deine große Kraft, und herrschest!

18. Und die Heiden sind zornig geworden, und es ist gekommen *dein Zorn, und die Zeit der Todten, zu richten und zu geben den Lohn deinen Knechten, den Propheten und den Heiligen, und denen, die deinen Namen fürchten, den Kleinen und den Großen; und zu verderben, die die Erde verderbet haben. *c. 6, 10. 17.

19. Und *der Tempel GOttes ward aufgethan im Himmel, und die †Arche seines Testaments ward in seinem Tempel gesehen; und es geschahen Blitze, und Stimmen, und Donner, und Erdbeben, und ein großer Hagel. *c. 15, 5. †2 Mos. 25, 10.

Cap. 12. v. 1. Und es erschien ein groß Zeichen im Himmel: ein Weib mit der Sonne bekleidet, und der Mond unter ihren Füßen, und auf ihrem Haupt eine Krone von zwölf Sternen.

2. Und

2. Und sie war schwanger, und schrie, und war in Kindesnöthen, und hatte *große Qual zur Geburt. *1 Mos. 4, 16.

3. Und es erschien ein ander Zeichen im Himmel, und siehe, ein großer rother Drache, der hatte sieben Häupter und zehn Hörner, und auf seinen Häuptern sieben Kronen.

4. Und sein Schwanz zog den dritten Theil der Sterne, und warf sie auf die Erde. Und der Drache trat vor das Weib, die gebären sollte, auf daß, wenn sie geboren hätte, er ihr Kind fräße.

5. Und sie gebar einen Sohn, ein Knäblein, der alle Heiden sollte weiden *mit der eisernen Ruthe. Und ihr Kind ward entrückt zu GOtt und seinem Stuhl. *Ps. 2, 9.

6. Und das Weib *entflohe in die Wüste, da sie hatte einen Ort bereitet von GOtt, daß sie daselbst ernähret würde †tausend zwei hundert und sechzig Tage.
*Match. 2, 13. †Offenb. 11, 3.

(Epistel am Michaelis-Tage.)

7. Und es erhob sich ein Streit im Himmel: *Michael und seine Engel stritten mit dem Drachen; und der Drache stritt und seine Engel. *Dan. 10, 13, 21. c. 12, 1.

8. Und siegeten nicht, auch ward ihre Stätte nicht mehr gefunden im Himmel.

9. Und es ward *ausgeworfen der große Drache, die †alte Schlange, die da heißt der Teufel und Satanas, der die ganze Welt verführet; und ward geworfen auf die Erde, und seine Engel wurden auch dahin geworfen. *Luc. 10, 18. Joh. 12, 31. † 1 Mos. 3, 1. 14.

10. Und ich hörete eine große Stimme, die sprach im Himmel: *Nun ist das Heil, und die Kraft, und das Reich und die Macht unsers GOttes seines Christus geworden; weil der Verkläger unserer Brüder verworfen ist, der sie verklaget Tag und Nacht vor GOtt.
*c. 11, 15.

11. Und sie haben ihn *überwunden durch des Lammes Blut, und durch das Wort ihres Zeugnisses; und haben ihr Leben nicht geliebet, bis an den Tod. *Röm. 8, 37.

12. Darum *freuet euch, ihr Himmel, und die darinnen wohnen.] Wehe denen, die auf Erden wohnen und auf dem Meer! Denn der Teufel kommt zu euch hinab, und hat einen großen Zorn, und weiß, daß er wenig Zeit hat. *Ps. 96, 11.

13. Und da der Drache sahe, daß er verworfen war auf die Erde, *verfolgte er das Weib, die das Knäblein geboren hatte.
*1 Mos. 3, 16.

14. Und es wurden dem Weibe zween Flügel gegeben, wie eines großen Adlers, daß sie in die Wüste *flöge an ihren Ort, da sie ernähret würde eine Zeit, und zwo Zeiten, und eine halbe Zeit, vor dem Angesicht der Schlange. *Dan. 7, 25.

15. Und die Schlange schoß nach dem Weibe aus ihrem Munde ein Wasser, wie ein Strom, daß er sie ersäufete.

16. Aber die Erde half dem Weibe, und that ihren Mund auf, und verschlang den Strom, den der Drache aus seinem Munde schoß.

17. Und der Drache ward zornig über das Weib, und ging hin zu streiten mit den Uebrigen von ihrem Samen, die da *GOttes Gebot halten, und †haben das Zeugniß JEsu Christi. *c. 14, 12. †1 Joh. 5, 10.

Das 13. Capitel.

Vom siebenköpfigen Thier der Lästerung, und vom Thier der Verführung mit zwei Hörnern.

18. Und ich trat an den Sand des Meers.

Cap. 13. v. 1. Und sahe ein *Thier aus dem Meer steigen, das hatte sieben Häupter und zehn Hörner, und auf seinen Hörnern zehn Kronen, und auf seinen Häuptern Namen der Lästerung.
*c. 17, 3. c. 12. Dan. 7, 7.

2. Und das Thier, das ich sahe, war gleich einem Pardel, und seine Füße als Bären-Füße, und sein Mund eines Löwen Mund. Und der *Drache gab ihm seine Kraft, und seinen Stuhl, und große Macht.
*c. 12, 9.

3. Und ich sahe seiner Häupter eins, als wäre es tödtlich wund; und seine tödtliche Wunde ward heil, und der *ganze Erdboden verwunderte sich des Thiers. *c. 17, 8.

4. Und beteten den Drachen an, der dem Thier die Macht gab, und beteten das Thier an, und sprachen: *Wer ist dem Thier gleich? Und wer kann mit ihm kriegen? *c. 18, 18.

5. Und es *ward ihm gegeben ein Mund, zu reden große Dinge und Lästerung, und ward ihm gegeben, daß es mit ihm währete †zwei und vierzig Monate lang.
*Dan. 7, 8. 11. c. 11, 36. †Offenb. 11, 2.

6. Und

6. Und es that seinen Mund auf zur Lästerung gegen GOtt, zu lästern seinen Namen und seine Hütte, und die im Himmel wohnen.

7. Und *ward ihm gegeben zu streiten mit den Heiligen, und sie zu überwinden. Und ihm ward gegeben Macht über alle Geschlechter, und Sprachen, und Heiden.
  *c. 11. v. Dan. 7, 21.

8. Und Alle, die *auf Erden wohnen, beten es an, deren †Namen nicht geschrieben sind in dem lebendigen Buch des Lammes, das erwürget ist, von Anfang der Welt. *c. 3, 10. c. 16, 10.
  †Offb. 4, 3. f.

9. Hat Jemand Ohren, der höre.

10. So Jemand in das Gefängniß führet, der wird in das Gefängniß gehen; so *Jemand mit dem Schwert tödtet, der muß mit dem Schwert getödtet werden. †Hier ist Geduld und Glaube der Heiligen. *1 Mos. 9, 6. Jes. 33, 1.
  Matth. 26, 52. †Offenb. 14, 12.

11. Und ich sahe ein ander Thier aufsteigen von der Erde; und hatte zwei Hörner, gleichwie das Lamm, und redete wie der Drache.

12. Und es thut alle Macht des ersten Thiers vor ihm; und es macht, daß die Erde, und die darauf wohnen, anbeten das erste Thier, welches tödtliche Wunde heil geworden war.

13. Und thut *große Zeichen, daß es auch macht Feuer vom Himmel fallen, vor den Menschen. *Matth. 24, 24. 2 Thess. 2, 9.

14. Und verführet, die auf Erden wohnen, *um der Zeichen willen, die ihm gegeben sind zu thun vor dem Thier; und sagt denen, die auf Erden wohnen, daß sie dem Thier ein Bild machen sollen, das die Wunde vom Schwert hatte und lebendig geworden war. *5 Mos. 13, 1.

15. Und es ward ihm gegeben, daß es dem Bilde des Thiers den Geist gab, daß des Thiers Bild redete; und daß es machte, daß, welche nicht des Thiers Bild anbeteten, ertödtet würden.

16. Und machte allesammt, die Kleinen und Großen, die Reichen und Armen, die Freien und Knechte, daß es ihnen ein *Mahlzeichen gab an ihre rechte Hand oder an ihre Stirn. *c. 14. v.

17. Daß Niemand kaufen oder verkaufen kann, er habe denn das Mahlzeichen oder den Namen des Thiers, oder die Zahl seines Namens.

18. Hier ist *Weisheit. Wer Verstand hat, der überlege die Zahl †des Thiers; denn es ist eines Menschen Zahl, und seine Zahl ist sechs hundert und sechs und sechzig. *c. 17, 9. †c. 15, 2.

Das 14. Capitel.
Lob des Lamms. Reformation durch das Evangelium, und der Fall des geistlichen Babels.

1. Und ich sahe ein Lamm stehen auf dem Berge Zion, und mit ihm hundert und vier und vierzig Tausend, die hatten den Namen seines Vaters geschrieben an ihrer Stirn.

2. Und hörete *eine Stimme vom Himmel, als eines großen Wassers, und wie eine Stimme eines großen Donners; und die Stimme, die ich hörete, war als der Harfenspieler, die auf ihren Harfen spielen. *c. 1, 15.

3. Und sangen wie ein neu Lied, vor dem Stuhl, und vor den vier Thieren, und den Aeltesten; und Niemand konnte das Lied lernen, ohne die hundert und vier und vierzig tausend, die erkauft sind von der Erde.

4. Diese sind es, die mit Weibern nicht befleckt sind; denn sie sind Jungfrauen, und folgen dem Lamm nach, wo es hingehet. Diese sind *erkauft aus den Menschen, zu Erstlingen GOtt und dem Lamm. *c. 4, 8.

5. Und in ihrem Munde ist kein falsches gefunden; denn sie sind unsträflich vor dem Stuhl GOttes.

6. Und ich sahe einen *Engel fliegen mitten durch den Himmel, der hatte ein ewig Evangelium, zu verkündigen denen, die auf Erden sitzen und wohnen, und allen Heiden, und Geschlechtern, und Sprachen, und Völkern. *c. 8, 13.

7. Und sprach mit großer Stimme: Fürchtet GOtt, und gebet ihm die Ehre, denn die Zeit seines Gerichts ist gekommen, und betet an den, †der gemacht hat Himmel und Erde, und Meer, und die Wasserbrunnen. *5 Mos. 32, 9. †Sprüche 14, 16, f.

8. Und ein anderer Engel folgte nach, der sprach: Sie ist gefallen, sie ist gefallen, Babylon, die große Stadt; denn sie hat mit dem Wein ihrer Hurerei getränket alle Heiden.

9. Und der dritte Engel folgte diesen nach, und sprach mit großer Stimme: So

So Jemand das Thier anbetet, und sein Bild, und nimmt das Mahlzeichen an seine Stirn oder an seine Hand;

10. Der wird von dem Wein des Zorns GOttes trinken, der *eingeschenkt und lauter ist in seines Zorns Kelch; und wird †gequälet werden mit Feuer und Schwefel, vor den heiligen Engeln und vor dem Lamm; *c. 14, 10. Jes. 51, 17. 22.

Jer. 25, 10. Ps. 60, 5. †Offenb. 19, 20.

11. Und der *Rauch ihrer Qual wird aufsteigen von Ewigkeit zu Ewigkeit; und sie haben keine Ruhe Tag und Nacht, die das Thier haben angebetet und sein Bild, und so Jemand hat das Mahlzeichen seines Namens angenommen. *c. 19, 3.

12. Hier *ist Geduld der Heiligen; hier sind, die da †halten die Gebote GOttes, und den Glauben an JEsum. *c. 13, 10.

†c. 12, 17.

13. Und ich *hörete eine Stimme vom Himmel zu mir sagen: Schreibe: Selig sind die Todten, die in dem HErrn sterben, von nun an. Ja, der Geist spricht, daß sie †ruhen von ihrer Arbeit; denn ihre Werke folgen ihnen nach. *c. 12, 10. †c. 6, 10.

14. Und ich sahe, und siehe! eine weiße Wolke, und auf der Wolke saß Einen, der *gleich war eines Menschen Sohne; der hatte eine goldene Krone auf seinem Haupt, und in seiner Hand eine scharfe Sichel. *c. 1, 13. Offenb. 1, 20. Dan. 7, 13.

15. Und ein anderer Engel ging aus dem Tempel, und schrie mit großer Stimme zu dem, der auf der Wolke saß: Schlage an mit deiner Sichel, und ernte; denn die *Zeit zu ernten ist gekommen, denn die Ernte der Erde ist dürre geworden! *Matth. 13, 29.

16. Und der auf der Wolke saß, schlug an mit seiner Sichel an die Erde; und die Erde ward geerntet.

17. Und ein anderer Engel ging aus dem Tempel im Himmel, der hatte eine scharfe Hippe.

18. Und ein anderer Engel ging aus dem Altar, der hatte Macht über das Feuer, und rief mit großem Geschrei zu dem, der die scharfe Hippe hatte, und sprach: *Schlage an mit deiner scharfen Hippe, und schneide die Trauben auf der Erde; denn ihre Beeren sind reif! *Joel 3, 13.

19. Und der Engel schlug an mit seiner Hippe an die Erde, und schnitte die Reben der Erde, und warf sie in die große Kelter des Zorns GOttes.

20. Und *die Kelter ward außer der Stadt geleitert; und das Blut ging von der Kelter bis an die Zäume der Pferde, durch tausend sechs hundert Feldweges. *Jes. 63, 3. Klagl. 1, 15.

Das 15. Capitel.

Das fünfte Gesicht von den sieben letzten Plagen, und der Erschlagtödtenden Lobgesang.

1. Und ich *sahe ein ander Zeichen im Himmel, das war groß und wundersam: Sieben Engel, die hatten die letzten sieben Plagen; denn mit denselbigen ist vollendet der Zorn GOttes. *c. 17, 1. 2.

2. Und sahe *als ein gläsern Meer mit Feuer gemenget; und die den Sieg behalten hatten an dem Thier und seinem Bilde, und seinem Mahlzeichen, und seines Namens Zahl, daß sie standen an dem gläsernen Meer, und hatten GOttes Harfen. *c. 4, 6.

3. Und sangen das *Lied Mosis, des Knechts GOttes, und das Lied des Lammes, und sprachen: Groß und wundersam sind deine Werke, HErr, allmächtiger GOtt! gerecht und wahrhaftig sind deine Wege, du König der Heiligen! *2 Mos. 15, 1. f. 5 Mos. 32, 1. f.

4. Wer *soll dich nicht fürchten, HErr, und deinen Namen preisen! Denn du bist allein heilig. Denn alle Heiden werden kommen und anbeten vor dir; denn deine Urtheile sind offenbar geworden. *Jer. 10, 7.

5. Darnach sahe ich, und siehe! da *ward aufgethan der Tempel der Hütte des Zeugnisses im Himmel *c. 11, 19.

6. Und gingen aus dem Tempel die sieben Engel, die die sieben Plagen hatten, *angethan mit reiner heller Leinwand, und umgürtet ihre Brüste mit goldenen Gürteln. *c. 1, 13.

7. Und eins der vier Thiere gab den sieben Engeln sieben goldene Schalen voll Zorns GOttes, der da lebet von Ewigkeit zu Ewigkeit.

8. Und *der Tempel war voll Rauchs vor der Herrlichkeit GOttes, und vor seiner Kraft; und Niemand konnte in den Tempel gehen, bis daß die sieben Plagen der sieben Engel vollendet wurden. *Jes. 6, 4.

Das 16. Capitel.
Die Schalen des göttlichen Zorns werden von den sieben Engeln ausgegossen.

1. Und ich hörete eine große Stimme aus dem Tempel, die sprach zu den sieben Engeln: Gehet hin, und gießet aus *die Schalen des Zorns GOttes auf die Erde! *v. 17, 1.

2. Und der erste ging hin, und goß seine Schale aus auf die Erde. Und *es ward eine böse und arge Drüse an den Menschen, die das Mahlzeichen des Thiers hatten und die sein Bild anbeteten. *2 Mos. 9, 10, 11.

3. Und der andere Engel goß aus seine Schale in's Meer. Und es ward Blut, als eines Todten; und alle lebendige Seele starb in dem Meer.

4. Und der dritte Engel goß aus seine Schale in die Wasserströme und in die Wasserbrunnen. Und es ward Blut.

5. Und ich hörete den Engel sagen: HErr, *du bist gerecht, der da ist, und der da war, und heilig, daß du solches geurtheilet hast! *Ps. 119, 137.

6. Denn sie haben das Blut der Heiligen und der Propheten vergossen, und Blut hast du ihnen zu trinken gegeben; denn sie sind es werth!

7. Und ich *hörete einen andern Engel aus dem Altar sagen: Ja, HErr, allmächtiger GOtt, deine Gerichte sind wahrhaftig und gerecht. *c. 19, 2.

8. Und der vierte Engel goß aus seine Schale in die Sonne, und ward ihm gegeben den Menschen heiß zu machen mit Feuer.

9. Und den Menschen ward heiß vor großer Hitze, und *lästerten den Namen GOttes, der Macht hat über diese Plagen; und †thaten nicht Buße, ihm die Ehre zu geben. *c. 13, 6. †v. 3. v. 20, 21.

10. Und der fünfte Engel goß aus seine Schale auf den Stuhl des Thiers. Und sein Reich ward verfinstert; und sie zerbissen ihre Zungen vor Schmerzen;

11. Und lästerten GOtt im Himmel vor ihren Schmerzen und vor ihren Drüsen; und *thaten nicht Buße für ihre Werke. *v. 9. 20.

12. Und der sechste Engel goß aus seine Schale in den großen Wasserstrom Euphrat; und *das Wasser vertrocknete, auf daß bereitet würde der Weg den Königen von Aufgang der Sonne. *Jes. 11, 15. 16.

13. Und ich sahe aus dem Munde des Drachen, und aus dem Munde des Thiers, und aus dem Munde des falschen Propheten, drei unreine Geister gehen, gleich den Fröschen;

14. (Und sind Geister der Teufel; *die thun Zeichen), und gehen aus zu den Königen auf Erden, und auf den ganzen Kreis der Welt; sie zu versammeln in den Streit, auf jenen großen Tag GOttes, des Allmächtigen. *c. 12, 12.

Matth. 24, 24. 2 Thess. 2, 9.

15. Siehe, *ich komme als ein Dieb. Selig ist, der da wachet und hält seine Kleider, daß er nicht †bloß wandele, und man nicht seine Schande sehe! —
*1 Thess. 5, 2. † c. 3. 3. 18.

16. Und er hat sie versammelt an einen Ort, der da heißt auf Ebräisch Harmageddon.

17. Und der siebente Engel goß aus seine Schale in die Luft. Und es ging aus eine Stimme vom Himmel aus dem Stuhl, die sprach: Es ist geschehen!

18. Und es *wurden Stimmen, und Donner, und Blitze; und ward ein groß Erdbeben, daß solches nicht gewesen ist, seit der Zeit Menschen auf Erden gewesen sind, solches Erdbeben also groß. *v. 4. 8.

19. Und aus der großen Stadt wurden drei Theile, und die Städte der Heiden fielen. Und Babylon der großen ward gedacht vor GOtt, ihr zu geben *den Kelch des Weins von seinem grimmigen Zorn. *c. 14, 10.

20. Und *alle Inseln entflohen, und keine Berge wurden gefunden. *v. 3. 11.

21. Und ein großer Hagel, als ein Centner, fiel vom Himmel auf die Menschen; und die Menschen lästerten GOtt über der Plage des Hagels, denn seine Plage ist sehr groß.

Das 17. Capitel.
Das siebente Gesicht, eine Beschreibung des antichristlichen Reichs, unter dem Bildniß einer großen Hure.

1. Und es kam einer von den sieben Engeln, die die sieben Schalen hatten, redete mit mir, und sprach zu mir: Komm, ich will dir zeigen das Urtheil der großen Hure, die da auf vielen Wassern sitzt;

2. Mit welcher gehuret haben die Könige auf Erden, und die da wohnen auf Erden, *trunken geworden sind von dem Wein ihrer Hurerei. *c. 14, 8.

3. Und

3. Und er brachte mich *im Geist in die Wüste. Und ich sahe das Weib sitzen auf einem rosinfarbenen Thier, das war voll Namen der Lästerung, und hatte sieben Häupter und zehn Hörner. * Matth. 4, 1.

4. Und *das Weib war bekleidet mit Scharlach und Rosinfarbe; und übergoldet mit Gold, und Edelgesteinen und Perlen; und hatte einen goldenen †Becher in der Hand, voll Gräuels und Unsauberkeit ihrer Hurerei; * c. 18, 16. † Jer. 51, 7.

5. Und an ihrer Stirn geschrieben den Namen, *das Geheimniß, die große †Babylon, die Mutter der Hurerei und aller Gräuel auf Erden. * c. 2 Thess. 2, 7.

6. Und ich sahe das Weib *trunken von dem Blut der Heiligen, und von dem Blut der Zeugen JEsu. Und ich verwunderte mich sehr, da ich sie sahe. * c. 13, 15.

7. Und der Engel sprach zu mir: Warum verwunderst du dich? Ich will dir sagen das Geheimniß von dem Weibe, und von dem Thier, das sie trägt, und hat sieben Häupter und zehn Hörner.

8. Das Thier, das du gesehen hast, ist gewesen, und ist nicht, und wird wiederkommen aus dem *Abgrund, und wird fahren in die Verdammniß, und †werden sich verwundern, die auf Erden wohnen, (deren Namen nicht geschrieben stehen in dem **Buch des Lebens von Anfang der Welt), wenn sie sehen das Thier, daß es gewesen ist, und nicht ist, wiewohl es doch ist. * c. 11, 7. † c. 13, 3. ** c. 3, 5. c. 20, 12. 15.

c. 21, 19. 1 Mos. 27, 29. Tit. M. 1. Phil. 4, 3.

9. Und hier *ist der Sinn, da Weisheit zu gehöret. Die †sieben Häupter sind sieben Berge, auf welchen das Weib sitzt, und sind sieben Könige. * c. 13, 18. † c. 13, 1.

10. Fünf sind gefallen, und Einer ist, und der Andere ist noch nicht gekommen; und wenn er kommt, muß er eine kleine Zeit bleiben.

11. Und das Thier, das gewesen ist, und nicht ist, das ist der achte, und ist von den sieben, und führt in die Verdammniß.

12. Und die *zehn Hörner, die du gesehen hast, das sind zehn Könige, die das Reich noch nicht empfangen haben; aber wie Könige werden sie Eine Zeit Macht empfangen mit dem Thier.

* c. 13, 1. † c. 7, M. 44.

13. Diese haben Eine Meinung, und werden ihre Kraft und Macht geben dem Thier.

14. Diese werden streiten mit dem Lamm, und das Lamm wird sie überwinden; — denn es ist ein HErr aller Herren, und ein König aller Könige — und mit ihm die Berufenen und Auserwählten und Gläubigen.

15. Und er sprach zu mir: Die *Wasser, die du gesehen hast, da die Hure sitzt, sind Völker und Schaaren, und Heiden und Sprachen. * Jes. 8, 7. Jer. 47, 2.

16. Und die zehn Hörner, die du gesehen hast auf dem Thier, die werden die Hure hassen, und werden sie wüste machen und bloß, und werden ihr Fleisch essen, und werden sie *mit Feuer verbrennen. * c. 19, 3.

17. Denn GOtt hat es ihnen gegeben in ihr Herz, zu thun seine Meinung, und zu thun einerlei Meinung, und zu geben ihr Reich dem Thier, bis daß vollendet werden die Worte GOttes.

18. Und das Weib, das du gesehen hast, ist die große Stadt, die das Reich hat über die Könige auf Erden.

Das 18. Capitel.
Vom Fall und Strafe des antichristischen Reichs.

1. Und darnach sahe ich einen andern Engel niederfahren vom Himmel, der hatte eine große Macht, und die Erde ward erleuchtet von seiner Klarheit;

2. Und schrie aus Macht mit großer Stimme, und sprach: Sie *ist gefallen, sie ist gefallen, Babylon die große, und †eine Behausung der Teufel geworden, und ein Behältniß aller unreinen Geister, und ein Behältniß aller unreinen und feindseligen Vögel! * Jes. 21, 9. Jer. 51, 8.
c. 14, 8. † Jes. 13, 21. c. 34, 11. 14. Jer. 50, 3. 39. 40.

3. Denn *von dem Wein des Zorns ihrer Hurerei haben alle Heiden getrunken; und die Könige auf Erden haben mit ihr Hurerei getrieben, und ihre Kaufleute sind reich geworden von ihrer großen Wollust. * Jer. 51, 7. Nahum 3, 4.

4. Und ich hörete eine andere Stimme vom Himmel, die sprach: *Gehet aus von ihr, mein Volk, daß ihr nicht theilhaftig werdet ihrer Sünden, auf daß ihr nicht empfanget etwas von ihren Plagen.
* Jes. 48, 20. c. 52, 11. Jer. 50, 8. c. 51, 6. 45.

5. Denn ihre Sünden reichen bis in den Himmel, und GOtt denkt an ihren Frevel.

6. *Ver-

6. Bezahlet ihr, wie sie euch bezahlet hat, und machet es ihr zwiefältig nach ihren Werken; und mit welchem Kelch sie euch eingeschenket hat, schenket ihr zwiefältig ein. *4 Mos. 2, 17. 18. Jer. 50, 15. 29.

7. Wie viel *sie sich herrlich gemacht, und ihren Muthwillen gehabt hat; so viel schenket ihr Qual und Leid ein. Denn sie spricht in ihrem Herzen: Ich †sitze, und bin eine Königin, und werde keine Wittwe seyn, und Leid werde ich nicht sehen. *Jes. 47, 7. 8. †Jes. 47, 7. 8.

8. Darum werden ihre Plagen auf *Einen Tag kommen, der Tod, Leid und Hunger; †mit Feuer wird sie verbrannt werden. Denn stark ist GOtt der HErr, der sie richten wird.
*Jes. 47, 9. Jer. 50, 31. f. †Offenb. 17, 16.

9. Und es werden sie beweinen und sich über sie beklagen die Könige auf Erden, *die mit ihr gehuret und Muthwillen getrieben haben, wenn sie sehen werden den Rauch von ihrem Brande;
*1. 2. N. 1. 17. 2.

10. Und werden von ferne stehen vor Furcht ihrer Qual, und sprechen: *Wehe, wehe! Die große Stadt Babylon, die starke Stadt! Auf Eine Stunde ist dein Gericht gekommen! *1. 14. 8. Jes. 21, 9. Jer. 51, 18.

11. Und die Kaufleute auf Erden werden weinen und Leid tragen bei sich selbst, daß ihre Waare Niemand mehr kaufen wird. *Ofenb. 17, 10.

12. *Die Waare des Goldes und Silbers, und Edelgesteins, und die Perlen, und Seiden, und Purpur, und Scharlach, und allerlei Thinenholz, und allerlei Gefäß von Elfenbein, und allerlei Gefäß von köstlichem Holz, und von Erz, und von Eisen, und von Marmor,
*Ofenb. 17, 12. 13. 18.

13. Und Zimmet, und Thymian, und Salben, und Weihrauch, und Wein, und Oel, und Semmeln, und Weizen, und Vieh, und Schafe, und Pferde, und Wagen, und Leichname, und Seelen der Menschen.

14. Und das Obst, da deine Seele Lust an hatte, ist von dir gewichen; und Alles, was völlig und herrlich war, ist von dir gewichen, und du wirst solches nicht mehr finden.

15. Die Kaufleute solcher Waare, die von ihr sind reich geworden, *werden von ferne stehen vor Furcht ihrer Qual, weinen und klagen, *Jer. 14, 16. 17.

16. Und sagen: Wehe, wehe! Die große Stadt, die bekleidet war mit Seiden und Purpur, und Scharlach, und übergoldet war mit Gold, und *Edelgestein, und Perlen! *c. 17, 4.

17. *Denn in Einer Stunde ist verwüstet solcher Reichthum. Und alle Schiffherren, und †der Haufe, die auf den Schiffen handthieren, und Schiffsleute, die auf dem Meer handthieren, standen von ferne; *Jes. 29, 16. †Jes. 17, 12. f.

18. Und schrieen, da sie den *Rauch von ihrem Brande sahen, und sprachen: Wer ist gleich der großen Stadt!
*Jes. 14, 16.

19. Und sie *worfen Staub auf ihre Häupter, und schrieen, weineten und klagten, und sprachen: Wehe, wehe! Die große Stadt, in welcher reich geworden sind Alle, die da Schiffe im Meer hatten, von ihrer Waare! Denn in Einer Stunde ist sie verwüstet! *Jos. 7, 6. Hiob 2, 12.

20. *Freue dich über sie, Himmel und ihr heiligen Apostel und Propheten; denn GOtt hat euer Urtheil an ihr gerichtet. *Jes. 44, 23. c. 49, 13. Jer. 51, 48.

21. Und ein starker Engel hob einen großen *Stein auf, als einen Mühlstein, warf ihn in's Meer, und sprach: Also wird mit einem Sturm verworfen die große Stadt Babylon, und nicht mehr erfunden werden. *Jer. 51, 63. 64.

22. *Und die Stimme der Sänger und Saitenspieler, Pfeifer und Posaunen soll nicht mehr in dir gehöret werden; und kein Handwerksmann einiges Handwerks soll mehr in dir erfunden werden; und die Stimme der Mühle soll nicht mehr in dir gehöret werden;
*Jes. 24, 8. Ezech. 26, 13.

23. Und das Licht der Leuchte soll nicht mehr in dir leuchten; *und die Stimme des Bräutigams und der Braut soll nicht mehr in dir gehöret werden: denn deine †Kaufleute waren Fürsten auf Erden; denn durch deine Zauberei sind verirret worden alle Heiden. *Jer. 7, 34. Jer. 16, 9.
†c. 6, 16. †Jes. 23, 8.

24. Und das *Blut der Propheten und der Heiligen ist in ihr erfunden worden, und aller derer, die auf Erden erwürget sind. *c. 17, 6. Matth. 23, 35. 37.

Das

Das 19. Capitel.

Triumphlied der Auserwählten über die Vollziehung der Gerichte GOttes, die große Hure betreffend.

1. Darnach *hörete ich eine Stimme großer Schaaren im Himmel, die sprachen: Halleluja! Heil und Preis, Ehre und Kraft, sey GOtt, unserm HErrn! *c. 11, 15.

2. Denn *wahrhaftig und gerecht sind seine Gerichte, **daß er die große Hure verurtheilet hat, welche die Erde mit ihrer Hurerey verderbet, und † hat das Blut seiner Knechte von ihrer Hand gerochen. *c. 16, 7. **Jer. 51, 25. †5 Mos. 32, 43. † Bf. 1, 11. Joel 3, 24.

3. Und sprachen zum andern Mal: Halleluja! Und *der Rauch gehet auf ewiglich. *Jes. 34, 10.

4. Und die vier und zwanzig Aeltesten und die vier Thiere fielen nieder, und beteten an GOtt, der auf dem Stuhl saß, und sprachen: *Amen, Halleluja! *Bf. 106, 48.

5. Und eine Stimme ging von dem Stuhl: Lobet unsern GOtt, alle seine Knechte, und die ihn fürchten, Beide, Klein und Groß!

6. Und ich hörete eine Stimme einer großen Schaar, und als eine Stimme großer Waſſer, und als eine Stimme ſtarker Donner, die ſprachen: Halleluja! Denn der allmächtige GOtt hat *das Reich eingenommen! *c. 11, 16.

7. Laßt uns *freuen und fröhlich ſeyn, und ihm die Ehre geben: denn die † Hochzeit des Lammes iſt gekommen, und ſein Weib hat ſich bereitet. *Bf. 118, 24.

8. Und es ward ihr gegeben, ſich *anzuthun mit reiner und ſchöner Seide. (Die Seide aber iſt die Gerechtigkeit der Heiligen.) *Bf. 40, 14. 18.

9. Und er ſprach zu mir: Schreibe: Selig *ſind, die zu dem Abendmahl des Lammes berufen ſind. Und er ſprach zu mir: Dies ſind wahrhaftige Worte GOttes. *Luc. 14, 16.

10. Und ich *fiel vor ihm zu Füßen, ihn anzubeten. Und er ſprach zu mir: Siehe zu, thue es nicht! Ich bin dein Mitknecht, und deiner Brüder, [und derer,] die das Zeugniß JEſu haben. Bete GOtt an! (Das Zeugniß aber JEſu iſt der Geiſt der Weiſſagung.) *Apoſt. 10, 25. 26.

11. Und ich ſahe den Himmel aufgethan; und ſiehe! ein *weiß Pferd, und der dar-

auf ſaß, hieß treu und wahrhaftig, und richtet und ſtreitet mit Gerechtigkeit. *c. 6, 2.

12. Und *ſeine Augen ſind wie eine Feuerflamme, und auf ſeinem Haupt viele Kronen; und hatte einen Namen geſchrieben, den Niemand wuſte, denn er ſelbſt. *c. 1, 14.

13. Und war angethan *mit einem Kleide, das mit Blut beſprengt war; und † ſein Name heißt GOttes Wort. 1 Moſ. 49, 11. Jeſ. 63, 1. 2. 3. †Joh. 1, 1.

14. Und ihm folgte nach das Heer im Himmel auf weißen Pferden, angethan mit weißer und reiner Seide.

15. Und aus ſeinem Munde ging ein ſcharf Schwert, daß er damit die Heiden ſchlüge; und Er wird ſie *regieren mit der eiſernen Ruthe. Und †Er tritt die Kelter des Weins des grimmigen Zorns des allmächtigen GOttes. *Bf. 2, 9. †Jeſ. 63, 3.

16. Und hat einen Namen geſchrieben auf ſeinem Kleide, und auf ſeiner Hüfte alſo: *Ein König aller Könige, und ein HErr aller Herren. *c. 17, 14. 1 Tim. 6, 15.

17. Und ich ſahe Einen Engel in der Sonne ſtehen; und er ſchrie mit großer Stimme, und ſprach zu allen Vögeln, die unter dem Himmel fliegen: *Kommt, und verſammelt euch zu dem Abendmahl des großen GOttes! *Heſek. 39, 4. 17. 18.

18. Daß ihr *eſſet das Fleiſch der Könige und der Hauptleute, und das Fleiſch der Starken, und der Pferde, und derer, die darauf ſitzen, und das Fleiſch aller Freien und Knechte, Beider, der Kleinen und der Großen. *Jeſ. 49, 26.

19. Und ich ſahe das Thier, und die Könige auf Erden, und ihre Heere verſammlet, Streit zu halten mit dem, der auf dem Pferde ſaß, und mit ſeinem Heer.

20. Und *das Thier ward gegriffen, und mit ihm der falſche Prophet, der die Zeichen that vor ihm, durch welche er verführete, die das Mahlzeichen des Thiers nahmen, und die das Bild des Thiers anbeteten: lebendig wurden dieſe beiden in den †feurigen Pfuhl geworfen, der mit Schwefel brannte. *c. 16, 1. 2. †c. 1. 20. 10. Joh. 20, 10. Dan. 7, 11. 26.

21. Und die Andern wurden erwürget mit dem Schwert deß, der auf dem Pferde ſaß, das aus ſeinem Munde ging; und alle Vögel wurden ſatt von ihrem Fleiſch.

Das 20. Capitel.
Vom gebundenen und aufgelöseten Drachen; Gog und Magog, und jüngsten Gericht.

1. Und ich sahe einen Engel vom Himmel fahren, der hatte *den Schlüssel zum Abgrunde, und eine große Kette in seiner Hand. **c. 1, 18.*

2. Und er griff *den Drachen, die alte Schlange, welche ist der Teufel und der Satan; und band ihn tausend Jahre; **c. 12, 9.*

3. Und warf ihn in den Abgrund, und verschloß ihn, und versiegelte oben darauf, daß er nicht mehr verführen sollte die Heiden, bis daß vollendet würden tausend Jahre; und darnach muß er los werden eine kleine Zeit.

4. Und ich *sahe Stühle, und sie setzten sich darauf; und ihnen ward gegeben das Gericht, und die Seelen der Enthaupteten, um des Zeugnisses JEsu, und um des Worts GOttes willen, und die nicht angebetet hatten das Thier, noch sein Bild, und nicht genommen hatten sein Mahlzeichen an ihre Stirn und auf ihre Hand; diese lebten und regierten mit Christo tausend Jahre. *Dan. 7, v. 22. 27. Matth. 19, 28.*

5. Die *andern Todten aber wurden nicht wieder lebendig, bis daß tausend Jahre vollendet wurden. Dieß ist die erste Auferstehung. **Jes. 26, 14.*

6. Selig ist der, und heilig, der Theil hat an der ersten Auferstehung; über solche hat der andere Tod keine Macht; sondern sie werden *Priester GOttes und Christi seyn, und mit ihm regieren tausend Jahre. *c. 1, 6. 5, 10.*

7. Und wenn tausend Jahre vollendet sind, wird der Satanas los werden aus seinem Gefängniß.

8. Und wird ausgehen zu verführen die Heiden in den vier Oertern der Erde, den *Gog und Magog, sie zu versammeln in einen Streit, welcher Zahl ist †wie der Sand am Meer. *Ezech. 38, 2. 3. †1 Mos. 22, 17.*

9. Und sie traten auf die Breite der Erde, und umringeten das Heerlager der Heiligen und die geliebte Stadt. Und es fiel *das Feuer von GOtt aus dem Himmel, und verzehrete sie. *2 Kön. 1, 10. c. 19, 20.*

10. Und der Teufel, der sie verführete, ward geworfen in den feurigen Pfuhl und Schwefel, da *das Thier und der falsche Prophet war; und werden †gequälet werden Tag und Nacht, von Ewigkeit zu Ewigkeit. *c. 19, 20. †v. 14, 10, 11.*

11. Und ich sahe einen großen weißen Stuhl, und den, der darauf saß, vor welches Angesicht flohe die Erde und der Himmel, und ihnen ward keine Stätte erfunden.

12. Und ich sahe die Todten, beide, groß und klein, stehen vor GOtt; und die Bücher wurden aufgethan, und ein ander *Buch ward aufgethan, welches ist des Lebens. Und die Todten wurden gerichtet, nach der Schrift in den Büchern, nach ihren Werken. *c. 3, 5. Phil. 4, 3. f.*

13. Und das Meer *gab die Todten, die darinnen waren; und der Tod und die Hölle gaben die Todten, die darinnen waren: und sie wurden gerichtet, ein Jeglicher nach seinen Werken. *Jes. 26, 19.*

14. Und *der Tod und die Hölle wurden geworfen in den feurigen Pfuhl. Das ist der andere Tod. *v. 6, 8. 1 Cor. 15, 26. 54. 55.*

15. Und so Jemand nicht ward erfunden geschrieben in dem Buch des Lebens, der ward geworfen *in den feurigen Pfuhl. *Rom. 2, 6.*

Das 21. Capitel.
Das siebente Gesicht vom neuen Jerusalem. (Epistel am Tage der Kirchweihe.)

1. Und ich sahe einen *neuen Himmel und eine neue Erde. Denn der erste Himmel und die erste Erde verging, und das Meer ist nicht mehr. *Jes. 65, 17. *c. 66, 22. 2 Petr. 3, 13.*

2. Und ich Johannes sahe die heilige Stadt, das *neue Jerusalem, von GOtt aus dem Himmel herab fahren, zubereitet als eine geschmückte Braut ihrem Manne. *Gal. 4, 26.*

3. Und ich hörete eine große Stimme von dem Stuhl, die sprach: Siehe da, eine *Hütte GOttes bei den Menschen; und †er wird bei ihnen wohnen, und sie werden sein Volk seyn, und Er selbst, GOtt mit ihnen, wird ihr GOtt seyn; *2 Cor. 6, 16. †Hesek. 37, 27.*

4. Und *GOtt wird abwischen alle Thränen von ihren Augen; und †der Tod wird nicht mehr seyn, noch Leid, noch Geschrei, noch Schmerzen wird mehr seyn; denn das Erste ist vergangen. *c. 7, 17. f. †Jes. 25, 10.*

5. Und

5. Und der *auf dem Stuhl saß, sprach: Siehe, ich mache †Alles neu. Und er spricht zu mir: Schreibe; denn diese Worte sind wahrhaftig und gewiß.]
* c. 4, 2, 9.   c. 3, 1.   † 2 Cor. 5, 17. f.   Jes. 43, 19.

6. Und er sprach zu mir: Es ist geschehen. *Ich bin das A und das O, der Anfang und das Ende. †Ich will dem Durstigen geben von dem Brunnen des lebendigen Wassers umsonst.
* c. 1, 8.   † Joh. 4, 14.

7. Wer *überwindet, der wird es alles ererben; und ich †werde sein GOtt seyn, und Er wird mein Sohn seyn.
* c. 2, 26. 28.   1 Cor. 6, 2.   Ser. 3, 20.

8. Den Verzagten aber, und Ungläubigen, und Gräulichen, und *Todtschlägern, und Hurern, und Zauberern, und Abgöttischen, und allen Lügnern, derer Theil wird seyn in dem Pfuhl, der mit Feuer und Schwefel brennet; welches ist der andere Tod.
* c. 21, 15.

9. Und es kam zu mir einer von den *sieben Engeln, welche die sieben Schalen voll hatten der letzten sieben Plagen, und redete mit mir, und sprach: Komm, ich will dir das †Weib zeigen, die Braut des Lammes.
* c. 15, 1. 6. 7.   Jes. 19, 7.

10. Und führete mich hin im Geist auf *einen großen und hohen Berg, und zeigte mir die große Stadt, das heilige Jerusalem, hernieder fahren aus dem Himmel von GOtt;
* Hesek. 40, 2.

11. Und *hatte die Herrlichkeit GOttes, und ihr Licht war gleich dem alleredelsten Stein, einem hellen Jaspis;
* Hesek. 43, 2.

12. Und hatte große und hohe Mauern, und hatte *zwölf Thore, und auf den Thoren zwölf Engel, und Namen geschrieben, welche sind die zwölf Geschlechter der Kinder Israel.
* Hesek. 48, 31. f.

13. Vom Morgen drei Thore, von Mitternacht drei Thore, vom Mittag drei Thore, vom Abend drei Thore.

14. Und die Mauer der Stadt hatte *zwölf Gründe, und in denselbigen die Namen der zwölf Apostel des Lammes.
* Eph. 2, 20.

15. Und *der mit mir redete, hatte ein golden Rohr, daß er die Stadt messen sollte, und ihre Thore und Mauern.
* Hesek. 40, 3.

16. Und die Stadt liegt viereckig, und ihre Länge ist so groß, als die Breite. Und er maß die Stadt mit dem Rohr auf zwölf tausend Feldweges. Die Länge, und die Breite, und die Höhe der Stadt sind gleich.

17. Und er maß ihre Mauern, hundert und vier und vierzig Ellen, nach dem Maß eines Menschen, das der Engel hat.

18. Und der Bau ihrer Mauern war von Jaspis, und die Stadt von lauterm Golde, gleich dem reinen Glase.

19. Und die Gründe der Mauern und der Stadt waren geschmückt *mit allerlei Edelsteinen. Der erste Grund war ein Jaspis, der andere ein Sapphir, der dritte ein Chalcedonier, der vierte ein Smaragd.
* 2 Mos. 28, 17. 18.   Jes. 54, 11. 12.

20. Der fünfte ein Sardonyx, der sechste ein Sardis, der siebente ein Chrysolith, der achte ein Beryll, der neunte ein Topasier, der zehnte ein Chrysopras, der elfte ein Hyacinth, der zwölfte ein Amethyst.

21. Und die zwölf Thore waren zwölf Perlen, und ein jegliches Thor war von Einer Perle; und die *Gassen der Stadt waren lauter Gold, als ein durchscheinend Glas.
* c. 22, 2.

22. Und ich sahe keinen Tempel darinnen; denn der HErr, der allmächtige GOtt, ist ihr Tempel, und das Lamm.

23. Und die Stadt darf *keiner Sonne, noch des Mondes, daß sie ihr scheinen; denn die Herrlichkeit GOttes erleuchtet sie, und ihre Leuchte ist das Lamm.
* c. 22, 5.   Jes. 60, 19.

24. Und die Heiden, die da selig werden, wandeln *in demselbigen Licht. Und die Könige auf Erden werden ihre Herrlichkeit in dieselbige bringen.
* Jes. 60, 3.

25. Und *ihre Thore werden nicht verschlossen des Tages; denn da wird †keine Nacht seyn.
* Jes. 60, 11. 20.

26. Und man wird die Herrlichkeit und die Ehre der Heiden in sie bringen.

27. Und wird nicht hinein gehen irgend ein Gemeines, und das da Gräuel thut und Lügen; sondern die geschrieben sind in dem lebendigen *Buch des Lammes.
* Phil. 4, 3. f.

Das 22. Capitel.
Von der gewissen Freude des ewigen Lebens.

1. Und er zeigte mir einen *lautern Strom des lebendigen Wassers, klar wie ein Krystall; der ging von dem Stuhl GOttes und des Lammes.
  * Hesek. 47, 1. 12. Sach. 14, 8.

2. Mitten auf ihrer *Gasse, und auf beiden Seiten des Stroms stand Holz des Lebens, das trug zwölferlei Früchte, und brachte seine Früchte alle Monate; und die Blätter des Holzes dienten zu der Gesundheit der Heiden.
  * c. 21, 21.

3. Und wird *kein Verbanntes mehr seyn; und der Stuhl GOttes und des Lammes wird darinnen seyn, und seine Knechte werden ihm dienen.
  * Sach. 14, 11.

4. Und *sehen sein Angesicht; und sein Name wird an ihren Stirnen seyn.
  * c. 17, 10.

5. Und wird *keine Nacht da seyn; und nicht bedürfen einer Leuchte oder des Lichts der Sonne; †denn GOtt der HErr wird sie erleuchten; und sie werden regieren von Ewigkeit zu Ewigkeit.
  * c. 21, 23. † Dan. 20, 10.

6. Und er sprach zu mir: Diese Worte sind gewiß und wahrhaftig. Und GOtt, der HErr der heiligen Propheten, hat seinen Engel gesandt, zu zeigen seinen Knechten, was bald geschehen muß.

7. *Siehe, ich komme bald. Selig †ist, der da hält die Worte der Weissagung in diesem Buch.
  * c. 1, 11. † v. 12.

8. Und ich bin Johannes, der solches gesehen und gehöret hat. Und da ich es gehöret und gesehen, *fiel ich nieder, anzubeten zu den Füßen des Engels, der mir solches zeigte.
  * c. 19, 10.

9. Und er spricht zu mir: Siehe zu, thue es nicht; denn ich bin dein Mitknecht, und deiner Brüder, der Propheten, und derer, die da halten die Worte dieses Buchs. *Bete GOtt an!
  * Matth. 4, 10.

10. Und er spricht zu mir: *Versiegle nicht die Worte der Weissagung in diesem Buch; denn die †Zeit ist nahe.
  * Dan. 8, 26. 12, 4. † Röm. 13, 11. 1 Cor. 7, 29.

11. Wer *böse ist, der sey immerhin böse;

und wer unrein ist, der sey immerhin unrein; aber wer fromm ist, der sey immerhin fromm; und wer heilig ist, der sey immerhin heilig!
  * 2 Tim. 3, 13.

12. Und *siehe! ich komme bald, und mein Lohn mit mir, †zu geben einem Jeglichen, wie seine Werke seyn werden.
  * v. 7. † c. 11. † Esa. 40, 10.

13. Ich bin *das A und das O, der Anfang und das Ende, der Erste und der Letzte.
  * Esa. 41, 4. c. 44, 6. c. 48, 12.

14. Selig sind, die seine Gebote halten, auf daß ihre Macht sey an dem Holz des Lebens, und zu den Thoren eingehen in die Stadt.

15. Denn *draußen sind die Hunde, und die Zauberer, und die Hurer, und die Todtschläger, und die Abgöttischen, und Alle, die lieb haben und thun die Lügen.
  * c. 21, 8. 1 Cor. 6, 10.

16. Ich, JEsus, *habe gesandt meinen Engel, solches euch **zu zeugen an die Gemeinen. Ich bin die †Wurzel des Geschlechts Davids, ein heller ††Morgenstern.
  * c. 1, 1. ** c. 1, 8. † Esa. 11, 10. Eber 19, 19. †† Eben 2, 6. † Pet. 1, 19.

17. Und der Geist und die Braut sprechen: Komm! Und wer es höret, der spreche: Komm! Und *wen dürstet, der komme; und wer da will, der nehme das Wasser des Lebens umsonst.
  * c. 21, 6. Esa. 55, 1. Joh. 7, 37.

18. Ich bezeuge aber Allen, die da hören die Worte der Weissagung in diesem Buch. So Jemand dazu setzt, so wird GOtt zusetzen auf ihn die Plagen, die in diesem Buch geschrieben stehen.

19. Und so *Jemand davon thut von den Worten des Buches dieser Weissagung; so wird GOtt abthun sein Theil †vom Buch des Lebens, und von der heiligen Stadt, und von dem, das in diesem Buch geschrieben stehet.
  * 5 Mos. 4, 2. 5 Mos. 12, 32. † Ps. 69, 29.

20. Es spricht, der solches zeuget: *Ja, ich komme bald. Amen. Ja, komm, HErr JEsu!
  * c. 1, 17.

21. Die Gnade unsers HErrn JEsu Christi sey mit euch Allen! Amen.

———

Nach-

Nachweisung
der sonn- und festtäglichen
Episteln und Evangelien
durch das ganze Jahr.

Am 1. Sonntage des Advents.
Ep. Röm. 13. v. 11 bis 14.
Evang. Matth. 21. v. 1 bis 9.

Am 2. Sonntage des Advents.
Ep. Röm. 15. v. 4 bis 13.
Ev. Luc. 21. v. 25 bis 36.

Am 3. Sonntage des Advents.
Ep. 1 Cor. 4. v. 1 bis 5.
Ev. Matth. 11. v. 2 bis 10.

Am 4. Sonntage des Advents.
Ep. Phil. 4. v. 4 bis 7.
Ev. Joh. 1. v. 19 bis 28.

Am Christtage.
Ep. Tit. 2. v. 11 bis 14. oder: Jes. 9. v. 2 bis 7.
Ev. Luc. 2. v. 1 bis 14.

Am 2. Weihnachts-Feiertage, oder am Tage Stephani, des Märtyrers.
Ep. Tit. 3. v. 4 bis 7. oder: Apost. 6. v. 8 bis Cap. 7. v. 2. und folgend v. 51 bis 59.
Ev. Luc. 2. v. 15 bis 20. oder: Matth. 23. v. 34 bis 39.

Am 3. Weihnachts-Feiertage, oder am Tage Johannis, des Apostels.
Ep. Ebr. 1. v. 1 bis 12. oder: Sir. 15. v. 1 bis 8. oder: 1 Joh. 1. ganz.
Ev. Joh. 1. v. 1 bis 14. oder: Joh. 21. v. 20 bis 24.

Am Sonntage nach dem Christtage.
Ep. Gal. 4. v. 1 bis 7.
Ev. Luc. 2. v. 33 bis 40.

Am Neujahrstage.
Ep. Gal. 3. v. 23 bis 29.
Ev. Luc. 2. v. 21.

Am Sonntage nach dem neuen Jahr.
Ep. 1 Petr. 4. v. 12 bis 19. oder: 1 Petr. 3. v. 20 bis 22. oder: Tit. 3. v. 4. bis 7.
Ev. Matth. 2. v. 13 bis 23.

Am Fest der Taufe Christi.
Ev. Matth. 3. v. 13 bis 17.

Am Tage der Erscheinung Christi, oder Epiphaniä.
Ep. Jes. 60. v. 1 bis 6.
Ev. Matth. 2. v. 1 bis 12.

Am 1. Sonntage nach Epiphan.
Ep. Röm. 12. v. 1 bis 6.
Ev. Luc. 2. v. 41 bis 52.

Am 2. Sonntage nach Epiphan.
Ep. Röm. 12. v. 7 bis 16.
Ev. Joh. 2. v. 1 bis 11.

Am 3. Sonntage nach Epiphan.
Ep. Röm. 12. v. 17 bis 21.
Ev. Matth. 8. v. 1 bis 13.

Am 4. Sonntage nach Epiphan.
Ep. Röm. 13. v. 8 bis 10.
Ev. Matth. 8. v. 23 bis 27.

Am 5. Sonntage nach Epiphan.
Ep. Col. 3. v. 12 bis 17.
Ev. Matth. 13. v. 24 bis 30.

Am Tage Mariä Reinigung.
Ep. Maleach. 3. v. 1 bis 4.
Ev. Luc. 2. v. 22 bis 32.

Am 6. Sonntage nach Epiphan.
Ep. 2 Petr. 1. v. 16 bis 21. oder: Col. 3
v. 18 bis Cap. 4. v. 1.
Ev. Matth. 17. v. 1 bis 9.

Am Sonntage Septuagesimä.
Ep. 1 Cor. 9. v. 24 bis Cap. 10. v. 5.
Ev. Matth. 20. v. 1 bis 16.

Am Sonntage Sexagesimä.
Ep. 2 Cor. 11. v. 10 bis Cap. 12. v. 9.
Ev. Luc. 8. v. 4 bis 15.

Am Sonntage vor der Fasten, Quinquagesimä, oder Esto Mihi.
Ep. 1 Cor. 13. vom Anfang bis zu Ende.
Ev. Luc. 18. v. 31 bis 43.

Am 1. Sonntage in der Fasten, Invocavit.
Ep. 2 Cor. 6. v. 1 bis 10.
Ev. Matth. 4. v. 1 bis 11.

Am 2. Sonntage in der Fasten, Reminiscere.
Ep. 1 Thess. 4. v. 1 bis 7.
Ev. Matth. 15. v. 21 bis 29.

Am 3. Sonntage in der Fasten, Oculi.
Ep. Ephes. 5. v. 1 bis 9.
Ev. Luc. 11. v. 14 bis 28.

Am 4. Sonntage in der Fasten, Lätare.
Ep. Gal. 4. v. 21 bis 31.
Ev. Joh. 6. v. 1 bis 15.

Am 5. Sonntage in der Fasten, Judica.
Ep. Ebr. 9. v. 11 bis 15.
Ev. Joh. 8. v. 46 bis 59.

Am Tage der Verkündigung Mariä.
Ep. Jes. 7. v. 10 bis 16.
Ev. Luc. 1. v. 26 bis 38.

Am 6. Sonntage in der Fasten, Palmarum.
Ep. Phil. 2. v. 5 bis 11. oder: 1 Cor. 11.
v. 23 bis 32.
Ev. Matth. 21. v. 1 bis 9.

Am grünen Donnerstage.
Ep. 1 Cor. 11. v. 23 bis 32. oder:
2 Mos. 12. v. 1 bis 13.
Ev. Joh. 13. v. 1 bis 15.

Am Charfreitage.
Ep. Jes. 53. ganz.
Die Passionshistorie.

Am Ostertage.
Ep. 1 Cor. 5. v. 6. 7. 8.
Ev. Marc. 16. v. 1 bis 8.

Am Ostermontage.
Ep. Apost. 10. v. 34 bis 41.
Ev. Luc. 24. v. 13 bis 35.

Am Osterdienstage.
Ep. Apost. 13. v. 26 bis 33.
Ev. Luc. 24. v. 36 bis 47.

Am 1. Sonntage nach Ostern, Quasimodogeniti.
Ep. 1 Joh. 5. v. 4 bis 10.
Ev. Joh. 20. v. 19 bis 31.

Am 2. Sonntage nach Ostern, Misericordias Domini.
Ep. 1 Petr. 2. v. 21 bis 25.
Ev. Joh. 10. v. 12 bis 16.

Am 3. Sonntage nach Ostern, Jubilate.
Ep. 1 Petr. 2. v. 11 bis 20.
Ev. Joh. 16. v. 16 bis 23.

Am 4. Sonntage nach Ostern, Cantate.
Ep. Jac. 1. v. 16 bis 21.
Ev. Joh. 16. v. 5 bis 15.

Am 5. Sonnt. nach Ostern, Rogate, oder Vocem Jucunditatis.
Ep. Jac. 1. v. 22 bis 27.
Ev. Joh. 16. v. 23 bis 30.

Am Tage der Himmelfahrt Christi.
Ep. Apost. 1. v. 1 bis 11.
Ev. Marc. 16. v. 14 bis 20.

Am Sonnt. nach der Himmelfahrt Christi, Exaudi.
Ep. 1 Petr. 4. v. 8 bis 11.
Ev. Joh. 14. v. 26 bis Cap. 16. v. 4.

Am Pfingsttage.
Ep. Apost. 2. v. 1 bis 13.
Ev. Joh. 14. v. 23 bis 31.

Am Pfingstmontage.
Ep. Apost. 10. v. 42 bis 48.
Ev. Joh. 3. v. 16 bis 21.

Am Pfingstdienstage.
Ep. Apost. 8. v. 14 bis 17. oder:
Apost. 2. v. 29 bis 36.
Ev. Joh. 10. v. 1 bis 11.

Am Sonntage Trinitatis.
Ep. Röm. 11. v. 33 bis 36.
Ev. Joh. 3. v. 1 bis 15.

Am 1. Sonntage nach Trinitatis.
Ep. 1 Joh. 4. v. 16 bis 21.
Ev. Luc. 16. v. 19 bis 31.

Am 2. Sonnt. nach Trinitatis.
Ep. 1 Joh. 3. v. 13 bis 18.
Ev. Luc. 14. v. 16 bis 24.
  Am 3. Sonnt. nach Trinitatis.
Ep. 1 Petr. 5. v. 6 bis 11.
Ev. Luc. 15. v. 1 bis 10.
  Am Tage Johannis des Täufers.
Ep. Jes. 40. v. 1 bis 5.
Ev. Luc. 1. v. 57 bis 80.
  Am 4. Sonnt. nach Trinitatis.
Ep. Röm. 8. v. 18 bis 23.
Ev. Luc. 6. v. 36 bis 42.
  Am Tage Mariä Heimsuchung.
Ep. Röm. 12. v. 9 bis 16. oder: Jes. 11. v. 1 bis 5. oder: Hohel. 2. v. 8 bis 17.
Ev. Luc. 1. v. 39 bis 56.
  Am 5. Sonnt. nach Trinitatis.
Ep. 1 Petr. 3. v. 8 bis 15.
Ev. Luc. 5. v. 1 bis 11.
  Am 6. Sonnt. nach Trinitatis.
Ep. Röm. 6. v. 3 bis 11.
Ev. Matth. 5. v. 20 bis 26.
  Am 7. Sonnt. nach Trinitatis.
Ep. Röm. 6. v. 19 bis 23.
Ev. Marc. 8. v. 1 bis 9.
  Am 8. Sonnt. nach Trinitatis.
Ep. Röm. 8. v. 12 bis 17.
Ev. Matth. 7. v. 15 bis 23.
  Am 9. Sonnt. nach Trinitatis.
Ep. 1 Cor. 10. v. 6 bis 13.
Ev. Luc. 16. v. 1 bis 9.
  Am 10. Sonnt. nach Trinitatis.
Ep. 1 Cor. 12. v. 1 bis 11.
Ev. Luc. 19. v. 41 bis 48.
  Am 11. Sonnt. nach Trinitatis.
Ep. 1 Cor. 15. v. 1 bis 10.
Ev. Luc. 18. v. 9 bis 14.
  Am 12. Sonnt. nach Trinitatis.
Ep. 2 Cor. 3. v. 4 bis 11.
Ev. Marc. 7. v. 31 bis 37.
  Am 13. Sonnt. nach Trinitatis.
Ep. Gal. 3. v. 15 bis 22.
Ev. Luc. 10. v. 23 bis 37.
  Am 14. Sonnt. nach Trinitatis.
Ep. Gal. 5. v. 16 bis 24.
Ev. Luc. 17. v. 11 bis 19.

  Am 15. Sonnt. nach Trinitatis.
Ep. Gal. 5. v. 25 bis Cap. 6. v. 10.
Ev. Matth. 6. v. 24 bis 34.
  Am 16. Sonnt. nach Trinitatis.
Ep. Eph. 3. v. 13 bis 21.
Ev. Luc. 7. v. 11 bis 17.
  Am Michaelistage.
Ep. Offenb. Joh. 12. v. 7 bis 12.
Ev. Matth. 18. v. 1 bis 11.
  Am 17. Sonnt. nach Trinitatis.
Ep. Eph. 4. v. 1 bis 6.
Ev. Luc. 14. v. 1 bis 11.
  Am 18. Sonnt. nach Trinitatis.
Ep. 1 Cor. 1. v. 4 bis 9.
Ev. Matth. 22. v. 34 bis 46.
  Am 19. Sonnt. nach Trinitatis.
Ep. Eph. 4. v. 22 bis 28.
Ev. Matth. 9. v. 1 bis 8.
  Am 20. Sonnt. nach Trinitatis.
Ep. Eph. 5. v. 15 bis 21.
Ev. Matth. 22. v. 1 bis 14.
  Am 21. Sonnt. nach Trinitatis.
Ep. Eph. 6. v. 10 bis 17.
Ev. Joh. 4. v. 47 bis 54.
  Am 22. Sonnt. nach Trinitatis.
Ep. Phil. 1. v. 3 bis 11.
Ev. Matth. 18. v. 23 bis 35.
  Am 23. Sonnt. nach Trinitatis.
Ep. Phil. 3. v. 17 bis 21.
Ev. Matth. 22. v. 15 bis 22.
  Am 24. Sonnt. nach Trinitatis.
Ep. Coloss. 1. v. 9 bis 14.
Ev. Matth. 9. v. 18 bis 26.
  Am 25. Sonnt. nach Trinitatis.
Ep. 1 Thess. 4. v. 13 bis 18.
Ev. Matth. 24. v. 15 bis 28.
  Am 26. Sonnt. nach Trinitatis.
Ep. 2 Petr. 3. v. 3 bis 14. oder: 2 Thess. 1. v. 3 bis 10.
Ev. Matth. 25. v. 31 bis 46.
  Am 27. Sonnt. nach Trinitatis.
Ep. 1 Thess. 5. v. 1 bis 11. oder: 2 Thess. 1. v. 3 bis 10. oder: 2 Petr. 3. v. 3 bis 7. oder: Röm. 3. v. 21 bis 28.
Ev. Matth. 25. v. 1 bis 13. oder: Matth. 24. v. 37 bis 51. oder: Matth. 5. v. 1 bis 12.

Episteln

Episteln und Evangelien
der Aposteltage und etlicher anderer Feste,
welche
an einigen Orten gefeiert werden.

Am Andreastage.
Ep. Röm. 10. v. 8 bis 18.
Ev. Matth. 4. v. 18 bis 22.

Am Tage Nikolai, des Bischofs.
Ep. 2 Cor. 1. v. 3 bis 7.
Ev. Luc. 12. v. 35 bis 40.

Am Thomastage.
Ep. Eph. 1. v. 3 bis 6.
Ev. Joh. 20. v. 24 bis 31.

Am Tage Pauli Bekehrung.
Ep. Apost. 9. v. 1 bis 22.
Ev. Matth. 19. v. 27 bis 30.

Am Matthiastage.
Ep. Apost. 1. v. 15 bis 26.
Ev. Matth. 11. v. 25 bis 30.

Am Tage Philippi und Jacobi.
Ep. Eph. 2. v. 10 bis 22. oder: Weish. 5. v. 1 bis 12.
Ev. Joh. 14. v. 1 bis 14.

Am Tage Petri und Pauli.
Ep. Apost. 12. v. 1 bis 11.
Ev. Matth. 16. v. 13 bis 20.

Am Tage Maria Magdalena.
Ep. Sprüch. 31. v. 10 bis 31.
Ev. Luc. 7. v. 36 bis 50.

Am Tage Jacobi.
Ep. Röm. 8. v. 28 bis 39.
Ev. Matth. 20. v. 20 bis 23.

Am Tage Laurentii.
Ep. 2 Cor. 9. v. 6 bis 10.
Ev. Joh. 12. v. 24 bis 26.

Am Tage Bartholomäi.
Ep. 2 Cor. 4. v. 7 bis 10. oder: Eph. 2. v. 19 bis 22.
Ev. Luc. 22. v. 24 bis 30.

Am Tage der Geburt Mariä.
Ep. Sir. 24. v. 23 bis 31.
Ev. Matth. 1. v. 1 bis 16.

Am Tage der Kreuzes-Erhöhung.
Ep. Phil. 2. v. 5 bis 11.
Ev. Joh. 12. v. 31 bis 36.

Am Tage Matthäi.
Ep. 1 Cor. 12. v. 4 bis 11. oder: Eph. 4. v. 7 bis 14.
Ev. Matth. 9. v. 9 bis 13.

Am Tage Simonis und Judä.
Ep. 1 Petr. 1. v. 3 bis 9.
Ev. Joh. 15. v. 17 bis 21.

Am Tage aller Heiligen.
Ep. Offenb. Joh. 7. v. 2 und 3.
Ev. Matth. 5. v. 1 bis 12.

Am Gedächtnißtage der Reformation.
Ep. Offenb. Joh. 14. v. 6 und 7.
Ev. Matth. 11. v. 12 bis 15.

Am Tage der Kirchweihung.
Ep. Offenb. Joh. 21. v. 1 bis 5.
Ev. Luc. 19. v. 1 bis 10.

Berlin, Gedruckt, Druck und Papier der Königl. Geheimen Ober-Hofbuchdruckerei
(R. v. Decker).

Wegweiser
in die
Heilige Schrift,
dargeboten von der

Preußischen Haupt-Bibelgesellschaft.

I. Für Tageszeiten.

1. Am Morgen.

Psalm		1. 5. 19. 29. 57. 92.
		103. 108. 121.
„		127, 1. 2.
Jesaia		50, 4. 5.
Klagel. Jeremiä		3, 22—26.
Ev. Matthäi		5, 3—19.
„ „		6, 33. 34.
„ „		20, 1—16.
„ Johannis		15, 1—16.
Römer		13, 11—14.
Philipper		2, 12. 13.
1 Johannis		1, 6. 7.

2. Zu Mittag.

Psalm		101, 19—24.
„		107, 1.
Psalm		145, 16—21.
„		147, 7—11.
Ev. Johannis		6, 1—14.
1 Corinther		10, 31.

3. Am Abend.

1 Mose		28, 10—21.
Psalm		3. 4. 17. 34. 63. 91.
„		119, 54—65.
„		139.
„		141, 1. 2.
Ev. Matthäi		20, 8—16.
„ „		25, 1—13.
„ Lucä		12, 37—48.
Epheser		4, 26.
1 Thessal.		5, 4—10.
Hebräer		4, 1—11.

II. Am Sonntag.

1. Am Morgen.
Pfalm . . . . . . 42.

2. Am Abend.
Hebräer . . . . . 4.

3. Ueberhaupt.
1 Mose . . . . . 2, 1 — 3.
2 „ . . . . . 16, 21 — 30.
2 „ . . . . . 20, 8 — 11.
Pfalm . . . . . 27. 84. 92. 122. 138.

Pred. Salom . . . 4, 17.
Jesaia . . . . . 55. 56.
Ev. Matthäi . . 13, 1 — 23.
„ Lucä . . . . 4, 16 — 32.
Apostelgeschichte 2, 42 — 47.
„ 20, 7 — 12.
Epheser . . . . . 5, 9 — 21.
Coloffer . . . . . 3, 16. 17.
Hebräer . . . . . 4.
Jacobi . . . . . 1, 22 — 27.

4. Nach einer Woche voll Mühe.
Pfalm . . . . . 138.

III. Für Feste und Festzeiten des Kirchenjahres.

1. Vor Festen.
Pfalm . . . . . . 81.

2. Advent.
Pfalm . . . . . . 2.
„ . . . . . 24, 7 — 10.
„ . . . . . 110.
Jesaia . . . . . 7, 10 — 16.
„ . . . . . 9, 2 — 7.
„ . . . . . 11, 1 — 10.
„ . . . . . 35.
„ . . . . . 40, 1 — 11.
„ . . . . . 42, 1 — 13.
„ . . . . . 60, 1 — 6.
Jeremia . . . . . 33, 14 — 16.
Heseliel . . . . . 34.
Micha . . . . . 5, 1.
Maleachi . . . . 3, 1 — 4.
„ . . . . . 4, 5. 6.
Ev. Lucä . . . . 1.
„ Johannis . 1, 1 — 18.

3. Weihnachten.
Ev. Matthäi . . 1, 18 — 25.
„ Lucä . . . . 2, 1 — 20.
Coloffer . . . . . 2, 9.
Titum . . . . . 2, 11 — 14.
„ . . . . . 3, 4 — 7.
1 Johannis . . 4.
„ . . . . 5.
Hebräer . . . . . 1.

4. Jahresschluß und Neujahr.
2 Mose . . . . . 11, 13 — 23.
„ . . . . . 33.
4 „ . . . . . 6, 24 — 26.
5 „ . . . . . 32.
Josua . . . . . 24, 14 — 16.
1 Samuelis . . 7, 12.
1 Könige . . . . 3, 5 — 14.
Pfalm . . . . . 65. 85. 90. 95. 102. 103. 121. 143. 145.

Jesaia . . . . . . 43.
„ . . . . . . 54, 7 — 10.
Ev. Matthäi . . 7, 13 — 27.
„ Lucä . . . . 13, 1 — 9.
1 Thessal. . . . 5, 23 — 25.
Hebräer . . . . 13, 8 — 15.

5. Epiphanias (Mission).

Psalm . . . . . . 72. 87. 115.
Jesaia . . . . . . 2, 2 — 5.
„ . . . . . . 40. 44. 49. 55. 60. 65.
Hesekiel . . . . 37.
Haggai . . . . . 2, 7 — 10.
Sacharja . . . . 8, 22. 23.
Ev. Matthäi . . 2, 1 — 12.
„ „ . . 28, 18 — 20.
„ Lucä . . . . 14, 16 — 24.
„ Johannis . 10, 12 — 16.
Römer . . . . . 10, 12 — 21.
„ . . . . . . 15, 4 — 13.
Offenb. Joh. . . 7, 9 — 17.

6. Mariä Reinigung.

Maleachi . . . . 3, 1 — 4.
Ev. Lucä . . . . 2, 22 — 32.

7. Mariä Verkündigung.

Jesaia . . . . . . 7, 10 — 16.
Ev. Lucä . . . . 1, 26 — 38.

8. Passionszeit.

3 Mose . . . . . 16.
Psalm . . . . . . 22. 69.
Jesaia . . . . . . 52, 13 b. K. 53, 12.
„ . . . . . . 58, 1 — 12.
„ . . . . . . 63.
Ev. Matthäi . . 26. 27.
„ Marci . . . 14.
„ Lucä . . . 18, 31 — 34.
„ „ . . . 22. 23.

Ev. Johannis . 3, 14 — 16.
„ „ . 13.
„ „ . 17 bis 19.
2 Corinther . . . 5, 17 — 21.
Philipper . . . . 2, 5 — 11.
1 Petri . . . . . 1, 18. 19.
„ . . . . . 2, 21 — 25.
Hebräer . . . . 7. 9. 10.

a. Für den Charmontag und Donnerstag.

2 Mose . . . . . 24.

b. Für den Charfreitag.

Sacharja . . . . 3.

c. Für den Ostersonnabend.

Römer . . . . . 6, 3 — 8.
1 Petri . . . . . 3, 18 — 21.

9. Ostern.

2 Mose . . . . . 12, 1 — 27.
Hiob . . . . . . 19, 25 — 27.
Psalm . . . . . . 16.
Ev. Matthäi . . 28.
„ Marci . . . 16, 1 — 13.
„ Lucä . . . 24, 1 — 49.
„ Johannis . 5, 21 — 29.
„ „ . 14, 25. 26.
„ „ . 20. 21.
1 Corinther . . . 5, 6 — 8.
„ . . . 15.
2 „ . . . 5, 1 — 10.
Offenb. Joh. . . 1, 17. 18.

10. Landes Buß- und Bettag.

a. Am Morgen.

Psalm . . . . . 143.

b. Ueberhaupt.

1 Samuelis . . . 7.

Pfalm . . . . . . 6. 32. 38. 51. 102.
130. 143.
Jefaia . . . . . . 1. 58.
Jeremia . . . . 2, 1 — 19.
„ . . . . . 3, 12 — 25.
Klagel. Jeremiä 3, 22 — 33.
Hefekiel . . . . 18, 21 — 32.
Daniel . . . . . 9, 1 — 23.
Joel . . . . 2, 12. 13.
Jona . . . . . . 3.
Ev. Lucä . . . . 13, 1 — 9.
„ „ . . . . 15.
1 Johannis . . . 1, 7 — 10.

c. Sündenbekenntnisse und Bußmahnungen.

Hiob . . . . . . 9, 1 — 21.
Jeremia . . . . 4.
„ . . . . 31, 18 — 23.

d. Nach Bußtagen.

2 Corinth. . . . 7, 8 — 12.

11. Himmelfahrt.

Pfalm . . . . . . 47. 110.
Ev. Marci . . . 16, 14 — 20.
„ Lucä . . . . 24, 36 — 53.
„ Johannis . 14, 1 — 31.
Apostelgeschichte 1, 1 — 14.
Römer . . . . . . 8, 31 — 34.
Epheser . . . . . 1.
„ . . . . . 4, 7 — 16.
Hebräer . . . . . 7, 24. 25.

12. Pfingsten.

4 Mose . . . . . 11, 24 — 29.
Jeremia . . . . 31, 31 — 34.
Hefekiel . . . . 36, 22 — 28.
„ . . . . 37, 1 — 14.
Joel . . . . 3, 1 — 5.
Ev. Matthäi . . 12, 31. 32.
„ Johannis . 14, 23 — 31.

Ev. Johannis , 15, 26 b. 2. 16, 15.
Apostelgeschichte 2.
„ 4, 31 — 37.
„ 10.
Römer . . . . . . 8.
1 Corinther . . . 2. 12.
Galater . . . . . 5, 16 bis 2. 6, 10.

13. Trinitatis.

4 Mose . . . . . 6, 21 — 26.
Jefaia . . . . . . 6.
Ev. Matthäi . . 3, 13 — 17.
„ „ . . 28, 18 — 20.
„ Johannis . 3.
Römer . . . . . . 11, 33 — 36.
2 Corinther . . . 13, 13.
Offenb. Joh. . . 1, 1 — 7.

14. Johannistag.

Jefaia . . . . . . 40, 1 — 5.
Ev. Marci . . . 6, 17 — 29.
„ Lucä . . . . 1, 1 — 25 u. 57 — 80.
„ „ . . . . 3, 1 — 20.

15. Mariä Heimsuchung.

Jefaia . . . . . . 11, 1 — 5.
Ev. Lucä . . . . 1, 39 — 56.

16. Michaelisfest.

Ev. Matthäi . 18, 1 — 11.
Hebräer . . . . . 1.
Offenb. Joh. . . 12, 7 — 12.

17. Erntedankfest.

a. Bei reicher Erndte.

5 Mose . . . . . 8.
Pfalm . . . . . . 65. 67. 95. 103. 104.
111. 145. 147.
Joel . . . . 2, 19 — 27.
Ev. Lucä . . . . 12, 13 — 32.
„ Johannis . 6, 26 — 35.
Hebräer . . . . . 13, 15. 16.

b. Bei dürftiger Erndte.

Pſalm . . . . . 65.
Jeremia . . . . . 14.
Amos . . . . . . 4.
Haggai . . . . . 1, 2 — 11.
Ev. Matthäi . . 4, 4.
  „   „ . . 6, 24 — 34.
1 Timoth. . . . 6, 6 — 19.

18. Reformationsfeſt.

Pſalm . . . . . 12. 46. 80. 87.
 „ . . . . . . 102, 14 — 23.
 „ . . . . . . 119, 103 — 104.
Jeſaia . . . . . 43. 44. 54. 62.
Heſekiel . . . . 34, 11 — 31.
Amos . . . . . 9, 11.
Ev. Johannis . 6, 63 — 69.
Römer . . . . . 1, 16. 17.
 „ . . . . . 3, 23 — 28.
1 Corinther . . . 3, 11 — 23.
2 „ . . . 3, 17 b. R. 4, 10.
Jacobi . . . . . 2, 26.
Offenb. Joh. . . 14, 6. 7.

19. Kirchweihfeſt.

1 Könige . . . . 5.
Pſalm . . . . . 84.
Ev. Lucä . . . . 19, 1 — 10.
Offenb. Joh. . . 21, 1 — 5.

20. Königs Geburtstag.

Pſalm . . . . . 20. 21. 61. 72.
1 Timoth. . . . 2, 1 — 8.

21. Todtenfeſt.

Hiob . . . . . . 14, 1 — 6.
 „ . . . . . . 19, 23 — 27.
Pſalm . . . . . 90.
Ev. Matthäi . 25, 1 — 13.
 „   „ . . 25, 31 — 46.
 „ Johannis . 11, 1 — 45.
 „   „ . 14, 1 — 6.
Römer . . . . . 5, 6 — 21.
 „ . . . . . 6, 23.
1 Corinther . . . 15.
Philipper . . . . 1, 21 — 30.
1 Theſſal. . . . 4, 13 — 18.
Hebräer . . . . 4, 1 — 11.
 „ . . . . 12, 1 — 6.
Offenb. Joh. . . 7, 9 — 17.
 „   „ . . 14, 12. 13.

Prüfung beim Schluß des Kirchenjahres.

Philipper . . . . 3.
Ev. Matthäi . . 25, 13 — 30.

IV. Von den Gnadenmitteln.

1. Vom Worte Gottes.

Joſua . . . . . 1, 7 — 9.
Pſalm . . . . . 19, 8 — 15.
 „ . . . . . 119.
Sprüche Salom. 30, 5.
Jeſaia . . . . . 55, 8 — 11.
Jeremia . . . . 23, 25 — 32.
Amos . . . . . 8, 11. 12.
Ev. Johannis . 5, 24 — 47.
 „   „ . 6, 67. 68.
 „   „ . 7, 14 — 19.
 „   „ . 8, 12 — 31.
Apoſtelgeſchichte 17, 1 — 12.
1 Corinther . . . 1, 17 — 21.
 „ . . . 2.

Galater . . . . . 6, 1—12.
Coloſſer . . . . . 3, 16.
1 Timoth. . . . 3, 14—17.
2 Petri . . . . . 1, 16—21.
Hebräer . . . . . 4, 12. 13.

2. Von der heiligen Taufe.

Ev. Matthäi . . 3.
„   „   . . 28, 18—20.
„ Marci . . . 10, 13—15.
„   „   ● . . 16, 16.
„ Johannis . 3.
Apostelgeschichte 8, 9—39.
„   19, 1—6.
Römer . . . . . . 6.
Galater . . . . . 3, 26. 27.
Coloſſer . . . . . 2, 6—15.
Titum . . . . . . 3, 5—7.
1 Petri . . . . . 3, 15—22.
1 Johannis . . . 2, 24—29.

3. Erneuerung des Taufbundes, Confirmation.

Nehemia . . . . 9, 31 &. R. 10, 32.
Philipper . . . . 1, 6.
1 Timoth. . . . 6, 12.
2 „   . . . . . 1, 10. 11.
Hebräer . . . . . 6, 1—12.
Offenb. Joh. . . 3, 11.

4. Beichte und Beichtgebete.

Pſalm 6. 32. 38. 51. 102
                130. 143.
Ev. Matthäi . . 5—7.
„   „   . . 5, 23—24.
„   „   . . 11, 28. 29.
2 Corinther . . . 7, 10.
1 Petri . . . . . 1 bis 4.
1 Johannis . . 1, 1—10.

5. Vom heiligen Abendmahl.

a. Ueberhaupt.

2 Moſe . . . . . 12, 3—28.
Ev. Matthäi . . 26, 26—30.
„ Marci . . . 14, 12—26.
„ Lucä . . . . 22, 14—23.
„ Johannis . 6, 26—28.
„   „   . 13, 1—15.
Apostelgeschichte 2, 42—47.
1 Corinther . . . 10, 16. 17.
„   „   . . . 11, 20—32.
Epheſer . . . . . 3, 8—21.
Offenb. Joh. . . 3, 14—22.
„   „   . 19, 9.

b. Am Morgen des Abendmahlstages.

Jeſaia . . . . . . 61.

c. Am Abend deſſelben.

Ev. Lucä . . . . 7, 36—50.

d. An Tage darauf.

Ev. Johannis . 15, 1—21.

6. Vom Gebet.

a. Ueberhaupt.

1 Moſe . . . . . 32, 24—31.
1 Samuelis . . . 1, 10—20.
1 Könige . . . . 3, 5—15.
Pſalm . . . . . . 50, 14. 15.
„   . . . . . . 91, 14—16.
„   . . . . . . 145, 18—21.
Jeſaia . . . . . . 38.
„   . . . . . . 55, 6.
Daniel . . . . . . 9, 4—19.
Jona . . . . . . 2.
Ev. Matthäi . . 6, 5—15.
„   „   . . 18, 19. 20.
„   „   . . 21, 22.
„   „   . . 26, 36—46.

Ev. Luca ... 18, 1—8.
"   "   ... 11, 1—19.
" Johannis . 16, 23—27.
Apostelgeschichte 4, 24—33.
"   7, 55. 56.
2 Corinther ... 12, 1—10.
Philipper .... 4, 1—6.
1 Johannis ... 3, 21. 22.
"   5, 14. 15.
Jacobi ..... 1, 5—8.
" ..... 4, 1—8.
" ..... 5, 13—18.

b. Danksagung.
1 Thessal... : . 1, 2—5.

c. Fürbitte.
1 Mose .... 18, 16—33.
2 " .... 32, 11—14.
" .... 33, 11—22.
Nehemia ... 1.
Psalm..... 115, 9—15.
Micha..... 7, 14—20.
Ev. Johannis 17.
Apostelgeschichte 12, 1—11.
Epheser .... 3, 14—21.
Philipper ... 1, 3—11.
2 Thessal... 1, 11. 12.

Für Kranke.
Ev. Matthäi .. 8, 5—17.

Für die Noth der Kirche.
Psalm ..... 74. 79. 60. 63. 82.
              93. 94.
"   .... 102, 13—22.
Jesaia ..... 35, 1—10.
"   ..... 42, 1—10.
"   ..... 44, 1—6.
Sacharja .... 2.
Ev. Luca .... 1, 68—79.
Apostelgeschichte 4, 24—31.
Römer ..... 10, 9—19.

Für Missionsfreunde.
Jesaia ..... 52, 1—10.
Römer ..... 15, 15—27.

d. Gebetsbetrachtungen.
Hiob ...... 23.
Psalm..... 124.
Jesaia ..... 40, 9—14.
"   ..... 45, 22—25.
"   ..... 51, 12—15.
"   ..... 57, 10—15.
Galater..... 5, 24 b. K. 6, 1.
Hebräer..... 3, 12—14.

V. Von der Heilslehre.

1. Von der Buße.
Psalm...... 6. 32. 38. 51. 102.
             130. 143.
Klagel. Jerem., 2, 22—33.
Hesekiel ..... 18, 21—32.
Joel .... 2, 12.-18.
Ev. Matthäi . 3, 1—12.
"   "   .. 5, 1—12.
"   "   .. 9, 9—13.
"   "   .. 11, 20—24.
Ev. Matthäi .. 18, 23—35.
"   "   .. 26, 69—75.
"   Luca .... 7, 36—50.
"   "   .... 13, 1—9.
"   "   .... 15.
"   "   .... 18, 9—14.
"   "   .... 19, 1—10.
"   "   .... 23, 39—43.
Römer...... 2, 4.
2 Corinther ... 7, 10.
1 Johannis ... 1, 8—10.

2. Vom Glauben.

Ev. Matthäi . . 17, 20.
Römer . . . . . . 10, 17.
Hebräer . . . . . 11.

Die Hauptsachen im Christenthum.

Ev. Johannis . 3.

a. Glaube an Gott den Vater.
(1. Artikel.)

Psalm . . . . . . 139, 145.
Jesaia . . . . . . 40, 26 — 31.
„ . . . . . . 63, 16.
Jeremia . . . . . 10, 1 — 16.
Klagel. Jerem. 3, 22. 23.
Apostelgeschichte 14, 11 — 18.
„ 17, 22 — 34.
Römer . . . . . 11, 33 — 36.
Offenb. Joh . . . 4, 8 — 11.

Betrachtung der Natur.
Psalm . . . . . . 19. 104.

Beim Gewitter.
1 Mose . . . . . 8, 22.
Psalm . . . . . . 18, 1 — 7.
„ . . . . . 29, 14.
Ev. Matthäi . . 6, 24 — 34.

Die göttliche Vorsehung.
Psalm . . . . . . 23. 75. 91.
Jesaia . . . . . 43.
Ev. Lucä . . . . 12, 5 — 9.
Römer . . . . . 11, 33 — 36.

b. Glaube an Gott den Sohn.
(2. Artikel.)

Psalm . . . . . . 110.
Ev. Matthäi . . 9, 35 — 38.
Ev. Matthäi . . 16, 13 — 18.
„ „ . . 17, 1 — 9.
„ „ . . 26, 62 — 64.
„ Lucä . . . . 4, 16 — 32.
„ „ . . . . 24.
„ Johannis . 1, 1 — 18.
„ „ . 5, 22 — 29.
„ „ . 6, 66 — 69.
„ „ . 8, 12.
„ „ . 8, 46 — 59.
„ „ . 16, 23 — 27.
„ „ . 20, 24 — 29.
Apostelgeschichte 7, 55 — 59.
Philipper . . . . 2, 9 — 11.
1 Johannis . . . 2, 1. 2.
„ . . . 4, 1 — 16.
Hebräer . . . . . 5. 7. 8. 9. 10.
Offenb. Joh . . . 19, 11 — 16.

c. Glaube an Gott den heiligen Geist. (3. Artikel.)

Ev. Johannis . 15, 26. 27.
Apostelgeschichte 5, 3. 4.
„ 19, 1 — 6.

Der Heilsweg.

Römer . . . . . 3, 19 — 31.
1 Johannis . . . 1, 5 b. 8. 2, 3.

Vertiefung in den rechten Lebensgrund.

Epheser . . . . . 2, 4 — 19.

Abschluß des Christenlebens.

Psalm . . . . . . 32.
Ev. Matthäi . . 5, 3 — 12.
Apostelgeschichte 24, 14 — 16.
Römer . . . . . 8.
1 Petri . . . . . 1, 13 — 22.

3. Von der Rechtfertigung.

Hosea . . . . . . 10, 12.
Micha . . . . . . 7, 18. 19.
Habakuk . . . . 2, 2. 4.
Ev. Matthäi . . 18, 23—34.
„   „   . 22, 1—14.
„ Marci . . . 2, 1—17.
„ Lucä . . . 18, 9—14.
Römer . . . . . . 3. 4. 5.
1 Corinther . . . 5, 21.
Galater . . . . . 2, 16—21.
„ . . . . . 5, 4— 6.
Epheser . . . . . 2, 8. 9.
Philipper . . . . 3, 4—11.
1 Timoth. . . . 1, 14—17.
1 Johannis . . . 2, 1. 2.

4. Von dem Frieden und der Freude im heiligen Geiste.

Jesaia . . . . . . 35, 10.
„ . . . . . . 55, 12.
Ev. Lucä . . . 2, 25—32.
„ Johannis . 14, 27.
„   „   . 16, 33.
Römer . . . . . . 5, 1—5.
„ . . . . . . 8.
Galater . . . . . 5, 22. 23.
Philipper . . . . 4, 4—13.

Herrlichkeit des Christenthums.
Epheser . . . . . 1. 2.

5. Von der Heiligung.

Ev. Marci . . . 4, 26—29.
Philipper . . . . 1, 8.
Titum . . . . . . 3, 8.
1 Petri . . . . . 1, 15.
2 „ . . . . . 1, 3—11.
1 Johannis . . . 3, 3.
Hebräer . . . . 12, 14.
Jacobi . . . . . 2, 14—26.

a. Vom rechten Gebrauch irdischer Güter.

1 Corinther . . . 7, 29—32.
Philipper . . . . 4, 8—12.

b. Für die Ehre Gottes.

Psalm . . . . . . 140.
1 Corinther . . . 6.

c. In Versuchungen.

Römer . . . . . . 14.
1 Corinther . . . 3.
Colosser . . . . 2, 13—23.
1 Johannis . . . 2, 12—17.

d. Große Glaubensschwäche in der Trübsal.

Hebräer . . . . 12, 4—14.

e. Bei geistiger Ermüdung.

2 Corinther . . . 4, 7—18.

f. Bei Anfechtungen.

Des Fleisches.
2 Corinther . . . 12, 7—10.

Des Verstandes.
1 Corinther . . . 2.

Des Gewissens.
Micha . . . . . . 7, 7—20.
1 Johannis . . . 3, 19—24.

g. Bei Sündenkämpfen.

Römer . . . . . . 6, 11—23.

h. Kampf mit unheiligen Stimmungen.

Psalm . . . . 116, 1—14.

1. Vom Lobe Gottes.

1 Mose . . . . . 15, 1—21.

6. Vom christlichen Leben.

1 Corinther . . . 15, 58.
1 „ . . . 5, 14. 15.
Galater . . . . . 5, 6—25.

a. Von der Liebe zu Gott.

5 Mose . . . . . 11.
„ . . . . . 30, 15—20.
Psalm . . . . . . 18, 2. 3.
„ . . . . . . 73, 23—28.
Ev. Matthäi . . 22, 37. 38.
„ Johannis . 14, 23.
„ „ . 21, 15—17.
1 Johannis . . . 4, 16—21.
„ . . . 5, 1—3.

b. Vom Vertrauen auf Gott.

Psalm . . . . . . 18, 31.
„ . . . . . . 37, 5.
„ . . . . . . 42. 46. 62. 73.
„ . . . . . . 118, 8. 9.
„ . . . . . . 125.
Sprüche Salom. 3, 5. 6.
Jesaia . . . . . 55, 8—11.
Jeremia . . . . 17, 5—10.
Ev. Matthäi . . 6, 25—34.
„ „ . . 10, 28—39.

Licht bei schwerer Entscheidung.
Psalm . . . . . 25.

c. Von der Liebe zum Nächsten.

Hiob . . . . . . 29, 12—17.
Ev. Lucä . . . . 10, 25—37.
„ Johannis . 13.
Römer . . . . . 12.
„ . . . . . 13, 8—10.
1 Corinther . . . 13.
1 Johannis . . . 3. 4.
Jacobi . . . . . 2, 1—8.
Hiob . . . . . . 29, 12—17.

d. Besondere Erweisungen des neuen Gehorsams.

1. Keuschheit.

Ev. Matthäi . . 5, 8.
„ „ . . 5, 27—30.
1 Corinther . . . 6, 9—20.
Philipper . . . . 4, 8. 9.
1 Johannis . . . 3, 1—10.

2. Genügsamkeit und Fleiß.

1 Thessal. . . . . 3, 6—16.
1 Timoth. . . . . 6, 6—12.

3. Wahrhaftigkeit und Treue.

Psalm . . . . . . 15. 139.
Sprüche Salom. 10, 19.
„ 12, 17—22.
Ev. Matthäi . . 12, 34—37.
Epheser . . . . . 4, 3—6.
Jacobi . . . . . 3.

4. Ehrlichkeit.

Psalm . . . . . . 37, 21—29.
Ev. Matthäi . . 16, 26.
„ Lucä . . . 12, 42—48.
Römer . . . . . 13, 8—10.
Epheser . . . . . 4, 28.

5. Demuth und Selbstverleugnung.

Ev. Johannis . 13, 1—15.
Römer . . . . . 12, 16.
Philipper . . . . 2, 1—13.
1 Petri . . . . . 5, 5.

6. Geduld und Sanftmuth.

Psalm . . . . . . 39.
Epheser . . . . . 4, 1—6.
Philipper . . . . 4, 5.
1 Thessal. . . . . 5, 14.
Jacobi . . . . . 5, 7—11.

7. Friedfertigkeit und Freundlichkeit.

Pfalm . . . . . . 133.
Ev. Matthäi . . 5, 1. 2.
Römer . . . . . 12, 17. 18.

Unter feindseligen Urtheilen.

1 Corinther . . . 4, 1—13.
1 Petri . . . . . 2, 12—25.

8. Versöhnlichkeit.

Ev. Matthäi . . 5, 22—26.
„   „   . . 5, 43—48.
„   „   . . 6, 14. 15.
Colosser . . . . 2, 12—17.

9. Barmherzigkeit und Gütigkeit.

Jesaia . . . . . 58, 6—14.
Ev. Matthäi . . 5, 7.
2 Corinther . . . 8.
Galater . . . . . 6, 2. 10.

10. Gastfreiheit.

1 Mose . . . . 18, 1—8.
Römer . . . . . 12, 13.
1 Petri . . . . . 4, 9.
Hebräer . . . . 13, 2.

11. Dienstfertigkeit.

Römer . . . . . 12, 1—2.
Galater . . . . . 6, 2.
1 Thessalonich. . 5, 14—18.
1 Petri . . . . . 4, 10.

12. Dankbarkeit.

Haggai . . . . . 2, 3—10.
Apostelgeschichte 9, 35—42.
Galater . . . . . 6, 6.
1 Thessal. . . . 5, 18.

Wider den Neid.

Jacobi . . . . . 3, 8 b. R. 4, 4.

Vom Dreuben im geselligen Leben.

Epheser . . . . 4, 25—32.
1 Johannis . . . 3, 18—22.

Festigkeit im Kampfe wider allerlei Fehler.

Sprüche Salom. 4, 14—27.

e. Bewährung des neuen Gehorsams in Kreuz und Anfechtung.

1. Im Allgemeinen.

1 Mose . . . . 22, 1—19.
1   „   . . . . 32, 22—32.
1 Könige . . . 19, 1—18.
Pfalm . . . . . 4. 5. 10 bis 13. 27.
                28. 31. 42. 43. 56.
                62. 71. 73. 77. 88.
                94. 126. 137. 142.
Jesaia . . . . . 26, 16—21.
„   . . . . . 28, 19.
„   . . . . . 30, 15.
„   . . . . . 35, 10.
„   . . . . . 43, 1—4.
„   . . . . . 49, 14—16.
„   . . . . . 54, 7—10.
Daniel . . . . . 6.
Jona . . . . . . 2.
Ev. Matthäi . . 6, 24—34.
„   „   . . 8, 23—27.
„   Marci . . 8, 34—37.
„   Lucä . . 22, 39—46.
Römer . . . . . 5, 1—5.
1 Corinther . . 10, 12. 13.
2   „   . . 4, 7—18.
„   . . 6, 1—10.
„   . . 11, 19—33.
Epheser . . . . 6, 10—18.
1 Petri . . . . . 1, 3—9.
„   . . . . 4, 12—19.
„   . . . . 5, 6—11.

Hebräer . . . . . 12, 1—13.
Jacobi . . . . . 1, 12—15.
„ . . . . . 5, 7—11.
Offenb. Joh. . . 2, 8—11.
„ „ . . 7, 9—17.

2. In besonderen Lagen.

Nach bestandener schwerer Gefahr.
Psalm . . . . . . 116, 1— 9.

Bei einem schweren Abschied.
Apostelgeschichte 21, 1—14.

Der Einzelne Angesichts schwerer Gerichte.
Habakuk . . . . . 4, 2—19.

Wie lange soll ich schreien?
Habakuk . . . . . 1, 2—14.

Unter eigensinnigen Menschen.
1 Petri . . . . . 3, 8—10.

Unter Widersachern.
Psalm . . . . . . 27. 56.

Licht über unser Verhalten dabei.
Psalm . . . . . . 43.

Im Gedränge durch sie.
Psalm . . . . . . 31. 121. 125.

Bei ihrer Schadenfreude.
Psalm . . . . . . 35, 19—28.

Bei ihrem Verachten.
Psalm . . . . . . 123.

Gegen ihr Schmähen.
Psalm . . . . . . 64. 120. 140.

Beim Hasse Anderer.
1 Corinther . . . 4, 9—13.
1 Johannis . . . 3, 11—16.

Beim Triumph der Ungerechten.
Psalm . . . . . . 37.

Bei unerwartet schweren Fügungen.
Ev. Matthäi . . 16, 21—26.

Bei plötzlichen Hemmungen.
Psalm . . . . . . 62.
1 Petri . . . . . 5, 6—11.

Bei Schwachheit vor schweren Werken.
Psalm . . . . . . 143.
Jesaia . . . . . 51.
Sacharja . . . . 8, 1—17.

In Lagen, die unserm natürlichen Gefühl widerstreben.
Ev. Johannis . 12, 23—32.
2 Corinther . . . 4, 7—18.

Beim Müdewerden.
2 Corinther . . . 12, 5—10.

Unzufriedenheit mit Menschen.
Hiob . . . . . . 19, 2—27.
Klagel. Jerem. . 3, 1—44.
1 Petri . . . . . 3, 8—17.

Segenslose Zeiten.
Haggai . . . . . 1, 5—11.

Bewährung des neuen Gehorsams.

f. **In Bezug auf das Leben besonderer Stände, Obrigkeit und Unterthanen.**

Psalm . . . . . 20, 21, 61, 62, 101.
Sprüche Salom. 24, 31, 22.
Jesaia . . . . . 14, 4—27.
Ev. Matthäi . . 22, 15—22.
1 Timoth. . . . 2, 1—2.
Titus . . . . . 3, 1.

1. Lehramt.

Jesaia . . . . . 6, 6—8.
„ . . . . . 52, 7.
Jeremia . . . . 1, 4—10.
„ . . . . . 15, 19—21.
„ . . . . . 23.
Hesekiel . . . . 3, 17—19.
„ . . . . 13, 33, 34.
Ev. Matthäi . . 5, 10—16.
„ „ . . 10.
„ Johannis 21, 15—17.
Apostelgeschichte 20, 17—38.
1 Corinther . . . 2, 3, 4, 9.
1 „ . . . 3, 4.
Titus . . . . . 1, 2, 3.
1 Petri . . . . . 5, 1—6.
Hebräer . . . . 13, 7.

2. Ehestand.

1 Mose . . . . . 2, 18—25.
Psalm . . . . . 127, 128.
Sprüche Salom. 31.
Ev. Matthäi . . 5, 27—32.
„ „ . . 19, 8—10.
„ Johannis 2, 1—11.
1 Corinther . . . 7, 10—17.
1 Timoth. . . . 2, 8—15.
1 Petri . . . . . 3, 1—7.

3. Eltern.

1 Mose . . . . . 18, 19.
5 „ . . . . 6, 4—9.
Sprüche Salom. 17, 10.
„ „ 2, 1—2.
„ „ 22, 6.
„ „ 23, 12—14.
(Sirach . . . . . 30, 1—13.)
Epheser . . . . 6, 4.
Colosser . . . . 3, 21.

4. Kinder.

2 Mose . . . . . 20, 12.
Sprüche Salom. 1, 8—10.
„ „ 6, 20—23.
„ „ 8, 17.
„ „ 10, 1.
„ „ 19, 26, 27.
„ „ 20, 20, 21.
„ „ 30, 17.
Prediger Salom. 11, 9, 10.
„ „ 12, 1.
Ev. Matthäi . . 15, 1—14.
„ Marci . . 10, 13—16.
„ Lucä . . . 2, 41—52.
„ „ . . . 15, 11—32.
Epheser . . . . 6, 1—3.
1 Timoth. . . . 2, 22, 23.
2 „ . . . 3, 14—17.

Frömmigkeit eines Jünglings.

1 Timoth. . . . 6, 11—20.

Frömmigkeit einer Jungfrau.

1 Petri . . . . . 3.

5. Wittwen und Waisen.

5 Mose . . . . . 24, 17—22.
1 Könige . . . . 17.
Psalm . . . . . 146.

Ev. Marci . . . 12, 41—44.
Ev. Luc.... 2, 36—38.
"   " .... 7, 11—17.
1 Timoth. . . . 5, 3—16.

6. Geschwister und Freunde.

1 Mose . . . . . 33, 45.
1 Samuelis . . . 18, 1—4.
"   "   . . . 20.
2 "   . . . 1.
Sprüche Salom. 17, 17.
(Sirach . . . . . 6, 1—17.)
Ev. Johannis . 11, 1—44.

7. Herrschaften und Dienstboten.

Psalm . . . . . . 123.
Ev. Matthäi . . 8, 5—13.
"   " . . 25, 14—30.
"   Luci . . . 12, 22—48.
1 Corinther . . . 7, 20—24.
Ephefer . . . . . 6, 5—9.
1 Timoth. . . . 6, 1. 2.
Philemon.
1 Petri . . . . . 2, 18—20.

8. Reiche und Arme.

1 Mose . . . . . 3, 17—19.
Sprüche Salom. 13, 7.
"   "   19, 17.
"   "   22, 2.
"   "   30, 7—9.
(Sirach 10, 25.)
Ev. Matthäi . . 6, 19—34.
"   "   . . 19, 21—26.
"   Luci . . . 12, 13—21.
"   "   . . 16, 19—31.
"   "   . . 21, 1—4.
1 Timoth. . . . 6, 2.
"   "   . . . 6, 17—19.
Jacobi . . . . . 2, 1—17.
"   . . . . 5, 1—6.

Bewährung des neuen Gehorsams.

g. In besonderen Zeiten.

1. Krieg.

1 Mose . . . . 17, 8—16.
Psalm . . . . . 27. 46. 91. 124.
1 Timoth. . . . 2, 1—4.

2. Seuchen und Krankheiten.

4 Mose . . . . . 21, 1—9.
1 Samuelis . . . 21.
2 Könige . . . . 5.
1 "   . . . 20, 1—7.
Psalm . . . . . 6. 38. 41. 116.
Jesaia . . . . . 38.
Ev. Matthäi . . 8, 1—17.
"   " . . 9, 1—8.
"   " . . 15, 21—31.
"   Marci . . . 5, 25—34.
"   "   . . . 7, 31—37.
"   Luci . . . 17, 11—19.
"   Johannis . 5, 1—17.
"   "   9.
Apostelgeschichte 3, 1—11.
"   28, 1—9.
Philipper . . . 2, 24—30.
Jacobi . . . . . 5, 13—16.

Nach Genesung.

Psalm . . . . . 30. 103. 107. 147.

3. Freudige Ereignisse.

1 Mose . . . . 15, 1—21.
1 Samuelis . . . 2, 1—10.
Psalm . . . . . 30. 31. 92. 95. 96.
103. 108. 111. 116.
138. 145. 147. 148.

Bei unverhofftem Segen.
2 Corinther ... 9, 8.

4. Reisen.

1 Mose ..... 28, 10—22.
Psalm ..... 23. 91. 107. 121.
Jesaia ..... 43, 1— 4.
Hebräer ..... 13, 14.

Für Geburtstage, eigene, der Kinder, und am Gedächtnißtage der Verheirathung.

5 Mose ..... 8.
2 Samuelis ... 7, 17—29.
Psalm ..... 34.
Jesaia ..... 46, 3—13.
Epheser ..... 6.

VI. Von den letzten Dingen.

1. Vom Sterben.

a. Vorbereitung auf den eigenen Tod.

Hiob ..... 14, 1—6.
„ ..... 19, 25—27.
Psalm ..... 107.
Prediger Salom. 7, 1—4.
Ev. Lucä .... 2, 29—32.
„ „ .... 23, 21—46.
„ Johannis . 10, 27—30.
„ „ . 11, 1—45.
Römer ..... 5, 5—21.
1 Corinther ... 15.
2 „ ... 5, 1—10.
Philipper .... 1, 21—24.
2 Timoth. .... 2, 3—13.
2 „ .... 4, 7. 8.
Hebräer ..... 4, 1—11.
Offenb. Joh. .. 2, 10. 11.

b. Nach Todesfällen.

Ev. Lucä .... 12, 35—49.

c. Beim Tode eines Gatten.

Psalm ..... 126, 1.
Jesaia ..... 41, 10.
„ ..... 43, 1. 2.
„ ..... 55, 8. 9.

Jeremia ..... 29, 11—14.
Hesekiel ..... 24, 15—18.
Ev. Johannis . 13, 7.
Römer ..... 8, 28.
1 Corinther ... 13, 8.
Offenb. Joh. ... 7, 13—17.

d. Beim Tode der Eltern.

Psalm ..... 23.
„ ..... 27, 7—14.
„ ..... 146, 2.
(Jesaia ..... 41, 10—14.)

e. Beim Tode eines Kindes.

2 Samuelis ... 12, 18—23.
Hiob ..... 1, 18—21.
Psalm ..... 103, 13—18.
Sprüche Salom. 23, 26.
(Weisheit „ 4, 7—14.)
Ev. Matei ... 5, 36—43.
„ „ ... 10, 14.
„ Johannis . 13, 7.
Hebräer ..... 11, 17—19.

f. Beim Begräbniß.

Hiob ..... 14, 1—6.
„ ..... 19, 25—27.
Psalm ..... 39. 90.
Jesaia ..... 26, 19. 20.

Jesaia . . . . . 57, 1. 2.
Daniel . . . . . 12, 2. 3.
Ev. Lucä . . . . 7, 11 — 17.
„ Johannis . 11, 1 — 46.
1 Corinther . . . 15.
1 Theſſal. . . . . 4, 13 — 18.
Hebräer . . . . . 4.
Offenb. Joh. . . 21, 4.

Hebräer . . . . . 10, 16 — 31.
Offenb. Joh. . . 6, 12 — 17.
„ „ . . 20, 11 — 15.

※

Ev. Matthäi . . 7, 21 — 23.
„ Lucä . . . 16, 19 — 31.
Offenb. Joh. . . 21, 8.
„ „ . . 22, 15.

g. **Auferstehung und Gericht.**

Ev. Matthäi . . 7, 15 — 29.
„ „ . . 11, 15 — 24.
„ „ . . 12, 30 — 42.
„ „ . . 19, 27 — 30.
„ „ . . 22, 23 — 32.
„ „ . . 24. 25.
„ Lucä . . . 12, 33 — 48.
„ „ . . 17, 20 — 37.
„ Johannis . 5, 21 — 29.
„ „ . . 12, 44 — 50.
1 Corinther . . . 15.
2 „ . . . 5, 10.
Galater . . . . . 6, 7. 8.
1 Theſſal. . . . . 5, 1 — 11.
2 „ . . . . 1. 2.
1 Petri . . . . . 4, 1 — 7.
2 „ . . . . 3.
Hebräer . . . . . 9, 27. 28.

h. **Vom ewigen Leben der Seligen.**

Pſalm . . . . . . 126.
Ev. Matthäi . . 8, 11. 12.
„ Johannis . 6, 40. 54.
„ „ . 8, 51.
„ „ . 10, 27. 28.
„ „ . 11, 25. 26.
„ „ . 17, 24.
Römer . . . . . 8, 10 — 31.
Philipper . . . . 3, 7 — 21.
1 Timoth. . . . 4, 6 — 8.
1 Petri . . . . . 1, 3 — 12.
2 „ . . . . 3, 13. 14.
1 Johannis . . . 3, 1 — 3.
Hebräer . . . . . 4.
„ . . . . . 12, 18 — 24.
Offenb. Joh. . . 21. 22.

Bibel-Lesezettel
der Preußischen Haupt-Bibelgesellschaft.

Am 1. Sonntage des Advents.

	Morgens.	Abends.
Sonntag	Ev. Matthäi . 21, 1—9.	Ev. Römer . . . 13, 11—14.
Montag	1. Moses . . . . 3, 1—15.	1. Moses . . . . 12, 1—8.
Dienstag	„ . . . . 49, 1—18.	4. Moses . . . 24, 1—17.
Mittwoch	5. Moses . . . 18, 9—19.	2. Samuelis . . 7, 1—16.
Donnerstag	Jesaias . . . . 7, 2—6.	Jesaias . . . . 9, 2—7.
Freitag	„ . . . . 11, 1—10.	„ . . . . 12, 1—6.
Sonnabend	„ . . . . 25, 1—9.	Psalm . . . . . 50.

Am 2. Sonntage des Advents.

Sonntag	Ev. Lucä . . . 21, 25—36.	Ep. Römer . . . 15, 4—13.
Montag	Jesaias . . . . 35, 1—10.	Jesaias . . . . 40, 1—11.
Dienstag	„ . . . . 42, 1—10.	„ . . . . 40, 1—23.
Mittwoch	„ . . . . 51, 1—11.	„ . . . . 52, 1—12.
Donnerstag	„ . . . . 54, 1—13.	„ . . . . 55, 1—13.
Freitag	„ . . . . 57, 10—21.	„ . . . . 61, 1—11.
Sonnabend	„ . . . . 62, 1—12.	Psalm . . . . . 37, 1—11.

Am 3. Sonntage des Advents.

Sonntag	Ev. Matthäi . 11, 2—10.	Ep. 1. Corinther 4, 1—5.
Montag	Jeremias . . . 23, 1—6.	Lucas . . . . . . 1, 5—25.
Dienstag	„ . . . 31, 25—34.	„ . . . . . . 1, 26—38.
Mittwoch	„ . . . 33, 9—17.	„ . . . . . . 1, 39—56.
Donnerstag	Hesekiel . . . 34, 1—16.	„ . . . . . . 1, 57—80.
Freitag	„ . . . 34, 20—31.	Matthäus . . . 1, 18—25.
Sonnabend	„ . . . 37, 1—14.	Psalm . . . . . 4.

Am 4. Sonntage des Advents.

Sonntag	Ev. Johannes . 1, 19—28.	Ep. Philipper . 4, 4—7.
Montag	Hesekiel . . . 47, 1—12.	Daniel . . . . . 9, 23—27.
Dienstag	Hosea . . . . 2, 14—23.	Hosea . . . . . 14, 2—10.
Mittwoch	Joel . . . . . 3, 1—5.	Amos . . . . 8, 11—9, 15.
Donnerstag	Micha . . . . 4, 1—5.	Micha . . . . . 5, 1—8.
Freitag	Zephanja . . . 3, 9—20.	Haggai . . . . . 2, 1—10.
Sonnabend	Sacharja . . . 12, 7—10.	Psalm . . . . . 113.

Am 1. Weihnachtsfeiertage.

	Morgens.			**Abends.**	
25. Dezember	Ev. Lucä ...	2, 1—14.	Ep. Titus ...	2, 11—14.

Am 2. Weihnachtsfeiertage.

26. Dezember	Ev. Lucä ...	2, 15—20.	Ep. Titus ...	3, 4—7.
27. „	Johannes ...	1, 1—18.	Hebräer	1, 1—12
28. „	Sacharja ...	6, 9—17.	Psalm	2.
29. „	Maleachi ...	3, 1—4.	„	45.
30. „	„ ...	4, 1—6.	„	111.

Am Sonntage nach Weihnachten.

Ev. Lucä . . . . 2, 22—40. | Ep. Galater . . 4, 1—7.

Am Jahresschluß.

31. Dezember | 5. Moses ... 32, 1—12. | Psalm .... 103.

Am Neujahrstage.

1. Januar	Ev. Lucä ...	2, 21.	Ep. Galater ..	3, 23—29.
2. „	Matthäus ...	3, 1—12.	Matthäus ...	3, 13—17.
3. „	Johannes ...	1, 29—39.	Johannes ...	1, 40—51.
4. „	„ ...	2, 13—25.	„ ...	3, 22—36.
5. „	„ ...	4, 1—14.	„ ...	4, 15—26.

An Epiphaniä.

6. Januar	Ev. Matthäi .	2, 1—12.	Jesaias	60, 1—8.
7. „	Johannes ...	1, 27—42.	Psalm	128.

Sonntag nach Neujahr.

Sonntag	Ev. Matthäi .	2, 13—23.	Ep. 1. Petri ..	4, 12—19.
Montag	Psalm	8.	Psalm	19.
Dienstag	„	27.	„	80.
Mittwoch	„	65.	„	40.
Donnerstag	„	112.	„	32.
Freitag	„	83.	„	65.
Sonnabend	„	127.	„	3.

Am 1. Sonntage nach Epiphaniä.*)

Sonntag	Ev. Lucä ...	2, 41—52.	Ep. Römer ...	12, 1—6.
Montag	Lucas	4, 14—30.	Matthäus ...	4, 12—22
Dienstag	„	4, 31—44.	„ ...	5, 1—10.
Mittwoch	Matthäus ...	5, 27—48.	„ ...	6, 1—23.
Donnerstag	„ ...	7, 1—14.	„ ...	7, 15—29.
Freitag	„ ...	9, 9—17.	„ ...	12, 1—8.
Sonnabend	„ ...	12, 9—21.	Psalm	29.

*) Welche Epiphanien-Sonntage ausfallen, ist aus dem Kalender zu ersehen.

Am 2. Sonntage nach Epiphaniä.

	Morgens		Abends	
Sonntag	Ev. Johannes	2, 1—11.	Ev. Römer	12, 7—16.
Montag	Matthäus	10, 1—14.	Lucas	7, 36—50.
Dienstag	"	12, 35—42.	Matthäus	18, 31—35.
Mittwoch	"	18, 44—52.	Lucas	9, 57—62.
Donnerstag	"	8, 28—34.	Matthäus	18, 53—58.
Freitag	Johannes	5, 1—16.	Johannes	5, 17—30.
Sonnabend	"	5, 31—47.	Psalm	38.

Am 3. Sonntage nach Epiphaniä.

Sonntag	Ev. Matthäi	8, 1—13.	Ev. Römer	12, 17—21
Montag	Jesaias	1, 1—18.	Psalm	73.
Dienstag	"	2, 1—19.	"	84.
Mittwoch	"	5, 1—7.	"	90.
Donnerstag	"	6, 1—13.	"	87.
Freitag	"	29, 1—12.	"	99.
Sonnabend	"	29, 13—21.	"	19, 1—20.

Am 4. Sonntage nach Epiphaniä.

Sonntag	Ev. Matthäi	8, 23—27.	Ev. Römer	13, 8—10.
Montag	Jesaias	41, 1—14.	Psalm	98.
Dienstag	"	42, 1—13.	"	100.
Mittwoch	"	44, 1—8.	"	123.
Donnerstag	"	45, 1—11.	"	125.
Freitag	"	45, 12—25.	"	128.
Sonnabend	"	50, 1—11.	"	12.

Am 5. Sonntage nach Epiphaniä.

Sonntag	Ev. Matthäi	13, 24—30.	Ev. Colosser	3, 12—17
Montag	Jesaias	58, 1—14.	Psalm	140.
Dienstag	"	60, 1—10.	Jesaias	64, 1—12
Mittwoch	"	65, 1—16.	Hesekiel	35, 1—19
Donnerstag	Daniel	9, 4—19.	Jona	1.
Freitag	Jona	2.	"	3.
Sonnabend	"	4.	Psalm	116.

Am 6. Sonntage nach Epiphaniä.

Sonntag	Ev. Matthäi	17, 1—9.	Ev. 2. Petri	1, 10—21.
Montag	Haggai	1, 1—14.	Sprüchwörter	6, 1—16.
Dienstag	Prediger	2, 1—11.	Psalm	110, 1—24.
Mittwoch	Psalm	119, 25—48.	"	110, 49—72.
Donnerstag	"	110, 73—96.	"	110, 97—120.
Freitag	"	110, 121—144.	"	110, 145—160.
Sonnabend	"	119, 161—176.	"	14.

Am Sonntage Septuagesimä.

Sonntag	Ev. Matthäi	20, 1—16.	Ev. 1. Corinther	9, 24—10, 5.
Montag	Marcus	6, 7—13.	Matthäus	14, 1—12.
Dienstag	Matthäus	14, 22—33.	Johannes	6, 22—34.
Mittwoch	Johannes	6, 35—51.	"	6, 52—60.
Donnerstag	"	6, 61—71.	Matthäus	15, 1—20.
Freitag	Matthäus	16, 1—12.	"	16, 13—28.
Sonnabend	"	17, 14—27.	Psalm	138.

Am Sonntage Seragesimä.

	Morgens.	Abends.
Sonntag	Ev. Lucä . . . 8, 4—15.	Ep. 2. Corinther 11, 19—12, 9.
Montag	Matthäus . . . 18, 1—11.	Matthäus . . . 18, 12—22.
Dienstag	Johannes . . . 7, 1—10.	Lucas . . . . . 9, 51—56.
Mittwoch	„ . . . 7, 11—24.	Johannes . . . 7, 25—30.
Donnerstag	„ . . . 7, 37—53.	„ . . . 8, 1—11.
Freitag	„ . . . 8, 12—20.	„ . . . 8, 21—30.
Sonnabend	„ . . . 8, 31—45.	Psalm . . . . . 141.

Am Sonntage Estomihi.

Sonntag	Ev. Lucä . . . 10, 31—43.	Ep. 1. Corinther 13, 1—13.
Montag	Johannes . . . 9, 1—23.	Johannes . . . 9, 10—21.
Dienstag	„ . . . 9, 24—41.	„ . . . 10, 1—11.
Mittwoch	Matthäus . . . 11, 20—30.	Lucas . . . . . 10, 21—42.
Donnerstag	Lucas . . . . . 11, 1—13.	Matthäus . . . 9, 27—34.
Freitag	„ . . . 11, 37—54.	Lucas . . . . . 12, 1—12.
Sonnabend	„ . . . 12, 13—31.	Psalm . . . . . 91.

Am Sonntage Invocavit.

Sonntag	Ev. Matthäi . 4, 1—11.	Ep. 2. Corinther 6, 1—10.
Montag	Lucas . . . . . 12, 32—40.	Lucas . . . . . 12, 41—48.
Dienstag	„ . . . 12, 49—59.	„ . . . 13, 10—17.
Mittwoch	„ . . . 13, 22—35.	„ . . . 14, 25—35.
Donnerstag	„ . . . 15, 11—24.	„ . . . 15, 25—32.
Freitag	„ . . . 17, 1—10.	„ . . . 17, 20—37.
Sonnabend	„ . . . 18, 1—8.	Psalm . . . . . 13.

Am Sonntage Reminiscere.

Sonntag	Ev. Matthäi . 15, 21—28.	Ep. 1. Thessalon. 4, 1—7.
Montag	Johannes . . . 10, 22—42.	Marcus . . . . 10, 1—16.
Dienstag	„ . . . 11, 1—16.	Matthäus . . . 19, 16—30.
Mittwoch	Matthäus . . . 20, 17—28.	„ . . . 20, 29—34.
Donnerstag	Lucas . . . . . 10, 1—10.	Lucas . . . . . 10, 11—24.
Freitag	Johannes . . . 11, 17—31.	Johannes . . . 11, 32—46.
Sonnabend	„ . . . 11, 47—57.	Psalm . . . . . 121.

Am Sonntage Oculi.

Sonntag	Ev. Lucä . . . 11, 14—28.	Ep. Epheser . . 5, 1—9.
Montag	Matthäus . . . 20, 6—13.	Lucas . . . . . 10, 29—40.
Dienstag	Marcus . . . . 11, 11—19.	Johannes . . . 12, 20—33.
Mittwoch	Johannes . . . 12, 34—50.	Matthäus . . . 21, 23—32.
Donnerstag	Matthäus . . . 21, 33—46.	„ . . . 22, 23—33.
Freitag	„ . . . 23, 1—12.	„ . . . 23, 13—28.
Sonnabend	„ . . . 23, 29—39.	Psalm . . . . . 145.

Am Sonntage Lätare.

Sonntag	Ev. Johannes 6, 1—15.	Ep. Galater . . 4, 21—31.
Montag	Marcus . . . . 12, 41—44.	Matthäus . . . 24, 1—14.
Dienstag	Matthäus . . . 24, 20—36.	„ . . . 25, 14—30.
Mittwoch	„ . . . 20, 1—5.	Lucas . . . . . 22, 1—6.
Donnerstag	Lucas . . . . . 22, 7—13.	Matthäus . . . 26, 20—29.
Freitag	„ . . . 22, 21—38.	Johannes . . . 13, 16—30.
Sonnabend	Johannes . . . 13, 31—38.	Psalm . . . . . 26.

Am Sonntage Judica.

	Morgens.	Abends.
Sonntag	Ev. Johannes 8, 46—50.	Ep. Hebräer . . 9, 11—15.
Montag	Johannes . . . 11, 1—21.	Johannes . . . 15, 1—15.
Dienstag	„ . . . 15, 16—25.	„ . . . 17, 1—20.
Mittwoch	Matthäus . . . 20, 20—46.	Matthäus . . 26, 17—50.
Donnerstag	„ . . . 26, 57—75.	„ . . . 27, 1—10.
Freitag	Lucas . . . . . 23, 1—7.	Lucas . . . . . 27, 8—12.
Sonnabend	Matthäus . . . 27, 11—23.	Psalm . . . . 69, 1—21.

Am Sonntage Palmarum.

Sonntag	Ev. Matthäi . 21, 1—9.	Ep. Philipper . 2, 5—11.
Montag	Matthäus . . . 27, 24—31.	Lucas . . . . . 22, 24—32.
Dienstag	Lucas . . . . . 23, 33—38.	„ . . . . . 22, 39—43.
Mittwoch	Johannes . . . 19, 19—28.	Psalm . . . . 22.

Am grünen Donnerstage.

Donnerstag	Ev. Johannes 13, 1—15.	Ep. 1. Corinther 11, 23—32.

Am Charfreitage.

Freitag	Ev. Matthäi . 27, 45—54.	Ep. Jesaias . 53, 13—53, 12
Sonnabend	Matthäus . . . 27, 55—66.	Psalm . . . . 16.

Am 1. Ostertage.

Sonntag	Ev. Marcus . . . 16, 1—8.	Ep. 1. Corinther 5, 6—8.

Am 2. Ostertage.

Montag	Ev. Lucä . . . 24, 13—35.	Ep. Apostelgesch. 10, 34—41.
Dienstag	Lucas . . . . . 24, 36—47.	Apostelgeschichte 13, 26—33.
Mittwoch	Johannes . . . 20, 1—10.	Johannes . . . 20, 11—18.
Donnerstag	Matthäus . . . 28, 1—15.	„ . . . 21, 1—14.
Freitag	Johannes . . . 21, 15—25.	Matthäus . . . 28, 16—20.
Sonnabend	Lucas . . . . . 24, 48—53.	Psalm . . . . 118.

Am Sonntage Quasimodogeniti.

Sonntag	Ev. Johannes . 20, 19—31.	Ep. 1. Johannes 5, 4—10.
Montag	Apostelgeschichte 1, 12—26.	Hiob . . . . . 19, 23—27.
Dienstag	„ 2, 14—28.	Psalm . . . . 46.
Mittwoch	„ 2, 29—47.	„ . . . . 72.
Donnerstag	„ 3, 1—11.	„ . . . . 80, 1—10.
Freitag	„ 3, 12—26.	„ . . . . 67.
Sonnabend	„ 4, 1—18.	„ . . . . 23.

Am Sonntage Misericordias Domini.

Sonntag	Ev. Johannes . 10, 12—16.	Ep. 1. Petri . . 2, 21—25.
Montag	Apostelgeschichte 4, 19—31.	Psalm . . . . 97.
Dienstag	„ 4, 32—5, 11.	„ . . . . 99.
Mittwoch	„ 5, 12—26.	„ . . . . 110.
Donnerstag	„ 5, 27—42.	„ . . . . 118, 14—29.
Freitag	„ 6, 1—15.	„ . . . . 122.
Sonnabend	„ 7, 44—59.	„ . . . . 60.

Am Sonntage Jubilate.

	Morgens.	Abends.
Sonntag	Ev. Johannes 16, 16 — 23.	Ep. 1. Petri . 2, 11 — 20
Montag	Apostelgeschichte 8, 1 — 25.	Psalm . . . . . 132.
Dienstag	„ 8, 26 — 40.	„ . . . . . 130.

Am Bußtage.

Mittwoch	Ev. Lucä . . . 13, 1 — 9.	Ev. Psalm . . 102.
Donnerstag	Apostelgeschichte 9, 1 — 22.	Apostelgeschichte 9, 23 — 31.
Freitag	„ 9, 32 — 42.	„ 10, 1 — 16.
Sonnabend	„ 10, 17 — 33.	Psalm . . . . . 90.

Am Sonntage Cantate.

Sonntag	Ev. Johannes 16, 5 — 15.	Ev. Jacobi . . . 1, 16 — 21.
Montag	Apostelgeschichte 11, 1 — 18.	Apostelgeschichte 11, 19 — 30.
Dienstag	„ 12, 1 — 25.	„ 13, 1 — 12.
Mittwoch	„ 13, 44 — 52.	„ 14, 1 — 16.
Donnerstag	„ 14, 19 — 28.	„ 15, 1 — 20.
Freitag	„ 16, 9 — 24.	„ 16, 25 — 40
Sonnabend	„ 17, 1 — 15.	Psalm . . . . . 77.

Am Sonntage Rogate.

Sonntag	Ev. Johannes 16, 23 — 30.	Ep. Jacobi . . 1, 22 — 27.
Montag	Apostelgeschichte 17, 16 — 34.	Apostelgeschichte 18, 1 — 23.
Dienstag	„ 19, 1 — 20.	„ 19, 21 — 40.
Mittwoch	„ 20, 1 — 16.	Psalm . . . . . 47.

Am Tage der Himmelfahrt Christi.

Donnerstag	Ev. Marcus . 16, 14 — 20.	Ev. Apostelgesch. 1, 1 — 11.
Freitag	Apostelgeschichte 20, 17 — 38.	Apostelgeschichte 21, 1 — 16.
Sonnabend	„ 21, 17 — 30.	Psalm . . . . . 81.

Am Sonntage Exaudi.

Sonntag	Ev. Johannes 15, 26 — 16, 4.	Ep. 1. Petri . . 4, 8 — 11.
Montag	Apostelgesch. 21, 37 — 22, 25.	Offenbarung . . 1, 1 — 7.
Dienstag	„ 22, 30 — 23, 11.	„ . . 1, 8 — 20.
Mittwoch	„ 23, 12 — 35.	„ . . 2, 1 — 7.
Donnerstag	„ 24, 1 — 27.	„ . . 2, 8 — 11.
Freitag	„ 25, 1 — 12.	„ . . 2, 12 — 17.
Sonnabend	„ 25, 13 — 27.	Psalm . . . . . 51.

Am 1. Pfingsttage

Sonntag	Ev. Johannes 14, 23 — 31.	Ev. Apostelgesch. 2, 1 — 13.

Am 2. Pfingsttage.

Montag	Ev. Johannes 3, 16 — 21.	Ev. Apostelgesch. 10, 42 — 48.
Dienstag	Apostelgeschichte 26, 1 — 32.	Offenbarung . . 2, 18 — 29.
Mittwoch	„ 27, 1 — 20.	„ . . 3, 1 — 6.
Donnerstag	„ 27, 21 — 44.	„ . . 3, 7 — 13.
Freitag	„ 28, 1 — 15.	„ . . 3, 14 — 22.
Sonnabend	„ 28, 16 — 31.	Psalm . . . . . 67.

Am Sonntage Trinitatis.

		Morgens		Abends	
Sonntag	Ev. Johannes	3,	1—15.	Ep. Römer...	11, 33—36
Montag	1. Moses	1,	1—31.	Römer	1, 1—12
Dienstag	"	2,	16—25.	"	1, 13—23
Mittwoch	"	3,	16—24.	"	2, 1—16.
Donnerstag	"	4,	1—16.	"	3, 1—8.
Freitag	"	5,	5—22.	"	3, 9—22.
Sonnabend	"	7,	1—24.	Psalm	40.

Am 1. Sonntage nach Trinitatis.

Sonntag	Ev. Lucä	10, 19—31.	Ep. 1. Johannes	4, 16—21.
Montag	1. Moses	8, 1—22.	Römer	5, 23—31.
Dienstag	"	9, 1—17.	"	4, 1—8.
Mittwoch	"	11, 1—9.	"	4, 16—25.
Donnerstag	"	13, 1—18.	"	5, 1—11.
Freitag	"	14, 8—24.	"	5, 12—24.
Sonnabend	"	15, 1—18.	Psalm	104.

Am 2. Sonntage nach Trinitatis.

Sonntag	Ev. Lucä	14, 16—24.	Ep. 1. Johannes	3, 13—18.
Montag	1. Moses	17, 1—16.	Römer	6, 12—18.
Dienstag	"	18, 1—16.	"	7, 1—13.
Mittwoch	"	18, 17—33.	"	7, 14—25.
Donnerstag	"	19, 12—20.	"	8, 1—11.
Freitag	"	21, 1—21.	"	8, 24—30.
Sonnabend	"	22, 1—19.	Psalm	6.

Am 3. Sonntage nach Trinitatis.

Sonntag	Ev. Lucä	15, 1—10.	Ep. 1. Petri	5, 6—11.
Montag	1. Moses	23, 1—20.	Römer	6, 31—39.
Dienstag	"	24, 1—14.	"	9, 1—13.
Mittwoch	"	24, 15—28.	"	9, 14—21
Donnerstag	"	24, 29—49.	"	9, 22—33.
Freitag	"	24, 50—67.	"	10, 1—11.
Sonnabend	"	27, 1—16.	Psalm	63.

Am 4. Sonntage nach Trinitatis.

Sonntag	Ev. Lucä	6, 36—42.	Ep. Römer	8, 18—23.
Montag	1. Moses	27, 17—29.	Römer	10, 12—21.
Dienstag	"	27, 30—45.	"	11, 1—12.
Mittwoch	"	28, 10—22.	"	11, 13—24.
Donnerstag	"	29, 1—20.	"	11, 25—32.
Freitag	"	31, 1—18.	"	13, 1—7.
Sonnabend	"	32, 1—21.	Psalm	44.

Am 5. Sonntage nach Trinitatis.

Sonntag	Ev. Lucä	5, 1—11.	Ep. 1. Petri	3, 8—15.
Montag	1. Moses	32, 22—31.	Römer	14, 1—9.
Dienstag	"	33, 1—17.	"	14, 10—23.
Mittwoch	"	35, 1—15.	1 Corinther	1, 10—19.
Donnerstag	"	37, 1—17.	"	1, 20—31.
Freitag	"	37, 18—36.	"	2, 1—10.
Sonnabend	"	39, 1—23.	Psalm	43.

Am 6. Sonntage nach Trinitatis.

	Morgens		Abends	
Sonntag	Ev. Matthäi	5, 20—26.	Ep. Römer	6, 3—11.
Montag	1. Moses	40, 1—23.	1. Corinther	2, 11—16.
Dienstag	"	41, 1—24.	"	3, 1—10.
Mittwoch	"	41, 25—43.	"	5, 11—23.
Donnerstag	"	41, 44—57.	"	6, 1—12.
Freitag	"	42, 1—17.	"	6, 13—23.
Sonnabend	"	42, 18—38.	Psalm	33.

Am 7. Sonntage nach Trinitatis.

Sonntag	Ev. Marcus	8, 1—9.	Ep. Römer	9, 10—23.
Montag	1. Moses	43, 1—15.	1. Corinther	10, 14—33.
Dienstag	"	43, 16—24.	"	12, 12—31.
Mittwoch	"	44, 1—13.	"	15, 12—28.
Donnerstag	"	44, 14—34.	"	15, 29—49.
Freitag	"	45, 1—15.	"	15, 50—58.
Sonnabend	"	45, 16—28.	Psalm	55.

Am 8. Sonntage nach Trinitatis.

Sonntag	Ev. Matthäi	7, 15—23.	Ep. Römer	8, 12—17.
Montag	1. Moses	46, 1—7, 28—34.	2. Corinther	1, 1—11.
Dienstag	"	47, 1—12, 27—31.	"	1, 12—22.
Mittwoch	"	48, 1—21.	"	4, 1—18.
Donnerstag	"	49, 29—50, 13.	"	5, 1—10.
Freitag	"	50, 14—26.	"	5, 11—21.
Sonnabend	2. Moses	1, 6—22.	Psalm	14.

Am 9. Sonntage nach Trinitatis.

Sonntag	Ev. Lucä	16, 1—9.	Ep. 1. Corinther	10, 6—13.
Montag	2. Moses	2, 1—10.	2. Corinther	6, 11—18.
Dienstag	"	2, 11—25.	"	7, 1—10.
Mittwoch	"	3, 1—15.	"	8, 1—14.
Donnerstag	"	4, 1—17.	"	9, 1—15.
Freitag	"	5, 1—23.	"	10, 1—18.
Sonnabend	"	6, 1—13.	Psalm	70.

Am 10. Sonntage nach Trinitatis.

Sonntag	Ev. Lucä	19, 41—48.	Ep. 1. Corinther	12, 1—11.
Montag	2. Moses	10, 21—29.	Galater	1, 1—10.
Dienstag	"	11, 1—10.	"	1, 11—24.
Mittwoch	"	12, 1—14.	"	2, 16—21.
Donnerstag	"	12, 28—42.	"	3, 1—14.
Freitag	"	13, 17—22.	"	4, 11—20.
Sonnabend	"	14, 1—14.	Psalm	25.

Am 11. Sonntage nach Trinitatis.

Sonntag	Ev. Lucä	16, 9—14.	Ep. 1. Corinther	15, 1—10.
Montag	2. Moses	14, 15—31.	Galater	5, 1—15.
Dienstag	"	15, 20—27.	"	6, 11—18.
Mittwoch	"	16, 1—14.	Epheser	1, 1—14.
Donnerstag	"	16, 15—35.	"	1, 15—23.
Freitag	"	17, 1—16.	"	2, 1—10.
Sonnabend	"	19, 1—25.	Psalm	92.

Am 12. Sonntage nach Trinitatis.

	Morgens.	Abends.
Sonntag	Ev. Marcus . 7, 31—37.	Ev. 2. Corinther 3, 4—11.
Montag	2. Moses ... 20, 1—19.	Epheser ..... 2, 11—22.
Dienstag	„ ... 21, 1—18.	„ ..... 3, 1—12.
Mittwoch	„ ... 22, 1—14.	„ ..... 4, 7—14.
Donnerstag	„ ... 32, 15—35.	„ ..... 4, 15—21.
Freitag	„ ... 33, 12—23.	„ ..... 5, 22—33.
Sonnabend	„ ... 34, 1—10.	Psalm ..... 1.

Am 13. Sonntage nach Trinitatis.

Sonntag	Ev. Lucä ... 10, 23—37.	Ev. Galater .. 3, 15—22.
Montag	2. Moses ... 21, 27—35.	Epheser ..... 6, 1—9.
Dienstag	„ . 35, 30—30, 7.	„ ..... 6, 18—24.
Mittwoch	4. Moses ... 12, 1—15.	Philipper .... 1, 12—21.
Donnerstag	„ ... 13, 17—34.	„ .... 1, 22—30.
Freitag	„ ... 14, 1—25.	„ .... 2, 12—18.
Sonnabend	„ ... 14, 26—45.	Psalm ..... 30.

Am 14. Sonntage nach Trinitatis.

Sonntag	Ev. Lucä ... 17, 11—19.	Ev. Galater .. 5, 16—24.
Montag	4. Moses ... 16, 1—19.	Philipper ... 3, 1—16.
Dienstag	„ ... 16, 20—40.	„ ... 4, 8—23.
Mittwoch	„ ... 16, 41—50.	Colosser ... 1, 1—8.
Donnerstag	„ ... 17, 1—11.	„ 1, 12—20.
Freitag	„ ... 20, 1—13.	„ 2, 1—15.
Sonnabend	„ ... 20, 14—22.	Psalm ... 32.

Am 15. Sonntage nach Trinitatis.

Sonntag	Ev. Matthäi . 6, 24—34.	Ev. Galater . 5, 25—6, 10.
Montag	4. Moses ... 20, 23—29.	Colosser ..... 2, 10—23.
Dienstag	„ ... 21, 1—9.	„ ..... 3, 1—11.
Mittwoch	5. Moses ... 31, 14—23.	„ .... 3, 18—4, 1.
Donnerstag	„ ... 34, 1—12.	„ ..... 4, 2—18.
Freitag	Josua ..... 1, 1—18.	1. Thessalonicher 1, 1—10.
Sonnabend	„ ..... 3, 1—17.	Psalm ..... 23.

Am 16. Sonntage nach Trinitatis.

Sonntag	Ev. Lucä .... 7, 11—17.	Ev. Epheser .. 3, 13—21.
Montag	Josua ..... 6, 1—20.	1. Thessalonicher 2, 1—8.
Dienstag	„ ..... 7, 1—20.	„ 2, 9—20.
Mittwoch	„ ..... 23, 1—16.	„ 3, 1—13.
Donnerstag	„ ..... 24, 1—18.	„ 4, 8—12.
Freitag	„ ..... 24, 19—33.	„ 5, 12—28.
Sonnabend	Richter ..... 2, 8—23.	Psalm ... 75.

Am 17. Sonntage nach Trinitatis.

Sonntag	Ev. Lucä ... 14, 1—11.	Ev. Epheser ... 4, 1—6.
Montag	Ruth ..... 1, 1—22.	2. Thessalonicher 2, 1—12.
Dienstag	„ ..... 2, 1—23.	„ 2, 13—17.
Mittwoch	„ ..... 3, 1—18.	„ 3, 1—11.
Donnerstag	„ ..... 4, 1—17.	1. Timotheus . 1, 1—11.
Freitag	1. Samuelis . 1, 1—20.	„ . 1, 12—20.
Sonnabend	„ 1, 21—2, 11.	Psalm ..... 36.

Am 18. Sonntage nach Trinitatis.

	Morgens	Abends
Sonntag	Ev. Matthäi . 22, 34 — 46.	Ep. 1. Corinther 1, 4 — 9.
Montag	1. Samuelis . 3, 1 — 21.	1. Timotheus . . 2, 1 — 15
Dienstag	„ 4, 1 — 18.	„ . . 3, 1 — 16.
Mittwoch	„ 5, 1 — 12.	„ . . 4, 1 — 16.
Donnerstag	„ 7, 3 — 13.	„ . . 5, 1 — 17.
Freitag	„ 8, 1 — 22.	„ . . 6, 1 — 10.
Sonnabend	„ 9, 1 — 17.	Pfalm . . . . 143.

Am 19. Sonntage nach Trinitatis.

Sonntag	Ev. Matthäi 9, 1 — 8.	Ep. Ephefer . . 4, 22 — 28.
Montag	1. Samuelis . 10, 1 — 16.	1. Timotheus . 6, 11 — 21.
Dienstag	„ 10, 17 — 27.	2. Timotheus . 1, 1 — 7.
Mittwoch	„ 12, 1 — 25.	„ . 1, 8 — 18.
Donnerstag	„ 13, 1 — 14.	„ . 2, 1 — 10.
Freitag	„ 15, 7 — 31.	„ . 2, 11 — 18.
Sonnabend	„ 16, 1 — 13.	Pfalm . . . . 34.

Am 20. Sonntage nach Trinitatis.

Sonntag	Ev. Matthäi . 22, 1 — 14.	Ep. Ephefer . . 5, 15 — 21.
Montag	1. Samuelis . 16, 14 — 23.	2. Timotheus . . 2, 10 — 20.
Dienstag	„ 17, 1 — 19.	„ . . 3, 1 — 17.
Mittwoch	„ 17, 20 — 31.	„ . . 4, 1 — 8.
Donnerstag	„ 17, 32 — 51.	Titus . . . . . 1, 1 — 16.
Freitag	„ 18, 1 — 14.	„ . . . . . 2, 1 — 15.
Sonnabend	„ 19, 1 — 18.	Pfalm . . . . 20.

Am 21. Sonntage nach Trinitatis.

Sonntag	Ev. Johannes . 4, 47 — 54.	Ep. Ephefer . . 6, 10 — 17.
Montag	1. Samuelis . 24, 1 — 23.	Philemon . . . 1, 1 — 25.
Dienstag	„ 26, 1 — 25.	1. Petri . . . . 1, 1 — 12
Mittwoch	„ 31, 1 — 13.	„ . . . . 1, 13 — 25.
Donnerstag	2. Samuelis . 1, 17 — 27.	„ . . . . 2, 1 — 10
Freitag	„ 5, 1 — 4. 17 — 25.	„ . . . . 3, 1 — 14
Sonnabend	„ 6, 1 — 23.	Pfalm . . . . 130.

Am 22. Sonntage nach Trinitatis.

Sonntag	Ev. Matthäi . 18, 23 — 35.	Ep. Philipper . 1, 3 — 11
Montag	2. Samuelis . 12, 1 — 14.	1. Petri . . . . 3, 15 — 22
Dienstag	„ 12, 15 — 23.	„ . . . . 4, 1 — 11
Mittwoch	„ 15, 1 — 14.	„ . . . . 5, 1 — 11.
Donnerstag	„ 16, 5 — 16.	2. Petri . . . . 1, 1 — 15
Freitag	„ 18, 1 — 17.	„ . . . . 2, 1 — 22.
Sonnabend	„ 24, 1 — 25.	Pfalm . . . . 71.

Am 23. Sonntage nach Trinitatis.

Sonntag	Ev. Matthäi . 22, 15 — 22.	Ep. Philipper . 3, 17 — 21.
Montag	1. Chronika . 29, 1 — 9.	1. Johannes . . 1, 1 — 10.
Dienstag	1. Könige 3, 3 — 15.	„ . . 2, 1 — 14.
Mittwoch	„ 8, 1 — 21.	„ . . 2, 15 — 29.
Donnerstag	„ 8, 22 — 30.	„ . . 3, 1 — 24.
Freitag	„ 8, 54 — 66.	„ . . 4, 1 — 16.
Sonnabend	„ 9, 1 — 9.	Pfalm . . 42.

www.ingramcontent.com/pod-product-compliance
Lightning Source LLC
Chambersburg PA
CBHW030806230426
43667CB00008B/1094